中国电力工业志丛书

# 陕西省电力工业志

（1991～2002）

中国电力出版社
CHINA ELECTRIC POWER PRESS

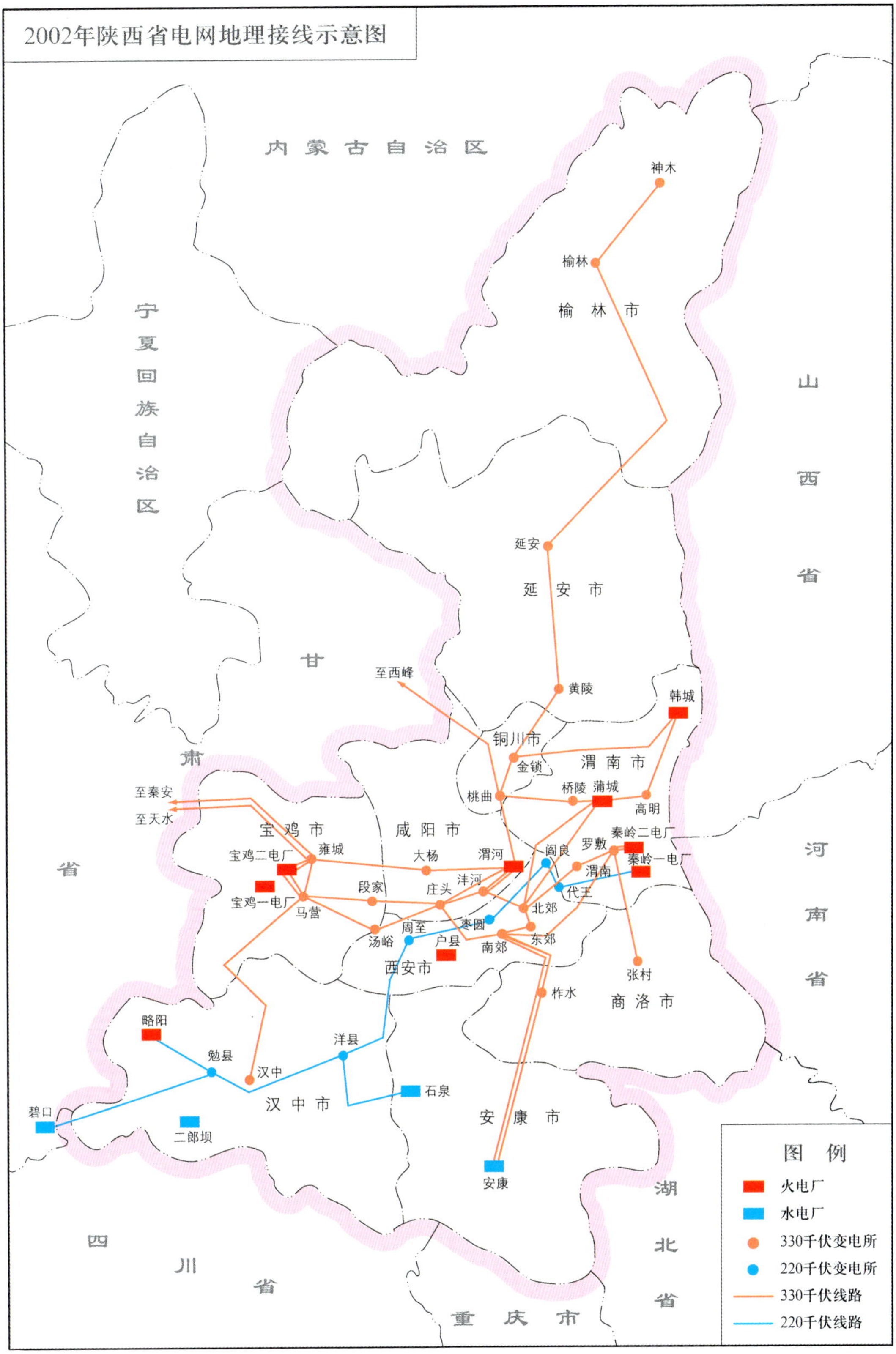


2002年陕西省电网地理接线示意图

陕西省电力公司调度大楼

2002年3月27日，中共中央总书记、国家主席、中央军委主席江泽民（左二）在中共陕西省委书记李建国（左三）、省长程安东（左一）、陕西省电力公司总经理赵杰臣（右一）陪同下，视察陕北煤电基地

1999年8月6日，中共中央政治局常委、国务院总理朱镕基（左一）到延安视察，向村民了解农网改造情况

2002年4月29日，中共中央政治局常委、书记处书记、中央纪律检查委员会书记、中华全国总工会主席尉建行（左一）亲切接见宝鸡供电局全国五一劳动奖状领奖代表

2002年3月27日，中共中央政治局候补委员、书记处书记曾庆红(左二)视察神木锦界电厂厂址

1999年5月9日，全国人大常委会副委员长邹家华(中)视察灞桥热电厂并题词

陕西省电力公司调度中心大厅

渭河发电厂主控室

石泉水电厂主控室

# 检查指导

1991年3月26日，中共陕西省委书记张勃兴(左四)到蒲城发电厂考察

1992年5月15日，能源部部长黄毅诚(右二) 到蒲城发电厂考察

1994年5月10日，中电联理事长张绍贤(右二)在西北电管局局长刘宏(左二)陪同下到延安发电厂考察

1994年5月28日，水利电力部副部长赵庆夫（左）到延安发电厂考察

1995年7月12日，陕西省省长程安东（前排左一）到蒲城发电厂考察

1995年11月29日，电力工业部副部长陆延昌（中）到韩城发电厂考察滑坡治理工作

2001年6月5日，国家电力公司副总经理刘振亚(右一)到西安供电局《中华人民共和国电力法》宣传点慰问

2001年8月8日，中共陕西省省委书记李建国(右三)到宝鸡供电局考察

1998年10月1日，西北电业管理局局长丁中智(右二)在西安供电局调度所检查工作

# 发 电

陕西省第一座百万千瓦火力发电厂——秦岭发电厂

蒲城发电厂

渭河发电厂汽轮发电机组

宝鸡第二发电厂

韩城发电厂

灞桥热电厂汽轮发电机组

略阳发电厂

安康水电厂

石泉水电厂

# 供电

榆林神木330千伏变电站

西安古城墙内的朝阳门110千伏变电站

铜川金锁关330千伏变电站

商洛鹿城330千伏变电站

陕西渭南信义—河南灵宝330千伏一、二回输电线路

渭南罗敷330千伏变电站

西安草滩330千伏变电站

马(营)—汉(中)330千伏输电线路

榆林330千伏变电站

铜川东塬330千伏变电站

宝鸡供电局110千伏秦岭融冰站

西安北郊110千伏同塔四回输电线路

延安北330千伏变电站

铜川东塬330千伏输变电工程开工典礼现场

西安东郊330千伏变电站

西安南郊330千伏变电站

西安北郊330千伏变电站

建设中的榆林电网

# 电力建设

韩城第二发电厂开工典礼

城网改造前的西安西大街

城网改造后的西安西大街

西安西大街架空线路入地工程施工现场

西安南二环110千伏同塔四回输电线路

西安城网改造工程

城网改造后的110千伏同塔双回输电线路

石泉水电厂开关站

西北电建总公司监理、调试的伊朗阿拉克电厂

蒲城发电厂锅炉安装现场

蒲城发电厂二期主厂房基础浇灌现场

欢庆延安市"一区两县"农网建设改造工程竣工

西安大雁塔北广场夜景

革命圣地延安市夜景

# 安全生产

西安草滩330千伏变电站检修现场

蒲城发电厂二期 3 号汽轮机扣缸现场

变电设备检修

带电作业

设备检修

施工现场交底

设备调试

定子绝缘检查

二次回路检修

## 体制改革

1998年10月16日，西北电力集团公司与陕西省电力公司体制分离揭牌仪式

2000年12月15日，中港合作经营渭河发电厂签字仪式

1999年12月16日，陕西电力信通有限责任公司成立

2000年3月31日，秦岭(秦华)发电有限公司成立

2001年1月16日，陕西银河电力自动化公司、仪表公司成立

2000年11月11日，蒲城发电厂二期工程贷款合同签字仪式

2000年3月28日，陕西省电力行业协会成立

陕西省颁发首批《供电营业许可证》大会

2001年12月30日，西安灞桥区村民为陕西省电力公司送匾赞扬“两改一同价”

1999年11月10日，陕西省电力公司"三讲"教育动员大会

宝鸡供电局庆祝建党76周年暨香港回归知识竞赛

电力职工绣党旗

陕西电业女职工风采

陕西省电力公司获得的部分奖牌

2002年4月7日，中纪委驻国家电力公司纪检组组长祝新民（左）为银河乒乓球俱乐部揭牌

西北电业管理局（陕西省电力工业局）局长刘宏（右）宣传《中华人民共和国电力法》

国家电力公司副总经理陆延昌检查延安“一区两县”农网改造工作

2001年8月9日，陕西电力调度中心2001年获ISO9002 质量体系认证资格

陕西银河电缆公司生产线

微波通信机房

西北电力职工培训中心30万千瓦火电机组仿真室

西北电力试验研究院高压试验室

技术验收会

继电保护专业技术比武

《陕西省电力工业志(1991～2002)》编辑人员

《陕西省电力工业志(1991～2002)》(稿)终审会合影

# 中国电力工业史志编辑委员会成员名单



## 中国电力工业史志编辑室

《陕西省电力工业志》（1991～2002年）

# 编 纂 委 员 会

| | |
|---|---|
| 主　　任 | 吕春泉 |
| 副 主 任 | 潘玉明 |
| 顾　　问 | 赵杰臣　陈忠智　万明善　吕云仑 |
| 委　　员 | 邬捷龙　王成文　王向红　刘文洪　何晓英 |
| | 许子智　罗检仔　曹海东　周军义　李长安 |
| | 裴　非　张中红　马钦国　张　宏　郑新平 |
| | 杨　军　田来民　张根周 |
| 曾任委员 | 贾福清　陈栋才　左玉玺　邢峻生　张　宁 |
| | 马放瑞　李永莱　李　欣　杨付忠 |
| 主　　编 | 李长安 |
| 常务副主编 | 杨　允 |
| 副 主 编 | 赵旭峰　陈　飞　左园忠　原增光 |
| 编辑室主任 | 陈　炜 |
| 责任编辑 | 任贵洲　乔惠希　张　卓 |

# 总　　序

《中国电力工业志》（1991～2002）丛书的陆续出版，是全行业电力史志工作者辛勤耕耘、通力合作的结果。这套续志丛书的出版，标志着在新的电力管理体制格局下，电力行业精神文明建设取得的丰硕成果。

中国电力工业第一部志书记述了自中国有电开始至1990年，百余年中国电力工业发展的历史。由于时间跨度大，为了填补国内尚无一部系统记述电力事业发展的专业志书的空白，修志人员以拓荒和补救的方式来收集濒临泯没的资料，经过近20年的努力，这套38卷丛书到1995年已经全部出版。从整体上看，第一部《中国电力工业志》丛书资料丰富、内容翔实、体例严谨，可供后人借鉴，受到史学界和广大读者的好评。

从第一部志书的下限至2002年，正处在国家经济建设突飞猛进，也是电力工业发展最快的时段。2002年底，又恰逢电力体制改革进入了重组国有电力资产，组建电网、发电公司，实行厂网分开的重要时期。为了记录电力资产重组前的这段历史，续修1991～2002年电力工业志丛书的任务便被提上了日程。根据上届修志的经验，这届续修电力工业志，继续由中国电力企业联合会领导，各网、省、自治区、直辖市电力史志编委会组织实施。

1991年以来，中国电力工业进入高速发展时期，发电装机容量、发电量持续增长。全国发电装机容量继1987年突破1亿千瓦后，到1995年超过了2亿千瓦，2000年又跨上3亿千瓦的台阶，2002年底达到3.56亿千瓦。发电量在1995年超过了1万亿千瓦·时，2002年底达到1.65万亿千瓦·时。12年间，全国发电装机容量和发电量平均增长率分别达到8.4%和8.5%，从1996年底开始一直位居世界第二位。与此同时，中国电力工业已经步入大机组、大电网、西电东送、南北互济、跨区联网，实现更大范围资源优化配置新的发展时期，中国电力工业正向高效、环保、安全、经济的更高目标迈进。

12年间，电力工业作为关系国家经济发展全局的重要基础产业，为满足国民经济发展和人民群众需求，保障全面建设小康社会奋斗目标的实现，为贯彻落实科学发展观，充分体现国家能源发展战略的要求，逐步转变电力增长方式，实现电力工业持续、稳定、健康发展作出了重要贡献，取得了举世瞩目的成绩。但是，与发达国家相比，全国人均拥有的发电装机容量和电力消费占能源消费的比重还很低。因此，把这一时期电力工业发展过程中积累的经验、教训如实记录下来，力求为现在和未来的电力工业发展提供有益的借鉴是续志的重要责任。

修志是一项千秋大业，必须经世致用。在续志过程中，我们以邓小平理论和“三个代表”重要思想为指导，以辩证唯物主义和历史唯物主义为准则，力求把12年里电力工业所走过的道路，客观、真实地反映出来，既突出时代特点、全面记述，又继承延续、据实创新的编纂，使续志成为一部具有资料性著述的丛书，提高续志的可读性和适用性，为广大读者学志、用志提供帮助。

电力工业志是以电力生产力的发展为主线，全面记述对电力工业发展有影响、起推动作用的有关事件和人物。修志，既是总结昨天的记录，又是把握今天、创造明天的导向，不仅有助于当代人认识现实世界，而且能使后代人从用志的过程中得到启迪。希望这套《中国电力工业志》（1991～2002）丛书的面世，能使国内外广大读者从中得益，以便更好地为电力工业发展服务。

**中国电力工业史志编辑委员会**

# 序　言

《陕西省电力工业志（1991～2002）》付梓出版，这是陕西省电力事业的一件大事，值得庆贺。

作为《陕西省电力工业志》的续志，此次编纂上限为1991年，下限为2002年，前后12年。该志书以生产力发展为主线，以翔实的资料、丰富的内容和简洁的文字，客观地记录和再现了陕西省电力工业的发展历程，留下了宝贵的文献资料，对把握陕西省电力发展脉络，总结经验，探索规律，提高管理水平提供了有益的参考与借鉴。

1991～2002年，是陕西省电力工业发生深刻变革的12年。电力管理体制实行了网省分离、政企分开、厂网分开改革，电力企业逐步成为“自主经营，自负盈亏”的市场竞争主体。企业内部进行了人事、劳动、工资三项制度改革，形成了“岗位靠竞争，收入靠贡献”的运作模式。电源、电网建设速度加快，骨干网架覆盖全省，供用电形势逐步由缺电转变为供需平衡。与此同时，前瞻性地加大了陕北煤电基地的建设与开发，为陕西省“十五”、“十一五”电力工业的发展奠定了坚实基础。12年的电力发展历程，凝聚了陕西省电力干部员工不畏艰难、勇于创新的聪明才智与心血，记载着他们顽强拼搏、无私奉献的昭昭业绩，这是陕西电力一笔宝贵的精神财富。

盛世修志，隔代修史。《陕西省电力工业志（1991～2002）》编纂工作从启动到出版用了近4年时间。参与编纂的全体同志克服各种困难，以高度负责的工作态度完成了此项艰巨的文化工程。在此谨向参与编纂的撰稿人、编辑人员，参与审核的老领导、专家以及提供资料的单位和同志表示衷心的感谢并致以诚挚的敬意！

岁月无声，历史有痕。让我们继承历史，启迪未来，以“努力超越，追求卓越”的企业精神，为建设陕西坚强智能电网，为陕西经济社会又好又快发展作出新的更大的贡献！

陕西省电力公司总经理　**吕春泉**

陕西省电力公司党组书记　**潘玉明**

2012 年 5 月

# 凡　例

一、《陕西省电力工业志（1991～2002）》（简称本志）是《中国电力工业志（1991～2002）》丛书中的一卷。

二、本志以马列主义、毛泽东思想、邓小平理论和“三个代表”重要思想为指导，以辩证唯物主义和历史唯物主义为准则，记述陕西省电力工业12年的发展历程。

三、断限，上起1991年初，下至2002年末。为与前志衔接，有些资料时间酌情上溯，概述展望至2005年。

四、内容，本志以生产力发展为主线，由管理体制、电力建设、发电、供电、用电、电力调度、农电、修造与多种经营、科技、教育培训、管理、党群12篇组成；另设专记、人物、大事记、附录；书前设凡例、概述，后有编后记。

五、文体，采用语体文，记述体，称谓为第三人称。设述、记、志、图、表、录，志为主体。

六、结构，横排门类，竖写历史。设篇、章、节、目四个层次。专记、人物、大事记、附录单列。

七、行文规范以《中国电力工业志行文规范》为准。

八、计量单位以国务院颁布的《法定计量单位》为准。

九、文字及标点符号以国家语言文字工作委员会、国家出版局有关规定为准。

十、统计数据以陕西省人民政府统计部门发布的数据和陕西省电力工业局（陕西省电力公司）统计报表数据为依据。

十一、资料来源以陕西省电力工业局（陕西省电力公司）档案资料为主，以陕西省电力企业资料和正式出版的相关书刊为辅，重要事件以文件为依据。

十二、1991～2001年6月，陕西省电力工业实行政企合一的管理体制。其间，对陕西电力的管理涉及政府职能的，采用陕西省电力工业局名称；涉及企业职能的，采用陕西省电力公司名称。

# 目　　录

总序
序言
凡例

# 概　述

陕西省地处中国内陆腹地，具有承东启西，连接南北的区位优势。地形复杂，地貌特征明显。从北至南依次为陕北高原、关中平原、秦巴山区。秦岭山脉横贯东西，将陕西分为长江水系和黄河水系。全省南北长约 887 千米，东西宽约 200～500 千米，总面积 20.58 万千米$^2$。2002 年末人口 3674 万。

陕西省能源资源较为丰富。至 2002 年末，已探明含煤面积 5.7 万千米$^2$，占全省总面积的 27.7%。煤炭储量 1652 亿吨，主要集中在陕北、渭北地区。煤炭含硫、磷、灰分低，发热量高，是优质环保动力煤。2002 年生产原煤 9253 万吨。石油储量 12 亿吨，主要分布在陕北地区。2002 年生产原油 680 万吨。天然气储量 9000 亿米$^3$，主要分布在榆林地区。2002 年生产天然气 50 亿米$^3$，是西气东输基地之一。全省河流理论水能约 1275 万千瓦，现具备开发条件的主要集中在汉江流域，约 351 万千瓦。丰富的能源资源，为陕西省电力工业的发展提供了得天独厚的资源保障。

## 一

20 世纪 80 年代，陕西省电力工业在改革开放形势的推动下，虽然加快了建设，但缺电形势依然严峻，供需矛盾十分突出。1990 年末，陕西省发电装机容量 286.46 万千瓦，其中火电 229.56 万千瓦，水电 56.90 万千瓦。建成 35 千伏及以上变电站 391 座，总容量 925.37 万千伏·安，线路 724 条，总长度 15105.04 千米，其中 330 千伏变电站 7 座，容量 207 万千伏·安，线路 17 条，长度 1809.33 千米。省间有 3 回 330 千伏线路与甘肃电网相连（其中陕西金锁关—甘肃西峰线路降压 110 千伏运行）。1990 年，全省发电量 149.74 亿千瓦·时，全社会用电量 169.44 亿千瓦·时。陕西省电力工业的相对滞后和国民经济的快速增长为以后 12 年陕西省电力工业的发展提供了空间和动力。

1991～2002 年，陕西省电力工业经历了国家“八五”、“九五”两个五年计划和“十五”计划头两年的发展时期。按照国务院“政企分开，省为实体，联合电网，统一调度，集资办电”的方针和《关于鼓励集资办电和实行多种电价的暂行规定》，陕西省电力工业采取盘活存量、银企联合等多种渠道筹措办电资金，加快电源和电网建设。12 年间，共筹集电力建设资金 383.25 亿元，其中电源建设 165.16 亿元，电网建设 218.09 亿元。电源建设向“大容量、高参数、自动化”机组方向发展。至 2002 年末，陕西电网新增发电装机容量 466.66 万千瓦，其中火电 392.41 万千瓦，水电 74.25 万千瓦。投产的 27 台发电机组中，30 万千瓦及以上的火电机组和 20 万千瓦及以上的水电机组共 14 台，总容量 399 万千瓦，占当期投产总容量的 85.5%。继 1983 年建成的陕西电力系统第一座装机容量超过百万千瓦的秦岭发电厂之后，相继又建成渭河发电厂（装机容量 130 万千瓦）、蒲城发电厂（装机容量 132 万千瓦）、宝鸡第二发电厂（装机容量 120 万千瓦）3 个百万千瓦级火电厂和装机容量 85.25 万千瓦的安康水电厂。单机容量 60 万千瓦的韩城第二发电厂也开工建设。电网建设重点加快 330 千伏骨干网架建设。至 2002 年末，全省新增 35 千伏及以上变电站 256 座，容量 1390.90 万千伏·安，线路 520 条，长度 8120.58 千米，其中 330 千伏变电站 15 座，容量 576 万千伏·安，线路 26 条，1322.685 千米；110 千伏变电站 142 座，容量 726.37 万千伏·安，线路 301 条，4644.88 千米；35 千伏变电站 99 座，容量 76.527 万千伏·安，线路 195 条，2253.16 千米。西安市所在的关中地区，是陕西经济发展重心，也是电力供应重心，关中地区用电量占陕西省全社会用电量的 77% 以上。加强关中骨干网架建设，一直是电力主管部门的工作重点。1991～2002 年，全省 330 千伏骨干网架进一步加强，先后建成投运 330 千伏渭南、蒲城桥陵、华阴罗敷、西安东郊、乾县大杨、宝鸡雍城、咸阳沣河、铜川桃曲变电站，扩建 330 千伏西安北郊、铜川金锁、宝鸡马营变电站，使关中地区中部和西部双环网基本形成。随着陕北延安、榆林、神木、黄陵变电站和陕南汉中、柞水、商州张村变电站的建成，330 千伏骨干网架北至榆林，南至汉中、商洛，覆盖全省 10 个地市。供电安全性、可靠性、稳定性大幅度提高。20 世纪 90 年代中后期，随着电源电网建设速度加快，陕西供电形势发生变化，电力供应已基本满足当时经济社会发展和人民生活用电需求。农村供电范围不断扩大，供电质量显著提高。2002 年末，全省 3 万多个行政村实现村村通电，农户通电率达到 98.80%。

"八五"时期（1991～1995 年），在邓小平视察南方讲话和中共十三大提出建立社会主义市场经济体制精神指引下，陕西省的改革开放和现代化建设进入了一个重要时期。省委、省政府提出"重点发展关中，加快发展陕南、陕北"的战略方针。这一时期，陕西电力建设完成投资 71.72 亿元，其中电源建设投资 56.88 亿元，电网建设投资 14.84 亿元。电源新增装机容量 212.27 万千瓦。电网新增 35 千伏及以上变电站 55 座，容量 307.27 万千伏·安，线路长度 1550 千米。330 千伏骨干网架向北延伸到延安。全社会用电量年均增长 6.92%，1995 年底达到 236.72 亿千瓦·时。但电力工业的发展速度仍然落后于经济社会发展速度，缺电仍然是电力供应的主要矛盾。开始是季节性限电，主要集中在冬季和夏季用电高峰时段，后来发展成全年性缺电。大批工厂和居民实行"停三供四"（一周停电 3 天，供电 4 天）或"停二供五"，农村仅保抗旱用电。政府经济综合管理部门和供电企业运用行政、经济、技术手段，加强计划用电，节约用电，维护用电市场秩序和保证电网安全运行。

"九五"时期（1996～2000 年），是陕西省电力工业快速发展的 5 年，也是投资规模最大，投资增长速度最快的 5 年。电力建设完成投资 212.72 亿元，其中电源建设投资 81.24 亿元，电网建设投资 131.48 亿元，电网建设投资首次超过电源建设投资。电源新增装机容量 238.82 万千瓦。电网新增 35 千伏及以上变电站 118 座，容量 729 万千伏·安，线路长度 4057 千米。330 千伏骨干网架延伸到榆林、汉中、商洛。1997 年下半年，陕西省的电力供需矛盾基本解决。政府经济综合管理部门废止了 20 世纪 80 年代～90 年代中期实行限制用电的行政法规。供电企业的工作重点也由限制用电向优质服务、开拓电力市场转变。

“十五”头两年（2001～2002年），陕西省以加快基础设施建设，加大矿产资源开发，发展第三产业为重点，全面实施西部大开发战略。电力建设两年完成投资98.81亿元，其中电源建设投资27.04亿元，电网建设投资71.77亿元。电源新增发电装机容量82.21万千瓦。电网新增35千伏及以上变电站83座，容量342.6万千伏·安，线路2614千米。

至2002年末，全省发电装机容量达到819.77万千瓦，是1990年的2.86倍；35千伏及以上变电容量2316.265万千伏·安，是1990年的2.50倍，线路长度23225.615千米，是1990年的1.54倍；全社会用电量355.97亿千瓦·时，是1990年的2.1倍。陕西省电力公司资产总额达335.21亿元，是1990年的6.11倍；销售收入达100.92亿元，是1990年的6.05倍。电力工业不但满足了陕西经济社会发展和人民生活用电的需求，而且成为陕西经济的支柱产业。

1991～2002年，在电力建设方面还进行了城乡电网建设与改造和陕北煤电基地建设的前期准备工作。陕西城市电网建设与改造工程始于1998年，工程计划总投资46.07亿元。至2002年末，全部完成计划投资。累计新建、改造110千伏变电站71座，新增变电容量277.75万千伏·安；新增更换10千伏配电变压器3052台，总容量78.8万千伏·安，新增配电容量46万千伏·安；新建改造110千伏线路819.9千米，35千伏线路51千米，10千伏线路2797千米，0.4千伏线路2293千米。完成一户一表改造35.45万户，西安、延安市实现集中抄表6.35万户；9个地级城市全部实现光纤通信；9个地区调度进行升级扩容，达到国内同期先进水平；10个供电局（公司）全部建成生产管理自动化系统；西安、宝鸡等6个城市进行了配网自动化试点，并建成西安配网调度中心。

陕西省电力公司农村电网建设与改造自1998年开始至2002年结束。工程分两期实施，总投资51.7亿元。新建和改造110千伏输变电工程87项，新增变电容量252.75万千伏·安，线路长度1389.89千米；新建和改造35千伏输变电工程85项，新增变电容量39.94万千伏·安，线路长度945.43千米；新建10千伏线路5064.83千米，改造10千伏线路7068.69千米，新增更换10千伏配电变压器20866台，总容量178.198万千伏·安；建设改造0.4千伏线路26595.05千米。改造8467个行政村的低压电网和用电设施，覆盖行政村总数的74.1%，受益农户237.12万户。在此期间，陕西省地方电力（集团）公司对所辖66个县的农村电网同时进行建设与改造，累计完成投资51.49亿元。新增与改造110千伏线路1204千米，变电站33座；35千伏线路2271千米，变电站194座；10千伏线路18710千米。完成10699个行政村、49657千米的低压电网改造。

城乡电网建设与改造工程的实施，从根本上改变了陕西电网“过负荷”、“卡脖子”现象，电网科技含量大幅度提高，供电可靠性普遍增强，高峰负荷时基本能做到不拉闸限电。电压合格率、供电可靠率大幅度提升，线路损失率下降。2002年，陕西省电力公司直属供电企业供电可靠率（RS-1）99.916%，综合电压合格率98.64%，线路损失率7.28%。

自2002年9月1日起，陕西全省城乡居民生活用电实行同网同价，同价水平为0.49元/(千瓦·时)。当年，陕西省电力公司直供直管县（区）电力局同价执行全部到位，农村到户电价平均下降0.08元/(千瓦·时)，平均每年可减轻全省农民电费负担约7800万元，使农民真正感受到同网同价带来的实惠，称赞农村电网建设与改造工程是“德政工程”、“民心工程。”

开发建设陕北煤电基地，实现“西电东送”，变陕西的资源优势为经济优势，促进革命老区经济发展，经历了20年漫长而艰难的历程。国家有关部委，中共陕西省委、省政府，西北电业管理局、陕西省电力公司历届领导都为之作出了不懈努力。

早在1983年，西北电业管理局就起草了《加速开发西北能源，把大西北建成电源基地》的报告，提出2000年以前在陕西北部建设火电基地向京津唐送电的建议。1991年和1998年，黄毅诚在担任能源部部长和全国人大财经委副主任期间，曾多次提出在陕北建设大型火电群，通过600千伏直流向华北、华东、上海送电的倡议。1999年，陕西省电力公司委托电力规划总院和西北电力设计院进行深度研究论证，编制了2000～2015年建设陕北煤电基地及向华北送电规划。2001年，国家电力公司两次组织专家组对陕北煤电基地建设和送电方案进行考察。10月19日，在陕西视察工作的全国人大常委会副委员长邹家华听取了关于建设陕北煤电基地的工作汇报，并做了具体指示。12月，陕西省电力公司根据有关领导和专家的意见，制定了《陕北煤电基地总体规划要点》。规划要点包括：陕北榆林能源重化工基地规划要点、陕北能源资源分析、陕北水资源分析、环境影响区域评价、电源建设规划方案和电力送出规划方案。陕北煤电基地总体规划装机容量2280万千瓦，配套建设年产6500万～10000万吨煤矿。一期工程规划装机容量1080万千瓦发电机组，配套建设年产3000万吨煤矿。2001年12月31日，国家电力公司组织专家对陕北神木电厂向华北电网送电方案进行评审，基本确定送电方向、送电落点和输送容量。2002年3月27日，中共中央总书记、国家主席、中央军委主席江泽民到陕北煤电基地神木锦界电厂厂址视察，听取陕北煤电基地建设的总体规划、建设条件、区位优势及外送方案等情况汇报。江总书记称赞“这是一个好项目”，并进一步指出：“榆林、延安市的煤炭、石油、天然气资源确实丰富，把陕北建设成为能源重化工基地，作为中国现代化建设一个重要能源接续地，是有战略意义的，也是完全具备条件的。加快陕北能源重化工基地建设，从西气东输、西电东送和煤制油等几个大项目起步，不仅对支持东部建设有重大意义，而且对改善革命老区人民生活，加快这些地区的发展，也是十分必要的。”2002年5月31日，陕北煤电基地启动项目——神木锦界电厂一期4×60万千瓦工程可行性研究报告通过国家电力公司预审。2002年末，国家计委把陕北煤电基地建设列入国家“十五”计划和“西电东送”北部通道主要电源之一，并要求于2003年开工建设。

## 二

1991～2002年，陕西省电力工业管理体制发生多次变化。1993年成立西北电力集团，将中国西北电力联合公司改组为中国西北电力集团公司，作为西北电力集团的核心企业。1998年10月，将西北电力集团公司（西北电业管理局）与陕西省电力公司（陕西省电力工业局）管理体制分离，即网省分离。1999年1月，陕西省电力公司（陕西省电力工业局）独立运作。2001 年 6 月，陕西省人民政府决定撤销陕西省电力工业局和陕西省农电管理局，将政府管电职能移交省经贸委。同时成立陕西省地方电力（集团）公司，负责 66 个县农电资产的经营管理（在此之前省政府已将原由县政府管理的 22 个县农电管理交陕西省农电局）。至此，陕西省农电管理形成陕西省电力公司管理 33 个县（不含城市城区市辖区），陕西省地方电力（集团）公司管理 66 个县的独特运作模式。

1999 年，陕西省电力公司按照国务院关于深化电力工业体制改革的意见，制订厂网分开总体实施方案，为厂网分开作准备。2002 年底，成立发电企业资产移交工作领导小组，开始与中国大唐集团公司和中国华电集团公司协商移交。

陕西省电力企业认真贯彻《全民所有制工业企业转换经营机制条例》和《国有企业改革和发展若干重大问题的决定》，以“公司制改组，商业化运营，法制化管理”为目标，深化管理体制改革，以适应向社会主义市场经济的转变。经营管理工作在观念、体制和机制上都发生了深刻变革，注重向管理要效益，由粗放型管理向集约型管理转变。全面加强企业的计划管理、财务管理、劳动人事管理、物资管理和审计监督。

20 世纪 90 年代，陕西省电力公司开展了“劳动、人事、工资”三项制度改革，以人事制度改革为切入点，精简机构，减少冗员；打破干部、工人身份界限；深化用工制度改革，职工公开招聘、动态管理；实行以劳动责任、劳动强度、劳动环境和劳动技能确定的岗位技能工资制。独立运作后的陕西省电力公司调整管理模式，及时提出“两个层面十三项改革”，第一个层面主要是政企分开、厂网分开和农电体制改革；第二个层面是第一个层面的配套改革，重点是企业内部的机制创新。通过层层签订“资产经营、安全生产、党风廉政”3 项责任书，把企业的总体目标落实到基层，并提出要扎实做好“安全、发展、稳定、服务、效益、创新”6 篇文章。

20 世纪 90 年代初，完成第二轮承包经营以后，陕西省电力公司不断完善内部承包经营模式。1998 年，实行《陕西电网内部模拟市场及承包经营责任制试行办法》。2000 年，陕西省电力公司又对该办法进行细化。在核定各发供电企业内部利润承包基数的前提下，确定统一的上网电价和购网电价，以当年的上网电量和购网电量，结算出各发供电企业实现的利润，并与工资总额挂钩。内部模拟市场的建立，增强了电力企业的市场意识，提高了电网整体效益。

20 世纪 80～90 年代，资金短缺一直困扰着电力企业的发展和正常经营。陕西省电力公司通过盘活秦岭发电厂资产，获得现金流 9.87 亿元。同时加强了电费回收和陈欠电费的收缴力度，采取帮助用户开拓产品销售渠道、以用户产品冲抵电费、帮助用户获得银行贷款等措施，使电费回收率由 1990 年的 93.90%提高到 2002 年的 100%，陈欠电费逐年减少。资金短缺的困境得到缓解。

## 三

1991～2002 年，陕西省电力工业实施科教兴电战略，加强环保治理，不断提高发供电设备的科技含量和员工的业务技术素质，努力为陕西省经济社会发展提供安全、可靠的清洁能源。

电力工业是装备性行业，电力装备的技术水平直接关系到电力生产的安全性、经济性和可靠性。在电源建设方面，由于采用了大容量、高参数、自动化和高效节能设备，火力发电厂热效率有了明显改善。全省供电煤耗由1990年的414克/(千瓦·时)降到2002年的399克/（千瓦·时)，厂用电率由1990年的9.12%降到2002年的7.88%。发电水耗大幅度降低，劳动生产率不断提高。在电网建设方面，合理布局各电压等级的变电站，实行“手拉手”和环网工程，改造和更换高耗能设备，加强供用电管理和电能质量管理，推广发电厂进相运行先进技术，合理增设无功设备，充分发挥其作用，加装自动调压、程控装置等措施，使电网线损降低，电能质量提高。1990～2002年，全省线路损失率由9.67%降至7.56%，10千伏用户平均供电可靠率由99.379%提高到99.916%，停电时间由54.43时/年降低到7.36时/年，用户端电压合格率由88.38%提高到98.64%。

1991～2002年，陕西省电力工业科技进步的一个显著标志是信息化技术的广泛应用。1995年，晶体管在电力系统自动化装置中仍占70%～80%。到2002年末，从发电厂的自动化控制到电网的输变电、配用电及调度通信已全部采用微机控制，并自主开发了一大批适应电网不断扩大的软件系统，为电网的安全稳定运行提供了保证。同时，在1999年末，及时解决了“千年虫（Y2K)”问题。此间，陕西省电力公司获得省部级科技成果奖49项。

电力企业是人才密集型企业，职工教育培训始终是企业的重点工作之一。陕西省电力公司对职工主要采取岗位培训和学历教育。随着企业管理水平的提高和职工结构的变化，逐步突出岗位培训工作。“八五”时期，干部培训主要是领导干部岗位培训，一般干部计算机应用培训。“九五”以后，为适应企业发展对人才的需求，培养企业后备干部提上议事日程，开始有计划地培训中青年干部。培训内容也发生了很大变化，领导干部和后备干部重点学习现代工商管理知识，一般管理人员主要学习新技术、新工艺及新的管理理论。工人培训以岗位技能培训为重点，重视并加强了高级工、技师及高级技师的培训。至2002年末，高、中、初级电力技能员工的比例已达到3∶5∶2。各基层企业也根据陕西省电力公司的统一规划建立起了各类专业培训基地。

## 四

1991～2002年，陕西省电力公司党组和直属单位党委充分发挥政治核心作用，坚持党的基本路线，依靠职工群众，一手抓物质文明建设，一手抓精神文明建设。12年间，党的组织建设、思想建设不断加强，党员队伍发展壮大，各级领导班子建设、职工队伍建设、党风廉政建设和行业作风建设进一步加强。党支部的战斗堡垒作用、党员的先锋模范作用和领导干部表率带头作用充分发挥，为推动陕西省电力事业的健康发展提供了坚强的思想政治和组织保证。2002年末，公司系统党员占员工总数的35.28%，全系统637个党支部全部建成规范化达标党支部。干部队伍的革命化、知识化、专业化、年轻化程度显著提高，理论修养不断加强，工作作风明显转变。职工队伍稳定，凝聚力增强。

1991～2002年的12年间，陕西省电力企业在物质文明建设取得丰硕成果的同时，精神文明建设也取得显著成果。在省委、省政府组织开展的社会主义精神文明建设“创佳评差”竞赛活动中，陕西省电力工业局（陕西省电力公司）连续10年被评为最佳厅局（公司）。陕西省电力企业坚持“人民电业为人民”的服务宗旨，不断创新工作方式，通过开展安全文明生产达标、“创一流”、电力“三为”（为农业、为农民、为农村经济）服务达标竞赛等一系列活动，以及实行供电服务承诺、用电营业规范化及建立客户服务中心等多种举措，不仅提高了优质服务水平，而且还逐步形成适应社会主义市场经济体制的营销模式，做到了让政府放心，使社会满意。至2002年末，陕西省电力公司直属11个供电企业全部建成省部级“双文明单位”，其中8个供电企业成为“省级文明单位标兵”，11个供电企业除成立较晚的榆林供电公司外，全部建成部级或网省局“一流供电企业”。

陕西省电业工会、共青团等群众组织在陕西省电力公司党组领导下，利用自身优势，充分发挥各自作用，依法依章，团结广大职工开展民主管理、民主监督和多种形式的有益活动，提高了广大员工的思想觉悟和工作积极性。通过建立“职工互助会”等形式，开展送温暖和扶贫帮困等活动，在公司系统中营造出团结、互助、和谐、温馨的工作生活氛围。

## 五

展望陕西省电力工业的发展前景，任重而道远。“十五”后三年（2003～2005年），陕西省电力发展将继续以邓小平理论和“三个代表”重要思想为指导，全面贯彻党的十六大精神，抓住西部大开发机遇，以资源优化配置为前提，加快电源建设，优化发展火电，积极发展水电，开发陕北火电基地，打通“西电东送”北部通道。加强电网建设，以750千伏网架建设为重点，继续完善330千伏骨干网架，重视配网建设，提高电网水平。把握电力发展与经济发展、电网发展与电源发展的关系，以电源电网协调发展促进国民经济发展。至2005年，陕西发电装机容量将突破1000万千瓦，年发电量将突破500亿千瓦·时，满足全省经济社会用电需求，为“十一五”陕西省经济社会的快速发展打好基础。

# 第一篇　管　理　体　制

# 第一篇　管　理　体　制

1991～2002 年，国家电力管理体制发生了多次重大变化。

1997 年国家电力公司成立，1998 年电力工业部撤销，电力行政管理职能移交国家经贸委，同时充实和加强了中国电力企业联合会的行业管理职能。电力管理体制朝着“政府宏观调控，企业自主经营，行业协会自律服务”的社会主义市场经济体制迈出了一大步。

2002 年 2 月 10 日，国务院以国发［2002］5 号文件下发《电力体制改革方案》，提出加快深化电力体制改革进程，打破垄断，引入竞争，构建政府监管下的电力市场体系。决定厂网分开，将国家电力公司管理的国有资产划分重组，成立国家电网公司、南方电网公司，组建中国华能等 5 家发电集团公司；改组或组建中国水利水电建设等 4 家辅业集团；设立国家电力监管委员会。

陕西省电力工业管理体制在这样的大形势下走过 12 年。

## 第一章　陕西省电力工业管理体制

20 世纪 90 年代初，陕西省电力工业管理体制仍然延续 80 年代末的模式，即西北电业管理局、中国西北电力联合公司、陕西省电力工业局、陕西省电力公司实行四块牌子，一套机构。既隶属能源部领导，又接受陕西省政府领导；既履行着对西北五省（区）电力工业管理的政府职能，又行使企业管理职能和行业管理职能，是政企合一的管理体制。

1998 年以后，国务院加快电力体制改革步伐。陕西省电力工业管理体制先后进行了网省公司体制分离（西北电力集团公司与陕西省电力公司分离），政企分开（撤销陕西省电力工业局），厂网分开（将陕西省电力公司直接管理的发电厂分别移交大唐集团公司和华电集团公司）等改革。同时成立了陕西省电力行业协会。这些改革措施的逐步实施，彻底改变了陕西省电力工业政企合一、网省不分的计划经济管理体制，打破了发电、输电、配电、售电单一垄断经营的管理模式，为发电企业公平竞争创造了条件，同时也加强了政府职能部门的宏观调控和监督管理。

### 第一节　网省公司体制沿革

**一、组建中国西北电力集团公司**

根据国发［1991］71 号文《国务院批转国家计委、国家体改委、国务院生产办公室关于选择一批大型企业集团进行试点的请示的通知》精神，1992 年 10 月 19 日，西北电业管理局以西电管字〔1992〕33 号文《关于申请组建中国西北电力集团的请示》，向国家计委、国家体改委、国务院经贸办、能源部报送《中国西北电力集团组建方案》，报请在中国西北电力联合公司的基础上组建中国西北电力集团公司，并以此为核心组建中国西北电力集团。集团的成员和结构为：由中国西北电力联合公司本部及其直接管理的陕西省电力企事业单位组成中国西北电力集团公司，作为西北电力集团的核心企业。西北电力集团公司兼有陕西省电力公司职能。甘肃、宁夏、青海、新疆四省（区）电力公司、黄河上游水电工程局、陕西（西北）电力建设总公司等作为西北电力集团的紧密层企业。

1992 年 12 月 30 日，国家计委、国家体改委、国务院经贸办复函，同意成立中国西北电力集团公司，同意以中国西北电力集团公司为核心组建中国西北电力集团。

1993 年 3 月 9 日，陕西省工商行政管理局核发了中国西北电力集团公司的企业法人营业执照。公司注册资本金人民币 24.85 亿元。经济性质为全民所有制。经营范围：主营电力、热力生产供应，电力建设。

根据相关文件精神，企业集团的核心企业和其他成员企业，各自都具有法人资格。试点企业集团核心企业对紧密层企业的主要活动实行“六统一”。基本要求是：既要保证实现企业集团的统一发展战略和发展规划，又不能影响成员企业的独立法人地位和积极性。“六统一”的主要内容是：发展规划、年度计划，由集团的核心企业统一对计划主管部门的管理；实行承包经营的，由集团的核心企业统一承包，紧密层企业再对核心企业承包；重大基建、技改项目的贷款，由集团的核心企业对银行统贷统还，实行有困难的要创造条件逐步实行；进出口贸易和相关商务活动，由集团的核心企业统一对外；紧密层企业国有资产保值、增值和资产交易，由集团的核心企业统一向国有资产管理部门负责；紧密层企业的主要领导干部，由集团的核心企业统一任免。

1993 年 9 月，国家计委同意西北电力集团从 1994 年起在国家计划中实行单列，由行业主管部门管理。计划单列的范围，包括西北电力集团公司和紧密层成员企业。

1995 年 11 月，根据国发〔1991〕71 号文件精神，西北电力集团组建成立财务公司，在企业集团内部融通资金。

**二、网省公司体制分离**

根据国务院关于政府机构改革和国家电力公司第二步改革的部署，1998 年 7 月 9 日，西北电业管理局以西电办字〔1998〕39 号文向陕西省人民政府上报《关于深化电力体制改革的请示》。拟将西北电业管理局、西北电力集团公司从西北电业管理局、西北电力集团公司、陕西省电力工业局、陕西省电力公司四块牌子，一套机构的体制中分离出来，使西北电业管理局、西北电力集团公司和陕西省电力工业局、陕西省电力公司分别成为两块牌子，一套机构，各自独立运作。按照国发〔1996〕48 号文《国务院关于组建国家电力公司的通知》规定，陕西省电力公司是西北电力集团公司的全资子公司。陕西省进行政府机构改革时，同步进行陕西电力工业政企分开的改革。西北电业管理局和西北电力集团公司同时按照国家电力公司的统一部署，进行政企分开工作，在移交代表电力工业部行使的政府管电职能后，撤销西北电业管理局。西北电力集团公司是国家电力公司的全资子公司。

1998年7月20日，陕西省人民政府陕政函［1998］130号文《关于深化电力体制改革请示的批复》，同意西北电业管理局关于深化电力体制改革的方案。

与此同时，陕西省工商行政管理局核发了陕西省电力公司企业法人营业执照。公司注册资本金人民币1亿元，实收资本人民币1亿元。公司类型为有限责任公司。经营范围：本省行政区域内电力、热力的生产和销售；电站辅机、备品配件、送变电器材的生产；电力科研、人才培训及技术咨询。

1998年8月14日，西北电力集团公司向国家电力公司报送西电集团总字［1998］48号文《西北电力集团公司与陕西省电力公司体制分离总体方案》（简称《总体方案》)。8月28日，国家电力公司发国电政法［1998］414号文《关于西北电力集团公司与陕西省电力公司体制分离总体方案的批复》，原则同意《总体方案》意见，并就有关资产划分、电网、调度、法人治理结构、内设机构及经营范围划分等问题提出要求和修订意见。10月6日，西北电力集团公司向集团成员单位下发西电集团总字［1998］63号文《西北电力集团公司与陕西省电力公司体制分离实施方案》(简称《实施方案》)。

《实施方案》确定西北电力集团公司的主要职责是：①经营西北电力集团公司直接管理的国有资产及五省（区）电力公司等全资子公司中的国有股权和控股、参股公司中由西北电力集团公司代表的国有股权，优化资源配置和产业结构，实现国有资产的保值增值。②对全资子公司和控股子公司享有出资收益权、重大事项决定权、主要经营者的任免权。③研究制订西北电力集团的发展战略和区域性发展战略；研究制订西北电力集团中长期发展规划和年度计划、投融资计划，并组织实施。④负责西北电力集团跨省（区）电源建设和经营，对西北电力集团跨省（区）电网实行统一规划、统一建设、统一调度、统一管理；对与西北电网相连接的必要骨干电厂实施统一调度；对西北电网依法实行调度管理；负责西北电网的安全、稳定、可靠、经济运行，不断提高西北电网的可靠性和供电质量水平；负责西北电网的商业化运营。⑤直接经营跨省（区）联络线的资产，经营跨省（区）送电即省（区）间互供电力、电量。⑥直接经营必要少量的电厂资产。⑦负责组织黄河上游水电滚动开发，负责组建黄河上游水电开发有限公司，并控股。⑧指导西北电力集团的精神文明建设和思想政治工作。

陕西省电力公司的主要职责是：①经营界定范围内的国有资产，承担保值增值责任，优化资源配置，调整产业结构。②对其全资子公司和控股子公司享有出资收益权、重大事项决定权和对主要经营者的任免权，任免所属分公司和直属单位的主要领导人。③进行电力建设、电力生产和经营，努力为本省经济发展和人民生活提供充足电力供应。④对全省电网实行统一规划、统一建设、统一调度、统一管理。⑤深化内部改革，力争在推进厂网分开、探索公有制多种实现形式、建立农电管理新体制以及电价改革等方面有重大突破。⑥指导和搞好陕西省电力公司范围内的精神文明建设和思想政治工作。

《实施方案》明确界定陕西省电力公司生产、经营、调度和管理范围为：①陕西电力建设总公司作为陕西省电力公司的全资子公司。②西北电力实业发展总公司、西北电力开发有限责任公司、物资总公司、燃料总公司和电网建设公司均作为陕西省电力公司的二级公司。③原由西北电力集团公司控股的韩城第二发电有限责任公司和蒲城发电有限责任公司改为由陕西省电力公司控股。④原西北电力集团公司在宝鸡第二发电有限责任公司中占有65%股权，其中的20%改由陕西省电力公司持有，5%由西北电力开发有限责任公司持有。⑤原西北电力集团公司在财务公司中占有43.7%股权，其中的9.7%改由陕西省电力公司持有。⑥原西北电力集团公司在国贸公司中占有41.7%股权，其中的10.4%改由陕西省电力公司持有。⑦原作为西北电力集团公司二级单位的所有供电企业，为陕西省电力公司的二级单位。⑧原作为西北电力集团公司二级单位，除秦岭二期以外的所有发电企业，为陕西省电力公司的二级单位。⑨原作为西北电力集团公司二级单位的所有修造企业，为陕西省电力公司的二级单位。⑩原作为西北电力集团公司二级单位的所有施工企业，为陕西省电力公司的二级单位。⑪原作为西北电力集团公司二级单位的所有事业单位，为陕西省电力公司的二级单位。⑫除界定为仍由西北电力集团公司直接经营的资产和仍由西北电力集团公司代表的投资而形成的股权外，原西北电力集团公司的其余对外投资及相应的资产和股权，一律界定为陕西省电力公司直接经营的资产和股权。⑬除留作新建西北电力调度通信楼的小东门扩征20亩❶土地使用权外，现属西北电力集团公司所有的房产和土地使用权以及生产、生活设施，一律界定为陕西省电力公司使用管理的资产。⑭成立陕西省电力调度通信中心。

1998年10月13日，国家电力公司发国电政法［1998］539号文《关于西北电力集团公司与陕西省电力公司体制分离的决定》，西北电力集团公司与陕西省电力公司从即日起在体制上分离，成为两个独立的法人实体。

1998年10月16日，西北电力集团公司与陕西省电力公司体制分离揭牌仪式在西安举行，国家电力公司党组书记、总经理高严和陕西省委书记李建国共同为“西北电力集团公司”与“陕西省电力公司”揭牌。高严总经理、程安东省长在揭牌仪式上发表讲话。国家电力公司副总经理赵希正宣布体制分离决定。国家经贸委电力司副司长吴贵辉到会祝贺。

1998年10月底，西北电力集团公司和陕西省电力公司完成了分离的各项具体工作。11～12月，西北电力集团公司和陕西省电力公司试行独立运作。

1999年1月1日起，西北电力集团公司和陕西省电力公司各自独立核算，自主经营。

## 第二节 政 企 分 开

1998年12月24日，国务院办公厅以国办发［1998］146号文转发《国家经贸委关于深化电力工业体制改革有关问题意见的通知》，要求坚持政企分开、省为实体的方针，深化省级电力公司改革。各省、自治区、直辖市电力局（公司），要在地方政府机构改革时，将现承担的行政管理职能移交给地方政府综合经济管理部门，同时接受地方政府的指导与

❶ 亩为非法定计量单位，1亩=666.67米$^2$，下同。

监督。地方各级政府均不设立电力专业管理部门。

1999 年 4 月国家经贸委大连会议后，陕西省电力工业局按照中发［1999］2 号文《中共中央、国务院关于地方政府机构改革的意见》和国办发［1998］146 号文《国务院办公厅转发国家经贸委关于深化电力工业体制改革有关问题意见的通知》要求，根据国家经贸委国经贸电力［1999］445 号文《关于做好电力工业政企分开改革工作的意见》以及国家电力公司国电总［1999］700 号文《关于认真做好国家电力公司系统政企分开改革工作的通知》精神，提出《陕西省电力工业局暨陕西省电力公司关于做好电力工业管理体制政企分开改革工作的意见》。其核心是分离由陕西省电力工业局承担的政府行政管理职能和行业管理职能，保留企业职能，构筑政府和企业的新型关系。

2001 年 5 月 18 日，陕西省人民政府发陕政函［2001］132 号文《关于调整电力行政管理职能的批复》，根据国务院有关深化电力体制改革的统一安排，在省政府机构改革中将省电力工业局、省农电管理局及省水利厅等承担的政府管电职能移交给省经贸委；同意撤销省电力工业局；撤销省农电管理局，并组建陕西省地方电力（集团）公司。

2001 年 5 月 30 日，陕西省经贸委和陕西省电力工业局联合向国家经贸委上报《陕西省电力行政管理职能移交实行政企分开工作的意见》。

2001 年 6 月 29 日，国家经贸委发国经贸电力［2001］647 号文《关于撤销陕西省电力工业局的批复》：自发文之日起撤销陕西省电力工业局；严格按照中央编制办公室、国家经贸委关于调整电力行政管理职能有关文件精神，实行政企分开，做好职能交接工作，确保衔接有序、平稳过渡，切实履行好电力行政管理职能；政企分开后，省经贸委要和省电力公司相互支持、相互配合，结合本省实际，不断深化电力工业改革，促进全省电力工业持续、稳定、健康发展。

政企分开以后，陕西省经贸委的电力行政管理职能为：根据国家有关电力法律、法规、政策，结合陕西省实际，组织制定具体实施细则、办法、规定等有关行政规范性文件；组织拟定本省电力工业的行业规划，实施行业管理和监督；研究提出本省电力工业改革（含农电）的方针、政策及体制方案；组织推动全省电力工业体制改革工作，协调解决电力工业改革与发展中的问题；研究提出近期电力经济运行综合调控目标，监测、分析电力运行态势，制订、下达全省年度发、购、供电平衡预期目标和发电企业年度发电量调控目标，协调有关矛盾和问题；负责审批向境外购、供电计划；审核批准电网限电序位表；监督年度电力调控目标的执行；培育和监管电力市场，规范电力市场秩序；监督、协调电网调度机构按照“公平、公正、公开”原则进行调度；协调解决并网纠纷；处理电网运行、电力经济运行中的重大问题；研究提出电、热价格政策意见，参与电价整顿、调整、改革等工作；依法管理供电营业区划分工作，办理变更、颁发供电营业许可证，颁发供用电监督资格证、供用电监督证、电工进网作业许可证、承装（修）电力设施许可证；组织实施对资源综合利用电厂（机组）、热电联产电厂（机组）的认证及发证工作；按照规定审查重大电力技改项目并转报国家经贸委审批权限内的电力技改项目；参与组织输变电设备技术及产品鉴定工作；研究组织制订农村电气化发展规划，负责农村电气化工作；负责电力行政执法与行政执法监督等；负责省“三电办”工作；指导和监督陕西省电力行业协会的工作。

2000年3月18日，陕西省电力行业协会成立。国家电力公司副总经理周大兵、副省长巩德顺为陕西省电力行业协会揭牌。省电力行业协会是全省电力企事业单位和电力有关社团组织自愿联合的组织，是社会团体法人。行业协会主要发挥政府和企业之间的桥梁、纽带作用以及自律性的行业管理作用。省电力行业协会在省电力工业局摘牌以后正式挂牌运作，随后陕西各市电力行业协会也陆续成立。

## 第三节 厂 网 分 开

根据国务院办公厅国办发［1998］146号文《转发国家经贸委关于深化电力工业体制改革有关问题意见的通知》中关于推进电厂、电网分开（简称厂网分开）改革的要求和国家电力公司第二步改革部署，1999年，陕西省电力公司制订《陕西省电力公司关于厂网分开的总体实施方案》，在对下属发电企业逐一个案研究后，又制订资产重组具体实施方案，为厂网分开改革做好准备。

**一、厂网分开准备**

1999年12月7日，陕西省电力公司总经理办公会议决定，对西北电力开发有限责任公司进行重组。陕西省电力公司将灞桥、韩城、石泉、略阳、渭河一期及户县等6个发电厂1999年9月30日账面净资产（不含属于燃料公司管理的资产），作为向西北电力开发有限责任公司的增加投资，将上述发电厂属于燃料公司管理的账面净资产作为陕西电力燃料有限责任公司对西北电力开发有限责任公司的投资。重组后的西北电力开发有限责任公司仍由陕西省电力公司控股，陕西电力燃料有限责任公司、西北（陕西）电力实业发展总公司及陕西（西北）电力建设总公司参股。

从投资性公司变为主营发电的西北电力开发有限责任公司，同渭河、秦岭、蒲城、宝二发电公司成为陕西省5个较大的独立发电公司。

2001年7月27日，陕西省电力公司总经理办公会议通过了《陕西电力发电有限责任公司组建及整体运作实施方案》。按照该实施方案要求，将西北电力开发有限责任公司改组为陕西电力发电有限公司，原划转给西北电力开发有限责任公司的石泉水电厂资产转为陕西省电力公司持有。把陕西省电力公司除原向西北电力开发有限责任公司划转的韩城等5个火力发电厂资产以外的，其他所属火电企业（包括在扩建项目）的资产全部作为陕西省电力公司向陕西电力发电有限公司的增加投资。将与生产产品和发电企业直接相关联的西安电力树脂厂、宝鸡电力设备厂的资产也全部作为陕西省电力公司向陕西电力发电有限公司的投资。

陕西电力发电有限公司的控股方及出资方式为：控股方为陕西省电力公司。出资方式：实物及现金（主要为以上所列净资产、股权及所构成的货币资金）。出资额：以上所列净资产、股权当前合计数全额（其中净资产额经资产评估确认后确定）。参股方陕西电力燃料有限责任公司实物出资1855万元，陕西电力银河集团有限公司（原西北电力实业发展总公司）现金出资 288 万元，陕西电力建设总公司现金出资 120 万元。

控股方陕西省电力公司出资额的实际构成具体为：陕西省电力公司原对西北电力开发有限责任公司除石泉水电厂以外的投资，陕西省电力公司在韩城第二发电有限责任公司 60%的股权、宝鸡第二发电有限责任公司 20%的股权、蒲城发电有限责任公司一期 70%和二期 60%的股权、秦岭发电有限责任公司 20%的股权、秦华发电有限责任公司 40%的股权，以及西安电力树脂厂和宝鸡电力设备厂的净资产。

陕西电力发电有限公司拥有全资及控股发电企业装机容量 137.6 万千瓦。公司主要职责是负责所属全资及控股企业的生产、安全、计划、调度、协调和服务，同时履行陕西省电力公司发电部的职能，对所属企业下达经营指标并进行考核。对经营指标分解细化，强化对所属全资及控股企业的监督、考核和管理。对参股企业以法人治理结构方式参与管理。2002 年及过渡期间，各项管理指标仍由陕西省电力公司下达和考核。

**二、厂网分开实施**

2002 年 12 月 3 日，国家发展改革委员会发计基础［2002］2704 号文《国家计委关于国家电力公司发电资产重组划分方案的批复》，决定组建 5 家发电集团公司。即以 2000 年的财务决算为依据，将国家电力公司系统的发电资产重组划分为中国华能集团公司、中国大唐集团公司、中国华电集团公司、中国国电集团公司、中国电力投资集团公司等 5 家全国性的发电集团公司；改组或组建 4 家辅业集团；重组其他直属辅助性企事业单位；确定国家电网公司、南方电网公司暂时保留抽水蓄能和调峰调频电厂资产。为支持电网建设、支付必要的改革成本，国家电网公司暂时保留并将出售变现的发电资产的权益容量为 647 万千瓦，其中包括原始股东陕西省电力公司在宝鸡第二发电有限责任公司 25%（含西北电力开发有限公司 5%）股权比例的权益容量 30 万千瓦；划转给辅业集团公司的参股发电资产权益容量为 920 万千瓦，其中包括原始股东陕西省电力公司在秦岭发电有限责任公司 20%股权比例的权益容量 16 万千瓦。据此，确定陕西省电力公司划转给大唐集团公司发电企业的股份为：延安发电厂（100%）、陕西电力发电有限公司（97.17%）、石泉发电有限责任公司（48.59%）、石泉水力发电厂（97.17%）、渭河发电厂（97.17%）、略阳发电厂（97.17%）、韩城发电厂（97.17%）、户县热电厂（97.17%）、灞桥热电厂（97.17%）、灞桥热电有限责任公司（77.74%）、陕西新力发电有限责任公司（14.58%）、陕西秦华发电有限责任公司（40%）。划转给华电集团公司发电企业的股份为：陕西蒲城发电有限责任公司（70%）以及在建的蒲城二期（60%）。

2002 年底，陕西省电力公司成立发电企业资产移交工作领导小组和蒲城发电有限责任公司资产移交工作小组，开始向中国大唐集团公司接收小组和中国华电集团公司接收小组协商移交。

## 第四节　农电管理体制沿革

1990 年，陕西省农电管理分为三个部分：陕西省电力工业局直供直管 33 个县（区）；

陕西省农电管理局管理 44 个县和榆林地区供电局（当时这 44 个县的农电资产、管理权限、职工人数、工资总额并未完全划清），其中 38 个县（不含榆林独立电网的 6 个县）由陕西省电力工业局承包经营；22 个县由当地政府直接管理，各地（市）供电局实行趸售或以当地小水电、小火电自发自供。

1990 年 12 月 20 日，陕西省政府决定，自 1991 年 1 月 1 日起，由陕西省农电管理局对 38 县电力局实行直接管理，不再由陕西省电力工业局承包经营，有关地（市）供电局对县电力局实行趸售。

1991 年 2 月 1 日，西北电业管理局向各供电局下发西电供字［1991］4 号文《关于做好 38 县农电移交工作的通知》，根据陕西省政府有关决定和能源部的规定，明确移交工作中的有关事宜。从 1991 年 1 月 1 日起，由各地（市）供电局直接对 38 县电力局实行趸售（地市以上专线用户不实行趸售），双方签订供用电协议。对趸售县的电网发展规划、计划用电的电力电量指标分配、趸售县用户负荷审批、供电贴费和趸售县电力局代收的煤运加价、电力建设和出售用电权等资金的上缴以及趸售电价、计量装置安装点、电费缴纳等问题确定了原则，并就 38 县电力局农电固定资产划转、财务会计、人员和人事档案的移交作出明确规定。3 月，38 个县农电企业的资产设备和职工人事关系向陕西省农电管理局划转移交完毕。同时，榆林、府谷等 6 个县电力局的职工人数、工资总额也按上述文件进行移交。

1991 年 10 月 18 日，能源部向陕西省人民政府发出能源人［1991］957 号文《关于划转陕西榆林、府谷等 44 个县农电企业劳动工资指标的函》，根据国家经委经体［1989］25 号文《关于同意将榆林、府谷等 44 个县农电企业划归陕西省管理的复函》精神，同意将榆林、府谷等 44 个县农电企业划归地方管理。44 个县 1990 年末职工人数 3234 人，年工资总额 787.9 万元，从 1991 年 1 月 1 日起划转。

1991～1997 年，部分县人民政府管理的县电力局向陕西省电力工业局下属的所在地（市）供电局申请代管，其中 1991 年 12 月，志丹、吴旗、子洲、宜川、柞水、留坝及商南等县人民政府提出将其所辖县电力局交由陕西省电力工业局所在地（市）供电局代管的请求，陕西省电力工业局制定了《关于对部分县属电力局实行代管的办法》，本着互惠互利和自愿原则，由所在地（市）供电局与县人民政府签订代管上述 7 个县电力局的合同。1996 年 12 月，子长县人民政府与延安供电局也签订了代管协议。

1992 年，陕西省政府决定，由县人民政府直接管理的 22 个县电力局逐步移交陕西省农电管理局直接管理，直到 1997 年 3 月陕西省政府办公厅发《关于将绥德等 12 个县属电力企业划归省农电局管理的通知》后，陕西省农电管理局在几年内陆续接收了 22 个县电力局。陕西省县级农电管理体制变为陕西省电力工业局直供直管 33 个县（不含市辖区），陕西省农电管理局管理 66 个县。

2001 年，陕西省人民政府对陕西省电力工业的政企分开作出决定，撤销陕西省农电管理局并组建陕西省地方电力（集团）公司。由于各种原因，陕西省地方电力（集团）公司推迟到 2004 年才挂牌成立。

# 第二章　发电企业投资体制

随着国家投融资体制改革，实行集资办电、多渠道筹资办电等政策，形成多家办电的格局，促进了电力工业的快速发展。陕西省在电源建设上实施投资主体多元化，新建电源项目均按照《中华人民共和国公司法》的规定组建公司并建立法人治理结构，很好地解决了电源建设资金不足与电源建设滞后的矛盾。陕西省电力建设投资开发公司作为陕西省政府的电力投资企业，在投资体制改革中逐步发展壮大，成为电源建设重要的投资主体。伴随国家关于厂网分开改革政策的逐步推进，发电企业的资产盘活、重组改制成为20世纪90年代后期陕西电力工业体制改革的重要内容。

## 第一节　陕西省电力建设投资开发公司

陕西省电力建设投资开发公司是陕西省人民政府直属的开发和管理电力建设资金，开展集资办电，具有法人地位的省预算内全民所有制正厅级企业。该公司受陕西省人民政府和西北电管局领导，以陕西省人民政府领导为主。

1989年5月13日，陕政发［1989］138号文《陕西省人民政府关于成立陕西省电力投资公司的通知》指出，为加强电力建设资金的筹措、征集、使用、回收工作，加快陕西电力建设，促进陕西省国民经济持续稳定发展，省政府决定成立陕西省电力投资公司。公司具有控股公司的职能，使资金保值增值，又具有承担政策性投资的职能，确保国家和省计划完成。公司的主要业务是：负责集资办电，组织发行电力债券和股票，为电力建设筹集预算外资金和社会闲散资金，吸收外来资金（含国外资金）；负责征、管全省各项电力建设资金和卖用电权的资金，集中用于电力建设，实行资金的专款专用和有偿使用；参与集资项目和合资项目的评估及经济评价工作，根据省年度计划安排编制年度电力建设资金和集资办电资金的投放计划；通过电力投资的合理导向，及时收回本、息、利，促进电力建设资金的良性循环，逐步做到以电养电，滚动发展。

1991年2月26日，陕西省政府决定将陕西省电力投资公司名称更改为陕西省电力建设投资开发公司。

1991年3月4日，陕西省工商行政管理局核发了陕西省电力建设投资开发公司企业法人营业执照，公司注册资金为人民币1亿元。经济性质为全民所有制，经营范围为主营省电力建设资金的筹集，省电力建设项目的开发和管理。3月6日，陕西省电力建设投资开发公司挂牌。

陕西省电力建设投资开发公司成立初期，主要承担电力建设基金和用电权基金的征收管理，代表地方政府出资办电，先后参与投资兴建了一批陕西省乃至国家的重点电力建设项目，主要有渭河发电厂新厂、宝鸡第二发电厂、蒲城发电厂及韩城第二发电厂等百万千瓦级火电厂。伴随国家经济体制改革的深入发展，公司坚持从政府角度和市场角度“双向定位”，积极进行管理体制、筹资方式和经营范围的“三个转变”。实施“资本控制、多元经营、集团管理”的运作模式，公司得以快速发展，资产规模不断扩大，投资经营范围也向其他领域延伸。

随着电力供应紧张局面的缓解以及市场经济体制的逐步建立和完善，1998 年 11 月 9 日，陕西省政府第十七次省长办公会议决定组建陕西省投资集团公司，由陕西省电力建设投资开发公司整体改制而成（仍保留陕西省电力建设投资开发公司的名称）。1999 年 5 月 12 日，陕西省投资集团公司在陕西省工商局注册，注册资本金人民币 3 亿元。

按照改制以后的要求，陕西省投资集团公司积极拓展投资领域，收购秦岭发电厂，组建秦龙电力股份有限公司、陕西省水电开发公司、西部信托公司、西部证券股份有限公司，接收了陕西省天然气公司、陕西信息大厦、西安人民大厦及陕西省自然博物馆。特别是从 2002 年起，陕西省投资集团公司积极参与陕北能源化工基地建设，公司主营业务向以能源重化工产业为主导的投资方向发展。

## 第二节　发电企业投资体制改革

### 一、陕西渭河发电有限公司

渭河发电厂新厂（即渭河发电厂 4×30 万千瓦机组扩建工程）由陕西省电力建设投资开发公司出资 70%，西北电力集团公司出资 30%共同建设。

1996 年 9 月，陕西省电力建设投资开发公司、西北电力集团公司与香港中旅（集团）有限公司在西安签订《合作经营合同》，约定设立中外合作的陕西渭河发电有限公司。渭河发电厂新厂净资产评估为 54 亿元，公司注册资本 18 亿元，其中香港旭兴发展有限公司占 51%、西北电力集团公司占 30%、陕西省电力建设投资开发公司占 19%，净资产与注册资本的差额部分为公司对合作三方的债务。转让 51%净资产的价款为 27.54 亿元，经营合作期限为 20 年。随后西北电力集团公司与陕西渭河发电有限公司签订《电量购销合同》，约定陕西渭河发电有限公司 4×30 万千瓦机组装机容量的年基准上网电量为 65.5 亿千瓦·时，上网电价（含税）不低于 0.35 元/(千瓦·时)，并依据发电用煤、燃油价格上涨幅度作同步调整。

1997 年 5 月 8 日，外经贸部［1997］206 号文批复同意设立中外合作（香港回归后称秦港合作）的陕西渭河发电有限公司。同日，陕西渭河发电有限公司完成工商注册登记。5 月 10 日，陕西渭河发电有限公司挂牌。这是陕西省第一个特大型发电企业运用 TOT（移交—经营—移交）融资方式引进外资的项目。

渭河发电厂新厂经营权 51%成功转让后，陕西省电力建设投资开发公司获得的转让资金，主要用于投资建设陕西蒲城发电有限责任公司和宝鸡第二发电有限责任公司。

### 二、陕西宝鸡第二发电有限责任公司

1994 年 11 月，陕西宝鸡第二发电有限责任公司（简称宝二发电公司）由西北电力集

团公司出资65%，陕西省电力建设投资开发公司出资35%（2001年后改为4家投资方，其中西北电力集团公司40%、陕西省电力建设投资开发公司35%、陕西省电力公司20%、西北电力开发有限责任公司5%）共同组建，并委托陕西省电力公司运营管理。

1999年10月，陕西省电力公司向宝二发电公司董事会就宝二发电公司的规范运营提出建议：改变委托运营方式，由宝二发电公司直接管理电厂的生产和经营，宝鸡发电厂与宝二发电公司合并成一个整体，全部职工转归宝二发电公司直接管理。2001年6月4日宝二发电公司临时董事会同意陕西省电力公司的建议方案，决定宝鸡发电厂与宝二发电公司合并。

2001年6月5日，国家电力公司国电人字［2001］337号文《关于宝鸡发电厂划归国家电力公司西北公司的通知》明确："宝鸡发电厂从即日起由陕西省电力公司划归国家电力公司西北公司（即原西北电力集团公司）进行管理"。2002年2月20日，陕西省电力公司将经国家电力公司审计认定的宝鸡发电厂2001年5月31日资产总额14289.9万元，其中负债总额8324.8万元，净资产5965.1万元，划转国家电力公司西北公司。

**三、陕西电力发电有限公司**

陕西电力发电有限公司是通过对西北电力开发有限责任公司改组而设立，由陕西省电力公司控股的"多厂一公司"发电企业。

1995年10月，西北电业管理局党组研究决定成立西北电力开发有限责任公司，注册资本3000万元，为西北电力集团公司的全资子公司。

1996年12月，对西北电力开发有限责任公司进行重组，并按有限责任公司的规范运作，注册资本由3000万元增至14408万元，其中陕西省电力公司出资14000万元，控股97.17%；西北（陕西）电力多种经营总公司出资288万元，占2%；陕西电力建设总公司出资120万元，占0.83%。

西北电力开发有限责任公司的主要职责是：代表西北电力集团公司对管辖地区电力项目进行股本投资，并对股本金进行全过程管理，扩大西北电力集团公司筹资渠道，保证电力建设资金需求。

1998年10月，网省公司体制分离后，西北电力开发有限责任公司改为陕西省电力公司的二级公司。

1999年12月，陕西省电力公司决定将灞桥等6个发电厂的净资产划转给西北电力开发有限责任公司，实行"多厂一公司"。

2001年7月，陕西省电力公司将西北电力开发有限责任公司改组为陕西电力发电有限公司。

**四、陕西蒲城发电有限责任公司**

1997年9月，由西北电力集团公司和陕西省电力建设投资开发公司共同出资组建陕西蒲城发电有限责任公司，并委托陕西省电力公司以"蒲城发电厂"行政建制运营管理。一期工程（2×33万千瓦机组）双方股权的比例，为7：3，二期工程（2×33万千瓦机组）股权比例为6：4；双方在公司中综合股权的比例，西北电力集团公司（1998年网省体制分离后改为陕西省电力公司）为65%，陕西省电力建设投资开发公司为35%。

1999 年 10 月，陕西省电力公司向蒲城发电公司董事会提出建议：改变委托运营方式，由蒲城发电公司直接管理电厂的生产和经营，蒲城发电厂和蒲城发电公司合并，陕西省电力公司撤销蒲城发电厂的行政建制，蒲城发电厂现有全部职工转归蒲城发电公司直接管理。电厂和公司合并后职工的各种社会保险仍由省电力公司社保中心归口管理，蒲城发电厂原多经企业改由蒲城发电公司管理。2000 年 5 月，上述建议经蒲城发电公司董事会同意后付诸实施。

**五、陕西秦岭（秦华）发电有限责任公司**

1999 年 7 月，国家电力公司同意西北电力集团公司和陕西省电力公司分别将所持有的秦岭发电厂二期 4×20 万千瓦机组 51%和 49%的产权中的 31%和 29%转让给陕西省电力建设投资开发公司，并在转让的基础上，组建陕西秦岭发电有限责任公司。

1999 年 12 月 12 日，陕西省电力建设投资开发公司、西北电力集团公司及陕西省电力公司在西安人民大厦联合签署了《组建陕西秦岭发电有限责任公司合同书》。新组建的公司股权比例为：陕西省电力建设投资开发公司 60%，西北电力集团公司和陕西省电力公司分别为 20%。西北电力集团公司获得产权转让资金 75550.7 万元，陕西省电力公司获得产权转让资金 70676.5 万元。陕西省电力公司同时还与陕西秦岭发电有限责任公司签订《上网调度管理协议》、《电量购销合同》，协议年上网电量不低于 36.15 亿千瓦·时，并按省物价局核定的临时电价结算电费。

陕西省电力公司另将所持有的秦岭发电厂一期 2×12.5 万千瓦机组 100%的产权，转让给陕西省电力建设投资开发公司控股的陕西秦龙电力股份有限公司 60%，并在转让的基础上，组建陕西秦华发电有限责任公司。陕西省电力公司获得产权转让资金 27973.8 万元。陕西省电力公司同时与陕西秦华发电有限责任公司签订《上网调度管理协议》、《电量购销合同》，协议年上网电量不低于 11.38 亿千瓦·时，并按省物价局核定的临时电价结算电费。

2000 年 4 月 1 日，新组建的两个发电公司正式运营。4 月 15 日，陕西省省长程安东、省人大常委会副主任徐山林、陕西省电力建设投资开发公司董事长刘春茂、国家电力公司财务与产权管理部副主任徐伟良分别为新组建的发电公司揭牌。秦岭发电厂的产权转让和资产盘活是陕西省电力建设投资开发公司、西北电力集团公司和陕西省电力公司共同合作的重大举措。秦岭发电厂的产权转让通过资产评估等资本运作方式，使西北电力集团公司和陕西省电力公司因此共获现金流 17.42 亿元（其中陕西省电力公司获得 9.87 亿元）。陕西省电力建设投资开发公司首次控股并独立运营一座百万千瓦的大型发电企业。

# 第三章　辅业单位体制改革

2002年2月10日，国务院发国发［2002］5号文《电力体制改革方案》，要求“对现国家电力公司系统所拥有的辅助性业务单位和‘三产’、多种经营企业进行调整重组。有关电力设计、修造及施工等辅助性业务单位，要与电网企业脱钩，进行公司化改造，进入市场”。2002年末，陕西省电力公司所属辅业单位共有19个。

## 第一节　施　工　企　业

20世纪90年代初，陕西（西北）电力建设总公司（地师级建制）隶属西北电业管理局。负责陕西电力系统内火电安装、送变电、土建施工、部分修造企业及技工学校的管理，同时协助网、省（区）电力局（公司）对西北地区电力基建企业进行行业管理，是自主经营、独立核算、自负盈亏、具有独立法人资格的经济实体。全系统有职工12000多名。

1993年12月9日，西北电力集团公司发西电劳字［1993］125号文《关于改革陕西电力基建管理体制有关问题的通知》，对陕西电力基建体制进行改革。陕西（西北）电力建设总公司的名称、职级不变，同时挂“中国西北电力集团工程监理公司”牌子（后更名为“西北电力建设工程监理有限责任公司”），实行“三块牌子、一套班子”。陕西（西北）电力建设总公司原直接管辖的西北电力建设第一工程公司、西北电力建设第三工程公司、西北电力建设第四工程公司、陕西送变电工程公司、宝鸡铁塔厂、西北电力建设器材总厂、陕西电力线路器材厂和咸阳电力技工学校等8个单位划归西北电力集团公司直接管理。

1998年10月，网省公司体制分离，原为西北电力集团公司紧密层企业的陕西（西北）电力建设总公司，改为陕西省电力公司的全资子公司。

1999年5月，按照陕西省电力公司《关于陕西电力基建体制改革有关问题的通知》（陕电人［1999］109号文）规定，将陕西（西北）电力建设总公司改组为西北电力建设集团公司，并授权与西北电建一、三、四公司和陕西送变电公司构筑母子公司结构，建立资产纽带关系。主要职责：一是深化企业改革；二是开发工程建设项目市场；三是对工程施工实行组织、协调、安全、质量管理；四是对国有资产保值增值等。后因国家电力体制主辅分离改革进程加快，公司注册和内部改革均未进行，公司正式有效名称仍为“陕西（西北）电力建设总公司”。

## 第二节　修　造　企　业

陕西电力系统共有7家修造企业，其中西安电力机械厂、西安电力树脂厂、秦川电站仪表厂、宝鸡电力设备厂在1990年前都隶属于西北电业管理局。宝鸡铁塔厂、西北电力建设器材总厂及陕西电力线路器材厂3家电力建设修造企业1993年以前归属陕西（西北）电力建设总公司，1993年底划归西北电力集团公司直接管理。1998年10月网省公司体制分离，以上7家修造企业划归陕西省电力公司管理。

2002年2月，陕西省电力公司对陕西电力线路器材厂整体改制，同时关闭各供电局的小制杆厂，组建成立陕西电力银河线路器材有限公司，由陕西省电力公司控股，9家供电局多经企业和陕西电力线路器材厂职工参股。公司注册资本1100万元，其中陕西省电力公司出资600万元，9家供电局多经企业和陕西电力线路器材厂职工共出资500万元。

## 第三节 其他辅业单位

至2002年末，陕西省电力公司所属科研、设计及医院等辅业单位在管理体制上没有发生变动，但陕西省电力公司物资总公司等4家辅业单位在体制上进行了一些改革。

### 一、陕西省电力公司物资总公司

陕西省电力公司物资总公司的前身是西北电业管理局物资处（西北电业管理局物资公司）。1993年撤销西北电业管理局物资处，西北电业管理局物资公司仍保留行使陕西电力系统物资供应管理职能。1995年4月更名为西北电业管理局（西北电力集团公司）物资总公司。1998年10月网省公司体制分离后改为陕西省电力公司的二级公司。1999年4月改制为陕西省电力公司的全资子公司，更名为陕西省电力公司物资总公司。同时行使陕西省电力公司物资供应管理职能。

### 二、陕西电力燃料有限责任公司

1993年以前，陕西各火力发电厂燃料供应主要由西北电业管理局燃料处管理。1993年10月11日成立西北电力集团燃料总公司，为全民所有制独立核算企业，负责西北五省（区）（主要是陕西）的电力燃料供应管理。1998年10月网省公司体制分离后改为陕西省电力公司的二级公司。1999年1月8日改制为陕西电力燃料有限责任公司，公司注册资本300万元，其中陕西省电力公司出资180万元；陕西宝鸡第二发电有限责任公司出资30万元；陕西蒲城发电有限责任公司出资30万元；秦岭发电厂出资30万元；陕西正元电力实业发展总公司（渭河发电有限公司多经企业）出资30万元。2001年12月，陕西省电力公司等股东追加出资，公司注册资本增为4804.8万元，其中陕西省电力公司增至3630.3万元；陕西宝鸡第二发电有限责任公司244万元；陕西蒲城发电有限责任公司605万元；秦岭（秦华）发电有限责任公司295.5万元；陕西正元电力实业发展总公司原始出资30万元未变动。

### 三、西北电力职工培训中心

1998年10月网省公司体制分离后，西安电力高等专科学校和西北电业职工大学成为陕西省电力公司的二级单位。1999年4月12日，陕西省电力公司发陕电人字［1999］75号文《关于陕西电力教育培训体制改革有关问题的通知》，将西安电力高等专科学校和西北电业职工大学合并，组建西北电力职工培训中心，西北电力职工培训中心，实行一套班子、多功能、多层次的办学体制。培训中心成立后，仍保留西安电力高等专科学校、西北电业职工大学和中共西北电业管理局党组党校牌子。2000 年 8 月，中共西北电业管理局党组党校改为中共陕西省电力公司党组党校。

**四、西安电力工业学校**

1996 年 4 月 30 日，电力工业部电人教［1996］288 号文《关于西安电力技工学校与咸阳电力技工学校合并试办新型电力职业技术学校的批复》，同意西北电力集团公司西电人字［1996］40 号文《关于西安电力技工学校和咸阳电力技工学校参加中专、技校一体化改革方案的报告》，将两校合并更名为西安电力工业学校，学校规模 1200 人。保留西安电力技工学校校名，原咸阳电力技工学校为西安电力工业学校分校，分校作为学生技能实习基地和陕西省电力公司生产人员技能培训基地。9 月，西安电力工业学校挂牌。1998 年 10 月网省公司体制分离后，西安电力工业学校成为陕西省电力公司的二级单位。

# 第二篇　电　力　建　设

# 第二篇　电　力　建　设

1991～2002年，随着社会主义市场经济体制逐步建立和国家西部大开发战略的实施，陕西省经济社会快速发展，电力需求不断增长。这一时期，全省加快电力建设步伐，生产能力和装备水平大幅度提高。电源建设方面，建成3个装机容量百万千瓦级的火电厂和一个80万千瓦水电厂，单机容量30万千瓦及以上的火电机组和20万千瓦的水电机组相继投产。电网建设方面，加快了330千伏骨干网架的建设，使之向北延伸至延安、榆林，向南延伸至汉中、商洛，覆盖全省10个地市。关中电网中部和西部两个双环网架初步形成。同时利用国家实施城乡电网建设和改造机遇，加快了110千伏及以下电网的建设。电力工业基本满足了陕西经济社会发展的需求，并成为陕西经济的一个支柱产业。

## 第一章　电　源　建　设

1991～2002年，陕西共建成发电机组27台，总装机容量466.662万千瓦，其中单机容量30万千瓦及以上的火电机组和20万千瓦的水电机组14台，装机容量399万千瓦，占当期投产总容量的85.50%，单机容量60万千瓦的韩城第二发电厂也开工建设。

### 第一节　发　电　资　源

陕西能源资源较为丰富，煤炭、石油、天然气、水力资源都居全国前列。2002年末，陕西煤炭、石油和天然气已探明储量分别为1652亿吨、12亿吨和9000亿米$^3$。全省河流的水力发电能力约1275万千瓦，折合年发电量1200亿千瓦·时。丰富的能源资源为陕西电力工业发展提供了得天独厚的资源保障。

**一、煤炭**

陕西省面积为20.58万千米$^2$，其中含煤面积5.7万千米$^2$，占全省面积的27.7%，是国内煤炭资源较为丰富的省份。而且煤种较全、煤质优良、开采条件优越。煤炭资源主要集中在陕北、关中、渭北地区。陕北煤层浅，特低灰、特低硫磷、高发热量，开采方便，具有较高的能源转换价值。关中、渭北煤含硫量高，储层较深，开采水平和集约化生产能力较低。

2002年，陕西原煤生产量9253万吨，其中调出3139.22万吨。加快陕北煤电基地建设，变输煤为输电，改变陕北能源资源输出单一，产业关联度低的现状，使陕西的资源优势逐步转化为经济优势，成为陕西经济可持续发展的方向之一。

**二、石油和天然气**

陕北石油、天然气储量丰富，号称中国的“科威特”，是西气东输、西电东送基地之一。中国最早在陕北延长发现石油，并用“沈括”命名，沿用至今。中国大陆石油第一井1907年9月6日在延长西七里村出油，日产原油1～1.5吨。改革开放以来，陕北石油工业发展迅速，已探明石油储量12亿吨。2002年，陕西原油生产量680万吨。

陕北气田是中国陆地最大的整装气田，已探明储量9000亿米$^3$。2002年，天然气产量50亿米$^3$。

**三、水能**

陕西地处中国西北内陆，地跨黄河、长江两大流域，位于黄河流域中游和长江支流汉江上游。以秦岭、北山为界，将陕西划分为陕北黄土高原、关中平原和陕南秦巴山地。陕西水能资源主要集中在陕南丹江、汉江及嘉陵江。理论蕴藏量725万千瓦，约占全省水能总量的71%，平均达100千瓦/千米$^2$，高于全国71千瓦/千米$^2$的水平。汉江洋县至白河段的476千米干流落差达295米，水力资源蕴藏量351万千瓦，依据汉江上游地形特点，可建7个梯级水电站，已建成两个。其余5个处于积极筹备和前期建设工作之中。

## 第二节　火　电　建　设

1991～2002年，陕西省电力企业通过开展集资办电、盘活存量资产及加强银企合作等方式，解决火电建设资金严重不足的问题，相继建设了渭河发电厂新厂、蒲城发电厂及宝鸡第二发电厂等一批火电工程。

**一、渭河发电厂新厂**

渭河发电厂新厂（即渭河发电厂二、三期）位于渭河发电厂老厂东南约1千米处。该工程是为解决陕西省“七五”、“八五”时期严重缺电而抢建的项目，总装机容量4×30万千瓦，是陕西省第一座单机容量30万千瓦的火力发电厂。该厂由陕西省电力建设投资开发公司投资70%，西北电力集团公司投资30%建设。主体由西北电力设计院设计，铁路专用线由郑州铁路勘测设计院设计，防护堤由陕西省水利电力土木建筑勘测设计院设计。工程建设由陕西（西北）电力建设总公司承包，主体工程土建由西北电力建设第四工程公司承揽，机组安装由西北电力建设第三工程公司承揽。部分外围工程分别由中建三局三公司、陕西省建十一公司、西安铁路分局线桥公司及中国有色冶金第二建筑公司承揽。

该厂坐落于渭河北岸一级台地上，地形开阔平坦。地表表层为黄土状亚黏土或黄土状轻亚黏土，下部为细砂、中砂层。抗震烈度8度，年平均气温13.3℃，最大冻土层480毫米，年均降水量594毫米。厂区及厂前区布置较为紧凑，主厂房为单元制布置方式，采用一机一控。汽轮机房和除氧煤仓间为室内式，锅炉房运转层以上为露天。燃煤主要由铜川和焦坪煤矿供给，铜川为瘦贫煤，焦坪为长焰煤，掺煤比例为4∶1。除此之外，每年还从彬县、旬邑小煤矿购进20万吨补充用煤。

二期工程3、4号机组采用上海锅炉厂生产的TSG1025/16.7－M315型亚临界中间再热自然循环汽包炉，上海汽轮机厂生产的N300－165/535/535亚临界中间再热四缸四排汽冷凝式汽轮机，上海电机厂生产的QFS－300－2型水氢氢冷却发电机，上海汽轮机厂生产的CC－7（165）－3型汽动给水泵和沈阳水泵厂生产的50CHTA/6型电动给水泵，西安变压器电炉厂生产的SFP（7）360000/330千伏型主变压器，武汉电力修造厂生产的CFH－2型翻车卸煤机，西仪横河有限公司生产的CENTUM分散控制系统。

三期工程5、6号机组采用东方锅炉厂生产的DG1025/18.4－Ⅱ6型亚临界中间再热自然循环汽包炉，哈尔滨汽轮机厂生产的亚临界中间再热三缸两排汽冷凝式汽轮机，哈尔滨电机厂生产的QFSN－300－2型水氢氢冷却发电机，沈阳水泵厂生产的50CHTA/GSP－4型汽动给水泵和50CHTA/7型电动给水泵，西安变压器厂生产的SFP－360000/330千伏型主变压器，西仪横河有限公司生产的CENTUM－XL分散控制系统，西安水处理公司生产的循环水弱酸处理系统。

二期扩建工程于1988年12月6日正式开工，1992年12月22日建成投产。三期扩建工程于1993年12月10日正式开工，1996年3月15日移交生产。二期造价1985元/千瓦，三期造价3680元/千瓦。工程质量总评优良。

## 二、蒲城发电厂

蒲城发电厂位于陕西省蒲城县孙镇东南3.5千米处。工程分两期建设，一期工程2×33万千瓦，成套设备为罗马尼亚进口，二期工程2×33万千瓦，主设备为国产。该厂由西北电业管理局与陕西省电力建设投资公司分别出资70%和30%联合建设。一、二期工程分别由罗马尼亚电力设计院和西北电力设计院设计，土建由西北电建四公司承担。一期工程2×33万千瓦机组由西北电建一公司安装。二期工程2×33万千瓦机组由西北电建一公司安装3号机组，三公司安装4号机组。

该厂地处半大陆性寒冷气候，较为干燥，多年平均降水量为535.2毫米，最大冻土层为400毫米。厂区地质条件属湿陷性黄土，湿陷下限深度35米，地基处理采用$8\times10^6$牛·米能量级强夯，主厂房地段耐力达［R］≥300千帕。冷却水塔水池采用全国唯一的高位布置，主机采用箱式基础以减少渗水对地基的影响。水源地有两处，均属洛河河谷奥陶系岩溶裂隙水。第一处水源位于电厂东南4千米的温汤，可满足一、二期机组投产后的用水量；第二处水源位于电厂以北10千米的袁家坡，可作为电厂扩建的远期用水。铁路专用线与西延铁路在孙镇车站接轨，全长3千米。燃料采用陕西省蒲白矿区和澄合矿区的贫、瘦煤。

1986年6月，在原蒲城发电厂筹建处基础上，成立了蒲城发电厂建设公司，负责该项目的建设和生产准备。为加快工程建设，省政府与水利电力部商定，由陕西省集资两亿元，主要用于土建和安装，且按有关规定分担“三材”指标。投产后，按集资比例分享用电指标。国家分电时单独计算，不纳入陕、甘、宁分电基数。

一期工程是用罗马尼亚的贸易还贷资金，从罗马尼亚进口2×33万千瓦机组成套设备建设的。工程于1989年7月破土动工。按审批施工组织总设计，1、2号机组应分别于1994年5月和1995年3月并网发电，但由于罗马尼亚国内原因供货不及时，再加之设备缺陷和设计问题等诸多因素影响，导致两台机组分别后延28个月和37个月，于1996年

9月和1998年4月才建成投产。

二期工程由陕西（西北）电建总公司总承包，并于2000年10月组建了蒲城发电厂二期工程建设公司。按照国家计委2000年10月24日下发的《国家计委关于下达2000年第九批基本建设新开工大中型项目计划的通知》要求，于2000年10月30日正式开工建设。同年11月11日，陕西（西北）电力建设总公司与蒲城发电厂建设公司正式签订总承包合同。至2002年12月28日，3号机组完成168小时满负荷试运，移交生产。主要设备：锅炉为北京巴布科克·威尔科克斯有限公司生产的B&WB1025/18·44－M型亚临界压力一次中间再热自然循环汽包式；汽轮机为北京重型电机厂生产的N330－17.75/540/540型亚临界一次中间再热单轴三缸双排汽凝汽式；发电机为北京重型电机厂生产的T255－460型二级三相旋转半导体无刷励磁水氢氢冷却式；主变压器为西安变压器厂生产的SFP9－400000/330型三相双绕组强风冷户外式升压变压器。

该工程主要系统工艺：燃料运输系统是在扩建煤场上增加了5号皮带和一台DBL1000/1600·30型斗轮堆取料机及实物校验装置；制粉燃烧系统采用一次风正压中速磨直吹式，并给每台炉配有5台中速磨煤机、两台送风机、两台引风机及两台一次风机等。锅炉燃油系统的供油母管、回油母管，均从一期工程系统引接。除灰渣系统采用灰渣分除，粗细灰分排的原理。辅助蒸汽系统采用一、二期共用母管制。主给水系统采用3台50%锅炉MCR容量电动给水泵和两台100%容量的立式高压给水加热器及一台100%容量的立式蒸汽冷却器串联运行。主蒸汽系统采用单元制。主蒸汽和再热蒸汽管道材质为ASTMA335P91合金钢，冷再热管道母管为ASTMA672B70CL32碳素钢，支管为ASTMA106B碳素钢。凝结水采用中压凝结水精处理系统。水处理系统包括原水预处理系统、反渗透预脱盐系统和锅炉补给水系统。控制系统采用西仪横河成套引进的CENTUM－PS3000分散控制系统，以数字显示（CRT）操作员站及大屏幕显示器为主要监控中心，实现数据采集（DAS）、模拟量控制（MCS）、顺序控制（SCS）、炉膛安全监控（FSSS）功能，并通过硬接线方式与汽轮机数字电液控制系统（DEH）、旁路控制系统（BPS）进行信息交换和控制联络，具有机组启动、停止、正常运行和事故处理的检测与控制功能。

**三、宝鸡第二发电厂**

宝鸡第二发电厂装机容量4×30万千瓦，位于宝鸡市凤翔县长青乡石头坡村，距宝鸡市32千米。初步设计工程静态投资46.78亿元，动态投资62.31亿元，总投资计划62.47亿元。由西北电力集团公司、陕西省电力建设投资开发公司分别按投资额的65%、35%比例出资。由西北电力设计院承担全部生产和辅助生产系统、厂区附属工程设计；由陕西省电力设计院承担灰场防洪堤、110千伏启动电源设计；由郑州铁路局西安勘测设计院承担电厂专用铁路、施工铁路设计；由西安冶金建筑学院建筑设计研究院承担进厂主干道、汽车运煤道路和公路设计。施工由西北电力建设第四工程公司承担全部生产和辅助生产系统土建工程；陕西省建筑总公司下属陕西第二和第七建筑公司承担厂前区附属工程；西北电力建设第三工程公司承担1、3号机组及相关系统安装；西北电力建设第一工程公司承担2、4号机组及相关系统安装；陕西送变电工程公司承担330、110千伏变电站及网控楼工程。

厂区地形为一狭长带状地形，地表开阔平坦，地质无不良现象，地下水约25米，对混凝土无侵蚀性。多年平均气温 11.4℃；平均降水量 616.3 毫米；平均蒸发量 1415.5 毫米；平均风速 2.1 米/秒；最大积雪深度 180 毫米；最大冻土深度 330 毫米。补给水取自冯家山水库。厂铁路专用线与宝中铁路在凤翔车站接轨，全长 3.6 千米。燃煤由甘肃华亭煤矿和陕西省地方煤矿供应。

厂区占地 56.3 万米$^2$，按四列式布置，即由东向西为升压站、冷却塔、主厂房、煤场。生活区设在宝鸡市十里铺，距厂区 28 千米。主厂房按汽轮机房、除氧框架、煤仓框架、锅炉岛排列。汽轮发电机组按纵向顺序布置，汽轮机机头朝向固定端，汽轮机房运转层采用大平台布置。锅炉采用岛式露天布置，炉前封闭到 26.6 米。汽动给水泵布置在汽轮机房运转层靠 B 排柱侧，电动调速给水泵布置在除氧间零米。该工程采用两台机组合用一个集中控制室。

建筑结构：汽轮机房外侧柱纵向框架为现浇钢筋混凝土钢支撑结构，除氧煤仓间框架为现浇钢筋混凝土结构，汽轮机房屋盖为单坡钢檩条及型钢板轻型结构，汽轮机房大平台为钢筋混凝土现浇框架结构，炉前低封和炉后建筑物均为现浇钢筋混凝土结构。

该工程主要设备：锅炉为东方锅炉厂生产的亚临界、一次中间再热、单炉膛、自然循环、四角切圆燃烧、固态排渣、平衡通风、全钢架悬吊结构、露天布置 DG1205/18.3－II9 型；汽轮机为东方汽轮机厂生产的亚临界、一次中间再热、单轴双缸双排汽、冷凝式 N300－16.7/537/537－4 型；发电机为东方电机厂生产的水氢氢冷却式 QFSN－300－2 型。

该工程主要系统工艺：运煤系统采用双路带式输送机，一路运行，一路备用；制粉系统采用中速磨，一次风机正压直吹式；热力系统除辅助蒸汽系统按 4 台机组统一考虑外，其余系统均按单元制安排。除灰渣系统采用刮板捞渣机和输渣皮带将渣送到渣仓，然后再用汽车运至灰场碾压堆放。化学水处理系统安装 3 套水处理设备（每套出力为 95－120 吨/时），2 套运行，一套备用。凝结水精处理系统采用对全部凝结水进行精处理，精处理系统单元设有旁路，两机共用一套体外再生设备。循环水处理系统采用加酸加稳定剂处理。废水处理系统分锅炉补给水处理系统、废水和凝结水处理系统。供水系统采用单元制再循环供水，每台机组配有一座双曲线自然通风冷却塔。生活和消防水系统采用在综合水泵房内各设两台 S150－78A 型生活水泵和 8×23SP 型消防水泵，一台运行，一台备用，另外还设一套消防管网稳压系统。电气系统为 4 台 30 万千瓦机组均以发电机变压器组单元制方式接入 330 千伏系统。厂用电系统分高压厂用电系统（6 千伏）、低压厂用电系统（工作段电压 380 伏，公用段、照明段、检修段电压 380/220 伏）。直流系统分集控室直流系统和网控室直流系统。电气保护系统是在 330 千伏线路上配置两套完整独立的全线速动主保护和后备保护。热工控制、保护、测量系统为炉、机、电集中控制方式，采用分散控制系统（DCS），完成主厂房内工艺系统的检测和控制，分数据采集系统和闭环控制系统。各类保护系统包括汽轮机保护（汽轮机安全监视保护、防进水保护）、锅炉保护及发电机定子冷却水断流保护等。

宝鸡第二发电厂 1 号机组于 1996 年 11 月 20 日开工建设，1998 年 12 月 22 日移交试生产。2、3、4 号机组移交生产的日期分别为 1999 年 11 月 22 日、2000 年 9 月 28 日、2001 年 2 月 28 日。3、4 号机组实现了达标投产。各主要参建单位均获得了国家电力公司颁发的达标投产证书。

1991～2002 年陕西省已建和在建主要火电工程见表 2－1－1。

表 2-1-1　　1991～2002 年陕西省已建和在建主要火电工程

| 序号 | 工程名称 | 规模 | | | | 工期 | | 机组国别 | 建设单位 | 设计单位 | 安装单位 | 土建单位 |
|---|---|---|---|---|---|---|---|---|---|---|---|---|
| | | 发电机 | | 锅炉 | | 开工时间 | 竣工时间 | | | | | |
| | | 机号 | 容量（万千瓦） | 炉号 | 容量（吨/时） | | | | | | | |
| 1 | 渭河电厂二期 | 3 | 30 | 3 | 1025 | 1988-12 | 1992-06 | 中国 | 西北电力建设总公司 | 西北电力设计院 | 西北电建三公司 | 西北电建四公司 |
| 2 | 渭河电厂二期 | 4 | 30 | 4 | 1025 | 1991-09 | 1992-12 | 中国 | 西北电力建设总公司 | 西北电力设计院 | 西北电建三公司 | 西北电建四公司 |
| 3 | 渭河电厂三期 | 5 | 30 | 5 | 1025 | 1993-12 | 1995-06 | 中国 | 西北电力建设总公司 | 西北电力设计院 | 西北电建三公司 | 西北电建四公司 |
| 4 | 渭河电厂三期 | 6 | 30 | 6 | 1025 | 1994-07 | 1996-03 | 中国 | 西北电力建设总公司 | 西北电力设计院 | 西北电建三公司 | 西北电建四公司 |
| 5 | 蒲城电厂一期 | 1 | 33 | 1 | 1100 | 1989-07 | 1996-09 | 罗马尼亚 | 西北电管局、蒲城发电厂建设公司 | 罗马尼亚电力设计院 | 西北电建一公司 | 西北电建四公司 |
| 6 | 蒲城电厂一期 | 2 | 33 | 2 | 1100 | 1989-07 | 1998-04 | 罗马尼亚 | 西北电管局、蒲城发电厂建设公司 | 罗马尼亚电力设计院 | 西北电建一公司 | 西北电建四公司 |
| 7 | 蒲城发电厂二期 | 3 | 33 | 3 | 1025 | 2000-10 | 2002-12 | 中国 | 蒲城发电厂有限公司 | 西北电力设计院 | 西北电建一公司 | 西北电建四公司 |
| 8 | 蒲城发电厂二期工程 | 4 | 33 | 4 | 1025 | 2001-06 | | 中国 | 蒲城发电厂有限公司 | 西北电力设计院 | 西北电建三公司 | 西北电建四公司 |
| 9 | 宝鸡第二发电厂 | 1 | 30 | 1 | 1025 | 1996-11 | 1998-12 | 中国 | 宝鸡第二发电厂建设有限责任公司 | 西北电力设计院 | 西北电建三公司 | 西北电建四公司 |
| 10 | 宝鸡第二发电厂 | 2 | 30 | 2 | 1025 | 1996-11 | 1999-11 | 中国 | 宝鸡第二发电厂建设有限公司 | 西北电力设计院 | 西北电建一公司 | 西北电建四公司 |
| 11 | 宝鸡第二发电厂 | 3 | 30 | 3 | 1025 | 1998-10 | 2000-09 | 中国 | 宝鸡第二发电厂建设有限责任公司 | 西北电力设计院 | 西北电建三公司 | 西北电建四公司 |

续表

| 序号 | 工程名称 | 规模 | | | | 工期 | | 机组国别 | 建设单位 | 设计单位 | 安装单位 | 土建单位 |
|---|---|---|---|---|---|---|---|---|---|---|---|---|
| | | 发电机 | | 锅炉 | | 开工时间 | 竣工时间 | | | | | |
| | | 机号 | 容量（万千瓦） | 炉号 | 容量（吨/时） | | | | | | | |
| 12 | 宝鸡第二发电厂 | 4 | 30 | 4 | 1025 | 1998-10 | 2001-02 | 中国 | 宝鸡第二发电厂建设有限公司 | 西北电力设计院 | 西北电建一公司 | 西北电建四公司 |
| 13 | 西安市西郊集中供热工程 | 3 | 5 | | 220 | 1998-03 | | 中国 | 西郊集中供热指挥部 | 西北电力设计院 | 西北电建一公司 | 西安市第三建筑工程公司 |
| 14 | 西安市西郊集中供热工程 | 4 | 5 | | 220 | 1998-03 | | 中国 | 西郊集中供热指挥部 | 西北电力设计院 | 西北电建一公司 | 西安市第三建筑工程公司 |
| 15 | 杨凌燃机热电厂一期 | 燃气 | 3.96 | | | 2000-09 | 2001-09 | 中国 | 杨凌燃机热电有限公司 | 机械工业部第二设计研究院 | 西北电建一公司 | 西北电建四公司 |
| 16 | 杨凌燃机热电厂一期 | 蒸汽 | 1.5 | | | 2000-10 | 2001-09 | 中国 | 杨凌燃机热电有限公司 | 机械工业部第二设计研究院 | 西北电建一公司 | 西北电建四公司 |
| 17 | 灞桥热电厂扩建工程 | 11 | 10 | 11 | 500 | 2001-03 | 2002-11 | 俄罗斯 | 灞桥热电厂扩建有限责任公司 | 西北电力设计院 | 西北电建三公司 | 西北电建四公司 |
| 18 | 灞桥热电厂扩建工程 | 12 | 10 | 12 | 500 | 2001-11 | | 俄罗斯 | 西北电力建设总公司 | 西北电力设计院 | 西北电建三公司 | 西北电建四公司 |
| 19 | 神木自备电厂 | 1 | 10 | 1 | 410 | 1994-10 | 1999-12 | | | | 甘肃火电工程公司 | |
| 20 | 神木自备电厂 | 2 | 10 | 2 | 410 | 1994-10 | 2000-01 | | | | 甘肃火电工程公司 | |
| 21 | 神木店塔电厂一期 | 1 | 2.5 | 1 | 130 | 1995-09 | 1997 | | | | 宁夏建筑安装公司 | |
| 22 | 神木店塔电厂一期 | 2 | 2.5 | 2 | 130 | 1995-09 | 1997 | | | | 宁夏建筑安装公司 | |

**注**　表中竣工时间空白处为在建工程。

## 第三节　火　电　调　试

西北电力建设调试施工研究所是西北地区唯一具有火电调试资质的企业。

**一、火电调试队伍**

西北电力建设调试施工研究所位于西安市长乐西路 3 号，始建于 1955 年，是全国最早建立的 3 个火电专业调试所之一，具备中国电力企业联合会和中国电力建设企业协会颁发的电力工程调试类甲级资质、送变电工程类甲级资质、电力工业部电力系统动力设备化学清洗 A 级资质。1999 年，通过 ISO 9002 质量体系认证。2002 年 1 月，通过 GB/T 28000 职业安全健康管理体系认证。

该所设有综合管理部、技术服务部和调试工程管理部 3 个主要职能部门。下辖锅炉、汽轮机、电气、热控（含计算机）及化学（含环保）5 个专业室。另设科研开发型股份制企业——陕西科林化学工程有限责任公司。全所在岗员工 186 名，其中高级工程师占 20%、工程师占 52%、助理工程师占 25%。该所队伍精干，经验丰富，是全国屈指可数的调试队伍之一，在涉外的印度尼西亚、伊拉克及印度等工程调试中表现突出，获得中外专家好评。

20 世纪 80 年代后，该所相继完成华能福州发电厂一期 2×35 万千瓦、华能福州发电厂二期 2×35 万千瓦、华能岳阳发电厂 2×36.3 万千瓦、深圳妈湾发电厂 2×33 万千瓦、陕西渭河发电厂二期 2×30 万千瓦、陕西渭河发电厂三期 2×30 万千瓦、陕西蒲城发电厂一期 2×33 万千瓦、华能上安发电厂二期 2×30 万千瓦、陕西宝鸡第二发电厂二期 2×30 万千瓦、陕西蒲城发电厂二期 2×33 万千瓦、宁夏石嘴山发电厂 4×33 万千瓦等大型机组和上百台中小型机组调试任务，其中福州发电厂一期 1、2 号机组获华能质量金奖和进度奖；渭河发电厂二期 4 号机组获“达标投产机组”称号；华能福州发电厂二期 3、4 号机组获“达标投产机组”称号。1989～1999 年，先后被共青团中央及国家电力公司授予“青年文明号”和“国家电力公司系统先进集体”等荣誉。

**二、主要机组调试**

1991～2002 年，西北电力建设调试施工研究所参与多个 30 万千瓦以上机组调试。主要有：

（1）华能福州发电厂二期工程 2×35 万千瓦燃煤机组。本工程执行《火力发电厂基本建设工程启动及竣工验收规程（1996 年版）》。对福州发电厂二期 3 号机组的启动调试，目的在于对该机组进行全面动态调试考核，即通过化学清洗、点火冲管、汽轮机冲转定速、空负荷调试、带负荷调试和满负荷 168 小时试运行，检验该机组能否满足连续、稳定、满发的要求，是否达到设计要求和设备的技术保证参数。确保该机组移交生产后，能达到安全、稳定、经济运行的目的，取得预期投资效益。

（2）华能上安发电厂二期工程为 2×30 万千瓦机组。该工程是华能国际电力开发股份有限公司投资电厂的第一个工程，也是作为中国在国外发行股票并上市的工程。在启动调试中，严格执行 ISO 9000 标准、新的启动验收规范和调试工作规定，修改大量原美方组态中的错误，完善原设计未完成的组态，并根据实际需要增添部分画面、记录、趋势及设计追加 I/O 点的组态。如期完成了机组调试任务，实现机组达标投产。

（3）陕西蒲城发电厂一期工程 2×33 万千瓦燃煤机组，属罗马尼亚供货。1 号机组于 1996 年 7 月完成 72＋24 小时试运行，半年试生产期间发电量居全国同类机组领先水平。然而，进入 2 号机组施工时，由于罗马尼亚交货时间拖延，再加上设备质量问题等诸多因素影响，给分部试运和启动调试工作带来困难。在调试中先后查出机组整套启动时光字版经常发出两台引风机跳闸、两台送风机跳闸、锅炉紧急跳闸等信号，原因是其他信号干扰和热控元件自身质量问题所致；查找出锅炉启动水箱到高压启动扩容器 RKIOS401 电动门泄漏原因是门套纯钢自身存在问题，经故障排除，机组整套启动及 72＋24 小时满负荷试运后，锅炉所有系统投入良好，均达到设计值。

（4）陕西宝鸡第二发电厂工程新建 4×30 万千瓦机组。1 号机组于 1998 年 12 月 22 日完成 168 小时满负荷试运并移交生产。

（5）陕西渭河发电厂 5 号机组。该机组各主要设备或系统启动调试均按启动委员会批准的《渭河发电厂 5 号机组整套启动调试大纲》程序进行。由于该机组是引进国外技术而由国内生产的机组，绝大部分在启动调试中出现过问题，如停炉 60 次、停机 42 次、热工误动 5 次，这些问题除部分由于操作人员对设备性能掌握不够、经验不足和检查不细所致外，其他均属设备自身问题。如汽轮机在额定参数下未能达到额定出力，当机组到 3000 转/分时，主油泵不起作用，直接导致启动调试中出现机组启、停次数较多，工期较长。西北调试所边调试边排除问题，经过多次努力，圆满完成调试任务。

## 第四节　水　电　建　设

汉江发源于秦岭南麓陕西省宁强县境内，流经陕西、河南，由湖北武汉汇入长江，全长 1577 千米。丹江口以上为上游段，穿流于秦岭和巴山之间，大多为峡谷河道，支流众多，水量相对充沛，是陕西省建设大中型水电站的主要基地。1990 年陕西省人民政府陕政函 75 号批复同意的《汉江上游干流梯级开发规划报告》提出，陕西境内按 7 个梯级发电站规划，装机容量 198 万千瓦。石泉水电厂装机容量 13.5 万千瓦（3×4.5 万千瓦），于 1975 年 7 月 3 台机组全部投产；安康水电厂设计装机容量 80 万千瓦（4×20 万千瓦），首台机组 1990 年投运，1992 年 4 台机组全部并网发电。

汉江上游干流梯级规划主要技术经济指标见表 2－1－2。

表 2－1－2　　汉江上游干流梯级规划主要技术经济指标

| 项　目 | 阶梯 | | | | | | |
|---|---|---|---|---|---|---|---|
| | 黄金峡 | 石泉 | 喜河 | 安康 | 旬阳 | 蜀河 | 夹河 |
| 流域面积（千米$^2$） | 17950 | 23400 | 25207 | 35700 | 42400 | 49400 | 51100 |

续表

| 项　目 | 阶　梯 | | | | | | |
|---|---|---|---|---|---|---|---|
| | 黄金峡 | 石泉 | 喜河 | 安康 | 旬阳 | 蜀河 | 夹河 |
| 多年平均流量（米$^3$/秒） | 259 | 364.5 | 416 | 603 | 679 | 757 | 782 |
| 正常蓄水位（米） | 450 | 410 | 364 | 330 | 240 | 218 | 196 |
| 死水位（米） | 440.0 | 395.0～400.0 | 362.5 | 300.0 | 237.0 | 215.0 | 193.0 |
| 总库容（亿米$^3$） | 1.90 | 4.70 | 1.70 | 25.85 | 2.08 | 1.92 | 1.40 |
| 调节库容（亿米$^3$） | 0.84 | 2.72 | 0.15 | 16.7 | 0.46 | 0.37 | 0.29 |
| 装机容量（万千瓦） | 10.0 | 13.5 | 10.5 | 80.0 | 30.0 | 27.0 | 27.0 |
| 保证出力（万千瓦） | 1.5 | 3.2 | 2.65 | 17.5 | 5.7 | 5.5 | 4.8 |
| 最大水头（米） | 36.90 | 47.50 | 31.05 | 88.00 | 24.00 | 22.30 | 17.60 |
| 最小水头（米） | 27.00 | 26.30 | 13.00 | 58.00 | 8.00 | 10.00 | 7.57 |
| 年发电量（亿千瓦·时） | 4.64 | 6.30 | 5.13 | 28.0 | 8.24 | 9.48 | 7.80 |
| 坝型 | 闸坝 | 重力坝 | 闸坝 | 重力坝 | 闸坝 | 闸坝 | 闸坝 |
| 最大坝高（米） | 63.5 | 65.0 | 58.4 | 128.0 | 59.0 | 66.0 | 58.0 |
| 开挖量（万米$^3$） | 107.14 | 123.00 | 85.47 | 653.00 | 317.70 | 577.50 | 439.65 |
| 混凝土量（万米$^3$） | 68.7 | 46.0 | 41.6 | 325.3 | 100.6 | 119.5 | 118.6 |
| 施工工期（年） | 6.00 | 4.50 | 4.25 | 13.00 | 7.00 | 7.00 | 7.00 |
| 基石 | 石英闪长岩 | 黑云母石英石片 | 凝灰岩 | 千枚岩 | 绢云母千枚岩 | 绢云母千枚岩 | 绢云母千枚岩 |
| 覆盖层厚（米） | 2～10 | 1～19 | 8～15 | 1～28 | 3～20 | 15～28 | 8～13 |
| 地震烈度（度） | 6 | 7 | 6 | 7 | 7 | 6 | 6 |
| 淹没耕地（亩） | 1173 | 7466 | 4571 | 45900 | 5224 | 1000 | 1458 |
| 迁移人口（人） | 1290 | 6454 | 5993 | 50500 | 10284 | 3003 | 1445 |
| 总投资（亿元） | 4.18 | 1.93 | 3.68 | 14.52 | 8.39 | 10.45 | 9.44 |
| 单位千瓦投资（元/千瓦） | 4181 | 1430 | 3506 | 1815 | 2796 | 3870 | 3496 |
| 勘设阶段 | 规划 | 已建 | 在建 | 已建 | 可行性 | 可行性 | 规划 |

## 一、石泉水电厂二期工程

1991年初，西北电业管理局在石泉水电厂成立“石泉二期工程”筹建小组。当时确定的二期工程包括石泉水电厂扩机工程和新建喜河水电站两部分。

（一）石泉水电厂扩机工程

石泉水电厂扩机工程是利用原水库设施，在水电站左岸开挖引水明渠、修建闸门井、开凿 275 米长的引水隧洞至坝下游左岸，属隧洞引水式岸边水电站。扩机工程装有两台单机容量 4.5 万千瓦的水轮发电机组，单机最大引水流量 131 米$^3$/秒，设计年发电量 1.75 亿千瓦·时。本工程规模属中型，等别为“三等”，永久建筑物按 3 级建筑物设计。厂房设计洪水标准为 30 年一遇，下泄流量 17600 米$^3$/秒，相应下游水位为 382.50 米；校核洪水标准为 200 年一遇，下泄流量 23500 米$^3$/秒，相应下游水位为 387.50 米。两台机组从右至左编号为 4、5 号，发电厂房部分包括：水电站厂房，主变压器升压站，220 千伏开关站。

1991 年，西北水电勘测设计研究院开始工程设计，3 月完成《石泉水电站扩机工程设计要点报告》，6 月经西北电业管理局主持审查通过，11 月完成《石泉二期扩建工程石泉水电站扩机工程初步设计报告》。1992 年 4 月，经水利水电规划设计总院会同陕西省计委审查通过。1994 年报国家计划委员会批准立项。1997 年 10 月，完成《石泉二期扩建工程石泉水电站扩机工程初步设计报告重编概算（审定本）》。1997 年 11 月，按照陕西省计划委员会批复文件精神，西北电力开发有限责任公司、安康地区国有资产经营公司、中国水利水电第三工程局及西北水电勘测设计研究院签订投资协议，投资比例分别为 50∶25∶17∶8。1998 年 2 月 17 日，召开第一次股东会暨董事会，成立石泉发电有限责任公司。通过议标方式确定由中国水电第三工程局中标承建。9 月 29 日，举行扩机工程开工典礼。12 月 1 日，厂房后边坡崩塌 5 万米$^3$ 左右，经处理后于 1999 年 4 月恢复施工，5 月厂房基坑开挖基本完成。但已修好的草土围堰不能保证度汛要求，又在内侧修建了混凝土拱形围堰。施工中进口山坡不稳、围堰无法站立及基坑下卧场面小等问题给施工造成了很大困难。经过现场多次研究，决定取消混凝土拱形围堰利用预留岩坎挡水，尽快下卧基坑，建好闸门，打通与施工支洞的连接，利用下游支洞出渣。12 月，上下游连通。在施工中遇到 20 世纪 50 年代的地质探洞，渗漏水量较大，边堵洞边施工。2000 年 4 月，混凝土浇筑到 410 米高程，岩坎、明渠和基坑基本形成，并通过水下工程验收。5 月，拆除岩坎，进行引水洞混凝土衬砌和机组安装工作。6 月明渠进水，引水洞完工。8 月 8 日，5 号机首先充水试验，9 月 19 日，并网发电。11 月 29 日，4 号机并网发电。总工期 26 个月，工程总投资 30069 万元。2001 年 8 月，工程通过达标投产验收。9 月，工程劳动安全与工业卫生专项验收通过。10 月，工程通过环保专项验收。2002 年 2 月，工程通过竣工安全鉴定。

（二）喜河水电站开工建设

喜河水电站位于汉江上游石泉和安康两个水电站之间，石泉县城下游 46 千米的喜河镇。控制流域面积 25207 千米$^2$，按百年一遇洪水设计，千年一遇洪水校核。水电站水库具有日调节能力。水电站枢纽由拦河坝、河床式水电站厂房、开关楼和垂直升船机等建筑物组成。拦河坝为碾压式重力坝，最大坝高 62.8 米，坝顶高程 367.8 米，坝顶长度 352 米。河床式水电站厂房位于右岸坝后，厂房左侧布置三孔泄洪排沙中孔，左岸主河床布置五孔溢流表孔，左岸岸边结合50吨级垂直升船机布置一个泄洪中孔。330千伏GIS开关站布置在安装间右侧，为户内式开关站。330千伏两回出线通过安（康）喜（河）汉（中）线路接入系统。水电站装机容量18万千瓦（3×6万千瓦），多年平均发电量4.922亿千瓦·时。水电站建成后，石泉至安康近185千米的河道形成了渠化河道，大大改善通航条件，是一座以发电为主兼有航运等综合效益的中型水电工程。

1991年11月，北京勘测设计研究院完成喜河水电站初步设计报告，但因资金短缺等原因该工程被搁置。1997年，西北电业管理局以西电计［1997］127号文向国家电力公司上报《关于陕西汉江喜河水电站工程项目建议书的报告》。1998年，西北电力集团公司又以西电集团发［1998］149号文向国家电力公司补充上报《关于陕西汉江喜河水电站项目建议书补充材料的报告》。2000年10月17～23日，陕西省汉江水电开发公司筹建组邀请中国国际工程咨询公司对《项目建议书》进行咨询，并再次上报。2001年，中国国际工程咨询公司通过《项目建议书》评估。2001年6月24日，国家计委以计基础［2001］1103号文通知陕西省计划委员会、国家电力公司《陕西汉江喜河水电站项目建议书》已经国务院批准，据此编制可行性研究报告，报国家计委审批。北京国电水利电力工程有限公司对原初步设计报告进行复核、完善和补充后，于2001年10月提交可行性研究报告。2002年1月24日，陕西汉江投资开发有限公司在西安注册成立，并立即启动喜河水电站工程。3月，与北京国电水利电力工程有限公司达成总承包意向协议，由该公司负责喜河水电站工程的设计、采购、监理及施工管理总承包。4月28日，正式签订水电站工程总承包框架协议。5月18日，由陕西汉江投资开发有限公司主持在石泉县举行工程进点仪式。6月，在边征地、边移民拆迁的同时，开始修建施工公路、施工营地，施工供水、供电、通信、砂石料筛分系统及混凝土拌和系统等前期工作也相继开始。12月，开始实施右岸边坡开挖支护工程，为厂房基坑开挖和混凝土浇筑创造条件。根据工程施工计划，4年内3台单机容量6万千瓦的水轮发电机组将全部投产。

喜河水电站工程的股东为大唐陕西发电有限公司、陕西水电开发有限责任公司、陕西省交通厅航运管理局、中国水利水电第三工程局及安康市国有资本经营公司等。

### 二、安康水电厂后期工程

1990年12月，安康水电厂首台4号机并网发电时是在利用左右底孔调节库水位的情况下低水位运行。当时，各类闸门、门槽、拦污栅、启闭机及升船机等均未安装完毕，有的设备还未到位。1991年，一边进行金属构件制作和安装，一边确保3号机投产发电。1992年，完成2、1号机安装、调试工作。12月22日，最后一台1号机组并网发电。

交通部门要求安康水电厂下泄流量不小于90～120米$^3$/秒即可保证安康至白河段水上通航。而20万千瓦机组单机额定流量达304米$^3$/秒，在小流量运行时，机组稳定性能差。为既保证下游通航，又充分利用水能，有关方面建议利用排沙洞增装5.25万千瓦小机组一台。该建议经水利电力部和国家计划委员会批准后开始建设。小机厂房在尾水渠右岸与主机厂房等向布置，机组于1991年并网发电。小机由水电三局、安康地区及西北电业管理局出资建设，投资比例为5∶4∶1，名称为安康火石岩联营电站，由3方组成的董事会经营管理。1992年，西北电业管理局与另两方签订发电管理和电量协议，委托安康水电厂运行维护。年发电量以1亿千瓦·时为基数3方分配，在此基础上超发0.2亿千瓦·时时，与另两方各占一半。再超发的电量全归西北电业管理局。1998年11月改制后，安康火石岩联营水电站更名为“安康水电联合实业有限公司”，董事会及运作管理保持原模式。

1992年底，安康水电厂装机容量为85.25万千瓦全部投入生产，但因为各类闸门、启闭机及拦污栅等没有全部安装完毕，机组仍处在低水位运行。1993年汛前，水电三局与西北电业管理局研究决定在表孔加装过水钢叠梁，既可抬高水位又可保证泄洪。1994年，在表孔预应力闸墩中安装的叠梁挡水实现了汛末水位330米高程，机组达到满出力运行。

1994年底，电力工业部组织专家对工程尾工进行摸底，决定投资1.4亿元用于结尾工程，1998年工程完工。

安康枢纽工程左岸过船设施为垂直升船机，原设计过船吨位为50吨。1995年，水利电力部和交通部达成一致：由陕西省交通厅和西北电业管理局联合成立垂直升船机领导小组，省交通厅出资2000万元，将过船吨位提高到100吨。2002年正式由安康水电厂接管运行。

### 三、小型水电站建设

20世纪90年代以来，陕西兴建了一批小型水电站。

宁强县境内的二郎坝三级水电站位于水田坪乡西流河上，控制流域面积397千米$^2$，多年平均径流量2.4亿米$^3$。一级水电站由混凝土拱堵头、副坝及古河道截渗墙、山体防渗帷幕、右岸溢洪洞、左岸发电放空洞和坝后发电厂房组成，装机容量为1.2万千瓦。二级水电站由压力池、溢流侧堰及水箱涵洞、压力钢管、厂房和机电设备组成，装机容量0.75万千瓦。三级水电站由引水渠、压力前池、压力钢管、厂房和尾水涵洞组成，装机容量3.05万千瓦。三级水电站总装机容量5万千瓦，年发电量约2亿千瓦·时。该水电站还承担跨流域向玉带河调水的任务，平均每年向玉带河调水2.14亿米$^3$，提高了玉带河的径流量。水电站于20世纪90年代末期建成投运。

1999年10月，位于陕西省安康地区岚皋县境内汉江一级支流上的蔺河口水电站举行开工典礼。水电站大坝为碾压混凝土双曲重力拱坝，最大坝高96.5米，坝上游面弧长311米，坝顶高程515米，总库容1.47亿米$^3$，总装机容量7.2万千瓦，由3台单机容量2.4万千瓦机组组成。2000年5月，主体工程正式开工。主要工程量：石方明挖26.84万米$^3$，混凝土浇筑31.3万米$^3$。2000年11月24日，工程截流成功。2001年4月15日，主坝基坑开挖完成。2002年6月8日，碾压混凝土浇筑高程达到470米，实现度汛要求。计划于2003年竣工发电。工程由陕西省电力建设投资公司水电开发投资公司投资兴建。

位于紫阳县境内任河上游的毛坝关水电站装机容量2.4万千瓦（3×0.8万千瓦）。由陕西电力银河集团公司、安康水电联合实业公司和紫阳县按50∶45∶5的股份出资建设和管理。1999年开工建设，计划2003年投产发电。

汉中地区的葫芦头水电站于2002年开工，该工程最大坝高43米，为混凝土重力坝，总库容0.18亿米$^3$，装机容量0.96万千瓦（3×0.32万千瓦）；金水街水电站总装机容量0.375万千瓦；碗牛坝水电站总装机容量0.375万千瓦；小河水电站总装机容量0.6万千瓦；胡家坝水电站总装机容量 0.64 万千瓦。

20 世纪 90 年代建成投产的小水电站还有：魏家堡水电站总装机容量 1.89 万千瓦；石头河水电站总装机容量 1.97 万千瓦；花坝水电站总装机容量 0.9 万千瓦（3×0.3 万千瓦）；石门水电站总装机容量 0.4 万千瓦（2×0.2 万千瓦）；新春水电站总装机容量 0.383 万千瓦；胡家湾水电站总装机容量 0.375 万千瓦（3×0.125 万千瓦）；鹅项颈水电站总装机容量 0.263 万千瓦。

至 2000 年末，陕西省境内已建成发电的小水电站共计 2158 处，总装机容量 45.3 万千瓦，年发电量 10.4 亿千瓦·时。在建项目 32 处，装机容量 24 万千瓦。

# 第二章 电 网 建 设

至1990年末，陕西全省已建成35千伏及以上电压等级的输电线路15105.041千米，变电容量9254.368万千伏·安，形成以330千伏电网为骨干网架、110千伏为配网架的电网结构（系统内有少量220千伏电网）。省间有3回330千伏线路与甘肃电网相连（其中陕西金锁关—甘肃西峰线路降压110千伏运行）。

1991～2002年，陕西加快了电力建设，特别是1996年以后，投资建设的重点逐步转向电网，开展了大规模的城乡电网建设与改造，电网的安全性、可靠性提高，覆盖面扩大。

## 第一节 输电线路建设

1991～2002年，全省新增输电线路8120.574千米，其中330千伏1322.685千米，110千伏4644.877千米，35千伏2253.162千米，220千伏停止建设，且减少100.15千米。至2002年末，全省35千伏及以上输电线路1244条，总长23225.615千米，其中330千伏43条，3132.015千米；220千伏9条，823.747千米；110千伏529条，长9988.687千米；35千伏663条，长9281.166千米。

### 一、330千伏输电线路建设

1990年末，陕西先后建成330千伏输电线路17条，总长度1809.33千米，从而形成330千伏骨干网架。1991～2002年，陕西330千伏电网建设共建成线路26条，总长度1322.685千米。先后建成330千伏金—延线、蒲—北线、蒲—桃线、延—榆线、渭—大—雍线、马—汉线、榆—神线、罗—张线等线路工程，使陕西330千伏电网覆盖全省10个地市。关中地区陆续建成了330千伏西安东郊输变电工程、宝鸡—新雍双回送电工程。

1991～2002年陕西330千伏主要输电线路建设情况见表2-2-1。

表2-2-1 1991～2002年陕西330千伏主要输电线路建设情况

| 序号 | 工程名称 | 区间 | 线路长度（千米） | 开工时间 | 竣工时间 |
|---|---|---|---|---|---|
| 1 | 渭—沣线 | 渭河电厂—沣河变电站 | 23.389 | 1990-06 | 1991-07 |
| 2 | 金—西改线 | 桃曲变—西峰变电站 | 38.018 | 1992-12 | 1993-12 |
| 3 | 渭—金π接线 | 桃曲变电站 | 8.450 | 1993-02 | 1993-12 |
| 4 | 金—延线 | 金锁变—延安变电站 | 181.962 | 1992-04 | 1994-08 |
| 5 | 蒲—北线 | 蒲城电厂—北郊变电站 | 108.120 | 1993-02 | 1994-09 |

续表

| 序号 | 工程名称 | 区　　间 | 线路长度（千米） | 开工时间 | 竣工时间 |
|---|---|---|---|---|---|
| 6 | 秦—北 π 接线 | 渭南变电站 | 12.800 | 1994-03 | 1994-12 |
| 7 | 蒲—桃线 | 蒲城电厂—桃曲变电站 | 85.252 | 1994-03 | 1994-12 |
| 8 | 蒲—高线 | 蒲城电厂—高明变电站 | 32.392 | 1994-10 | 1995-06 |
| 9 | 渭—沣二回线 | 渭河电厂—沣河变电站 | 16.280 | 1995-12 | 1996-02 |
| 10 | 延—榆线 | 延安变电站—榆林变电站 | 253.158 | 1995-06 | 1996-09 |
| 11 | 大—雍线 | 大杨变电站—雍城变电站 | 97.592 | 1996-11 | 1997-07 |
| 12 | 新—雍 1、2 线 | 宝鸡二电厂—雍城变电站 | 23.680 | 1998-02 | 1998-07 |
| 13 | 新—马线 | 宝鸡二电厂—马营变电站 | 17.388 | 1998-05 | 1998-12 |
| 14 | 渭—大线 | 渭河电厂—大杨变电站 | 75.004 | 1998-05 | 1999-01 |
| 15 | 新—马Ⅱ回线 | 宝二电厂—马营变电站 | 12.640 | 1999-01 | 1999-07 |
| 16 | 马—汉线 | 马营变电站—汉中变电站 | 189.509 | 1998-08 | 1999-08 |
| 17 | 桥—陵 π 接改线 | 桥陵变电站 | 11.335 | 1999-08 | 1999-12 |
| 18 | 榆—神线 | 榆林变电站—神木变电站 | 95.263 | 1999-02 | 2000-05 |
| 19 | 罗—张线 | 罗敷变电站—张村变电站 | 97.050 | 2001-06 | 2002-02 |
| 20 | 渭—沣改线 | 渭河电厂—沣河变电站 | 14.000 | 2002-03 | 2002-04 |

其中，典型工程主要有：

（一）金—延线

330 千伏金—延线（金锁变电站—延安变电站），由陕西省电力设计院设计，陕西送变电工程公司施工。线路长 181.962 千米，杆塔 422 基，导线为 2×LGJ-300/40 型和 2×LGJ-300/70型双分裂钢芯铝绞线。由南向北途经铜川市、宜君县、黄陵县、洛川县、富县、甘泉县、延安市。山地占全线路 58%，沟壑占 42%，1992 年 4 月开工，1994 年 8 月 20 日竣工。

（二）延—榆线

330 千伏延—榆线（延安变电站—榆林变电站），由陕西电建总公司总承包，陕西省电力设计院设计，陕西送变电工程公司施工，为渭河发电厂二期配套送出输变电工程之一，也是陕北火电基地与关中电网功率交换的重要联络线。线路全长 253.158 千米，杆塔 531 基。导线为 2×LGJ-300/40 型双分裂钢芯铝绞线。线路由南向北途经延安市、子长县、延川县、清涧县、绥德县、米脂县和榆林市。高山大岭占全线路 43%，山地占 47%，丘陵沙漠占 10%。1995 年 6 月 20 日开工，1996 年 9 月 10 日竣工。一次验收合格率 100%，优良品率 98%以上，荣获陕西省电力公司优质工程。该线路概算 27042 万元，决算 25689 万元。

（三）榆—神线

330 千伏榆—神线（榆林变电站—神木变电站），建设单位为陕西省电力公司，陕西省电力设计院作为示范工程进行设计，陕西送变电工程公司作为精品工程进行施工。线路全长 95.263 千米，杆塔 232 基，导线为 2×LGJ－300/40 型双分裂钢芯铝绞线。线路位于毛乌素沙漠南沿，主要经过沙漠和丘陵区。沙漠丘陵和山地分别占全线路的 72％和 28％。1999 年 2 月开工，2000 年 5 月竣工。一次合格率 100％，优良品率 95％以上，榆—神线建设获陕西省电力公司“精品工程”、国家电力公司西北公司优秀工程奖。该线路概算 9193 万元，决算 8146 万元。

（四）渭—大—雍线

330 千伏渭—大—雍（渭河发电厂—大杨变电站—雍城变电站）输电线路，是渭河发电厂二期配套送出工程之一，承担将电力送至乾县大杨变电站和凤翔雍城变电站的任务，以加强陕西西部电网，解决咸阳西北部电源薄弱问题，满足冬季由陕西火电向甘肃、青海输送电力的需要，同时解决宝鸡地区负荷不断增长与供电量不足的矛盾。该线路由陕西省电力公司建设，陕西省电力设计院设计，陕西送变电工程公司施工。线路由两段组成：从渭河发电厂出线至大杨变电站，长 75 千米，从大杨变电站至雍城变电站 97.59 千米，总长 172.59 千米，杆塔 497 基，导线采用 2×LGJ－300/40 型双分裂钢芯铝绞线。途经咸阳市区、泾阳县、礼泉县、乾县、扶风县、岐山县、凤翔县。两段线路分别于 1996 年 11 月和 1998 年 5 月开工，1997 年 7 月和 1999 年 1 月竣工。渭—大—雍线路建设获国家电力公司优秀工程设计奖、陕西省建设厅优秀工程设计二等奖、陕西省电力公司优质工程奖。该线路概算 15904 万元，决算 14949 万元。

（五）马—汉线

330 千伏马—汉输电线路（马营变电站—汉中变电站）是陕西省重点工程，是宝鸡第二发电厂配套送出工程之一，对加强陕西关中电网与陕南电网联系，缓解汉中区域电网输电容量不足具有重要作用。该线路由陕西省电力公司建设，陕西省电力设计院设计，陕西送变电工程公司施工。线路全长 189.509 千米，铁塔 412 基，导线采用 2×LGJJ－300/70 加强型和 2×LGJ－300/40 型双分裂钢芯铝绞线。途经宝鸡渭滨区、凤县、留坝县、汉中汉台区，穿越秦岭山脉。线路于 1998 年 8 月 18 日开工，1999 年 8 月 16 日竣工投运，历时 12 个月。2000 年 10 月，获国家电力公司优秀工程勘测奖；2001 年 3 月，获国家电力公司西北公司优秀工程奖；2001 年 12 月，获国家电力公司优秀工程设计奖；2002 年 9 月，获建设部优秀工程设计铜奖和岩石工程勘测铜奖。该线路概算 20670 万元，决算 19380 万元。

（六）罗—张线

330 千伏罗—张输电线路（罗敷变电站—张村变电站）是韩城第二发电厂的配套送出工程之一，是缓解商洛地区电源短缺、输变电容量严重不足的重点项目。对加强关中电网和商洛电网联系，提高商洛地区电网运行的安全可靠性有重要作用。线路自北向南贯穿秦岭山脉，途经华县、华阴、洛南、商州区。该工程由陕西省电力公司建设，陕西省电力设计院设计，陕西送变电工程公司施工。线路全长 97.05 千米，铁塔 233 基，导线为 2×JL/LB－20A－300/70 型和 2×JL/CB－20A－300/70 型双分裂钢芯铝绞线。2001 年 6 月开工，2002 年 2 月 20 日竣工。获国家电力公司优秀工程设计奖，陕西省建设厅优秀工程设计一等奖。该线路概算10466万元，决算9724万元。

## 二、110千伏输电线路建设

1991～2002年，陕西在加快330千伏骨干网架建设的同时，加强了110千伏电网建设。至2002年末，陕西110千伏线路达529条，长9988.687千米，电网结构趋于合理，电网运行的安全性、稳定性显著提高。

1991～2002年陕西各供电局110千伏输电线路建设统计见表2-2-2。

表2-2-2 1991～2002年陕西各供电局110千伏输电线路建设统计

西安供电局（西安高压供电局）

| 序号 | 送电线路名称 | 长度（千米） | 开工时间 | 竣工时间 |
|---|---|---|---|---|
| 1 | 西康电铁南川线 | 62.680 | 1997-04 | 1997-07 |
| 2 | 振兴变电站出线 | 6.610 | 1997-10 | 1998-09 |
| 3 | 东郊变电站出线改造 | 24.430 | 1998-11 | 1999-06 |
| 4 | 文体变电站出线 | 3×0.500 | 1998-09 | 1999-06 |
| 5 | 盐张变电站出线 | 2×0.700 | 1998-11 | 1999-08 |
| 6 | 六村堡变电站出线 | 2×1.350 | 1999-06 | 1999-12 |
| 7 | 前程变电站出线 | 18.800 | 1999-05 | 1999-12 |
| 8 | 瓦胡同变电站出线 | 3.650 | 1999-06 | 2000-03 |
| 9 | 岗家寨变电站出线 | 2.850 | 1999-05 | 2000-08 |
| 10 | 等驾坡变电站出线 | 3×3.830 | 1999-06 | 2000-11 |
| 11 | 纺织城变电站出线 | 4.800 | 2000-01 | 2001-03 |
| 12 | 镐京变电站出线 | 4.000 | 1999-12 | 2001-04 |
| 13 | 农场变电站出线 | 2×2.250 | 2000-04 | 2001-04 |
| 14 | 终台变电站出线 | 12.800 | 2000-04 | 2001-05 |
| 15 | 枣—机线 | 1.700 | 2001-04 | 2001-06 |
| 16 | 未央湖变电站出线 | 8.200 | 2000-12 | 2001-09 |
| 17 | 郭杜变电站出线 | 2×5.200 | 2000-10 | 2001-11 |
| 18 | 南—文线 | 4.100 | 2001-05 | 2001-11 |
| 19 | 机场变电站出线 | 6.200 | 2000-05 | 2002-01 |
| 20 | 东—金韩线 | 32.600 | 2000-09 | 2002-07 |
| 21 | 东—金线 | 32.890 | 2000-09 | 2002-07 |
| 22 | 木—丈1、2线 | 2×1.928 | 2002-06 | 2002-07 |
| 23 | 木塔寨变电站出线 | 2×3.160 | 2001-06 | 2002-07 |
| 24 | 香胡湾变电站出线 | 2.917 | 2001-12 | 2002-09 |
| 25 | 泾河南变电站出线 | 18.000 | 2001-04 | 2002-09 |
| 26 | 北—泾线 | 17.030 | 2002-05 | 2002-10 |
| 27 | 洪庆变电站出线 | 1.170 | 2001-12 | |
| 28 | 东—临线 | 15.730 | 2002-03 | |
| 29 | 灞—东线 | 21.463 | 2002-05 | |

### 咸阳供电局

| 序号 | 送电线路名称 | 长度（千米） | 开工时间 | 竣工时间 |
|---|---|---|---|---|
| 1 | 沣—都线 | 15.529 | | 1992-05 |
| 2 | 沣—咸线 | 16.579 | | 1992-05 |
| 3 | 杨—兴线 | 0.476 | | 1992-05 |
| 4 | 礼—赵线 | 10.446 | | 1995 |
| 5 | 武功π接庄杨线 | 4.770 | | 1995-05 |
| 6 | 永渭T接三耀线 | 5.605 | | 1995-06 |
| 7 | 沣—碱线 | 8.050 | | 1998-04 |
| 8 | 沣—石线 | 6.620 | | 1998-04 |
| 9 | 碱—石线 | 1.490 | | 1998-09 |
| 10 | 陵前T接三耀线 | 5.040 | | 1998-12 |
| 11 | 朱—彬线 | 4.700 | 1999-01 | 1999-08 |
| 12 | 桥庄T接庄杨线 | 4.015 | | 1999-08 |
| 13 | 桥兴T接兴常线 | 4.065 | | 1999-08 |
| 14 | 沣—彩线 | 16.998 | | 2000-03 |
| 15 | 沣—茂线 | 19.000 | | 2000-03 |
| 16 | 陈—彩线 | 3.422 | | 2000-03 |
| 17 | 安—彩线 | 2.440 | | 2000-03 |
| 18 | 陈—茂线 | 3.880 | | 2000-08 |
| 19 | 云—桥线 | 6.870 | | 2000-09 |
| 20 | 云—淳线 | 33.285 | | 2000-11 |
| 21 | 沣—中Ⅰ、Ⅱ回线 | 4.518 | | 2000-12 |
| 22 | 杨陵燃机热电厂送出线 | 5.923 | | 2001-04 |
| 23 | 庄—杨线改造 | 37.666 | | 2001-06 |
| 24 | 沣—机线 | 16.850 | 1999-12 | 2001-06 |
| 25 | 三—耀线改造 | 30.990 | | 2002-07 |
| 26 | 庄—都Ⅰ线改造 | 24.276 | | 2002-08 |

### 宝鸡供电局

| 序号 | 送电线路名称 | 长度（千米） | 开工时间 | 竣工时间 |
|---|---|---|---|---|
| 1 | 县—千线 | 14.418 | 1991-04 | 1991-06 |
| 2 | 宝—中电铁线 | 97.741 | 1993-09 | 1994-06 |
| 3 | 宝—成电铁线 | 41.346 | 1998-08 | 1998-11 |
| 4 | 法门线 | 13.800 | 1998-05 | 1999-01 |
| 5 | 马—观Ⅰ、Ⅱ回线 | 19.646 | 1998-08 | 1999-03 |
| 6 | 宝鸡开发区线 | 16.760 | 1998-08 | 1999-06 |
| 7 | 八里桥线 | 26.400 | 1998-04 | 1999-12 |
| 8 | 潘—溪线 | 12.000 | 1999-09 | 2000-03 |
| 9 | 石头坡线 | 18.575 | 2000-03 | 2000-09 |
| 10 | 八里桥送出线 | 6.500 | 2000-04 | 2000-12 |
| 11 | 雍—岐线 | 30.850 | 2000-09 | 2001-05 |
| 12 | 岐—祝线 | 20.300 | 2000-11 | 2001-05 |

渭 南 供 电 局

| 序号 | 送电线路名称 | 长度（千米） | 开工时间 | 竣工时间 |
|---|---|---|---|---|
| 1 | 高—韦Ⅱ回线 | 16.350 | | 1992-12 |
| 2 | 渭—良双回线 | 3.200 | | 1994-08 |
| 3 | 杜—岳线 | 5.740 | | 1994-12 |
| 4 | 渭城延伸线 | 2.170 | | 1997-05 |
| 5 | 韦—下线 | 26.040 | | 1997-05 |
| 6 | 西高明—北干变线路改造 | 10.194 | | 1997-06 |
| 7 | 渭—固线 | 21.640 | | 1998-12 |
| 8 | 白水电厂二期送出线 | 29.757 | | 1999-05 |
| 9 | 桥陵变电站接入线 | 4.426 | | 1999-09 |
| 10 | 桥—双线 | 6.332 | | 2000-04 |
| 11 | 渭—招—毕线 | 14.120 | | 2000-08 |
| 12 | 新城区T接线 | 2.080 | | 2000-10 |
| 13 | 石—毕线 | 22.186 | | 2000-10 |
| 14 | 蒲—双线 | 6.623 | | 2000-11 |
| 15 | 下—龙线 | 2.881 | | 2001-05 |
| 16 | 蒲—南线 | 3.280 | 2001-02 | 2001-07 |
| 17 | 龙阳变电站迁建线 | 20.107 | | 2002-03 |
| 18 | 罗敷变电站送出线 | 1.966 | | 2002-07 |

铜 川 供 电 局

| 序号 | 送电线路名称 | 长度（千米） | 开工时间 | 竣工时间 |
|---|---|---|---|---|
| 1 | 黄—广线 | 18.29 | 2001-01 | 2001-04 |
| 2 | 董—铝双回线 | 52.35 | 2001-07 | 2001-09 |
| 3 | 桃—中、桃—西双回线 | 4.30 | 2001-11 | 2001-12 |
| 4 | 柳—坪线 | 14.0 | 2001-12 | 2002-03 |
| 5 | 三—耀线 | 18.73 | 2002-04 | 2002-07 |
| 6 | 桃曲变电站出线 | 4.48 | 2002-06 | 2002-09 |

汉 中 供 电 局

| 序号 | 送电线路名称 | 长度（千米） | 开工时间 | 竣工时间 |
|---|---|---|---|---|
| 1 | 红河变电站—西郊变电站线 | 9.600 | 1991-05 | 1992-03 |
| 2 | 西郊变电站—草堰变电站线 | 7.00 | 1991-05 | 1992-03 |
| 3 | 勉县变电站—大汉钢Ⅰ、Ⅱ线 | 2×3.650 | 1991-08 | 1992-05 |
| 4 | 洋县变电站—谢村变电站Ⅱ回线 | 16.00 | 1993-04 | 1993-12 |
| 5 | 西乡变电站—茶村变电站线 | 35.000 | 1993-02 | 1994-05 |
| 6 | 勉县变电站π接峡口驿变电站线 | 2.000 | 1994 | 1995-06 |
| 7 | 谢村变电站Ⅱ回π入城固变电站线 | 2.500 | 1996-05 | 1996-12 |

续表

| 序号 | 送电线路名称 | 长度（千米） | 开工时间 | 竣工时间 |
|---|---|---|---|---|
| 8 | 汉中东郊变电站π接北郊变电站线 | 3.200 | 1996-07 | 1997-05 |
| 9 | 汉中西郊变电站T接线 | 1.500 | 1996-05 | 1997-05 |
| 10 | 谈家庄T接横现河变电站线 | 1.500 | 1997-06 | 1998-07 |
| 11 | 三道河—略阳电厂线改造 | 10.000 | 1998-03 | 1998-09 |
| 12 | 洋县变电站—贯溪变电站线 | 5.000 | 1997-08 | 1998-10 |
| 13 | 卧龙台水电站—草堰变电站线 | 75.000 | 1999-07 | 2000-06 |
| 14 | 汉中变电站送出线 | 30.000 | 1999-05 | 2000-10 |
| 15 | 汉中东郊变电站—南郊变电站线 | 10.000 | 1999-06 | 2000-10 |
| 16 | 汉城谢线 | 45.769 | 2000-09 | 2001-04 |
| 17 | 红河变电站π接定军变电站线 | 3.000 | 2000-06 | 2001-05 |
| 18 | 洋县变电站—西乡变电站线 | 75.000 | 2000-07 | 2001-05 |
| 19 | 圣水变电站π接司家铺变电站线 | 5.000 | 2000-05 | 2001-07 |
| 20 | 汉中变电站—铺镇变电站Ⅰ、Ⅱ回线 | 2×13.000 | 2000-06 | 2001-07 |
| 21 | 徐家坡变电站T接线 | 1.500 | 2001-06 | 2002-07 |
| 22 | 勉县变电站双T接小寨变电站线 | 3.000 | 2001-05 | 2002-07 |
| 23 | 三道河—王家坪线 | 25.000 | 2001-05 | 2002-12 |
| 24 | 草堰变电站π接阳春桥线 | 2.000 | 2002-06 | |
| 25 | 三道河变电站双T接线 | 2.000 | 2002-08 | |

## 安 康 供 电 局

| 序号 | 送电线路名称 | 长度（千米） | 开工时间 | 竣工时间 |
|---|---|---|---|---|
| 1 | 紫—麻Ⅰ回线 | 47.121 | 1991-01 | 1991-07 |
| 2 | 麻—官线 | 42.931 | 1991-01 | 1991-07 |
| 3 | 小—南线 | 17.052 | 1991-02 | 1991-08 |
| 4 | 瀛—北线 | 20.142 | 1993-01 | 1993-06 |
| 5 | 安—北Ⅱ回线 | 17.901 | 1993-02 | 1993-06 |
| 6 | 大岭牵变电站专线 | 17.027 | 1997-06 | 1997-12 |
| 7 | 旬—镇线 | 45.321 | 1997-12 | 1998-07 |
| 8 | 大—南线 | 17.330 | 1998-08 | 1999-01 |
| 9 | 恒口牵变电站专线 | 3.100 | 1999-11 | 2000-01 |
| 10 | 江—旬线 | 48.330 | 1998-09 | 2000-03 |
| 11 | 安康北关线 | 11.236 | 1999-12 | 2000-04 |
| 12 | 安康南关线 | 13.782 | 2000-05 | 2000-09 |
| 13 | 关—牵线 | 2.420 | 2000-07 | 2000-09 |
| 14 | 关—平线 | 55.367 | 2000-05 | 2000-12 |
| 15 | 石泉变电站专线（古堰变电站） | 4.598 | 2000-10 | 2000-12 |
| 16 | 古—石线 | 3.799 | 2000-10 | 2000-12 |
| 17 | 关—旬线 | 35.548 | 2000-09 | 2001-01 |

续表

| 序号 | 送电线路名称 | 长度（千米） | 开工时间 | 竣工时间 |
|---|---|---|---|---|
| 18 | 金—旬Ⅲ回线 | 34.475 | 1998-06 | 2001-01 |
| 19 | 古—宁线 | 49.795 | 2000-06 | 2001-01 |
| 20 | 流—水π接线 | 4.200 | 2001-04 | 2001-06 |
| 21 | 流—竹线 | 4.679 | 2002-08 | 2002-11 |
| 22 | 竹—安T接线 | 4.178 | 2002-08 | 2002-11 |

商洛供电局

| 序号 | 送电线路名称 | 长度（千米） | 竣工时间 |
|---|---|---|---|
| 1 | 百—商线 | 55.137 | 1991-01 |
| 2 | 南—百T线 | 1.181 | 1991-01 |
| 3 | 南—湘线 | 30.600 | 1997-09 |
| 4 | 镇—小线 | 38.149 | 1998-07 |
| 5 | 镇—长线 | 6.118 | 1998-07 |
| 6 | 柞—窑线 | 16.337 | 2000-11 |
| 7 | 柞—梁Ⅰ线 | 1.517 | 2000-11 |
| 8 | 柞—梁Ⅱ线 | 1.517 | 2000-11 |
| 9 | 营—牵Ⅰ线 | 20.146 | 2000-11 |
| 10 | 营—牵Ⅱ线 | 20.276 | 2000-11 |
| 11 | 柞—铁Ⅰ线 | 2.046 | 2000-12 |
| 12 | 柞—镇Ⅰ回线 | 27.449 | 2000-12 |
| 13 | 柞—镇Ⅱ回线 | 27.454 | 2000-12 |
| 14 | 柞—牵T接 | 1.274 | 2000-12 |
| 15 | 柞—杏线 | 33.298 | 2001-01 |
| 16 | 山—杏线 | 46.853 | 2001-01 |
| 17 | 黄—百T接线 | 12.188 | 2001-10 |
| 18 | 山—中线 | 34.063 | 2002-01 |
| 19 | 张—商Ⅱ线 | 13.870 | 2002-09 |
| 20 | 张—商Ⅰ线 | 15.733 | 2002-10 |
| 21 | 张—丹Ⅱ线 | 27.833 | 2002-09 |
| 22 | 张—山Ⅰ线 | 54.815 | 2002-10 |

延安供电局

| 序号 | 送电线路名称 | 长度（千米） | 开工时间 | 竣工时间 |
|---|---|---|---|---|
| 1 | 延（马家湾）—子线 | 60.381 | 1991-03 | 1991-09 |
| 2 | 延—兰Ⅰ回线 | 7.527 | 1994-01 | 1994-05 |
| 3 | 赵—甘线 | 15.083 | 1994-10 | 1995-05 |
| 4 | 延—塞线 | 31.600 | 1997-10 | 1998-05 |

续表

| 序号 | 送电线路名称 | 长度（千米） | 开工时间 | 竣工时间 |
|---|---|---|---|---|
| 5 | 黄—店线 | 31.114 | 1997-10 | 1998-06 |
| 6 | 黄—洛线 | 30.013 | 1997-10 | 1998-06 |
| 7 | 店—洛线 | 24.645 | 1998-04 | 1998-06 |
| 8 | 热—延线 | 15.388 | 1999-02 | 1999-07 |
| 9 | 黄—石线 | 7.000 | 2001-08 | 2001-11 |
| 10 | 黄—桥双回线 | 2×8.305 | 2001-03 | 2001-12 |
| 11 | 高—洞线 | 40.170 | 2001-06 | 2002-01 |
| 12 | 甘—长线 | 27.640 | 2001-04 | 2002-02 |
| 13 | 甘—川线 | 43.236 | 2001-04 | 2002-02 |
| 14 | 延—兰Ⅱ回线 | 6.538 | 2001-09 | 2002-04 |
| 15 | 黄—堡线 | 46.063 | 2002-03 | 2002-09 |
| 16 | 洞—宜线 | 56.706 | 2002-03 | 2002-09 |

榆林供电公司

| 序号 | 送电线路名称 | 长度（千米） | 开工时间 | 竣工时间 |
|---|---|---|---|---|
| 1 | 神—榆π接线 | 10.000 | 1997-03 | 1997-06 |
| 2 | 神东电厂出线 | 1.770 | 1998-09 | 1998-11 |
| 3 | 店—神线 | 10.000 | 2000-04 | 2000-06 |
| 4 | 神—朔线 | 99.030 | 2000-08 | 2000-11 |
| 5 | 神—苏线 | 9.190 | 2000-07 | 2000-12 |
| 6 | 苏家塔变电站出线 | 21.000 | 2000-05 | 2001-01 |
| 7 | 店—大π接线 | 10.000 | 2000-09 | 2001-10 |
| 8 | 榆林南开变电站出线 | 2×17.330 | 2001-09 | 2002-08 |
| 9 | 新府—牵线 | 29.000 | 2002-03 | 2002-09 |
| 10 | 神—朔扩能双回线 | 58.210 | 2002-03 | 2002-09 |

## 第二节 变电工程建设

1991～2002年，全省新增35千伏及以上变电站256座，容量1390.897万千伏·安，其中，330千伏变电站15座，容量576万千伏·安；110千伏变电站142座，容量726.37万千伏·安；35千伏变电站99座，容量76.527万千伏·安。220千伏增加容量12万千伏·安。至2002年末，全省有35千伏及以上变电站647座，主变压器1038台，容量2316.265万千伏·安，其中330千伏变电站22座，主变压器38台，容量783万千伏·安；220千伏变电站6座，主变压器9台，容量96万千伏·安；110千伏变电站279座，主变压器461台，容量1220.18万千伏·安；35千伏变电站340座，主变压器530

台，容量 217.085 万千伏·安。

## 一、330 千伏变电工程建设

1991～2002 年，陕西先后在关中建设了 330 千伏渭南变电站、桥陵变电站、罗敷变电站、西安东郊变电站，咸阳沣河变电站、乾县大杨变电站，宝鸡雍城变电站、桃曲变电站，扩建了西安北郊变电站、西高明变电站、马营变电站、沣河变电站、金锁变电站；在陕北新建了 330 千伏延安变电站、榆林变电站、神木变电站、黄陵变电站；在陕南建成了汉中变电站、柞水变电站、商州变电站等工程。

1991～2002 年陕西省 330 千伏主要变电工程建设情况见表 2-2-3。

表 2-2-3　1991～2002 年陕西省 330 千伏主要变电工程建设情况

| 序号 | 变电工程名称 | 变电容量（万千伏·安） | 开工时间 | 竣工时间 | 施工单位 |
|---|---|---|---|---|---|
| 1 | 金锁变电站扩建 | 15 | 1990-12 | 1991-04 | 陕西送变电工程公司 |
| 2 | 北郊变电站扩建 | 24 | 1991-03 | 1991-07 | 陕西送变电工程公司 |
| 3 | 沣河变电站 | 2×24 | 1990-03 | 1991-12 | 陕西送变电工程公司 |
| 4 | 马营变电站扩建 | 24 | 1991-09 | 1991-12 | 陕西送变电工程公司 |
| 5 | 桃曲变电站 | 24 | 1992-12 | 1993-12 | 陕西送变电工程公司 |
| 6 | 延安变电站 | 2×15 | 1992-10 | 1994-08 | 陕西送变电工程公司 |
| 7 | 渭南变电站 | 24 | 1995-01 | 1997-04 | 陕西送变电工程公司 |
| 8 | 西高明变电站扩建 | 15 | 1995-05 | 1997-12 | 陕西送变电工程公司 |
| 9 | 榆林变电站 | 2×15 | 1995-08 | 1997-12 | 陕西送变电工程公司 |
| 10 | 雍城变电站 | 24 | 1997-01 | 1998-03 | 陕西送变电工程公司 |
| 11 | 西安东郊变电站 | 2×24 | 1998-05 | 1999-04 | 陕西送变电工程公司 |
| 12 | 汉中变电站 | 2×24 | 1998-09 | 1999-08 | 陕西送变电工程公司 |
| 13 | 桥陵变电站 | 2×24 | 1998-05 | 1999-10 | 陕西送变电工程公司 |
| 14 | 黄陵变电站 | 15 | 1996-05 | 2000-04 | 陕西送变电工程公司 |
| 15 | 柞水变电站 | 2×15 | 1999-07 | 2000-11 | 陕西送变电工程公司 |
| 16 | 神木变电站 | 2×15 | 1999-10 | 2000-12 | 陕西送变电工程公司 |
| 17 | 大杨变电站 | 24 | 1999-01 | 2001-04 | 陕西送变电工程公司 |
| 18 | 沣河变电站扩建 | 24 | 2001-04 | 2001-06 | 陕西送变电工程公司 |
| 19 | 罗敷变电站 | 2×24 | 2000-08 | 2002-06 | 西北电建第一工程公司 |
| 20 | 张村变电站 | 15 | 2001-06 | 2002-09 | 陕西送变电工程公司 |

其中，典型工程主要有：

### （一）沣河变电站

330 千伏沣河变电站位于咸阳市东郊沣河、渭河交汇处，是国家重点工程渭河发电厂二期送出配套项目之一。该工程由陕西省电力公司建设，西北电力设计院设计，陕西送变电工程公司施工。占地 6400 米$^2$，主控楼建筑面积 600 米$^2$。一期安装两台 24 万千伏·安自耦变压器，两台 3 万千乏电抗器、34 台六氟化硫断路器，330 千伏 5 回出线，110 千伏 13 回出线。1990 年 3 月开工，1991 年 12 月竣工验收投运。1994 年 1 月获电力工业部优质工程银奖。2001 年 4 月，进行扩建，增装 1 台 24 万千伏·安主变压器，对 330、110 千伏线路和隔离开关、保护装置等设备进行改造、更换，6 月底竣工。改造后，沣河变电站成为关中地区电网重要的枢纽变电站之一。

（二）延安变电站

330 千伏延安变电站位于延安市以西 10 千米处。由陕西省电力公司建设，陕西省电力设计院设计，陕西送变电工程公司施工。占地面积 41660 米$^2$，建筑面积 3721 米$^2$。安装两台容量 15 万千·伏安变压器，330 千伏出线 4 回，110 千伏出线 12 回。1992 年 10 月开工，1994 年 7 月竣工验收，8 月投产。1998 年获陕西省建设厅优秀工程设计三等奖。

（三）西安东郊变电站

330 千伏西安东郊变电站位于灞桥区半坡遗址以东 3 千米处，距西安市中心 13 千米。该变电站担负西安东郊航天、军工、纺织等企业及西康电气化铁路的电力供应。它的建成，对于改善陕西 330 千伏骨干网架结构，缓解西安东郊地区供电紧张局面，满足系统无功补偿起到重要作用。该工程由陕西省电力公司建设，西北电力设计院设计，陕西送变电工程公司施工。占地 64000 米$^2$，主控楼建筑面积 2400 米$^2$。安装两台 24 万千伏·安三相自耦强油风冷有载调压变压器，330 千伏出线 4 回，110 千伏出线 10 回，330 千伏配置 17 台罐式六氟化硫断路器，110 千伏配置六氟化硫全封闭组合电器（GIS），采用综合自动化系统，是西北电力系统自动化程度较高的 330 千伏变电站。1998 年 5 月开工，1999 年 4 月 30 日竣工投运，12 月获国家电网公司达标投产工程。

（四）桥陵变电站

330 千伏桥陵变电站位于蒲城县东南 1.5 千米处，是国家重点工程青海李家峡水电厂送出工程的配套项目。该工程由陕西省电力公司建设，陕西省电力设计院设计，陕西送变电工程公司施工。安装两台 24 万千伏·安变压器，330 千伏出线两回，110 千伏出线 10 回。变电站占地 42980 米$^2$，站区面积 2975.35 米$^2$，主控楼建筑面积 2280.58 米$^2$。1998 年 5 月 10 日开工，1999 年 10 月 31 日竣工。2000 年 12 月获陕西省电力公司优秀工程奖，同年获国家电力公司达标投产工程和优质变电站奖，2002 年 9 月获陕西省建设厅优秀工程设计一等奖。

（五）汉中变电站

330 千伏汉中变电站位于距汉中市 14 千米的武乡镇，是汉中电网首座 330 千伏变电站。该工程由陕西省电力公司建设，陕西省电力设计院设计，陕西送变电工程公司施工。本期安装两台 24 万千伏·安变压器，330 千伏出线 1 回，远期 4 回，110 千伏出线 7 回，远期 14 回。占地面积 43526 米$^2$，建筑面积 2499 米$^2$，主控楼面积 1986 米$^2$。1998 年 9 月 15 日开工，1999 年 8 月 16 日建成投产。2000 年 10 月获国家电力公司优秀工程设计奖、国家电力公司优秀工程勘测奖。

（六）柞水变电站

330千伏柞水变电站位于柞水县城南5千米处的下梁镇桑树坪，是西安—安康电气化铁路配套供电工程，是商洛地区第一座330千伏变电站。该工程由陕西省电力公司建设，陕西省电力设计院设计，陕西送变电工程公司施工。安装两台15万千伏·安变压器，330千伏出线2回，110千伏出线7回。占地面积40282米$^2$，建筑面积2299.67米$^2$。1999年7月20日开工，2000年11月建成投产。2001年12月获国家电力公司达标投产输变电工程，2002年获国家电力公司优秀变电工程设计奖，国家建设部优秀工程设计铜奖，2002年4月获国家电力公司优质工程奖。

（七）罗敷变电站

330千伏罗敷变电站位于华阴市罗敷镇台头村南侧、秦岭发电厂西北约2.5千米处，是蒲城发电厂二期及韩城第二发电厂的送出工程。该工程由陕西省电力公司建设，陕西省电力设计院设计，西北电建一公司施工。安装两台24万千伏·安主变压器，330千伏出线5回，最终6回，110千伏出线8回，最终14回。占地面积34100米$^2$，建筑面积2291米$^2$，主控楼面积1542米$^2$。2000年8月开工，2002年6月投产。获国家电力公司岩土工程勘察优秀工程奖，陕西省电力公司变电工程优秀设计奖。

（八）神木变电站

330千伏神木变电站位于毛乌素沙漠南沿的波状沙漠丘陵地带，距神木县4千米。该工程由陕西省电力公司建设，陕西省电力设计院设计，陕西送变电工程公司施工。安装两台15万千伏·安主变压器。占地面积32410万米$^2$，建筑面积2280米$^2$，主控楼面积820米$^2$。1999年10月8日开工，2000年12月27日竣工投产。被陕西省电力公司评为重点工程对口赛优胜奖和精品工程奖，获国家电力公司西北公司优秀工程奖，国家电力公司达标投产工程。

## 二、110千伏变电工程建设

至2002年末，陕西共有110千伏变电站279座，主变压器461台，容量1220.18万千伏·安。

1991～2002年陕西各供电局110千伏变电工程建设统计见表2-2-4。

表2-2-4　　1991～2002年陕西各供电局110千伏变电工程建设统计

西安供电局（西安高压供电局）

| 序号 | 变电工程名称 | 容量（千伏·安） | 开工时间 | 竣工时间 |
|---|---|---|---|---|
| 1 | 浐河变电站 | 2×31500 | 1992-12 | 1993-12 |
| 2 | 青羊变电站 | 2×31500 | 1994 | 1995-04 |
| 3 | 朝阳门变电站 | 2×50000 | 1994-04 | 1995-07 |
| 4 | 高新变电站 | 2×50000 | 1996-01 | 1997-01 |
| 5 | 武屯变电站 | 20000 | 1996-02 | 1998-01 |

续表

| 序号 | 变电工程名称 | 容量（千伏·安） | 开工时间 | 竣工时间 |
|---|---|---|---|---|
| 6 | 董家村变电站 | 2×50000 | 1997 - 10 | 1998 - 03 |
| 7 | 新筑变电站 | 50000 | 1997 - 09 | 1998 - 06 |
| 8 | 振兴变电站 | 3×50000 | 1997 - 10 | 1998 - 09 |
| 9 | 关山变电站 | 10000 | 1997 | 1998 - 12 |
| 10 | 文体变电站 | 3×50000 | 1998 - 09 | 1999 - 06 |
| 11 | 盐张变电站 | 2×31500 | 1998 - 11 | 1999 - 08 |
| 12 | 六村堡变电站 | 2×31500 | 1999 - 06 | 1999 - 12 |
| 13 | 前程变电站 | 10000 | 1999 - 05 | 1999 - 12 |
| 14 | 瓦胡同变电站 | 2×31500 | 1999 - 06 | 2000 - 03 |
| 15 | 长安西变电站 | 2×31500 | 1999 - 08 | 2000 - 06 |
| 16 | 岗寨变电站 | 2×31500 | 1999 - 05 | 2000 - 08 |
| 17 | 等驾坡变电站 | 2×50000 | 1999 - 06 | 2000 - 11 |
| 18 | 纺织城变电站 | 2×50000 | 2000 - 01 | 2001 - 03 |
| 19 | 镐京变电站 | 2×31500 | 1999 - 12 | 2001 - 04 |
| 20 | 农场变电站 | 2×31500 | 2000 - 04 | 2001 - 04 |
| 21 | 终台变电站 | 2×31500 | 2000 - 04 | 2001 - 05 |
| 22 | 山门口变电站 | 2×50000 |  | 2001 - 06 |
| 23 | 未央湖变电站 | 2×31500 | 2000 - 12 | 2001 - 09 |
| 24 | 郭杜变电站 | 2×31500 | 2000 - 10 | 2001 - 11 |
| 25 | 机场变电站 | 2×31500 | 2000 - 05 | 2002 - 01 |
| 26 | 木塔寨变电站 | 2×31500 | 2001 - 06 | 2002 - 07 |
| 27 | 香胡湾变电站 | 2×31500 | 2001 - 12 | 2002 - 09 |
| 28 | 泾河南变电站 | 2×31500 | 2001 - 04 | 2002 - 09 |
| 29 | 水沟变电站 | 2×40000 | 2001 - 12 | 2002 - 12 |
| 30 | 洪庆变电站 | 2×31500 | 2001 - 12 |  |
| 31 | 乐居场变电站 | 2×40000 | 2001 - 12 |  |
| 32 | 自强变电站 | 2×50000 | 2002 - 03 |  |

### 咸 阳 供 电 局

| 序号 | 变电工程名称 | 容量（千伏·安） | 竣工时间 |
|---|---|---|---|
| 1 | 赵镇变电站 | 10000 | 1995 |
| 2 | 永乐变电站 | 20000 | 1995 - 06 |
| 3 | 武功变电站 | 20000 | 1996 - 01 |

续表

| 序号 | 变电工程名称 | 容量<br>（千伏·安） | 竣工时间 |
|---|---|---|---|
| 4 | 新桥变电站 | 2×31500 | 1999-08 |
| 5 | 陵前变电站 | 20000 | 1999 |
| 6 | 安村变电站 | 2×50000 | 2000 |
| 7 | 桥底变电站 | 20000 | 2000 |
| 8 | 淳西变电站 | 20000 | 2000-11 |
| 9 | 中心变电站 | 2×31500 | 2000-12 |
| 10 | 新桥变电站 | 40000 | 2001-12 |
| 11 | 兴城变电站增容 | 12000 | 2001-12 |
| 12 | 西吴变电站 | 40000 | 2002-01 |

## 宝鸡供电局

| 序号 | 变电工程名称 | 容量<br>（千伏·安） | 开工时间 | 竣工时间 |
|---|---|---|---|---|
| 1 | 太白变电站增容 | 20000 | 1991-02 | 1991-05 |
| 2 | 姜城变电站增容 | 40000 | 1991-01 | 1991-07 |
| 3 | 绛帐变电站增容 | 20000+31500 | 1993-08 | 1994-01 |
| 4 | 玉涧变电站增容 | 40000+31500 | 1995-03 | 1995-12 |
| 5 | 法门变电站增容 | 31500 | 1998-05 | 1999-01 |
| 6 | 宝鸡开发区变电站 | 2×50000 | 1998-08 | 1999-06 |
| 7 | 八里桥变电站 | 2×31500 | 1998-04 | 1999-12 |
| 8 | 潘溪变电站 | 31500 | 1999-09 | 2000-03 |
| 9 | 石头坡变电站 | 16000 | 2000-03 | 2000-09 |
| 10 | 八里桥变电站 | 31500 | 2000-04 | 2000-12 |
| 11 | 西虢变电站增容 | 20000 | 2000-07 | 2000-12 |
| 12 | 双十铺变电站增容 | 40000 | 2000-01 | 2001-03 |
| 13 | 绛帐变电站增容 | 31500 | 2000-11 | 2001-04 |
| 14 | 110 千伏常兴变电站增容 | 20000+31500 | 2001-09 | 2001-12 |
| 15 | 三岔变电站增容 | 20000 | 2001-09 | 2001-12 |

## 渭南供电局

| 序号 | 变电工程名称 | 容量<br>（千伏·安） | 竣工时间 |
|---|---|---|---|
| 1 | 毕家变电站 | 2×20000 | 1991-02 |
| 2 | 合阳变电站 | 2×31500 | 1992-04 |

续表

| 序号 | 变电工程名称 | 容量（千伏·安） | 竣工时间 |
|---|---|---|---|
| 3 | 杏林变电站 | 7500 | 1992-10 |
| 4 | 官池变电站 | 2×31500 | 1992-11 |
| 5 | 南塬变电站 | 20000+31500 | 1993-12 |
| 6 | 岳庙变电站 | 20000+31500 | 1994-12 |
| 7 | 苏东变电站 | 20000+31500 | 1995-06 |
| 8 | 孙镇变电站 | 2×20000 | 1996-09 |
| 9 | 下寨变电站 | 20000+31500 | 1997-06 |
| 10 | 北干变电站 | 2×31500 | 1997-06 |
| 11 | 良田变电站 | 2×50000 | 1998-05 |
| 12 | 固市变电站 | 2×31500 | 1998-12 |
| 13 | 招商变电站 | 2×20000 | 2000-10 |
| 14 | 城区变电站 | 2×50000 | 2000-11 |
| 15 | 龙门变电站 | 2×20000 | 2001-11 |
| 16 | 龙阳变电站 | 2×20000 | 2002-04 |
| 17 | 庄里变电站 | 2×20000 | 2002-05 |
| 18 | 渭南开发区变电站 | 2×50000 | 2002-06 |

### 铜 川 供 电 局

| 序号 | 变电工程名称 | 容量（千伏·安） | 开工时间 | 竣工时间 |
|---|---|---|---|---|
| 1 | 马坊变电站 | 10000 | 1994-09 | 1995-06 |
| 2 | 柳林变电站 | 20000 | 1995-07 | 1995-12 |
| 3 | 翠溪变电站 | 20000 | 1996-10 | 1997-04 |
| 4 | 崔仙变电站 | 2×20000 | 1999-09 | 2000-05 |
| 5 | 小丘变电站 | 16000 | 2000-07 | 2001-02 |
| 6 | 红土变电站 | 16000 | 2000-07 | 2001-02 |
| 7 | 铜川中心变电站 | 2×50000 | 2000-12 | 2002-04 |
| 8 | 关庄变电站 | 20000 | 2001-06 | 2002-08 |

### 汉 中 供 电 局

| 序号 | 变电工程名称 | 容量（千伏·安） | 开工时间 | 竣工时间 |
|---|---|---|---|---|
| 1 | 草堰变电站 | 31500 | 1991-05 | 1992-03 |
| 2 | 茶镇变电站 | 20000 | 1993-02 | 1994-05 |

续表

| 序号 | 变电工程名称 | 容量（千伏・安） | 开工时间 | 竣工时间 |
|---|---|---|---|---|
| 3 | 峡口驿变电站 | 20000 | 1994 | 1995 - 06 |
| 4 | 鑫源变电站 | 31500 | 1994 - 12 | 1995 - 09 |
| 5 | 汉中北郊变电站 | 2×31500 | 1996 - 07 | 1997 - 05 |
| 6 | 横现河变电站 | 20000 | 1997 - 06 | 1998 - 07 |
| 7 | 三道河变电站 | 31500 | 1998 - 03 | 1998 - 09 |
| 8 | 贯溪变电站 | 20000 | 1997 - 08 | 1998 - 10 |
| 9 | 汉中南郊变电站 | 2×20000 | 1999 - 06 | 2000 - 10 |
| 10 | 定军变电站 | 20000 | 2000 - 06 | 2001 - 05 |
| 11 | 司家铺变电站 | 20000 | 2000 - 05 | 2001 - 07 |
| 12 | 铺镇变电站 | 20000 | 2000 - 06 | 2001 - 07 |
| 13 | 小寨变电站 | 31500 | 2001 - 05 | 2002 - 07 |
| 14 | 徐家坡变电站 | 20000 | 2001 - 06 | 2002 - 07 |
| 15 | 王家坪变电站 | 20000 | 2001 - 05 | 2002 - 12 |
| 16 | 阳春桥变电站 | 31500 | 2002 - 06 | |
| 17 | 凤凰变电站 | 2×20000 | 2002 - 08 | |

## 安 康 供 电 局

| 序号 | 变电工程名称 | 容量（千伏・安） | 开工时间 | 竣工时间 |
|---|---|---|---|---|
| 1 | 江南变电站 | 2×40000 | 1988 - 12 | 1991 - 05 |
| 2 | 蜀河变电站 | 2×20000 | 1991 - 03 | 1992 - 01 |
| 3 | 麻柳变电站 | 2×20000 | 1991 - 12 | 1992 - 07 |
| 4 | 花园变电站 | 2×31500 | 1997 - 06 | 1999 - 04 |
| 5 | 关庙变电站 | 20000 | 1999 - 06 | 2000 - 04 |
| 6 | 平利变电站 | 2×20000 | 1999 - 08 | 2000 - 04 |
| 7 | 宁陕变电站 | 2×20000 | 2000 - 04 | 2001 - 01 |
| 8 | 张滩变电站 | 2×20000 | 2000 - 04 | 2001 - 03 |
| 9 | 恒口变电站 | 2×20000 | 2000 - 08 | 2001 - 05 |
| 10 | 古堰变电站 | 2×20000 | 2000 - 10 | 2001 - 07 |
| 11 | 流水变电站 | 10000 | 2000 - 03 | 2001 - 07 |

## 商洛供电局

| 序号 | 变电工程名称 | 容量（千伏·安） | 竣工时间 |
|---|---|---|---|
| 1 | 丰陵变电站 | 2×20000 | 1993-01 |
| 2 | 商南变电站 | 20000+31500 | 1993-01 |
| 3 | 丹凤变电站 | 2×20000 | 1994-01 |
| 4 | 武关变电站 | 7500 | 1995-01 |
| 5 | 镇安变电站 | 20000+31500 | 1998-07 |
| 6 | 山阳变电站 | 2×31500 | 1999-12 |
| 7 | 湘河变电站 | 10000 | 2000-01 |
| 8 | 下梁变电站 | 20000+31500 | 2000-11 |
| 9 | 西郊变电站 | 40000 | 2000-11 |
| 10 | 黄龙变电站 | 10000+20000 | 2001-10 |
| 11 | 中村变电站 | 20000+31500 | 2002-01 |

## 延安供电局

| 序号 | 变电工程名称 | 容量（千伏·安） | 开工时间 | 竣工时间 |
|---|---|---|---|---|
| 1 | 赵刘变电站 | 20000 | 1991-03 | 1991-09 |
| 2 | 店头变电站增容 | 16000 | 1991-04 | 1992-06 |
| 3 | 甘谷驿变电站 | 20000 | 1994-10 | 1995-04 |
| 4 | 安塞变电站 | 20000 | 1997-09 | 1998-05 |
| 5 | 延安东郊变电站 | 2×20000 | 2000-03 | 2000-09 |
| 6 | 甘泉变电站 | 2×10000 | 2000-07 | 2001-02 |
| 7 | 马家湾变电站增容 | 2×20000 | 2000-09 | 2001-03 |
| 8 | 桥山变电站 | 20000 | 2001-03 | 2001-12 |
| 9 | 麻洞川变电站 | 10000 | 2001-05 | 2002-01 |
| 10 | 延长变电站 | 10000 | 2001-04 | 2002-02 |
| 11 | 延川变电站 | 20000 | 2001-04 | 2002-02 |
| 12 | 宜川变电站 | 10000 | 2002-03 | 2002-09 |
| 13 | 黄龙变电站 | 20000 | 2002-03 | 2002-09 |

## 榆林供电公司

| 序号 | 变电工程名称 | 容量（千伏·安） | 开工时间 | 竣工时间 |
|---|---|---|---|---|
| 1 | 苏家塔变电站 | 2×50000 | 2000-05 | 2001-01 |
| 2 | 南开变电站 | 20000 | 2001-09 | 2002-08 |

# 第三章　基建施工企业和施工管理

随着发电、输变电装备容量的增大，新技术、新设备、新工艺的引用，施工机具的更新，工程造价的严格控制以及工程质量的要求提高，使得电力工程施工领域竞争日趋激烈，加强电力基建施工管理显得尤为重要。

## 第一节　基建施工企业

### 一、陕西（西北）电力建设总公司

陕西（西北）电力建设总公司位于西安市长乐西路 3 号。1988 年 6 月，水利电力部决定撤销西北电力建设局，将原西北电力建设局管辖的地处甘肃、青海、宁夏省（区）的电力基建单位再次划归所在省（区）电力局管辖。在陕西省成立“陕西电力建设总公司”，同时挂“西北电力建设总公司”牌子，通过协会、学会等形式，对西北各省区电建企业实施行业管理职能。

1991～2002 年，陕西（西北）电力建设总公司名称未变，但隶属关系、管辖范围及经营方式都发生了较大变化。即从一个长期从事施工行政、技术和经营管理的机关，变成自主经营、独立核算、自负盈亏、自我发展的企业。自 1994 年起，陕西（西北）电力建设总公司转变观念，深化改革，根据市场特点，调整内部结构，充分发挥在工程建设管理上的专长和优势，通过与有关单位合作、联营，在工程总承包、施工管理及工程监理及机组调试等方面开拓了市场，构建起“工程管理、项目监理、多种经营”三大支柱，保持了企业稳定和发展。

1994～2002 年陕西（西北）电力建设总公司经营情况见表 2-3-1。

表 2-3-1　1994～2002 年陕西（西北）电力建设总公司经营情况　　单位：万元

| 时间（年） | 完成总额 | 工程额 | 多经额 | 利　润 |
|---|---|---|---|---|
| 1994 | 3237.98 | 1605.32 | 1632.66 | 54.72 |
| 1995 | 4944.70 | 1934.80 | 3009.90 | 18.05 |
| 1996 | 6005.90 | 3278.40 | 2727.50 | 52.10 |
| 1997 | 6322.74 | 3215.39 | 3107.35 | — |
| 1998 | 7304.90 | 3638.47 | 3621.46 | 73.21 |
| 1999 | 7405.72 | 3723.91 | 3681.81 | 101.00 |
| 2000 | 8699.00 | 3878.00 | 4821.00 | 227.60 |
| 2001 | 9584.00 | 4612.00 | 4972.00 | 148.00 |
| 2002 | 8626.00 | 4269.00 | 4357.00 | 100.72 |

## 二、西北电力建设第一工程公司

西北电力建设第一工程公司位于陕西省渭南市华山大街 31 号。属国家二级企业，具有电力工程施工总承包一级、房屋建筑工程施工总承包三级、火电设备安装工程专业承包一级、机电设备安装工程专业承包一级、起重设备安装工程专业承包一级、管道工程专业承包二级、送变电工程专业承包三级、电力建设工程金属实验一级等施工资质。还具备压力管道（GB 类和 GCI 类）安装许可证、锅炉安装许可证、建筑安全资格证和质量体系认证证书、UKAS 皇冠标志质量体系国际标准认证证书等。公司设锅炉、汽轮机、电气、热工、金属加工、机械化、物资供应等专业公司。至 2002 年末，公司有职工 2081 人。1991～2002 年，参与招投标竞争中标 26 个火电机组项目，总装机容量达 11654 万千瓦，并多次荣获各类奖项。

1991～2002 年西北电建一公司荣获各类奖项情况见表 2－3－2。

表 2－3－2　　1991～2002 年西北电建一公司荣获各类奖项情况

| 时间（年） | 颁发单位 | 奖项名称 |
|---|---|---|
| 1991 | 能源部 | 1991 年电力投产 1000 万千瓦功臣单位 |
| | 能源部<br>中国水电工会全国委员会 | 全国电力行业安全生产先进集体 |
| | 能源部 | 电力科技成果推广优秀单位 |
| | 陕西省 | 重点建设先进施工单位 |
| | 陕西省 | “六好企业”称号 |
| | 能源部 | 先进施工企业 |
| 1995 | 中国建筑协会 | 建筑工程鲁班奖（妈湾一期） |
| 1996 | 电力工业部 | 安全生产先进单位 |
| 1999 | 北京市迎接建国五十周年重大工程建设领导小组 | “迎接建国五十周年重大工程建设中作出突出贡献”奖 |
| 2000 | 国电公司 | 基建移交达标投产机组（北京热电厂） |
| | 陕西省电力公司 | 1999 年度安全生产先进单位 |
| | 陕西省安全生产委员会 | 1999 年度安全生产先进单位 |
| | 国家电力公司 | 安全生产达标单位 |
| 2001 | 国家电力公司 | 基建移交生产达标投产机组（福电二期 3 号机组） |
| | 陕西省电力公司 | 基建移交生产达标投产工程（潘溪变电站） |
| 2002 | 国家电力公司 | 基建移交生产达标投产机组（宝二 4 号）、优质工程奖、全国优秀焊接工程奖 |
| | 陕西省人民政府 | “守合同、重信用”企业 |
| | 陕西省委、省政府 | 文明单位 |

### 三、西北电力建设第三工程公司

西北电力建设第三工程公司位于陕西省咸阳市振兴路5号。具有建设部核定的火电设备安装工程专业承包一级、电力工程施工总承包一级、机电设备安装工程专业承包一级、钢结构工程专业承包一级、起重设备安装专业承包一级等施工资质。还具备陕西省质量技术监督局核定的特种设备安装、改造、维修许可证（锅炉一级、起重机械A级）、压力管道安装许可证（GB类、GCZ类）等。下属第一分公司、第二分公司、机械专业公司、焊接监测公司、物业公司、职工医院及咸阳电建学校等7个单位。

1997年5月16日，公司取得国家和英国皇家协会颁发的国内国际质量体系认证证书，成为西北地区首家获得GB/T 19002（IDT ISO 9002）双重认证的电力施工企业。公司编制了管理手册和体系保证文件，制定21项质量管理制度和17项计量管理制度。每项工程开工前，都按照电力工程“达标投产”管理办法和创优工程规划，编制单位工程项目作业指导书，确保工程实现“达标投产”，并多次荣获各类奖项。

1991～2002年西北电建三公司荣获各类奖项和荣誉称号见表2-3-3。

表2-3-3　1991～2002年西北电建三公司荣获各类奖项和荣誉称号

| 时间（年） | 颁发单位 | 奖项名称 |
|---|---|---|
| 1992 | 建设部、国家统计局 | 中国建筑施工综合实力百强企业 |
| 1993 | 建设部 | 中国建筑施工综合实力500强企业 |
| 1996 | 陕西省劳动竞赛委员会 | 重点工程竞赛先进集体 |
| 1998 | 陕西省劳动竞赛委员会 | 重点工程建设劳动竞赛先进单位 |
|  | 电力工业部 | 基建移交一流火力发电厂（江苏新海电厂） |
|  | 电力工业部 | 基建移交生产达标机组（渭河6号） |
|  | 中国工程焊接协会 | 全国工程建设优秀焊接工程（渭河二、三期） |
| 2002 | 国家电力公司 | 基建移交生产达标投产机组（宝二3号） |
|  | 国家电力公司 | 全国火力发电可靠性金牌机组 |

### 四、西北电力建设第四工程公司

西北电力建设第四工程公司位于西安市纺织城纺建路108号。具有房屋建筑工程施工总承包一级、电力工程施工总承包二级、市政工程总承包三级、高耸构筑专业承包一级、水工大坝专业承包三级国家资质。

1991～2002年，该公司坚持依法治企、效益优先的原则，在经营方针、施工生产、技术创新、资金运作及品牌战略等重大问题上，实行民主商议、科学决策。调整了公司机关职能部门和下属单位机构，不断完善内部管理机制。至2002年末，下设第一分公司、第二分公司、第三分公司（基础施工分公司）、第四分公司（民用建筑分公司）、第五分公司（烟囱水塔分公司）、混凝土工程公司、安装公司（机电和水暖安装专业公司）等。具备同时承担多座大中型火电厂施工能力，并多次荣获各类奖项。

1991～2002年西北电建四公司荣获各类奖项和荣誉称号见表2-3-4。

表 2-3-4　1991～2002 年西北电建四公司荣获各类奖项和荣誉称号

| 时间 | 颁发单位 | 奖　项　名　称 |
| --- | --- | --- |
| 1991-11 | 能源部 | 电力工业安全生产先进集体 |
| 1992-06 | 能源部 | 1991 年度全国电力系统思想政治工作优秀企业 |
| 1992-08 | 能源部基建司 | 1991 年度全国电力施工机械管理先进单位 |
| 1994-10 | 陕西省经济社会评价中心 | 陕西经济明星 |
| 1994-11 | 西北电管局思想政治工作研究会 | "1994 年度先进研究会" |
| 1995-06 | 电力工业部 | 全国电力系统"二五"普法先进单位 |
| 1996-07 | 西北电管局 | 陕西电力系统双文明单位 |
| 1996-09 | 电力工业部 | 全国电力系统档案工作先进单位 |
| 1999-03 | 陕西省电力工会 | 综合档案室女工小组被评为陕西电力系统跨世纪"巾帼立功"竞赛标兵集体 |
| 2000-12 | 中国电机工程协会 | 1999～2000 年度信息工作优秀团体会员单位 |
| 2001-05 | 国家电力公司 | 2000 年度实现安全生产目标表彰证书 |
| 2002-01 | 陕西省经贸委 | 企业管理先进单位 |
| 2002-02 | 陕西省人民政府 | 2001 年度文明单位 |
| 1991-10 | 山东省优质工程评委会 | 齐鲁 30 万吨乙烯工程和 20 万千瓦自备电站被评为"山东省优质工程" |
| 1995-10 | 能源部 | 渭河 3 号机主厂房工程被评为"1992 年度火电建筑工程优质施工项目" |
| 1996-10 | 建设部 | 齐鲁石化公司 30 万吨乙烯工程 16 套生产装置及公用配套装置获"鲁班奖" |
| 1997-02 | 电力工业部 | 渭河 6 号机组被命名为"基建移交生产达标投产机组" |
| 1997-03 | 陕西省建筑工程监督总站 | 咸阳供电局变电站改造工程被评为"优良工程" |
| 1997-09 | 陕西省建筑工程质监站 | 渭南市公安局交警队住宅楼被评为"优良工程" |
| 1997-12 | 玉门石油管理局质监站 | 玉门石油管理局水电厂四期双曲线冷却塔工程被评为"优良工程" |
| 1998-03 | 华能上安电厂工程质监站 | 上安电厂扩建主厂房零米以下工程和双曲线冷却塔工程被评为"优良工程" |
| 1998-12 | 国家电力公司 | 上安电厂 4 号机组被命名"基建移交生产达标投产"机组 |
| 1999-02 | 陕西省建设工程质安监督总站 | 陕西省公安厅小区室外管网、道路、围墙工程被评为"优良工程" |

续表

| 时间 | 颁发单位 | 奖项名称 |
|---|---|---|
| 2000-09 | 陕西省电力建设质监中心站 | 蒲城发电厂二期4号汽轮机工程被评为“优良工程” |
| 2000-09 | 陕西省电力建设质监中心站 | 灞桥热电厂扩建200米烟囱工程被评为“优质工程” |
| 2001-10 | 陕西省电力建设质监中心站 | 蒲城发电厂二期240米烟囱工程被评为“优质工程” |
| 2001-10 | 陕西省电力建设质监中心站 | 蒲城发电厂二期3、4号主厂房框架工程被评为“优质工程” |
| 2001-10 | 陕西省电力建设质监中心站 | 灞桥热电厂扩建1号冷却塔工程被评为“优质工程” |
| 2001-11 | 陕西省电力建设质监中心站 | 宝鸡第二发电厂3、4号机主厂房工程被评为“优质工程” |
| 2001-11 | 陕西省电力建设质监中心站 | 宝鸡第二发电厂240米烟囱工程被评为“优质工程” |
| 2001-12 | 陕西省电力建设质监中心站 | 杨陵热电厂一期主厂房工程被评为“优质工程” |
| 2002-02 | 国家电力公司 | 宝鸡第二发电厂3、4号机组被命名为“基建移交生产达标投产”机组 |
| 2002-04 | 中国水利电力质量管理协会 | 2001年度全国电力行业实施用户满意工程先进单位 |
| 2002-04 | 中国水利电力质量管理协会 | 2001年度全国电力行业优秀质量管理单位 |
| 2002-04 | 中国水利电力质量管理协会 | 2001年度全国电力行业质量效益型先进企业 |
| 2002-08 | 国家电力公司 | 宝鸡第二发电厂3、4号机组工程被评为2002年度“火电优质工程” |

## 五、陕西送变电工程公司

陕西送变电工程公司位于西安市自强西路75号。该公司成立于1950年9月，隶属陕西省电力公司。至2002年末，有职工1862人，其中各类工程技术人员498人，高级职称27人，中级职称126人，高级工383人，中级工326人。公司下设3个送电工程处和土建、变电分公司，以及电力安装、铁塔制造、电器制造、机械运输等多种经营公司。具有承建35千伏以上各类电压等级的输电线路、变电站土建、电气安装及调试工程能力，并能制造各型铁塔、铁件、高压开关柜、控制屏、保护屏等，能承运远距离、大吨位公路运输任务。

陕西送变电工程公司是陕西省唯一具有国家输变电工程工总承包一级资质的施工企业，同时还具有城市及道路照明工程专业承包一级、房屋建筑工程施工总承包二级、土石方工程专业承包三级资质。1997年6月取得国家方圆认证中心ISO 9002标准质量体系认证，获得进入电建市场的准入证，2002年取得建设部建筑业资质证书。

1991～2002年，共承建110千伏以上送电线路92条，3784.8千米，其中省外线路31条，1140.5千米；承建110千伏以上变电站30座，安装主变压器41台，总容量

350.1万千伏·安，其中省外3座，主变压器4台，容量54万千伏·安。承建工程中有18项330千伏、9项500千伏输变电工程先后被国家电力主管部门和网、省电力公司评为优质工程或达标投产工程。

1991～2002年陕西送变电工程公司生产经营情况见表2-3-5。

表2-3-5　　1991～2002年陕西送变电工程公司生产经营情况

| 年份 | 职工数（人） | 建成送电线路 | | 安装变压器 | | 企业总产值（万元） | 全员劳动生产率［元/(人·年)］ |
|---|---|---|---|---|---|---|---|
| | | 数量（条） | 长度（千米） | 数量（台） | 容量（万千伏·安） | | |
| 1991 | 2086 | 4 | 58.50 | 8 | 147.6 | 4788 | 20594 |
| 1992 | 2156 | 1 | 89.79 | 5 | 58.0 | 7348 | 30515 |
| 1993 | 2226 | 4 | 266.50 | 2 | 39.0 | 9988 | 45441 |
| 1994 | 1954 | 3 | 286.05 | 5 | 126.0 | 9388 | 48045 |
| 1995 | 1931 | 7 | 262.50 | 3 | 23.0 | 10500 | 54376 |
| 1996 | 1932 | 2 | 145.10 | 2 | 24.0 | 11800 | 61077 |
| 1997 | 1943 | 3 | 144.30 | 1 | 24.0 | 16588 | 85373 |
| 1998 | 1925 | 13 | 359.40 | 7 | 87.1 | 19986 | 103823 |
| 1999 | 1964 | 7 | 433.82 | 7 | 159.0 | 25360 | 129124 |
| 2000 | 1664 | 15 | 554.60 | 6 | 77.0 | 25666 | 154243 |
| 2001 | 1881 | 30 | 493.10 | 8 | 104.2 | 29588 | 157299 |
| 2002 | 1862 | 17 | 600.60 | 6 | 23.0 | 31579 | 155235 |

1991～2002年陕西送变电工程公司荣获主要荣誉见表2-3-6。

表2-3-6　　1991～2002年陕西送变电工程公司荣获主要荣誉

| 序号 | 授予时间 | 授奖单位 | 荣获荣誉称号 | 备　注 |
|---|---|---|---|---|
| 1 | 1991-12 | 陕西省人民政府 | 先进企业 | |
| 2 | 1992-01 | 陕西省委宣传部 | 陕西省思想政治工作优秀企业 | |
| 3 | 1994-01 | 西安市委、市政府 | 文明单位 | |
| 4 | 1994-10 | 陕西省经济社会综合评价中心 | 陕西经济明星企业（建筑施工企业二十强） | |
| 5 | 1991～1994 | 国务院研究发展中心<br>国家统计局 | 全国500家最佳经济效益建筑企业 | 排序176位 |
| 6 | 1996-07 | 西北电力集团公司 | 双文明单位 | |
| 7 | 1996～1998 | 西北电力集团公司党组 | 思想政治工作优秀企业 | |
| 8 | 1997-12 | 西安市人民政府 | 重合同守信用企业 | |

续表

| 序号 | 授予时间 | 授奖单位 | 荣获荣誉称号 | 备 注 |
|---|---|---|---|---|
| 9 | 1998－07 | 西北电力集团公司 | 双文明单位 | |
| 10 | 1998－07 | 国家电力公司 | 双文明企业 | |
| 11 | 1996－05<br>～1998－12 | 陕西省劳动竞赛委员会 | 陕西省重点工程<br>劳动竞赛先进单位 | 连续4年5次 |
| 12 | 1999－02 | 陕西省电力公司 | 双文明单位 | |
| 13 | 1999－02 | 陕西省委、省政府 | 文明单位 | |
| 14 | 1999－04 | 全国总工会 | 全国“五一”劳动奖状 | |
| 15 | 2000－012 | 陕西省人民政府 | 省级重合同守信用企业 | |
| 16 | 2001－01 | 陕西省总工会 | 模范职工之家 | |
| 17 | 2002－07 | 国家电力公司 | 2000～2001年度双文明单位 | |
| 18 | 2002－12 | 陕西省人民政府 | 省级重合同守信用企业 | |
| 19 | 2002－12 | 陕西省委、省政府 | 双文明单位标兵 | |

## 六、施工监理企业

### （一）西北电力建设工程监理有限责任公司

该公司成立于1994年12月30日，具有电力工程监理甲级和房屋建筑工程监理甲级资质。2001年先后通过了ISO 9001：2000质量体系认证、OHS 18001职业安全健康管理体系认证和GB/T 24001环境管理体系认证。公司秉承为社会负责、为业主负责、为工程负责的服务宗旨，以程序化、规范化、标准化、科学化为准绳，不断为业主提供满意周到的服务，赢得了良好信誉。监理的陕西宝鸡第二发电厂（4×30万千瓦）工程获2002年国家电力公司“火电优质工程”，内蒙古准格尔电厂（2×33万千瓦）二期工程获国家“优质工程银质奖”。公司从业人员大部分是西北电力建设总公司多年从事工程管理和质量监督的中、高级工程技术人员，以研究生、本科生和大专生为骨干。同时还聘用了部分西北电力建设第一、第三、第四工程公司和陕西、甘肃送变电工程公司具有丰富大型电站施工经验的退休专业技术人员。

### （二）陕西银河工程监理有限责任公司

该公司原名陕西三秦工程监理有限责任公司，成立于1997年1月30日，具有电力工程监理乙级资质。2002年10月17日通过GB/T 19001—2000和ISO 9001：2000国家方圆标志认证委员会质量保证体系认证。公司先后承担过秦岭发电厂改造工程、蒲城发电厂二期工程、银河上河发电厂（2×13.5万千瓦）工程及一批110～330千伏输变电工程、民用建筑工程的监理任务。

### （三）陕西诚信电力工程监理有限责任公司

该公司成立于1999年6月21日，具有电力工程监理乙级资质。2000年10月通过

ISO 9002：1994质量保证体系认证。该公司先后承担一批110～330千伏输变电工程及灞桥热电厂扩建工程（2×10万千瓦）的监理任务。

## 第二节 基建施工企业管理

随着改革不断深入，陕西电力基建施工企业逐步实行法人治理制、合同制、招投标制、监理制和项目审计监督制等，这些制度的执行，既适应了社会主义市场经济要求，逐渐与国际接轨，又推动了企业不断发展。

### 一、法人治理制

陕西电力基建施工企业按照有关法规和政策要求，赋予经理对企业行使经营决策、生产指挥、人事任免、思想教育的领导权，并承担企业物质文明建设和精神文明建设责任。依据经理负责制的规定与要求，各单位均建立了与之相适应的机构和制度，以确保经理负责制的贯彻落实。陕西（西北）电力建设总公司采取“精干主体、分离辅助、一级法人、两级管理、模拟市场、独立核算”的办法，对下属监理公司、调试公司、物资公司及物业公司的经营管理做了进一步规范，明确职责，搞活经营。西北电力建设第一工程公司严格实行项目法人制，把责、权、利落实到人。西北电力建设第三工程公司建立党政领导联席会议决策机制，对公司重大事项交联席会议讨论，再交职工代表会或组长会复议通过后实施。西北电力建设第四工程公司坚持“依法治企、效益优先”的原则，在经营方针、施工生产、技术创新、资金运作、品牌战略等方面，根据市场需求，实行民主协商，科学决策。

### 二、合同制

陕西省各电力基建施工企业在20世纪80年代中后期和90年代初期实行了合同制，依据《中华人民共和国合同法》和上级相关单位制定的合同管理办法进行管理，使合同管理规范化、制度化，运用法律手段确保本企业的合法权益。陕西（西北）电力建设总公司采取各种措施加强合同管理，实行统一归口、责权明晰、分级管理原则。严格执行承办人制度、审核会签制度、合同备案制度。建立合同管理机构和管理职责，将合同管理机构归口在经营开发部，设置合同管理专职岗位，负责合同管理工作。在业务上接受陕西省电力公司合同管理部门的领导和监督检查。各经营部门和下属公司均根据合同业务量，设置专职或兼职合同管理人员，理顺了合同管理关系，促使合同顺利执行。对合同进行定期盘点、监督和检查，把合同管理贯彻到合同执行的全过程中。针对工程合同的约定条款狠抓自身工作的薄弱环节。

### 三、招投标制

陕西各电力基建施工企业积极参与工程项目招投标的改革。西北电力建设第一工程公司1989年承揽的华能岳阳电厂一期工程2×35万千瓦安装任务是第一次参与招投标就中标的工程。当时他们对电建市场推行招投标的意义并不完全理解，在实行过程中，意识到招投标将是今后电建市场发展的趋势和必经之路，自觉按项目工程招投标的要求，调整和完善内部经营机制，为不断赢得中标奠定基础。西北电力建设第四工程公司从1988年开始参与招投标活动，但屡投不中。公司按照招投标的要求，先后多次组织有关人员学习《招投标法》、“FIDC”合同条款，电力工程招标文件范本；成立招投标领导小组，建立健全投标组织体系；设置招标信息跟踪、编制投标资格预审文件；成立以招投标职能为主要职责的开发公司，积极参与招投标活动。经过努力，1993年该公司第一次中标上海胜康斯米大厦民用建筑工程。1994年中标华能河北上安电厂二期扩建工程，为公司开展招投标活动积累了经验，闯出了路子。

**四、监理制**

实施工程监理制是国家对建设工程管理的一项重大改革。西北电力建设第四工程公司在1996年承建华能河北上安电厂时开始接受监理，公司员工对此很不适应，产生了抵触情绪。公司坚持从自身找原因，组织有关人员，对内部质量管理、技术管理、进度管理、经营管理等方面进行剖析，并举办学习班，组织有关人员学习监理方面的文件、规程和法规。通过学习和培训，逐渐熟悉监理制，理解监理制，并自觉与监理工程师配合。此后，在宝鸡第二发电厂、韩城第二发电厂、户县电厂等建设工程中，均较好地实行了监理制。

**五、项目审计监督制**

陕西各电力基建施工企业根据上级有关文件精神，设置专业机构，配置专业人员，开展了项目审计监督工作。西北电力建设第四工程公司自1991年以来，虽然机构多次变动，但审计监督部门始终作为独立的管理部门开展工作，独立行使职权。1991～2002年，先后对财务年报、多种经营单位、物资管理、设备管理、工程项目等进行了审计，在审计工程项目合同时，对工程项目部的外委构件加工、费用发生情况、承包工程结算等进行全面审计。

## 第三节 施工安全管理

1991～2002年，陕西省各电力基建施工企业认真贯彻落实国家电力主管部门和地方政府关于安全生产的指示精神，针对施工战线长、工期紧、高空作业多、人员分散等特点，不断加强施工人员的安全教育，提高施工人员的安全意识，健全安全管理机构，制定安全规章制度确保安全施工。

**一、管理机构**

1991年前，各电力基建施工企业都建立有安全管理机构，配备业务精，责任心强的专职或兼职安全管理人员。1991年后，各企业先后成立安全生产委员会或安全工作委员会，企业行政“一把手”任主任委员，企业党、政（主管生产的行政副职、总工）、工、团领导任副主任委员，各职能科室负责人任委员。安全委员会下设办公室，办公室设在质量安全科或安全监察科。陕西（西北）电建总公司建立安全工作委员会，安全工作委员会作为总经理领导下的安全管理组织，是公司安全工作的最高决策机构。工程管理部安监处负责安全管理的日常业务，其他各职能部门在各自的业务范围内对安全工作负责；根据有关安全法规、政策、法令、条例和上级指示，结合电力建设安全工作实际，研究和制定安全管理制度、办法及重大措施；根据电力基建安全施工实际情况，及时总结安全施工经验，确定安全工作的重点，指导电力基建安全工作；组织开展年度安全大检查。及时研究和解决安全工作中存在的重大问题，评比表彰安全文明施工的先进单位和个人。同时，还制定安全例会制度，由主任委员或副主任委员每季度组织召开一次安全工作委员会例会。各单位安全领导机构每月召开一次安全工作例会，工程管理部安监处作为安全管理的业务部门，每月召开一次安全网络例会，及时掌握安全动态信息，做好信息处理和汇报工作。班组每周进行一次安全日活动，召开一次安全员网络会，做好信息处理、反馈、记录。各级领导遇到紧急情况，及时召开安全紧急会议，传达上级指示精神，解决安全工作中的重要问题。2000 年 3 月 13 日，西北电建四公司调整了安全生产管理委员会，将安全管理网络延伸到各工程队、厂、车间和班组，设专职或兼职安全员 91 人。

## 二、安全教育

随着电力建设施工中新技术、新工艺、新设备、新材料的推广使用，施工工期要求越来越紧，施工环境变化频繁，施工人员更替补充加快，各电力基建施工企业都把职工安全教育放在重要位置，不断提高广大职工的安全理念和操作技能。

首先，加强安全思想教育，促使企业领导、管理人员和操作人员都能从思想上真切地认识到安全施工对加快电力建设的重要作用，自觉地组织和进行安全施工。西北电建一公司把全员安全教育培训作为一项常规工作，从宣传入手，围绕重点工程，利用各种会议、网站、宣传栏及安全文化长廊及安全简报等，广泛宣传安全施工常识，提高全体职工的整体安全意识和自我保护意识。西北电建三公司坚持对新进入施工现场人员进行“三级安全教育”和安全考试上岗制度，提高施工人员安全防护能力。西北电建四公司坚持开展季度无事故竞赛活动，坚持开展安规学习考试与竞赛活动，做到警钟长鸣，常备不懈。该公司针对业务范围广、土建工程外包较多的特点，除严格审查外包工程队的安全施工资质外，还把外包工队纳入公司的安全管理。至 2000 年末，实现了连续 5 年无死亡事故纪录，受到国家电力公司表彰。

其次，加强安全技术知识教育。陕西各电力基建施工企业坚持持证上岗，组织施工人员详细了解新工程的概况、特点，熟悉现场情况，掌握机械性能及注意事项，牢记安全施工有关规章、制度、操作方法，确保安全施工。同时，坚持对已发生的重大事故进行认真调查，准确定性，分清责任，严肃处理。并利用事故实例，组织职工讨论，结合自身工作，查麻痹思想，查违章隐患，进行有针对性的安全教育。

## 三、安全施工责任制

陕西电力各基建施工企业均建立起企业“一把手”为企业安全生产第一责任人制度，坚持在计划、布置、检查、总结、评比生产时，同时计划、布置、检查、总结、评比安全工作，落实从领导到职工的安全责任。西北电建一公司总经理每年初除与上级领导签订安全生产责任书外，还与下属各单位、部门的“一把手”签订安全生产责任书，把安全生产责任落实到各项工作的管理者、组织者和实施者。与此同时，他们还定期召开安全情况分析会，协调解决安全工作中的重大问题，防患于未然。西北电建三公司按照 GB/T 19002（IDT ISO 9002）质量体系的要求，完善安全管理制度，落实安全生产责任制，建立健全安全生产保证体系、群众监督体系。西北电建四公司于 1991 年发布了公司安全管理标准 38 个，规定公司各级人员的安全责任，开展各种安全活动，确保安全责任到位，营造施工现场的良好安全氛围。陕西送变电公司贯彻“安全第一，预防为主”方针，不断完善安全管理规章制度，强化企业安全第一责任人制度，引入检查、考评、奖惩机制。

**四、安全大检查**

西北电建一公司针对自身工作特点，强化安全监察，注重过程控制。坚持组织春秋两季安全大检查，检查前制定下发检查重点，明确检查任务，确保在检查中“问题查得出、责任能落实、整改效果好”。检查中对重点项目、危险源开展风险评估控制工作，预测每个施工项目发生事故的可能性、后果及可控程度，并量化风险等级，制定相应措施，加强对危险源的控制，消除安全管理盲点。检查后，出台检查报告，落实整改措施，把可能出现的施工隐患消灭在萌芽状态。西北电建三公司由公司经理负责，组织相关部门，定期或不定期地开展安全大检查，以检查促安全，进而完善安全管理制度。西北电建四公司结合安全大检查，修订和完善安全管理制度，深入开展反违章活动，加大现场安全监督管理力度，严格落实“三个百分之百”，即图纸百分之百会审、施工措施和安全措施百分之百编制、每道工序施工前进行百分之百安全技术交底。陕西送变电公司把春安、秋安、冬安大检查作为一项制度。季度大检查依据各季度的特点查有关安规饲否落实，查人员的安全思想是否到位，查与季节相适应的安全防护设施和用品是否配齐，查从领导到施工人员的安全责任是否明确，查施工过程中有无安全隐患。

**五、典型事故**

（1）1991 年 1 月 19 日 18 时 30 分，西北电建三公司渭河分公司一金属试验探伤辅助工在 3 号锅炉左侧 58.8 米平台处准备透视后屏出口大管径焊口时，由于 1192 γ 射线探伤仪的摇把丢失，在寻找摇把时，不慎从 56.8 米处坠落至 38.6 米处，经抢救无效于当日 20 时 30 分死亡。

（2）1992 年 1 月 19 日 3 时 40 分，西北电建四公司蒲城分公司一工人，在清理混凝土搅拌楼螺旋机堵塞时，不慎将右脚坠入螺旋机中，导致截肢重伤事故。

（3）1992 年 11 月 6 日，西北电建一公司深圳分公司在妈湾电厂工程 1 号炉安装施工中，发生一起死亡 6 人，重伤 1 人的高空坠落重大伤亡事故。

（4）1996 年 9 月 11 日 9 时，陕西送变电公司生活服务公司在锅炉房吊装除尘器时，发生除尘器坠落事故，造成一名施工人员重伤。

## 第四节 施工质量管理

陕西各电力基建施工企业为提高工程质量，增强竞争实力，在提高施工队伍素质、改进传统工艺方面做了大量工作，收到明显成效，多次荣获省、部级工程质量奖项。

## 一、全面质量管理

西北电力建设第一工程公司从1993年开始宣传贯彻GB/T 110300《质量管理和质量保证》系列标准。1998年1月15日，获得ISO 9000标准质量体系认证中心颁发的质量体系认证证书和英国皇家认证机构认可委员会（UKAS）认可并颁发的质量体系UKAS皇冠标志证书。2002年8月，开始进行质量管理体系与职业健康安全管理体系认证工作。西北电力建设第三工程公司在质量管理方面设置机构、配备专干、培训人员、编制计划及制定章程等。1997年5月16日取得国家和英国皇家协会颁发的国内、国际质量体系认证证书，成为陕西省电建系统首家获得GB/T 19002（IDT ISO 9002）双认证企业。公司在编制管理手册和质量体系保证文件时，制定了21项质量管理制度和17项计量管理制度，工程开工前，均按相关制度或章程编制工程创优规划，定期严格检查，发现问题立即整改，确保每道施工工序的质量。与此同时，还在施工过程中，定期向业主、监理等相关单位发放工程质量满意度调查表，及时回收各方面意见，以便立即整改。工程移交后，经过半年试生产，以函件或召开座谈会的形式进行质量回访，重点了解机组试生产期内的运行情况、年可调小时数、机组启运次数、主机和主要辅机及附属设备的运行情况等。西北电力建设第四工程公司于1991年成立全面质量管理办公室，对公司已有的技术、安全、机械、经营、人力资源及物资管理等相关管理制度进行了编纂和修订，制定《质量责任制》、《质量管理奖惩办法》、《全面质量管理实施细则》及《工程质量检验职责》等25个管理制度。自1996年起，开展质量体系认证准备工作，培训管理人员，编制《质量管理手册》25个程序文件和近百个三级作业文件。1997年8月15日，取得中国船级社会质量认证，并颁发了GB/T 19002（IDT ISO 9002）质量体系认证书。后来又通过了质量管理体系、职业安全健康管理体系及环境管理体系等“三合一”的体系认证，使公司质量管理逐渐走上规范化、标准化、网络化、程序化。

## 二、达标投产

自1991年以来，陕西各电力基建施工企业根据电力工程“达标投产”管理办法的要求，认真编写工程项目“达标投产”计划，制定“达标投产”实施细则。西北电力建设第一工程公司成立达标投产领导小组，全面负责“达标投产”工作的规划、宣传、考核及奖惩等工作。开展思想教育和技能培训。根据“达标投产”管理要求，建立安全文明施工管理组、安装工程质量工艺与进度控制组、项目管理体系组、工程资料与档案管理组、工程综合管理组，制订“达标投产”规划、目标，明确各自职责，落实责、权、利；严格执行质量“三检”制度，发现问题及时整改，不留隐患。西北电力建设第三工程公司在承担宝鸡第二发电厂（4×30万千瓦）1、3号机组安装工程中开展“达标投产”工作，开工前编制“施工组织总设计”和工程创优规划，各相关部室根据“施工总设计”和工程创优规划，编制汽轮机、锅炉、电气、热工及焊接等专业组织设计和工程项目作业指导书，并按指导书的规定进行施工前的技术交底，施工后的质量“三检”。西北电力建设第四工程公司依据“达标投产”管理办法，在开工前结合工程实际，编制项目创优规划，明确质量目标和各项指标，层层落实到部门、个人。提出“三个百分之百”（施工图百分之百会审、施工方案百分之百审批、施工前进行百分之百的技术交底）施工组织措施。细化工艺，预防质量通病发生。针对烟囱筒壁外观质量易出问题，在宝鸡第二发电厂烟囱施工前，组织有关人员进行研讨，提出改进XDS－Ⅲ型烟囱电动提模工艺和相关防范措施，提高了烟囱筒壁的外观质量。在回填土施工中，发现质量下滑，立即召开现场会和专题会，全面分析问题的原因和提出补救措施，并对失职的管理人员进行处罚和通报批评。

# 第四章　勘　测　设　计

至2002年末，陕西省已组建了具有电力工程及其配套工程规划、设计、勘测、技术服务等不同等级资质的多个勘测设计单位。

## 第一节　主要勘测设计单位

陕西省电力行业的主要勘测设计单位有陕西省电力设计院、西北电力设计院及西北水电勘测设计研究院。

### 一、陕西省电力设计院

陕西省电力设计院位于西安市环城南路东段50号，是陕西省电力公司直属单位，其前身是1954年4月燃料工业部批准成立的西北第一个电力工程设计专门机构——西北电业管理局设计处。后经多次变更，1982年9月改制为陕西省电力设计院。1995年3月，经建设部批准晋升为甲级电力设计院。1997年9月1日，通过长城（天津）质量认证中心ISO质量体系认证，获得市场准入证。2000年7月，获得长城质量保证中心的复评审核证书。2002年9月，完成了质量管理体系由1994版标准向2000年版标准转换工作。

至2002年末，全院职工278人，其中专业技术人员226人，高中级职称141人，大学本科学历67人。设有系统、勘测、线路、电气、土建、机务（发电）等专业。可承担330千伏及以下电压等级电网系统一、二次规划、勘测、设计，省内330千伏及以下输变电工程接入系统及可行性研究设计，各专业用户供电方案研究、电厂接入系统设计，输变电工程前期配合及系统一、二次设计，电厂及变电站光纤、微波、电源等通信工程设计，电力系统及变电站调度自动化工程设计，地区电网继电保护、安全自动装置设计及工程科研等项目。

1991～2002年，完成35～330千伏送电线路勘测设计131项，长度3553千米；完成35～330千伏变电工程勘测设计127项，主变压器容量792.64万千伏·安；完成陕西省10个地市110千伏电网（包括二次系统）及小水、火电站接入系统工程设计94项。连续多年荣获“陕西省电力公司双文明单位”、“思想政治工作优秀企业”，2000年10月获“陕西省政府重合同守信用企业”，2001年12月获“西安市文明单位”，2002年10月档案管理晋升为国家一级。

### 二、西北电力设计院

西北电力设计院成立于1956年10月，位于西安市金花北路2号，是中国电力工程顾问集团公司下属6大区域设计院之一。具有国家电力工程勘测、设计、咨询、监理、总承包、环境影响评价、压力容器设计、建筑工程、专项设计（智能建筑、海洋沿岸工程）等甲级资质证书，是国内知名的火电规划研究、勘测设计企业。2002 年末，有员工 1378 人，其中国家级设计大师 3 人，国家级有突出贡献的中青年专家 3 人，享受政府特殊津贴的专家 21 人，教授级高级工程师 72 人，高中级工程专业人员 789 人，各级各类资质工程师 244 人。

西北电力设计院在电力勘测设计技术上处于国内领先地位，自 1993 年以来，承担了多项电源电网规划、西电东送、全国联网、电力产业结构优化升级等电力发展规划研究任务，能够承担各种类型各种容量的火力发电工程、核电厂（常规岛）和不同电压等级的输变电工程勘测设计；电力系统规划设计；计算机控制系统及多种自动装置设计；工程环境测试、评价及设计；调度通信工程设计；各种工业及民用建筑设计；工程项目总承包；水文地质、工程地质、工程测量、航测、地震评价、砂土液化试验、岩土工程等业务。具有技术开发、技术咨询、技术服务的综合能力。计算机辅助设计系统（CAD）、三维设计（PDS）和管理信息系统（MIS）应用实现了网络化，并配备有科研测试、大型钻机、航测、化验及印制出版等先进设备。

西北电力设计院有多个设计及勘测工程项目荣获国家和省部级优秀设计奖，由其勘测设计的山东邹县电厂（4×30 万千瓦）被国家电力公司誉为“样板工程”，是新中国成立以来唯一荣获国家设计特奖的火电工程。

西北电力设计院与美国、日本等著名工程公司合资组建了多个专业公司，承接了泰国、印度尼西亚等 19 个国家的发电、输变电工程勘测设计任务，与许多国际企业集团和工程公司进行了广泛的交流与合作。

**三、西北水电勘测设计研究院**

西北水电勘测设计研究院（简称西勘院）始建于 1950 年，位于西安市南大街 3 号，“文化大革命”期间解散，1979 年重建。2002 年末，国家电力体制改革，划归中国水电顾问集团公司。全院职工 2043 人，其中各类专业技术人员 1385 人，教授级高级工程师 155 人，高级工程师 523 人，工程师 427 人，中国工程设计大师 1 人，有突出贡献中青年专家 1 人，享受政府特殊津贴专家 15 人，各类注册资质人员 350 人。

西勘院长期以来承担着黄河上中游和整个西北地区的水利水电规划、勘测、设计任务。该院专业齐全、技术力量雄厚、管理先进，能够承担国内外大、中型水利水电工程勘测、设计、咨询及监理等任务，是国家甲级勘测设计研究单位。先后设计完成黄河龙羊峡、李家峡、刘家峡、盐锅峡、八盘峡、大峡、青铜峡，白龙江碧口、宝珠寺，汉江干流石泉和支流褒河石门，新疆哈吧河山口等 30 多座大、中型水利水电枢纽工程。西勘院参与设计的工程项目总装机容量已达 2000 万千瓦以上，为中国西北地区的水电建设作出了重要贡献。西勘院还曾承担长江三峡、黄河小浪底及牡丹江莲花等水电站和长江荆江堤防加固等 10 多项工程的监理工作。

1993 年，西勘院获得了对外经贸部批准的对外经营权，1996 年，获得工程总承包权。该院是中国国际工程咨询协会常务理事成员，国际水电学会团体会员。20 世纪 90 年代以来，参加了 30 多项国际工程项目投标，中标承担了叙利亚幼发拉底河迪什林水电站机电设备标的设计和现场技术服务、伊朗卡伦河梯级水电站 3 个标的工程技术咨询、马来西亚

5座变电站的设计，并对埃塞俄比亚6座水电站和苏丹卡吉巴尔水电站进行了查勘。

## 第二节　勘测设计项目

陕西省电力设计院主要承担省内电力工程勘测设计项目。西北电力设计院、西北水电勘测设计研究院在主要承担全国大型电力工程勘测设计任务的同时，也承担了陕西省内部分电力工程的勘测设计项目。

### 一、陕西省电力设计院省内勘测设计项目

#### （一）系统设计

1991～2002年，完成了陕西省内330千伏及以下电压等级的输变电系统一、二次规划设计、接入系统及可行性设计。完成了陕西省10个地市110千伏电网水平年系统设计（包括二次系统）及小水、火电站接入系统工程设计94项；110～330千伏专题研究报告8项，330千伏输变电工程配合39项。并配合编制了《陕西省电力公司七年电力发展规划纲要》、《陕西省110千伏电网规划（1998～2000年）》、《陕西省地区电力发展七年规划（1999～2005年）》。

#### （二）线路设计

1991～2002年，完成35～330千伏送电线路初步设计72项，施工图设计56项，线路长度分别为3953.1千米和3296.5千米。

1991～2002年陕西省电力设计院送电线路设计业绩见表2-4-1。

表2-4-1　1991～2002年陕西省电力设计院送电线路设计业绩

| 年份 | 电压等级（千伏） | 线路数量（条） | | 线路长度（千米） | | 备注 |
|---|---|---|---|---|---|---|
| | | 初设 | 施设 | 初设 | 施设 | |
| 1991～1994 | 330 | 8 | 4 | 932.0 | 598.0 | |
| | 110 | 13 | 10 | 536.0 | 472.0 | |
| 1995～2000 | 330 | 8 | 8 | 880.0 | 1028.0 | |
| | 220 | — | 2 | — | 36.0 | |
| | 110 | 18 | 16 | 653.6 | 461.5 | |
| 2001～2002 | 330 | 7 | 2 | 222.0 | 231.0 | |
| | 110 | 16 | 10 | 713.0 | 434.0 | |
| | 35 | 2 | 4 | 16.5 | 36.0 | |
| 合计 | | 72 | 56 | 3953.1 | 3296.5 | |

#### （三）变电设计

1991～2002年，完成35～330千伏变电工程设计项目初步设计92项，主变压器容量903.48万千伏·安；施工图设计80项，主变压器容量为792.64万千伏·安。

1991～2002年陕西省电力设计院变电工程设计业绩见表2-4-2。

表2-4-2　1991～2002年陕西省电力设计院变电工程设计业绩

| 年　份 | 电压等级（千伏） | 工程数量（项） | | 变压器容量（万千伏·安） | | 备　注 |
|---|---|---|---|---|---|---|
| | | 初步设计 | 施工图设计 | 初步设计 | 施工图设计 | |
| 1991～1994 | 330 | 8 | 4 | 93.20 | 59.80 | |
| | 110 | 11 | 10 | 146.80 | 107.00 | |
| 1995～2000 | 330 | 14 | 9 | 318.00 | 259.25 | |
| | 220 | 1 | 1 | 24.00 | 24.00 | |
| | 110 | 23 | 23 | 100.50 | 72.11 | |
| | 35 | 5 | — | 2.38 | — | |
| 2001～2002 | 330 | 12 | 16 | 192.00 | 204.00 | |
| | 110 | 15 | 11 | 26.60 | 65.15 | |
| | 35 | 3 | 6 | —— | 1.33 | |
| 总　计 | | 92 | 80 | 903.48 | 792.64 | |

**二、西北电力设计院省内勘测设计项目**

1991～2002年，西北电力设计院承担的陕西省电力工程勘测设计项目如下。

（1）渭河发电厂二、三期扩建工程（4×30万千瓦）主体设计。

（2）蒲城发电厂（2×33万千瓦）生产和辅助生产系统、厂区附属工程设计。

（3）宝鸡第二发电厂（4×30万千瓦）生产和辅助系统、厂区附属工程设计。

（4）韩城第二发电厂（2×60万千瓦）生产和辅助系统、厂区附属工程设计。

（5）韩城发电厂滑坡治理工程。

（6）330千伏咸阳沣河变电站（2×24万千伏·安）工程。

（7）330千伏西安东郊变电站（2×24万千伏·安）工程。

**三、西北水电勘测设计研究院省内勘测设计项目**

1991～2002年，西北勘测设计研究院承担的陕西省电力工程勘测设计项目：

（1）石泉水电厂扩机（2×4.5万千瓦）工程。

（2）韩城发电厂滑坡治理工程。

# 第三篇　发　　电

# 第三篇　发　　电

1990 年末，陕西省发电装机容量 286.4628 万千瓦，1990 年发电量 149.74 亿千瓦·时。

1991～2002 年，陕西电网的发电装机容量增长呈现两个态势，一方面为满足国民经济快速增长而加快新建大型电厂，扩建老电厂，增加装机容量；另一方面为改善大气环境、节能减排，关停 5 万千瓦以下的小型火力发电机组。1991～2002 年的 12 年间，陕西电网新投产 0.6 万千瓦及以上水、火电机组 466.662 万千瓦，关停老机组 16.1 万千瓦。至 2002 年末，全省装机容量 819.77 万千瓦，是 1990 年的 2.86 倍。2002 年全省发电量 347.8172 亿千瓦·时，是 1990 年的 2.32 倍。

## 第一章　发　电　厂

1991～2002 年，陕西电网的大中型火力发电厂从“七五”时期的灞桥、户县、略阳、韩城、延安、宝鸡、秦岭、渭河 8 座增加到 13 座，新建了渭河发电厂新厂、蒲城发电厂、宝鸡第二发电厂、神木神华伊士奇及新力等发电厂。韩城第二发电厂 4 台 60 万千瓦火电机组于 2002 年开工。水力发电方面（不含小水电），新建了安康水电厂，扩建了石泉水电厂。12 年间投产 27 台发电机组，其中水电机组 6 台，容量 74.25 万千瓦，火电机组 21 台，容量 392.412 万千瓦。

### 第一节　概　　况

20 世纪 80 年代，陕西就加紧了几座大型发电厂的前期工作。“八五”时期，渭河发电厂投产 30 万千瓦机组 3 台，安康水电厂投产 20 万千瓦机组 3 台，5.25 万千瓦机组 1 台。“九五”和“十五”头两年，蒲城发电厂投产 33 万千瓦机组 3 台，宝鸡第二发电厂建成投产 30 万千瓦机组 4 台，石泉水电厂建成投产 4.5 万千瓦水电机组 2 台。在此期间建设的大型火电厂的 4 大主机主要采用国产设备（蒲城发电厂的 1、2 号机组采用罗马尼亚设备）。

新建火电机组向大容量、高参数、自动化方向发展。在新投产的 21 台火电机组中，30 万千瓦级的机组就有 11 台，总容量 339 万千瓦，占当期投产火电机组总容量的

86.4%。单机容量60万千瓦的韩城第二发电厂也已开工建设。新建机组以亚临界、中间再热、自然循环的燃煤锅炉为主。汽轮机主要采用亚临界、一次中间再热，双缸双排汽（或四缸四排汽），冲动凝汽式汽轮机。发电机采用水氢氢冷却方式。主变压器采用强迫油循环风冷变压器。机组的自动化水平较前有了很大提高，采用炉、机、电集中控制方式，两台机组设置一个控制室，利用计算机分散控制系统（DCS）对机组进行监视、控制及事故处理。水电机组的投产主要集中在安康、石泉水电厂。

1991～2002年陕西电网新投产0.6万千瓦及以上发电机组统计见表3-1-1。

表3-1-1 1991～2002年陕西电网新投产0.6万千瓦及以上发电机组统计

| 时期 | 电厂名称 | 机组编号 | 机组容量（万千瓦） | 投产日期 |
|---|---|---|---|---|
| “八五”时期 1991～1995 | 渭河电厂二期 | 3号 | 30.000 | 1991-11-19 |
| | | 4号 | 30.000 | 1992-12-22 |
| | 略阳电厂 | 5号 | 5.000 | 1991-12-16 |
| | 安康水电厂 | 1号 | 20.000 | 1992-12-22 |
| | | 2号 | 20.000 | 1992-08-29 |
| | | 3号 | 20.000 | 1991-08-31 |
| | 安康火石岩联营电站 | 0号 | 5.250 | 1991-12-23 |
| | 渭河电厂三期 | 5号 | 30.000 | 1995-06-07 |
| | “八五”小计 | 8台 | 160.250 | |
| “九五”时期 1996～2000 | 渭河电厂三期 | 6号 | 30.000 | 1996-03-15 |
| | 蒲城发电有限公司 | 1号 | 33.000 | 1996-09-03 |
| | | 2号 | 33.000 | 1998-04-27 |
| | 蒲城小机（余热发电） | 0号 | 1.200 | 1998-12-27 |
| | 韩城黄河电站（余气发电） | 2号 | 0.750 | 1998-01-25 |
| | 新力发电有限公司 | 1号 | 5.500 | 1998-07-01 |
| | | 2号 | 5.500 | 1998-10-01 |
| | 宝鸡第二发电有限公司 | 1号 | 30.000 | 1998-12-22 |
| | | 2号 | 30.000 | 1999-11-22 |
| | | 3号 | 30.000 | 2000-09-28 |
| | 神华伊士奇发电有限公司 | 1号 | 10.000 | 1999-12-28 |
| | | 2号 | 10.000 | 2000-01-14 |
| | 石泉水电有限公司 | 1号 | 4.500 | 2000-11-29 |
| | | 2号 | 4.500 | 2000-09-19 |
| | “九五”小计 | 14台 | 227.950 | |

续表

| 时期 | 电厂名称 | 机组编号 | 机组容量（万千瓦） | 投产日期 |
|---|---|---|---|---|
| “十五”头两年 2001～2002 | 宝鸡第二发电有限公司 | 4号 | 30.000 | 2001-02-28 |
| | 杨凌燃机热电厂 | 1号 | 3.962 | 2001-09-12 |
| | | 2号 | 1.500 | 2001-09-12 |
| | 灞桥发电有限公司 | 11号 | 10.000 | 2002-11-19 |
| | 蒲城发电有限公司 | 3号 | 33.000 | 2002-12-28 |
| | “十五”头两年小计 | 5台 | 78.462 | |
| | 合　　计 | 27台 | 466.662 | |

“九五”末，国家对污染严重的小型火力发电机组实施“上大压小、节能减排”政策，陕西电网部分小火电机组实行关停并转。

2002年末陕西省关停发电机组统计见表3-1-2。

表3-1-2　　2002年末陕西省关停发电机组统计

| 电　厂 | 机　组 | 台数，容量（万千瓦） | 关停时间 | 容量合计（万千瓦） |
|---|---|---|---|---|
| 灞桥热电厂 | 1、2号供热机组<br>6号供热机组 | 2×0.6<br>1×1.2 | 1999-12-15<br>1999-12-15 | 2.4 |
| 略阳发电厂 | 2号发电机组 | 1×2.5 | 1999-12-15 | 2.5 |
| 延安发电厂 | 1、2号机组 | 2×0.6 | 1999-12-15 | 1.2 |
| 户县热电厂 | 5号机组 | 1×5.0 | 2000-12-20 | 5.0 |
| 宝鸡发电厂 | 1、2号机组 | 2×2.5 | 2000-12-25 | 5.0 |
| 关停容量 | 16.1万千瓦 | | | |

1991～2002年陕西省发电装机容量、发电量统计见表3-1-3。

表3-1-3　　1991～2002年陕西省发电装机容量、发电量统计

| 年份 | 装机容量（万千瓦） | | | 发电量（万千瓦·时） | | |
|---|---|---|---|---|---|---|
| | 总计 | 其中 | | 总计 | 其中 | |
| | | 水电 | 火电 | | 水电 | 火电 |
| 1991 | 318.3640 | 83.7260 | 234.6380 | 1641938 | 165200 | 1476738 |
| 1992 | 420.7640 | 123.7260 | 297.0380 | 1890500 | 301500 | 1589000 |
| 1993 | 429.3150 | 120.2150 | 309.1000 | 2096607 | 369889 | 1726718 |

续表

| 年份 | 装机容量（万千瓦） | | | 发电量（万千瓦·时） | | |
|---|---|---|---|---|---|---|
| | 总计 | 其中 | | 总计 | 其中 | |
| | | 水电 | 火电 | | 水电 | 火电 |
| 1994 | 431.2495 | 116.7995 | 314.4500 | 2184556 | 307653 | 1876903 |
| 1995 | 498.7354 | 118.1854 | 380.5500 | 2364983 | 265560 | 2099423 |
| 1996 | 545.9580 | 123.3580 | 422.6000 | 2697895 | 357802 | 2340093 |
| 1997 | 547.7580 | 123.3580 | 424.4000 | 2697800 | 224700 | 2473100 |
| 1998 | 635.3080 | 124.9080 | 510.4000 | 2522253 | 311900 | 2210353 |
| 1999 | 667.4500 | 129.2000 | 538.2500 | 2641232 | 225915 | 2415317 |
| 2000 | 737.5600 | 145.1200 | 592.4400 | 2830000 | 360000 | 2470000 |
| 2001 | 775.3100 | 145.0700 | 630.2400 | 3088448 | 270273 | 2818175 |
| 2002 | 819.7700 | 146.2300 | 673.5400 | 3478172 | 284090 | 3194082 |

2002年陕西省0.6万千瓦及以上发电厂统计见表3-1-4。

表3-1-4　　2002年陕西省0.6万千瓦及以上发电厂统计

| 项　目 | 发电厂（个） | 发电装机容量（千瓦） | 设备综合容量（千瓦） | 平均利用小时（小时） | 发电量（万千瓦·时） |
|---|---|---|---|---|---|
| 一、陕西总计（6000千瓦以上） | 62 | 7762700 | 7802700 | 4611 | 3418172 |
| 水电 | 15 | 1261200 | 1276200 | 2054 | 259090 |
| 火电 | 47 | 6501500 | 6526500 | 5136 | 3159082 |
| 在总计中：（一）公用电厂 | 55 | 7650700 | 7690700 | 4601 | 3359070 |
| 水电 | 15 | 1261200 | 1276200 | 2054 | 259090 |
| 火电 | 40 | 6389500 | 6414500 | 5133 | 3099980 |
| （二）自备电厂 | 7 | 112000 | 112000 | 5277 | 59102 |
| 火电 | 7 | 112000 | 112000 | 5277 | 59102 |
| 在总计中：（一）西北电网（陕西部分） | 53 | 7527700 | 7564700 | 4523 | 3246386 |
| 水电 | 15 | 1261200 | 1276200 | 2054 | 259090 |
| 火电 | 38 | 6266500 | 6288500 | 5049 | 2987296 |

续表

| 项　目 | 发电厂（个） | 发电装机容量（千瓦） | 设备综合容量（千瓦） | 平均利用小时（小时） | 发电量（万千瓦·时） |
|---|---|---|---|---|---|
| 1. 统一调度电厂 | 38 | 7336000 | 7373000 | 4544 | 3174661 |
| 水 电 | 7 | 1175500 | 1190500 | 2085 | 241944 |
| 火 电 | 31 | 6160500 | 6182500 | 5048 | 2932717 |
| 石泉水电厂 | 1 | 135000 | 150000 | 1933 | 26090 |
| 安康水电厂 | 1 | 800000 | 800000 | 2074 | 165939 |
| 汉中石门水电站 | 1 | 40500 | 40500 | 1039 | 4207 |
| 二郎坝水电站 | 1 | 50000 | 50000 | 3211 | 16056 |
| 永寿泾河石桥水电站 | 1 | 7500 | 7500 | 1947 | 1460 |
| 安康水电厂小机 | 1 | 52500 | 52500 | 3240 | 17010 |
| 石泉水电厂 4、5 号机 | 1 | 90000 | 90000 | 1242 | 11182 |
| 户县热电厂 | 1 | 100000 | 100000 | 6820 | 68201 |
| 灞桥热电厂 | 1 | 49000 | 49000 | 5503 | 26963 |
| 宝鸡发电厂 | 1 | 100000 | 100000 | 5614 | 56138 |
| 渭河发电厂 | 1 | 100000 | 100000 | 5798 | 57982 |
| 略阳发电厂 | 1 | 75000 | 75000 | 7185 | 53889 |
| 韩城发电厂 | 1 | 380000 | 380000 | 5851 | 222348 |
| 延安发电厂 | 1 | 12000 | 12000 | 8365 | 10038 |
| 蒲城发电有限责任公司 | 1 | 990000 | 990000 | 4917 | 325996 |
| 陕西新力发电有限责任公司 | 1 | 110000 | 110000 | 4310 | 47414 |
| 宝鸡第二发电有限责任公司 | 1 | 1200000 | 1200000 | 3886 | 466267 |
| 秦华发电有限责任公司 | 1 | 250000 | 250000 | 5699 | 142474 |
| 秦岭发电有限责任公司 | 1 | 820000 | 820000 | 5197 | 426186 |
| 略阳 4、5 号机 | 1 | 100000 | 100000 | 6493 | 64927 |
| 渭河发电有限责任公司 | 1 | 1200000 | 1200000 | 4997 | 599604 |
| 神木神华发电有限责任公司 | 1 | 200000 | 200000 | 7169 | 143388 |
| 彬县电厂 | 1 | 7500 | 7500 | 5803 | 4352 |
| 蒲城城西电厂 | 1 | 25500 | 25500 | 5288 | 13485 |
| 澄县电厂 | 1 | 24000 | 24000 | 7083 | 17000 |
| 子长电厂 | 1 | 18000 | 18000 | 5136 | 9245 |
| 白水电厂 | 1 | 12000 | 12000 | 5451 | 6541 |

续表

| 项目 | 发电厂（个） | 发电装机容量（千瓦） | 设备综合容量（千瓦） | 平均利用小时（小时） | 发电量（万千瓦·时） |
|---|---|---|---|---|---|
| 彬县朱家湾电厂 | 1 | 24000 | 24000 | 6908 | 16579 |
| 户县华源电厂 | 1 | 6000 | 6000 | 4975 | 2985 |
| 韩城黄河电站 | 1 | 13500 | 13500 | 4939 | 6667 |
| 蒲城洛河电站 | 1 | 12000 | 12000 | 4142 | 4971 |
| 户县退役机组 | 1 | 50000 | 67000 | 10005 | 50026 |
| 灞桥退役机组 | 1 | 20000 | 20000 | 5835 | 11670 |
| 渭南热电厂 | 1 | 29000 | 29000 | 5821 | 16882 |
| 西安西郊热电厂 | 1 | 50000 | 55000 | 5277 | 26385 |
| 延安热电厂 | 1 | 28000 | 28000 | 5652 | 15825 |
| 杨凌热电厂 | 1 | 55000 | 55000 | 2238 | 12308 |
| 灞桥发电有限公司 | 1 | 100000 | 100000 | 438 | 5981 |
| 2. 非统一调度电厂 | 15 | 191700 | 191700 | 3742 | 71725 |
| 水电 | 8 | 85700 | 85700 | 2001 | 17146 |
| 火电 | 7 | 106000 | 106000 | 5149 | 54579 |
| 魏家堡水电站 | 1 | 18900 | 18900 | 1385 | 2618 |
| 太白金龙水电站 | 1 | 9000 | 9000 | 2848 | 2563 |
| 永寿和平水电站 | 1 | 6000 | 6000 | 2005 | 1203 |
| 彬县程家川水电站 | 1 | 7500 | 7500 | 2333 | 1750 |
| 茨坪水电厂 | 1 | 7500 | 7500 | 2783 | 2087 |
| 渠首水电站 | 1 | 7500 | 7500 | 2737 | 2053 |
| 眉县石头河水电站 | 1 | 19700 | 19700 | 1871 | 3685 |
| 汉中葫芦头水电站 | 1 | 9600 | 9600 | 1236 | 1187 |
| 志达千王电厂 | 1 | 6000 | 6000 | 6225 | 3735 |
| 宝鸡啤酒厂电厂 | 1 | 12000 | 12000 | 1301 | 1561 |
| 岐星热电厂 | 1 | 12000 | 12000 | 6282 | 7538 |
| 陕西化肥厂电厂 | 1 | 15000 | 15000 | 3433 | 5150 |
| 渭河化肥厂电厂 | 1 | 25000 | 25000 | 6856 | 17141 |
| 蒲白矸石电厂 | 1 | 24000 | 24000 | 5748 | 13794 |
| 澄河矿务局电厂 | 1 | 12000 | 12000 | 4717 | 5660 |
| （二）孤立地区 | 9 | 235000 | 238000 | 7310 | 171786 |

续表

| 项　目 | 发电厂（个） | 发电装机容量（千瓦） | 设备综合容量（千瓦） | 平均利用小时（小时） | 发电量（万千瓦·时） |
|---|---|---|---|---|---|
| 火电 | 9 | 235000 | 238000 | 7310 | 171786 |
| 神木县煤焦电有限公司 | 1 | 12000 | 12000 | 6882 | 8258 |
| 府谷发电有限公司 | 1 | 50000 | 50000 | 7824 | 39122 |
| 神木发电有限公司 | 1 | 24000 | 24000 | 7400 | 17759 |
| 神华神东电力公司 | 1 | 50000 | 50000 | 7088 | 35440 |
| 横山电厂 | 1 | 24000 | 24000 | 7387 | 17729 |
| 府谷东山电厂 | 1 | 12000 | 12000 | 5476 | 6571 |
| 神木大柳塔 | 1 | 30000 | 30000 | 7039 | 21116 |
| 神木电厂 | 1 | 9000 | 9000 | 6916 | 6224 |
| 榆林电热公司 | 1 | 24000 | 27000 | 8153 | 19567 |

## 第二节　火力发电厂

### 一、灞桥热电厂

灞桥热电厂位于西安市东郊，始建于1951年。1953～1988年，先后进行了4期扩建，建成7机9炉，装机容量8.5万千瓦，供热能力312吨/时，年发电量4亿千瓦·时。

1992年，国家批准灞桥热电厂第五期改扩建工程立项，工程规划两台10万千瓦双抽汽供热机组。该工程由西北电力开发有限公司投资90%，陕西地方电力发电有限公司投资10%。2000年12月10日，第一台机组正式投入运行。该工程由西北电力设计院设计，陕西电力建设总公司施工。工程概算14.04亿元，竣工决算13.69亿元。主设备由俄罗斯西伯利亚动力机械股份有限公司制造，锅炉型号为E-500-13.8-560KT，超高压、高温，四角切圆燃烧，单汽包自然循环，固态排渣，全钢架悬吊结构，露天布置的Π型锅炉。汽轮机型号为ПТ-90/125-130/10-2型，单轴、双缸、冲动式、两级抽汽凝汽式汽轮机。高、低压缸对头布置。发电机型号为ТВФ-110-2ЁУ3，转子绕组、定子铁芯直接氢冷，定子绕组间接氢冷。发电机有功功率11万千瓦，额定功率因数0.8，机端电压10.5千伏。该项目采用较先进的除尘设备和废水回收处理系统。

灞桥热电厂“供热为主，以热定电”，属于环保型热电联产企业。按照国家“减少污染，节约能源”的产业政策要求，1999年12月15日，该厂关停1、2、6号机组（该机组属于退役康复机组）。

2002年末，灞桥热电厂划归中国大唐集团公司。

## 二、户县热电厂

户县热电厂位于户县余下镇，始建于1954年。是国家“一五”计划的156个重点项目之一，由前苏联援建，是陕西第一座高温高压热电厂。1957年11月30日，1号机并网发电。此后经过4期建设，共安装汽轮发电机组5台，锅炉6台，总装机容量20万千瓦（2×2.5万千瓦+3×5.0万千瓦），年发电能力15亿千瓦·时，供热能力260吨/时。1994年1、2号供热机组退役，后经上级批准，康复运行并转入集体所有，由西安户县电热公司经营。2002年底在册职工1786人。

户县热电厂建厂以来，建立完善各种规程108种，制度96项。1995年2月，被西北电业管理局命名为“安全文明生产达标企业”。1997年10月，建成西北首家无泄漏火电厂。2001年11月9日，实现安全生产1200天，创建厂以来第二个长周期安全生产纪录。

从1990年起，按照国家产业政策要求和环境保护需要，该厂开始着手“上大压小”前期工作。1999年11月9日，经贸委批准户县热电厂建设两台30万千瓦国产燃煤机组。2000年12月20日5、6号炉关停。2001年，3、4号凝汽机组热电联产改造获得批准。

2002年末，户县热电厂划归中国大唐集团公司。

1991～2002年户县热电厂主要经济指标完成情况见表3-1-5。

表3-1-5　1991～2002年户县热电厂主要经济指标完成情况

| 年份 | 发电量（万千瓦·时） | 供热量（吉焦） | 厂用电率（%） | 发电煤耗率［克/（千瓦·时）］ | 供电煤耗率［克/（千瓦·时）］ | 设备年平均利用小时（小时） |
|---|---|---|---|---|---|---|
| 1991 | 156318 | 2235426 | 7.97 | 378 | 410 | 7816 |
| 1992 | 152037 | 2093144 | 8.06 | 377 | 410 | 7602 |
| 1993 | 141436 | 1751706 | 8.22 | 380 | 414 | 7072 |
| 1994 | 157521 | 1452954 | 8.25 | 383 | 417 | 7876 |
| 1995 | 166542 | 1767568 | 8.25 | 381 | 415 | 8327 |
| 1996 | 163663 | 1540577 | 8.29 | 381 | 415 | 8183 |
| 1997 | 160477 | 1424879 | 8.35 | 381 | 415 | 8024 |
| 1998 | 115178 | 1229017 | 8.6 | 381 | 416 | 5759 |
| 1999 | 126830 | 1309304 | 8.63 | 381 | 417 | 6342 |
| 2000 | 121601 | 1450553 | 8.49 | 381 | 417 | 6080 |
| 2001 | 113464 | 1678854 | 8.31 | 383 | 418 | 5673 |
| 2002 | 127549 | 1655383 | 8.41 | 381 | 416 | 6377 |

**注**　含退役康复机组。

### 三、渭河发电厂（渭河发电有限责任公司）

渭河发电厂位于咸阳市渭城区，始建于20世纪60年代末。一期工程设备是从辽宁清河拆迁来的德国制造的2×5万千瓦燃煤机组。1988年12月开始扩建（二、三期），1992年建成二期工程（2×30万千瓦），主设备分别由上海锅炉厂、上海汽轮机厂、上海电机厂制造。1995年建成三期工程（2×30万千瓦），主设备为哈尔滨电机厂生产的汽轮发电机组和四川东方锅炉厂生产的锅炉，属改进型机组。

渭河发电厂扩建机组自动化程度高，拥有代表现代技术的分散控制系统（DCS）、汽轮机抗燃油电调系统（DEH），燃烧管理系统（FSSS）、中压凝结水精除盐系统。

1996年，陕西省人民政府决定盘活渭河发电厂二、三期资产，并以此资产组建渭河发电有限责任公司。由三方投资：香港中旅（集团）有限公司51%，西北电力集团公司30%，陕西省电力投资开发公司19%，合作期限20年。1997年，渭河发电厂一期（老厂）为陕西省电力公司资产，委托渭河发电有限公司代管经营。为解决代管过程中的矛盾，2000年12月15日，在各方共同关注和促成下，陕西省电力公司与陕西正元电力实业发展总公司签订《租赁经营渭河发电厂合同》，由2001年1月起，陕西正元公司租赁经营渭河发电厂17年。

2002年末，渭河发电厂（老厂）划归中国大唐集团公司。

1991～2002年渭河发电厂（老厂）技术经济指标完成情况见表3-1-6。

表3-1-6 1991～2002年渭河发电厂（老厂）技术经济指标完成情况

| 年份 | 发电量（万千瓦·时） | 厂用电率（%） | 发电煤耗率[克/(千瓦·时)] | 供电煤耗率[克/(千瓦·时)] | 设备年平均利用小时(小时) |
|---|---|---|---|---|---|
| 1991 | 76595 | 8.98 | 400 | 440 | 7660 |
| 1992 | 67601 | 9.38 | 399 | 441 | 6760 |
| 1993 | 70130 | 9.44 | 400 | 442 | 7013 |
| 1994 | 57838 | 9.83 | 401 | 445 | 5784 |
| 1995 | 67100 | 9.55 | 401 | 443 | 6710 |
| 1996 | 71511 | 9.56 | 399 | 442 | 7151 |
| 1997 | 67557 | 9.38 | 400 | 442 | 6756 |
| 1998 | 55277 | 9.50 | 400 | 442 | 5528 |
| 1999 | 48606 | 9.65 | 400 | 442 | 4861 |
| 2000 | 46259 | 9.68 | 401 | 442 | 4626 |
| 2001 | 53669 | 9.12 | 398 | 438 | 5367 |
| 2002 | 57982 | 9.12 | 397 | 437 | 5798 |

### 四、略阳发电厂

略阳发电厂是陕南唯一的火力发电厂，位于汉中地区略阳县城北菜籽坝，距略阳县城

1.8 千米。分一、二期建设，于 1991 年 12 月全部建成投产，安装 2 台 2.5 万千瓦和 3 台 5 万千瓦机组，总装机容量 20 万千瓦。按照国家节能减排的要求，该厂所有机组“十五”时期全部关停。1999 年 12 月 15 日 2 号 2.5 万千瓦机组关停。同年，略阳发电厂技改扩建工程前期工作开始进行。

2000 年 3 月，略阳发电厂委托西北电力设计院编制《略阳发电厂改扩建工程初步可行性研究报告》，提出拆除现有 5 台机组，并在老场地上新建 2 台 13.5 万千瓦循环流化床机组的方案。2002 年 4 月，陕西省电力公司对略阳发电厂改扩建工程的建设条件进行实地考察，提出可以保留 4、5 号机组，并在拆除 1、2、3 号机组的场地上新建 2 台 13.5 万千瓦循环流化床机组的建议。针对这一建议，略阳发电厂委托西北电力设计院重新编制《略阳发电厂改扩建工程初步可行性研究报告》。同年 9 月底，陕西省经贸委正式批复略阳发电厂技术改造工程。2002 年，国务院办公厅发出明传电报（国办发明电［2002］6 号），严格禁止违规建设 13.5 万千瓦及以下火电机组。同年 11 月 27 日，国家电力公司将陕西略阳发电厂技术改造工程项目建议书上报国家经贸委。之后，国家发改委指示将该厂技改工程由 2×14 万千瓦循环流化床燃煤机组改为 2×30 万千瓦燃煤机组。

2002 年末，略阳发电厂划归中国大唐集团公司。

1991～2002 年略阳发电厂主要技术经济指标完成情况见表 3－1－7。

表 3－1－7　1991～2002 年略阳发电厂主要技术经济指标完成情况

| 年份 | 发电量（万千瓦·时） | 供电量（万千瓦·时） | 厂用电率（%） | 供电煤耗率［克/(千瓦·时)］ |
|---|---|---|---|---|
| 1991 | 86481 | 78886 | 8.81 | 476 |
| 1992 | 109635 | 100169 | 8.63 | 473 |
| 1993 | 108738 | 96987 | 8.68 | 467 |
| 1994 | 126526 | 115799 | 8.48 | 465 |
| 1995 | 143673 | 131612 | 8.40 | 461 |
| 1996 | 134231 | 122691 | 8.60 | 460 |
| 1997 | 131843 | 120225 | 8.78 | 460 |
| 1998 | 105869 | 94992 | 9.65 | 471 |
| 1999 | 127495 | 114358 | 9.79 | 466 |
| 2000 | 92169 | 83418 | 9.53 | 459 |
| 2001 | 114084 | 103801 | 9.01 | 455 |
| 2002 | 118816 | 108094 | 9.01 | 454 |

**注**　1990 年 12 月 4 号机组试生产，1991 年 12 月 5 号机组试生产。

### 五、韩城发电厂

韩城发电厂位于韩城市城西 5 千米的竹园村。1970 年开始筹建，1979 年建成，安装 4 台(2×6.5 万千瓦+2×12.5 万千瓦)机组，总装机容量 38 万千瓦。

至2002年末，该厂累计发电550亿千瓦·时，职工人数2232人。

建厂初期，由于设备先天不足，机组健康状况较差，设备事故频发。1986年和1995年，先后两次山体滑坡加剧，厂房及建(构)筑物发生变异，部分设备基础和承压部件受损。该厂加大防滑治理力度，大力开展技术改造，使设备健康水平和安全生产管理水平得到较大提高。1993年3月，被能源部命名为“安全文明生产达标企业”。1998年6月，被西北电力集团公司命名为“无漏泄火力发电厂”。2002年6月，建成国家电力公司“一流火力发电厂”。

2002年末，韩城发电厂划归中国大唐集团公司。

1991～2002年韩城发电厂主要技术经济指标完成情况见表3-1-8。

表3-1-8　1991～2002年韩城发电厂主要技术经济指标完成情况

| 年度 | 发电量（万千瓦·时） | 厂用电率（%） | 供电煤耗率［克/(千瓦·时)］ | 设备年平均利用小时(小时) |
|---|---|---|---|---|
| 1991 | 276662 | 8.89 | 399 | 7280 |
| 1992 | 281589 | 9.07 | 396 | 7408 |
| 1993 | 280400 | 8.80 | 395 | 7379 |
| 1994 | 282800 | 8.81 | 396 | 7443 |
| 1995 | 291438 | 8.79 | 396 | 7669 |
| 1996 | 273600 | 9.02 | 398 | 7200 |
| 1997 | 266139 | 8.98 | 396 | 7003 |
| 1998 | 207746 | 10.90 | 395 | 5467 |
| 1999 | 207350 | 10.49 | 395 | 5456 |
| 2000 | 196960 | 10.70 | 395 | 5183 |
| 2001 | 211411 | 9.98 | 395 | 5563 |
| 2002 | 222348 | 10.78 | 396 | 5851 |

## 六、延安发电厂

延安发电厂位于延安城区以东20千米的姚店镇，始建于1954年。全厂装机3台，总容量2.4万千瓦（2×0.6；1×1.2)。建厂以来累计发电35亿千瓦·时，为革命老区经济建设和工农业生产发挥了重要作用。至2002年末，全厂有职工491人。

根据国家节能减排政策的要求，延安发电厂于1999年12月15日关停1、2号机组，并计划2000年关闭3号机组。后经陕西省电力公司研究认为，全部关停会影响延安电网稳定运行，经请示国家电力公司同意延迟关停3号机组。

2002年末，延安发电厂划归中国大唐集团公司。

1991～2002年延安发电厂主要技术经济指标完成情况见表3-1-9。

表 3-1-9 1991～2002 年延安发电厂主要技术经济指标完成情况

| 年份 | 发电量（万千瓦·时） | 厂用电率（%） | 供电煤耗率［克/（千瓦·时）］ | 设备年平均利用小时（小时） | 期末机组容量（万千瓦） |
|---|---|---|---|---|---|
| 1991 | 8746 | 9.21 | 600 | 7286 | 1.2 |
| 1992 | 12350 | 10.05 | 586 | 5146 | 2.4 |
| 1993 | 15205 | 9.79 | 579 | 6335 | 2.4 |
| 1994 | 16620 | 9.38 | 569 | 6925 | 2.4 |
| 1995 | 17489 | 9.83 | 568 | 7287 | 2.4 |
| 1996 | 18054 | 9.74 | 567 | 7523 | 2.4 |
| 1997 | 17400 | 16.25 | 611 | 7250 | 2.4 |
| 1998 | 15794 | 15.25 | 601 | 6656 | 2.4 |
| 1999 | 14269 | 12.01 | 565 | 6079 | 1.2 |
| 2000 | 9093 | 14.6 | 579 | 7578 | 1.2 |
| 2001 | 9763 | 14.03 | 574 | 8136 | 1.2 |
| 2002 | 10038 | 13.73 | 573 | 8365 | 1.2 |

## 七、宝鸡发电厂

宝鸡发电厂位于宝鸡市西南方 4 千米的三合村，始建于 1958 年，1967 年全部建成投产，总装机容量 15 万千瓦，安装 2 台 2.5 万千瓦和 2 台 5 万千瓦凝汽式汽轮发电机组。1997 年，2 台 2.5 万千瓦机组经康复性整修后，划归多种经营产业，成立渭滨电站，2000 年 12 月 25 日关停。2000 年 12 月 5 日，陕西省经贸委批复，同意 2 台 5 万千瓦机组进行热电联产改造，向宝鸡市供热。

2001 年 6 月，宝鸡发电厂与宝鸡第二发电有限公司合并后，2 台 5 万千瓦机组热电联产改造工程，由宝鸡第二发电公司职工持股会、国家电力公司西北公司职工持股会、宝鸡电力实业总公司分别以 50%、35%、15%的股权比例出资，于同年 11 月 20 日组建成立了宝源热电有限责任公司。2002 年 4 月，完成 3 号汽轮机本体改造，10 月完成 4 号汽轮机本体改造，热电联产改造工程全面竣工。11 月 14 日开始向宝鸡市区供热。工程设计供热量 416 吉焦/时，供热面积可达 230 万米$^2$。远期供热量 510 吉焦/时，供热面积可达到 300 万米$^2$。

## 八、秦岭发电厂

秦岭发电厂位于华阴市境内，1968 年开始筹建，设计为两个厂区，分 3 期工程建成。一期工程位于陇海铁路南侧的秦岭山中，主设备为 2×12.5 万千瓦汽轮发电机组。二期、三期工程位于陇海铁路北侧平原地带，主设备为 4×20 万千瓦汽轮发电机组，1986 年 10 月全部建成投产。全厂总装机容量达到 105 万千瓦，是西北首座百万千瓦级火力发电厂。

2000 年 4 月，秦岭发电厂进行公司化改制，将二、三期（4×20 万千瓦机组）组建成为陕西秦岭发电有限责任公司；一期（2×12.5 万千瓦机组）组建成为陕西秦华发电有限责任公司。一套经营班子负责两个公司的生产经营管理工作。至 2002 年末，两个公司有员工 3416 人。

1991～2002 年，秦岭发电厂针对设备缺陷，进行了技术改造。通过 3 年治理整顿，4 年达标和 2 年创无泄漏，企业设备技术状况和安全文明生产情况取得明显进步。自投产以来，累计发电 1160 亿千瓦·时。

1991～2002 年秦岭发电厂技术经济指标完成情况见表 3-1-10。

表 3-1-10　1991～2002 年秦岭发电厂技术经济指标完成情况

| 年份 | 发电量（万千瓦·时） | 厂用电率（%） | 发电标准煤耗率［克/（千瓦·时）］ | 设备年平均利用小时（小时） |
|---|---|---|---|---|
| 1991 | 658080 | 9.3 | 354 | 6197.46 |
| 1992 | 655170 | 9.35 | 352 | 6316.64 |
| 1993 | 641780 | 9.48 | 351 | 5995.50 |
| 1994 | 647300 | 9.39 | 351 | 6123.58 |
| 1995 | 701150 | 9.39 | 349 | 6614.85 |
| 1996 | 643690 | 9.79 | 348 | 6109.82 |
| 1997 | 646160 | 9.61 | 348 | 6076.39 |
| 1998 | 506300 | 9.72 | 347 | 4870.33 |
| 1999 | 513990 | 10.08 | 344 | 4895.22 |
| 2000 | 471940 | 10.57 | 342 | 4405.77 |
| 2001 | 531460 | 10.48 | 341 | 5061.64 |
| 2002 | 568660 | 10.75 | 340 | 5415.82 |

## 九、蒲城发电厂

蒲城发电厂位于蒲城县孙镇东南 3.5 千米处。规划装机容量为 252 万千瓦，分三期建设。一期工程装机容量 2×33 万千瓦，由罗马尼亚设计制造。1、2 号机组分别于 1996 年 9 月和 1998 年 4 月投产发电。二期工程安装 2×33 万千瓦国产燃煤机组，于 2000 年 10 月开工建设，2002 年 12 月 28 日，3 号机组完成 168 小时试运行后投入生产运营。

蒲城发电厂设备规范见表 3-1-11。

表 3-1-11　蒲城发电厂设备规范

| 锅炉 | | 制造厂 | 设备型号 | 额定蒸发量（吨/时） | 主蒸汽压力（兆帕） | 主蒸汽温度（℃） | 再热汽压力（兆帕） | 再热汽温度（℃） |
|---|---|---|---|---|---|---|---|---|
| 一期 | 1、2 号 | 罗马尼亚 ICPET 锅炉厂 | ICPET1100 | 1100 | 19.20 | 535 | 4.35 | 535 |

续表

| 锅炉 | | 制造厂 | 设备型号 | 额定蒸发量（吨/时） | 主蒸汽压力（兆帕） | 主蒸汽温度（℃） | 再热汽压力（兆帕） | 再热汽温度（℃） |
|---|---|---|---|---|---|---|---|---|
| 二期 | 3、4号 | 北京巴布科克、威尔科克斯有限公司 | B&WB1025/18.44-M | 1025 | 18.44 | 543 | 4.27/4.08 | 335/543 |
| 汽轮机 | | 制造厂 | 设备型号 | 额定功率（兆瓦） | 主蒸汽压力（兆帕） | 主蒸汽温度（℃） | 再热汽压力（兆帕） | 再热汽温度（℃） |
| 一期 | 1、2号 | 罗马尼亚汽轮机厂 | FIC-330 | 330 | 18.14 | 535 | 4.25 | 535 |
| 二期 | 3、4号 | 北京重型电机厂 | S330—17.75/540/540 | 330 | 17.75 | 540 | 4.27 | |
| 发电机 | | 制造厂 | 设备型号 | 冷却方式 | 有功功率（兆伏）（兆瓦） | 视在功率（兆伏·安） | 定子额定电压（千伏） | 定子额定电流（安） |
| 一期 | 1、2号 | 罗马尼亚电机厂 | THA330-2型 | 水氢氢 | 330 | 388 | 24 | 9339 |
| 二期 | 3、4号 | 北京重型电机厂 | r255-460 | 水氢氢 | 330 | 388 | 24 | 9339 |
| 主变压器 | | 制造厂 | 设备型号 | 额定容量（兆伏·安） | 接线组别 | 额定电压（千伏） | 冷却方式 | |
| 一期 | 1、2号 | — | TTU-OFAF | 405 | YNd11 | 363±2×2.81%/24 | 强迫油循环风冷 | |
| 二期 | 3、4号 | 西安变压器厂 | SFP9-400/330 | 400 | YNd11 | 363±2×2.81%/24 | 强迫油循环风冷 | |

蒲城发电厂一期工程投产后，针对罗马尼亚机组在设计、制造方面存在的诸多问题，采用新技术，逐年对设备进行国产化改造，使机组各项指标达到设计要求，机组效率大幅提高。

蒲城发电厂1999年荣获西北电力集团公司“思想政治工作优秀企业”和“陕西省电力公司双文明单位”称号。2000年被国家电力公司评为“安全文明生产达标企业”。2002年被中共陕西省委、省政府评为“文明单位”。同年，获得陕西省电力公司“一流发电企业”称号。

2002 年末，蒲城发电厂划归中国华电集团公司。

1996～2002 年蒲城发电厂主要技术经济指标完成情况见表 3-1-12。

表 3-1-12　　1996～2002 年蒲城发电厂主要技术经济指标完成情况

| 年份 | 发电量（万千瓦·时） | 厂用电率（%） | 供电煤耗率［克/（千瓦·时）］ | 发电煤耗率［克/（千瓦·时）］ | 设备年平均利用小时（小时） |
|---|---|---|---|---|---|
| 1996 | 63096 | 8.24 | 448 | 411 | 4823 |
| 1997 | 162900 | 7.33 | 399 | 396 | 4936 |
| 1998 | 228725 | 7.87 | 385 | 355 | 4125 |
| 1999 | 262806 | 7.76 | 370 | 341 | 3982 |
| 2000 | 260047 | 7.72 | 368 | 339 | 3940 |
| 2001 | 288915 | 7.57 | 366 | 338 | 4378 |
| 2002 | 325996 | 7.23 | 355 | 329 | 4917 |

## 十、宝鸡第二发电厂

宝鸡第二发电厂位于宝鸡市凤翔县长青乡石头坡村西，始建于 1994 年 11 月，一期工程 4×30 万千瓦机组于 2001 年 2 月全部建成投产。

宝鸡第二发电厂一期工程主设备锅炉、汽轮机、发电机均为东方发电设备（集团）有限责任公司制造，主变压器为西安变压器厂生产。

宝鸡第二发电厂锅炉技术规范见表 3-1-13，汽轮机技术规范见表 3-1-14，发电机技术规范见表 3-1-15，主变压器技术规范见表 3-1-16。

表 3-1-13　　宝鸡第二发电厂锅炉技术规范

| 制造厂 | 锅炉型号 | 最大蒸发量 | 额定蒸发量 | 过热蒸汽出口压力 | 过热蒸汽出口温度 | 再热蒸汽进口压力 | 再热蒸汽出口压力 |
|---|---|---|---|---|---|---|---|
| 东方发电设备（集团）有限责任公司 | DGL205/18.3-Ⅱ9 型 | 1025 吨/时 | 935 吨/时 | 18.32 兆帕 | 540℃ | 3.81 兆帕 | 3.621 兆帕 |
| | 再热蒸汽进口温度 | 再热蒸汽出口温度 | 再热蒸汽流量 | 给水温度 | 锅炉效率 | 空气预热器 | 燃烧方式 |
| | 316.6℃ | 540℃ | 850 吨/时 | 271.3℃ | ≮91.5% | 三分仓回转式空气预热器 | 同心反切四角切圆燃烧方式 |

表 3-1-14 宝鸡第二发电厂汽轮机技术规范

<table>
<tr><td>制造厂</td><td colspan="2">汽轮机型号</td><td>最大功率</td><td>额定功率</td><td>新蒸汽压力（高压主汽门前）</td><td>新蒸汽温度（高压主汽门前）</td></tr>
<tr><td rowspan="7">东方发电设备（集团）有限责任公司</td><td>1、2号机</td><td>N300-16.7/537/537-4 型（合缸）</td><td rowspan="2">330 兆瓦</td><td rowspan="2">300 兆瓦</td><td rowspan="2">16.7 兆帕</td><td rowspan="2">537℃</td></tr>
<tr><td>3、4号机</td><td>N300-16.7/537/537-5 型（合缸）</td></tr>
<tr><td>新蒸汽最大流量</td><td>新蒸汽额定流量</td><td>再热蒸汽压力（中压联合汽门前）</td><td>再热蒸汽温度（中压联合汽门前）</td><td>再热蒸汽流量</td><td>额定背压</td></tr>
<tr><td>1025 吨/时</td><td>896.3/898.6 吨/时</td><td>3.2 兆帕</td><td>537℃</td><td>777.42 吨/时</td><td>4.9 千帕</td></tr>
<tr><td>冷却水温度</td><td>额定转速</td><td>旋转方向</td><td>额定工况下汽耗</td><td>额定工况下热耗</td><td></td></tr>
<tr><td>20℃</td><td>3000 转/分</td><td>从机头往发电机方向看为顺时针</td><td>2.988/2.995 千克/(千瓦·时)</td><td><7962 千焦/(千瓦·时)</td><td></td></tr>
</table>

表 3-1-15 宝鸡第二发电厂发电机技术规范

<table>
<tr><td>制造厂</td><td>发电机型号</td><td>最大功率</td><td>额定功率</td><td>额定电压</td><td>额定电流</td><td>额定功率因数</td><td>额定频率</td></tr>
<tr><td rowspan="3">东方发电设备（集团）有限责任公司</td><td>QFSN-300-2-20</td><td>330 兆瓦</td><td>300 兆瓦</td><td>20 千伏</td><td>10.19 千安</td><td>0.85</td><td>50 赫兹</td></tr>
<tr><td>额定转速</td><td>额定氢压</td><td>最高氢压</td><td>效率</td><td>励磁方式</td><td colspan="2">冷却方式</td></tr>
<tr><td>3000 转/分</td><td>0.3 兆帕</td><td>0.35 兆帕</td><td>>98.8%</td><td>带同轴交流励磁机和永磁式副励磁机的静态励磁，“三机”励磁方式</td><td colspan="2">水氢氢即定子绕组水内冷，转子绕组氢内冷，定子铁芯及结构部件采用氢表面冷却，集电环采用空气冷却</td></tr>
</table>

表 3-1-16 宝鸡第二发电厂主变压器技术规范

| 制造厂 | 主变压器型号 | 额定容量（千伏·安） | 额定电压（千伏） | 额定电流（安） | 阻抗电压 | 接线组别 | 冷却方式 |
|---|---|---|---|---|---|---|---|
| 西安变压器厂 | SFP9-370000/330 | 370000/370000 | 363±2×2.5%/20 | 588.8/10681 | 14% | YN，d11 | 强迫油循环风冷 |

机组自动化控制系统采用炉、机、电集中控制方式，两台机组设一个控制室。以分散控制系统（DCS）数字显示（CRT）操作员站为监控中心，运行人员通过 DCS 及其相关装置实现机组的启动、停止、运行工况的监视、控制和事故处理。

2001 年 6 月，宝鸡第二发电厂与宝鸡发电厂合并。2002 年末，共有职工 2395 人。

1998～2002 年宝鸡第二发电厂主要技术经济指标完成情况见表 3-1-17。

表 3-1-17 1998～2002 年宝鸡第二发电厂主要技术经济指标完成情况

| 年份 | 发电量（万千瓦·时） | 厂用电率（%） | 供电标准煤耗率［克/(千瓦·时)］ | 设备年平均利用小时(小时) |
|---|---|---|---|---|
| 1998 | 365 | 7.12 | 360 | 451 |
| 1999 | 57725 | 7.55 | 391 | 1706 |
| 2000 | 127226 | 6.44 | 374 | 1783 |
| 2001 | 262068 | 5.39 | 357 | 2220 |
| 2002 | 466267 | 5.26 | 349 | 3886 |

### 十一、陕西神木神华伊士奇发电有限公司

陕西神木神华伊士奇发电有限公司位于榆林市神木县，是中外合作企业，由神华集团公司与美国伊士奇国际有限公司投资兴建。注册资本金 3.16 亿元，其中神华集团公司出资 51%，伊士奇国际有限公司出资 49%。2 台 10 万千瓦机组分别于 1999 年 12 月 28 日和 2000 年 1 月 14 日投入生产。

### 十二、韩城第二发电厂

韩城第二发电厂位于陕西省韩城市龙门镇大前村，规划装机容量为 240 万千瓦。一期工程 120 万千瓦，安装 2 台 60 万千瓦亚临界燃煤机组，静态投资 45.3268 亿元，动态投资为 47.7793 亿元（不含脱硫部分），单位投资为 3777 元/千瓦。

一期工程利用日本协力基金 579.7 亿日元投资建设，主要设备分为 9 个岛，其中锅炉岛、汽轮机岛、仪控岛、除灰岛、脱硫岛为整岛按照国际惯例公开招标（包括设计与供货），其余化水岛、输煤岛、330 千伏升压站岛、机具岛为设备采购岛。各岛的供货商分别为：锅炉岛设备由哈尔滨锅炉厂制造，汽轮机岛设备由日本东芝公司制造，仪控岛设备由美国西屋过程控制公司制造，除灰岛设备由英国克莱德公司制造，脱硫岛设备由日本三菱公司制造，化水岛设备由武汉凯迪电力股份有限公司制造，机具岛设备由日本神冈公司制造；输煤岛设备承包商为中国电工设备总公司，升压站岛设备承包商为西北西电进出口

总公司。

1998年6月10日，“五通一平”（水通、电通、路通、通信通、铁路通，场地平）开工。2002年8月28日，一期工程全面开工。

陕西韩城第二发电有限责任公司成立于1997年，为陕西省电力公司所属发电企业，2002年末划归中国大唐集团公司。

## 第三节 水力发电厂

### 一、石泉水电厂

石泉水电厂位于汉江上游石泉县城西1千米处，是陕西第一座中型水力发电厂和陕西电网调峰电厂之一，兼有灌溉、防洪、发展渔业等综合利用效益。装机3台，单机容量4.5万千瓦，总容量13.5万千瓦。1971年11月开工建设，1975年9月建成投产，1979年11月总体工程验收合格。

1994年11月30日，国家计委批准石泉水电厂扩机工程立项。1995年，石泉发电有限责任公司筹备处成立。1998年10月，扩机工程2台4.5万千瓦发电机组开工建设。2000年11月底，两台机组建成发电，由石泉发电有限责任公司委托石泉水电厂生产运营。

2002年末，石泉水电厂划归中国大唐集团公司。

1991～2002年石泉水电厂主要技术经济指标完成情况见表3-1-18。

表3-1-18 1991～2002年石泉水电厂主要技术经济指标完成情况

| 年份 | 发电量（万千瓦·时） | 厂用电率（%） | 发电耗水率[米$^3$/(千瓦·时)] | 设备年平均利用小时(小时) | 期末机组容量（万千瓦） |
|---|---|---|---|---|---|
| 1991 | 48090 | 0.212 | 10.38 | 3562 | 13.5 |
| 1992 | 57378 | 0.185 | 10.04 | 4250 | 13.5 |
| 1993 | 64658 | 0.164 | 10.08 | 4789 | 13.5 |
| 1994 | 47245 | 0.203 | 10.05 | 3500 | 13.5 |
| 1995 | 36544 | 0.293 | 10.31 | 2707 | 13.5 |
| 1996 | 54517 | 0.284 | 9.81 | 4038 | 13.5 |
| 1997 | 28619 | 0.611 | 10.48 | 2120 | 13.5 |
| 1998 | 52337 | 0.386 | 10.33 | 3877 | 13.5 |
| 1999 | 32711 | 0.624 | 11.31 | 2423 | 13.5 |
| 2000 | 46075 | 0.492 | 10.24 | 3224 | 22.5 |
| 2001 | 44081 | 0.720 | 10.48 | 2612 | 22.5 |
| 2002 | 37272 | 0.943 | 11.01 | 1933 | 22.5 |

## 二、安康水电厂

安康水电厂位于汉江干流上游，距安康市 18 千米，是国家“七五”重点建设项目。1978 年开工建设，1990 年 12 月首台机组(4 号机组)投产发电，1992 年 12 月 4 台 20 万千瓦机组全部并网发电。

安康水电厂枢纽工程由拦河坝、坝后厂房和通航设施等建(构)筑物组成。大坝建成后，可削减部分洪峰，为安康城区和下游防洪发挥了积极作用。厂房布置在右岸坝后，安装 4 台 20 万千瓦水轮发电机组，总装机容量 80 万千瓦，利用右岸排沙洞增装 1 台 5.25 万千瓦小机组。安装主变压器 4 台，330/110 千伏联络变压器 1 台，以及全封闭六氟化硫组合电器，以 3 回 330 千伏出线与西安和汉中电网连接，5 回 110 千伏出线与安康电网连接。

安康水电厂是陕西电网重要的调峰、调频及事故备用电源，自投产发电以来，累计发电量 309 亿千瓦·时。

1987 年 12 月 24 日，西北电业管理局决定，石泉水电厂和在建的安康水电厂合并为安康水电总厂。1992 年 5 月 25 日，西北电业管理局决定撤销安康水电总厂建制，成立安康水电厂和石泉水电厂。2002 年末，安康水电厂仍保留在陕西省电力公司，作为陕西电网的重要调峰调频电源。

1991～2002 年安康水电厂主要技术经济指标完成情况见表 3-1-19。

表 3-1-19 1991～2002 年安康水电厂主要技术经济指标完成情况

| 年 份 | 发电量(万千瓦·时) | 厂用电率(%) | 年发电利用小时(小时) |
|---|---|---|---|
| 1991 | 74564 | 0.381 | 2830 |
| 1992 | 186315 | 0.38 | 3938 |
| 1993 | 236507 | 0.379 | 2956 |
| 1994 | 189155 | 0.378 | 2364 |
| 1995 | 150941 | 0.377 | 1887 |
| 1996 | 202228 | 0.381 | 2528 |
| 1997 | 130113 | 0.379 | 1626 |
| 1998 | 194552 | 0.364 | 2432 |
| 1999 | 120008 | 0.382 | 1500 |
| 2000 | 238406 | 0.382 | 2980 |
| 2001 | 163475 | 0.364 | 2043 |
| 2002 | 165939 | 0.703 | 2074 |

**注** 不含容量为 5.25 万千瓦小机。

# 第二章　运　行　管　理

发电厂的运行组织形式分为生产指挥系统和调度系统。陕西各发电厂的生产指挥系统内部组织机构大体相同，但水、火电厂稍有差异。各发电厂的运行规程、规章制度都比较完善，一般都是在建厂初期结合设备特点，在生产过程中验证修订而成，为安全生产提供了保证。1991～2002年，由于大容量、高参数机组相继投入以及各发电厂开展节能降耗工作，全省供电标准煤耗率由1990年的414克/(千瓦·时)降至2002年的399克/(千瓦·时)。

## 第一节　运行组织与管理

### 一、运行组织

发电厂的运行组织包括生产指挥系统和调度指挥系统。生产指挥系统由生产副厂长（总工程师）—运行副总工程师—生产科室（分场、车间）—运行班组—运行岗位组成；调度指挥系统由西北电网总调度—陕西省级调度—发电厂值长—运行班长—运行岗位组成。上网电厂直接接受省调或总调调度，地区调度只调度本区域内的小型水火电厂。

生产副厂长负责发电厂的生产工作，总工程师负责技术管理工作，下设运行副总工程师负责运行管理工作。发电企业以安全经济为目标组织生产，根据设备和人员状况实行相应的管理体制和值班制度。运行值班方式一般为五值四运转。

20世纪90年代初，各发电厂仍然沿用20世纪70～80年代的管理模式，实行小分场制，有锅炉、汽轮机、电气、热工、化学、燃料、机械及水工等专业分场，管理各专业的运行和检修班组。1997年以后，火电厂管理体制逐步从小分场制向大分场制过渡，水电厂仍然以小分场制为主。大分场制一般设立运行部（运行分场），负责全厂的运行管理；检修部（检修分场）负责全厂的检修、抢修工作。

### 二、运行管理

运行部（有的电厂称发电部）作为运行管理的职能部门，对各运行分场进行管理及考核。运行部下设值长组对全厂运行系统进行指挥、调度。值长在值班期间是全厂生产运行的负责人，在行政和专业上直接受运行副总工程师领导；在运行操作上受电网中心调度指挥；根据规程规定和上级指示，领导全值人员完成生产任务和各项经济指标，确保机组安全经济运行。各专业运行班长在行政上受分场主任（发电部主任）领导；在值班期间，受当值值长领导，负责本专业所管辖全部设备的安全经济运行。各级值班员在班长领导下负责本专责所管辖设备的安全经济运行。

### 三、运行规程制度

运行规程制度是运行人员的工作行为规范，是发电厂安全经济运行的制度保障。

韩城发电厂在各专业管理制度的基础上，编制出包括《交接班制度》、《巡回检查制度》、《操作监护制度》、《定期切换制度》、《运行分析制度》、《异常管理制度》,《设备停送电制度》及《操作票管理制度》等在内的16种厂级运行管理规程制度，并在实践中不断修改完善。

秦岭发电厂编制完成厂级规程制度130种，建立经济责任制度53种，编写基础资料24册。

宝鸡第二发电厂制定本企业标准（规程）44种，生产管理标准（制度）89个，制定生产岗位工作标准255个，其中，包括各级安全生产责任制、安全生产管理制度、“两票三制”、运行管理标准及岗位职责工作标准等。

蒲城发电厂从筹建开始，结合进口的罗马尼亚设备实际，一方面大量翻译原始资料，借鉴罗方同类设备的运行管理经验；另一方面派人到同类型电厂学习，收集相关技术资料，组织力量编写各种规程制度。1994年2月，1号机组试运前，编写出机、炉、电、化、燃各专业《运行规程》。经过1、2号机组试运、试生产及投产运营的实践，逐年对规程进行修改完善，1999年11月，反复修改后的运行规程作为厂《企业标准》颁发实施。2000～2001年，结合1、2号机组大修中对分散控制系统（DCS）的改造，增编了DCS操作规程。

**四、运行分析**

运行分析包括安全分析和经济分析两部分。安全分析是分析设备在运行中有哪些不安全苗头，查清原因并采取必要的防范措施；经济分析是分析运行方式是否合理，各项经济指标是否达到最佳值，达不到的原因及如何改进等。

陕西发电企业一般实行三级管理和四级分析制。三级管理是电厂、分场、班组管理。四级分析是：

（1）专责分析：定时进行岗位记录及仪表活动情况分析；分析设备异常现象及误操作原因；分析生产任务和各项技术经济指标完成情况，分析运行方式是否合理，运行参数变化是否正常。将分析结果和采取的措施记入操作日志，重大事项及时汇报班长。

（2）班级分析：由运行班长负责，进行班前分析、值班期间分析、交班前及班后会（含学习班）分析。

（3）分场级分析：由运行副主任及运行专责技术员负责，进行日分析、周分析和月分析，并召集有关会议，进行专题分析。

（4）厂级分析：一般包括值长、生技科和厂部分析。值长当值期间分析设备运行方式、负荷分配及经济指标完成情况等，进行经济调度，并将重要问题及时汇报厂领导；生技科根据设备运行状况、系统运行方式以及经济指标完成情况等，协助分场采取措施或汇报厂部组织处理；厂部每月由生产副厂长或总工程师召开运行分析会一次，分析运行工作完成情况和存在的主要问题。

各发电厂进行运行分析的方法一般有两种，一是比较分析，二是核对分析。比较分析是班组间相互比较、同类设备相互比较、与过去同期比较和与历史最好水平比较进行分析；核对分析是根据规定的标准进行对照分析。

## 第二节 燃料管理

燃料成本在火电成本中占70%左右，进厂燃料的质量、数量直接影响到发电成本。因此，加强进厂燃料的监督检验一直是火电厂的重要内容。

### 一、计划管理

1991～1993年，陕西省各发电厂燃料由西北电业管理局燃料处管理。为稳定煤炭价格、保证燃料供应，实行统一计划、统一订货、统一采购、统一验收、统一核算、统一付款的“六统一”管理。西北电业管理局燃料处根据《能源部燃料管理优秀厂考评细则》，要求各发电厂完善燃料管理机构，严格煤炭质量验收工作，节约燃煤，降低供电煤耗。在陕西各火电厂推行《燃料财务核算程序》，开展火电厂煤质检验人员考核发证前的培训工作。1993年，由新成立的中国西北电力集团燃料总公司负责西北五省区电力燃料的供应管理，协调发电用煤供需双方的关系。10月，中华人民共和国国内贸易部批准，西北电力集团发电燃料指标实行国家计划单列。与此同时，各发电厂均成立相应的燃料管理机构，负责电厂发电用煤的计划、订货、采购、运输、验收等具体工作，业务上受西北电力集团燃料总公司领导。

户县热电厂燃料由国家统配矿按指令性计划供应，火车运煤，缺口部分自行采购，汽车运煤。1991～2002年的12年间，统配煤计划来煤量为721.6万吨，实际共完成进煤量783万吨，自行采购汽车来煤386.4万吨，占总来煤的38.3%。

蒲城发电厂投产初期，统配煤供应主要靠铁路运输，运费偏高。1998年将统配煤火车运输变为以汽车运输为主的供应方式。至2001年，汽车运输与铁路运输比例近于8∶1，年节约燃料费用340万元。该厂建立健全燃料管理制度，包括燃料计划管理制度、燃料统计核算制度、汽车运煤管理办法、煤场管理制度、燃料入厂计量管理制度、燃料入厂质量鉴定管理制度及铁路运输管理制度等。

韩城发电厂地处产煤区域，利用所处区域资源优势，燃料采购工作自1986年起采用汽车拉运的方式，加大地方小窑煤的采购比例，降低发电成本。每年采购地方煤和国矿煤的比例约为6∶4。

宝鸡第二发电厂设计煤种为甘肃华亭煤田长焰煤。年耗煤量299.80万吨；铁路年运煤量为219.80万吨，公路年运煤量为80万吨。燃煤主要来源于甘肃华亭和陕西地方小煤矿。

1991～2002年陕西省电力公司直管火电厂燃料消耗统计见表3-2-1。

表3-2-1 1991～2002年陕西省电力公司直管火电厂燃料消耗统计 单位：吨

| 年 份 | 发电用标准煤 | 发电用原煤 | 发电用原油 |
| --- | --- | --- | --- |
| 1991 | 5354763 | 7959260 | 17878 |
| 1992 | 5637317 | 8327181 | 30246 |

续表

| 年　份 | 发电用标准煤 | 发电用原煤 | 发电用原油 |
|---|---|---|---|
| 1993 | 6253059 | 9439445 | 42398 |
| 1994 | 6826691 | 10133577 | 40959 |
| 1995 | 7800347 | 11664746 | 54625 |
| 1996 | 8612664 | 12902309 | 80883 |
| 1997 | 9236513 | 13522654 | 43166 |
| 1998 | 8212700 | 11959577 | 28498 |
| 1999 | 9002730 | 12826597 | 30977 |
| 2000 | 9189011 | 12939605 | 22503 |
| 2001 | 10298315 | 14699324 | 16978 |
| 2002 | 11502066 | 16629321 | 17795 |

## 二、质量检测

燃煤入厂检验包括数量检验和质量检验。1991～2002 年，陕西各发电厂不断加强质检工作，规范采制化程序，确保入厂煤与入炉煤热值差符合一流企业标准要求。

### （一）燃煤入厂检验

秦岭发电厂的火车来煤，通过动态电子轨道衡进行计量。汽车来煤由汽车衡进行计量。衡器按国家《中华人民共和国计量法》规定的期限进行检验。火车、汽车煤计量标准按国家制定的《煤炭送货办法》执行。煤质检验按照国家制定的《商品煤质量抽查和验收方法》等相关标准执行。

1995 年，蒲城发电厂入厂煤用检尺量方的方法计量，检测条件十分简陋。1996 年，分别安装汽车衡和轨道衡，所有入厂煤全部实现衡器计量验收。从 1995 年开始，对火车来煤采取“车车取样，批批化验”方式；对汽车来煤采取“车车取样，一日一矿一样化验”方式。2001 年，该厂先后购置 4 台自动量热仪，保证了来煤热值检测的准确性。

略阳发电厂建立健全了燃料管理的各种制度，对燃煤化验室及设备进行标准化管理，建立样品接收、保管及处理制度。在统配煤方面，积极配合省煤检站，加强厂、矿、检三方监督检查，入厂煤检质率达到 95％以上。对不合格的来煤及时电告对方，并逐批进行索赔。1997～2002 年，煤质索赔共 377.8 万元。坚持每月一次的盘煤制度，盘煤误差不超过账面结存的 3％。

宝鸡第二发电厂入厂煤全部采用衡器计量验收。火车来煤采取车车取样，批批化验；汽车来煤采取“车车取样，一日一矿一样化验”方式；2002 年，公司建成了燃料采制化楼，完善了采制化设施，提高了燃料检测化验精度和效率。

### （二）燃油入厂检验

发电厂采购的燃油主要用于机组启停和助燃。各厂燃料科按生产用油计划和实际用油情况，及时采购合格燃油，并把好质量关。

秦岭发电厂对购入的柴油进行比重、闪点等指标化验，检验合格后过磅计量入库。蒲城发电厂对入厂燃油采用体积重量法计量。所有进厂燃油都进行测量、采样，检斤率达到100%。略阳发电厂燃油按月汇总，月底会同生技科、财务科、计划科、发电部、燃运分场、纪监办共同盘油，做到来、用、存油账面平衡。火车来油时，要求油罐车的罐盖螺栓完整无损，铅封完好，外观无漏泄现象，方可打开油罐盖采样化验，待油质化验合格后方可卸油。对来油数量有出入的油罐车，燃料科负责检查索赔，保证来油不亏损，走车不带油。

### 三、燃煤采购

2000年前后，燃煤供应渐趋紧张，保障燃煤供应就成为保发电的关键。宝鸡第二发电厂和略阳发电厂的燃煤供应特别紧张，经常因缺煤停机。

宝鸡第二发电厂在对陕、甘、宁煤炭市场调研分析，预测煤炭涨价形势后，成立了以总经理为组长的储煤保电指挥部，下设煤质、计划、信息、稽查、路调及驻矿6个执行小组。根据煤炭市场行情，提出“开发彬长煤系，稳定甘肃煤源，占领运输市场”的煤炭控制方案。并组建陕西、甘肃两个驻矿组，工作人员深入煤矿，加强与矿方的密切联系，及时反馈各矿煤炭生产、销售信息，把煤炭价格控制在国家发展改革委员会规定的价格之内。为确保火车运煤，增加运量，成立火车工作小组，跑计划、要车皮，确保火车日来煤8000吨以上。同时，积极组织汽车运煤，路调组在300多千米的运煤道路上不分昼夜进行道路协调疏导，保障汽车运煤畅通，使汽车运煤量逐步上升。

略阳发电厂为解决发电用煤问题，制定了一系列措施，主管领导多次到各煤矿调研，加强与地方政府、煤矿、铁路、省燃料公司的联系，取得多层面的理解、信任和支持，在争取政策、保证供应等方面均取得了明显成效。

### 四、燃料公司

1993年8月，西北电力集团公司报请电力工业部批准成立西北电力集团燃料总公司。10月，陕西省工商局为其颁发营业执照。该公司是西北电力集团所属全民所有制独立核算企业，是负责西北五省（区）电力燃料供应管理的专业性公司。1993～1998年，西北电力集团燃料总公司作为西北电力集团管理燃料的职能机构，每年组织西北五省（区）电力局参加全国煤炭订货会，代表陕西签订用煤合同，指导其他四省区签订用煤合同。同时，公司还经销煤炭、发电用柴油，电厂用采制化设备及相关仪器、仪表等。公司设有办公室、财务部、经营部、计划调度室及煤检站。1999年1月8日，改制为陕西电力燃料有限责任公司。该公司由全省火力发电企业共同出资组建，陕西省电力公司控股，按现代企业制度运作，是陕西省政府授权，陕西统调发电厂唯一的电煤采购商。公司以统调发电厂为主体，下设11个分公司，分别是西安、灞桥、户县、渭河、秦岭、宝鸡、韩城、蒲城、略阳、延安、榆林分公司。公司的宗旨是“服务、维权、协调、效益”，并按照“六统一”管理原则实施电煤配置运作，为火力发电厂服务。1999～2002，按照“两手抓（抓燃料供应、抓发展）、两保证（保电厂用煤、保电网对电厂的调度）”的经营战略，保证了签约发电厂煤炭供应。

## 第三节　技术经济指标

1991年，能源部开展“质量、品种、效益”年活动，能源部节能司在《抓好能源行业节能和综合利用的意见》中指出，电力企业降低煤耗和线损，是提高经济效益的关键。5月，西北电业管理局在青海龙羊峡水电厂召开“发电节能工作会议”，提出在3年时间内，每年各发电厂供电煤耗率要降低3克/(千瓦·时)，实现全局428克/(千瓦·时)的目标。在发电厂中推广“望亭电厂全面节能管理经验”，并在火电厂设“节能专职工程师”。

陕西各发电厂采取多种措施节能降耗，组织生产人员现场培训，去同类电厂学习，提高人员素质，改善企业技术经济指标。

### 一、煤耗率

随着高温高压大容量发电机组的相继投产，同时关停了部分高能耗老机组，加之各发电厂大力推进技术进步，节能降耗，全省火力发电厂煤耗率逐步降低。1990年，供电标准煤耗率为414克/（千瓦·时），2002年降至399克/（千瓦·时）。

### 二、厂用电率和设备利用小时

1991～2002年，陕西各发电厂采取加强主要辅机的运行管理，减少辅机空载运行，采用高效风机和高效水泵等措施降低厂用电率。略阳发电厂对1、2号深井泵加装变频调速装置，对环式碎煤机改造更换，年节电45万千瓦·时。改造5号给水泵，年节电130万千瓦·时。

各发电厂加强设备维护，减少非计划检修，以提高发电设备年平均利用小时。

1991～2002年陕西电网0.6万千瓦及以上容量电厂发电技术经济指标统计见表3-2-2。

表3-2-2　　1991～2002年陕西电网0.6万千瓦及以上容量电厂发电技术经济指标统计

| 年份 | 标准煤耗率[克/(千瓦·时)] | | 厂用电率（%） | | | 设备年平均利用小时（小时） | | |
|---|---|---|---|---|---|---|---|---|
| | 发电 | 供电 | 合计 | 水电 | 火电 | 合计 | 水电 | 火电 |
| 1991 | 377 | 415 | 8.28 | 0.36 | 9.00 | 5081 | 2666 | 6596 |
| 1992 | 374 | 411 | 7.69 | 0.34 | 8.96 | 5746 | 3618 | 6410 |
| 1993 | 375 | 411 | 7.39 | 0.34 | 8.78 | 4995 | 3149 | 5680 |
| 1994 | 375 | 411 | 7.64 | 0.37 | 8.69 | 5179 | 2507 | 6188 |
| 1995 | 380 | 414 | 7.84 | 0.38 | 8.63 | 5402 | 2072 | 6510 |
| 1996 | 378 | 414 | 7.70 | 0.43 | 8.65 | 5215 | 2766 | 5891 |
| 1997 | 377 | 411 | 7.81 | 0.32 | 8.37 | 5095 | 1720 | 5974 |

续表

| 年 份 | 标准煤耗率［克/(千瓦·时)］ | | 厂用电率（%） | | | 设备年平均利用小时（小时） | | |
|---|---|---|---|---|---|---|---|---|
| | 发电 | 供电 | 合计 | 水电 | 火电 | 合计 | 水电 | 火电 |
| 1998 | 381 | 417 | 7.48 | 0.21 | 8.44 | 4447 | 2631 | 4884 |
| 1999 | 377 | 412 | 7.88 | 0.48 | 8.47 | 4207 | 1724 | 4756 |
| 2000 | 379 | 413 | 7.41 | 0.21 | 8.40 | 4116 | 2823 | 4390 |
| 2001 | 374 | 407 | 7.54 | 0.35 | 8.21 | 4199 | 2064 | 4645 |
| 2002 | 367 | 399 | 7.31 | 0.39 | 7.88 | 4611 | 2054 | 5136 |

# 第三章　设备检修与技术改造

陕西省各发电厂设备检修与管理贯彻“预防为主、计划检修”的方针，坚持“应修必修、修必修好”的原则。1991～2002年，陕西各发电厂共大修发电主设备（锅炉、汽轮机、水轮机、发电机、变压器）432台次，小修924台次。

1991～2002年，陕西发电企业投入8.5869亿元资金进行设备技术改造，改造重点由设备完善化逐步向技术进步转移，技术改造的重点是提高机组的出力、调峰能力、热效率，降低消耗，治理污染，改善环境。

## 第一节　设　备　检　修

1991～2002年，陕西各发电厂坚持以安全为基础，以质量和效益为中心，有计划、有步骤地消除影响设备安全经济运行的重大隐患和缺陷，采用状态诊断技术，根据设备老化、磨损、腐蚀等状况，安排检修内容，使发电设备处于良好状态。

### 一、设备大小修

发电厂主设备的检修由陕西省电力公司生产处（生技部）负责，各发电厂由生产副厂长具体负责。

发电企业的检修管理根据部颁《发电厂检修规程》和西北电业管理局制定的《陕西发电厂检修管理制度》有关规定执行。按照加强发电厂检修管理，不断提高检修质量，缩短检修工期，管好用好检修费用的原则，公司每年召开两次检修工作会议，传达上级生产工作会议精神，总结交流工作经验，提出工作方向。经过多年实践，形成了一套比较完整的管理制度。

#### （一）检修计划

年度检修计划包括《年度发电设备大修项目表》和《年度陕西各发电厂主设备检修汇总表和检修进度表》，表中详细规定了各发电厂主设备检修项目、工期和开工、完工时间及项目费用等。

检修管理制度规定，各发电厂每年12月底前上报后3年滚动检修规划，陕西省电力公司每年6月底前按照3年滚动规划与各厂共同研究确定下年度的检修重点和要求。每年7月对次年主要设备大修重要项目进行预审。对已经预审同意的重大项目，进行全面审查平衡。各发电厂每年8月15日前编制并上报下年度主要生产设备年度大修计划，9月召开下一年度的检修计划会议，确定各厂年度检修计划，于12月底批复各厂下一年度检修计划。年度辅助设备大修计划由各厂自行编制，厂长批准，并于11月末前将次年的费用分类上报备案。各厂在编制年度主要设备检修计划的同时，要编制大小修综合进度表，并编出按旬可调出力表。

各厂主要设备年度小修计划，随同大修计划一并报陕西省电力公司，在网内统一平衡，与大修计划一起审批下达。

根据各厂提出的设备实际状况，在电网每月召开的调度会议上可安排设备临时检修。凡统计为“临修”的设备停用小时数，年末考核设备临修停用率。

网调中心每月会同生产技术部门对系统内主要设备大小修计划进度进行一次平衡，安排出月度检修计划进度，随同每月的调度任务书下达。各厂根据此计划办理开、竣工手续。

在年度检修计划的基础上，各发电厂制订年度检修计划、月度检修计划和周检修计划。年度检修计划主要确定年度内主辅设备的检修项目和检修时间，解决年度设备运行时间、主要和大宗材料储备、备品配件来源等事项。月度检修计划具体落实主、辅设备检修时间，补充安排年度计划中未列入的辅助设备检修项目。周检修计划主要是检查平衡月度检修计划的执行情况，重点解决各分场间的工作协调与配合。同时，各发电厂还要编制主要设备检修工艺规程，包括各级人员责任、质量标准、验收制度及工时定额等。

发电厂主要设备年度计划小修次数，在无大修年份里安排两次，有大修年份里安排一次。新设备投产不超过 3 年或设备有明显缺陷，也可由陕西省电力公司在年中增加安排一次小修，但全年不能超过 3 次。

（二）检修准备与验收

主要设备大修前，由生产副厂长或总工程师召集有关分场和科室参加的会议，确定和落实大修项目、检修主要材料及备品配件的供应，安排有关部门之间协作配合。各分场要根据确定的检修项目，编制主要设备大修施工计划，报生技科审核并经生产副厂长或总工程师批准。

主要设备开工检修应具备下列条件：重大特殊项目的施工技术措施已批准；检修项目、进度、技术和安全措施、质量要求已明确；劳动组织已落实；主要材料及备品配件已齐备或已落实；专用工机具、安全用具、试验设备已检查试验合格；各类试验记录、技术记录卡片准备齐全。

设备检修后进行自下而上的质量验收。在检修人员自检的基础上，实行班组、分场、厂部三级验收制。主设备由总工程师主持验收，重要附属设备由各专业主任主持验收，一般辅助设备由班长主持验收。验收内容包括原始记录、工时统计、材料消耗统计等。设备检修后，进行评级，评定等级分为三等，一、二、三等分别列为一、二、三类设备。主要设备大修总结报告和重大技术改进的专题总结报告，按部颁规定在大修竣工 30 天内报陕西省电力公司。

（三）检修后相关工作

整理检修记录。检修班组建立设备技术档案，做好各项技术记录。包括大修总结报告、设备检修技术记录、试验报告、设备变更技术记录、设备缺陷记录、设备升级技术鉴定，大修前后的热效率试验等。

及时补充备品配件。各发电厂生技、供应和有关分场、班组均设有备品配件专职人员，按照事故备品储备清册和维修备品清册，做好备品配件的补充订货工作。

（四）检修资金管理

各发电厂计提的大修基金，由陕西省电力公司按照国家规定的比例，根据各厂的具体情况核定。各厂根据核定的提取率提取大修基金，分月摊入成本。维修、计划小修、临时检修、事故抢修中所发生的费用，一律计入当月生产成本。

大修基金按照专款专用的原则，年末节余结转下年继续使用。各发电厂大修基金的提取和动用情况，按照财务制度编入企业财务决算报告。竣工以后，编制工程竣工决算。

（五）示范性大修

1992 年，西北电业管理局确定"抓新、稳大、改小"（抓新机组、稳定大机组，改造小机组）的检修方针，对韩城发电厂 3 号机、秦岭发电厂 6 号机、安康水电厂 4 号机进行示范性大修。1992 年以后，所有主设备大修均按示范性大修的规范进行，由秦岭、韩城发电厂分别编制出示范性大修规范性文件颁发执行。

## 二、重要检修项目

1991～2002 年，陕西各发电厂重要检修项目主要围绕空气预热器检修与改造，除尘器检修与改造，锅炉四管防爆防磨等进行。秦岭发电厂更换 1、2、3、4、6 号机组锅炉预热器，解决预热器漏风、堵灰问题，锅炉热效率提高了 2 个百分点；改造 1、2、3、6 号机组通流部分，使 12.5 万千瓦机组恢复了铭牌出力，热耗下降 260 千焦/(千瓦·时)；20 万千瓦机组额定出力增加到 22 万千瓦，热耗下降 180 千焦/(千瓦·时)，额定负荷下的单机供电煤耗下降 18 克/(千瓦·时)。对 3 号锅炉甲侧制粉系统、4 号锅炉乙侧制粉系统进行增容改造，解决了二期两台锅炉制粉系统出力不足问题。完成 6 台机组的锅炉浓淡燃烧器改造，保证锅炉在低负荷（55%额定负荷）工况下的稳定燃烧，满足机组调峰需要，年节约燃油 2000 余吨。建设和投运灰水回收工程、工业废水回收工程，减少生产废水和排灰对附近河流水系的污染和农作物的危害，每小时可回收处理后的工业废水、灰水约 1600 吨，作为生产补充用水。

宝鸡第二发电厂 1999 年 6 月 11 日对 1 号机组跳闸停机过程中汽轮机断油烧瓦造成的轴颈损伤进行修复，更换了 1～10 号轴瓦、主油泵全部轴瓦、发电机密封瓦及瓦座等。2000 年，采取在 2 号机转子上加平衡块，1 号支持轴承由椭圆轴承更换为可倾瓦块轴承，主油泵抗震轴更换为刚性轴，中低压对轮解列重新找正铰孔连接等措施，解决了转子振动超标问题。2001 年，经反复试验调整，解决了 4 台机组励磁调节器不能正常调节的问题。2002 年 5～12 月，更换升压站不合格的 330 千伏套管，消除了 330 千伏断路器的重大隐患。2002 年，改造了 330 千伏隔离开关闭锁装置，提高了运行可靠性，发电机碳刷改型，解决了碳刷分流不均和过热问题。

略阳发电厂 1992 年将 1 号炉低温段钢管式预热器改造为热管式预热器；1999 年对 3 号炉除尘器烟道进行改造；更换了低温段省煤器；四角火嘴加装浓淡燃烧器；加装灭火保护系统。1997 年对 5 号汽轮机本体转子第一级叶轮至第十七级叶轮之间所有隔板汽封高低齿进行改造；更换了高低压汽封；处理了高压缸下汽缸东西两侧喷嘴段内壁纵向裂纹。

1994年更换5号发电机灭磁开关，安装灭磁过电压保护装置；励磁机加装防护罩。2002年，根据国家电力公司防止电力生产重大事故的二十五项重点要求，将主变压器110千伏侧、220千伏中性点胶纸套管更换为油纸套管，将220千伏中性点阀式避雷器更换为氧化锌避雷器。

石泉水电厂针对机电设备存在的问题，从1991年起逐年对3台机组相继进行了扩大性大修，解决了1号机组高温、2号机组摆度过大和3号机组导水叶漏水问题。

1991～2002年陕西发电主设备检修情况见表3-3-1。

表3-3-1　1991～2002年陕西发电主设备检修情况

| 年份 | 发电主设备大修 | | | | 发电设备小修（台次） |
|---|---|---|---|---|---|
| | 大修总数（台次） | 其中锅炉（台） | 汽、水轮发电机（台） | 主变压器（台） | |
| 1991 | 29 | 12 | 14 | 3 | 73 |
| 1992 | 39 | 13 | 22 | 4 | 83 |
| 1993 | 28 | 13 | 14 | 1 | 74 |
| 1994 | 32 | 13 | 14 | 5 | 73 |
| 1995 | 31 | 24 | 2 | 5 | 71 |
| 1996 | 31 | 13 | 14 | 4 | 88 |
| 1997 | 15 | 5 | 6 | 4 | 45 |
| 1998 | 33 | 16 | 17 | 0 | 70 |
| 1999 | 15 | 7 | 8 | 0 | 68 |
| 2000 | 30 | 13 | 17 | 0 | 59 |
| 2001 | 97 | 43 | 46 | 8 | 131 |
| 2002 | 52 | 7 | 41 | 4 | 89 |
| 合计 | 432 | 179 | 215 | 38 | 924 |

## 第二节　技术改造

技术改造与技术进步是指利用国内外成熟的、适用的先进技术对现有设备和设施以及相应配套的辅助性生产和生活福利设施进行完善、配套、改造，以消除其重大隐患和缺陷，维持简单再生产和进行以内涵为主的扩大再生产。1992年，西北电业管理局根据能源部有关规定，颁发《陕西电力工业技术改造与技术进步管理办法实施细则（试行）》和《西北电业管理局技术改造任务承包考核实施细则》。各发电厂根据设备运行情况，引进先进适用技术，大力开展技术改造。

## 一、火电厂技术改造实例

1993 年，渭河发电厂对 4 号机组进行了技术改造，改造项目 127 项，改造费用 860 万元。1997～1998 年，在 1、2 号炉加装浙江大学热能工程研究所研制的浓淡燃烧器，使低负荷不投油稳燃效果大大加强。2001 年，将 1、2 号炉除尘器改造为复合多管式除尘器，改造后较原除尘器除尘效果有一定程度提高。

延安发电厂锅炉补给水水质严重恶化，氯离子（$Cl^-$）含量高达 600 毫克/升以上，最大 1400 毫克/升，而该厂的软化水处理系统又无法降低 $Cl^-$ 含量，以至于造成炉水、蒸汽品质经常超标，锅炉水冷壁管、过热器管等设备严重结垢，多次发生爆管事故。同时锅炉补给水率高至 15%左右，给热力系统带来了更大的热损失。对此，西北电力试验研究院进行了调研分析，提出“延安发电厂化学水处理改造方案”，工程投资 146.3 万元，1993 年 10 月底完成改造工程。

宝鸡第二发电厂 1999 年 11 月，对 1、4 号机组保安电源系统及保护进行了技术改造，提高了保安电源的可靠性。2000～2002 年，先后对 1～4 号机 6 千伏厂用电动机差动保护进行更换，消除保护误动问题。对 6 千伏断路器拒分、拒合进行了技术攻关，解决断路器存在的技术难题。对厂用电快速切换装置、机组 UPS（不间断电源）电源系统以及 1～4 号炉 A－E 磨煤机浮动密封进行了技术改造。

1998 年 8 月，蒲城发电厂将 1 号机组励磁系统改为武汉洪山电工研究所生产的励磁系统。2000 年 2 月，对备用励磁系统进行改造。4 月，对 1 号机组的 DCS 进行改造，改造后的 DCS 系统自动投入率达 98.8%。2000～2001 年，对 1、2 号机组 DEH/MEH（高压抗燃数字汽轮机调速系统/汽动给水泵汽轮机电液控制系统）进行技术改造，选择上海新华控制工程公司生产的高压抗燃油数字式电液调节系统，替代了原罗马尼亚生产的电调系统。2001 年，对 2 号炉甲、乙预热器进行了改造。10 月，将 2 号机组励磁系统改造为广州电气科学研究所生产的自并励微机型三通道励磁调节器。

1993～1994 年，略阳发电厂对大量老化设备进行技术改造。燃运 3 号皮带甲、乙由托辊式更改为全垫式，碎煤机由反击式更新为高效环式 HS－300 型。将 1、2 号除尘器由文丘里湿式更改为小旋风子干式；给水泵全部改为高效泵。3 号发电机励磁机由交流 100 赫兹经硅整流励磁，更改为新型的自并激励磁和 DQLT－8 型自动静止可控硅励磁装置。对 210 米烟囱进行改造，该厂二期工程新扩建的 4、5 号炉与原 1、2、3 号炉共用一座 210 米烟囱，该烟囱自 4 号炉试运行时就出现冒正压、任一台炉停运即出现向四侧灌烟气的现象，4、5 号炉投运以后，问题更加突出，造成机组不能满出力，生产现场环境严重污染。后经热工所测试，西北电力设计院分析研究，提出将 210 米烟囱出口 190～210 米标高段的缩口段去掉，再按直筒修复到 210 米标高的改造方案，1993 年 9 月开工，1994 年 2 月完工，解决了烟囱影响出力和污染环境问题。

## 二、水电厂技术改造实例

1992 年 5 月，安康水电厂投入水情自动测报系统。该系统由 25 个遥测雨量站、9 个遥测水文站、5 个中继站和中心站组成，采用超短波无线通信方式，横跨四川、陕西的 10 个县市。1993～1996 年，该厂将 1 号主变压器原 YSS－300 型闭式单涨口冷却器更换为

YSSB－315 型闭式双涨口冷却器，将 2 号机组保护由原 PFH－1/3 型集成电路保护更换为 JFBZ－253 晶体管型机组成组保护，并先后将 4 台机组的推力瓦由原钨金瓦更换为氟塑料瓦，取消推力轴承高压油减载装置。1999～2002 年，先后将 4、3、2 号主变压器原 YSS－300 型闭式单涨口冷却器更换为 YSSG－300 型双管双涨口冷却器，完成 4 台机组计算机监控系统接入和调速器更换，并将原机柜 DT－150 型电液调速器更换为 DDT－150－40 型微机调速器，原电柜的半导体型励磁调节器更换为 SAVR－2000 型微机调速器，将机组原晶体管型、集成电路型保护更换为 WFBZ－01 型微机保护，还陆续将 1、2、3、4 号变压器高压侧、5 号主变压器高、中压侧原油纸电容型套管更换为 ABB 公司生产的环氧树脂绝缘干式电容型套管。

石泉水电厂从 1991 年起，对 3 台机组的相关机械部件和机组辅助设备的电气一次、二次回路进行了更新改造。采用弹性金属塑料瓦替代钨金瓦，安装微机监控系统。从 1998 年开始，陆续对 3 台机组监控系统 LCU（就地控制单元）进行更新改造。对机组的励磁、压油装置及保护等系统陆续进行技术改造。

1989～1990 年 11 月，石泉水电厂对大坝进行第一轮定期安全检查发现，石泉大坝洪水设计标准不符合现行校核洪水标准，特别是左右坝肩非溢流坝段坝踵纵向应力达不到设计要求，影响大坝整体稳定。1993 年，完成大坝补强加固工程设计审查，1994 年 7 月开始施工，1995 年 6 月完成。大坝补强加固后，将防洪标准由原来的 100 年设计、500 年校核提高到 500 年设计、1000 年校核。石泉水电厂 1 号中孔消力戽出口左侧小导墙墙面磨损严重，局部墙面钢筋裸露，1995 年冬季开始，对小导墙进行修补处理，1996 年 4 月完工。同年 10 月底开始，对表孔消力戽、中孔消力戽弧面和分界导墙墙面严重磨损进行修补处理，1997 年 4 月底完工。

1996 年 10 月，石泉水电厂开始建设水情自动测报系统工程，1997 年 6 月完工投入试运行。该系统由 1 个中心站、3 个中继站、15 个遥测站组成，系统采用纯超短波通信方式，可实时自动采集、传输、接受各遥测站的水文信息；接受水情电报和气象系统的信息；可与西北电网水调中心、安康水电厂水情测报中心进行数据交换。

石泉扩机工程由于设计时未考虑汛期漂浮物问题，2001 年汛期，大量漂浮物进入 2 号进水口引水明渠沉积拦污栅底坎，使拦污栅前后水压严重超过设计范围，导致多次被迫停机。针对这一问题，从 2002 年 3 月起，在 2 号进水口引水明渠右侧修建了固定拦污栅，前面修建拦污浮栅，并加高机组进水口拦污栅高度，基本阻挡了汛期大量漂浮物冲入进水口引水明渠，减少了拦污栅压差和机组停机的次数。

1991～2002 年陕西发电企业技术改造资金统计见表 3－3－2。

表 3－3－2　　1991～2002 年陕西发电企业技术改造资金统计　　单位：万元

| 年　份 | 一批技改资金 | 二批技改资金 | 调整技改资金 | 全年资金合计 |
| --- | --- | --- | --- | --- |
| 1991 | 1740 | 340 | 113 | 2193 |
| 1992 | 3693 | 1220 | — | 4913 |

续表

| 年　份 | 一批技改资金 | 二批技改资金 | 调整技改资金 | 全年资金合计 |
| --- | --- | --- | --- | --- |
| 1993 | 3936 | 1220 | 334 | 5490 |
| 1994 | 7864 | 3120 | 2147 | 13131 |
| 1995 | 5765 | 2012 | — | 7777 |
| 1996 | 5925 | 2675 | －10 | 8590 |
| 1997 | 8061 | 4239 | 1708 | 14008 |
| 1998 | 10915 | — | 882 | 11797 |
| 1999 | 5072 | 186 | 60 | 5318 |
| 2000 | 3573 | 487 | 212 | 4272 |
| 2001 | 2795 | 1208 | — | 4003 |
| 2002 | 2970 | 1407 | — | 4377 |
| 合　　计 | | | | 85869 |

## 第三节　发电企业达标与创一流

20 世纪 80 年代末 90 年代初，在发电企业开展的“安全文明生产达标”和“创一流”活动，对提高管理水平，树立文明生产意识，重视安全生产环境起到了重要作用，也为后来适应高参数、大容量机组的管理打下基础。

### 一、安全文明生产达标

（一）火电厂达标

1989 年，能源部以能源电［1989］1290 号文下发《关于进一步加强全国发电厂治理整顿的通知》，秦岭发电厂被列为全国重点治理整顿电厂之一。7 月，能源部在呼和浩特召开的全国电力生产工作会议上决定，发供电企业开展安全、文明生产达标工作，并率先在火电厂中实施，再逐步推广到水电厂和供电企业。10 月，能源部以能源电［1989］1004 号文颁发《能源部火电厂安全、文明生产达标实施细则（试行）》，规定企业达标的 5 个必备条件和安全管理、设备管理、节能管理、文明生产、技术进步五项考核指标，规定各项评分 80 分（满分 100 分）以上为达标。1992 年 11 月，能源部以能源电［1992］1117 号文下发《火力发电厂安全文明生产达标考核细则的补充规定》，对试行细则作了补充完善。12 月，能源部以能源电［1992］1219 号文下发《关于全面开展发、供电企业安全、文明生产达标工作的决定》，明确申报部级达标企业的范围是装机容量在 25 万千瓦及以上的火电厂、装机容量在 15 万千瓦及以上的水电厂和年售电量在 10 亿千瓦·时及以上的供电局。随文下发《安全、文明生产达标企业标准》，就适用范围、基本要求、考核指标等作出明确规定。

1989年12月，西北电业管理局在秦岭发电厂召开“陕西火电厂治理整顿、安全文明生产双达标会议”，结合陕西实际，制订达标规划。1990年末，韩城发电厂率先成为网局级达标企业，秦岭发电厂整顿初见成效。其余各发电厂以整治设备为突破口，从班组建设入手，强化基础管理，做好达标计划和规划，全方位创优。1992年4月，西北电业管理局召开火电厂双达标座谈会，对双达标工作进行总结，要求各发电厂抓住“设备是基础，管理是关键，人员素质是保证”三个重要环节，扎实开展工作。通过“双达标”活动，使企业安全经济运行有了新的进步，文明生产出现新局面，企业管理水平有了新的提高，企业的凝聚力普遍增强。1993年，韩城发电厂、延安发电厂成为陕西首批部级达标企业。灞桥热电厂于1993年8月通过西北电业管理局达标验收，成为省级达标企业。1995年，户县、宝鸡、略阳发电厂相继成为省级达标企业。

1997年，西北电业管理局以西电生字［1997］39号文下发《关于开展无漏泄火电厂活动的通知》，决定在火电厂双达标的基础上，开展“无漏泄火电厂”活动。

陕西各火电厂狠抓各项基础工作，开展小区域文明生产治理，整顿厂容厂貌，提升管理水平，使达标工作取得实效。韩城发电厂获部级双达标单位后，连续5年复查合格。随后，又开展“无漏泄火电厂”活动，实现建厂以来1097天的最高安全纪录，1998年8月获得“无漏泄火电厂”称号。秦岭发电厂作为全国重点治理整顿火电厂，经过3年治理，安全生产、设备健康状况，厂容厂貌、职工的精神面貌都发生显著变化。发电量、设备利用小时数逐年增长，供电煤耗大幅下降，安全生产状况好转。1992年以后，开展双文明达标和创建“无漏泄火电厂”活动，1995年实现部级“双达标”，1998年8月被命名为“无漏泄火电厂”。略阳发电厂于2000年6月以渗漏率0.018%的成绩获得“无漏泄火电厂”称号。宝鸡发电厂于2000年9月被命名为“无漏泄火电厂”。宝鸡第二发电厂于2002年3月获国电西北公司“安全文明生产达标企业”称号。渭河、蒲城发电厂先后获得“部级达标企业”称号。

1991～2002年陕西电力系统直属火电厂双达标情况见表3-3-3。

表3-3-3　1991～2002年陕西电力系统直属火电厂双达标情况

| 企业名称 | “双达标”命名时间 | 级别 | “无漏泄火电厂”称号获得时间 | 备　注 |
|---|---|---|---|---|
| 韩城发电厂 | 1993-03-02（1992年度） | 部级 | 1998-08-19 | |
| 延安发电厂 | 1993-03-02（1992年度） | 部级 | 1998-08-19 | |
| 灞桥热电厂 | 1993-08-05 | 省级 | 1995-05-19 | |
| 户县热电厂 | 1995-03-11 | 省级 | — | 1996-10-09因事故撤销，1997-05恢复 |
| 宝鸡发电厂 | 1995-03-11 | 省级 | 2000-09-25 | 1999-02-02因事故撤销，2000-08-01恢复 |

续表

| 企业名称 | “双达标”命名时间 | 级别 | “无漏泄火电厂”称号获得时间 | 备 注 |
|---|---|---|---|---|
| 略阳发电厂 | 1995-08-18 | 省级 | 2000-06-07 | |
| 秦岭发电厂 | 1996-06-21（1995年度） | 部级 | 1998-08-19 | |
| 渭河发电厂 | 1997-07-14（1996年度） | 部级 | 1998-08-19 | |
| 蒲城发电厂 | 2000-06-23（1999年度） | 部级 | — | 2000-12-09因事故撤销，整改期一年 |
| 宝鸡第二发电厂 | 2002-03-29 | 省级 | — | |

（二）水电厂达标

1990年底，能源部决定有条件的网、省局可自行组织所属水电厂和供电企业开展达标工作。1992年7月，西北电业管理局以西电生字［1992］73号文下发《陕西电力系统水电厂安全、文明生产达标实施细则》，并随文下发《水电厂达标必备条件》。1993年，电力工业部以电办［1993］147号文下发《水力发电厂和供电企业安全、文明生产达标考核实施细则》。

1993年4月，石泉水电厂启动安全、文明生产双达标工作，建立机构、明确目标、分解任务，对生产区和办公区的环境进行治理，对设备台账等基础资料进行整理，重点对设备进行整治。经过一年多努力，环境面貌得到显著改善，职工文明生产意识有效提升。1995年获西北电力集团公司“安全、文明生产达标企业”称号。

安康水电厂以安全为基础，以整治设备和文明生产为重点，以强化管理和提高职工素质为保证，建立了一套安全文明生产保证体系，对设备进行技术改造，使设备安全、满发，厂容厂貌明显改观，企业效益不断提高，安全运行创1436天的历史最高纪录，成为1996年度部级达标的水电厂。

**二、创一流**

1993年，电力工业部提出“到本世纪末相当一批企业的管理达到或接近国际先进水平，大部分企业达到国内一流水平”的奋斗目标，并以电安生［1993］479号文颁发《电力行业一流火力发电厂考核标准》。1997年10月，对原有的考核标准进行了修改和充实，以电综［1997］577号文颁发《电力行业一流火力发电厂考核标准（修订版）》。规定创一流活动在电力工业部指导下，由各网省局组织进行，依据标准严格考核，并报电力工业部正式命名，授予荣誉称号，颁发奖牌和证书。一流发电厂实行动态考核，不搞终身制。2000年4月，为适应新的管理体制，国家电力公司以国电发［2000］196号文下发《国家电力公司一流火电厂考核标准（试行）》。考核标准必备条件11项，考核内容包括安全管理、文明生产、设备管理、节能管理、技术进步与环境保护及经营管理6个方面。考评得分率达到80%即为达标火电厂，各项考评得分率均在90%以上者方可申报一流火电厂。申报部级一流的发电厂必须是单机容量10万千瓦及以上，总装机容量40万千瓦及以上的火电厂。

陕西省电力公司结合陕西实际于2000年10月发布《陕西省电力公司一流火电厂考核标准（试行）》，2001年1月1日起施行。各发电厂在双达标的基础上，进一步加强和改善管理。2002年6月，韩城发电厂被国家电力公司命名为“一流火力发电厂”。2002年12月，蒲城发电厂获陕西省电力公司“一流火电厂”称号。其余电厂都在双达标的基础上向“一流火电厂”迈进。

# 第四章　安全生产与环境保护

20世纪90年代，电力工业部先后颁发《电力生产安全工作规定》、《电力企业各级领导人员安全生产职责规定》，陕西省电力公司补充和修订了相关规章制度。结合在火电厂开展的“安全文明创水平达标活动”，加大安全生产管理力度，实行行政一把手为安全生产第一责任人的安全生产责任制，每年通过下达指令性安全指标，把安全生产责任制落到实处。所属发电厂设备事故由1996年的31起降至2002年的2起，事故率由1991年0.8次/(台·年)降至2002年的0.04次/(台·年)，人身伤亡事故也逐年降低。

1991～2002年，各发电厂环保工程投资逐年加大，治理效果显著提高。2002年与1990年相比，烟尘达标排放量由54.5%提高到96.15%，二氧化硫总排量减少了10.90万吨，氮氧化物总排量减少了2.01万吨，62.2%的灰渣实现了综合利用，废水100%达标排放。新建发电厂的环保项目均通过国家、省、市县环保部门的竣工检查验收。

## 第一节　发电企业安全生产

1991～2002年，陕西发电企业不断建立和完善安全规章制度，加强安全教育和检查，坚持“谁主管、谁负责，谁检查、谁负责，谁验收、谁负责”的工作原则，实施安全生产责任制和安全奖惩规定，定期召开三级安全例会，不断提高职工的安全意识和安全责任感，同时采取有效的技术措施，保证安全生产。

### 一、规章制度

1991～2002年，国家电力主管部门、陕西省电力公司先后颁发了多部电力安全生产方面的规章制度，主要内容包括4个方面：安全生产责任制、安全管理、安全技术和安全监督。

#### （一）部颁规章

1991～1992年，能源部颁发《电业安全工作规程（发电厂和变电所部分，电力线路部分）》、《防止电力生产重大事故的二十项重点要求》、《关于电力工业生产建设全过程安全监察的规定》、《电力工业生产建设、安全技术、工业卫生“三同时”的规定》、《关于制止违章行为，确保安全生产的禁令》。1993年4月～1997年3月，电力工业部颁发《关于安全工作的决定》、《电力生产安全工作规定》、《电力安全监察规定》、《电力系统多种经营安全管理工作规定》、《电力企业各级领导人员安全生产规定》及《反习惯性违章工作要点》等。1997年4月～2002年12月，国家电力公司颁发《防止电力生产重大事故的二十五项重点要求》、《安全生产工作规定》、《电业生产事故调查规程》，《安全生产监督规定》、

《电力安全工器具预防性试验规程（试行）》及《国家电力公司关于电力体制改革实施阶段加强发电厂管理的规定》等。

（二）省颁规章

1991～1996年，西北电业管理局（陕西省电力公司）根据上级精神，制定了《关于制止违章行为，确保安全生产的禁令》（即十二条禁令）、《陕西电力企业领导班子安全指标考评办法》、《西北电业管理局关于严肃处理违章作业的规定》、《西北电业管理局关于采取坚决措施，严禁违章作业，确保安全生产的规定》、《发电厂两票考核标准》、《西北电力系统继电保护和安全自动装置（含录波器）事故、一类障碍的规定》及《陕西电力生产事故信息管理评比实施细则》等。1997～1998年，中国西北电力集团公司颁发了《电力安全生产奖惩规定（试行）》、《关于进一步落实集团公司领导和职能部门安全责任的规定》、《西北电力系统防止电气误操作装置管理规定》等。1999～2002年，陕西省电力公司颁发了《安全生产工作奖惩规定实施细则》、《陕西省电力公司关于加强安全生产责任制过程管理考核实施办法》、《陕西省电力公司关于人身安全工作规定》、《安全检查工作制度》及《变电站安全设施标准化有关规定》等。

（三）发电厂规章制度

各发电厂根据设备状况和上级精神，均制定了相应的安全生产规章制度。

1996年，宝鸡第二发电厂在生产准备阶段，制定了《安全文明施工管理办法》、《安全文明施工管理暂行条例》、《违章处罚细则》、《加强铁路专用线安全管理的通知》、《关于加强安全文明施工管理的通知》、《安全生产责任制》、《安全生产奖惩办法》等安全规程及制度10余种。2002年进行了全面系统的修订，共形成《安全管理制度》、《安措与反措计划管理标准》、《不安全情况调查、统计、报告制度》、《危险点分析预控工作制度》及《安全工作标准》等安全规程制度（标准）30种，各类人员《安全生产责任制》42种。2001年，实行全员安全风险抵押金制度。2002年，制定《安全责任行政追究制度》，颁发《宝鸡第二发电有限责任公司安全生产令（第一号）》。

1994～1995年，略阳发电厂对原有的安全生产规程制度进行修订、补充、完善，形成各专业运行标准、检修标准以及机加工、消防、冷冻、煤化验等专业规程和标准。2002年，制定了《厂级领导挂靠分场管理安全制度》、《中层干部挂靠班组管理安全制度》、《厂领导、管理科室中层干部夜间生产现场巡视制度》、《分场管理人员分片包干管理班组安全工作制度》等。

至2002年末，石泉水电厂修订的各项安全规章制度有《安全生产信息通报制度》、《生产设备巡回检查标准》、《防止电力生产重大事故的十八项实施细则》、《安全生产工作规定实施细则》、《安全考核制度》、《安全奖惩制度》、《各级人员安全职责》、《安全监督体系工作标准》、《安全检查管理制度》、《两措管理制度》、《机组检修安全文明施工管理规定》及《职工个人劳动保护用品发放标准》等。

1999年11月，蒲城发电厂编写了《蒲城发电厂企业标准》。2000年6月企业改制后，对原《蒲城发电厂企业标准》作了修改，形成《陕西蒲城发电有限责任公司企业标准》。标准分为《技术标准》、《管理标准》、《工作标准》3大系列。

## 二、安全教育

各发电厂非常重视职工的安全教育，采取各种措施使安全教育覆盖各分场、各专业。

（1）对新进厂员工进行三级安全教育，即入厂教育、分场教育及班组教育。同时，对调换工种的人员及临时工进行安全教育。

（2）开展定期安全活动。班组每周进行一次安全活动，学习安全规程制度、事故通报及上级有关安全文件，讨论分析不安全因素或事故原因。

（3）开展反违章违纪活动。1990 年，西北电业管理局安监处印刷出版《人身事故选编》，其中收录 94 起典型人身事故。1993 年，转发能源部电科院《1991 年全国防止电气误操作工作总结和事故分析》材料，同年 10 月，下发电力工业部安全生产司制作的《电力安全录像专辑》。1994 年，印刷出版《设备事故选编》一册、二册，其中收录 137 例典型事故，并按照部颁 20 项反措重点要求为序编排。1996 年，按照西北电业管理局要求，多数发电厂建立了以电力系统事故及本厂发生的事故案例为素材的“安全教育室”，用身边的人和事对职工进行安全教育。1998 年，开展“工作无差错，操作无违章，行为无违纪，党团员模范带头”的“三无一带头”活动。1999 年，制定反违章的“五步法则”（曝光、罚款、下岗学习培训、制定整改措施、考核考试合格后重新竞争上岗），开展反违章的“双十项”（ 列举十项违章现象、制定十项防范措施）活动。2002 年，转发国家电力公司《1998～2001 年电力生产人身死亡事故分析》和《2001 年电力生产人身死亡事故汇编》材料，坚持不懈在职工中开展反违章活动，建设职工安全幸福家园。开展百日安全竞赛、党员身边无事故、职工代表巡视及提合理化建议活动，建设电力企业安全文化，营造安全生产的良好氛围。

（4）对职工进行安全技能培训。1991 年，陕西省电力公司按照能源部下发的《关于积极开展心肺复苏和现场急救普及培训工作的通知》精神，开展现场人员培训工作。提出“把安全管理工作的着眼点放在班（站），使安全生产有一个群众基础”，紧紧围绕“一个教育（班组长每天结合当天的工作任务进行安全教育活动）、两个交底（在检修或施工开工前，工作负责人向全体工作人员进行技术交底和安全交底）、三个坚持（坚持每周一次安全日活动，坚持每项工作要有明确的安全负责人，坚持安全工器具的定期试验）”开展班组安全管理活动。1992 年，开展了火电机组主值班员技能竞赛。1993 年，举办了化学运行值班员技术比赛。1994 年，举办了发电技术比赛。1995～1998 年，举办了水电厂值班员仿真机技术培训班。2000 年，举办火电厂运行主值班员技术比赛。

（5）编印安全简报、事故通报。1991～1998 年，西北电业管理局（陕西省电力公司）安监处按月编写《西北电力安全简报》、《陕西省电力安全简报》及不定期的事故通报，印发至各发电厂班组，成为安全教育的重要材料。1999 年，陕西省电力公司独立运作后，陕西省电力系统的安全生产归安全环保部管理，继续编写《陕西电力安全简报》及不定期的事故通报，《事故通报》除了报道本系统内发生的事故外，还转发全国电力系统的典型事故，供大家引以为戒。1991～2002 年，共编印《陕西电力安全简报》176 期，《西北电力安全简报》144 期。

（6）严格《安全操作规程》考试考核。1992 年，开始对企业领导进行安全规程考试。

1997年，把安全指标完成情况与个人经济利益挂钩，建立起严格的奖惩考核办法。1999年，对省公司机关副处级以上领导干部和全系统干部职工进行安规考试。2000年，重新修订《安全生产奖惩规定实施细则》，3月1日起执行。5月1日起执行国家电力公司《安全工作的规定》，7月5日，组织对各单位领导“新安规”考试。2001年，开展为期一月的全员集中学习《安全操作规程》活动，学习活动结束后，分别对职工、管理干部、领导干部进行考试，公司还对各单位领导干部和省公司机关副处级以上领导干部集中进行考试。在春检和秋检工作之前，进行安规考试，对不合格人员严格执行下岗学习制度。2002年，陕西省电力公司首次实现电力生产和基建无人身死亡事故。

（7）开展交通安全竞赛评比表彰活动。1999年，开展驾驶员技术比武活动。2000年，各发电厂开展“机动车辆百日安全”竞赛活动。从领导、制度、教育3方面加强车辆安全管理，坚决杜绝病车上路，违章驾驶。

## 三、安全检查

发电厂安全检查包括日常安全检查、定期安全检查、季节性和节假日安全检查。

### （一）日常安全检查

日常安全检查旨在落实岗位巡回检查制度。岗位巡回检查包括：运行值班员按岗位责任制的规定，定时巡回检查、记录设备运行状况；检修人员按照检修管理制度、设备专责，每天巡回检查设备和对检修设备开工前的现场安全检查；消防专责人员每天对生产区消防设施巡检；安全监察人员，分场、分公司、公司（厂）负责生产的领导和专业管理、技术人员每天对生产现场巡视检查和夜间、节假日值班检查。各厂还根据生产工作实际，设立“安全监督岗”、“安全流动哨”，随时监督检查安全生产情况。

### （二）定期安全检查

定期安全检查包括每周检查和每月检查。每周检查是检修班组对所管辖设备全面检查、消缺，生产分场、部室主任带领专工、安全员、检修班长对本部门所辖设备、分管工作全面检查。每月检查是班组对高空作业安全工器具的外表完好情况进行检查，对电气绝缘用具、电动工器具、电气操作器具的定期校验；保卫部门每月对全厂消防设备、器材进行全面检查；总经理（厂长）或总工每月带领有关管理人员对生产区域进行一次安全生产情况检查；锅炉分场每半年对全厂起重、高空作业安全用具检查试验。安全环保部门每年联系专业厂家对全厂电梯、起重行车、单轨吊、吊车、卷扬机进行一次技术鉴定。

### （三）季节性和节假日安全检查

每年春季和秋季，各发电厂在全厂范围内开展春季安全大检查和秋季安全大检查活动。春季安全大检查在3～4月进行，以防雷害、防电气绝缘击穿、防继电保护误动和拒动、防误操作事故为主。每年6月开展“安全月”活动，主要以防人身事故为主，重点检查并消除人身防护设施存在的隐患，检查试验各种登高、气动、起重、电动工具及机动车辆。在6～9月防汛期间，重点进行防汛检查。秋季安全大检查在9～10月进行，以防寒、防冻、防火及消除设备缺陷为主。每年“元旦”、“春节”、“五一”、“十一”前进行节日安全检查，重点检查防火、防盗和易燃易爆品、剧毒药品、射源（金属检验用放射性元素）的安全管理。

（四）随机安全检查

根据电力安全生产情况，随机进行安全检查。1991 年，西北电业管理局组织抽查各单位“两票三制”（工作票、操作票，交接班制、设备巡回检查制、监护制）贯彻情况，发电单位组织 4 个检查组开展互查，并将检查结果通报，韩城发电厂获“两票”竞赛第一。安全生产责任制下发后，每半年检查一次落实情况。1992 年，西北电业管理局贯彻落实能源部《安全生产 2 号令》，在五省区开展安全互查活动。1994 年 8、9 月，在全西北网局范围内开展安全抽查，共抽查 13 个单位，省与省之间开展安全互查活动。同年 11 月，陕西电业工会组织职工代表组成 6 个视察团，分头对陕西 18 个企业进行视察，重点对安全文明生产情况进行检查。1999 年，开展电网安全年活动，对建设中的宝鸡第二发电厂工地进行安全检查。对存在安全隐患的单位下发《安全整改通知书》。2001 年，根据国家电力公司两次安全电视电话会议精神，省电力公司党组成员带队下现场进行安全检查。

（五）安全监察体系

1990 年，陕西 10 个发电厂全部设立安全监察科，共有安全监察专职干部 40 多人。各分场、车间设立专职或兼职安全员，各生产班组都配备安全员，形成厂、分场、班组三级安全网，按照安全职责，定期开展安全活动。西北电业管理局安监处一般每季召开一次直属单位安全监察科长例会，基层单位的安全活动一般每月一次。

各级安监人员的工作职责是做好责任区的安全监察工作，发现和查找生产过程中存在的事故隐患，并提出预防和改进措施；对发生的事故进行调查分析，实行“三不放过”（事故原因不清不放过，事故责任者和应受教育者没有受到教育不放过，没有采取防范措施不放过）”原则；整理本单位安全基础资料，建立本单位安全考核记录档案。

1991 年 6 月，能源部颁发《关于煤炭电力行业安全监察工作暂行规定》，提出建立健全安全监察机构，强化安全监察工作的要求。陕西电力系统明确“行政正职是各单位安全生产第一责任人，并主管安监部门的工作”。进一步完善各级安全监察机构，充实人员，使全系统安监队伍达 406 人。并实行“安全监察通知书”制度，即上级单位在发现下属单位安全生产存在严重问题或事故隐患时，有权对其发出《安全监察通知书》，通知安全第一责任人，限期整改，并报送整改结果。

1992 年，西北电业管理局举办 2 期安监人员培训班，并为安监部门配齐计算机。

1994 年，各发电厂开始用计算机软盘报送月报和事故卡片，使安全统计工作规范统一。

## 四、技术措施

陕西电力企业防止人身伤亡事故和设备损坏事故、误操作事故的技术措施，主要是通过每年编制的《安全技术劳动保护措施计划》（简称《安措》）和《反事故措施计划》（简称《反措》）来实施。

（一）“两措”计划

各发电厂每年在编制年度生产、技术、财务计划时，同时编制《安措》与《反措》（简称“两措”）计划。凡属保证人身安全、改善劳动条件的项目列入《安措》，属于保证发供电设备安全的项目列入《反措》。每年10月底，各部门、专业（分场）根据本部门具体情况，对本部门需要列入年度“两措”计划的安全生产项目，提出建议计划；生技部、安环部按分管项目进行汇总、审核；总工程师主持会审；12月底总经理（厂长）签发；1月下发执行。年度“两措”计划项目，在发电厂月度计划任务书中下达执行。年中组织有关部门对上半年“两措”计划执行情况进行检查，提出下半年执行计划的要求。1994年开始，按年度安排“两措”重点项目计划，项目由安监处综合提出，经平衡后归口管理。

“两措”计划的主要内容包括上级机关颁发的反事故措施中的要求，消灭25类重大事故的措施，防止季节性、频发性事故的措施及汲取厂内外事故教训的对策，影响安全生产的重大缺陷；提高安全水平的技术改进，技术安全保护、防止人身事故、改善劳动条件的措施等。

（二）年度反事故技术措施重点

1991年反事故技术措施的重点是预防开关爆炸，汽轮机超速、变压器毁坏，发电机烧毁、锅炉打炮及重大火灾等恶性事故。

1992年反事故技术措施的重点是防止锅炉、压力容器爆破和锅炉四管爆漏事故。组建宝鸡焊工培训基地，完善西北电业焊工培训中心的管理工作，在技工学校开办焊接班，组织西北焊工技术比武活动。

1993年反事故技术措施的重点是加强起重安全技术管理与起重安全技术培训，实施安全技术措施标准化，制定了生产现场脚手架、安全网、临时电源、停电隔离措施、防坠落措施等标准。

1994年反事故技术措施的重点是“四防止，一改善”，即防止人身伤亡事故，防止误操作事故，防止承压部件爆漏事故，防止重大火灾事故，改善作业现场的劳动条件。

1995年反事故技术措施的重点是预防汽轮机飞车、大型变压器烧损，锅炉灭火打炮，继电保护误动拒动等恶性事故。坚持做好锅炉及压力容器的定期检验工作，完善电气闭锁装置，反措装置安装率达99%以上，完好率达100%。更换或补齐安全工器具。加强机动车辆安全管理工作，推行“万公里安全行车累进奖”。

1996年反事故技术措施的重点是开展继电保护管理年活动，完善渭河、蒲城发电厂新投机组的各种安全保护装置并完好投运，提高继电保护专业人员水平，严防发生保护误动、误接线、误整定事故；锅炉灭火保护装置必须灵敏可靠，不准擅自解列保护，严防锅炉灭火打炮及其他承压部件爆破事故；安装火灾报警装置，严防发生重大火灾事故。各单位全部建成安全教育活动室，并对安全教育活动情况进行登记；在西北电业职工培训中心对企业领导干部集中进行安全培训；举办“触电急救”培训班，对电气作业人员进行《紧急救护法》培训。

1997年反事故技术措施的重点是对从事高压电气作业人员配备带电报警装置，以防止误登、误碰、误入带电间隔。坚持做好锅炉及压力容器的定期检验工作，并进行锅炉四管泄漏检测装置试验。

1998～2002年反事故技术措施的重点是抓好生产现场安全管理标准化、规范化，对发电厂推行安全性评价。至2002年底，蒲城发电厂、宝鸡第二发电厂通过安全性评价。

（三）反事故技术措施实例

秦岭发电厂各专业都制定了反事故措施，并纳入《运行技术规程》。1991～2002 年实施的主要项目有：锅炉灭火保护改为微机灭火保护；锅炉预热器更换为美国 ABB 公司容克式预热器；汽轮机主保护更改为飞利浦保护；330 千伏主断路器由空气断路器更换为六氟化硫断路器；330 千伏变电设备防污升级改造；发电机励磁系统改造；发电机变压器组保护、线路保护、母线保护及故障录波器等由晶体管保护改为微机保护；主要厂用动力电缆由油浸电缆更换为无油聚乙烯胶联电缆；电缆沟道进行防火改造，安装电缆火灾预警装置；电气设备系统安装防误操作微机闭锁装置。

安康水电厂反事故措施主要有：将变压器高压侧原油纸电容型套管更换为 ABB 公司生产的环氧树脂绝缘干式电容型套管；将原YSS－300 型闭式单涨口冷却器更换为 YSSG－300 型双管双涨口冷却器；对机组保护、线路保护及调速器进行改造（从集成电路改为微机保护）；将 330 千伏断路器原柱形绝缘拉杆更换为纺锤形绝缘拉杆。

蒲城发电厂针对设备缺陷，编制防止汽轮机超速事故、防止火灾事故、防止水灾事故及防止人身伤亡事故等 34 项反事故措施。

## 第二节　安全纪录与事故

### 一、安全奖惩

陕西电力企业的安全奖惩遵循“重奖重罚、奖罚分明”原则。1991～1996 年，西北电业管理局制定《陕西电力企业领导班子安全指标考评办法》、《西北电业管理局关于严肃处理违章作业的规定》及《发电厂两票考核标准》等制度。1991 年 12 月，西北电业管理局组织人员对各发电厂的两票执行情况进行抽查，并将抽查结果在《陕西电力简报》上通报。韩城发电厂、灞桥热电厂“两票”合格率高，执行严格，受到表扬，延安发电厂“两票”合格率低受到批评。1994 年 8～12 月，陕西省电力公司所属单位共查处违章 259 人次，罚款 5900 元。

1997 年 8 月 11 日，蒲城发电厂建设工地因“6·15”和“6·28”两起人身死亡事故，西北电力集团公司副总工、基建局副局长被扣发奖金 600 元，基建局副处级以上干部及安监处处长扣发 300 元奖金。

1999～2002 年，陕西省电力公司颁发《安全生产工作奖惩规定实施细则》，《陕西省电力公司关于加强安全生产责任制过程管理考核实施办法》，把安全生产纳入企业领导班子年度业绩考核中。2000 年，直属各发电厂查处和曝光违章行为 720 人次；2001 年，查处和曝光违章行为 467 人次；2002 年，查处和曝光违章行为 546 人次，违章罚款 12 万余元，违章下岗职工 40 多人。

### 二、安全纪录

连续安全无事故纪录是反映电力企业安全生产稳定情况的一项重要指标。陕西各发电厂实行安全累进奖，每当安全运行累计 100 天，就对全体职工进行奖励。1991～2002 年，

"年度最高安全纪录天数"逐年增加,"年度创百日安全纪录个数"也逐年增多。略阳发电厂创造952天的安全纪录;户县热电厂安全生产累计达到1617天;蒲城发电厂安全生产纪录达到752天;石泉水电厂实现安全运行1901天的纪录;安康水电厂连续安全运行最高纪录1636天。

1991～2002年陕西省电力公司所属各发电企业安全运行纪录见表3-4-1。

表3-4-1 1991～2002年陕西省电力公司所属各发电企业安全运行纪录

| 电厂 | 本年度最高安全纪录(天)/本年度创百日安全纪录个数(个) | | | | | | | | | | | |
|---|---|---|---|---|---|---|---|---|---|---|---|---|
| | 年份 | | | | | | | | | | | |
| | 1991 | 1992 | 1993 | 1994 | 1995 | 1996 | 1997 | 1998 | 1999 | 2000 | 2001 | 2002 |
| 灞桥热电厂 | 594/3 | 567/3 | 181/2 | 546/4 | 911/4 | 1198/2 | 443/4 | 466/3 | 706/4 | 1072/3 | 1437/4 | 1802/4 |
| 户县热电厂 | 178/2 | 175/3 | 261/2 | 434/4 | 506/3 | 574/3 | 448/4 | 656/3 | 521/4 | 887/3 | 1252/4 | 1617/4 |
| 宝鸡发电厂 | 167/3 | 280/3 | 205/3 | 477/3 | 241/2 | 332/3 | 697/3 | 1062/4 | 1094/2 | 418/4 | 569/1 | |
| 渭河发电厂 | 547/3 | 304/2 | 204/2 | 93/0 | 162/1 | 122/2 | 175/1 | 255/2 | 226/4 | 294/2 | 596/3 | 427/4 |
| 略阳发电厂 | 401/3 | 180/2 | 545/4 | 910/4 | 952/2 | 407/4 | 213/3 | 274/2 | 323/3 | 223/3 | 517/4 | 882/3 |
| 秦岭发电厂 | 141/2 | 160/2 | 137/1 | 62/0 | 291/2 | 211/2 | 144/1 | 383/3 | 748/4 | 824/3 | 267/2 | 488/3 |
| 韩城发电厂 | 202/3 | 568/3 | 933/4 | 1084/2 | 414/4 | 780/3 | 1097/3 | 253/3 | 618/4 | 762/3 | 568/3 | 951/4 |
| 延安发电厂 | 438/3 | 773/3 | 876/2 | 656/4 | 1022/4 | 1388/3 | 1753/4 | 2118/4 | 2483/3 | 2548/4 | 665/3 | 1030/4 |
| 蒲城发电厂 | — | — | — | — | — | 74/0 | 231/2 | 234/2 | 182/1 | 525/4 | 387/3 | 752/4 |
| 宝鸡第二发电厂 | — | — | — | — | — | — | — | 9/0 | 212/2 | 578/3 | 943/4 | 1308/3 |
| 石泉水电厂 | 503/4 | 804/4 | 406/3 | 372/3 | 737/4 | 1103/4 | 1109/3 | 684/3 | 1049/4 | 1415/4 | 1780/3 | 1901/4 |
| 安康水电厂 | 253/3 | 571/1 | 289/3 | 654/4 | 1019/4 | 1385/3 | 1636/4 | 260/3 | 311/2 | 483/3 | 848/4 | 1213/4 |

**注** 1. 宝鸡发电厂2001年6月并入宝鸡第二电厂。

2. 秦岭发电厂包括秦岭、秦华发电公司。

3. 蒲城发电厂1996年投产;宝鸡第二发电厂1998年投产。

1991～2002年陕西省电力公司所属发电企业人身事故情况见表3-4-2。

表3-4-2　1991～2002年陕西省电力公司所属发电企业人身事故情况

| 年份 | 人身事故年度累计 | | | 重大事故次数 |
|---|---|---|---|---|
| | 死亡(次数/人数) | 重伤(次数/人数) | 轻伤(次数/人数) | |
| 1991 | 2/3 | 0 | — | 2 |
| 1992 | 3/3 | 8/11 | 21/23 | 1 |
| 1993 | 3/3 | 2/2 | 11/14 | 1 |
| 1994 | 1/1 | 2/2 | 24/25 | 2 |
| 1995 | 2/2 | 10/10 | 0 | 0 |
| 1996 | 1/1 | 1/1 | 24/29 | 1 |
| 1997 | 0/0 | 2/2 | 6/14 | 0 |
| 1998 | 0/0 | 1/1 | 7/20 | 0 |
| 1999 | 2/2 | 2/2 | 16/18 | 0 |
| 2000 | 1/1 | 0 | 3/7 | 0 |
| 2001 | 0 | 1/1 | 3/3 | 0 |
| 2002 | 0 | 0 | 3/3 | 0 |
| 合计 | 15/16 | 29/32 | 118/156 | 7 |

## 三、事故举要

### （一）变压器套管爆炸，事故停机

1991年4月18日6时，安康水电厂4号主变压器高压侧C相套管电容纸爬电，引起套管爆炸，套管炸裂下坠破坏了油、气密封，导致六氟化硫气体泄漏，变压器严重变形，并引发4号机发变组纵差、变压器纵差、发电机过流保护动作，事故停机。4号主变压器大量喷油，变压器本体左右释压器动作。330千伏GIS3304 G3气隔六氟化硫气体外泄，G3气隔气压降至0.038兆帕。后经修复变压器钟罩，清理变压器内部构件，更换4号主变压器C相高压套管后恢复运行。

### （二）电压互感器一次绕组放电击穿，引起二次回路着火

1991年12月27日7时零5分，安康水电厂安南Ⅰ回线由西安南郊变电站充电后，同期控制开关起火冒烟、测量盘起火。同期控制开关烧损严重，测量盘端子排内外连线不同程度烧损，安南Ⅰ回线电压互感器A相一次绕组放电击穿。经查安南Ⅰ回线A相电压互感器故障造成二次过电压。经更换安南Ⅰ回线A相电压互感器后恢复运行。

### （三）高空门轮振落致人死亡

1992年7月31日凌晨，秦岭发电厂3号机启动，3号炉再热微量喷水调整门甲、乙执行机构均操作不动。8时，热工二分场自动班班长与一工作人员一起去消缺。在查找故

障点过程中，由于一级减温水管道发生振动，3 号炉乙级减温水甲侧三次门门轮由门杆上脱出落下，砸在 10 米平台微喷乙调整门处工作的人员头上，经医院抢救无效死亡。

（四）供热管线电动总气阀自行关闭，造成大面积停汽

1993 年 1 月 20 日，灞桥热电厂内热网供汽压力突然由 0.8 兆帕升至 1.1 兆帕，2 号减温减压器安全门动作，热负荷蒸汽流量减少了 112 吨/时，1、3、5 号炉及 2 号减温减压器相继停运。检查发现韩森寨 271 点 2 号供热管线 Dg600 电动总汽门自行关闭。又由于终断断路器不起作用，阀门关过头而卡死，手动打不开。为尽快恢复供气，将 1 号供热管线暖管投运。5 个小时后，2 号供热管线抢修完工后投运。经查，电动总汽门自行关闭的原因是该汽门法兰漏气大，加上电气设备灰尘脏污，使关闭按钮二次回路短路，造成阀门自行关闭。终断断路器不起作用是由于关闭终断接点端子受灰尘污染短路。事故造成韩森寨地区大面积停汽，在−7℃的寒冷天气对用户停汽 10 多个小时。

（五）运行人员误动灭磁开关使发电机停运

1993 年 3 月 17 日，安康水电厂运行人员办理"3 号机中性点引接"第一种工作票，在会同检修负责人检查安全措施时，走错间隔，误动正在运行的 2 号机灭磁断路器，使 2 号机停运。

（六）主变压器进水造成 A 相高压线圈烧坏

1993 年 7 月 2 日 10 时 22 分，石泉水电厂 3 号主变压器差动保护、重瓦斯保护动作，三侧断路器跳开，3 号机被迫停运。油样化验结果变压器内部进水，并有严重的放电痕迹，于 7 月 4 日调罩检查，发现变压器内部有泥水，A 相高压线圈严重烧损。进水原因是当年变压器大修时新装的冷却装置质量不良，1 号冷却器多根铜管裂纹、裂口，严重渗漏造成变压器内部大量进水，油质乳化，绝缘损坏，线圈烧损，检修超过 20 天，造成重大事故。

（七）断路器摇把遗忘在断路器内，送电时造成短路，运行人员烧伤

1994 年 10 月 19 日，宝鸡发电厂进行 2 号炉排粉机电机的检查工作，17 时工作结束，18 时电气运行五班班长收到 2 号炉排粉机、送风机甲乙要求送电的通知单后，指令厂用副值班员为操作人，主值班员为监护人，执行送电任务。18 时 20 分，操作人和监护人到配电室核对断路器名称后开始操作，当手摇小车断路器至工作位置时产生短路弧光（弧光热浪从小车两侧及上部喷出，灼伤操作人和监护人的面部，造成轻度烧伤）。同时造成系统冲击，0 号厂高变压器差动保护动作，6 千伏Ⅱ段母线失压。事故后检查 6 千伏Ⅱ段母线短路的原因是送电时没有检查，造成小车断路器 B、C 相触头处遗留有一小车摇把。事故使 2 号炉排粉机断路器三相触头及从母线引下线静触头烧坏，0 号厂高变压器受冲击损坏，两人烧伤。

（八）厂高变压器带负荷测量差动保护差压时未将保护退出造成机组跳闸事故

1994 年 10 月 25 日，秦岭发电厂继电保护人员更改 110 旁路断路器电流互感器接线，接入 01 号厂高变差动保护回路。17 时 25 分改线工作结束，并结束工作票。为检查差动保护回路接线的正确性，17 时 40 分准备带负荷测量 01 号厂高变压器差动保护回路差压。01 号厂高变压器由 110 旁路断路器充电正常，这时差动保护在投入位置。17 时 45 分，送上 6 千伏Ⅶ段，然后合上 6006 断路器，在断开 6303 断路器时，01 号厂高变压器差动保

护动作跳开两侧断路器，6 千伏Ⅵ、Ⅶ段失压。3 号机循环水泵跳闸，真空急剧下降，低压缸安全门动作，3 号机解列。4 号机 380 伏电源失去，断水保护动作 30 秒联跳汽轮机，4 号机解列。在恢复厂用时，当用 01 号厂高变带上 6 千伏Ⅴ、Ⅵ、Ⅶ段母线，在投 6 千伏Ⅶ段时，01 号厂高变压器差动保护再次动作跳闸。当第三次用 01 号厂高变压器带上 6 千伏Ⅴ、Ⅵ段母线时，值班人员才意识到 01 号厂高变压器差动保护回路有问题，随即退出该保护，送上 6 千伏Ⅶ段。经处理于 21 时 40 分将 4、3 号机全部并网。事故的主要原因是继电保护人员在 01 号厂高变压器带负荷测量差动保护差压时，未按规定将差动保护退出，加之对 110 旁路电流互感器改线时将极性接反，致使差动保护动作跳闸，造成机组跳闸停机近 2 小时，当时正值电网用电高峰，不仅造成了电量损失，而且使电网调度一度陷于被动。

（九）炉前油系统安全阀法兰漏油引起着火停机

1995 年 6 月 17 日零时 10 分，渭河发电厂值班员在集控室听见响声即看见 3 号炉炉前起火，且火势较大，司炉即关闭油快关阀，并组织灭火。随即 FSSS（锅炉炉膛安全监控系统）失电，3 号炉 MFT（燃料跳闸自动装置）动作，汽轮机打闸，零时 18 分 3 号机解列。火灾共烧坏控制电缆 65 根，约 3300 米，烧坏油断路器阀气动执行器 8 台，油压表 8 只。着火原因是炉前油系统油安全阀回油侧法兰漏油，燃油喷在炉墙上受热着火。经查该法兰垫子为耐油橡胶垫（应用耐油石棉垫），安装时用错了垫子。着火致使机组转入小修，于 7 月 6 日，3 号机并入电网。

（十）误操作造成带电合接地开关

1997 年 1 月 7 日，石泉水电厂在进行 110 千伏石—北断路器恢复备用的操作中（当时石北线路已带电），应合上 11221 石—北断路器Ⅰ母隔离开关，再合上 11226 隔离开关，由于操作人员走错间隔，加之防误闭锁装置程序不完善，误将 112267 线路接地开关合上，造成带电误合接地开关，使石—北线路跳闸，打破了该厂 1109 天的安全纪录。

（十一）动力油质不良引起中压调速汽门关闭，导致机组停运

1997 年 3 月 23 日 14 时 34 分，渭河发电厂 5 号机 1、2 号中调门关闭，汽轮机打闸解列，经对中调门电液转换器清洗后于 18 时 12 分并网。经查 5 号机中调门、高调门当 EH（电气液压供油系统）油泵切换后，经常缓慢自动关闭或开启，据 3 月 19 日 EH 油质化验结果，油中颗粒污染度为 4 级，超出部标小于等于 3 级的要求。由于油泵处存在死区，有沉淀物存在，当其油泵切换时，便进入 EH 系统，引起调速汽门关闭或开大。

（十二）辅机电缆故障引发全厂停电

1997 年 6 月 7 日，秦岭发电厂辅机电缆故障，3、4、6 号机组解列，全厂对外停电。事故前，3、4、6 号机组、1、3、4、6、7 号主变压器运行，1 号炉临修，2 号机组大修，5 号机组小修。22 时 15 分，由于 4 号循环水泵电缆中间接头爆炸起弧，引起厂用电冲击，同时将电缆沟内一起排放的 1、2、5、6 号循环泵，5 号给水泵，3 号炉甲、乙吸风机，3 号机甲、乙凝结泵等电缆烧坏短路，导致 4、3 号炉灭火，4、3 号机组先后与系统解列。22 时 50 分，01 号厂高变压器“差动”保护误动跳闸，二期厂用电全部失压。23 时，由 02 号厂低变压器经 380 伏Ⅱ～Ⅲ期联络电缆带Ⅱ期厂用电系统，6 月 8 日零时 25 分，该

联络电缆过载，绝缘损坏短路着火，使Ⅱ期厂用电再次失压，同时造成380伏公用Ⅲ$_c$、Ⅺ$_c$、Ⅻ$_c$先后失压，6号炉灭火，锅炉供油泵跳闸，零时40分，6号机组与系统解列，至此，全厂对外停电。此次事故中有22根6千伏电缆局部烧坏，380伏Ⅱ、Ⅲ联络电缆报废，Ⅲ期380伏动力、控制电缆烧坏31根。经过抢修，4号机组于6月9日1时57分并网，6月10日1时55分，6月12日5时，6、3号机组先后并网。事故后，经中试所有关专家及技术人员分析认为，4号循环水泵电缆故障原因为中间接头的一相在原制作时存在机械性损伤，加之摆放不规则，受一定机械应力和长时间大电流运行，引起过热烧断约20毫米，并很快发展为相间故障，且引燃相邻电缆，3、4号机组全停后，由于01号厂高变压器差动保护元件老化而误动跳闸，Ⅱ期厂用全部失压，380伏联络电缆加运后供Ⅱ期机组保安负荷及6号机组的公用负荷，由于联络电缆其中一相中间接头制作时有机械性损伤，加之运行人员事故处理考虑不足，联络电缆故障导致6号机组停运。

（十三）汽轮机断油烧瓦事故

1999年6月11日20时零3分，宝鸡第二发电厂1号汽轮机发生断油烧瓦事故。经查直流事故油泵断路器合闸回路跳闸，继电保护器K32（型号JT18－12）的常闭接点未接通，导致软、硬操作均不能启动，是造成事故的直接原因。保安1B段供电方式设计不可靠，造成交流润滑油泵失电是事故的又一个直接原因。61B段厂用快切装置的固有缺陷及长保护启动信号的错误接入，是造成61B段失压的原因。送风机A事故按钮接点绝缘低运行中跳闸，“炉膛压力低MFT”动作，机组解列，是这次事故的诱因。

（十四）母线侧隔离开关故障造成330千伏母线全停

1999年6月30日17时零9分，安康水电厂依照调度命令安南Ⅱ线加运，合上3308Ⅱ隔离开关后，330千伏母线差动保护动作，3300、3304、3305、3307断路器同时跳闸，安康网与系统解列，手动调整1号发电机负荷维持安康网运行。经查3308断路器Ⅰ、Ⅱ隔离开关气室盆式绝缘子（Ⅰ、Ⅱ隔离开关并接处的盆子）表面对地放电，隔离开关壳体有放电烧熔坑3处。更换了3308断路器Ⅰ、Ⅱ隔离开关气室气隔盆式绝缘子，隔离开关气室壳体后投运。

（十五）高空作业未系安全带坠落身亡

2000年12月9日，蒲城发电厂因1号炉2号磨煤机分离器出口一次风管弯头漏粉，需要搭脚手架处理。在搭设脚手架时吊杆倾斜，上绑扎点滑脱，横杆折断，吊架垮塌，工作人员没有系安全带，安全帽下颌带未系好，致使两人从9米高处坠落，造成一死一伤。

## 第三节　环　境　保　护

1991～2002年，陕西发电企业环境保护工作主要是加强环境管理，把环境保护工作纳入企业生产经营责任制严格考核；进行净化处理，使废气、废水逐步达到排放标准；开展综合利用，实现废渣资源化；严格控制新污染源，提高新建项目环境保护装备水平。

## 一、组织机构

1981年，西北电力试验研究所成立环境保护室，作为西北电业管理局环境监测中心站和环境保护技术监督常设机构，负责陕西电力系统环境保护工作。1991～1996年，由西北电业管理局科技处负责环保日常管理工作。1997～1998年，西北电力集团公司成立环保处，配备专职人员，并根据集团公司机构改革情况，对原局环境保护领导小组成员进行调整。1999年，陕西省电力公司独立运作以后，环境保护工作归安全环保部管理。2000年，成立陕西省电力公司环境保护领导小组和环境保护办公室。陕西各发电企业成立以厂长为组长的环境保护领导小组，将环保工作纳入厂长任期目标责任制。

秦岭发电厂在20世纪80年代就设立以总工程师为主管领导的环境保护办公室，负责全厂环境工程监理、技术监督、环境监测、绿化等方面的工作。1993年，改制为科技环保处，有专职员工10人。秦岭发电厂改制后，制定了《秦岭（秦华）发电有限责任公司环境保护管理制度》、《秦岭（秦华）发电有限责任公司环境保护技术监督管理考核实施细则》等制度。

蒲城发电厂建厂初期设立科技环保部。建立环境监测实验室，配备环境监测仪器，健全环境监测制度。

宝鸡第二发电厂筹建之初，就在技术部设专工负责电厂化学与环境保护工作。1998年8月，成立安监环保部，设环保与工业卫生专责工程师，负责公司环境保护、工业卫生的日常管理和技术监督工作。1999年4月成立环保监测站，实施噪声治理、废水回收及循环水零排放等工程。

## 二、环境保护管理

### （一）统计与技术监督

环境统计是做好环境保护工作的一项基础性工作。陕西省电力公司环境保护部门每年要完成环保统计9类32种表格，主要包括《环境统计基础情况简表》、《生产设施情况表（包括除尘器、烟囱、消声器、脱硫设施、锅炉大气污染物排放情况）》、《用、排水情况表（包括达标、超标、水资源回收、废水处理、废水处理达标）》、《灰渣排放情况表（包括灰渣综合利用、资源回收）》，灰场、污染事故与缴费、污染治理分析（包括万千瓦·时污染物排放量，机组污染物排放情况，Ⅰ、Ⅱ、Ⅲ时段锅炉大气污染物排放情况，酸雨控制区和二氧化硫控制区电厂情况）等。

1991～1997年陕西省电力公司所属火电厂环境保护数据统计见表3-4-3。

表3-4-3　1991～1997年陕西省电力公司所属火电厂环境保护数据统计

| 项目 | | 年份 | | | | | | |
|---|---|---|---|---|---|---|---|---|
| | | 1991 | 1992 | 1993 | 1994 | 1995 | 1996 | 1997 |
| 烟尘排放量(千吨) | 总排量 | 275.40 | 289.00 | 248.70 | 242.70 | 264.30 | 233.64 | 248.33 |
| | 去除量 | — | — | — | 2628 | 2862 | 3209 | 3408 |

续表

| 项目 | | 年份 | | | | | | |
|---|---|---|---|---|---|---|---|---|
| | | 1991 | 1992 | 1993 | 1994 | 1995 | 1996 | 1997 |
| 二氧化硫排放量（千吨） | 总排量 | 315.40 | 360.90 | 357.50 | 422.40 | 419.90 | 448.93 | 431.64 |
| | 去除量 | — | — | — | 21.80 | 18.40 | 17.61 | 18.53 |
| 氮氧化物排放量（千吨） | | 75.5 | 80.8 | 86.4 | 91.0 | 98.0 | 109.0 | 114.0 |
| 废水排量（千吨） | 总排量 | 48519 | 52212 | 49407 | 47042 | 47587 | 46948 | 45055 |
| | 灰水排量 | 31811 | 32621 | 28630 | 20795 | 22767 | 25982 | 25564 |
| | 化学水排量 | 562.1 | 816.7 | 689.2 | 546.1 | 638.8 | — | — |
| 灰渣产生量（千吨） | 总产量 | 2471.3 | 2851.0 | 3001.2 | 2994.7 | 3355.6 | 3694.2 | 3860.5 |
| | 排入灰场 | 1762.4 | 2035.8 | 2190.2 | 1025.5 | 1218.3 | — | — |
| | 排入江河 | 666.7 | 662.8 | 276.9 | 302.7 | 273.0 | — | — |
| 综合利用 | 灰渣综合利用量（千吨） | 1903.1 | 2040.9 | 2272.3 | 1666.5 | 1864.6 | 1814.7 | 1374.7 |
| | 占灰渣产生量的比例(%) | 77.01 | 71.59 | 75.71 | 39.54 | 55.50 | 49.12 | 35.61 |
| 当年环保工程竣工项目数(个) | | 14 | 17 | 14 | 11 | 5 | 3 | 6 |
| 烟尘达标排放锅炉容量(吨/时) | | — | — | — | 6025 | 7815 | 9200 | 9675 |
| 占锅炉总容量的比例(%) | | — | — | — | 55.92 | 60.94 | 66.07 | 69.48 |
| 污染缴费总额（千元） | | 3586.74 | 5303.50 | 5360.11 | 5542.47 | 6886.20 | 6973.09 | 61692.28 |
| 污染治理费用（千元） | | 17012.10 | 29039.90 | 50687.90 | 24952.30 | 17736.00 | 24184.00 | 48949.40 |

西北电力试验研究院环保室负责环保技术监督工作，包括贯彻执行环境保护的法律和规定，掌握火电厂主要环保设施的技术和管理状况，对电厂污染物排放进行监督，参与火电厂污染事故调查、情报交流、监测人员业务培训等。制定技术监督规章、监督范围与内容、技术管理报表及考核指标奖惩细则等。环保考核满分 100，其

中 90 分由环保室按《考评细则》评分，10 分由上级主管部门根据企业环保设施全过程管理的难易程度评分。

1996 年，国务院国发[1996]31 号文《国务院关于环境保护若干问题的决定》颁布实施。1997 年 4 月 7 日，陕西省政府下发陕政发[1997]13 号文《陕西省人民政府关于对西安车辆厂等 160 家污染物排放未达标企业实行限期治理的通知》，要求 2000 年全省所有工业污染源实现达标排放，力争使环境污染和生态破坏加剧的趋势得到基本控制。灞桥、户县等 8 家火电厂被列入 1997～1999 年 3 年限期治理重点单位。西北电力集团公司于 1997 年编制《三年污染治理达标规划》，并与陕西省人民政府签订污染治理责任书，将环境保护工作作为公司对各电厂责任制考核的重要内容。

1997 年，西北电业管理局与陕西省环保局联合发文，决定在陕火电企业排污费集中缴纳、使用。配合省政府环保局完成渭河发电厂新厂“三同时”（环保项目与工程同时设计、同时施工、同时验收）项目的验收工作；完成蒲城发电厂“三同时”验收资料准备；完成灞桥、户县、韩城、蒲城及府谷等发电厂环境影响评价大纲和环境影响报告书，以及工程初步设计中环保篇的审查。参与完成陕北火电基地建设初步可行性报告的审查，户县热电厂技改工程 2×30 万千瓦机组环境评价报告审查，户县热电厂和宝鸡发电厂供热改造工程可行性和初设审查，延安燃气机组环境评价大纲审查，韩城第二发电厂初步设计和脱硫岛标书审查。2001 年，完成石泉水电厂扩机工程环保设施竣工验收。2002 年，公司所属发电厂烟尘达标排放率达到 96.15%，废水达标排放率达到 100%，建设项目环保工程竣工验收完成率达 100%。

(二)环保治理规划与人员培训

1997 年，陕西省电力公司编制完成《陕西省电力公司污染现状和“两控区”$SO_2$ 防治规划》，并上报国家电力公司。该规划分析了陕西电力工业的发展受到二氧化硫问题严重制约的紧迫形势，提出 2000、2005 年和 2010 年环境治理目标和应采取的措施及所需资金。完成《陕西省电力公司规划、计划在建火电厂脱硫投资概算》、《陕西省电力公司污染物排放控制的报告》及《陕西省电力公司环保技术监督工作总结》等文件，为环境治理工作决策提供了依据。

1997 年，陕西省电力公司组织人员参加国家、省、部举办的各类环保学习班 14 期 51 人次。多次参加上级组织的有关综合利用、废水治理、政策研讨、烟气治理等技术研讨会和环保工作会，组织实施陕西电力系统环境保护三年达标治理影视片录制工作，编写《陕西省电力公司“九五”环境状况报告书》、《陕西省电力公司“九五”环境统计年鉴》。1999 年，全公司共有约 30 人次参加脱硫和粉煤灰综合利用等技术交流和培训。2000 年，举办 53 人参加的环境监测人员学习班。

### 三、环境监测

1992 年 11 月，西北电业管理局给陕西省 8 个火力发电厂和西北电力中心试验研究所(简称中试所)购置了 9 台二氧化硫检测仪，并于 1993 年 6 月底前完成 39 台电厂锅炉除尘器出口烟尘浓度实测和 8 个发电厂二氧化硫排放量及超标情况补测工作。除宝鸡、韩城发电厂独立测试本厂除尘器外，其余发电厂由中试所环保监测中心站完成测试。

蒲城发电厂坚持每半年一次大气环境测试，对烟尘排放浓度及排放量、二氧化硫排放浓度及排放量、氮氧化物排放浓度及排放量等项目进行监测。对中和池排水、生活污水、沉煤池排水、含油污水、外排工业废水及生产场所粉尘、噪声定期进行监测。宝鸡第二发电厂于2000年投入400万元安装脱硫试验装置，并通过调试验收。韩城发电厂于2001年完成烟气连续监测装置安装。

陕西发电企业开展环境治理科研攻关，取得的主要成果有：

（一）单元复合多管除尘器技术改造

1998～1999年，针对该型除尘器在5万千瓦机组应用中存在的问题，组织力量进行试验研究，并在应用中进一步完善提高。主要采取了以下几个技术进步措施：改进旋风子铸造工艺，加强监督，使成品率大幅度提高；扩大前置灰斗容积，将预除尘效率稳定在8%以上；将侧向进烟箱改为顶部进烟箱，使惯性除尘效率、旋风子负荷分配均匀性提高，锅炉低负荷运行时除尘器抗堵灰性能提高。

（二）脱硫工业试验

脱硫工业试验研究项目为国家电力公司科技项目。1998年，完成实验室实验台和工艺研究，并通过国家电力公司参加的设计审查。1999年，完成“强化湿式石灰石烟气脱硫工艺的实验研究”项目现场工业中间试验装置的设计和安装。该项目在蒲城发电厂进行试验研究，经过安装调试及运行，试验取得成功，2001年11月，通过国家电力公司验收鉴定。专家一致认为，该项目各项技术指标均达到设计要求。建议尽快建设示范工程，投入工业运行。2002年，韩城发电厂12.5万千瓦机组强化湿式烟气脱硫示范工程研究申报国家电力公司重大科技项目。

（三）废水处理

1999年，完成秦岭发电厂“百万千瓦电厂节水示范工程”；2001年，完成韩城发电厂“浓缩池溢流水回收工艺优化和达标治理”工程，并通过环保验收，该项目处理回收废水500吨/时。同年，宝鸡发电厂“工业废水和生活污水处理工程”（200吨/时）完工并调试。2002年，完成户县热电厂“废水回收和达标治理”项目，回收工业废水和生活污水500吨/时。

1998～2002年陕西省电力公司所属火电厂环境保护数据统计见表3-4-4。

表3-4-4　　1998～2002年陕西省电力公司所属火电厂环境保护数据统计

| 项目 | | 年份 | | | | |
|---|---|---|---|---|---|---|
| | | 1998 | 1999 | 2000 | 2001 | 2002 |
| 烟尘排放量（千吨） | 总排量 | 128.85 | 130.07 | 55.00 | 49.20 | 54.34 |
| | 去除量 | 1473.59 | 1494.82 | 1230.31 | 1229.35 | 1627.37 |
| 二氧化硫排放量（千吨） | 总排量 | 184.33 | 193.71 | 155.36 | 142.14 | 188.77 |
| | 去除量 | 3.28 | 4.31 | 3.78 | 4.22 | 4.06 |

续表

| 项目 | | 年份 | | | | |
|---|---|---|---|---|---|---|
| | | 1998 | 1999 | 2000 | 2001 | 2002 |
| 氮氧化物排放量（千吨） | | 50.77 | 48.46 | 42.06 | 41.59 | 53.94 |
| 废水排量（千吨） | 总排量 | 19897 | 21086 | 13181 | 10880 | 16001 |
| | 灰水排量 | 10622 | 10891 | 4558 | 3367 | 7430 |
| | 化学水排量 | 1026 | 766 | 597 | 703 | 689 |
| 灰渣产生量（千吨） | 总产量 | 1556.7 | 1628.8 | 1388.9 | 1392.6 | 1827.8 |
| | 排入灰场 | 1114.1 | 1166.1 | 1076.8 | 1044.5 | 1035.2 |
| | 排入江河 | 0.0 | 0.0 | 0.0 | 0.0 | 0.0 |
| 综合利用 | 灰渣综合利用量（千吨） | 926.0 | 597.4 | 701.8 | 412.9 | 887.0 |
| | 脱硫副产品利用量（千吨） | 0.0 | 0.0 | 0.0 | 0.0 | 0.0 |
| | 综合利用产值（千元） | 437 | 1019 | 1355 | 1867 | 3931 |
| | 综合利用利润（千元） | −70 | 286 | 328 | 1002 | 1200 |
| 环保工程竣工项目数（个） | | 9 | 7 | 4 | 6 | 2 |
| 烟尘达标排放锅炉容量及台数[吨/(时·台)] | | 5400/25 | 4955/23 | 5555/21 | 3435/19 | 7035/25 |
| 污染缴费总额（千元） | | 37221.47 | 28286.30 | 13188.77 | 7346.60 | 13478.96 |
| 污染治理费用（千元） | | 35001.00 | 48299.59 | 17488.60 | 18057.59 | 18584.00 |

**注**　1. 因电力体制改革，1998年以后渭河发电有限公司及秦岭发电厂（二期）不隶属于陕西省电力公司，故表中数据不含这两个厂。

2. 因环保指标解释和软件的变动，统计内容与表3-4-3略有差别。

## 第四节　污　染　治　理

### 一、烟尘治理

根据国家电力公司1998～2000年“三年达标治理”规划和省政府限期治理要求，陕西电力系统各发电厂加紧烟尘治理。1999年，改造除尘器6个，使全系统烟尘排放量平均减少15.2千克/千瓦，年减少烟尘排放量4.33万吨。2000年完成烟尘治理18项，投资金额 6950 万元，同年验收合格 5 项。2001 年，烟尘达标排放率 98.31%。2002 年，完成烟尘治理 3 项，烟尘达标排放率达 99.25%。

主要项目有：

1999 年 4 月，略阳发电厂将 3 号炉原有直径 900 毫米的大旋风子除尘器改造为单元组合式复合多管除尘器，除尘效率由 78%提高到 94.35%。改造后，烟尘排放浓度达到国家排放标准。

1999 年，秦岭发电厂筹集资金 2813 万元，将 1 号机组除尘器改造为电除尘器。2000 年，筹资 2701 万元完成 2 号机组电除尘器改造。经陕西省环境监测中心站监测，两台机组除尘效率均达 99.37%，烟尘排放浓度为 146.8 毫克/米$^3$，低于国家现行标准的 4 倍多，年减少烟尘排放量 2.4 万吨。2001～2002 年，该厂共投资 4694 万元，对 3、4 号炉除尘器进行改造，使除尘效率由原来的 92%提高到 99.64%，烟尘排放浓度仅 116.6 毫克/米$^3$，低于国家现行标准 5 倍，每台炉年可减少烟尘排放 0.8 万吨。

自 1998 年开始，韩城发电厂先后完成 1～4 号炉电除尘器改造，除尘效率从 91%提高到 99%以上。

宝鸡第二发电厂每台锅炉配两套双室三电场静电除尘器。机组投产后经国家环境监测总站测试，除尘效率均达 99.5%以上。烟尘排放浓度为 70 毫克/米$^3$。由于燃用低硫煤，烟气中二氧化硫排放浓度为国标允许排放浓度的 23%。

蒲城发电厂先后对一期两台电除尘控制系统进行改造，改造后的除尘效率由最初的 95%提高到 99.7%。1998～1999 年，国家电力公司在蒲城发电厂进行“15000 米$^3$/时烟气脱硫工程工业性试验研究”取得成功，待投入工业运行。

**二、灰渣治理**

20 世纪 80 年代末，户县热电厂因灰场严重超容而溃坝，致使灰场退出运行，灰水直排皂峪河。1991 年 10 月，户县热电厂按照环境保护限期治理项目的要求，根据西北电业管理局指令性计划，委托陕西省电力设计院对一灰场进行改建设计，于 1992 年 3 月正式开工建设，年底完成了中坝和西库的全部工程，实现了 1992 年底停止向河流排灰的目标。1993 年底完成东库全部工程，实现了两库切换运行。

1992 年 7 月，略阳发电厂开工建设康家沟灰场。1995 年正式启用排灰，结束了向江河排灰的历史。2001 年 11 月，康家沟灰场二期工程开工，共建 5 级子坝。一级子坝已于 2002 年 5 月竣工并验收合格。

秦岭发电厂每年发电燃煤近 300 万吨，排出粉煤灰近 90 万吨。电厂把有效控制粉煤灰二次污染作为环保治理的重点。1997 年开始，在一、二灰场灰坝周围种植树木数万棵，形成防尘防风林带。在 600 多亩的灰面上覆盖黄土，种植沙打旺、小冠花，并安装 5 套喷灌设备，使用草籽达 5 吨。对部分干灰面喷洒固灰剂。这些防尘固灰措施，有效控制了粉煤灰二次污染。

**三、废水治理**

废水治理包括灰水治理、工业废水治理、含油废水治理和生活污水治理等。1993 年 1 月，户县热电厂灰水回收系统重新调试并投入运行，澄清灰水全部回收利用，实现灰水零排放。2002 年，该厂建成工业废水及生活污水回用工程，实现废水零排放。

1999 年，秦岭发电厂投资 1205 万元，建成厂区工业废水处理站（设计每天回收废水 9600 吨），将排出的工业废水经过隔油、澄清、过滤、消毒，回收后作为补充循环水利用。2002 年，投资 2750 万元，完成二、三灰场的灰水回收工程。投运后每小时回收灰水 1200 吨，用于冲灰，实现灰水的重复利用。

宝鸡第二发电厂生活污水排入生活污水处理系统，经氧化、沉淀、消毒处理后，作为干灰拌湿和绿化用水。处理后的生活污水水质达到 GB 8978—1996《污水综合排放标准》中一级标准要求，其中主要污染因子 BOD5（五日生化需氧量）的含量在 20 毫克/升以下。含有废酸、废碱的废水，机、炉疏水和锅炉排污，经工业废水处理站处理合格后回收至冷水塔作为循环水补充水。输煤栈桥冲洗水量约为 150 吨/日，经过两台 CWE 煤水处理设备处理后循环使用。采用 40 吨/时的油废水处理装置，对含油污水处理后回收作为干灰调湿和绿化用水。经过处理的水，其石油类浓度为 2.3 毫克/升，符合《污水排放标准》一级标准。

蒲城发电厂废水处理系统包括工业废水处理设施和生活污水处理设施两部分。经处理后的工业废水和生活污水大部分被回收利用，用在冲灰渣、绿化、煤场雾化喷水降尘及道路喷洒上，少部分通过排污系统排入洛河。2001 年，专门成立了废水回收攻关小组，开展废水处理后用作循环水补充水的技术攻关。

**四、噪声治理**

韩城发电厂在锅炉启、停及突然甩负荷等事故情况下，对空排放大量高温高压蒸汽，产生强烈的噪声，污染环境。从 1989 年开始，对 4 台锅炉排气噪声进行治理，工程于 1991 年底竣工并投入运行。新加装的 6 台小孔消声装置结构简单，消声效果好，经韩城市环保监测站测试，排气噪声由治理前的 112～120 分贝（安）降低到 78～89 分贝（安）。1992 年 4 月 8 日，韩城发电厂锅炉消声器改装工程通过竣工验收。

略阳发电厂是 20 世纪 70 年代建设的老厂，原设计的热机集中控制室较为简陋，噪声污染防治措施不够完善，机房中高速旋转机械产生的噪声高达 90 分贝（安）。20 世纪 90 年代初，该厂委托陕西省装饰公司在八米平台改造热机集中操作间，并配备隔音、制冷及通风换气装置。改进后室内噪声降到了 69 分贝（安），达到了卫生部和劳动部颁发的《工业企业噪声标准》。1992 年 9 月 7 日，略阳发电厂噪声治理工程通过竣工验收。

1992 年，灞桥热电厂对 8 号机排气噪声进行治理，加装小孔消声装置，使环境噪声状况得到明显改善。

宝鸡第二发电厂在汽轮机、发电机、磨煤机、吸风机及给水泵等旋转机械的基础上均采取了减震设计，管道布置、支架选择上均考虑了防振、防冲击以减少噪声发生和传播。控制室采用双道门、门斗、隔声室、减震平顶、减震内壁和地板，减少了噪声对周围的影响。

根据国家《工业企业厂界噪声标准》，蒲城发电厂制定噪声管理办法，生产设备选用低噪设备，对噪声高的设备采取隔声、吸声和消声措施。每台锅炉均装有 2 台对空排气消声器，运行效果良好。其他运行设备均有消声降噪措施，厂区周围噪声经陕西省监测中心站监测，符合国家标准。

至 2002 年底，为治理噪声，陕西电力系统各火电厂共安装锅炉对空排气消声器 22 个，安全门消声器 11 个。

**五、污染纠纷处理**

1992 年以前，秦岭发电厂周边村民强烈反映该厂灰场二次扬尘影响其生活和农作物收成。为解决这一问题，该厂采取 3 项措施：与华阴县人民政府达成协议，每年补偿 10 万元；加强灰场运行管理，定期喷水；大力种植小冠花、草木等。

1992 年，略阳发电厂因排放烟尘和二氧化硫，周边村民反映强烈，经与略阳县人民政府达成协议，从 1995 年起每年补偿 30 万元。

1997 年 3 月，陕西省人民政协第七届委员会第五次会议第 433 号提案反映渭河发电厂二期、三期投运以来出现的环保问题有：电厂取深层地下水，影响附近农村机井取水；电厂汽车拉煤和灰，道路两旁农作物减产或绝收，同时导致群众发病率逐年增高，要求补偿。西北电力集团公司责成渭河发电厂于 1997 年 3 月 13 日作出书面答复。

2001 年，对韩城发电厂灰场废水、灞桥热电有限公司烟尘和基建施工噪声污染纠纷进行了协调处理。

## 第五节 粉煤灰综合利用

1992 年，西北电业管理局、西安市政工程管理局和灞桥热电厂共同组成粉煤灰彩色铺地砖研究课题组，经过大量研究试验，在陕西省首次成功用粉煤灰作为主要原料（粉煤灰占砖总重量的 80%），加入少量固化早强剂作为基质，并以彩色水泥砂浆作为封面材料，经一次冲压，生产出粉煤灰彩色铺地砖。

秦岭发电厂利用粉煤灰填沟、治滩地造田，先后为华阴农场治理低洼盐碱沼泽地 387 亩，为孟塬迪家沟填沟造田百余亩，为附近村民治理乱石滩 400 多亩。3、4 号炉除尘器改为电除尘器后，为实现粉煤灰的输送、分选、综合利用创造了条件。2002 年，该厂投资 800 万元，建成粉煤灰输送分选及综合利用工程，每小时可利用粉煤灰 35 吨。

蒲城发电厂的煤渣被水泥厂作为混合材料使用，供不应求；粉煤灰用作商品混凝土的掺和料，在省道路拓宽工程中得到大量应用。1999 年 12 月，以粉煤灰为原料的空心砖厂正式投产。2000 年 9 月，干灰分选项目投产运行，年底销售干灰 5000 余吨。

2000 年 4 月，宝鸡第二发电厂投资 1400 万元建设了干灰筛选装置，经筛选的干灰作为水泥混合材料，销往西安等地的水泥厂和混凝土搅拌站。2002 年 12 月，在原宝鸡发电厂电力实业总公司成立的灰渣分公司的基础上成立了“宝源粉煤灰综合利用有限责任公司”，主要负责宝鸡发电厂 2×5 万千瓦液态排渣炉与宝鸡第二发电厂 4×30 万千瓦锅炉粉煤灰的综合利用、销售及其产品开发。主要产品有：“宝电牌”Ⅰ、Ⅱ级袋装、散装粉煤灰及超细灰；液态排渣炉粒化渣、炉渣、湿灰；混凝土添加剂、粉煤灰彩砖等产品。最大日产Ⅱ级粉煤灰 1600 吨。公司安装有 FXJ－30 型粉煤灰分选设备，主要生产Ⅰ级粉煤灰、混凝土添加剂和超细粉煤灰。2002 年 10 月，投资近 500 万元建成粉煤灰气力输送装置，增加了粉煤灰产量。该公司利用两条铁路专用线、1000 吨粉煤灰站台、气力输送装置、火车散装设备和汽车散装运输，形成了铁路、公路运输，散装、袋装销售一体的规模经营。2001 年，粉煤灰营销实现产值 320 万元，2002 年实现产值 650 万元。

## 第六节 热 电 联 产

2002 年末，陕西有热电联产电厂 7 座，供热机组 15 台，装机容量 23.1 万千瓦，供热量 8987370 吉焦，其中灞桥、户县热电厂是“一五”时期建设的。延安热电厂、杨凌燃机热电厂是省属热电厂，渭南热电厂、西安西郊热电厂、榆林电热公司是所在市属热电厂。

1991～2002 年陕西各热电厂供热量见表 3－4－5。

表 3－4－5　　1991～2002 年陕西各热电厂供热量　　单位：吉焦

| 年份 | 电厂总计 | 省电力公司所属电厂 | | | 省属电厂 | | 地、市所属电厂 | | | 集体属电厂 | |
|---|---|---|---|---|---|---|---|---|---|---|---|
| | | 合计 | 户县热电厂 | 灞桥热电厂 | 延安热电厂 | 杨陵热电厂 | 渭南热电厂 | 西郊热电厂 | 榆林电热公司 | 户县退役机组 | 灞桥退役机组 |
| 1991 | 6840558 | 6840558 | 2235426 | 4604916 | — | — | — | — | — | — | — |
| 1992 | 7215960 | 7023489 | 2093144 | 4930345 | — | — | 1992 年投产 | — | — | — | 192471 |
| 1993 | 6855742 | 5861280 | 1751706 | 4109502 | 1993 年投产 | — | — | — | — | — | 994534 |
| 1994 | 6460009 | 5513539 | 1452954 | 4060585 | — | — | — | 1994 年投产 | — | — | 946470 |
| 1995 | 6231086 | 5511455 | 1767568 | 3743887 | — | — | — | — | — | — | 719631 |
| 1996 | 7272283 | 4568690 | — | 4568690 | — | — | 159016 | 1004000 | — | 1540577 | 含在灞电一列中 |
| 1997 | 6293150 | 4076608 | — | 4076608 | — | — | 93663 | 698000 | — | 1424879 | 含在灞电一列中 |
| 1998 | 5617269 | 2836963 | — | 2836963 | | — | 13821 | 909416 | — | 1229017 | 628052 |
| 1999 | 6354129 | 2590384 | — | 2590384 | 220278 | — | 373540 | 1222000 | — | 1309304 | 638623 |
| 2000 | 6515646 | 2652933 | — | 2652933 | 271088 | — | 427060 | 909416 | 121405 | 1450553 | 683191 |
| 2001 | 8318103 | 2413851 | — | 2413851 | 397965 | 60162 | 894452 | 2064000 | 146150 | 1678854 | 662669 |
| 2002 | 8987370 | 2867192 | — | 2867192 | 461982 | 104594 | 948239 | 2071000 | 229469 | 1655383 | 649511 |

注 1. 户县热电厂 2×2.5 万千瓦供热机组 1994 年退役，1996 年转入集体所有，由西安户县电热公司经营。

2. 灞桥热电厂退役机组 1992～1995 年 1.2 万千瓦，1999～2002 年 3.6 万千瓦。

# 第四篇　供　　电

# 第四篇　供　　电

陕西电网由330、220、110、35千伏以及中低压配网多级电压，输、变、配、用电设施组成。全省按行政区划设立省（电力工业局、电力公司）、地市（供电局、供电公司）、县区（电力局、供电分局）三级供电机构。至1990年，陕西电网建成投运35～330千伏公用变电站391座，主变压器621台，总容量925.368万千伏·安；线路（不含电缆，下同）724条，总长度（回路长度，下同）15105.041千米。1990年，全省供电最大负荷251万千瓦，供电量155.55亿千瓦·时，线路损失率9.67%。1991～2002年，陕西各供电企业在抓好运行管理的同时，坚持以经济效益为中心，安全生产为基础，优质服务为宗旨，员工素质为保障，"达标创一流"为载体，切实转机制，练内功，供电能力和管理水平有了显著提高。至2002年，形成以覆盖全省十地市的330千伏（局部220千伏电网逐步退出）为骨干网架，110千伏为主体，35千伏电网遍及主要乡镇的强大陕西电网，并通过3回330千伏线路与甘肃电网相连接。2002年，全省供电最大负荷536万千瓦，供电量320.77亿千瓦·时，线路损失率7.56%。

## 第一章　电 网 及 设 备

1991～2002年，陕西省经济社会发展速度加快，20世纪90年代后期，国家实施西部大开发战略，社会总用电负荷不断增加。通过城乡电网建设与改造，一大批输变电工程建成投运，与新投产的大中型火、水电厂配套的送出工程也相继建成，陕西电网得到快速发展。至2002年，陕西电网建成投运35～330千伏公用变电站647座，主变压器1038台，总容量2316.265万千伏·安，分别较1990年增长65.47%、67.15%、150.31%；35～330千伏线路1244条，总长度23225.615千米，分别较1990年增长71.82%、53.76%。

### 第一节　电　网　规　模

#### 一、1990年陕西电网概况

至1990年，陕西电网以韩城发电厂、秦岭发电厂、安康水电厂为电源点，建成投运330千伏变电站7座，输电线路1809.33千米，作为陕西电网的骨干网架覆盖关中（西安、咸阳、渭南、宝鸡、铜川）五地市并延伸至陕南安康地区。同时通过马营、金锁变电站有 3 回 330 千伏线路与甘肃电网连接（其中金锁至西峰线路降压 110 千伏运行）。以秦岭发电厂、石泉水电厂、甘肃碧口水电厂、略阳发电厂为电源点，建成投运 220 千伏变电站 6 座，输电线路 923.897 千米，形成汉中和西安局部地区 220 千伏电网。220 千伏电网通过 330 千伏汤峪变电站与骨干网架连接。全省十地市除榆林地区外，建成投运 110 千伏公用变电站 129 座，输电线路 4979.100 千米，形成以 110 千伏为主体的地区电网并实现了联网。榆林地区以山西天桥水电站和宁夏青铜峡水电厂为电源点，建成投运 110 千伏公用变电站 8 座，输电线路 364.710 千米，形成榆林和定边靖边两个独立 110 千伏电网。

**二、2002 年陕西电网概况**

1991～2002 年，以新建渭河发电厂（二期）、蒲城发电厂、宝鸡第二发电厂为电源点，兼顾电网发展需要，新建投运 330 千伏变电站 15 座，输电线路 1322.685 千米。330 千伏骨干网架覆盖全省十地市，形成关中多个环网，并延伸至陕北延安、榆林、陕南汉中、商洛，同时通过雍城、桃曲变电站有 3 回 330 千伏线路与甘肃电网相连接。220 千伏电网停止发展，1997 年 2 月，与 220 千伏电网连接的 330 千伏汤峪变电站 2 号主变压器停运，解除了 220 千伏与 330 千伏骨干网架的连接，最终将过渡到退出陕西电网。全省十地市 110 千伏电网新建改造投运公用变电站 142 座，输电线路 4644.877 千米，并实现联网。

2002 年陕西电网骨干网架地理接线示意图见志书第一页彩图。

1991～2002 年陕西省 35～330 千伏变电站及线路情况见表 4－1－1。

表 4－1－1　　1991～2002 年陕西省 35～330 千伏变电站及线路情况

| 类别 | 年份 | | | | | | | |
|---|---|---|---|---|---|---|---|---|
| | 1991 | | | | 1992 | | | |
| | 变电站 | | 线路 | | 变电站 | | 线路 | |
| | 主变压器/座数（台/座） | 总容量（万千伏·安） | 条数（条） | 总长度（千米） | 主变压器/座数（台/座） | 总容量（万千伏·安） | 条数（条） | 总长度（千米） |
| 陕西省公用合计 | 630/396 | 1008.6880 | 741 | 15127.357 | 659/404 | 1063.7895 | 739 | 15159.097 |
| 其中：直属 | 598/374 | 999.8500 | 613 | 13175.317 | 496/299 | 998.3200 | 528 | 11853.132 |
| 330 千伏 | 14/8 | 279.0000 | 19 | 1820.674 | 15/8 | 312.0000 | 19 | 1820.674 |
| 其中：直属 | 14/8 | 279.0000 | 19 | 1820.674 | 15/8 | 312.0000 | 19 | 1820.674 |
| 220 千伏 | 8/6 | 84.0000 | 11 | 923.897 | 8/6 | 84.0000 | 11 | 923.897 |
| 其中：直属 | 8/6 | 84.0000 | 11 | 923.897 | 8/6 | 84.0000 | 11 | 923.897 |
| 110 千伏 | 225/143 | 503.9900 | 237 | 5439.712 | 236/150 | 523.6700 | 244 | 5534.712 |
| 其中：直属 | 222/140 | 499.7900 | 233 | 5365.712 | 226/143 | 500.8700 | 236 | 5382.422 |
| 35 千伏 | 383/239 | 141.6980 | 474 | 6943.074 | 400/240 | 144.1195 | 465 | 6879.814 |
| 其中：直属 | 354/220 | 137.0600 | 350 | 5065.034 | 247/142 | 101.4500 | 262 | 3726.139 |
| 陕西省企业自备合计 | 548/265 | 309.2515 | — | — | 547/272 | 321.9666 | — | — |
| 110 千伏 | 84/40 | 172.3040 | — | — | 89/44 | 183.8041 | — | — |
| 35 千伏 | 464/225 | 136.9475 | — | — | 458/228 | 138.1625 | — | — |

续表

| 类别 | 年份 | | | | | | | |
|---|---|---|---|---|---|---|---|---|
| | 1993 | | | | 1994 | | | |
| | 变电站 | | 线路 | | 变电站 | | 线路 | |
| | 主变压器/座数（台/座） | 总容量（万千伏·安） | 条数（条） | 总长度（千米） | 主变压器/座数（台/座） | 总容量（万千伏·安） | 条数（条） | 总长度（千米） |
| 陕西省公用合计 | 679/423 | 1169.5510 | 749 | 15406.053 | 690/249 | 1206.9410 | 798 | 16156.308 |
| 其中：直属 | 507/317 | 1076.1115 | 546 | 12259.116 | 516/322 | 1111.0165 | 576 | 12849.881 |
| 330千伏 | 17/9 | 360.0000 | 20 | 1856.082 | 18/10 | 375.0000 | 22 | 2148.898 |
| 其中：直属 | 17/9 | 360.0000 | 20 | 1856.082 | 18/10 | 375.0000 | 22 | 2148.898 |
| 220千伏 | 8/6 | 84.0000 | 11 | 923.389 | 8/6 | 84.0000 | 11 | 923.389 |
| 其中：直属 | 8/6 | 84.0000 | 11 | 923.389 | 8/6 | 84.0000 | 11 | 923.389 |
| 110千伏 | 254/162 | 579.1700 | 249 | 5706.439 | 262/167 | 600.6700 | 277 | 6033.140 |
| 其中：直属 | 235/151 | 527.9200 | 241 | 5585.397 | 243/156 | 547.4200 | 267 | 5889.338 |
| 35千伏 | 400/246 | 146.3810 | 469 | 6920.143 | 402/246 | 147.2710 | 488 | 7050.881 |
| 其中：直属 | 247/151 | 104.1915 | 274 | 3894.248 | 247/150 | 104.5965 | 276 | 3888.256 |
| 陕西省企业自备合计 | 522/266 | 294.5336 | — | — | 532/2710 | 288.2870 | — | — |
| 110千伏 | 78/37 | 152.8006 | — | — | 78/37 | 143.5506 | — | — |
| 35千伏 | 444/229 | 141.7330 | — | — | 454/234 | 144.7364 | — | — |

| 类别 | 年份 | | | | | | | |
|---|---|---|---|---|---|---|---|---|
| | 1995 | | | | 1996 | | | |
| | 变电站 | | 线路 | | 变电站 | | 线路 | |
| | 主变压器/座数（台/座） | 总容量（万千伏·安） | 条数（条） | 总长度（千米） | 主变压器/座数（台/座） | 总容量（万千伏·安） | 条数（条） | 总长度（千米） |
| 陕西省公用合计 | 709/446 | 1232.6430 | 827 | 16654.395 | 724/458 | 1270.7580 | 831 | 16877.291 |
| 其中：直属 | 536/338 | 1138.1950 | 599 | 13308.508 | 546/348 | 1173.4700 | 605 | 13449.092 |
| 330千伏 | 17/10 | 360.0000 | 24 | 2242.145 | 17/10 | 360.0000 | 26 | 2299.443 |
| 其中：直属 | 17/10 | 360.0000 | 24 | 2242.145 | 17/10 | 360.0000 | 26 | 2299.443 |
| 220千伏 | 8/6 | 84.0000 | 11 | 923.659 | 8/6 | 84.0000 | 11 | 923.659 |
| 其中：直属 | 8/6 | 84.0000 | 11 | 923.659 | 8/6 | 84.0000 | 11 | 923.659 |
| 110千伏 | 282/182 | 638.2000 | 289 | 6246.656 | 294/190 | 672.0000 | 292 | 6337.126 |
| 其中：直属 | 263/171 | 586.9500 | 277 | 6106.806 | 274/178 | 619.7500 | 279 | 6183.252 |
| 35千伏 | 402/248 | 150.4430 | 503 | 7241.935 | 405/252 | 154.7580 | 502 | 7317.063 |
| 其中：直属 | 248/151 | 107.2450 | 287 | 4035.898 | 247/154 | 109.7200 | 289 | 4042.738 |
| 陕西省企业自备合计 | 547/276 | 299.7719 | — | — | 560/280 | 313.0655 | — | — |
| 110千伏 | 83/39 | 151.5505 | — | — | 89/40 | 161.5215 | — | — |
| 35千伏 | 464/237 | 148.2214 | — | — | 471/240 | 151.5440 | — | — |

续表

| 类别 | 年份 | | | | | | | |
|---|---|---|---|---|---|---|---|---|
| | 1997 | | | | 1998 | | | |
| | 变电站 | | 线路 | | 变电站 | | 线路 | |
| | 主变压器/座数（台/座） | 总容量（万千伏·安） | 条数（条） | 总长度（千米） | 主变压器/座数（台/座） | 总容量（万千伏·安） | 条数（条） | 总长度（千米） |
| 陕西省公用合计 | 747/472 | 1320.3450 | 857 | 17186.216 | 791/499 | 1466.1650 | 904 | 18335.428 |
| 其中：直属 | 560/359 | 1219.4200 | 624 | 13695.870 | 608/385 | 1361.4700 | 663 | 14791.856 |
| 330千伏 | 17/11 | 360.0000 | 26 | 2299.443 | 20/13 | 414.0000 | 31 | 2586.191 |
| 其中：直属 | 17/11 | 360.0000 | 26 | 2299.443 | 20/13 | 414.0000 | 31 | 2586.191 |
| 220千伏 | 9/6 | 96.0000 | 10 | 786.384 | 9/6 | 96.0000 | 11 | 853.327 |
| 其中：直属 | 9/6 | 96.0000 | 10 | 786.384 | 9/6 | 96.0000 | 11 | 853.327 |
| 110千伏 | 301/195 | 703.2300 | 301 | 6561.127 | 324/205 | 785.8600 | 324 | 7075.285 |
| 其中：直属 | 281/183 | 650.9800 | 288 | 6420.803 | 302/191 | 731.8100 | 306 | 6828.356 |
| 35千伏 | 420/260 | 161.1150 | 520 | 7539.262 | 438/275 | 170.3050 | 538 | 7820.625 |
| 其中：直属 | 253/159 | 112.4400 | 300 | 4189.240 | 277/175 | 119.6600 | 315 | 4523.982 |
| 陕西省企业自备合计 | 579/272 | 320.0495 | — | — | 567/284 | 323.5545 | — | — |
| 110千伏 | 91/41 | 163.1215 | — | — | 97/45 | 176.2215 | — | — |
| 35千伏 | 488/251 | 156.9280 | — | — | 470/239 | 147.3330 | — | — |

| 类别 | 年份 | | | | | | | |
|---|---|---|---|---|---|---|---|---|
| | 1999 | | | | 2000 | | | |
| | 变电站 | | 线路 | | 变电站 | | 线路 | |
| | 主变压器/座数（台/座） | 总容量（万千伏·安） | 条数（条） | 总长度（千米） | 主变压器/座数（台/座） | 总容量（万千伏·安） | 条数（条） | 总长度（千米） |
| 陕西省公用合计 | 833/524 | 1745.6400 | 988 | 19422.522 | 897/564 | 1973.4800 | 1082 | 20610.977 |
| 其中：直属 | 648/409 | 1639.9100 | 720 | 15677.180 | 606/381 | 1784.3600 | 721 | 14687.108 |
| 330千伏 | 28/16 | 597.0000 | 38 | 2988.445 | 33/19 | 672.0000 | 39 | 3019.827 |
| 其中：直属 | 28/16 | 597.0000 | 38 | 2988.445 | 33/19 | 672.0000 | 39 | 3019.827 |
| 220千伏 | 9/6 | 96.0000 | 11 | 853.327 | 9/6 | 96.0000 | 9 | 823.747 |
| 其中：直属 | 9/6 | 96.0000 | 11 | 853.327 | 9/6 | 96.0000 | 9 | 823.747 |
| 110千伏 | 350/221 | 879.1100 | 362 | 7548.410 | 395/244 | 1025.0300 | 435 | 8514.566 |
| 其中：直属 | 328/207 | 825.0600 | 344 | 7301.481 | 342/213 | 907.1700 | 386 | 7341.616 |
| 35千伏 | 446/281 | 173.5300 | 577 | 8032.340 | 460/295 | 180.4500 | 599 | 8252.837 |
| 其中：直属 | 283/180 | 121.8500 | 327 | 4533.927 | 222/143 | 109.1900 | 287 | 3501.918 |
| 陕西省企业自备合计 | 590/299 | 333.9420 | — | — | 529/270 | 336.8085 | — | — |
| 110千伏 | 101/46 | 173.4680 | — | — | 106/56 | 202.6680 | — | — |
| 35千伏 | 489/253 | 160.4740 | — | — | 423/214 | 134.1405 | — | — |

续表

| 类别 | 年份 | | | | | | | |
|---|---|---|---|---|---|---|---|---|
| | 2001 | | | | 2002 | | | |
| | 变电站 | | 线路 | | 变电站 | | 线路 | |
| | 主变压器/座数（台/座） | 总容量（万千伏·安） | 条数（条） | 总长度（千米） | 主变压器/座数（台/座） | 总容量（万千伏·安） | 条数（条） | 总长度（千米） |
| 陕西省公用合计 | 964/603 | 2150.7350 | 1142 | 21723.868 | 1038/647 | 2316.2650 | 1244 | 23225.615 |
| 其中：直属 | 670/415 | 1987.7500 | 798 | 15979.445 | 719/440 | 2110.3350 | 838 | 16493.128 |
| 330千伏 | 36/20 | 744.0000 | 40 | 3033.564 | 38/22 | 783.0000 | 43 | 3132.015 |
| 其中：直属 | 36/20 | 744.0000 | 40 | 3033.564 | 38/22 | 783.0000 | 43 | 3132.015 |
| 220千伏 | 9/6 | 96.0000 | 9 | 823.747 | 9/6 | 96.0000 | 9 | 823.747 |
| 其中：直属 | 9/6 | 96.0000 | 9 | 823.747 | 9/6 | 96.0000 | 9 | 823.747 |
| 110千伏 | 427/262 | 1114.7800 | 487 | 9137.738 | 461/279 | 1220.1800 | 529 | 9988.687 |
| 其中：直属 | 387/237 | 1031.9700 | 433 | 7907.814 | 412/248 | 1102.7200 | 465 | 8517.196 |
| 35千伏 | 492/315 | 195.9550 | 606 | 8728.819 | 530/340 | 217.0850 | 663 | 9281.166 |
| 其中：直属 | 238/152 | 115.7800 | 316 | 4214.320 | 260/164 | 128.6150 | 321 | 4020.170 |
| 陕西省企业自备合计 | 555/272 | 383.1165 | — | — | 582/286 | 398.6775 | — | — |
| 110千伏 | 129/62 | 250.3680 | — | — | 138/66 | 262.6180 | — | — |
| 35千伏 | 426/210 | 132.7485 | — | — | 444/220 | 136.0595 | — | — |

**注** 直属为陕西省电力公司直管，下同。1991～1999年直属数据中包括榆林供电局；1992年起不包括移交省农电局部分。

## 第二节 330千伏电网

330千伏电网作为陕西电网的骨干网架，起始于1972年6月建成投运的刘（家峡）—天（水）—关（中）输变电工程。自位于陕西关中眉县汤峪镇的330千伏汤峪变电站竣工投运起，至1990年，陕西电网建成投运330千伏变电站7座，主变压器11台，容量207万千伏·安；330千伏线路17条，1809.33千米。至2002年末，陕西电网有330千伏变电站22座，主变压器38台，容量783万千伏·安，分别较1990年增长214.29%、245.45%、278.26%；330千伏线路43条，3132.015千米，分别较1990年增长152.94%、73.10%。

1991年2月和1992年1月，分别将330千伏庄头变电站主变压器由2×15万千伏·安增容更换为2×24万千伏·安。1991年12月，位于咸阳与西安之间的330千伏沣河变电站建成投运，安装主变压器两台2×24万千伏·安，“π”接于西安北郊—庄头的330千伏北庄线上。

1993年12月，位于铜川市耀县的330千伏桃曲变电站建成投运，安装主变压器1台24万千伏·安，“π”接于330千伏金（锁）—渭（河）线上（先期金庄线已“π”进渭河发电厂）。同时，将原降压至110千伏运行的金（锁）—西（峰）线改至桃曲变电站出线，成为330千伏桃（曲）—西（峰）线，恢复330千伏运行，送至当年建成的位于甘肃东北部的330千伏西峰变电站，使陕西、甘肃两省电网之间的330千伏联络线增加至3回。

1994年2月，建成投运蒲城发电厂—西安市北郊变电站的330千伏蒲—北线108.861千米，330千伏北郊变电站增装2号主变压器24万千伏·安。8月，建成投运金锁变电站—延安变电站的330千伏金—延线182.178千米，330千伏延安变电站安装主变压器1台15万千伏·安，330千伏电网延伸至陕北延安地区。

1995年11月，建成投运蒲城发电厂—桃曲变电站的330千伏蒲桃线85.109千米。1995年12月和1996年2月，渭河发电厂—沣河变电站的330千伏渭—沣二、一线先后建成投运，渭—沣二线23.210千米，渭—沣一线23.391千米。

1996年7月，建成投运蒲城发电厂—西高明变电站的330千伏蒲—高线32.39千米。

1997年2月，330千伏汤峪变电站容量24万千伏·安的2号主变压器因损坏而撤出运行，陕西电网330千伏和220千伏电网的直接联系点解除。4月，建成投运330千伏渭南变电站，安装主变压器1台24万千伏·安，“π”接于330千伏秦（岭）—北（郊）线上。

1998年，对宝鸡地区330千伏电网布局进行了大规模调整和改线。建成位于凤翔县的330千伏雍城变电站，安装主变压器1台24万千伏·安。相应的330千伏进出线6回，将与甘肃电网联络的陇（西）—马（营）、秦（安）—马（营）线改接至该站，成为雍（城）—陇（西）、雍（城）—秦（安）线；新建宝鸡第二发电厂—雍城变电站的新雍1回、2回线2×13千米；自马营变电站接入雍城变电站的马雍线32.596千米；新建渭河发电厂—雍城变电站的渭雍线173.499千米。同时，由宝鸡第二发电厂通过马新1、2回线与马营变电站相连接，马新1回线22.721千米，马新2回线29.240千米。

1999年1月，330千伏西高明变电站增装2号主变压器15万千伏·安。4月，在西安市东郊建成投运330千伏东郊变电站，安装主变压器两台2×24万千伏·安，“π”接于南郊变电站—北郊变电站的330千伏南—北线上。8月，建成马营变电站—汉中变电站的330千伏马—汉线185.528千米，330千伏汉中变电站安装主变压器两台2×24万千伏·安，330千伏电网延伸至陕南汉中地区。9月，建成投运延安—榆林的330千伏延—榆线253.136千米，330千伏榆林变电站安装主变压器两台2×15万千伏·安，330千伏电网延伸至陕北榆林地区。11月，建成投运位于蒲城县的330千伏桥陵变电站，安装主变压器两台2×24万千伏·安，“π”接于蒲城发电厂—桃曲变电站的330千伏蒲—桃线上。12月，330千伏桃曲变电站增装2号主变压器24万千伏·安。

2000年4月，建成投运330千伏黄陵变电站，安装主变压器1台15万千伏·安，

"π"接于330千伏金锁变电站—延安变电站的金—延线上。11月，建成投运330千伏柞水变电站，安装主变压器两台2×15万千伏·安，"π"接于安康水电厂—西安南郊变电站的安—南1回线上，330千伏电网延伸至陕南商洛地区。12月，建成投运榆林—神木的330千伏榆—神线96千米，330千伏神木变电站安装主变压器两台2×15万千伏·安。

2001年4月，建成位于咸阳市乾县的330千伏大杨变电站，安装主变压器1台24万千伏·安，"π"接于330千伏渭（河）—雍（城）线上。同年，330千伏沣河、北郊变电站分别增装3号主变压器各24万千伏·安。

2002年6月和9月，先后建成位于华阴罗敷的330千伏罗敷变电站、位于商州的330千伏张村变电站和罗敷—张村的330千伏罗—张线。330千伏罗敷变电站安装主变压器1台24万千伏·安，双"π"接于330千伏秦（岭）—南（郊）和秦（岭）—渭（南）线上（先期秦—北线已"π"进渭南变电站）。330千伏张村变电站安装主变压器1台15万千伏·安，330千伏罗—张线97.051千米。

至2002年末，陕西330千伏电网南至汉中、安康、商洛，北到延安、榆林，覆盖陕西全省10个地（市）。陕西电网与甘肃电网330千伏联络线路达到3回，成为西北（陕、甘、宁、青）电网的重要组成部分。

2002年陕西电网330千伏变电站明细见表4-1-2。2002年陕西电网330千伏线路明细见表4-1-3。

表4-1-2　　2002年陕西电网330千伏变电站明细

| 序号 | 名　称 | 主变压器台数(台) | 主变压器容量（万千伏·安） | 投运年份 | 所属供电局 | 备注 |
|---|---|---|---|---|---|---|
| 合计 | 22座 | 38 | 783 | — | — | |
| 1 | 汤峪变电站 | 1 | 15 | 1972 | 宝鸡供电局 | |
| 2 | 金锁变电站 | 2 | 30 | 1979 | 铜川供电局 | |
| 3 | 庄头变电站 | 2 | 48 | 1979 | 咸阳供电局 | |
| 4 | 西高明变电站 | 2 | 27 | 1981 | 渭南供电局 | |
| 5 | 南郊变电站 | 2 | 48 | 1983 | 西安高压供电局 | |
| 6 | 马营变电站 | 2 | 48 | 1986 | 宝鸡供电局 | |
| 7 | 北郊变电站 | 3 | 72 | 1989 | 西安高压供电局 | |
| 8 | 沣河变电站 | 3 | 72 | 1991 | 咸阳供电局 | |
| 9 | 桃曲变电站 | 2 | 48 | 1993 | 铜川供电局 | |
| 10 | 延安变电站 | 1 | 15 | 1994 | 延安供电局 | |
| 11 | 渭南变电站 | 1 | 24 | 1997 | 渭南供电局 | |
| 12 | 雍城变电站 | 1 | 24 | 1998 | 宝鸡供电局 | |
| 13 | 东郊变电站 | 2 | 48 | 1999 | 西安高压供电局 | |
| 14 | 汉中变电站 | 2 | 48 | 1999 | 汉中供电局 | |

续表

| 序号 | 名 称 | 主变压器台数(台) | 主变压器容量(万千伏·安) | 投运年份 | 所属供电局 | 备注 |
|---|---|---|---|---|---|---|
| 15 | 榆林变电站 | 2 | 30 | 1999 | 榆林供电公司 | |
| 16 | 桥陵变电站 | 2 | 48 | 1999 | 渭南供电局 | |
| 17 | 黄陵变电站 | 1 | 15 | 2000 | 延安供电局 | |
| 18 | 柞水变电站 | 2 | 30 | 2000 | 商洛供电局 | |
| 19 | 神木变电站 | 2 | 30 | 2000 | 榆林供电公司 | |
| 20 | 大杨变电站 | 1 | 24 | 2001 | 咸阳供电局 | |
| 21 | 罗敷变电站 | 1 | 24 | 2002 | 渭南供电局 | |
| 22 | 张村变电站 | 1 | 15 | 2002 | 商洛供电局 | |

表 4-1-3　　2002 年陕西电网 330 千伏线路明细

| 序号 | 名 称 | 起止地点 | 长度(千米) | 投运年份 | 所属供电局 | 备注 |
|---|---|---|---|---|---|---|
| 合计 | 43 条 | — | 3132.015 | — | — | |
| 1 | 金—韩线 | 金锁变电站—韩城电厂 | 139.001 | 1979 | 渭南供电局<br>铜川供电局 | |
| 2 | 韩高线 | 韩城电厂—西高明变电站 | 65.400 | 1981 | 渭南供电局 | |
| 3 | 汤—庄线 | 汤峪变电站—庄头变电站 | 59.975 | 1981 | 咸阳供电局 | |
| 4 | 南—庄线 | 南郊变电站—庄头变电站 | 50.784 | 1983 | 西安高压供电局<br>咸阳供电局 | |
| 5 | 马—庄线 | 马营变电站—庄头变电站 | 119.809 | 1986 | 宝鸡供电局<br>咸阳供电局 | |
| 6 | 马—汤线 | 马营变电站—汤峪变电站 | 67.777 | 1986<br>(1972) | 宝鸡供电局 | 秦—汤线“π”开 |
| 7 | 安—南线 | 安康水电厂—南郊变电站 | 233.784 | 1990 | 西安高压供电局<br>商洛供电局<br>安康供电局 | |
| 8 | 北—沣线 | 北郊变电站—沣河变电站 | 26.378 | 1991<br>(1986) | 西安高压供电局<br>咸阳供电局 | 北—庄线“π”开 |
| 9 | 庄—沣线 | 庄头变电站—沣河变电站 | 31.289 | 1991<br>(1986) | 咸阳供电局 | 北—庄线“π”开 |
| 10 | 渭—庄线 | 渭河二厂—庄头变电站 | 66.226 | 1992<br>(1979) | 咸阳供电局 | 金—庄线“π”开 |
| 11 | 桃—渭线 | 桃曲变电站—渭河二厂 | 67.542 | 1993<br>(1979) | 铜川供电局<br>咸阳供电局 | 金—庄线“π”开 |
| 12 | 桃—金线 | 桃曲变电站—金锁变电站 | 37.477 | 1993<br>(1979) | 铜川供电局 | 金—庄线“π”开 |
| 13 | 桃—西线 | 桃曲变电站—西峰变电站 | 89.296<br>(境内) | 1993<br>(1984) | 铜川供电局 | 金—西线改接 |

续表

| 序号 | 名 称 | 起 止 地 点 | 长度（千米） | 投运年份 | 所属供电局 | 备注 |
|---|---|---|---|---|---|---|
| 14 | 北—蒲线 | 北郊变电站—蒲城电厂 | 108.861 | 1994 | 西安高压供电局<br>渭南供电局 | |
| 15 | 渭—沣2线 | 渭河二厂—沣河变电站 | 23.210 | 1995 | 咸阳供电局 | |
| 16 | 渭—沣1线 | 渭河二厂—沣河变电站 | 23.391 | 1996 | 咸阳供电局 | |
| 17 | 蒲—高线 | 蒲城电厂—西高明变电站 | 32.390 | 1996 | 渭南供电局 | |
| 18 | 渭—北线 | 渭南变电站—北郊变电站 | 59.845 | 1997<br>（1986） | 渭南供电局<br>西安高压供电局 | 秦—北线“π”开 |
| 19 | 雍—马线 | 雍城变电站—马营变电站 | 32.596 | 1998<br>（1972） | 宝鸡供电局 | 秦—汤线“π”开 |
| 20 | 秦—雍线 | 秦安变电站—雍城变电站 | 96.157<br>（境内） | 1998<br>（1972） | 宝鸡供电局 | 秦—站汤线“π”开 |
| 21 | 雍—陇线 | 雍城变电站—陇西变电站 | 98.358<br>（境内） | 1998<br>（1989） | 宝鸡供电局 | 陇—马线“π”开 |
| 22 | 新—雍1线 | 宝鸡二厂—雍城变电站 | 12.758 | 1998 | 宝鸡供电局 | |
| 23 | 新—雍2线 | 宝鸡二厂—雍城变电站 | 13.024 | 1998 | 宝鸡供电局 | |
| 24 | 新—马1线 | 宝鸡二厂—马营变电站 | 22.721 | 1998 | 宝鸡供电局 | |
| 25 | 新—马2线 | 宝鸡二厂—马营变电站 | 29.240 | 1998<br>（1989） | 宝鸡供电局 | 陇—马线“π”开 |
| 26 | 东—北线 | 东郊变电站—北郊变电站 | 12.588 | 1999<br>（1990） | 西安高压供电局 | 南—北线“π”开 |
| 27 | 东—南线 | 东郊变电站—南郊变电站 | 24.241 | 1999<br>（1990） | 西安高压供电局 | 南—北线“π”开 |
| 28 | 马—汉线 | 马营变电站—汉中变电站 | 185.528 | 1999 | 宝鸡供电局<br>汉中供电局 | |
| 29 | 延—榆线 | 延安变电站—榆林变电站 | 253.136 | 1999 | 延安供电局<br>榆林供电公司 | |
| 30 | 蒲—桥线 | 蒲城电厂—桥陵变电站 | 20.650 | 1999<br>（1995） | 渭南供电局 | 蒲—桃线“π”开 |
| 31 | 桥—桃线 | 桥陵变电站—桃曲变电站 | 70.354 | 1999<br>（1995） | 渭南供电局<br>铜川供电局 | 蒲—桃线“π”开 |
| 32 | 金—黄线 | 金锁变电站—黄陵变电站 | 58.497 | 2000<br>（1994） | 铜川供电局<br>延安供电局 | 金—延线“π”开 |
| 33 | 黄—延线 | 黄陵变电站—延安变电站 | 124.860 | 2000<br>（1994） | 延安供电局 | 金—延线“π”开 |
| 34 | 柞—南线 | 柞水变电站—南郊变电站 | 102.929 | 2000<br>（1990） | 西安高压供电局<br>商洛供电局 | 安—南1线“π”开 |

续表

| 序号 | 名 称 | 起 止 地 点 | 长度（千米） | 投运年份 | 所属供电局 | 备注 |
|---|---|---|---|---|---|---|
| 35 | 柞—安线 | 柞水变电站—安康水电厂 | 137.959 | 2000<br>(1990) | 商洛供电局<br>安康供电局 | 安—南1线"π"开 |
| 36 | 榆—神线 | 榆林变电站—神木变电站 | 96.000 | 2000 | 榆林供电公司 | |
| 37 | 渭—大线 | 渭河二厂—大杨变电站 | 75.004 | 2001<br>(1999) | 咸阳供电局 | 渭—雍线"π"开 |
| 38 | 大—雍线 | 大杨变电站—雍城变电站 | 98.495 | 2001<br>(1999) | 咸阳供电局<br>宝鸡供电局 | 渭—雍线"π"开 |
| 39 | 秦—罗1线 | 秦岭电厂—罗敷变电站 | 2.390 | 2002<br>(1983) | 渭南供电局 | 秦—南线"π"开 |
| 40 | 秦—罗2线 | 秦岭电厂—罗敷变电站 | 2.490 | 2002<br>(1986) | 渭南供电局 | 秦—北线"π"开 |
| 41 | 罗—南线 | 罗敷变电站—南郊变电站 | 108.204 | 2002<br>(1983) | 渭南供电局<br>西安高压供电局 | 秦—南线"π"开 |
| 42 | 罗—渭线 | 罗敷变电站—渭南变电站 | 54.350 | 2002<br>(1986) | 渭南供电局 | 秦—北线"π"开 |
| 43 | 罗—张线 | 罗敷变电站—张村变电站 | 97.051 | 2002 | 渭南供电局<br>商洛供电局 | |

**注** 投运年份括号内为改接前线路最早投运年份。

## 第三节 220 千伏电网

220 千伏电网作为陕西电网的一部分，起始于 1973 年 4 月建成投运的 330 千伏汤峪变电站—220 千伏阎良变电站的 220 千伏输变电工程。至 1990 年，陕西电网建成投运 220 千伏变电站 6 座，主变压器 8 台，容量 84 万千伏·安；线路 11 条，923.897 千米。1991～2002 年，随着 330 千伏电网快速发展，陕西 220 千伏电网处于维持现状、限制发展的状况。至 2002 年末，除增加一台 12 万千伏·安主变压器，减少两条线路外，220 千伏电网没有大的变化。

1997 年 2 月，330 千伏汤峪变电站 2 号主变压器因损坏而撤出运行。220 千伏汤（峪）—阎（良）线改接为周（至）—阎（良）线，原 40.1 千米的 220 千伏周（至）—汤（峪）线经改线后降压至 110 千伏运行，接入 220 千伏周至变电站新装的容量 5 万千伏·安主变压器的 110 千伏母线上，作为向 110 千伏终台变电站供电的备用线路。至此，陕西 220 千伏电网和 330 千伏电网解列运行。同年，220 千伏洋县变电站增装 2 号主变压器 12 万千伏·安，并相应扩建了洋县变电站与汉中电网连接的 110 千伏线路。

1973～2002年，陕西220千伏电网经过了起步—发展—限制发展的历程。其间形成的西安、汉中220千伏局部电网，在相当长的一个时期内发挥了应有的作用。随着330千伏电网的加速发展，220千伏电网将最终退出陕西电网。

2002年陕西电网220千伏变电站明细见表4-1-4。2002年陕西电网220千伏线路明细见表4-1-5。

表4-1-4　　2002年陕西电网220千伏变电站明细

| 序号 | 名　称 | 主变压器台数（台） | 主变压器容量（万千伏·安） | 投运年份 | 所属供电局 | 备注 |
|---|---|---|---|---|---|---|
| 合计 | 6座 | 9 | 96 | — | — | |
| 1 | 阎良变电站 | 2 | 24 | 1973 | 西安高压供电局 | |
| 2 | 代王变电站 | 1 | 12 | 1973 | 西安高压供电局 | |
| 3 | 洋县变电站 | 2 | 21 | 1975 | 汉中供电局 | |
| 4 | 周至变电站 | 1 | 3 | 1975 | 西安高压供电局 | |
| 5 | 枣园变电站 | 1 | 12 | 1975 | 西安高压供电局 | |
| 6 | 勉县变电站 | 2 | 24 | 1985 | 汉中供电局 | |

表4-1-5　　2002年陕西电网220千伏线路明细

| 序号 | 名　称 | 起 止 地 点 | 长度（千米） | 投运年份 | 所属供电局 | 备注 |
|---|---|---|---|---|---|---|
| 合计 | 9条 | — | 823.747 | — | — | |
| 1 | 代—阎线 | 代王变电站—阎良变电站 | 40.015 | 1973 | 西安高压供电局 | |
| 2 | 秦—代线 | 秦岭电厂—代王变电站 | 65.040 | 1973 | 渭南供电局 | |
| 3 | 石—洋线 | 石泉水电厂—洋县变电站 | 85.770 | 1975 | 汉中供电局 | |
| 4 | 周—洋线 | 周至变电站—洋县变电站 | 142.337 | 1975 | 西安高压供电局<br>汉中供电局 | |
| 5 | 周—枣线 | 周至变电站—枣园变电站 | 69.908 | 1975 | 西安高压供电局 | |
| 6 | 勉—碧线 | 勉县变电站—碧口水电厂 | 149.230（境内） | 1985（1984） | 汉中供电局 | 碧—洋线“π”开 |
| 7 | 勉—洋线 | 勉县变电站—洋县变电站 | 94.320 | 1985（1984） | 汉中供电局 | 碧—洋线“π”开 |
| 8 | 勉—略线 | 勉县变电站—略阳发电厂 | 55.300 | 1990 | 汉中供电局 | |
| 9 | 周—阎线 | 周至变电站—阎良变电站 | 121.827 | 1997（1973） | 西安高压供电局<br>咸阳供电局 | 汤—阎线改接 |

**注**　投运年份括号内为改接前线路最早投运年份。

# 第四节 110 千伏电网

110千伏电网作为陕西电网的主体，起始于1957年9月建成的110千伏西（安）—户（县)、西（安）—铜（川）两项输变电工程。至1990年，陕西电网（含榆林独立电网）建成投运110千伏公用变电站137座，主变压器220台，容量493.81万千伏·安；线路228条，5343.810千米。110千伏企业自备变电站41座，主变压器85台，容量165.154万千伏·安。1991～2002年，随着330千伏骨干网架的快速发展，与之配套的110千伏送出工程也相继建成。加之不断加大技术改造的投入，特别是通过1998年开始的城乡电网建设与改造，建成了一批110千伏输变电工程。至2002年末，陕西电网建成投运110千伏公用变电站279座，主变压器461台，容量1220.18万千伏·安。110千伏线路529条，9988.687千米。110千伏企业自备变电站66座，主变压器138台，容量262.618万千伏·安。全省110千伏电网容载比（不含企业自备变电站容量）达到2.28，较1990年的1.97提高0.31个百分点。110千伏城市电网变电站除个别负荷较小的外，基本实现了双电源供电和双主变压器配置。榆林110千伏独立电网通过330千伏并入陕西电网后，供电可靠性大幅度提高。

2002年陕西供电企业110千伏变电站及线路情况见表4-1-6。

表4-1-6　　2002年陕西供电企业110千伏变电站及线路情况

| 名称 | 变电站 | | | | 线路 | | | |
|---|---|---|---|---|---|---|---|---|
| | 合计 | | 直属 | | 合计 | | 直属 | |
| | 主变压器/座数（台/座） | 总容量（万千伏·安） | 主变压器/座数（台/座） | 总容量（万千伏·安） | 条数（条） | 总长度（千米） | 条数（条） | 总长度（千米） |
| 陕西省公用合计 | 461/279 | 1220.180 | 412/248 | 1102.720 | 529 | 9988.687 | 465 | 8517.196 |
| 西安高压供电局 | 111/56 | 403.980 | 111/56 | 403.980 | 108 | 1278.962 | 108 | 1278.962 |
| 西安供电局 | — | — | — | — | — | — | — | — |
| 铜川供电局 | 22/15 | 55.050 | 22/15 | 55.050 | 29 | 381.662 | 27 | 362.159 |
| 宝鸡供电局 | 56/34 | 150.900 | 56/34 | 150.900 | 65 | 1328.676 | 63 | 1323.676 |
| 咸阳供电局 | 50/30 | 123.400 | 49/29 | 122.400 | 43 | 720.096 | 41 | 704.956 |
| 渭南供电局 | 74/45 | 171.750 | 64/38 | 148.200 | 82 | 1152.598 | 72 | 1001.203 |
| 商洛供电局 | 18/14 | 30.900 | 18/14 | 30.900 | 26 | 673.438 | 26 | 673.438 |
| 安康供电局 | 27/18 | 46.640 | 27/18 | 46.640 | 36 | 1021.101 | 36 | 1021.101 |
| 汉中供电局 | 36/27 | 91.500 | 36/27 | 91.500 | 51 | 1045.223 | 47 | 956.119 |
| 延安供电局 | 22/14 | 37.850 | 22/14 | 37.850 | 31 | 875.280 | 27 | 776.240 |

续表

| 名称 | 变电站 | | | | 线路 | | | |
|---|---|---|---|---|---|---|---|---|
| | 合计 | | 直属 | | 合计 | | 直属 | |
| | 主变压器/座数（台/座） | 总容量（万千伏·安） | 主变压器/座数（台/座） | 总容量（万千伏·安） | 条数（条） | 总长度（千米） | 条数（条） | 总长度（千米） |
| 榆林供电公司 | 7/3 | 15.300 | 7/3 | 15.300 | 18 | 419.342 | 18 | 419.342 |
| 榆林供电局 | 38/23 | 92.910 | — | — | 40 | 1092.309 | — | — |
| 陕西省企业自备合计 | 138/66 | 262.618 | — | — | — | — | — | — |

## 第五节 35 千伏电网

35 千伏电网作为陕西电网的一部分，起始于 1951 年 4 月建成投运的由西安—咸阳的 35 千伏输变电工程。至 1990 年，陕西电网（含榆林独立电网）建成投运 35 千伏公用变电站 241 座，主变压器 382 台，容量 140.558 万千伏·安；35 千伏线路 468 条，7028.004 千米。35 千伏企业自备变电站 225 座，主变压器 452 台，容量 135.28 万千伏·安。1991～2002 年，随着 330 和 110 千伏电网的快速发展，作为以广大农村为主要服务对象的 35 千伏电网也得到了快速发展。通过农村电气化县建设和扶贫共富工程投入，特别是 1998 年开始的农村电网建设与改造，建成了一批 35 千伏输变电工程。至 2002 年末，陕西电网建成投运 35 千伏公用变电站 340 座，主变压器 530 台，容量 217.085 万千伏·安；35 千伏线路 663 条，9281.166 千米。35 千伏企业自备变电站 220 座，主变压器 444 台，容量 136.0595 万千伏·安。35 千伏电网特别是农村 35 千伏电网的发展，以及与之配套的配电网、低压网改造完成，改善了农村供电条件，加快了农村经济发展。2002 年末，全省乡、村、户通电率分别达到 100%、100%、98.80%，较 1990 年提高了 14.40、27.90、22.90 个百分点。

2002 年陕西供电企业 35 千伏变电站及线路情况见表 4-1-7。

表 4-1-7　　2002 年陕西供电企业 35 千伏变电站及线路情况

| 名称 | 变电站 | | | | 线路 | | | |
|---|---|---|---|---|---|---|---|---|
| | 合计 | | 直属 | | 合计 | | 直属 | |
| | 主变压器/座数（台/座） | 总容量（万千伏·安） | 主变压器/座数（台/座） | 总容量（万千伏·安） | 条数（条） | 总长度（千米） | 条数（条） | 总长度（千米） |
| 陕西省公用合计 | 530/340 | 217.0850 | 260/164 | 128.615 | 663 | 9281.166 | 321 | 4020.170 |

续表

| 名称 | 变电站 | | | | 线路 | | | |
|---|---|---|---|---|---|---|---|---|
| | 合计 | | 直属 | | 合计 | | 直属 | |
| | 主变压器/座数（台/座） | 总容量（万千伏·安） | 主变压器/座数（台/座） | 总容量（万千伏·安） | 条数（条） | 总长度（千米） | 条数（条） | 总长度（千米） |
| 西安高压供电局 | 13/5 | 11.9100 | 13/5 | 11.910 | 38 | 226.514 | 38 | 226.514 |
| 西安供电局 | 51/26 | 32.1100 | 51/26 | 32.110 | 31 | 385.739 | 31 | 385.739 |
| 铜川供电局 | 11/9 | 3.5050 | 11/9 | 3.505 | 58 | 534.171 | 26 | 238.215 |
| 宝鸡供电局 | 47/30 | 22.6850 | 20/13 | 10.915 | 64 | 1125.293 | 37 | 551.079 |
| 咸阳供电局 | 70/41 | 28.0200 | 15/8 | 7.685 | 63 | 960.615 | 26 | 336.274 |
| 渭南供电局 | 111/65 | 45.5000 | 54/29 | 23.610 | 144 | 1264.475 | 63 | 540.695 |
| 商洛供电局 | 30/27 | 9.6900 | 30/27 | 9.690 | 28 | 626.900 | 28 | 626.900 |
| 安康供电局 | 12/8 | 5.8450 | 12/8 | 5.845 | 29 | 567.137 | 14 | 241.167 |
| 汉中供电局 | 37/21 | 15.8150 | 20/13 | 10.965 | 60 | 822.647 | 22 | 368.345 |
| 延安供电局 | 73/54 | 18.3650 | 25/20 | 5.910 | 76 | 1276.316 | 26 | 408.046 |
| 榆林供电公司 | 9/6 | 6.4700 | 9/6 | 6.470 | 10 | 97.196 | 10 | 97.196 |
| 榆林供电局 | 66/48 | 17.1700 | — | — | 62 | 1394.163 | — | — |
| 陕西省企业自备合计 | 444/220 | 136.0595 | — | — | — | — | — | — |

# 第二章　供　电　管　理

保证电网安全经济运行，不间断地向用户供好电，是电力系统的社会责任，也是供电企业管理的主要任务。1991～2002年，陕西电网进入快速发展时期，技术装备水平大幅提高，对供电管理工作提出了更高的要求。全省供电企业坚持“安全第一，预防为主”的方针，在抓好电网建设与改造的同时，加强设备的运行与检修。特别是通过安全文明生产达标和创一流工作，使供电企业的管理水平有了显著提高。

## 第一节　设备运行与检修

搞好设备运行、检修工作是确保安全经济供电的重要措施。陕西省各级供电企业按照部颁《电业安全工作规程》以及各专业运行、检修规程制度，设置专业机构，配备专业人员，加强专业管理，认真实施设备运行、检修工作的标准化和规范化。

### 一、线路运行

地市供电局设置送电处（工区），并按电压等级或区域下设若干保线站，配备专业人员，承担110千伏及以上和城市少量重要35千伏输电线路的运行维护工作。多数35千伏及配网线路由县电力局负责运行维护。处、站建立相关的规程制度、设备台账等技术资料。健全巡视、检修、缺陷、故障等专业记录。实行按线路定周期、定人员、定项目、定重点的责任制，进行线路的正常巡视和维护工作。同时，根据需要安排特殊巡视和事故点巡查工作。

正常巡视和维护包括杆塔与基础、拉线、导线、地线、绝缘子、金具、线路标志标识、交叉跨越是否正常，沿线防护区内有无危害线路安全运行的树木、施工作业及违章建筑。发现问题能处理的由巡线人员处理，不能处理的做好记录，填写缺陷清单，由局、处安排缺陷处理或纳入计划检修。雷雨季节用电负荷高峰期安排夜间或临时性特殊巡视。遇有事故跳闸，立即进行事故点巡查，组织力量抢修，尽早恢复供电。

为保障线路安全运行，各供电企业普遍开展了预防性检测工作，定期进行接地电阻、绝缘子绝缘、杆塔倾斜度及基础沉降度、导线地线弧垂及舞动、重污区绝缘子盐密、引流线夹、雷电观测等检测。在人口稀少的边远山区，组织沿线居民护线，建立群众性护线网络。

### 二、变电运行

地市供电局设置变电处（工区），并按电压等级、重要程度，配备数量不等的专业值班人员，承担110千伏及以上和城市少量重要35千伏变电站的运行维护工作。农网35千伏变电站由县电力局负责运行维护。随着新建110、35千伏变电站综合自动化设备的采用和老变电站的综合自动化改造，一大批变电站具备了“四遥”（遥测、遥信、遥控、遥调）功能，实现了无人值班。无人值班变电站的运行操作由按区域组建的若干个集控站和操作队完成。变电站（集控站）建立相关规程制度，完善技术资料和专业记录，实现规范化和标准化管理。

变电运行严格执行“两票三制”（工作票、操作票，交接班制、设备巡回检查制、监护制），进行“两票”合格率统计考核，开展“千次操作无差错”竞赛活动。执行《防止电气误操作装置管理规定》，加大防误闭锁装置使用和管理考核力度，防止误拉合断路器、带负荷拉隔离开关、带电挂地线、带地线合闸、误入带电间隔等恶性事故的发生。

陕西省电力公司先后制定下发《变电运行现场作业安全技术规范》、《变电站无人值班管理规范》及《安全检查工作制度》等。普遍开展了变电运行岗位培训、技术比武，组织互查以及各种形式的劳动竞赛活动，不断提高值班人员的业务技术素质。

**三、设备检修**

地市供电局设置送电处（工区）、变电处（工区）或修试所（工区），下设若干检修班组，配备专业人员和修试工器具，分别承担线路和变电设备的检修工作。按照“应修必修、修必修好”的原则，严格执行规程制度和质量标准，改进工艺，保证质量。通过计划检修，特别是达标、创一流工作对设备的大规模整治，提高了设备健康水平。

计划检修一般每年春、秋季各安排一次，按馈路实行线路、变电同时停电进行综合检修。线路计划检修主要是清扫绝缘，紧固部件，修补杆塔和导线，调整导线弧垂等。变电计划检修主要是清扫设备和绝缘，对主变压器、断路器、隔离开关以及其他设备进行检修，同时进行设备的预防性试验和定期检验。遇有重大缺陷和事故抢修，则安排临时检修进行处理。为减少停电次数，各供电企业在送电处（工区）下设带电作业班，开展带电作业工器具的研制和部分带电检修、测试工作。随着电网的不断完善，加之从安全角度考虑，带电作业的次数和项目逐步减少。

设备大修实行陕西省电力公司、地市供电局两级管理，按年度计划或专项计划下达，由地市供电局负责实施。陕西省电力公司制定了《陕西供电系统大修理工作管理及大修费用使用管理办法》，明确管理职责和费用使用原则。主设备大修，包括 110 千伏及以上电压等级的输变电设备大修以及 2.5 万千乏及以上调相机的大修，由陕西省电力公司进行宏观控制，各供电局年度计划报公司审批后实施。辅助设备大修，包括 35 千伏及以下电压等级的输、变、配电设备大修以及 2.5 万千乏以下调相机大修和生产性构筑物的大修，由各供电局自行安排计划，报公司备案后实施。大修费用由省公司生技部控制使用。每年按照各供电局上报的费用计划，综合平衡后下达，由各供电局掌握使用，总额不得突破。陕西省电力公司控制预留一部分大修费用指标，主要用于重大设备损坏的修复，自然灾害造成的重大事故的修复，调相机的恢复性大修，影响安全生产和经济运行的重大检修理项目及省公司安排的有关项目的补助。1991～2002 年，陕西省电力公司累计下达直属供电企业主设备大修及专项大修补助费用 5.6 亿元，用于主设备的大修、重大设备损坏的修复、达标创一流设备整治等。

## 第二节　技术改造与城网建设改造

技术改造历来是电力工业维持简单再生产和进行以内涵为主的扩大再生产，提高技术装备水平，保证发电、输电和供电设备安全、稳定、经济运行的重要措施。1998 年下半年开始的城乡电网建设与改造，作为国家拉动国民经济增长的重要基础设施建设和西部大开发战略的重点措施之一，给陕西省电力工业的发展带来了难得的历史机遇，取得了显著的社会效益和经济效益。

### 一、技术改造

1990 年 12 月，国家能源部以能源电［1990］1196 号文件颁发《电力工业技术改造与技术进步管理办法（试行）》，对电力工业技术改造的含义、范围、原则、资金来源、建设程序、规划计划、工程管理等作出了明确规定。1991 年 4 月，国家能源部以能源电［1991］295 号文件颁发《电力工业技术改造与技术进步纲要（1990～2000 年）》，确定规划目标为：从“八五”开始，将电力工业的技术改造由以设备完善化为主向技术进步的方向转移，争取在 20 世纪末达到以技术进步为主的目标。通过“八五”和“九五”两个五年计划的实施，争取到 2000 年使电力工业装备达到一个新的水平。根据能源部管理办法和规划纲要的要求，1992 年 4 月，西北电业管理局以西电生［1992］42 号文件颁发《陕西电力工业技术改造与技术进步管理办法实施细则》和《西北电业管理局技术改造任务承包考核实施细则》。1994 年 4 月，电力工业部以电安生［1994］338 号文件印发《关于加强电力工业技术改造工作的若干意见》，就加强电力工业技术改造提出明确要求。2000 年 12 月，国家电力公司以国电发［2000］821 号文件印发《国家电力公司技术改造工作管理办法（试行）》，在能源部《电力工业技术改造与技术进步管理办法》的基础上进一步完善细化。2000 年 12 月，陕西省电力公司以陕电生［2000］258 号文件印发《陕西省电力公司技术改造与技术进步管理办法》，在原西北电业管理局《陕西电力工业技术改造与技术进步管理办法实施细则》的基础上重新修订。这些管理办法、规划纲要、若干意见、实施细则，在不同时期使陕西电力工业技术改造工作明确了重点，规范了管理，收到了实效。

1991～2002 年，陕西省电力公司直属供电企业累计完成技术改造工程投资 9.5492 亿元。按资金来源渠道，其中更新改造资金 3.3152 亿元，占全部投资的 34.72%；贴费 3.0827 亿元，占全部投资的 32.28%；集资 2.0687 亿元，占全部投资的 21.66%；国外贷款 1.0826 亿元，占全部投资的 11.34%。投资主要用于 110 千伏输变电工程的新建、升压改造、增容扩建，110 千伏及以上主网设备的引进、更新，老旧设备的改造等。其间，由于国家宏观政策的变化，技术改造工作经历了两个不同的时期。

1991～1998 年，随着固定资产的不断增加和折旧年限的缩短，以及集资办电、国外贷款等多渠道筹资方式的出现，投资力度逐年加大，技术改造速度明显加快。8 年间，共完成投资 9.1887 亿元，新建、升压改造、增容扩建 110 千伏变电站 51 座，新增主变压器 57 台，总容量 144.33 万千伏·安。新建、改造 110 千伏线路 500.95 千米。330 千伏和部分 110 千伏线路安装了微机保护。西安、宝鸡、咸阳、渭南供电局引进国外先进的全封闭组合电器各建成了一座 110 千伏户内变电站。采用先进的综合自动化装置逐步对 110 千伏变电站进行无人值班改造。110 千伏变电站主变压器进行有载调压改造，加装无功补偿装置和电压监测仪，老旧线路改造等。

1999～2002 年，城乡电网建设与改造全面实施，技术改造工作纳入其中，统筹安排。陕西电网的网架结构、供电能力、装备水平和科学技术水平都向前迈进了一大步。4 年间，技术改造资金（主要来源于折旧费和贴费）主要用于城乡电网建设与改造资本金投入，少量投资 3605 万元，用于急需的工器具和修试设备购置。

1991～2002 年陕西省电力公司直属供电企业技术改造投资完成情况见表 4-2-1。

表 4-2-1　　1991～2002 年陕西省电力公司直属供电企业技术改造投资完成情况　　单位：万元

| 年份 | 合计 | 其中 | | | |
|---|---|---|---|---|---|
| | | 更改 | 贴费 | 集资 | 外贷 |
| 1991 | 4695 | 2104 | 2591 | — | — |
| 1992 | 3392 | 1411 | 1025 | 956 | — |
| 1993 | 7624 | 2656 | 2057 | 2911 | — |
| 1994 | 7399 | 3388 | 2099 | 1912 | — |
| 1995 | 12841 | 3617 | 7004 | 2220 | — |
| 1996 | 16425 | 3592 | 3942 | 3235 | 5656 |
| 1997 | 9886 | 4049 | 2565 | 3272 | — |
| 1998 | 29625 | 8730 | 9544 | 6181 | 5170 |
| 小计 | 91887 | 29547 | 30827 | 20687 | 10826 |
| 1999 | 1638 | 1638 | — | — | — |
| 2000 | 787 | 787 | — | — | — |
| 2001 | 705 | 705 | — | — | — |
| 2002 | 475 | 475 | — | — | — |
| 小计 | 3605 | 3605 | — | — | — |
| 合计 | 95492 | 33152 | 30827 | 20687 | 10826 |

**注**　所列数据以西北电业管理局（陕西省电力公司）正式文件下达计划汇总（包括部分单项计划）。

## 二、城市电网建设与改造

1998 年开始，陕西省电力公司把城市电网建设与改造列为重点工作，坚持"控制规模、讲求效益、确保安全、规范管理、稳步推进"的指导思想，落实"项目法人责任制、招投标制、监理制、合同制、资本金制"，到 2002 年末基本完成了工程任务。

陕西省城市电网建设与改造涉及西安、宝鸡、咸阳、渭南、铜川、延安、汉中、安康、商洛 9 个城市，经国家计划委员会分 3 批批复，工程总投资 46.07 亿元。至 2002 年末，累计完成投资 46.07 亿元，工程进入收尾和整体竣工验收阶段，其中 6 个城市已通过竣工验收。累计新建、改造110千伏变电站71座，新增变电容量277.75万千伏·安；新增、更换10千伏配电变压器3052台，总容量78.8万千伏·安；新建、改造110千伏线路819.9千米，35千伏线路51千米，10千伏线路2797千米，0.4千伏线路2293千米；完成一户一表改造35.45万户，其中实现集中抄表6.35万户（西安、延安）；9个城市全部实现了光纤通信；9个地区调度进行了升级扩容，达到国内同期同等水平；10个供电局（供电公司）均建成生产管理自动化系统；西安、宝鸡等6个城市进行了配网自动化试点，并建成西安配网调度中心。

城市电网建设与改造使城市电网供电能力大幅度提高，基本消除了过负荷和“卡脖子”现象。全省110千伏城市电网变电站除个别负荷较小的以外基本实现了双电源供电和双主变压器配置，容载比达到2.0；中低压配电网基本形成“手拉手”或多分段连接供电。2002年，陕西省电力公司直属供电企业供电可靠率（RS-1）达到99.916%，综合电压合格率达到98.64%，分别比1998年提高0.181和2.16个百分点；综合线损率7.28%，比1998年降低1.42个百分点。城区110千伏变电站基本采用综合自动化装置，实现无人值班；地区调度系统采用了国内先进的UNIX平台，电力系统高级应用软件（PAS）得到应用，提高了电网调度水平；配网自动化系统的应用，减少了停电次数，提高了供电可靠性；综合管理信息系统（MIS）的应用，全面提高了企业管理水平。社会效益显著，用户满意度明显提高。城市供电质量和供电可靠性的提高，为优质服务提供了物质保证和技术支撑，受到地方政府肯定和群众赞誉，树立了电力企业的良好形象。在国家电力公司2000年城网建设改造工作电视表彰大会上，陕西省电力公司是6个受表彰的省公司之一，宝鸡供电局作为受表彰的58个先进供电局的代表在大会上介绍了经验。

1998～2002年陕西省电力公司城市电网建设改造工程投资累计完成情况见表4-2-2。

表4-2-2 1998～2002年陕西省电力公司城市电网建设改造工程投资累计完成情况 单位：万元

| 项目名称 | 计划总投资 | 累计完成投资 | 累计完成投资按电压等级分 | | | |
|---|---|---|---|---|---|---|
| | | | 110千伏 | 35千伏 | 10千伏及以下 | 其他 |
| 全省城网合计 | 460700.0 | 460702.3 | 216546.8 | 1148.8 | 190819.2 | 52187.5 |
| 西安城网 | 240000.0 | 254928.9 | 122125.0 | 74.0 | 110458.8 | 22271.1 |
| 咸阳城网 | 43100.0 | 42221.8 | 18693.2 | 130.0 | 19002.1 | 4396.5 |
| 渭南城网 | 36100.0 | 30102.5 | 14364.4 | — | 9912.1 | 5826.0 |
| 汉中城网 | 32500.0 | 28590.2 | 16074.4 | 180.0 | 7650.2 | 4685.6 |
| 铜川城网 | 27100.0 | 24454.4 | 13940.8 | 120.0 | 6952.9 | 3440.7 |
| 商洛城网 | 8800.0 | 7932.8 | 2815.0 | 50.0 | 4181.2 | 886.6 |
| 安康城网 | 12300.0 | 12820.4 | 4272.7 | 192.0 | 5926.0 | 2429.7 |
| 宝鸡城网 | 46600.0 | 45451.4 | 19916.5 | 402.8 | 19808.9 | 5323.2 |
| 延安城网 | 14200.0 | 14199.9 | 4344.8 | — | 6927.0 | 2928.1 |

## 第三节 供电企业达标与创一流

1989年7月，能源部在呼和浩特召开电力生产工作会议，提出在发供电企业开展安全文明生产达标活动，并决定先由能源部组织在火电厂开展，再逐步推广到水电厂和供电企业。1990年底，能源部又决定有条件的网、省局可自行组织所属水电厂和供电企业开展达标工作。1992年7月，西北电业管理局以西电生字［1992］74号文件印发《陕西电力系统供电企业安全、文明、优质服务达标实施细则》，并于12月召开陕西供电企业达标工作座谈会，部署全面开展供电企业达标工作。1992年12月，能源部以能源电［1992］1219号文件印发《关于全面开展发、供电企业安全、文明生产达标工作的决定》，明确提出，开展达标工作的根本目的在于通过建立严格的责任制，严格的规章制度和严格认真的作风，不断提高发、供电企业安全、可靠、经济、文明生产的水平，更好地为经济和社会发展服务。同时明确实行分类分档达标。申报部达标企业的范围是装机容量在25万千瓦及以上的火电厂，装机容量在15万千瓦及以上的水电厂，年售电量在10亿千瓦·时及以上的供电局。申报网（省）局达标企业的范围由网（省）局自行决定，并分别按达标企业标准和考核实施细则考核、命名。达标企业每年考核或复核一次，不搞终身制。随文下发《安全、文明生产达标企业标准》，就适用范围、基本要求、考核指标及制定实施细则等作出了明确规定。1993年7月，电力工业部以电办［1993］147号文件印发《供电企业安全文明达标实施细则》。1995年6月，西北电业管理局以西电生字［1995］60号文件印发《关于安全文明生产达标企业考核有关规定的通知》，并随文印发《安全、文明生产达标动态考核办法（试行）》，规范达标企业动态管理和年度复核工作。1996年4月，电力工业部以电安生［1996］164号文件印发《供电企业安全、文明生产达标考核实施细则（修订本）》，对原考核实施细则进行了补充、完善和修订。

1996年3月，西北电业管理局在西宁召开西北供电企业达标及创一流工作座谈会，并以西电供字［1996］3号文件印发了座谈会纪要。会议就西北供电企业达标及创一流工作的主导思想及主攻方向进行了深入讨论，对西北供电企业在继续深入开展达标工作的基础上全面开展创一流工作做了安排部署。1996年7月，西北电业管理局以西电供字［1996］15号文件印发《西北电管局一流供电企业考核实施细则（试行）》，就必备条件、验收条件及考核标准、申报及验收命名等作出规定。1997年2月，电力工业部以电安生［1997］53号文件印发《电力行业一流供电企业考核标准（试行）》。为适应新的管理体制，2000年4月，国家电力公司以国电发［2000］195号文件印发《国家电力公司一流供电企业标准（试行）》。2000年9月，陕西省电力公司以陕电生字［2000］202号文件印发《陕西省电力公司一流供电企业考核实施细则（试行）》。2001年11月，国家电力公司以国电发［2001］709号文件印发《国家电力公司系统安全文明生产及一流企业动态管理办法（试行）》，就达标及一流企业年度复查后继续保持称号、限期整改、撤销称号、重新申报以及分工与考核等作出规定，达标创一流工作建立起了常态运行机制，在不断深化的基础上向更高的目标迈进，企业管理水平达到新的高度。

自1992年开始，陕西省电力公司直属供电企业全面开展安全、文明生产达标活动。各供电企业以安全生产和设备治理为重点，强化企业管理，完善和健全规章制度，狠抓职工队伍素质提高和优质服务，有效地提高了电网安全经济运行水平和整体管理水平。1993年5月，渭南、安康供电局通过西北电业管理局验收评审（1992年度），成为陕西首批网局级达标企业。1994年5月，宝鸡、铜川、西安、汉中、咸阳供电局通过西北电业管理局验收评审（1993年度），成为网局级达标企业。1994年7月，宝鸡、渭南、铜川、西安供电局通过西北电业管理局验收评审（1993年度）并报电力工业部批准，成为陕西首批部级达标企业。1995年4月，商洛供电局通过西北电业管理局验收评审（1994年度），成为网局级达标企业。1995年7月，汉中、咸阳供电局通过西北电业管理局验收评审（1994年度）并报电力工业部批准，成为部级达标企业。1995年9月，延安供电局通过西北电业管理局验收评审（1994年度），成为网局级达标企业。至此，陕西省电力公司直属9个供电企业按分档达标的规定，全部成为部级或网局级达标企业。

自1996年开始，陕西省电力公司直属供电企业在巩固发展达标成果的同时，全面开展创一流工作。各供电企业以技术进步为龙头，以电网建设为基础，进一步强化企业管理，使供电企业两个文明建设又向前迈进了一大步。1998年7月，宝鸡供电局通过西北电业管理局验收评审（1997年度），成为陕西首个网局级一流供电企业。1999年6月，宝鸡供电局通过西北电力集团公司验收评审（1998年度）并报国家电力公司批准，成为陕西和西北电网首个部级一流供电企业。2000年7月，汉中供电局通过西北电力集团公司验收评审（1999年度）并报国家电力公司批准，先后成为网局级和部级一流供电企业。2000年11月，咸阳、渭南供电局先后通过陕西省电力公司验收评审（1999年度），成为省局级一流供电企业。2001年7月，渭南供电局通过陕西省电力公司验收评审（2000年度）并报国家电力公司批准，成为部级一流供电企业。2002年2月，西安高压供电局、西安供电局、延安供电局先后通过陕西省电力公司验收评审（2001年度），成为省局级一流供电企业。2002年6月，西安高压供电局、西安、延安供电局通过陕西省电力公司验收评审（2001年度）并报国家电力公司批准，成为部级一流供电企业。2002年9月，安康供电局通过陕西电力公司验收评审（2001年度），成为省局级一流供电企业。2002年11月，商洛供电局通过陕西省电力公司验收评审（2001年度），成为省局级一流供电企业。2003年1月，铜川供电局通过陕西省电力公司验收评审（2002年度），成为省局级一流供电企业。2003年7月，咸阳、铜川供电局通过陕西省电力公司验收评审（2002年度）并报国家电力公司批准，成为部级一流供电企业。至此，陕西省电力公司直属11个供电企业除成立较晚的榆林供电公司外，按分档管理的规定，全部成为部级或网（省）局级一流企业。

1991～2002年开展的达标、创一流工作，涵盖了供电企业管理的方方面面，贯穿于企业管理的全过程。经过加强指导，加大投入，全面动员，全员参与，使供电企业的管理水平和整体素质、劳动生产率和经济效益有了显著提高。电网运行更加安全可靠，生产技术指标明显提升，为电网又好又快的发展奠定了基础。其间，按照部、省考核标准和实施细则，严格验收考评。同时，按照动态管理办法，坚持年度复查，对发生重大安全事故和不良事件的企业，随时作出撤销称号和限期整改的决定，待整改验收合格后重新恢复称号，确保达标创一流工作的健康开展并取得实际效果。

1991～2002 年陕西省电力公司直属供电企业达标创一流情况见表 4－2－3。

表 4－2－3 1991～2002 年陕西省电力公司直属供电企业达标创一流情况

| 供电企业 | 达标企业 | | 一流企业 | |
| --- | --- | --- | --- | --- |
| | 网(省)局级 | 部级 | 网(省)局级 | 部级 |
| 西安高压供电局 | — | — | 2002－02 | 2002－06 |
| 西安供电局 | 1994－05 | 1994－07 | 2002－02 | 2002－06 |
| 铜川供电局 | 1994－05 | 1994－07 | 2003－01 | 2003－07 |
| 宝鸡供电局 | 1994－05 | 1994－07 | 1998－07 | 1999－06 |
| 咸阳供电局 | 1994－05 | 1995－07 | 2000－11 | 2003－07 |
| 渭南供电局 | 1993－05 | 1994－07 | 2000－11 | 2001－07 |
| 商洛供电局 | 1995－04 | — | 2002－11 | — |
| 安康供电局 | 1993－05 | — | 2002－09 | — |
| 汉中供电局 | 1994－05 | 1995－07 | 2000－04 | 2000－07 |
| 延安供电局 | 1995－09 | — | 2002－02 | 2002－06 |
| 榆林供电公司 | — | — | — | — |

## 第四节 供电企业安全生产

1991～2002 年，陕西省各供电企业坚持“安全第一，预防为主”方针，全面落实以行政正职为安全第一责任人的各级安全生产责任制，健全完善安全监察体系，严格执行各项规章制度，坚持开展安全活动，认真执行各项安全技术措施和反事故技术措施，搞好全过程的安全管理，加大考核奖惩力度，特别是通过开展安全文明生产达标和创一流工作，安全管理水平和安全生产水平不断提高。

### 一、安全管理

1991～2002 年，陕西供电企业不断完善安全管理规章制度，健全安全管理监察体系，落实各项安全措施，加强安全教育和安全检查，严格安全考核与奖惩，形成全员、全方位、全过程的安全生产管理体系，保证了陕西电网的安全稳定运行。

1. 完善规章制度

根据国家安全生产的法律法规和电力生产实际，国家电力主管部门在不同时期及时修订、制定《电业安全工作规程》、《电业生产事故调查规程》、《电业安全监察规定》、《电业安全生产奖惩规定》、《电力安全生产工作规定》及《电力企业各级领导人员安全生产职责规定》等。西北电业管理局及所属陕西各供电局根据工作实际，也相应修订、制定了实施细则及有关规定，自上而下形成了一整套完善的安全生产规章制度，规范了安全生产行为。坚持各级生产人员每年1～2次和新上岗人员上岗前安全规章制度的考试考核，合格后方能上岗，保证规章制度的严格执行。

2. 健全监察体系

西北电业管理局及所属陕西省各供电局均设有由行政正职主管的安全监察部门，配备专业管理人员，负责安全生产规章制度的制定和贯彻执行，以及事故调查、分析、统计上报等工作。各供电局建立相应三级安全监察网络，做到局设安监部门，处（工区）设专职安全员，班站设兼职安全员。全面落实以行政正职为安全第一责任者的各级安全生产责任制，加强安全生产全过程的监督检查。

3. 落实各项措施

根据能源部1991年1月制定的《防止电气误操作装置管理规定（试行）》，西北电业管理局于1992年3月和1999年12月先后制定和修订了《西北电力系统防止电气误操作装置管理规定》，以加强防误装置的安装及管理，防止误操作恶性事故的发生。落实1992年7月能源部修订印发的《防止电力生产重大事故的二十项重点要求》（简称二十项反措，2000年9月国家电力公司修订为二十五项），防止重大事故的发生。针对违章作业是造成事故特别是人身事故的主要原因，西北电力集团公司、陕西省电力公司先后制定《关于制止违章行为，确保安全生产的禁令》（简称十二条禁令）、《关于严肃处理违章作业的规定》、《关于采取坚决措施，严禁违章作业，确保安全生产的决定》、《陕西省电力公司总经理安全生产指令》（简称十三条指令），并提出反违章的“五步法则”（曝光、罚款、下岗学习培训、制定整改措施、考核考试合格后重新竞争上岗），广泛开展了反违章活动。实行班组安全管理的“一个活动、两个交底、三个坚持”：班组长在每天上班时结合当天工作任务进行安全教育活动，在检修或施工开工前工作负责人向全体工作人员进行技术交底和安全交底，坚持每周一次安全日活动、每项工作要有明确的安全责任人、安全工器具必须定期试验。开展危险点分析预控，防止事故发生。

4. 加强教育检查

坚持网（省）局每季度一次安监科长例会，供电局每月一次安全分析会，班组每周一次安全日活动的制度，分析安全形势，进行安全教育。网（省）局每月编发《安全简报》，不定期印发《事故通报》，适时召开安全生产电视电话会，通报安全情况，安排部署重点安全生产活动。制定《安全检查工作制度》，对每年必须进行的春、秋季安全检查和不定期专项检查的组织、内容、重点、总结及整改情况进行规范。供电局建立有安全教育室，进行规章制度教育，汲取兄弟单位典型事故教训，增强安全意识。1997～2000年，经过试点和培训，在陕西省电力公司直属10个供电局（公司）进行了安全性评价工作。以华北电业管理局编写的《供电安全性评价》为标准，对设备、劳动作业环境、安全管理进行分项评价，进而做出综合评价。通过评价，找到管理和生产环节存在的危险因素，明确反事故的重点和需要采取的措施，实现超前控制。

5. 严格考核奖惩

西北电力集团公司、陕西省电力公司先后制定和修订《陕西电力企业领导班子安全指标考评办法》、《电力安全生产奖惩规定实施细则》、《关于加强安全生产责任制过程管理考核实施办法》等多项制度，不断加强考核奖惩力度。每年与各单位行政正职签订《安全生产责任书》，将安全生产纳入领导班子“三项责任制”（资产经营、安全生产、党风廉政）考核，并实行“一票否决”，年终兑现。同时推行全员安全生产风险抵押制度，增强安全生产的责任感和自觉性。

**二、安全状况**

1991～2002 年，陕西电网供电安全生产状况虽有起伏，但总体平稳。其间，没有发生特大事故和责任性重大设备事故；发生人身死亡事故 17 次，死亡 18 人，人身重伤事故 23 次，重伤 23 人，年重伤率低于考核标准；发生一般设备考核事故 403 次，其中输电事故 108 次，占 26.8%，变电事故 295 次，占 73.2%，年事故率低于考核标准。对发生的事故，坚持按照“三不放过”（事故原因不清不放过，事故责任者和群众没有受到教育不放过，没有采取反事故措施不放过）的原则，认真分析，严肃查处，坚决落实，达到“制度使其不能、教育使其不为、奖励使其不怠、严惩使其不敢”。各供电企业都创造了历史最高长周期安全纪录。

12 年间的安全状况大致经历了 3 个不同时期。1991～1994 年，安全状况相对平稳。发生人身死亡事故 4 次，死亡 4 人，人身重伤事故 7 次，重伤 7 人；发生一般设备考核事故 157 次，其中输电事故 35 次，变电事故 122 次。1995～1998 年，安全形势相对严峻。发生人身死亡事故 8 次，死亡 8 人，人身重伤事故 13 次，重伤 13 人；发生一般设备考核事故 160 次，其中输电事故 44 次，变电事故 116 次。1999～2002 年，安全状况明显好转。发生人身死亡事故 5 次，死亡 6 人，人身重伤事故 3 次，重伤 3 人；发生一般设备考核事故 86 次，其中输电事故 29 次，变电事故 57 次。特别是 2002 年，没有发生人身死亡和重伤事故，发生一般设备考核事故 13 次，达到了历史最高水平。

1991～2002 年陕西供电企业最高安全纪录见表 4-2-4。1991～2002 年陕西电网供电安全情况见表 4-2-5。

表 4-2-4 1991～2002 年陕西供电企业最高安全纪录 单位：天

| 供电企业 | 最高安全纪录 | 起止时间 |
|---|---|---|
| 西安高压供电局 | 274 | 2001-12-31～2002-10-16 |
| 西安供电局 | 432 | 2000-03-15～2001-05-20 |
| 渭南供电局 | 763 | 1999-06-22～2001-07-23 |
| 咸阳供电局 | 667 | 1998-10-01～2000-12-06 |
| 宝鸡供电局 | 804 | 1998-08-08～2000-10-19 |
| 汉中供电局 | 800 | 2000-07-08～2002-09-15 |
| 铜川供电局 | 653 | 1997-07-10～1999-04-23 |
| 安康供电局 | 1486 | 1998-02-27～2002-03-24 |

续表

| 供电企业 | 最高安全纪录 | 起止时间 |
|---|---|---|
| 商洛供电局 | 1498 | 1998-11-25～2002-12-31 |
| 延安供电局 | 891 | 2000-07-24～2002-12-31 |
| 榆林供电公司 | 418 | 2001-06-2～2002-07-25 |
| 榆林供电局 | 441 | 1998-02-21～1999-05-08 |

表4-2-5　　1991～2002年陕西电网供电安全情况　单位：人/（千人·年）

| 年份 | 设备考核事故 | | | | | 人身事故 | | |
|---|---|---|---|---|---|---|---|---|
| | 合计次数 | 输电 | | 变电 | | 死亡（次/人） | 重伤 | |
| | | 次数［次/(百千米·年)］ | 事故率（%） | 次数［次/(台·年)］ | 事故率（%） | | （次/人） | 重伤率（%） |
| 1991 | 48 | 16 | 0.19 | 32 | 0.07 | 1/1 | 3/3 | 0.211 |
| 1992 | 38 | 6 | 0.05 | 32 | 0.07 | 1/1 | 2/2 | 0.139 |
| 1993 | 43 | 7 | 0.06 | 36 | 0.07 | 1/1 | 1/1 | 0.069 |
| 1994 | 28 | 6 | 0.05 | 22 | 0.044 | 1/1 | 1/1 | 0.073 |
| 小计 | 157 | 35 | — | 122 | — | 4/4 | 7/7 | — |
| 1995 | 40 | 13 | 0.114 | 27 | 0.071 | 3/3 | 5/5 | 0.391 |
| 1996 | 41 | 8 | 0.062 | 33 | 0.078 | 1/1 | 4/4 | 0.208 |
| 1997 | 48 | 15 | 0.114 | 33 | 0.065 | 2/2 | 2/2 | 0.100 |
| 1998 | 31 | 8 | 0.059 | 23 | 0.046 | 2/2 | 2/2 | 0.103 |
| 小计 | 160 | 44 | — | 116 | — | 8/8 | 13/13 | — |
| 1999 | 25 | 8 | 0.052 | 17 | 0.029 | 1/1 | 1/1 | 0.052 |
| 2000 | 22 | 7 | 0.049 | 15 | 0.027 | 1/1 | 2/2 | 0.113 |
| 2001 | 26 | 12 | 0.075 | 14 | 0.021 | 3/4 | 0 | 0 |
| 2002 | 13 | 2 | 0.015 | 11 | 0.012 | 0 | 0 | 0 |
| 小计 | 86 | 29 | — | 57 | — | 5/6 | 3/3 | — |
| 合计 | 403 | 108 | — | 295 | — | 17/18 | 23/23 | — |

## 三、典型事故

（1）1992年3月29日，汉中供电局220千伏勉县变电站2号主变压器（SFPSZ1-120000，西安变压器厂1989年11月出厂，1990年9月投运）因安装时将油枕上盖隔膜密封垫装反，侧盖焊缝未锉平致使橡皮垫压不紧造成变压器进水，加之3月27日给该变压器从油枕底部加油时，使油枕中的水泛起进入本体内，造成C相高压线圈第13、14匝间短路，变压器损坏，抢修时间超过 20 天，构成重大设备事故。

(2) 1993 年 8 月 30 日，铜川供电局 110 千伏铜（川）—耀（县）1 线路遭雷击，铜（川）—耀（县）1 线路、金（锁）—铜（川）2 线路保护拒动使事故扩大。330 千伏金锁变电站 3 台主变压器（3×15 万千伏·安）负序过流保护动作跳闸，全站失压，甩负荷 21.2 万千瓦，造成铜川、延安及甘肃庆阳地区大面积停电，构成重大设备事故。

(3) 1994 年 11 月 14 日，西安供电局地区调度员在执行总调转移负荷的命令时，未了解询问就盲目下令操作，导致 220 千伏代王变电站 1 号主变压器严重超载，220 千伏方向过流保护动作跳闸，110 千伏母线失压，造成沙坡等 7 个 110 千伏变电站和零口等 35 千伏变电站失压事故。

(4) 1995 年 10 月 30 日，延安供电局延安市电力局实业开发公司安装队在 10 千伏市区线路改造施工中，进行停电操作时，柱上油断路器未拉开，误以为拉开，拉丝具时因一相丝具有缺陷又未拉开，挂接地线前未验电，造成一工人带电挂接地线时触电死亡。

(5) 1996 年 6 月 27 日，宝鸡供电局劳动服务公司人员到铁合金厂检修 10 千伏断路器，未办工作票，未办许可手续，一工人误入开关下端带电的间隔内触电死亡。

(6) 1997 年 2 月 26～27 日，陕西关中地区轻雾细雨，相对湿度大，加之久旱空气灰尘较密，引起陕西电网内的 330 千伏庄—（头）南（郊）线、庄（头）—汤（峪）线，220 千伏周（至）—枣（园）线、代（王）—秦（岭）线，330 千伏沣河变电站 1、2 号主变压器、330 千伏南郊变电站 1 号主变压器、秦岭发电厂 7 号联络变压器（均为 24 万千伏·安），以及 21 条 110 千伏线路闪络跳闸。造成 3 条 330 千伏线路、3 条 220 千伏线路、21 条 110 千伏线路及 4 台 330 千伏主变压器停运（其中沣河变电站两台主变压器严重故障返厂修复）；一个 330 千伏变电站主变压器转供负荷到零，两个 220 千伏变电站和 30 个 110 千伏变电站失压，共切负荷 41 万千瓦；渭南东部地区、西安阎良地区及商洛地区全部停电，西安西部地区和咸阳地区部分用户停电，其中 3 个铁路牵引变电站停电 34 分钟。

(7) 1997 年 7 月 21 日，咸阳供电局 110 千伏乾县变电站当值值长加运电容器时，发现指示不对，在查找原因过程中，未认真检查确认，误认为断路器已拉开（实际断路器在合），拉线隔离开关时，带负荷拉隔离开关，造成 10 千伏母线停运，甩负荷 4.5 万千瓦，并造成部分设备烧损。

(8) 1998 年 8 月 7 日，宝鸡供电局 110 千伏槐芽变电站检修工作结束，值班员在拉开接地刀闸后，隔离开关把手已转动 180 度，但定位销子稍有错位，经处理认为接地刀闸已拉开（实际未拉开），未认真检查隔离开关触头确切位置就离开现场，并向地调汇报线路接地隔离开关已拉开，造成带线路接地隔离开关送电的误操作事故。

(9) 1998 年 12 月 9 日，渭南供电局送电处带电四班在 110 千伏秦（岭）—潼（关）线带电更换合成绝缘子工作中，因临时固定导线的组三滑轮悬挂位置不当，加之未使用保险绳，致使组三滑轮从杆上固定的 U 型丝具中脱出连同导线一起下落，搭在下跨的 10 千伏线路上并将其 3 根导线烧断后继续下落，碰在杆下躲闪不及的一名民工身上，造成高压触电，经抢救无效死亡。

(10) 1999 年 7 月 25 日，西安供电局电气公司线路二班在 10 千伏雁—十线水厂支线

30号杆处T接线搭头工作时，误拉支线断路器，使本应停电的线路没有停电，加之在地线未打接地极板、未验电的情况下，一名职工登杆挂接地线，导致触电并从杆上溜下，经抢救无效死亡。

（11）2001年8月14日，咸阳供电局送电工区擅自安排拆除1990年已退役的原110千伏渭（河）—三（原）线26～34号杆残留旧导线及架空地线工作，在工作中未采取防止倒杆加临时拉线的措施，冒险蛮干，发生28号Ⅱ型杆折断倾倒，导致正在杆上工作的2名职工随杆倒下死亡。

（12）2002年3月25日，安康供电局变电处工作班成员在110千伏张滩无人值班变电站进行Ⅱ母间隔遥控回路检查工作时，严重违章，无票操作调管设备，造成110千伏南—关线路接地短路跳闸，又因110千伏关庙变电站侧继电保护整定配合不当保护越级造成事故扩大，3座110千伏变电站和安康东铁路牵引变电站失压1小时，减供负荷5000千瓦。

## 第五节　供　电　指　标

1991～2002年，由于电网的技术装备和管理水平大幅提高，电网结构更趋合理，各项供电指标不断改善。

### 一、供电量售电量

1991～2002年，陕西省供、售电量除1998年出现小幅负增长外，其余年份持续稳定增长。全省供电量年均增长6.22%，2002年达到320.77亿千瓦·时，较1990年净增165.22亿千瓦·时，增长106.22%；售电量年均增长6.42%，2002年达到296.53亿千瓦·时，较1990年净增156.02亿千瓦·时，增长111.04%。其间，经历了3个不同时期。

1991～1996年，陕西电力建设还不能适应全省经济社会发展对电力的需求，新投产发电机组不足，电网建设又相对滞后，加之连年干旱，水电减发，电力供需矛盾十分突出。在频繁拉闸限电的情况下，全省供电量年均增长6.57%，1996年达到227.92亿千瓦·时；售电量年均增长6.73%，1996年达到207.69亿千瓦·时。

1997～1998年，陕西供电形势开始出现较大变化，供需矛盾相对缓和，供、售电量增速减缓。特别是1998年，全省工业用电需求下降，供、售电量同比出现了历史上少有的负增长，分别较1997年下降1.53%。

1999～2002年，一批大型发电机组相继投产，城乡电网实施了大规模的建设改造，发、供电能力大幅度提高。同时，受国家调整结构、深化改革等各项促进经济增长的政策措施的推动，加之电力企业各项增供扩销措施的实施，电力需求明显回升，供、售电量增速逐年提高。全省供电量年均增长8.52%，2002年达到320.77亿千瓦·时，售电量年均增长8.88%，2002年达到296.53亿千瓦·时。

1991～2002年陕西供电企业供、售电量情况见表4-2-6。

表 4-2-6　　1991～2002 年陕西供电企业供、售电量情况　　单位：万千瓦·时

| 单位 | 1991 | | 1992 | | 1993 | | 1994 | |
|---|---|---|---|---|---|---|---|---|
| | 供电量 | 售电量 | 供电量 | 售电量 | 供电量 | 售电量 | 供电量 | 售电量 |
| 陕西省总计 | 1662277 | 1514671 | 1784620 | 1627227 | 1959776 | 1782319 | 2098500 | 1914590 |
| 陕西电网合计 | 1601580 | 1460665 | 1708826 | 1560723 | 1874557 | 1707048 | 2006366 | 1832491 |
| 一次电网 | 1601580 | 1534003 | 1708826 | 1643511 | 1874557 | 1796059 | 2006366 | 1926466 |
| 地区电网 | 1534003 | 1460665 | 1643511 | 1560723 | 1796059 | 1707048 | 1926466 | 1832491 |
| 西安局合计 | — | — | — | — | — | — | — | — |
| 西安高压供电局 | — | — | — | — | — | — | — | — |
| 西安供电局 | 470067 | 443002 | 508790 | 480146 | 548026 | 517282 | 597023 | 563413 |
| 铜川供电局 | 115900 | 113164 | 123804 | 120592 | 132270 | 128859 | 150793 | 146910 |
| 宝鸡供电局 | 220124 | 213643 | 229175 | 220015 | 256953 | 246954 | 271241 | 260845 |
| 咸阳供电局 | 212385 | 204501 | 228615 | 219207 | 251730 | 240920 | 269866 | 258278 |
| 渭南供电局 | 251070 | 241003 | 268942 | 257243 | 287619 | 275165 | 311953 | 298321 |
| 商洛供电局 | 29096 | 26669 | 32764 | 30052 | 34553 | 31771 | 36520 | 33625 |
| 安康供电局 | 49958 | 46680 | 50865 | 47393 | 56520 | 52742 | 60230 | 56279 |
| 汉中供电局 | 149489 | 141076 | 158493 | 149602 | 183668 | 173303 | 182165 | 172362 |
| 延安供电局 | 35914 | 30927 | 42063 | 36473 | 44720 | 40052 | 46675 | 42458 |
| 榆林供电公司 | — | — | — | — | — | — | — | — |
| 孤立地区合计 | 60697 | 54006 | 75794 | 66504 | 85219 | 75271 | 92134 | 82099 |
| 其中榆林供电局 | 40748 | 37265 | 46881 | 42075 | 57216 | 51436 | 68884 | 61712 |

| 单位 | 1995 | | 1996 | | 1997 | | 1998 | |
|---|---|---|---|---|---|---|---|---|
| | 供电量 | 售电量 | 供电量 | 售电量 | 供电量 | 售电量 | 供电量 | 售电量 |
| 陕西省总计 | 2186344 | 1992071 | 2279161 | 2076923 | 2349135 | 2142655 | 2313123 | 2109785 |
| 陕西电网合计 | 2084753 | 1901123 | 2165651 | 1975002 | 2244814 | 2048734 | 2191069 | 2000425 |
| 一次电网 | 2084753 | 1999429 | 2165651 | 2075677 | 2244814 | 2154995 | 2191069 | 2134674 |
| 地区电网 | 1999429 | 1901123 | 2075677 | 1975002 | 2154995 | 2048734 | 2134674 | 2000425 |
| 西安局合计 | — | — | — | — | — | — | — | — |
| 西安高压供电局 | — | — | — | — | — | — | — | — |
| 西安供电局 | 616342 | 581707 | 643971 | 607816 | 676711 | 636468 | 678425 | 618538 |
| 铜川供电局 | 150284 | 146408 | 156078 | 152066 | 175575 | 171032 | 178073 | 174133 |
| 宝鸡供电局 | 283919 | 272147 | 299604 | 287247 | 288059 | 276642 | 289886 | 276697 |
| 咸阳供电局 | 274833 | 263403 | 284135 | 272201 | 294261 | 281984 | 283037 | 270787 |

续表

| 单位 | 1995 | | 1996 | | 1997 | | 1998 | |
|---|---|---|---|---|---|---|---|---|
| | 供电量 | 售电量 | 供电量 | 售电量 | 供电量 | 售电量 | 供电量 | 售电量 |
| 渭南供电局 | 328511 | 314471 | 319783 | 306479 | 333708 | 319696 | 313138 | 293483 |
| 商洛供电局 | 40063 | 36890 | 43378 | 40006 | 45800 | 42299 | 50298 | 46443 |
| 安康供电局 | 65107 | 60845 | 69058 | 64567 | 70631 | 66104 | 71870 | 67308 |
| 汉中供电局 | 189603 | 179302 | 206077 | 194913 | 207773 | 197023 | 199321 | 187701 |
| 延安供电局 | 50767 | 45950 | 53593 | 49707 | 62477 | 57486 | 70626 | 65335 |
| 榆林供电公司 | — | — | — | — | — | — | — | — |
| 孤立地区合计 | 101591 | 90948 | 113510 | 101921 | 104321 | 93921 | 122054 | 109360 |
| 其中榆林供电局 | 79054 | 71491 | 91144 | 82573 | 94443 | 85423 | 114409 | 102853 |

| 单位 | 1999 | | 2000 | | 2001 | | 2002 | |
|---|---|---|---|---|---|---|---|---|
| | 供电量 | 售电量 | 供电量 | 售电量 | 供电量 | 售电量 | 供电量 | 售电量 |
| 陕西省总计 | 2469772 | 2259850 | 2657697 | 2441422 | 2909594 | 2678112 | 3207713 | 2965302 |
| 陕西电网合计 | 2332163 | 2135798 | 2469330 | 2271206 | 2696303 | 2485929 | 2966604 | 2750762 |
| 一次电网 | 2332163 | 2281380 | 2469330 | 2418093 | 2696303 | 2639016 | 2966604 | 2916190 |
| 地区电网 | 2281380 | 2135798 | 2418093 | 2271206 | 2639016 | 2485929 | 2916190 | 2750762 |
| 西安局合计 | 721072 | 655652 | 798298 | 732373 | 859710 | 794623 | 950446 | 879232 |
| 西安高压供电局 | 284823 | 267740 | — | — | 843437 | 828174 | 933481 | 916898 |
| 西安供电局 | 436249 | 387912 | — | — | 844447 | 794623 | 933863 | 879232 |
| 铜川供电局 | 184294 | 180006 | 187531 | 183119 | 198829 | 194070 | 196519 | 191895 |
| 宝鸡供电局 | 306306 | 292491 | 321515 | 307827 | 343278 | 328380 | 361356 | 345671 |
| 咸阳供电局 | 300554 | 287634 | 324108 | 310647 | 345132 | 331011 | 365862 | 351020 |
| 渭南供电局 | 334062 | 313417 | 347926 | 326950 | 366944 | 345657 | 394202 | 372370 |
| 商洛供电局 | 58072 | 53629 | 61490 | 56801 | 72230 | 66821 | 76275 | 70648 |
| 安康供电局 | 74962 | 70217 | 77053 | 72242 | 89118 | 83601 | 106696 | 100141 |
| 汉中供电局 | 223304 | 209253 | 216061 | 202852 | 230420 | 216266 | 258114 | 242366 |
| 延安供电局 | 78754 | 73499 | 84111 | 78395 | 97056 | 90600 | 118293 | 110627 |
| 榆林供电公司 | 5830 | 5452 | 21986 | 20971 | 36299 | 34900 | 88427 | 86792 |
| 孤立地区合计 | 137609 | 124052 | 188367 | 170216 | 213291 | 192183 | 241109 | 214540 |
| 其中榆林供电局 | 123035 | 110811 | 157062 | 141222 | 202927 | 183541 | 274557 | 249604 |

**注** 1. 榆林供电公司 1999、2000 年供、售电量在孤立地区合计内。

2. 西安高压供电局 2001、2002 年售电量为输出电量。

3. 榆林供电局 2002 年供、售电量中含购陕西主网电量 45307 万千瓦·时。

## 二、线路损失率

1991～2002年，陕西电网线路损失率逐年降低。全省电网线路损失率年均8.58%，2002年为7.56%，较1990年的9.67%降低2.11个百分点。

1991～1997年，陕西各供电企业进一步健全线损管理体系，明确主管部门，设专职管理人员。线损指标逐级下达分解，做到了年有计划、季有分析、月有报表，发现问题及时解决处理。细化线损管理，实行分压、分线、分台区统计分析和按馈路承包的责任制。将线损指标纳入内部模拟市场和局长任期目标考核，作为安全文明生产达标和创一流企业的必备条件。同时通过基本建设、技术改造和设备整治，完善电网，更换老旧和高耗能设备，做好技术降损工作。其间，全省电网线路损失率保持了稳中有降，年均8.87%，1997年为8.79%，较1990年的9.67%降低0.88个百分点。

1998～2002年，电网建设步伐明显加快，电网结构得到完善，高损耗设备得到改造，技术装备水平大幅度提高，保证了各项降损措施的落实。同时，大量采用现代化管理手段，进一步加强了线损管理工作。各供电企业统一使用了陕西省电力公司自主开发的线损管理计算机分析软件，实现了标准化管理。重点抓了主网和西安供电局（含西安高压供电局，下同）的线损管理工作。

主网线损电量占全网线损电量的比例多年来一直在40%以上，1997年为43.50%，对全网线损指标影响极大。1998年陕西省电力公司将原有关口表全部更换为多功能表，提高了各关口点计量的准确性。1999年又将所有发电厂的计量点改在各电压等级出线侧，改变了历史上发电厂供电量等于发电量减厂用电量的余量法统计方法。同时将供电局关口表位由变电站110或35千伏出线侧改至330或220千伏主变压器中低压侧计量，并制定了《陕西省电力公司关口电量管理办法》，保证了关口电量统计的准确性。2002年主网线损电量占全网线损电量的比例为20.80%，较1997年降低22.7个百分点；主网线损率为1.70%，较1997年降低2.3个百分点。

西安供电局线损电量占全省线损电量的比例多年来一直在20%左右，1997年为19.50%。1998、1999年，西安供电局线损电量比例和线损率连续大幅升高。1998年线损电量占全网线损电量比例为29.45%，较1997年上升9.95个百分点；线损率为8.83%，较1997年上升2.88个百分点。1999年线损电量占全省线损电量的比例为31.16%，较1998年上升1.71个百分点，线损率为9.07%，较1998年上升0.24个百分点。这一异常情况引起陕西省电力公司的高度重视，领导和专业人员多次深入西安供电局现场办公，共同分析原因，制定措施，将技术原因造成的高损馈路纳入城乡电网建设改造之中。同时，以降损工作为主线，全面进行用电、营业、计量管理秩序整顿，取得了明显效果。2002年，线损电量占全省线损电量的比例为29.38%，较1998年降低0.07个百分点，较1999年降低1.78个百分点；线损率为7.49%，较1998年降低1.34个百分点，较1999年降低1.58个百分点。

1998～2002年，全省线损率连年下降，年均8.19%，2002年为7.56%，较1997年降低1.23个百分点。

1991～2002年陕西供电企业线路损失情况见表4-2-7。

表 4-2-7　　1991～2002 年陕西供电企业线路损失情况

| 单　位 | 1991 线损量（千瓦·时） | 1991 线损率（%） | 1992 线损量（千瓦·时） | 1992 线损率（%） | 1993 线损量（千瓦·时） | 1993 线损率（%） | 1994 线损量（千瓦·时） | 1994 线损率（%） |
|---|---|---|---|---|---|---|---|---|
| 陕西省总计 | 147606 | 8.88 | 157393 | 8.82 | 177457 | 9.05 | 183910 | 8.76 |
| 陕西电网合计 | 140915 | 8.80 | 148103 | 8.67 | 167509 | 8.94 | 173875 | 8.67 |
| 一次网损 | 67577 | 4.22 | 65315 | 3.82 | 78498 | 4.19 | 79900 | 3.98 |
| 地区损失 | 73338 | 4.78 | 82788 | 5.04 | 89011 | 4.96 | 93975 | 4.88 |
| 西安局合计 | — | — | — | — | — | — | — | — |
| 西安高压供电局 | — | — | — | — | — | — | — | — |
| 西安供电局 | 27065 | 5.76 | 28644 | 5.63 | 30744 | 5.61 | 33610 | 5.63 |
| 铜川供电局 | 2736 | 2.36 | 3212 | 2.59 | 3411 | 2.58 | 3883 | 2.58 |
| 宝鸡供电局 | 6481 | 2.94 | 9160 | 4.00 | 9999 | 3.89 | 10396 | 3.83 |
| 咸阳供电局 | 7884 | 3.71 | 9408 | 4.12 | 10810 | 4.29 | 11588 | 4.29 |
| 渭南供电局 | 10067 | 4.01 | 11699 | 4.35 | 12454 | 4.33 | 13632 | 4.37 |
| 商洛供电局 | 2427 | 8.34 | 2712 | 8.28 | 2782 | 8.05 | 2895 | 7.93 |
| 安康供电局 | 3278 | 6.56 | 3472 | 6.83 | 3778 | 6.68 | 3951 | 6.56 |
| 汉中供电局 | 8413 | 5.63 | 8891 | 5.61 | 10365 | 5.64 | 9803 | 5.38 |
| 延安供电局 | 4987 | 13.89 | 5590 | 13.29 | 4668 | 10.44 | 4217 | 9.03 |
| 榆林供电公司 | — | — | — | — | — | — | — | — |
| 孤立地区合计 | 6691 | 11.02 | 9290 | 12.26 | 9948 | 11.67 | 10035 | 10.89 |
| 其中榆林供电局 | 3483 | 8.55 | 4806 | 10.25 | 5780 | 10.10 | 7172 | 10.41 |

| 单　位 | 1995 线损量（千瓦·时） | 1995 线损率（%） | 1996 线损量（千瓦·时） | 1996 线损率（%） | 1997 线损量（千瓦·时） | 1997 线损率（%） | 1998 线损量（千瓦·时） | 1998 线损率（%） |
|---|---|---|---|---|---|---|---|---|
| 陕西省总计 | 194273 | 8.89 | 202238 | 8.87 | 206480 | 8.79 | 203338 | 8.79 |
| 陕西电网合计 | 183630 | 8.81 | 190649 | 8.80 | 196080 | 8.73 | 190644 | 8.70 |
| 一次网损 | 85324 | 4.09 | 89974 | 4.15 | 89819 | 4.00 | 56395 | 2.57 |
| 地区损失 | 98306 | 4.92 | 100675 | 4.85 | 106261 | 4.93 | 134249 | 6.29 |
| 西安局合计 | — | — | — | — | — | — | — | — |
| 西安高压供电局 | — | — | — | — | — | — | — | — |
| 西安供电局 | 34635 | 5.62 | 36155 | 5.61 | 40243 | 5.95 | 59887 | 8.83 |
| 铜川供电局 | 3876 | 2.58 | 4012 | 2.57 | 4543 | 2.59 | 3940 | 2.21 |

续表

| 单位 | 1995 线损量（千瓦·时） | 1995 线损率（%） | 1996 线损量（千瓦·时） | 1996 线损率（%） | 1997 线损量（千瓦·时） | 1997 线损率（%） | 1998 线损量（千瓦·时） | 1998 线损率（%） |
|---|---|---|---|---|---|---|---|---|
| 宝鸡供电局 | 11772 | 4.15 | 12357 | 4.12 | 11417 | 3.96 | 13189 | 4.55 |
| 咸阳供电局 | 11430 | 4.16 | 11934 | 4.20 | 12277 | 4.17 | 12250 | 4.33 |
| 渭南供电局 | 14040 | 4.27 | 13304 | 4.16 | 14012 | 4.20 | 19655 | 6.28 |
| 商洛供电局 | 3173 | 7.92 | 3372 | 7.77 | 3501 | 7.64 | 3855 | 7.66 |
| 安康供电局 | 4262 | 6.55 | 4491 | 6.50 | 4527 | 6.41 | 4562 | 6.35 |
| 汉中供电局 | 10301 | 5.43 | 11164 | 5.42 | 10750 | 5.17 | 11620 | 5.83 |
| 延安供电局 | 4817 | 9.49 | 3886 | 7.25 | 4991 | 7.99 | 5291 | 7.49 |
| 榆林供电公司 | — | — | — | — | — | — | — | — |
| 孤立地区合计 | 10643 | 10.48 | 11589 | 10.21 | 10400 | 9.97 | 12694 | 10.40 |
| 其中榆林供电局 | 7563 | 9.57 | 8571 | 9.40 | 9020 | 9.55 | 11556 | 10.10 |

| 单位 | 1999 线损量（千瓦·时） | 1999 线损率（%） | 2000 线损量（千瓦·时） | 2000 线损率（%） | 2001 线损量（千瓦·时） | 2001 线损率（%） | 2002 线损量（千瓦·时） | 2002 线损率（%） |
|---|---|---|---|---|---|---|---|---|
| 陕西省总计 | 209922 | 8.50 | 216275 | 8.14 | 231482 | 7.96 | 242411 | 7.56 |
| 陕西电网合计 | 196365 | 8.42 | 198124 | 8.02 | 210374 | 7.80 | 215842 | 7.28 |
| 一次网损 | 50783 | 2.18 | 51237 | 2.07 | 57287 | 2.12 | 50414 | 1.70 |
| 地区损失 | 145582 | 6.38 | 146887 | 6.07 | 153087 | 5.80 | 165428 | 5.67 |
| 西安局合计 | 65420 | 9.07 | 65925 | 8.26 | 65087 | 7.57 | 71214 | 7.49 |
| 西安高压供电局 | 17083 | 6.00 | — | — | 15263 | 1.81 | 16583 | 1.78 |
| 西安供电局 | 48337 | 11.08 | — | — | 49824 | 5.90 | 54631 | 5.85 |
| 铜川供电局 | 4288 | 2.33 | 4412 | 2.35 | 4759 | 2.39 | 4624 | 2.35 |
| 宝鸡供电局 | 13815 | 4.51 | 13688 | 4.26 | 14898 | 4.34 | 15685 | 4.34 |
| 咸阳供电局 | 12920 | 4.30 | 13461 | 4.15 | 14121 | 4.09 | 14842 | 4.06 |
| 渭南供电局 | 20645 | 6.18 | 20976 | 6.03 | 21287 | 5.80 | 21832 | 5.54 |
| 商洛供电局 | 4443 | 7.65 | 4689 | 7.63 | 5409 | 7.49 | 5627 | 7.38 |
| 安康供电局 | 4745 | 6.33 | 4811 | 6.24 | 5517 | 6.19 | 6555 | 6.14 |
| 汉中供电局 | 14051 | 6.29 | 13209 | 6.11 | 14154 | 6.14 | 15748 | 6.10 |
| 延安供电局 | 5255 | 6.67 | 5716 | 6.80 | 6456 | 6.65 | 7666 | 6.48 |
| 榆林供电公司 | 378 | 6.48 | 1015 | 4.62 | 1399 | 3.85 | 1635 | 1.85 |
| 孤立地区合计 | 13557 | 9.85 | 18151 | 9.64 | 21108 | 9.90 | 26569 | 11.02 |
| 其中榆林供电局 | 12224 | 9.94 | 15840 | 10.09 | 19386 | 9.55 | 24953 | 9.09 |

**注** 榆林供电公司 1999、2000 年线损在孤立地区合计内。

### 三、供电可靠率

1991～2002年，陕西省电力公司根据国家电力主管部门颁发的有关规定、规程，制定相应的实施办法，逐步在地市供电企业开展可靠性管理工作。实行可靠性指标的目标管理，把用户供电可靠率作为安全文明生产达标和创一流必备条件之一加以考核，缩短了用户停电时间，供电可靠率稳步提高。2002年，陕西电网城市10千伏用户平均供电可靠率（RS-1，即计入全部停电时间，下同）为99.916%，较1990年的99.379%提高了0.537个百分点；用户平均停电时间为每户7.36小时，较1990年的54.43小时少停电47.07小时。

1991～1997年，陕西电力供需矛盾比较突出，供电能力不足，造成频繁计划拉路限电，对供电可靠率影响较大。特别是1995、1996年，全省全年分别被迫计划拉路限电114999、102058条次，10千伏用户平均供电可靠率分别仅为94.293%、96.875%，用户平均停电时间分别达到每户499.90、273.72小时。1997年，全省城市10千伏用户平均供电可靠率为98.807%，较1990年的99.379%下降0.572个百分点；用户平均停电时间104.532小时，较1990年的54.43小时多停电50.102小时。

1998～2002年，陕西在重视电源建设的同时，把配网改造作为重点，从最薄弱的环节入手，解决供电半径过长、导线过细、线路过负荷等问题；实行分区供电，形成手拉手环网，减少计划停电次数，缩小故障停电范围，供电可靠率持续稳定提高。2002年，全省城市10千伏用户平均供电可靠率为99.916%，较1997年提高了1.109个百分点；用户平均停电时间为7.36小时，较1997年少停电96.932小时。全省列入统计考核的9个地市供电局中，城市10千伏用户平均供电可靠率达到99.90%及以上的有7个。

1995～2002年陕西供电企业供电可靠率情况见表4-2-8。

表4-2-8　　1995～2002年陕西供电企业供电可靠率情况

| 单位 | 年份 | | | | | | | |
|---|---|---|---|---|---|---|---|---|
| | 1995 | 1996 | 1997 | 1998 | 1999 | 2000 | 2001 | 2002 |
| 陕西电网 | 94.293% | 96.875% | 98.807% | 99.735% | 99.846% | 99.873% | 99.899% | 99.916% |
| 西安供电局 | 93.323% | 96.565% | 99.031% | 99.769% | 99.775% | 99.820% | 99.890% | 99.905% |
| 渭南供电局 | 97.819% | 96.216% | 98.692% | 99.700% | 99.817% | 99.953% | 99.901% | 99.917% |
| 咸阳供电局 | 96.096% | 97.202% | 98.959% | 99.772% | 99.906% | 99.921% | 99.891% | 99.937% |
| 宝鸡供电局 | 94.542% | 98.632% | 98.185% | 99.980% | 99.981% | 99.952% | 99.945% | 99.961% |
| 汉中供电局 | 92.353% | 96.468% | 97.055% | 99.160% | 99.981% | 99.960% | 99.936% | 99.968% |
| 铜川供电局 | 97.063% | 96.642% | 99.054% | 99.805% | 99.938% | 99.944% | 99.891% | 99.911% |
| 安康供电局 | 94.688% | 97.103% | 99.800% | 99.790% | 99.814% | 99.854% | 99.852% | 99.853% |
| 商洛供电局 | 94.410% | 95.736% | 99.424% | 99.597% | 99.841% | 99.828% | 99.853% | 99.856% |
| 延安供电局 | 95.050% | 99.422% | 99.472% | 99.811% | 99.899% | 99.901% | 99.914% | 99.916% |

**注** 1. 所列数据为地级城市10千伏用户平均供电可靠率。

2. 西安高压供电局、榆林供电公司没有统计范围内用户，榆林供电局未统计。

3. 1991～1994年因数据不全未汇总列入。

## 四、电压合格率

1991～2002年，陕西省电力公司在加强主网无功平衡、电压调整管理工作的同时，狠抓用户端电压合格率指标的管理工作，把用户端综合电压合格率作为供电企业安全文明生产达标和创一流必备条件之一加以考核，电压合格率逐年提高。2002年，陕西电网用户端综合电压合格率为98.64%，较1990年提高了10.26个百分点。采取的主要措施有：

在充分发挥发电厂调压作用的同时，充分发挥现有无功设备的作用。2002年，全省电网无功设备466.59万千乏，较1990年的173.152万千乏净增293.438万千乏，增长169.47%。同时，通过修复和加装自动调压程控装置等措施，不断提高无功设备的投运率。

在110千伏及以上变电站建设中，全部采用有载调压主变压器，并逐步对原有主变压器进行有载调压改造。1998～2001年，全省新增和改造35、110千伏有载调压主变压器152台，有载调压主变压器的比例由1997年的50.16%提高到69.32%，并实现了自动调压。

开展无功优化计算，合理配置配网无功设备。在城乡电网建设与改造中，通过无功优化计算，为无功设备合理配置提供依据。1998～2002年，新增10千伏无功设备50万千乏，低压无功设备15万千乏。变电站电容器基本实现了自动投切。

增加电压监测考核点，加强电压合格率统计分析和考核。2002年，用户端电压监测点达到1088个，较1997年净增574个。

1995～2002年陕西供电企业电压合格率情况见表4-2-9。

表4-2-9　　1995～2002年陕西供电企业电压合格率情况

| 单位 | 年份 | | | | | | | |
|---|---|---|---|---|---|---|---|---|
| | 1995 | 1996 | 1997 | 1998 | 1999 | 2000 | 2001 | 2002 |
| 陕西电网 | 92.400% | 92.900% | 94.240% | 96.480% | 97.600% | 98.600% | 98.320% | 98.640% |
| 西安供电局 | 92.030% | 92.050% | 95.400% | 97.800% | 99.120% | 99.267% | 98.160% | 98.480% |
| 宝鸡供电局 | 92.300% | 94.900% | 96.000% | 98.970% | 99.450% | 99.367% | 99.020% | 99.450% |
| 咸阳供电局 | 91.310% | 92.780% | 93.520% | 96.700% | 97.940% | 98.353% | 98.310% | 98.660% |
| 渭南供电局 | 93.350% | 93.080% | 93.080% | 94.570% | 96.020% | 98.197% | 98.370% | 98.260% |
| 汉中供电局 | 92.300% | 93.100% | 94.800% | 95.870% | 98.190% | 98.470% | 98.340% | 98.720% |
| 铜川供电局 | 92.670% | 93.510% | 94.720% | 97.080% | 97.100% | 98.680% | 98.480% | 98.600% |
| 商洛供电局 | 94.730% | 93.160% | 94.720% | 97.700% | 97.380% | 98.138% | 98.250% | 98.580% |
| 安康供电局 | 91.370% | 92.090% | 92.330% | 92.700% | 92.210% | 97.150% | 97.200% | 98.550% |
| 延安供电局 | 91.800% | 91.390% | 93.650% | 93.830% | 98.480% | 98.900% | 98.850% | 98.910% |

**注**　1. 所列数据为用户端综合电压合格率。

2. 西安高压供电局、榆林供电公司没有统计范围内用户；榆林供电局未统计。

3. 1991～1994年因数据不全未汇总列入。

# 第三章　供电机构与供电企业

1991～2002 年，陕西省电力管理体制经历了网省分离、政企分开、厂网分开 3 次大的变革。其间，地（市）、县（区）供电企业的有关职能也随之相应变化。至 2002 年末，全省 10 个地（市）有供电企业 12 个。107 个县（区、含杨凌示范区）有县（区）电力局（供电分局）104 个。

## 第一节　供　电　机　构

1991～2002 年，陕西省按行政区划设立省（电力工业局、电力公司）、地市（供电局、供电公司）、县市区（电力局、供电分局）三级供电机构的格局没有变化。随着电力体制改革，省级电力管理体制发生了较大变化。1998 年 10 月，陕西省电力工业局（陕西省电力公司）与西北电业管理局（西北电力集团公司）体制分离。2001 年 6 月，撤销陕西省电力工业局，陕西省电力公司作为企业运作。

地（市）级供电管理体制基本延续了供电局的机构设置。其间，根据形势需要，做了一些调整。1996 年 6 月，组建成立西北电业管理局榆林地区电力工作委员会；1998 年 10 月网省体制分离后，更名为陕西省电力公司榆林分公司；1999 年 8 月，接管神东煤炭公司所属神东矿区电网，组建成立神东供电处；2001 年 1 月，更名为陕西省电力公司榆林供电公司；2002 年 1 月，陕西 330 千伏电网与榆林 110 千伏农网联网，与榆林供电局共同承担榆林地区的供电任务。1999 年 4 月，陕西省电力公司决定对西安供电局进行体制分离，组建成立西安高压供电局（公司），将西安供电局承担的西安地区电网调度、110 千伏及以上（含市区 35 千伏）电网规划、建设、运行维护等，移交西安高压供电局（公司）管理。至 2002 年末，全省共设置地（市）级供电机构 12 个，其中除榆林供电局由陕西省地方电力（集团）公司（1999 年 1 月经陕西省人民政府批准由陕西省农电管理局改制成立）直接管理外，其余为陕西省电力公司直属企业。

县（区）级供电机构沿用了电力局（供电分局）的机构设置。其间，县（区）级供电体制发生了较大变化。1989 年 4 月，应陕西省人民政府要求，经国家经济贸易委员会批准，将西北电业管理局管理的 77 个县（区）中的府谷、富平、石泉等 44 个县电力局划归省政府组建的陕西省农电管理局管理。至 1998 年 8 月，省农电管理局陆续将县政府管理的 22 个电力局（包括由商洛供电局代管的柞水县电力局）接收。至 2002 年末，全省共设置县（区）电力局（供电分局）104 个，其中 38 个县（区）电力局（供电分局）由陕西省电力公司通过各地（市）供电局直接管理；66 个县电力局由陕西省地方电力（集团）公司直接管理，由陕西省电力公司通过各地（市）供电局趸售供电。

## 第二节 供 电 企 业

至2002年末，陕西省共有地（市）级供电企业12个，分别为西安、宝鸡、咸阳、渭南、铜川、汉中、安康、商洛、延安、榆林供电局，西安高压供电局，榆林供电公司。按职责划分，分别担负所辖地区电网的管理和供电业务工作。

### 一、西安供电局

西安供电局位于西安市环城东路北段，成立于1958年4月，后经关中供电局、西安市供电局等多次变化，1979年4月更名为西安供电局，是陕西省电力公司直属国家大型一类供电企业。担负西安市辖八区五县的供电任务，下辖城区、城东、城南、长安、户县、临潼、阎良、蓝田、周至共9个供电分局。对省属农电系统的高陵、周至两个县电力局实行趸售供电。2002年末在册职工2454人。2002年，供电最大负荷199.6万千瓦，供电量93.39亿千瓦·时，售电量87.92亿千瓦·时，线损率5.85%，综合电压合格率98.48%，供电可靠率99.905%。

至2002年末，运行维护35千伏变电站26座，主变压器51台，容量32.11万千伏·安；35千伏输电线路31条，长度385.739千米。拥有固定资产原值20.03亿元，净值18.24亿元。1991～2002年，最高安全无事故纪录432天（2000年3月15日～2001年5月20日）。

1991～2002年，先后荣获能源部、电力工业部、国家电力公司、中共陕西省委、陕西省人民政府授予的"全国电力系统电力营业工作先进集体"、"安全文明生产达标企业"、"为人民服务树行业新风活动先进集体"、"省级文明单位"、"陕西省思想政治工作优秀企业"、"国家电力公司一流供电企业"等多项荣誉称号。

### 二、西安高压供电局

西安高压供电局位于西安市环城东路北段，于1999年4月由西安供电局体制分离成立，是陕西省电力公司直属国家大型一类供电企业。担负西安地区110千伏及以上（含市区35千伏）电网调度、规划、建设、运行维护等任务。2002年末在册职工1751人。2002年，供电最大负荷199.6万千瓦，供电量93.35亿千瓦·时，输出电量（售电量）91.69亿千瓦·时，线损率1.78%。

至2002年末，运行维护35千伏及以上变电站68座，主变压器136台，容量634.89万千伏·安，其中330千伏变电站3座，主变压器7台，容量168万千伏·安；220千伏变电站4座，主变压器5台，容量51万千伏·安；110千伏变电站56座，主变压器111台，容量403.98万千伏·安；35千伏变电站5座，主变压器13台，容量11.91万千伏·安。35千伏及以上输电线路159条，长度2110.961千米，其中330千伏输电线路9条，长度384.271千米；220千伏输电线路4条，长度221.214千米；110千伏输电线路108条，长度1278.962千米；35千伏输电线路38条，长度226.514千米。拥有固定资产原值19.78亿元，净值16.37亿元。1999～2002年，最高安全无事故纪录274天（2001

年12月13日～2002年10月16日)。

1999～2002年，先后荣获国家电力公司授予的“城乡电网建设与改造先进集体”、“一流供电企业”、“双文明单位”等荣誉称号。

## 三、宝鸡供电局

宝鸡供电局位于宝鸡市大庆路，成立于1963年12月，后经关中供电局宝鸡分局、宝鸡市电业局、宝鸡地区电业局等多次变化，1980年5月更名为宝鸡供电局，是陕西省电力公司直属国家大型一类供电企业。担负宝鸡市辖3区9县的供电任务，下辖市区、市东、凤县共3个供电分局，对省属农电系统的千阳、陇县、麟游、太白、岐山、凤翔、扶风、眉县共8个县电力局实行趸售供电。2002年末在册职工2217人。2002年，供电最大负荷60.68万千瓦，供电量36.14亿千瓦·时，售电量34.57亿千瓦·时，线损率4.34%，综合电压合格率99.45%，供电可靠率99.961%。

至2002年末，运行维护35千伏及以上变电站50座，主变压器80台，容量248.815万千伏·安，其中330千伏变电站3座，主变压器4台，容量87万千伏·安；110千伏变电站34座，主变压器56台，容量150.9万千伏·安；35千伏变电站13座，主变压器20台，容量10.915万千伏·安。35千伏及以上输电线路111条，长度2494.797千米，其中330千伏输电线路11条，长度620.042千米；110千伏输电线路63条，长度1323.676千米；35千伏输电线路37条，长度551.079千米。6～10千伏配电线路98条，长度2060.184千米；配电变压器1985台，容量18.7283万千伏·安。拥有固定资产原值14.64亿元，净值14.55亿元。1999～2002年，最高安全无事故纪录804天(1998年8月8日～2000年10月19日)。

1991～2002年，先后荣获中共陕西省委、陕西省人民政府、电力工业部、国家电力公司授予的“省级文明单位”、“省级文明单位标兵”、“安全文明生产达标企业”、“国家电力公司双文明单位”、“国家电力公司双文明单位标兵”、“一流供电企业”等多项荣誉称号。1999年9月，中央精神文明建设指导委员会授予“全国创建精神文明行业工作先进单位”荣誉称号。2002年4月，中华全国总工会授予“全国五一劳动奖状”，中央文明办、国务院纠风办授予“全国创建文明行业示范点”。

## 四、咸阳供电局

咸阳供电局位于咸阳市西兰路，成立于1963年12月，后经关中供电局咸阳分局、咸阳地区电业局等多次变化，1980年5月更名为咸阳供电局，是陕西省电力公司直属国家大型一类供电企业。担负咸阳市辖2区11县(市)及杨凌农业高新技术产业示范区的供电任务，下辖市区、兴平、杨凌共3个电力局，对省属农电系统的泾阳、礼泉、三原、淳化、乾县、永寿、彬县、长武、旬邑、武功共10个县电力局实行趸售供电。2002年末在册职工1999人。2002年，供电最大负荷61.68万千瓦，供电量36.59亿千瓦·时，售电量35.1亿千瓦·时，线损率4.06%，综合电压合格率98.66%，供电可靠率99.937%。

至2002年末，运行维护35千伏及以上变电站40座，主变压器70台，容量274.085万千伏·安，其中330千伏变电站3座，主变压器6台，容量144万千伏·安；110千伏变电站29座，主变压器49台，容量122.4万千伏·安；35千伏变电站8座，主变压器

15台，容量7.685万千伏·安。35千伏及以上输电线路79条，长度1556.018千米，其中330千伏输电线路11条，长度447.845千米；220千伏输电线路1条，长度66.943千米；110千伏输电线路41条，长度704.956千米；35千伏输电线路26条，长度336.274千米。6～10千伏配电线路92条，长度1684.687千米；配电变压器2402台，容量26.675万千伏·安。拥有固定资产原值12.34亿元，净值11.29亿元。1991～2002年，最高安全生产无事故纪录667天（1998年10月1日～2000年12月6日）。

1991～2002年，先后荣获中共陕西省委、陕西省人民政府、电力工业部、国家电力公司授予的“省级文明单位”、“省级文明单位标兵”、“安全文明生产达标企业”、“一流供电企业”、“精神文明建设创佳评差竞赛活动最佳单位”、“电网建设改造工程工作先进单位”等多项荣誉称号。

**五、渭南供电局**

渭南供电局位于渭南市前进路，成立于1972年4月，时称渭南地区电业局，1980年5月更名为渭南供电局，是陕西省电力公司直属国家大型一类供电企业。担负渭南市辖1区10县（市）的供电任务，下辖市区、韩城、华阴、蒲城、潼关共5个电力局，对省属农电系统的富平、大荔、澄城、合阳、华县、白水共6个县电力局实行趸售供电。2002年末在册职工2666人。2002年，供电最大负荷82.93万千瓦，供电量39.42亿千瓦·时，售电量37.24亿千瓦·时，线损率5.54%，综合电压合格率98.26%，供电可靠率99.917%。

至2002年末，运行维护35千伏及以上变电站71座，主变压器124台，容量294.81万千伏·安，其中330千伏变电站4座，主变压器6台，容量123万千伏·安；110千伏变电站38座，主变压器64台，容量148.2万千伏·安；35千伏变电站29座，主变压器54台，容量23.61万千伏·安。35千伏及以上输电线路148条，长度2076.148千米，其中330千伏输电线路12条，长度469.21千米；220千伏输电线路1条，长度65.04千米；110千伏输电线路72条，长度1001.203千米；35千伏输电线路63条，长度540.695千米。6～10千伏配电线路186条，长度3706千米；配电变压器4663台，容量41.8915万千伏·安。拥有固定资产原值15.39亿元，净值13.18亿元。1991～2002年，最高安全无事故纪录763天（1999年6月22日～2001年7月23日）。

1991～2002年，先后荣获中共陕西省委、陕西省人民政府、电力工业部、国家电力公司授予的“省级文明单位”、“省级文明单位标兵”、“省级文明示范单位”、“安全文明生产达标企业”、“一流供电企业”、“省级创佳评差最佳单位”等多项荣誉称号。

**六、铜川供电局**

铜川供电局位于铜川市新区咸丰路，成立于1970年7月，时称关中供电局铜川供电分局，1972年3月更名为铜川市供电局，1980年6月更名为铜川供电局，是陕西省电力公司直属国家大型二类供电企业。担负着铜川市辖二区二县的供电任务，下辖城区、新区、耀县、宜君共4个电力局。2002年末在册职工1225人。2002年，供电最大负荷27.81万千瓦，供电量19.65亿千瓦·时，售电量19.19亿千瓦·时，线损率2.35%，综合电压合格率98.60%，供电可靠率99.911%。

至2002年末，运行维护35千伏及以上变电站26座，主变压器37台，容量136.555万千伏·安，其中330千伏变电站两座，主变压器4台，容量78万千伏·安；110千伏变电站15座，主变压器22台，容量55.05万千伏·安；35千伏变电站9座，主变压器11台，容量3.505万千伏·安。35千伏及以上输电线路59条，长度831.269千米，其中330千伏输电线路6条，长度230.895千米；110千伏输电线路27条，长度362.159千米；35千伏输电线路26条，长度238.215千米。6～10千伏配电线路87条，长度2224.052千米；配电变压器2805台，容量31.1059万千伏·安。拥有固定资产原值7.87亿元，净值7.23亿元。1991～2002年，最高安全无事故纪录653天（1997年7月10日～1999年4月23日）。

1991～2002年，先后荣获中共陕西省委、陕西省人民政府、电力工业部、国家电力公司授予的“省级文明单位”、“省级文明单位标兵”、“安全文明生产达标企业”、“一流供电企业”等多项荣誉称号。

### 七、汉中供电局

汉中供电局位于汉中市供电大道，成立于1972年3月，时称汉中地区电业局，1980年5月更名为汉中供电局，是陕西省电力公司直属国家大型二类供电企业。担负着汉中市辖1区10县的供电任务，下辖市区、勉县、略阳共3个电力局，对省属农电系统的南郑、宁强、城固、洋县、西乡、留坝、镇巴、佛坪共8个县电力局实行趸售供电。2002年末在册职工1553人。2002年，供电最大负荷42万千瓦，供电量25.81亿千瓦·时，售电量24.24亿千瓦·时，线损率6.1%，综合电压合格率98.72%，供电可靠率99.968%。

至2002年末，运行维护35千伏及以上变电站43座，主变压器62台，容量195.465万千伏·安，其中330千伏变电站一座，主变压器两台，容量48万千伏·安；220千伏变电站2座，主变压器4台，容量45万千伏·安；110千伏变电站27座，主变压器36台，容量91.5万千伏·安；35千伏变电站13座，主变压器20台，容量10.965万千伏·安。35千伏及以上输电线路75条，长度1868.732千米，其中330千伏输电线路1条，长度73.718千米；220千伏输电线路5条，长度470.55千米；110千伏输电线路47条，长度956.119千米；35千伏输电线路22条，长度368.345千米。6～10千伏配电线路121条，长度3278.96千米；配电变压器5914台，容量10.133万千伏·安。拥有固定资产原值11.29亿元，净值9.61亿元。1991～2002年，最高安全无事故纪录800天（2000年7月8日～2002年9月15日）。

1991～2002年，先后荣获中共陕西省委、陕西省人民政府、电力工业部、国家电力公司授予的“省级文明单位”、“省级文明单位标兵”、“安全文明生产达标企业”、“一流供电企业”、“全国电力系统双文明单位”、“全国电力系统思想政治工作优秀企业”等多项荣誉称号。2001年中华全国总工会授予“全国‘五一’劳动奖状”。

### 八、安康供电局

安康供电局位于安康市巴山西路，成立于1970年10月，时称安康电力指挥部，1972年3月更名为安康地区电业局，1980年5月更名为安康供电局，是陕西省电力公司直属国家中型一类供电企业。担负着安康市辖1区9县的供电任务，下辖市区、旬阳、白河共

3 个电力局，对省属农电系统的平利、岚皋、紫阳、汉阴、石泉、镇坪、宁陕共 7 个县电力局实行趸售供电。2002 年末在册职工 1157 人。2002 年，供电最大负荷 22.5 万千瓦，供电量 10.67 亿千瓦·时，售电量 10.01 亿千瓦·时，线损率 6.14%，综合电压合格率 98.55%，供电可靠率 99.853%。

至 2002 年末，运行维护 35 千伏及以上变电站 26 座，主变压器 39 台，容量 52.485 万千伏·安，其中 110 千伏变电站 18 座，主变压器 27 台，容量 46.64 万千伏·安；35 千伏变电站 8 座，主变压器 12 台，容量 5.845 万千伏·安。35 千伏及以上输电线路 52 条，长度 1516.298 千米，其中 330 千伏输电线路两条，长度 254.03 千米；110 千伏输电线路 36 条，长度 1021.101 千米；35 千伏输电线路 14 条，长度 241.167 千米。6～10 千伏配电线路 71 条，长度 3824.45 千米；配电变压器 3950 台，容量 49.9 万千伏·安。固定资产原值 7.35 亿元，净值 6.16 亿元。1991～2002 年，最高安全无事故纪录 1486 天（1998 年 2 月 27 日～2002 年 3 月 24 日）。

1991～2002 年，先后荣获中共陕西省委、陕西省人民政府、电力工业部、国家电力公司授予的“省级文明单位”、“省级思想政治工作优秀企业”、“全国电力系统双文明单位”、“省级精神文明建设创佳评差竞赛活动最佳单位”、“国家电力系统‘九五’期间安全文明生产先进单位”等多项荣誉称号。其间，陕西省电力公司先后授予“安全文明生产达标企业”和“一流供电企业”。

**九、商洛供电局**

商洛供电局位于商洛市北新街西段，成立于 1972 年 6 月，时称中共商洛地区革命委员会电业管理局，1973 年 6 月更名为商洛地区电业局，1980 年 5 月更名为商洛供电局，是陕西省电力公司直属国家中型一类供电企业。担负着商洛市辖 1 区 6 县的供电任务，下辖市区、洛南、丹凤、山阳共 4 个供电分局，对省属农电系统的商南、镇安、柞水共 3 个县电力局实行趸售供电。2002 年末，在册职工 965 人。2002 年，供电最大负荷 16.95 万千瓦，供电量 7.63 亿千瓦·时，售电量 7.06 亿千瓦·时，线损率 7.38%，综合电压合格率 98.58%，供电可靠率 99.856%。

至 2002 年末，运行维护 35 千伏及以上变电站 43 座，主变压器 51 台，容量 85.59 万千伏·安，其中 330 千伏变电站两座，主变压器 3 台，容量 45 万千伏·安；110 千伏变电站 14 座，主变压器 18 台，容量 30.9 万千伏·安；35 千伏变电站 27 座，主变压器 30 台，容量 9.69 万千伏·安。35 千伏及以上输电线路 58 条，长度 1463.647 千米，其中 330 千伏输电线路 4 条，长度 163.309 千米；110 千伏输电线路 26 条，长度 673.438 千米；35 千伏输电线路 28 条，长度 626.9 千米。6～10 千伏配电线路 130 条，长度 4398.485 千米；配电变压器 2867 台，容量 14.93 万千伏·安。固定资产原值 9.34 亿元，净值 8.28 亿元。1991～2002 年，最高安全无事故纪录 1498 天（1998 年 11 月 25 日～2002 年 12 月 31 日）。

1991～2002 年，先后荣获中共陕西省委、陕西省人民政府、电力工业部、国家电力公司授予的“省级文明单位”、“省级文明单位标兵”、“国家电力系统双文明单位”等多项荣誉称号。2001 年国家体育总局授予“全国全民健身先进单位”。2002 年全国精神文明建设指导委员会授予“全国精神文明建设先进单位”。其间，陕西省电力公司先后授予“安全文明生产达标企业”和“一流供电企业”。

**十、延安供电局**

延安供电局位于延安市东关街，成立于1972年6月，时称延安地区电业管理局，1980年3月更名为延安供电局，是陕西省电力公司直属国家中型一类供电企业。担负着延安市辖1区12县的供电任务，下辖市区、洛川、黄陵共3个电力局，对省属农电系统的宜川、黄龙、富县、甘泉、延长、延川、志丹、子长、安塞、吴旗共10个县电力局实行趸售供电。2002年末，在册职工1029人。2002年，供电最大负荷21.5万千瓦，供电量11.83亿千瓦·时，售电量11.06亿千瓦·时，线损率6.48%，综合电压合格率98.91%，供电可靠率99.916%。

至2002年末，运行维护35千伏及以上变电站36座，主变压器49台，容量73.76万千伏·安，其中330千伏变电站两座，主变压器两台，容量30万千伏·安；110千伏变电站14座，主变压器22台，容量37.85万千伏·安；35千伏变电站20座，主变压器25台，容量5.91万千伏·安。35千伏及以上输电线路56条，长度1404.981千米，其中330千伏输电线路3条，长度220.695千米；110千伏输电线路27条，长度776.24千米；35千伏输电线路26条，长度408.046千米。拥有固定资产原值8.89亿元，净值8.27亿元。1991～2002年，最高安全无事故纪录891天（2000年7月24日～2002年12月31日）。

1991～2002年，先后荣获中共陕西省委、陕西省人民政府、国家电力公司授予的“省级文明单位”、“省级文明单位标兵”、“创佳评差最佳单位”、“国家电力系统双文明单位”、“电力市场整顿和优质服务年活动先进集体”、“城网改造先进集体”、“一流供电企业”等多项荣誉称号。其间，陕西省电力公司授予“安全文明生产达标企业”。

**十一、榆林供电局**

榆林供电局位于榆林市上郡北路，成立于1972年5月，时称榆林地区革命委员会电业管理局。1982年1月移交西北电业管理局管理后更名为榆林供电局，时辖榆林、府谷、神木、横山、米脂、佳县共6个电力局和2个发电厂。1989年3月，陕西省人民政府指示划归陕西省农电管理局（未正式移交）。至1997年底，陆续接收榆林市辖其余定边、靖边、子洲、清涧、吴堡、绥德共6个县电力局，为国家大型二类供电企业。2002年末在册职工3392人。2002年，供电最大负荷55万千瓦，供电量27.46亿千瓦·时，售电量24.96亿千瓦·时，线损率9.09%。

至2002年末，运行维护35千伏及以上变电站71座，主变压器104台，容量110.08万千伏·安，其中110千伏变电站23座，主变压器38台，容量92.91万千伏·安；35千伏变电站48座，主变压器66台，容量17.17万千伏·安；35千伏及以上输电线路102条，长度2486.472千米，其中110千伏输电线路40条，长度1092.309千米；35千伏输电线路62条，长度1394.163千米。6～10千伏配电线路190条，长度13406千米；配电变压器11205台，容量51.79万千伏·安。拥有固定资产原值8.23亿元，净值7.60亿元。1991～2002年，最高安全无事故纪录441天（1998年2月21日～1999年5月8日）。

1991～2002年，先后荣获中共陕西省委、陕西省人民政府授予的“省级文明单位”、“陕西省工业普查先进单位”、“模范纳税户”等多项荣誉称号。

**十二、榆林供电公司**

榆林供电公司位于榆林市长城南路，成立于1996年6月，时称西北电业管理局榆林地区电力工作委员会。1998年网省体制分离后，更名为陕西省电力公司榆林分公司。1999年8月，接管神东煤炭公司所属神东矿区电网，组建成立神东供电处。1999年9月，330千伏延（安）—榆（林）线和榆林变电站建成投运，陕西330千伏电网延伸至榆林。2001年1月，更名为榆林供电公司，是陕西省电力公司直属国家大型二类供电企业。2002年1月，陕西330千伏电网与榆林110千伏农网联网，与榆林供电局共同承担榆林地区的供电任务。2002年末，在册职工334人。2002年，供电最大负荷27.73万千瓦，供电量8.84亿千瓦·时，售电量8.68亿千瓦·时，线损率1.85%。

至2002年末，运行维护35千伏及以上变电站11座，主变压器20台，容量81.77万千伏·安，其中330千伏变电站2座，主变压器4台，容量60万千伏·安；110千伏变电站3座，主变压器7台，容量15.3万千伏·安；35千伏变电站6座，主变压器9台，容量6.47万千伏·安；35千伏及以上输电线路30条，长度784.538千米，其中330千伏输电线路2条，长度268千米；110千伏输电线路18条，长度419.342千米；35千伏输电线路10条，长度97.196千米。6～10千伏配电线路19条，长度288千米；配电变压器310台，容量3.86万千伏·安。拥有固定资产原值7.64亿元，净值7.41亿元。1996～2002年，最高安全无事故纪录418天（2001年6月2日～2002年7月25日）。

1996～2002年，先后荣获中共陕西省委、陕西省人民政府授予的“省级文明单位”、“省级文明单位标兵”荣誉称号。

# 第五篇　用　　电

# 第五篇　用　　电

1991～2002年，陕西省用电形势经历了从供需矛盾突出到供需基本平衡的转变。随着社会主义市场经济体制的逐步建立，特别是1996年《中华人民共和国电力法》、《电力供应与使用条例》以及相应管理办法的实施，电力供应与使用进入依法治理的新时期。12年间，陕西省各级电力管理部门和供电企业，始终坚持“人民电业为人民”的服务宗旨，面对不断变化的用电形势，及时调整工作方式，不断完善管理措施，切实加强用电管理，坚持优质服务，努力开拓电力市场，基本适应了全省用电量和用电负荷的增长。2002年，全社会用电量355.97亿千瓦·时，较1990年增长110.09%；年人均用电量969千瓦·时，较1990年增长89.63%；用电最大负荷536万千瓦，较1990年增长113.55%。

## 第一章　用　电　水　平

1991～2002年，陕西省用电量和用电负荷持续增长，用电结构发生了变化，农业、工业用电量占全社会用电量的比重逐年下降，第三产业和城乡居民生活用电量逐年上升。

### 第一节　用电量与负荷

1991～2002年，陕西省用电量和用电负荷持续增长。其间，除1998年全年用电量同比出现负增长以外，其余年份用电量和用电负荷均为正增长。全省全社会用电量年均增长率为6.38%，2002年达到355.97亿千瓦·时，较1990年净增186.53亿千瓦·时，增长110.09%；年人均用电量平均增长率为5.48%，2002年达到969千瓦·时，较1990年净增458千瓦·时，增长89.63%；用电最大负荷年均增长率为6.53%，2002年达到536万千瓦，较1990年净增285万千瓦，增长113.55%。

1991～1996年，西北地区连年持续干旱，黄河、白龙江、汉江三大水系来水偏少，水电减发，加之农业抗旱排灌用电量大幅度增加，电力供需矛盾十分突出。面对严重的缺电形势，陕西省各供电企业加强设备管理，提高运行和检修质量，严格执行计划用电的各项制度，维护正常的用电秩序，在确保电网安全稳定运行的同时，基本保证了用电量的持续增长。

1997年，陕西省用电形势出现较大变化，电力供需矛盾相对缓和，基本达到供需平衡。

1998 年，全省工业用电量下降，加之全年气候正常，农业排灌用电量下降幅度较大，全年用电量出现了历史上少有的负增长。面对用电量增速减缓，需求不旺的形势，陕西省供电企业强化市场意识，更新服务观念，把工作重点从计划用电转移到开拓市场、增供扩销上。陕西省电力公司出台了《关于开发陕西电力市场的若干规定》，清理并废止以往限制用电的政策规定，对陕西电网开发电力市场工作做了总体安排和部署。同时，出台《加快新增用户负荷审批工作的暂行办法》、《加快推行“一户一表”实施办法》及《城乡居民生活和电热锅炉用电实行优惠的暂行办法》，修订陕西省居民住宅用电设计标准，对高耗能企业实行季节性自选电价和峰谷电价等。这些规定和办法的实施，对用电量和负荷的增长产生了积极作用。

1999～2002 年，陕西省电力需求明显回升，用电量和用电负荷增速提高。

1991～2002 年，陕西省各类负荷用电量增长情况为：农林牧渔水利业年均增长 4.68%；工业年均增长 5.31%；地质普查和勘探业年均增长 2.11%；建筑业年均增长 7.07%；交通运输、邮电通信业年均增长 7.33%；商业、公共饮食业、物资供销业和仓储业年均增长 12.24%；其他事业年均增长 9.44%；城乡居民生活年均增长 13.96%。

1991～2002 年陕西省各类负荷用电量变化情况见表 5-1-1。1991～2002 年陕西省人均用电量变化情况见表 5-1-2。

表 5-1-1　　1991～2002 年陕西省各类负荷用电量变化情况

| 类别 | 年份 | | | | | |
|---|---|---|---|---|---|---|
| | 1991 | | 1992 | | 1993 | |
| | 用电量（千瓦·时） | 增长率（%） | 用电量（千瓦·时） | 增长率（%） | 用电量（千瓦·时） | 增长率（%） |
| 全社会用电量总计 | 1804268 | 6.49 | 1930418 | 6.99 | 2132918 | 10.49 |
| 一、农、林、牧、渔、水利业合计 | 183068 | 19.78 | 191414 | 4.56 | 191348 | −0.03 |
| 二、工业合计 | 1310734 | 3.97 | 1376618 | 5.03 | 1538421 | 11.75 |
| 其中：厂用、自用、线路损失电量合计 | 329367 | 10.11 | 349771 | 6.19 | 395127 | 12.96 |
| 三、地质普查和勘探业合计 | 1517 | −2.07 | 2070 | 36.45 | 2044 | 1.26 |
| 四、建筑业合计 | 12118 | 1.28 | 14867 | 22.69 | 17562 | 18.13 |
| 五、交通运输、邮电通信业合计 | 93040 | 7.29 | 98733 | 6.12 | 105100 | 6.45 |
| 其中：电气化铁路 | 82546 | 7.76 | 87493 | 5.99 | 92101 | 5.27 |
| 六、商业、公共饮食业、物资供销业和仓储业合计 | 33138 | 12.17 | 41095 | 24.01 | 48217 | 17.33 |

续表

| 类　别 | 年　份 | | | | | |
|---|---|---|---|---|---|---|
| | 1991 | | 1992 | | 1993 | |
| | 用电量（千瓦·时） | 增长率（%） | 用电量（千瓦·时） | 增长率（%） | 用电量（千瓦·时） | 增长率（%） |
| 七、其他事业合计 | 72323 | 6.47 | 81902 | 13.24 | 81139 | −0.09 |
| 八、城乡居民生活用电合计 | 98330 | 18.25 | 123719 | 25.82 | 149087 | 20.50 |
| 1. 乡村居民生活用电 | 26306 | 17.65 | 34525 | 31.24 | 45252 | 31.07 |
| 2. 城市居民生活用电 | 72024 | 18.46 | 89194 | 23.84 | 103835 | 16.41 |
| 全社会净用电量总计 | 1474901 | 4.98 | 1580647 | 7.17 | 1737791 | 9.94 |
| 最大负荷（万千瓦） | 256 | 1.99 | 307 | 19.92 | 334 | 8.79 |

| 类　别 | 年　份 | | | | | |
|---|---|---|---|---|---|---|
| | 1994 | | 1995 | | 1996 | |
| | 用电量（千瓦·时） | 增长率（%） | 用电量（千瓦·时） | 增长率（%） | 用电量（千瓦·时） | 增长率（%） |
| 全社会用电量总计 | 2282530 | 7.01 | 2367162 | 3.71 | 2488413 | 8.78 |
| 一、农、林、牧、渔、水利业合计 | 217091 | 13.45 | 228398 | 5.21 | 211314 | −7.50 |
| 二、工业合计 | 1603513 | 4.23 | 1652449 | 3.05 | 1755583 | 6.24 |
| 其中：厂用、自用、线路损失电量合计 | 407536 | 3.14 | 423362 | 3.88 | 461694 | 9.05 |
| 三、地质普查和勘探业合计 | 2039 | −0.24 | 1989 | −2.45 | 1948 | −2.06 |
| 四、建筑业合计 | 18991 | 8.14 | 22354 | 17.71 | 21105 | −5.59 |
| 五、交通运输、邮电通讯业合计 | 107623 | 2.40 | 113456 | 5.42 | 121826 | 7.38 |
| 其中：电气化铁路 | 94319 | 2.41 | 98271 | 4.19 | 101144 | 2.92 |
| 六、商业、公共饮食业、物资供销业和仓储业合计 | 56247 | 16.65 | 57012 | 1.36 | 69471 | 21.85 |
| 七、其他事业合计 | 90576 | 11.63 | 94428 | 4.25 | 90277 | −4.40 |
| 八、城乡居民生活用电合计 | 186450 | 25.06 | 197076 | 5.70 | 216889 | 10.05 |
| 1. 乡村居民生活用电 | 65492 | 45.72 | 74704 | 14.66 | 81884 | 9.61 |
| 2. 城市居民生活用电 | 120958 | 16.49 | 122372 | 1.17 | 135005 | 10.32 |
| 全社会净用电量总计 | 1874994 | 7.90 | 1943800 | 3.70 | 2026719 | 4.27 |
| 最大负荷（万千瓦） | 326 | −2.39 | 325 | −0.31 | 361 | 11.08 |

续表

| 类别 | 年份 | | | | | |
|---|---|---|---|---|---|---|
| | 1997 | | 1998 | | 1999 | |
| | 用电量（千瓦·时） | 增长率（%） | 用电量（千瓦·时） | 增长率（%） | 用电量（千瓦·时） | 增长率（%） |
| 全社会用电量总计 | 2611832 | 4.96 | 2565935 | −1.76 | 2720967 | 6.04 |
| 一、农、林、牧、渔、水利业合计 | 254021 | 20.21 | 202512 | −20.30 | 222944 | 10.08 |
| 二、工业合计 | 1793182 | 2.14 | 1768371 | −1.38 | 1830316 | 3.50 |
| 其中：厂用、自用、线路损失电量合计 | 524423 | 13.58 | 483238 | −6.06 | 512785 | 6.11 |
| 三、地质普查和勘探业合计 | 1931 | −0.82 | 1879 | −2.69 | 2342 | 24.64 |
| 四、建筑业合计 | 24623 | 16.67 | 30094 | 22.22 | 25399 | −15.60 |
| 五、交通运输、邮电通信业合计 | 123701 | 1.54 | 126055 | 1.90 | 134860 | 6.99 |
| 其中：电气化铁路 | 107064 | 5.85 | 107522 | 0.43 | 105693 | −1.70 |
| 六、商业、公共饮食业、物资供销业和仓储业合计 | 68352 | −1.61 | 64804 | −5.19 | 69097 | 6.62 |
| 七、其他事业合计 | 96084 | 6.43 | 109104 | 13.55 | 143632 | 31.65 |
| 八、城乡居民生活用电合计 | 249938 | 15.24 | 263116 | 5.27 | 292377 | 11.12 |
| 1. 乡村居民生活用电 | 88722 | 8.35 | 96607 | 8.89 | 111641 | 15.56 |
| 2. 城市居民生活用电 | 161216 | 19.41 | 166509 | 3.28 | 180736 | 8.55 |
| 全社会净用电量总计 | 2087409 | 2.99 | 2082697 | −0.23 | 2208182 | 6.03 |
| 最大负荷（万千瓦） | 380 | 5.26 | 390 | 2.63 | 418 | 7.18 |

| 类别 | 年份 | | | | | |
|---|---|---|---|---|---|---|
| | 2000 | | 2001 | | 2002 | |
| | 用电量（千瓦·时） | 增长率（%） | 用电量（千瓦·时） | 增长率（%） | 用电量（千瓦·时） | 增长率（%） |
| 全社会用电量总计 | 2927610 | 7.60 | 3204274 | 9.45 | 3559675 | 11.09 |
| 一、农、林、牧、渔、水利业合计 | 228954 | 2.70 | 251110 | 9.68 | 264500 | 5.33 |
| 二、工业合计 | 1960018 | 7.09 | 2107325 | 7.52 | 2345991 | 11.33 |
| 其中：厂用、自用、线路损失电量合计 | 503678 | −1.78 | 541673 | 7.54 | 623086 | 15.03 |
| 三、地质普查和勘探业合计 | 1585 | −32.32 | 1955 | 23.34 | 1991 | 1.84 |

续表

| 类　别 | 2000 用电量（千瓦·时） | 2000 增长率（%） | 2001 用电量（千瓦·时） | 2001 增长率（%） | 2002 用电量（千瓦·时） | 2002 增长率（%） |
|---|---|---|---|---|---|---|
| 四、建筑业合计 | 22782 | －10.30 | 28175 | 23.67 | 27146 | －3.65 |
| 五、交通运输、邮电通信业合计 | 140103 | 3.89 | 174771 | 24.74 | 202663 | 15.96 |
| 其中：电气化铁路 | 112433 | 6.38 | 144765 | 28.76 | 159442 | 10.14 |
| 六、商业、公共饮食业、物资供销业和仓储业合计 | 84409 | 22.16 | 99465 | 17.84 | 118102 | 18.74 |
| 七、其他事业合计 | 156649 | 9.06 | 183762 | 17.31 | 200431 | 9.07 |
| 八、城乡居民生活用电合计 | 333110 | 13.93 | 357711 | 7.39 | 398851 | 11.50 |
| 1. 乡村居民生活用电 | 120042 | 7.53 | 125741 | 4.75 | 138440 | 10.10 |
| 2. 城市居民生活用电 | 213068 | 17.89 | 231971 | 8.87 | 260411 | 12.26 |
| 全社会净用电量总计 | 2423932 | 9.77 | 2662601 | 9.85 | 2936589 | 10.29 |
| 最大负荷（万千瓦） | 442 | 5.74 | 469 | 6.11 | 536 | 14.29 |

**注**　净用电量不含发电厂厂用、电力网线路损失的电量。

表 5-1-2　　1991～2002 年陕西省人均用电量变化情况

| 年份 | 年末人口（万人） | 全社会用电量 电量（万千瓦·时） | 增长率（%） | 人均（万千瓦·时/人） | 增长率（%） | 全社会净用电量 电量（万千瓦·时） | 增长率（%） | 人均（万千瓦·时/人） | 增长率（%） |
|---|---|---|---|---|---|---|---|---|---|
| 1991 | 3363 | 1804268 | 6.49 | 537 | 5.09 | 1474901 | 4.98 | 439 | 3.56 |
| 1992 | 3405 | 1930418 | 6.99 | 567 | 5.59 | 1580647 | 7.17 | 464 | 5.69 |
| 1993 | 3443 | 2132918 | 10.94 | 619 | 9.17 | 1737791 | 9.94 | 505 | 8.84 |
| 1994 | 3481 | 2282530 | 7.01 | 656 | 5.98 | 1874994 | 7.90 | 539 | 6.73 |
| 1995 | 3513 | 2367162 | 3.71 | 674 | 2.74 | 1943800 | 3.70 | 553 | 2.60 |
| 1996 | 3543 | 2488413 | 8.78 | 702 | 4.15 | 2026719 | 4.27 | 572 | 3.44 |
| 1997 | 3570 | 2611832 | 4.96 | 732 | 4.27 | 2087409 | 2.99 | 585 | 2.27 |
| 1998 | 3596 | 2565935 | －1.76 | 714 | －2.46 | 2082697 | －0.23 | 579 | －1.03 |
| 1999 | 3618 | 2720967 | 6.04 | 752 | 5.32 | 2208182 | 6.03 | 610 | 5.35 |
| 2000 | 3644 | 2927610 | 7.60 | 803 | 6.78 | 2423932 | 9.77 | 665 | 9.02 |
| 2001 | 3659 | 3204274 | 9.45 | 876 | 9.09 | 2662601 | 9.85 | 728 | 9.47 |
| 2002 | 3674 | 3559675 | 11.09 | 969 | 10.62 | 2936589 | 10.29 | 799 | 9.75 |
| 年均 | — | — | 6.38 | — | 5.48 | — | 6.40 | — | 5.48 |

**注**　年末人口为陕西省统计局公布数字。净用电量不含发电厂厂用、电力网线路损失的电量。

# 第二节　用　电　构　成

## 一、工业用电

1991～2002年，陕西省工业用电量稳定增长，占全社会净用电量（不含发电厂厂用、电力网线路损失的电量，下同）的比重稳中有降。工业净用电量年均增长4.98%，2002年为172.29亿千瓦·时，较1990年增长99.98%；占全社会净用电量的比重年均62.32%，2002年为58.67%，较1990年下降10.25个百分点。在工业用电中，轻工业净用电量年均增长3.44%，2002年为35.09亿千瓦·时，较1990年增长50.02%；占全社会净用电量的比重年均14.48%，2002年为11.95%，较1990年下降4.82个百分点。重工业净用电量年均增长5.43%，2002年为137.2亿千瓦·时，较1990年增长88.57%；占全社会净用电量的比重年均47.84%，2002年为46.72%，较1990年下降5.43个百分点。

1991～2002年陕西省工业用电构成情况见表5-1-3。

## 二、农业用电

1991～2002年，受降雨量影响，陕西省农业（含农、林、牧、渔、水利业）用电量起伏较大，总体趋势是逐年增长，但占全社会净用电量的比重下降。农业净用电量年均增长4.68%，2002年为26.45亿千瓦·时，较1990年增长73.10%；占全社会净用电量的比重年均10.78%，2002年为9.01%，较1990年下降1.94个百分点。在农业用电中，排灌用电量年均增长8.64%，2002年为19.69亿千瓦·时，较1990年增长170.47%；占全社会净用电量的比重年均6.84%，2002年为6.7%，较1990年上升1.48个百分点。

## 三、交通邮电业用电

1991～2002年，随着铁路提速扩能和西康、神朔等电气化铁路的通车运营及通信业的快速发展，拉动陕西省交通运输、邮电通信业用电量高速增长，占全社会净用电量的比重相对稳定。交通邮电业净用电量年均增长7.33%，2002年为20.27亿千瓦·时，较1990年增长133.79%；占全社会净用电量的比重年均6.13%，2002年为6.9%，较1990年上升0.68个百分点。在交通邮电业用电中，电气化铁路净用电量年均增长6.30%，2002年为15.94亿千瓦·时，较1990年增长108.09%；占全社会净用电量的比重年均5.18%，2002年为5.43%，较1990年下降0.06个百分点。

## 四、居民生活用电

1991～2002年，随着人民生活水平不断提高和家用电器的普及，加之实施城农网建设与改造后供电能力大幅度提高，以及"城乡居民生活用电同网同价"、"一户一表"等各项鼓励用电措施的推行，拉动城乡居民生活用电量高速增长，占全社会净用电量的比重大幅上升。城乡居民生活净用电量年均增长13.96%，2002年为39.89亿千瓦·时，较1990年增长379.45%；占全社会净用电量的比重年均11.04%，2002年为13.58%，较1990年上升7.62个百分点。

1991～2002年陕西省农业、交通邮电业、居民生活用电构成情况见表5-1-4。

表 5-1-3　　1991～2002年陕西省工业用电构成情况

| 类别 | 年份 | | | | | | | | | | | |
|---|---|---|---|---|---|---|---|---|---|---|---|---|
| | 1991 | | 1992 | | 1993 | | 1994 | | 1995 | | 1996 | |
| | 用电量（千瓦·时） | 百分比（%） | 用电量（千瓦·时） | 百分比（%） | 用电量（千瓦·时） | 百分比（%） | 用电量（千瓦·时） | 百分比（%） | 用电量（千瓦·时） | 百分比（%） | 用电量（千瓦·时） | 百分比（%） |
| 全社会净用电量总计 | 1474901 | 100 | 1580647 | 100 | 1737791 | 100 | 1874994 | 100 | 1943800 | 100 | 2026719 | 100 |
| 工业净用电量合计 | 981367 | 66.54 | 1026847 | 64.96 | 1143294 | 65.80 | 1195977 | 63.79 | 1229087 | 63.23 | 1293889 | 63.84 |
| 1. 轻工业用电 | 249575 | 16.92 | 253652 | 16.05 | 269754 | 15.52 | 291874 | 15.57 | 293400 | 15.09 | 311329 | 15.36 |
| 2. 重工业用电 | 731792 | 49.62 | 773195 | 48.91 | 873540 | 50.28 | 904103 | 48.22 | 935687 | 48.14 | 982560 | 48.48 |
| （一）采掘业合计 | 129230 | 8.76 | 138213 | 8.74 | 148188 | 8.53 | 159744 | 8.52 | 163843 | 8.43 | 168164 | 8.30 |
| 1. 矿业小计 | 101922 | 6.91 | 108121 | 6.84 | 116040 | 6.68 | 124125 | 6.62 | 127115 | 6.54 | 133367 | 6.58 |
| （1）煤炭采选业 | 55705 | 3.78 | 58038 | 3.67 | 60976 | 3.51 | 61631 | 3.29 | 58940 | 3.03 | 60707 | 2.99 |
| （2）石油及天然气开采业 | 5848 | 0.40 | 7586 | 0.48 | 8489 | 0.49 | 10452 | 0.56 | 13364 | 0.69 | 13988 | 0.69 |
| （3）黑色金属矿采选业 | 570 | 0.04 | 473 | 0.03 | 838 | 0.05 | 1028 | 0.05 | 1144 | 0.06 | 1301 | 0.06 |
| （4）有色金属矿采选业 | 35844 | 2.43 | 37833 | 2.39 | 39804 | 2.29 | 45121 | 2.41 | 46832 | 2.41 | 45062 | 2.22 |
| （5）建筑材料及其他非金属矿采选业 | 3441 | 0.23 | 3550 | 0.22 | 5406 | 0.31 | 5156 | 0.27 | 5730 | 0.29 | 11248 | 0.55 |
| （6）其他矿采选业 | 514 | 0.03 | 641 | 0.05 | 527 | 0.03 | 737 | 0.04 | 1105 | 0.06 | 1061 | 0.07 |
| 2. 木材及竹材采运业小计 | 400 | 0.03 | 441 | 0.03 | 501 | 0.03 | 771 | 0.04 | 906 | 0.05 | 970 | 0.05 |
| 3. 自来水生产和供应业小计 | 26908 | 1.82 | 29651 | 1.87 | 31647 | 1.82 | 34848 | 1.86 | 35822 | 1.84 | 33827 | 1.67 |

续表

| 类别 | 年份 | | | | | | | | | | | |
|---|---|---|---|---|---|---|---|---|---|---|---|---|
| | 1991 | | 1992 | | 1993 | | 1994 | | 1995 | | 1996 | |
| | 用电量（千瓦·时） | 百分比（%） | 用电量（千瓦·时） | 百分比（%） | 用电量（千瓦·时） | 百分比（%） | 用电量（千瓦·时） | 百分比（%） | 用电量（千瓦·时） | 百分比（%） | 用电量（千瓦·时） | 百分比（%） |
| （二）制造业合计 | 852137 | 57.78 | 888634 | 56.22 | 995106 | 57.27 | 1036233 | 55.27 | 1065244 | 54.80 | 1125725 | 55.54 |
| 1. 食品、饮料和烟草制造业 | 32366 | 2.19 | 37410 | 2.37 | 37740 | 2.17 | 41778 | 2.23 | 40050 | 2.06 | 42973 | 2.12 |
| 2. 纺织业 | 82784 | 5.61 | 77721 | 4.92 | 86793 | 4.99 | 90807 | 4.84 | 89517 | 4.61 | 89685 | 4.43 |
| 3. 造纸及纸制品业 | 28613 | 1.94 | 30122 | 1.91 | 31666 | 1.82 | 35546 | 1.90 | 39196 | 2.02 | 42364 | 2.09 |
| 4. 石油加工业 | 3274 | 0.22 | 5539 | 0.35 | 6780 | 0.39 | 8268 | 0.44 | 9465 | 0.49 | 12634 | 0.62 |
| 5. 炼焦、煤气及煤制品业 | 3387 | 0.23 | 3503 | 0.22 | 3544 | 0.20 | 4828 | 0.26 | 3997 | 0.21 | 4177 | 0.21 |
| 6. 化学工业 | 221079 | 14.99 | 229211 | 14.50 | 247724 | 14.26 | 272303 | 14.52 | 288943 | 14.86 | 310931 | 15.34 |
| 7. 医药工业 | 14196 | 0.96 | 14261 | 0.90 | 14573 | 0.84 | 14955 | 0.81 | 15476 | 0.80 | 17591 | 0.87 |
| 8. 化学纤维工业 | 1786 | 0.12 | 1897 | 0.12 | 1869 | 0.11 | 2312 | 0.12 | 2672 | 0.14 | 4212 | 0.21 |
| 9. 橡胶及塑料制品业 | 7351 | 0.50 | 8129 | 0.51 | 9106 | 0.52 | 8721 | 0.47 | 8942 | 0.46 | 9241 | 0.46 |
| 10. 建筑材料及其他非金属矿制品业 | 107103 | 7.26 | 110055 | 6.96 | 128759 | 7.41 | 130955 | 6.98 | 130281 | 6.70 | 121247 | 5.98 |
| 11. 黑色金属冶炼及压延加工业 | 79735 | 5.41 | 80257 | 5.08 | 112612 | 6.48 | 102941 | 5.49 | 114592 | 5.90 | 112074 | 5.53 |
| 12. 有色金属冶炼及压延加工业 | 64258 | 4.38 | 71351 | 4.51 | 78860 | 4.54 | 95567 | 5.10 | 102288 | 5.26 | 127758 | 6.30 |
| 13. 金属制品业 | 28183 | 1.91 | 30555 | 1.93 | 36844 | 2.12 | 31487 | 1.68 | 31446 | 1.62 | 40716 | 2.01 |
| 14. 机械工业 | 82635 | 5.60 | 87855 | 5.56 | 89318 | 5.14 | 84788 | 4.52 | 84635 | 4.35 | 78903 | 3.89 |
| 15. 交通运输、电气、电子设备制造业 | 61481 | 4.17 | 61876 | 3.91 | 67701 | 3.91 | 70890 | 3.78 | 70398 | 3.62 | 73257 | 3.61 |
| 16. 其他工业 | 33906 | 2.29 | 38892 | 2.47 | 41217 | 2.37 | 40087 | 2.13 | 33346 | 1.70 | 37962 | 1.87 |

续表

| 类别 | 年份 | | | | | | | | | | | |
|---|---|---|---|---|---|---|---|---|---|---|---|---|
| | 1997 | | 1998 | | 1999 | | 2000 | | 2001 | | 2002 | |
| | 用电量（千瓦·时） | 百分比（%） | 用电量（千瓦·时） | 百分比（%） | 用电量（千瓦·时） | 百分比（%） | 用电量（千瓦·时） | 百分比（%） | 用电量（千瓦·时） | 百分比（%） | 用电量（千瓦·时） | 百分比（%） |
| 全社会净用电量总计 | 2087409 | 100 | 2082697 | 100 | 2208182 | 100 | 2423932 | 100 | 2662601 | 100 | 2936589 | 100 |
| 工业净用电量合计 | 1268759 | 60.79 | 1285133 | 61.71 | 1317531 | 59.67 | 1456340 | 60.08 | 1565652 | 58.80 | 1722905 | 58.67 |
| 1. 轻工业用电 | 301582 | 14.45 | 286938 | 13.78 | 285909 | 12.95 | 326723 | 13.48 | 336789 | 12.65 | 350897 | 11.95 |
| 2. 重工业用电 | 967177 | 46.34 | 998195 | 47.93 | 1031622 | 46.72 | 1129617 | 46.60 | 1228863 | 46.15 | 1372008 | 46.72 |
| （一）采掘业合计 | 185395 | 8.88 | 197720 | 9.49 | 197053 | 8.92 | 215836 | 8.90 | 226265 | 8.50 | 269466 | 9.18 |
| 1. 矿业小计 | 147606 | 7.07 | 158486 | 7.61 | 168275 | 7.62 | 186450 | 7.69 | 200516 | 7.53 | 241021 | 8.21 |
| （1）煤炭采选业 | 59477 | 2.85 | 55407 | 2.66 | 50714 | 2.30 | 67789 | 2.80 | 79423 | 2.98 | 89264 | 3.04 |
| （2）石油及天然气开采业 | 16397 | 0.79 | 23326 | 1.12 | 27755 | 1.26 | 29361 | 1.21 | 36027 | 1.35 | 51705 | 1.76 |
| （3）黑色金属矿采选业 | 1305 | 0.06 | 2199 | 0.11 | 5333 | 0.24 | 3619 | 0.15 | 4453 | 0.17 | 10842 | 0.37 |
| （4）有色金属矿采选业 | 54915 | 2.63 | 62208 | 2.99 | 66037 | 2.99 | 65994 | 2.72 | 60432 | 2.27 | 65941 | 2.25 |
| （5）建筑材料及其他非金属矿采选业 | 14318 | 0.69 | 13936 | 0.67 | 17277 | 0.78 | 18381 | 0.76 | 18562 | 0.70 | 21529 | 0.73 |
| （6）其他矿采选业 | 1194 | 0.05 | 1410 | 0.06 | 1159 | 0.05 | 1306 | 0.05 | 1619 | 0.06 | 1740 | 0.06 |
| 2. 木材及竹材采运业小计 | 1313 | 0.06 | 1872 | 0.08 | 1326 | 0.06 | 1506 | 0.06 | 1674 | 0.07 | 1324 | 0.05 |
| 3. 自来水生产和供应业小计 | 36476 | 1.75 | 37362 | 1.80 | 27452 | 1.24 | 27880 | 1.15 | 24075 | 0.90 | 27121 | 0.92 |

续表

| 类别 | 年份 | | | | | | | | | | | |
|---|---|---|---|---|---|---|---|---|---|---|---|---|
| | 1997 | | 1998 | | 1999 | | 2000 | | 2001 | | 2002 | |
| | 用电量（千瓦·时） | 百分比（%） | 用电量（千瓦·时） | 百分比（%） | 用电量（千瓦·时） | 百分比（%） | 用电量（千瓦·时） | 百分比（%） | 用电量（千瓦·时） | 百分比（%） | 用电量（千瓦·时） | 百分比（%） |
| （二）制造业合计 | 1083364 | 51.91 | 1087413 | 52.22 | 1120478 | 50.75 | 1240504 | 51.18 | 1339387 | 50.30 | 1453439 | 49.49 |
| 1. 食品、饮料和烟草制造业 | 47146 | 2.26 | 46109 | 2.21 | 45708 | 2.07 | 51193 | 2.11 | 53323 | 2.00 | 54560 | 1.86 |
| 2. 纺织业 | 86326 | 4.14 | 90154 | 4.33 | 101591 | 4.60 | 109237 | 4.51 | 112276 | 4.22 | 115025 | 3.92 |
| 3. 造纸及纸制品业 | 38566 | 1.85 | 35672 | 1.71 | 45367 | 2.05 | 51849 | 2.14 | 49578 | 1.86 | 50671 | 1.73 |
| 4. 石油加工业 | 14754 | 0.71 | 21680 | 1.04 | 29941 | 1.36 | 30757 | 1.27 | 36833 | 1.38 | 41731 | 1.42 |
| 5. 炼焦、煤气及煤制品业 | 4818 | 0.23 | 5438 | 0.26 | 4462 | 0.20 | 5037 | 0.21 | 9820 | 0.37 | 9252 | 0.32 |
| 6. 化学工业 | 255819 | 12.26 | 260158 | 12.49 | 250340 | 11.34 | 317762 | 13.11 | 339625 | 12.76 | 366971 | 12.50 |
| 7. 医药工业 | 16573 | 0.79 | 17344 | 0.83 | 23314 | 1.06 | 27598 | 1.14 | 27588 | 1.04 | 22919 | 0.78 |
| 8. 化学纤维工业 | 5801 | 0.28 | 6223 | 0.30 | 3350 | 0.15 | 6777 | 0.28 | 6807 | 0.26 | 6784 | 0.23 |
| 9. 橡胶及塑料制品业 | 9112 | 0.44 | 8425 | 0.40 | 8538 | 0.39 | 9726 | 0.40 | 12376 | 0.46 | 11127 | 0.38 |
| 10. 建筑材料及其他非金属矿制品业 | 133219 | 6.38 | 131056 | 6.29 | 150566 | 6.82 | 161181 | 6.65 | 171823 | 6.45 | 196734 | 6.70 |
| 11. 黑色金属冶炼及压延加工业 | 104964 | 5.03 | 94995 | 4.56 | 80437 | 3.64 | 81316 | 3.35 | 94826 | 3.56 | 116219 | 3.96 |
| 12. 有色金属冶炼及压延加工业 | 133173 | 6.38 | 133108 | 6.39 | 132543 | 6.00 | 139962 | 5.77 | 165172 | 6.20 | 168036 | 5.72 |
| 13. 金属制品业 | 35410 | 1.70 | 41988 | 2.02 | 26050 | 1.18 | 24933 | 1.03 | 28775 | 1.08 | 33656 | 1.15 |
| 14. 机械工业 | 77932 | 3.73 | 69170 | 3.32 | 72288 | 3.27 | 78573 | 3.24 | 78830 | 2.96 | 85562 | 2.91 |
| 15. 交通运输、电气、电子设备制造业 | 80211 | 3.84 | 81723 | 3.92 | 86111 | 3.90 | 89170 | 3.68 | 96179 | 3.61 | 105244 | 3.58 |
| 16. 其他工业 | 39540 | 1.89 | 44170 | 2.15 | 59872 | 2.72 | 55433 | 2.29 | 55556 | 2.09 | 68948 | 2.33 |

**注** 表中用电量不含发电厂厂用、电力网线路损失电量。百分比为占全社会净用电量的比例。

表 5-1-4　　1991～2002 年陕西省农业、交通邮电业、居民生活用电构成情况

| 类别 | 年份 | | | | | | | | | | | |
|---|---|---|---|---|---|---|---|---|---|---|---|---|
| | 1991 | | 1992 | | 1993 | | 1994 | | 1995 | | 1996 | |
| | 用电量（千瓦·时） | 百分比（%） | 用电量（千瓦·时） | 百分比（%） | 用电量（千瓦·时） | 百分比（%） | 用电量（千瓦·时） | 百分比（%） | 用电量（千瓦·时） | 百分比（%） | 用电量（千瓦·时） | 百分比（%） |
| 全社会净用电量总计 | 1474901 | 100 | 1580647 | 100 | 1737791 | 100 | 1874994 | 100 | 1943800 | 100 | 2026719 | 100 |
| 一、农、林、牧、渔、水利业合计 | 183068 | 12.41 | 191414 | 12.11 | 191348 | 11.01 | 217091 | 11.58 | 228398 | 11.75 | 211314 | 10.43 |
| 其中：排灌 | 93149 | 6.32 | 107725 | 6.82 | 94222 | 5.42 | 125118 | 6.67 | 149961 | 7.71 | 131806 | 6.50 |
| 1. 农业 | 125601 | 8.52 | 129423 | 8.19 | 122577 | 7.05 | 133891 | 7.14 | 149727 | 7.70 | 139040 | 6.86 |
| 2. 林业 | 878 | 0.06 | 1161 | 0.07 | 943 | 0.05 | 1136 | 0.06 | 982 | 0.05 | 1000 | 0.05 |
| 3. 畜牧业 | 862 | 0.06 | 701 | 0.04 | 816 | 0.05 | 1401 | 0.07 | 766 | 0.04 | 810 | 0.04 |
| 4. 渔业 | 751 | 0.05 | 913 | 0.06 | 977 | 0.06 | 1103 | 0.06 | 973 | 0.05 | 3563 | 0.18 |
| 5. 水利业 | 36533 | 2.48 | 39161 | 2.48 | 41946 | 2.41 | 51522 | 2.75 | 50363 | 2.60 | 45354 | 2.24 |
| 6. 其他 | 18443 | 1.24 | 20055 | 1.27 | 24089 | 1.39 | 28038 | 1.50 | 25587 | 1.31 | 21547 | 1.06 |
| 二、交通运输、邮电通信业合计 | 93040 | 6.31 | 98733 | 6.25 | 105100 | 6.05 | 107623 | 5.74 | 113456 | 5.84 | 121826 | 6.01 |
| 1. 交通运输业小计 | 90012 | 6.10 | 95784 | 6.06 | 101583 | 5.85 | 103250 | 5.51 | 108874 | 5.60 | 114594 | 5.65 |
| 其中：电气化铁路 | 82546 | 5.60 | 87493 | 5.54 | 92101 | 5.30 | 94319 | 5.03 | 98271 | 5.06 | 101144 | 4.99 |
| 2. 邮电通信业小计 | 3028 | 0.21 | 2949 | 0.19 | 3517 | 0.20 | 4373 | 0.23 | 4582 | 0.24 | 7232 | 0.36 |
| 三、城乡居民生活用电合计 | 98330 | 6.67 | 123719 | 7.83 | 149087 | 8.58 | 186450 | 9.94 | 197076 | 10.14 | 216889 | 10.70 |
| 1. 乡村居民生活用电 | 26306 | 1.78 | 34525 | 2.18 | 45252 | 2.60 | 65492 | 3.49 | 74704 | 3.84 | 81884 | 4.04 |
| 2. 城市居民生活用电 | 72024 | 4.89 | 89194 | 5.65 | 103835 | 5.98 | 120958 | 6.45 | 122372 | 6.30 | 135005 | 6.66 |

续表

| 类别 | 年份 | | | | | | | | | | | |
|---|---|---|---|---|---|---|---|---|---|---|---|---|
| | 1997 | | 1998 | | 1999 | | 2000 | | 2001 | | 2002 | |
| | 用电量（千瓦·时） | 百分比（%） | 用电量（千瓦·时） | 百分比（%） | 用电量（千瓦·时） | 百分比（%） | 用电量（千瓦·时） | 百分比（%） | 用电量（千瓦·时） | 百分比（%） | 用电量（千瓦·时） | 百分比（%） |
| 全社会净用电量总计 | 2087409 | 100 | 2082697 | 100 | 2208182 | 100 | 2423932 | 100 | 2662601 | 100 | 2936589 | 100 |
| 一、农、林、牧、渔、水利业合计 | 254021 | 12.17 | 202512 | 9.72 | 222944 | 10.10 | 228954 | 9.45 | 251110 | 9.43 | 264500 | 9.01 |
| 其中：排灌 | 176102 | 8.44 | 138663 | 6.66 | 158255 | 7.17 | 164910 | 6.80 | 183557 | 6.89 | 196872 | 6.70 |
| 1. 农业 | 183123 | 8.77 | 144568 | 6.94 | 160395 | 7.26 | 167466 | 6.91 | 187217 | 7.03 | 196333 | 6.69 |
| 2. 林业 | 977 | 0.05 | 1568 | 0.07 | 1254 | 0.06 | 1217 | 0.05 | 1245 | 0.05 | 1713 | 0.06 |
| 3. 畜牧业 | 1004 | 0.05 | 930 | 0.04 | 5163 | 0.23 | 1509 | 0.06 | 1673 | 0.06 | 1139 | 0.04 |
| 4. 渔业 | 2168 | 0.10 | 1954 | 0.09 | 1125 | 0.05 | 2325 | 0.10 | 1776 | 0.07 | 2023 | 0.07 |
| 5. 水利业 | 45395 | 2.17 | 41301 | 1.98 | 46836 | 2.12 | 46762 | 1.93 | 49940 | 1.88 | 53919 | 1.84 |
| 6. 其他 | 21354 | 1.02 | 12191 | 0.60 | 8171 | 0.38 | 9675 | 0.40 | 9259 | 0.34 | 9373 | 0.31 |
| 二、交通运输、邮电通信业合计 | 123701 | 5.93 | 126055 | 6.05 | 134860 | 6.11 | 140103 | 5.78 | 174771 | 6.56 | 202663 | 6.90 |
| 1. 交通运输业小计 | 117504 | 5.63 | 118678 | 5.70 | 122844 | 5.56 | 127252 | 5.25 | 160189 | 6.02 | 186489 | 6.35 |
| 其中：电气化铁路 | 107064 | 5.13 | 107522 | 5.16 | 105693 | 4.79 | 112433 | 4.64 | 144765 | 5.44 | 159442 | 5.43 |
| 2. 邮电通信业小计 | 6197 | 0.30 | 7377 | 0.35 | 12016 | 0.55 | 12851 | 0.53 | 14582 | 0.54 | 16174 | 0.55 |
| 三、城乡居民生活用电合计 | 249938 | 11.97 | 263116 | 12.63 | 292377 | 13.24 | 333110 | 13.74 | 357711 | 13.43 | 398851 | 13.58 |
| 1. 乡村居民生活用电 | 88722 | 4.25 | 96607 | 4.64 | 111641 | 5.06 | 120042 | 4.95 | 125741 | 4.72 | 138440 | 4.71 |
| 2. 城市居民生活用电 | 161216 | 7.72 | 166509 | 7.99 | 180736 | 8.18 | 213068 | 8.79 | 231971 | 8.71 | 260411 | 8.87 |

# 第二章　用　电　管　理

1983 年 8 月，国家颁布《全国供用电规则》，明确提出计划用电、节约用电、安全用电（简称“三电”），包含了用电管理工作的主要内容。1996 年 4 月 1 日起施行的《中华人民共和国电力法》，1996 年 9 月 1 日起施行的《电力供应与使用条例》都明确规定：“国家对电力供应和使用，实行安全用电、节约用电、计划用电的管理原则”。1991～2002 年，陕西省、地、县三级电力管理部门和供电企业，健全了“三电”管理机构，运用法律、经济、技术、行政手段，强化用电管理工作，在合理配置资源缓解电力供需矛盾，提高经济和社会效益，保证电网安全稳定运行，安全可靠供电和优质服务等方面发挥了重要作用。

## 第一节　计　划　用　电

计划用电是在计划经济向市场经济过渡时期，应对电力供应紧张的有效措施。1991～2002 年，陕西电网经历了供需矛盾突出、相对缓和、基本平衡的不同阶段。其间，特别是在供需矛盾突出时期，陕西各级电力管理部门、供电企业及其“三电”管理机构，强化计划用电管理工作，维持正常的用电秩序，缓解供需矛盾，基本满足了工农业和城乡居民生活的用电需求。

1991～1996 年，西北地区连年干旱，水电减发，加之火电装机不足，农业排灌用电量大幅度增加，陕西电力供需矛盾十分突出，被迫计划拉路限电频繁。1995 年拉路限电 114999 条次、限电量 21.99 亿千瓦·时；1996 年拉路限电 102058 条次，限电量 18.73 亿千瓦·时。面对严峻的缺电形势，陕西供电企业在确保电网安全稳定运行的同时，完善强化计划用电的各项措施，取得了明显成效。

1991 年 8 月，国家能源部以能源办［1991］694 号文件印发《关于保证城乡人民生活照明用电的决定》，要求必须采取得力措施，把保证城乡人民基本生活用电作为一件大事来抓。决定提出，城乡居民照明用电要列入计划，落实指标。要加强用电负荷管理，做到“正常时间保工业，关键季节保农业，晚峰时间保照明”。同年 11 月，西北电业管理局以西电用字［1991］54 号文件印发《陕西省保证城乡人民生活照明用电的措施》，要求建立健全各级“三电”组织，按照《陕西省按地市分电及包干使用办法》，将城乡人民生活照明用电纳入计划用电内容，重申陕西省调整负荷“八项规定”和严肃计划用电纪律，并提出具体落实措施，切实保证城乡人民基本生活用电。

西北电网领导小组继 1990 年 12 月第五次会议之后，分别于 1994 年 8 月、1996 年 4 月相继召开第六、第七次会议，分析西北地区电力供需形势，黄河上游灌溉和城市供水情况，提出缓解缺电局面应采取的措施。要求在加大电源、电网建设的同时，做好计划用电工作。用经济、技术、法律等手段，按照量入为出，保主、保重、择优供电的原则，把计划用电、节约用电落实到基层和用户。其间，陕西省电力工业局根据会议要求，经陕西省经济主管部门审定，重新修订下发《关于进一步建立健全陕西电网正常秩序的若干措施》、《关于进一步加强调荷节电的紧急通知》、《陕西各供电局调荷奖励办法》、《陕西电网事故断电序位表》、《陕西电网紧急断电序位表》及《陕西电网超计划断电序位表》等，强化计划用电管理工作，基本保证了全省大农灌、国家重要设施、要害部门、社会公用、公益设施、大中城市市政生活用电以及效益好、产品有销路的工业用户和涉外企业的用电。

1995 年 4 月，电力工业部、国家计委及国家经贸委联合在上海召开全国计划用电工作会议，研究在建立社会主义市场经济体制过程中，加强宏观调控，强化用电管理，促进电力资源优化配置，稳定供用电秩序，提高供电质量，开创计划用电新局面等一系列问题。1995 年 5 月，电力工业部以电安生［1995］288 号文件将会议讨论修改后的《全面推行峰谷分时电价的实施意见》、《技术限电措施实施意见》下发执行。两个实施意见分别提出，用 3～4 年时间，在全国推行峰谷分时电价制度，用经济手段激励用户削峰填谷，缓解高峰缺电；用 5 年左右时间，在全国普及电力负荷控制技术，使负控装置控制的用电负荷达到地区总负荷的 70％以上，基本做到限电不拉 10 千伏及以上线路断路器，实现用电监控到户，采用技术限电措施，调控需求，稳定供电局势，促进资源优化配置，提高电能利用率。

1995 年 7 月，针对严重的缺电形势，陕西省人民政府办公厅以陕政办发［1995］110 号文件印发《关于做好当前供电用电工作的紧急通知》，要求认清形势，树立全局观念，增强全社会计划用电、节约用电的意识。提出在电力安排上，要按照“统筹兼顾、保证重点”的原则，认真做好电力计划分配工作；在电力使用上，一切用电单位和个人，都要顾全大局，自觉按计划指标用电。要求电力企业在做到稳发电、满发电、多供电的同时，认真做好计划供电工作。要坚持“谁超限谁、谁超谁限、今超明还”的原则，对需要重点支持的用户一定要保证用电，对应该限电的用户必须限电到位，把调度拉大闸降到最低程度，真正建立起良好的用电秩序。

1995 年 8 月，陕西省经贸委、陕西省电力工业局联合在渭南召开陕西省计划用电、节约用电工作会议，传达全国计划用电、节约用电工作会议精神，研究部署全省计划用电、节约用电工作。会议讨论并随后下发了《陕西省分电办法（修改稿）》和《陕西省节电奖励和超用加收费办法》。

1996 年 3 月，根据国家计委、电力工业部计价格［1995］596 号文和陕西省物价局、陕西省电力工业局陕价电发［1995］282 号文的规定，陕西省电力工业局以陕电用字［1996］2 号文件制定印发了《陕西省电网峰谷分时电价实施细则》，提出从 1995 年底开始到 1998 年底，利用 3～4 年时间，在陕西电网有计划、分步骤、全面推行峰谷分时电价制度，并就总体目标、执行范围、实施步骤、分时表的选用、资金来源等作出规定。至 1996 年末，陕西直属的 9 个供电局中，8 个供电局执行分时电价的电量均超过应执行电量的 50％，一个供电局接近 50％。

1996 年 10 月，陕西省电力工业局以陕电用字［1996］29 号文件转发电力工业部制定的《电力负荷控制系统实用化验收办法》，同时提出，采用分阶段实施的步骤，即第一阶段，首先实现负荷监控面达到 70％的要求；第二阶段，严格按照实用化验收要求，扩大应用范围和层次。总的目标是，各供电局要在 1998 年内达到实用化验收要求。按照这一目标，陕西省电力工业局投入资金，选用先进的负控设备。至 1996 年末，陕西省直属的 9 个供电局负荷监控面均达到或超过 50％。全省监控负荷已达到 172 万千瓦，占全年最大平均负荷的 59％，可限负荷 78 万千瓦，占全年最大平均负荷的 26.7％。

1997 年下半年，陕西用电形势出现较大变化，电力供需矛盾相对缓和，基本达到供需平衡。1998 年，计划用电工作开始从分电、限电转移到大力开拓电力市场，努力增供扩销上来。

## 第二节　节　约　用　电

1991～2002 年，陕西各级电力管理部门、供电企业及其“三电”管理机构，坚持“开发和节约并重”的能源战略方针，认真组织开展每年一次的“节能宣传周”活动，努力提高全社会的节能意识，在抓好供电企业自身降损节能工作的同时，大力开展社会节电工作。

1991～1995 年，陕西省进一步充实省、地、县三级“三电”管理机构。加强生产用电定额管理，组织制定了 22 种主要工业产品电耗定额地方标准和《陕西省主要工业产品电耗限额（71 种）》，完善工业产品电耗管理体系，实现了微机管理。加速技术改造和老旧机电设备的更新，全省 30 座电弧炉基本实现微机监控，75％以上的大型水泵采用了微机缓闭止回阀，磁性槽泥改造大型电机基本完成，盐浴炉和电阻炉的技术改造完成 90％，推广新光源 20％，照明控制器覆盖率达到 40％以上。加强综合管理，制定了《节约用电标准化检查评比办法》，对企业节能工作进行考评和电能平衡验收，以调动企业节电的积极性。5 年全社会累计节电 20 亿千瓦·时，创造效益约 60 亿元。

1994 年 11 月，电力工业部、国家计委、国家经贸委联合在郑州召开全国节约用电工作会议。会议总结了 1987 年 6 月全国计划用电、节约用电工作会议以来的经验，下发了《1995～2002 年节电规划》。1995 年 8 月，陕西省经贸委、陕西省电力工业局联合在渭南召开陕西省计划用电、节约用电工作会议，传达全国计划用电、节约用电工作会议精神，下发了《陕西省分电办法（修改稿）》、《陕西省节电奖励和超用加收费办法》。会后，陕西省“三电”办公室以陕三电办［1995］1 号文件印发《陕西省 1995～2002 年节电规划》，提出了 1995～2002 年全省节电目标和具体实施措施。规划提出的 1995～2002 年全省节电目标是：年均节电 7 亿千瓦·时，并使全社会单位产值电耗和主要工业产品单耗降低 10％以上；采用削峰填谷措施，将负荷率由 0.80 提高到 0.85，平均转移高峰负荷 22 万千瓦，累计减少窝电损失 100 亿千瓦·时。

1996～2000 年，全省把节约用电作为国民经济发展的一项战略方针，认真贯彻执行国家各项节约用电政策规定，制定有效的办法和措施，使节电工作深入各行各业。加强用电负荷管理，推行峰谷分时电价。加强节电宏观管理，依靠科技进步，加快技术改造，认真执行国家产业政策，完善产品电耗定额，加强考核，奖优罚劣。重点推广高效节能灯（电子镇流器、声光控开关）、风机、泵类节电技术，电动机节电技术，电炉钢和矿热炉节电技术，电加热节电技术，变频调速等电子节电技术，电焊机节电技术，蓄冷节电技术等“十项”节电技术措施。

2001年2月，国家电力公司以国电发［2001］96号文件转发国家经贸委、国家计委于2000年12月印发的国经贸资源［2000］1256号文《节约用电管理办法》，要求各级供电企业在当地政府指导下，结合各地实际情况，制定具体的实施细则。陕西省的节约用电工作按照新的管理办法继续开展。

## 第三节 安 全 用 电

1991～2002年，陕西省各级“三电”管理机构和供电企业，把安全用电工作作为电力生产、电网运行以及用户生产的重要保证。进一步健全用电检查机构，提高用电检查人员素质，加强用户用电设备及电工的管理。

1991年9月，西北电业管理局以西电用字［1991］41号文件转发能源部《关于加强对社会电工管理工作的通知》，重申了西电用字［1989］20号文件印发的《陕西省用电设备及电工管理暂行规定》。

1994年7月，西北电力集团公司以西电集团用字［1994］3号文件印发《关于加强用户安全用电工作的通知》。各供电企业按照通知要求，在三季度内对所有大工业用户和重要用户的供用电协议进行了一次全面检查，按照规定对有关条款进行修订，进一步明确供用电双方的权利和责任。加强用电监察工作，帮助用户做好设备管理、电工管理、保护的核定和试验工作。有自备电源的重要用户，必须保证在任何情况下都能立即投入运行。对供用电双方有关供用电事宜的往来文件、通知、电话等实行规范化管理，整理存档备查。

1995年10月，西北电业管理局以西电用字［1995］22号文件印发《关于加强用户安全用电工作的通知》。各供电企业按照通知要求，切实加强用电监察和安全用电工作；积极帮助用户健全安全用电规章制度；抓紧进网作业电工培训和管理工作；加强进网电气设备管理；做好自备发电设备的管理。

1999年3月，陕西省电力工业局以陕电市营字［1999］3号文件印发《关于加强安全用电工作的通知》。各供电企业按照通知要求，坚持“安全第一，预防为主”的方针，树立为客户服务的观念，切实加强用电检查和安全用电工作。认真贯彻《中华人民共和国电力法》、《电力供应与使用条例》及其配套法规，根据上级部门有关安全用电的规定，制定安全用电工作细则。定期开展客户安全用电检查活动，帮助客户建立健全安全用电的规章制度，并督促检查执行情况。制定相应的防范措施，杜绝用户设备事故越级造成电网跳闸事故。加强进网作业电工的培训和管理工作，做好考试考核和发证工作，杜绝无证上岗。

加强进网电气设备的管理，禁止无生产许可证的电气设备进网运行。对运行设备定期进行检查，消除隐患和缺陷。做好有自备电源客户的管理工作，帮助指导制定防止反送电的技术措施。签订的供用电合同中，明确规定了双方应承担的安全责任。

2002 年 6 月，针对煤矿、铁路运输等行业安全事故频发，安全生产形势十分严峻的状况，陕西省电力公司以陕电市字［2002］15 号文件印发《关于加强重要特殊用户安全用电的通知》。各供电企业按照通知要求，对易发生人身伤亡事故、有重大政治影响的特殊电力用户（如矿山、井下、化工、电台、航天、石油、铁路运输、党政军机关等）的用电情况进行了检查和清理。主要检查用户的保护装置是否完好，自备发电设备等保安电源、备用电源是否经常处于健康待运状态，用电管理制度是否完善，是否认真执行等。同年 8 月，陕西省电力公司以陕电市字［2002］17 号文件印发《关于进一步加强重要特殊用户安全用电管理的通知》。再次要求直属各供电企业，对辖区内的重要特殊用户进行全面清理检查，主要检查供电方式、保电措施、供用电合同，并造册登记，建立重要特殊用户档案并报省公司市场营销部备案。要求把此项工作作为下半年的一项重点工作认真落实，排出进度，10 月底前完成。各供电企业对重要用户的供电情况进行了排查和造册登记，并对易燃易爆、矿山井下以及重要特殊用户进行了重点检查，督促和帮助用户及时消除用电方面存在的安全隐患。对全省 235 户重要用户的供用电合同进行了检查和清理，针对存在的问题，制定了相应的框架文本，规范了供用电合同的管理及签订工作。同时，针对客户供电工程中存在的问题，制定了《陕西省电力公司客户电力工程安全保证体系工作规定》，建立客户电力工程安全工作汇报制度，落实客户电力工程的安全责任。

1998～1999 年，根据《中华人民共和国电力法》、《电力供应与使用条例》以及《用电监察管理办法》的规定，按照国家电力公司的安排，组织了用电监察人员业务学习和培训，并进行了资格考试，合格者颁发用电监察证，整顿了用电监察队伍，提高了用电监察人员的素质。同时，加大用电监察的力度，从 1999 年开始，建立用户用电日常检查工作和安全情况统计分析制度。据统计，1999～2002 年，全省直属供电企业累计检查用户 419844 户次，其中 35 千伏及以上用户 754 户次，10 千伏高供高计用户 6514 户次，居民照明用户 294922 户次。1999～2002 年，全省直属供电企业用户未发生人身伤亡事故；发生影响系统事故 10 次，误操作事故 10 次，一般设备事故 221 次。

# 第三章　市　场　营　销

1991～2002年，陕西省各级电力管理部门和供电企业，根据不断变化的用电形势，重视加强市场营销工作。在发展完善电网、提高供电能力的同时，缩短业扩报装办理时间，加强电能计量和电费回收工作。健全客户服务体系，逐步形成适应社会主义市场经济体制的市场营销机制。

## 第一节　报装接电及供电贴费

1991～2002年，陕西省各级供电企业坚持把业扩报装工作作为电力市场营销的首要环节，加强管理，完善手段，简化手续，缩短时间，以优质高效的服务，努力开拓市场。

**一、报装接电**

1991年9月，西北电业管理局在甘肃酒泉召开西北地区用电管理现代化及微机应用经验交流会议。总结了几年来西北地区在用电管理方面应用微机的经验，对如何提高微机应用水平及建立完善的用电管理信息系统提出具体意见和要求。提出以省为单位，按照能源部颁发试行的《用电管理信息系统技术规范（试行）》的要求，1992年完成总体规划和方案设计；1993年主要供电企业初步形成微机网络，业扩、电费、计量三大子系统投运；1995年八大子系统投运，基本建成用电管理信息系统。供电企业业扩报装工作进入现代化管理的新时期。

1991～1995年，通过供电企业开展的安全文明生产达标活动和行业作风整顿，加强了“营业窗口”建设，完善了业扩报装“一口对外”服务体系，缩短了报装接电的办理时间。

1997年5月，西北电业管理局决定在全省供电企业开展“为人民服务，树行业新风”示范窗口活动，提出包括报装接电在内的十条规范服务要求。要求报装接电做到规范工作流程，减少环节，实行“一口对外”，严格遵守报装时限规定。

1997年，陕西省电力工业局依据《中华人民共和国电力法》、《电力供应与使用条例》以及相应管理办法的规定，按照电力工业部的统一部署，开展了全省供电营业区的划分工作，并第一批为98个企业颁发了供电营业许可证，其中省级1个，地级9个，县级88个。

1998年，西北电力集团公司制定并发布了《西北电力集团公司“供用电合同”管理办法（试行）》，对依法签订供用电合同工作进行全过程规范管理，直属供电企业按要求全部完成了供用电合同的签订或重签工作。

1998年3月，西北电力集团公司以西电集团经字［1998］14号文件印发《关于开发陕西电力市场的若干规定》，针对用电市场出现的新形势，就开发电力市场，增供扩销作出12条具体规定。

1999年4月，陕西省电力公司以陕电市字［1999］11号文件印发《关于加快报装接电有关规定的通知》，要求直属各供电企业进一步转变观念，快速、高效、满负荷开展报装接电工作。通知规定，得知客户需新装或增容信息后，两日内到达现场，解决客户有关问题，帮助其准备相关资料，10日内答复；客户申请用电，若无电力工程，则自收到申请至装表接电应在3个工作日内完成；贴费收取可根据客户资金实际，签订分期交纳协议，一年内结清；对因自身原因，造成客户晚用电的，要追究相关人员的责任。当月，陕西省电力公司依据国家电力公司对城镇居民住宅实施“一户一表”工程的决定及其制定颁发的《城镇“一户一表”改造的若干规定》，以陕电市字［1999］19号文件印发《城镇居民生活用电“一户一表”改造工程实施办法》，提出从1999年开始，3年内基本实现城镇居民“一户一表”，由供电企业直供直管，一般用户按每户用电负荷不低于4千瓦的工程改造目标与标准。同时，就改造的原则、范围、步骤、费用、工程管理、电能表的选用、售电方式等，作出具体规定。之后，直属各供电企业制订规划，报批方案，把城镇居民生活用电“一户一表”改造列入城乡电网建设与改造工程。1999～2001年，全省直属供电企业累计完成城镇居民生活用电“一户一表”改造43.15万户。

从1999年开始，陕西省电力公司建立了业扩报装定期统计分析制度。1999～2002年，全省直属供电企业除“一户一表”改造外，累计接受用电申请19.78万户，完成接电17.75万户，接电率90%，新增用电容量266万千伏·安。2002年底，全省全社会各类用电户数达到100.28万户，较1990年增长238.20%；用电装接容量达到1943.05万千瓦，较1990年增长94.43%。

1991～2002年陕西省各类用户数和用电装接容量见表5-3-1。

## 二、供电贴费

供电贴费是用户申请用电或增加用电容量时，应向供电部门缴纳，由供电部门统一规划并负责建设的110千伏及以下各级电压外部供电工程的建设、扩充、改建及其配套工程（工程概算内的辅助生产、生活福利等设施）所需费用的总称。供电工程贴费由供电贴费和配电贴费两部分组成。

1991～2002年，陕西省供电贴费收取范围及标准经过3次大的调整。

1991～1992年，执行1986年2月西北电业管理局西电用字［1986］9号文件印发的《关于调整贴费收取标准和加强使用与管理的补充规定》。

1991～1992年陕西省供电贴费标准见表5-3-2。

表 5-3-1　　1991～2002 年陕西省各类用户数和用电装接容量

| 用电类别 | 年份 | | | | | | | | | | | |
|---|---|---|---|---|---|---|---|---|---|---|---|---|
| | 1991 | | 1992 | | 1993 | | 1994 | | 1995 | | 1996 | |
| | 用户个数（个） | 装接容量（千瓦） | 用户个数（个） | 装接容量（千瓦） | 用户个数（个） | 装接容量（千瓦） | 用户个数（个） | 装接容量（千瓦） | 用户个数（个） | 装接容量（千瓦） | 用户个数（个） | 装接容量（千瓦） |
| 全社会用电总计 | 300408 | 10621963 | 345210 | 10713665 | 393113 | 11244372 | 420232 | 11107906 | 419152 | 11650691 | 439643 | 12095655 |
| 一、农、林、牧、渔、水利业合计 | 48406 | 2101638 | 56860 | 2055415 | 63645 | 2088644 | 52706 | 1961114 | 62556 | 2034841 | 58694 | 2035426 |
| 二、工业合计 | 32129 | 5575876 | 48335 | 5664905 | 34034 | 5915155 | 37071 | 6021923 | 38285 | 6294295 | 41269 | 6757454 |
| 其中：厂用、自用、线路损失电量合计 | 916 | 472809 | 1017 | 473535 | 1146 | 568716 | 1267 | 487332 | 1220 | 494254 | 1503 | 604911 |
| 三、地质普查和勘探业合计 | 190 | 11691 | 219 | 21245 | 258 | 15582 | 285 | 16550 | 284 | 15512 | 371 | 23091 |
| 四、建筑业合计 | 2079 | 151799 | 2436 | 131345 | 2677 | 156387 | 2834 | 148700 | 2980 | 166270 | 3077 | 168868 |
| 五、交通运输、邮电通信业合计 | 2389 | 1156226 | 2524 | 1200773 | 2613 | 1271467 | 2677 | 1218047 | 2773 | 1263191 | 2969 | 1266732 |
| 其中：电气化铁路 | 274 | 1014356 | 295 | 1040574 | 299 | 1053977 | 305 | 1053767 | 303 | 1097453 | 319 | 1097783 |
| 六、商业、公共饮食业、物资供销业和仓储业合计 | 21977 | 235149 | 24364 | 259901 | 25902 | 269709 | 26577 | 280108 | 29963 | 315183 | 30763 | 326113 |
| 七、其他事业合计 | 19614 | 757808 | 22387 | 714412 | 22781 | 728092 | 22974 | 734852 | 24813 | 822420 | 27012 | 823165 |
| 八、城乡居民生活用电合计 | 173624 | 631776 | 188085 | 665669 | 241223 | 799336 | 275108 | 726612 | 257498 | 738979 | 275488 | 694806 |
| 1. 乡村居民生活用电 | 44243 | 236370 | 49012 | 257025 | 77774 | 320822 | 117734 | 287949 | 89653 | 295596 | 97253 | 285723 |
| 2. 城市居民生活用电 | 129381 | 395406 | 139073 | 408644 | 163449 | 478514 | 157374 | 438663 | 167845 | 443383 | 178235 | 409083 |
| 全社会净用电总计 | 299492 | 10149154 | 344193 | 10240130 | 391967 | 10675656 | 418965 | 10620574 | 417932 | 11156437 | 438140 | 11490744 |

续表

| 用电类别 | 年份 | | | | | | | | | | | |
|---|---|---|---|---|---|---|---|---|---|---|---|---|
| | 1997 | | 1998 | | 1999 | | 2000 | | 2001 | | 2002 | |
| | 用户个数（个） | 装接容量（千瓦） | 用户个数（个） | 装接容量（千瓦） | 用户个数（个） | 装接容量（千瓦） | 用户个数（个） | 装接容量（千瓦） | 用户个数（个） | 装接容量（千瓦） | 用户个数（个） | 装接容量（千瓦） |
| 全社会用电总计 | 463283 | 12779259 | 518089 | 13274763 | 653777 | 13800862 | 744137 | 16468116 | 878476 | 16627639 | 1002834 | 19430479 |
| 一、农、林、牧、渔、水利业合计 | 67752 | 2087613 | 73939 | 2176855 | 68966 | 2410160 | 58445 | 2454582 | 65772 | 2590490 | 71278 | 2763920 |
| 二、工业合计 | 41930 | 6984625 | 45410 | 7268029 | 47325 | 7236096 | 54014 | 9309117 | 53937 | 8460138 | 58069 | 8927668 |
| 其中：厂用、自用、线路损失电量合计 | 1601 | 624847 | 1867 | 593508 | 1850 | 586936 | 2093 | 621495 | 1977 | 702041 | 1395 | 694373 |
| 三、地质普查和勘探业合计 | 397 | 26959 | 401 | 26938 | 306 | 27983 | 218 | 29085 | 246 | 33886 | 360 | 34955 |
| 四、建筑业合计 | 2966 | 201320 | 3295 | 241545 | 3338 | 235457 | 3286 | 241654 | 3229 | 218482 | 4185 | 271382 |
| 五、交通运输、邮电通信业合计 | 3039 | 1292712 | 3225 | 1235596 | 5548 | 1145026 | 5677 | 1304183 | 6036 | 1560694 | 6566 | 1754858 |
| 其中：电气化铁路 | 339 | 1064031 | 362 | 1099350 | 359 | 1002480 | 370 | 1128919 | 403 | 1361744 | 414 | 1404706 |
| 六、商业、公共饮食业、物资供销业和仓储业合计 | 31979 | 338694 | 35335 | 345373 | 44643 | 379988 | 54535 | 484737 | 60223 | 572328 | 71360 | 737705 |
| 七、其他事业合计 | 27706 | 864839 | 31616 | 894579 | 31949 | 942765 | 32944 | 994681 | 33734 | 1137958 | 39291 | 1303428 |
| 八、城乡居民生活用电合计 | 287514 | 982497 | 324868 | 1085848 | 451702 | 1423387 | 535018 | 1650077 | 655299 | 2053663 | 751725 | 3636563 |
| 1. 乡村居民生活用电 | 101807 | 389021 | 99240 | 439190 | 102343 | 442807 | 214816 | 556513 | 247417 | 717398 | 281618 | 850583 |
| 2. 城市居民生活用电 | 185707 | 593476 | 225628 | 646658 | 349359 | 980580 | 320202 | 1093566 | 407882 | 1336265 | 470107 | 2785980 |
| 全社会净用电总计 | 461682 | 12154412 | 516222 | 12681255 | 651927 | 13213926 | 742044 | 15846621 | 876499 | 15925598 | 1001439 | 18736106 |

表 5-3-2　　1991～1992 年陕西省供电贴费标准

<table>
<tr><th colspan="2" rowspan="2">用户受电电压</th><th rowspan="2">用户应交纳贴费[元/(千伏·安)]</th><th colspan="2">其中[元/(千伏·安)]</th><th>备　注</th></tr>
<tr><th>供电贴费</th><th>配电贴费</th><th rowspan="6">新建线路工程由用户承建</th></tr>
<tr><td colspan="2">380/220 伏</td><td>180</td><td>110</td><td>70</td></tr>
<tr><td rowspan="2">10 千伏线路</td><td>公网</td><td>140</td><td>110</td><td>30</td></tr>
<tr><td>专线</td><td>110</td><td>110</td><td>—</td></tr>
<tr><td rowspan="2">35 千伏线路</td><td>公网</td><td>55</td><td>55</td><td>—</td></tr>
<tr><td>专线</td><td colspan="3">用户自建；涉及 110 千伏增容扩建，另行商定</td></tr>
</table>

1993 年 3 月，西北电业管理局以西电用字[1993]13 号文件转发能源部能源电[1993]120 号文《关于转发国家计委调整供电贴费标准和加强贴费管理问题有关文件的通知》，重新核定征收范围和征收标准，将 110 千伏电压等级列入供电贴费征收范围。同时明确，从 1993 年 1 月 1 日起，除明确指出的收取下限的用户外，暂按上限标准收取。

1993 年陕西省各级电压的供电贴费标准见表 5-3-3。

表 5-3-3　　1993 年陕西省各级电压的供电贴费标准

| 用户受电电压等级(千伏) | 用户应交纳贴费[元/(千伏·安)] | 其中[元/(千伏·安)] | | 自建本级电压外部供电工程应交纳贴费[元/(千伏·安)] |
|---|---|---|---|---|
| | | 供电贴费 | 配电贴费 | |
| 甲 | 1 | 2 | 3 | 4 |
| 0.38/0.22 | 500～550 | 190～210 | 310～340 | 400～450 |
| 10 | 400～450 | 220～250 | 180～200 | 300～330 |
| 35 | 300～330 | 300～330 | — | 150～180 |
| 110 | 150～180 | 150～180 | — | — |

1993 年 5 月，电力工业部以电办[1993]87 号文件印发《供电工程贴费管理办法》，与经国务院批准、国家计委计投资[1993]116 号文件印发的《关于 110 千伏及以下工程收取贴费的暂行规定》(能源电[1993]120 号文件转发)同时执行，并要求各地制定相应的实施细则。

1994 年 3 月，西北电业管理局以西电用字[1994]10 号文件印发《西北地区 110 千伏及以下供电工程收取贴费实施细则》，根据国家计委《关于 110 千伏及以下供电工程收取贴费的暂行规定》和电力工业部《供电工程贴费管理办法》的规定，就西北地区 110 千伏及以下供电工程贴费收取范围、标准及计算、使用范围、管理与监督等作出规定，自 1994 年 1 月 1 日起执行。

1994～2000 年陕西省各级电压的供电贴费标准见表 5-3-4。1994～2000 年陕西省农业及乡村居民用户供电贴费标准见表 5-3-5。

表 5-3-4　　1994～2000 年陕西省各级电压的供电贴费标准

| 用户受电电压等级(千伏) | 用户应交纳贴费[元/(千伏·安)] | 其中[元/(千伏·安)] | | 自建本级电压外部供电工程应交纳贴费[元/(千伏·安)] |
|---|---|---|---|---|
| | | 供电贴费 | 配电贴费 | |
| 甲 | 1 | 2 | 3 | 4 |
| 0.38/0.22 | 550 | 210 | 340 | 450 |
| 10(6) | 450 | 250 | 200 | 330 |
| 35 | 330 | 330 | — | 180 |
| 110 | 180 | 180 | — | — |

表 5-3-5　1994～2000 年陕西省农业及乡村居民用户供电贴费标准

| 用户受电电压等级（千伏） | 用户应交纳贴费[元/(千伏·安)] | 其中[元/(千伏·安)] | | 自建本级电压外部供电工程应交纳贴费[元/(千伏·安)] |
|---|---|---|---|---|
| | | 供电贴费 | 配电贴费 | |
| 甲 | 1 | 2 | 3 | 4 |
| 0.38/0.22 | 500 | 190 | 310 | 400 |
| 10 | 400 | 220 | 180 | 300 |
| 35 | 300 | 300 | — | 150 |
| 110 | 150 | 150 | — | — |

2000 年 9 月，陕西省电力公司以陕电市字［2000］42 号文件转发陕西省物价局、陕西省经贸委陕价电调发［2000］88 号文《关于调整供电贴费标准等问题的通知》，根据国务院批准，国家计委、国家经贸委计价格［2000］744 号文件《关于调整供电贴费标准等问题的通知》规定，将现行贴费标准降低一半，降低后的贴费收入用作城市电网建设与改造工程项目资本金，自 2000 年 6 月起执行。同时明确，取消省及省以下各级政府及部门自行出台的电力增容费；各地及有关部门自行提高的贴费标准一律停止执行。凡列入农网改造工程的项目，免收贴费；城网改造过程中新增的用电容量，免征贴费或增容费。企业破产后经改制重新投入生产、无需供电单位对其进行线路改造和变压器增容的，供电单位不得再收取贴费。

2000～2001 年陕西省架空线路供（配）电工程贴费征收标准见表 5-3-6。2000～2001 年陕西省地下电缆线路供（配）电工程贴费征收标准见表 5-3-7。

表 5-3-6　2000～2001 年陕西省架空线路供（配）电工程贴费征收标准

| 用户受电电压等级（千伏） | 用户应交纳贴费[元/(千伏·安)] | 其中[元/(千伏·安)] | | 自建本级电压外部供电工程应交纳贴费[元/(千伏·安)] |
|---|---|---|---|---|
| | | 供电贴费 | 配电贴费 | |
| 甲 | 1 | 2 | 3 | 4 |
| 0.38/0.22 | 260 | 95 | 165 | 210 |
| 10 | 210 | 115 | 95 | 155 |
| 35 | 160 | 160 | — | 80 |
| 110 | 80 | 80 | — | — |

**注**　1. 供电贴费系指用户应承担的 10 千伏以上电压等级的外部供电工程及其配套（工程概算内的辅助生产、生活福利等设施）的建设费用。

2. 配电贴费系指用户应承担的 10 千伏（包括 6 千伏）及以下的外部供电工程及其配套的建设费用。3、35、110 千伏线路长度分别超过 20、40 千米，一般由用户自建线路。

表 5-3-7　2000～2001 年陕西省地下电缆线路供（配）电工程贴费征收标准

| 用户受电电压等级（千伏） | 用户应交纳贴费[元/(千伏·安)] | 其中[元/(千伏·安)] | | 自建本级电压外部供电工程应交纳贴费[元/(千伏·安)] |
|---|---|---|---|---|
| | | 供电贴费 | 配电贴费 | |
| 甲 | 1 | 2 | 3 | 4 |
| 0.38/0.22 | 390 | 143 | 248 | 315 |
| 10 | 315 | 173 | 143 | 233 |
| 35 | 240 | 240 | — | 120 |
| 110 | 120 | 120 | — | — |

**注**　同表 5-3-6。

2002 年 1 月，国家计委、国家经贸委以计价格[2002]98 号文件印发《关于停止收取供(配)电工程贴费有关问题的通知》，根据国务院批准的原则意见，对一般供电要求的电力用户申请新装及增加用电容量，停止收取供(配)电工程贴费，自 2002 年 1 月 1 日起执行。同时明确，2002 年 1 月 1 日前用户已按原规定交付供(配)电工程贴费的，供电单位不再退还；用户已缴纳部分供(配)电贴费但未结清的，剩余部分可不再向供电单位交纳。陕西省电力公司随即照此执行。

## 第二节 电能计量与电费回收

1991～2002 年，陕西省各级供电企业将电能计量和电费回收作为电力营销工作的重要环节，加强管理，完善措施，加大考核，实行奖惩，保证了电能计量的准确性和电费的足额及时回收。

### 一、电能计量

1991 年 10 月，能源部以能源技［1991］955 号文件颁发《电能计量装置规程》（DL 448—1991）电力行业标准，在部颁规程的基础上，对电能计量装置管理的人员组成、技术标准、检验周期以及运输、保管等作出规定。

1992 年 9 月，西北电业管理局在西安举行“西北电网电能计量工人技术比赛”，陕西各供电企业组队参加电能表校验、实验室校验、电能表检修、综合技能等 4 个项目的比赛。随后，西北电业管理局组队参加了电力工业部同年 10 月在长春举办的“全国电能计量专业工人技术比赛”，陕西 6 名选手 1 人获得第一名，1 人获得第二名，3 人获得第五名，1 人获得第六名。

1994 年 3 月，西北电业管理局以西电用字［1994］9 号文件印发《电能计量装置管理规程实施细则》，根据能源部颁发的《电能计量装置规程》（DL 448—1991），就有关事项作出了具体规定。

1995 年 5 月，为保证电能计量装置配备及更新的资金需要，西北电业管理局以西电用字［1995］8 号文件印发《陕西省电能计量装置复置金管理办法实施细则》，明确了电能计量装置复置金提取的范围（包括电能计量及检验装置）和按设施固定资产总值为基数按年折旧率 14.29%分月计提的标准。同时，就电能计量装置复置金的使用范围、资金管理及资产管理等作出了规定。

1996～1998 年，陕西各级供电企业电能计量工作围绕峰谷电能表的安装运行、集中抄表系统的推广等开展工作。

1999 年，陕西各级供电企业进一步加强电能计量管理和计量标准量值传递体系，保证计量传递及计量管理的公正性和准确性。

2000 年，陕西省电力公司先后下发《电能计量管理办法》等规章制度。按照规程要求，加大电能计量装置管理指标的考核力度，使电能表和互感器的校验合格率不断提高。按照国家电力公司部署，组织开展了贸易结算用电能表强制检定大检查，通过自查和复查，发现存在问题，提出整改措施，使电能计量检定工作更加规范化、法制化。组织开展全省计量技能竞赛活动，通过培训和竞赛，全面提高了计量人员的整体素质。

1999～2000年，各供电局建成的客户服务中心下设计量管理部，负责电能计量管理工作。同时，通过用电管理信息系统，规范管理，提高效率，为电能计量工作提供技术支持。

2001年，陕西省电力公司举办电能计量管理人员法律法规培训班和多功能电能表技术培训班，增强计量人员的法制观念，提高了依法检定的水平。在开展“电力市场整顿和优质服务年”活动中，组织各供电企业进行电能计量检查和电能表强制检定自查，发现存在的问题，提出整改方案。

2002年4月，陕西省电力公司以陕电市字［2002］10号文件转发国家电力公司《关于切实加强电能计量管理工作的通知》，要求开展一次学习贯彻有关法律法规及技术标准的活动，做到电能计量管理工作内容、工作程序、工作质量符合国家有关法律法规和技术标准的规定，保持电能计量管理及技术工作体系稳定运行。按照《中华人民共和国计量法》和《水利电力部电测、热工计量仪表和装置检定、管理的规定》要求，继续依法加强并做好电能量值传递及贸易结算用电能表强制检定技术工作，确保系统内电能量值传递统一，电能统计量的一致，电能计量的准确、可靠、公正。据此，陕西省电力公司以陕电市字［2002］9号文件印发《关于计量办公室机构调整的通知》，理顺公司内部电能计量管理体制，明确了各部门职责，规范并加强了电能计量管理工作。投入2000万元对电能计量检定装置和表计进行更新和补充。严格按照电能计量装置管理规程的要求，对电能计量装置管理指标加大考核力度。据统计，2002年陕西省电力公司直属供电企业电能表轮换率100%；电能表现场检验受检率96.72%，合格率100%；高压互感器检验率100%，合格率99.83%；电压互感器二次压降合格率98.99%。运行电能计量装置故障差错次数1920次，故障差错电量144.26万千瓦·时，影响电量1万千瓦·时以上差错电量次数为零。峰谷表在装运行27349只，实行峰谷电价22756户。

## 二、电费回收

1991年4月，西北电业管理局在西安召开陕西供电系统收费工作会议，要求直属各供电局加强电费回收工作，力争做到当月不欠，逐月还欠，年底结清。7～8月，对9个供电局、18个县电力局、36个供电站的营业收费工作进行了检查，总结经验，发现漏洞，提出整改措施。当年电费回收率达到94.36%；回收1990年底以前陈欠电费6488万元。12月，西北电业管理局以西电用字［1991］60号文件印发《关于统一陕西用电账、卡、据有关问题的通知》，要求自1992年1月起，统一全省电费台账、抄表卡、电费收据。同时，加快了计算机在电费管理中的推广应用工作。

1992年3月，西北电业管理局在渭南召开陕西供电系统收费工作会议，针对1991年底全省累计欠电费2.38亿元的严峻形势，提出了力争做到当年新费不欠，收回1991年底前陈欠50%的目标。当年电费回收率达到97.98%；回收1991年底以前陈欠电费1.18亿元，回收率49.58%。

1993年8月，西北电业管理局在延安召开陕西供电系统收费工作会议，传达电力工业部在北京召开的电费工作会议精神，再次提出力争做到当年电费结零，陈欠回收 50% 的目标。当年 10 月，组织对 9 个供电局、30 个县电力局的电费工作进行了检查并通报。制定下发《电费回收奖惩办法》，建立电费回收情况及用户欠费情况月报制度，把电费回收情况作为供电企业安全文明生产达标主要考核指标之一。当年电费回收率达到 98.32%；收回 1992 年底以前陈欠电费 9967 万元，回收率 61.80%。

1994 年 5 月，西北电力集团公司以西电集团用字［1994］1 号文件印发《关于 1994 年营业普查工作安排的通知》，在陕西直属供电企业集中开展了一次以收费为重点的营业普查活动。采取全面普查、重点细查以及自查、互查、抽查、复查的办法，以用电容量在 315 千伏·安及以上的大容量工业用户、普通工业和非普通工业用户、宾馆、饭店、大型商场和营业性照明、动力用电、农业用电为重点，以执行目录电价、工程贴费、征收电权、电建资金、营业用电管理为主要内容全面检查。当年电费与陈欠电费合计回收率达到 96.84%。

1995～1997 年，西北电业管理局制定并下发了《加强电费回收管理暂行办法》，要求采用法律、行政、经济手段以及多种结算方式，确保电费回收。加大收费改革力度，在全省直属供电企业推广应用电费储蓄、银行联网结算，保证了电费的及时回收。组织开展营业收费工作劳动竞赛活动，对年度先进集体、先进班组、先进个人进行评选和表彰奖励，调动了营业收费人员的工作积极性。制定并印发《陕西供电系统电费回收考核奖惩办法》，当年电费回收实行“百分计奖、按季考核、得分累计、年终兑现”的奖励办法；对陈欠电费回收实行“年末考核、超指标按比例计奖”的奖励办法，调动了各供电局回收电费的积极性。1995～1997 年，当年电费回收率分别达到 98.45%、98.50%、99.04%；陈欠电费回收率分别达到 13.50%、49.40%、19.69%。

1998 年，陕西省电力公司印发《关于重申电费回收有关规定的通知》，针对企业兼并、重组、破产不断出现的新情况，重申严格执行电费保证金制度，依法坚持分次划拨收取电费，落实责任，严防电费呆、坏账发生。当年电费回收率达到 98.81%，陈欠电费回收率 11.65%。

1999～2002 年，各供电局建成的客户服务中心下设电费电价部，加强了电费管理工作。同时，通过用电管理信息系统，为电费管理工作提供技术支持。陕西省电力公司印发《关于采取积极措施确保电费回收的通知》，要求按照客户经营状况及交费情况，评定交费信誉等级，确定相应的收费办法；加强供用电合同及交费协议的签订及管理工作，严防电费欠收；扩大电费分次划拨范围，对所有高压供电客户采用每月分次划拨电费、月底核算的办法，并在合同或协议中予以明确；对仍有陈欠电费的客户，加大以物抵费和多方抵账的力度，加快陈欠电费的处理；加大考核力度，实行收费人员电费回收风险金抵押制度，增强责任感和紧迫感。1999、2000 年当年电费回收率分别达到 99.51%、99.91%；陈欠电费回收率分别为 15.54%、21.71%。2001、2002 年当年电费回收率均达到 100%；陈欠电费回收率分别为 14.37%、7.53%。1999～2002 年，连续 4 年开展营业普查，累计检查用户 841976 户，查处违章用户 6717 户，窃电用户 3182 户，追补电量 9027 万千瓦·时，补收电费 4161.58 万元，补收贴费 63 万元，收取违约金 1413 万元。2002 年末，全额回收当年应收电费 101.45 亿元；期末陈欠电费余额 1.45 亿元，较 1990 年末减少 0.43 亿元。

## 第三节　客　户　服　务

1991～2002 年，陕西各级供电企业把客户服务作为电力营销工作的重要环节，通过开展安全文明生产达标创一流活动、电力“三为”（为农业、为农民、为农村经济）服务达标竞赛活动、供电服务承诺制、用电营业规范化服务、建立客户服务中心、开展“电力市场整顿和优质服务年”等活动，工作方式不断创新，逐步形成适应社会主义市场经济体制的客户服务体系。

1991 年 6 月，能源部下发《关于开展电力为农业、为农民、为农村经济服务达标竞赛的通知》，决定在全国电力行业中开展以安全、效益、服务为主要内容的“电力为农业、为农民、为农村经济服务达标竞赛活动”。8 月，陕西省电力工业局召开全省农电工作会议，部署全省农电系统“三为”达标竞赛活动，并制定下发《陕西省开展电力“为农业、为农民、为农村经济”服务达标竞赛考评办法实施细则》。之后，全省农电系统围绕加强电力行业管理，做好全方位服务，解决农村用电难、农民用电负担重等问题，开展了竞赛活动。按照考评标准及办法，每年进行申报、考评（复查）、审定、表彰。至 1999 年，陕西省电力公司直属 38 个县电力局（供电分局）全部实现部级“三为”服务达标。

1992 年 12 月，能源部下发《关于全面开展发、供电企业安全、文明生产达标工作的决定》。在随后制定下发的考核实施细则中，把坚持优质服务，考核年度获得省、地（市）级精神文明或优质服务先进单位称号或者用户评价满意率≥85%作为达标企业 4 项必备条件之一。至 1995 年，陕西省电力公司直属 9 个地（市）供电局全部实现部（省）级达标。自 1996 年开始，陕西电力系统直属供电企业在巩固发展安全文明生产达标成果的基础上，全面开展“创一流”工作。在考评细则中，把坚持文明建设，全方位优质服务，考核年度获得省、地（市）级精神文明或优质服务先进单位称号作为一流供电企业的五项必备条件之一。至 2002 年，陕西省电力公司直属 11 个地（市）供电局除成立较晚的榆林供电公司外，全部成为部（省）级一流企业。

1996 年 8 月，电力工业部决定在全国 35 个大城市供电企业推行社会服务承诺试点。当年 10 月，西安供电局作为试点企业之一，向社会发出承诺，对事故抢修、计划停电、报装接电及营业服务提出了具体服务标准。至 1999 年，陕西省电力公司直属各供电企业全部实行供电社会服务承诺制，承诺标准及兑现率逐年提高。

1997 年 5 月，根据电力工业部统一部署，西北电业管理局以西电监字［1997］3 号文件印发《“为人民服务、树行业新风”活动实施方案》，以规范化服务为主要内容，以示范窗口单位为榜样，在陕西省供电窗口单位开展“为人民服务，树行业新风”活动。同时，提出礼貌服务、文明环境、公开办事程序、公开电费电价、报装接电、咨询服务、科学管理、杜绝以电谋私行为、受理投诉及开展便民服务等 10 项服务要求。西安供电局市区供电分局营业厅被电力工业部授予“全国电力系统‘为人民服务、树行业新风’规范化服务示范窗口”，成为全国 20 个示范窗口之一。其他各地市供电局各确定一个城区供电营业所作为示范窗口。至 1999 年，全省地级以上城市供电企业全部实行规范化服务，并向全省公布《城市供电营业规范化服务标准》和开展规范化服务活动窗口单位名单及单位负责人姓名。2000 年 7 月，国家电力公司决定，在公司系统县（市）供电企业所属乡镇供电所（站）范围内开展农村供电营业规范化服务活动，并制定了营业环境、服务行为、电价电费、报装维修、便民措施、社会监督等 6 个方面的服务标准及相应的考核细则。供电营业规范化服务开始向纵深发展。

1999～2000 年，为适应电力市场变化，陕西省电力公司对市场营销体制进行了重大改革，全省直属 9 个供电局全部建立客户服务中心。下设客户服务部、计量管理部、电费电价部、市场管理部、综合管理部，分工负责客户服务的有关工作。全面推广使用用电管理信息系统，为客户服务提供技术支持，提高了服务质量和工作效率。客户服务中心设立营业大厅，按照“承诺制服务”、“示范窗口”建设、“规范化服务”标准与要求，对外办理用电业务，并建立客户代表制，实行“一口对外”，做到让客户“进一个门，找一个人，办所有事”。随后，直属各县（市）电力局也陆续建立客户服务大厅，按照《城市供电营业规范化服务标准》，开展客户服务工作。至此，包括乡镇供电所（站）开展的供电营业规范化服务活动，自上而下形成了较为完善的客户服务体系。

2001 年，按照国家电力公司的统一部署，陕西省电力公司在全系统开展了以“让政府放心、社会赞誉、群众满意”为主题，为社会提供“优质、方便、规范、真诚”服务的“电力市场整顿和优质服务年”活动。向社会公布了《陕西省电力公司 2001 年供电服务承诺》，共八项：公司系统所有供电营业场所公开电价标准和服务程序；市（地）供电局客户服务中心和县（市、区）电力局营业厅实行周休日照常营业制度；不断提高城市地区安全可靠优质供电水平，供电可靠率不低于 95%；不断提高农村地区安全可靠优质供电水平，供电可靠率不低于 90%；提供 24 小时电力故障报修服务，在正常情况下到达故障现场抢修的时限为城市 45 分钟，农村 90 分钟，特殊边远山区 2 小时；供电设施计划检修停电，提前 7 天向社会公布；各供电企业在受理居民客户申请用电后 5 个工作日内送电，其他客户在受电装置验收合格后 5 个工作日内送电；公布电力故障报修、供电服务投诉与举报电话。同时，提出 10 条保证 8 项承诺兑现的具体措施。通过广泛开展宣传活动、开展客户服务中心规范化服务劳动竞赛和“千人万户上门服务”活动，组织人大代表、政协委员、行风监督员视察等方式，使客户服务工作提高到一个新水平，得到社会各界的赞誉。

2002 年 2 月，陕西省电力公司以陕电市字［2002］5 号文件转发国家电力公司《关于建设“95598”客户服务系统的实施意见》和《“95598”客户服务系统建设规范》。计划以营销管理信息系统为基础，用 3 年时间，建成国内一流的客户服务支持系统，并制订《陕西电力客户服务支持系统总体方案》，在西安供电局开始了建设试点。年内，直属各供电企业先期全部开通了“95598”电力客户特别服务电话。客户服务工作开始向全方位、多层次、现代化的目标迈进。

# 第六篇　电　力　调　度

# 第六篇 电 力 调 度

陕西电力调度于1953年建立，至2002年末已形成省、地、县（部分）三级电力调度体制。省级电力调度作为陕西电网运行的组织、指挥、指导和协调机构，行使电网调度权，同时在电网调度、运行方式、继电保护、电力通信及调度自动化等行使专业管理职能。1993年11月，国务院颁布《电网调度管理条例》，电力调度开始进入法制化管理时期。1991～2002年，陕西电力调度贯彻国家有关法律法规，坚持“三公”（公平、公正、公开）调度原则，落实“安全第一，预防为主”的方针，开展电网安全、稳定、经济运行及内部模拟市场的研究与实践，引进先进技术、设备和管理手段，基本适应了陕西电网的发展和全省经济社会发展对电力的需求。

## 第一章 调 度 体 制

2000年前，陕西电网实行省、地两级调度管理体制。1998年10月前，西北电业管理局总调度所（调度通信局，简称网调）兼陕西电力调度职能。1998年10月，西北电力集团公司与陕西省电力公司体制分离，12月，网、省调度分离，陕西省电力公司调度中心（简称省调）成立。至2002年末，随着部分县级电力调度机构（简称县调）的建立，形成省、地、县（部分）三级调度管理体制。陕西电网实行“统一调度，分级管理”。省调对上执行国家电力公司调度中心（简称国调）和西北电力集团调度中心（简称网调）的调度指令，对下负责地区（市）电力调度中心（简称地调）和县调的调度管理。

### 第一节 调 度 机 构

**一、三级调度机构**

1998年前，西北网调兼陕西省调职能，为局属独立的二级机构。1993年8月，网调更名为西北电业管理局调度通信局（兼陕西省调），仍为局属独立二级机构，下设调度、运行方式、继电保护、通信、自动化科和办公室。

1998年12月，网省调度机构分设。成立陕西省电力公司调度中心，下设调度处、运行方式处、继电保护处、通信处、自动化处和办公室。

1999年12月，陕西省电力公司设立陕西电力信通有限责任公司（兼陕西电力通信中心职能）。省调通信处整体划转陕西电力信通有限责任公司。

2002年末，陕西电网有地调11个，其中陕西省电力公司直属10个，陕西省地方电力（集团）公司管辖1个；县调20个，其中陕西省电力公司直属9个，陕西省地方电力（集团）公司直属11个，分别归所在地区地调调度。

2002年陕西电网调度机构网络见图6-1-1。

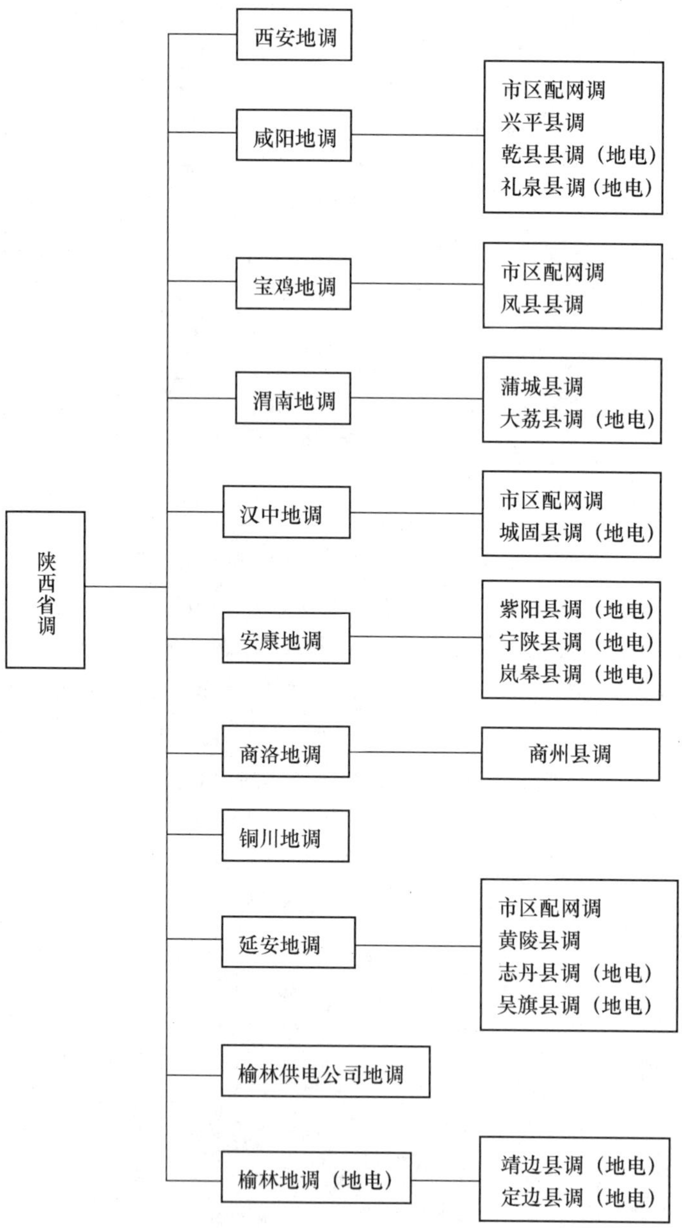


图6-1-1 2002年陕西电网调度机构网络

### 二、省级调度中心

1998 年，陕西省电力公司调度中心实行本部化管理。

1999 年，省调确立“一年达标（调度机构安全文明生产达标）、三年创一流（中国一流电网调度机构）、进而迈入全国省级调度先进行列”的工作目标。

2000 年 1 月 12 日，省调通过陕西省电力公司安全文明生产达标验收。1 月 26 日，调度中心以 471 分（满分 500 分）通过国家电力公司西北公司安全文明生产达标验收。

2000 年 6 月，省调将国际通用的 ISO 9002：1994 质量管理体系引入调度管理。2001 年 5 月 29 日，通过中国方圆标志认证委员会陕西省审核中心认证。2002 年，调度中心质量体系文件按 ISO 9002：2000 版进行修订。

2001 年 12 月 18 日，省调通过陕西省电力公司中国一流电网调度机构考核验收。

2002 年 2 月 5 日，省调以 485.5 分（满分 500 分）通过国家电力公司和国家电力公司西北公司组织的中国一流电网调度机构考核验收。

## 第二节　电　力　市　场

### 一、省际互供电

1995 年，西北电网试行《西北电网跨省（区）互供电的管理和结算实施办法（试行）》。按照 1994 年 8 月西北电网领导小组第六次会议确定的“在电网统一调度下执行老电老办法、新电新办法”互供电改革思路和原则，将国家投资形成的发电资源区分为存量（老电）和增量（新电），存量作为供电量基数，执行 1994 年各省（区）互供电价标准；省际间存量分配不足时，增量电自由交易，实行上网不同价、下网一个价，并建立互供电价平衡制度。省间送出或购进基数内电量、增量电量由西北电业管理局与各省（区）电力局商议并签订年度（分季）送购电量协议，月度确定当月送购电量数额，分别作为全年省间交换电量的指导性计划和月度交换电量的依据。

为调剂互供电结算和电价变化后引起的电网收支差异，设立了电价平衡费用，主要用于互供电价测算、结算中上网不同价、下网一个价而造成的价差的平衡。《西北电网跨省（区）互供电的管理和结算实施办法（试行）》解决了还本付息电价与存量电价不一致的问题，并在实际运作和操作中不断探索和改进完善。主要模式为：电网内所有发电资源按省（区）平衡，省间按送购电协议互供电，互供电价实行同网同价；跨省（区）互供电实行峰谷电价，高峰电价在平段电价上加 1 分/（千瓦·时）；低谷电价在平段电价上减 1 分/（千瓦·时）；随着各省（区）对用户峰谷电价的推行，使电网互供电的峰谷电价差分 3 年达到平均价的±30%。互供电形成的网损由送购双方按比例承担。

《西北电网跨省（区）互供电的管理和结算实施办法（试行）》，是西北电业管理局用经济手段管理电网、建立网内互供电市场机制、促进电网市场化运营有益的尝试和探索。

陕西电网认真执行跨省（区）互供电实施办法。1999 年，西北电网电力供需矛盾暂时缓和，黄河、汉江来水较丰，陕西电网合理安排运行方式，精心调度，适时调控，多购多用西北电网水电，获得让利 2047 万元。

## 二、内部模拟市场

1998 年 1 月 1 日，西北电力集团政法字［1998］4 号文《陕西电网内部模拟市场及承包经营责任制试行办法（试行）》开始执行。以电网为模拟市场载体，上、下网电量为模拟市场商品，各发电厂、供电局通过电网进行电量交换，电网调度中心为电量交易中心，代表电网向发电厂收购上网电量（买电），同时向供电局出售下网电量（卖电），形成内部模拟市场。

内部模拟市场启动后，省调建立了“陕西电力系统内部模拟市场电量结算日报”，对发电厂上网电量和供电局购网电量按峰、谷、平分段统计电量，并对发电厂、供电局按规定要求的补偿电量和扣罚电量进行核算，最终形成发供电的结算电量，初步形成内部模拟市场。

2000 年，陕电调字［2000］11 号文《陕西省电力公司内部模拟市场及承包经营责任制实施办法调度操作细则》颁布。

在陕西电网内部模拟市场中，发电厂、供电局是主体，省调是交易中心。在发、供电企业核定内部利润承包基数的前提下，发电厂由上网结算电量和上网电价确定内部收入，供电局由购网结算电量和购网电价确定供电成本，进而确定发电厂、供电局实现的利润。发电厂工资总额与内部实现利润加指标考核挂钩，供电局工资总额与内部实现利润和售电量加指标考核挂钩。内部模拟市场的运作，提高了电能质量和电网整体效益。2000 年全网中枢点电压合格率为 99.59%，比 1997 年提高了 1.46 个百分点；频率合格率为 99.9994%，比 1997 年提高了 0.1194 个百分点。

## 三、电量计量计费系统

1999 年 1 月，依据《中华人民共和国电力法》、国务院《电网调度管理条例》、国家经贸委《实行网厂分开建设发电侧电力市场的实施方案框架（试行）》及国家电力调度通信中心制定的《发电侧电力市场技术支持系统功能要求（试行）》，陕西电网启动了电力市场技术支持系统建设。

1999 年 12 月，陕西电网电量计量计费系统招标，上海惠安系统控制有限公司 AMV－90 电量计量计费系统中标。该系统以美国 ITRON－UTS 公司的 MV－90 为基础，有完整的数据采集（AMV－90）、统计结算高层应用（AMV－ESS）和 Web（万维网）服务器电量信息交换（AMV－EIX）等综合性功能。该系统在硬件配置、软件功能上实用可靠，在系统扩充和升级时兼容性强。

陕西电网电量计量计费系统，主要是完成分时段电量数据的自动采集、远传和存储，并确保电量数据的可靠性、准确性和安全性。在任何情况下，原始计量数据不会丢失和修改。同时具有开放性，采用基于国际标准的系统平台和商用数据库，能在结算系统、信息发布系统的数据通信和数据库访问时提供电量数据。

陕西电网电量计量计费系统采集的电量数据包括所有发电厂上网计量关口点的电量，网、省间关口点的交换电量以及省与地区间的关口点交换电量。该系统可接入厂站 70 个，智能电表 300 块，总数据点 25000 个。

2002 年末，陕西电网电量计量计费系统接入 25 个厂站的 125 条线路关口表计，采集数据逐步由人工抄报校核过渡到自动抄表月度结算。

# 第二章 调 度 管 理

电力调度的特点是实时性、动态性、系统性，电网必须始终处于电力调度的掌控之中，才能保证安全稳定运行。1991～2002年，陕西省调加强调度管理，规范调度行为，严格调度纪律，保证了陕西电网安全稳定和经济运行，提高了供电能力和电能质量。

## 第一节 电 网 管 理

### 一、安全管理

1990年前，陕西电网调度运行安全纪录一直徘徊在600～700天，与全国网省调度有较大差距。

从1991年起，陕西省调坚持“安全第一，预防为主”的方针，制定“一把手”为安全第一责任人、其他领导分工负责的安全责任制，从领导到每个专责，明确安全职责。开展多种形式的安全教育活动，省调每月一次安全活动，科（室）每周一次安全活动。电网运行方式重大改变有安全措施，调度值班有事故预想。每季度开展1～2次反事故演习。每年12月～次年2月，组织开展“百日安全活动”。同时设立专职安全监察工程师，在主任直接领导下，负责全所安全监察工作，健全安全制度，修订安全责任制，随时掌握电网运行情况，经常检查调度运行记录、调度命令票及工作票，发现隐患及时解决。对未遂事故由主管领导主持召开分析会，采取防范措施，做到“三不放过”（事故原因不清不放过，事故责任者和应受教育者没有受到教育不放过，没有采取防范措施不放过）。1992年4月1日，总调度所（兼陕西省调）实现安全运行1000天，1995年1月3日，实现安全运行2000天，刷新了陕西电网调度安全运行纪录。

1995年9月26日，西北电业管理局调度通信局发生人员责任事故，打破安全运行2266天的纪录。

1999～2002年，陕西省调始终把安全生产放在一切工作的首位，建立安全生产保证体系和监督体系；不断完善安全责任制，落实各级人员安全责任；开展调度系统“安全年”、“调度无责任事故活动年”及输电网安全性评价等活动；坚持春、秋季安全大检查。加强电网研究，制订反事故预案；科学安排电网运行方式，不断完善电网安全“可控、在控”措施。2002年末，陕西省调实现安全运行1538天。

### 二、电网结构及稳定性研究

20世纪90年代初，陕西电网网架结构不均衡，关中330千伏骨干网架相对较强，但地区电网比较薄弱，影响地区电网乃至全网的安全运行。1998年，省调针对地区电网现状，加强研究，提出解决地区电网薄弱环节的改进方法和实施方案。

汉中电网在330千伏汉中变电站投运前一直是陕西电网的薄弱环节，联络线存在220、110千伏线路电磁环网，若按动态稳定校核标准，以三相短路或单相永久故障校核，则受电动态稳定极限非常低，不足1万千瓦，难以运行。1991年，西北网调（兼陕西省调）对汉中电网采用瞬时故障校核，发生严重故障时依靠110千伏宝（鸡）凤（县）线过电流解列装置、汉中电网低频减负荷和石泉水电厂低频自启动装置维持汉中孤网运行，将动态稳定极限勉强提高到14万千瓦（向阳变电站侧）。陕西电网存在的较大安全隐患，主要是110千伏阎（良）—耀（县）线如有断线就会造成汉中、关中220千伏系统全停的危险。此外，220千伏周（至）—洋（县）线无振荡解列装置，一旦发生失步振荡，将危及全网安全。研究表明，在全网电力过剩的情况下，汉中电网仍需限电2万千瓦。1998年底，省调认真分析汉中电网存在的问题，提出改进电网安全稳定运行的措施，组织实施220千伏阎良变电站稳定控制装置、220千伏洋县变电站振荡解列装置、110千伏向马线过电流解列装置及汉中电网低频减负荷装置改造。1999年投运后，将汉中电网受电动稳极限由14万千瓦提高到16万千瓦，220千伏周（至）—枣（园）、周（至）—阎（良）线检修方式下的受电动稳极限由7万千瓦提高到12万千瓦，解决了汉中电网的限电问题。330千伏汉中变电站投运后，采取330、110千伏分网运行方式，除110千伏马向线过电流解列装置完成历史使命退出外，其他安全自动装置仍发挥作用。省调先后完成“汉中电网运行方式研究”、“汉中电网正常及检修方式的运行规定”及“二郎坝电厂运行方式规定”等研究成果并付诸实施。

针对陕北电网的发展实际，省调先后完成“延安地区小火电关停后的运行方式”、“神华10万千瓦机组单独并入陕西主网的运行方案”、“神华电厂过渡方案”、“神朔电气化铁路供电方案”及“陕北电网运行方式”等研究。1999年，完成“陕北神东电网接入系统方案研究”。2002年，完成“榆林供电局所辖电网接入陕西电网研究”，完成神华电厂高频切机、榆林和延安电网低频减负荷方案、330千伏黄陵变电站稳控装置、神华—神木负序远切电铁等安全装置的安装投运。榆林供电局所辖电网分3步接入陕西电网：2002年1月1日，榆林南部电网接入330千伏榆林变电站；4月8日，榆林北部电网接入330千伏榆林变电站；10月31日，榆林北部电网通过110千伏神水双回线接入330千伏神木变电站，提高了榆林北部电网供电可靠性和电压质量，减少了长距离送电功率损耗。特别是330千伏黄陵变电站稳控装置的投运，提高了陕北电网的供电可靠性和输电能力。

省调对330/110/220千伏电磁环网开环的可行性进行了专题研究。由于汉中电网与陕西主网通过220/110千伏电磁环网相连，电气联系相对薄弱，如果开环，110千伏阎—耀线将严重过载。2002年，新投产的110千伏庄里变电站要“π”接入阎—耀线，省调再次对阎—耀线开环的可行性进行研究。由于开环会影响到秦岭发电厂的送出，暂不具备条件，为此加装了110千伏耀县变电站过流解列装置，并对220千伏阎良变电站稳定控制装置进行改造。在此基础上，提出110千伏西安北郊—新筑—阎良线路作为联络线的方案，待330千伏泾河变电站投产并将阎良变电站供电的负荷倒入后，多年来影响电网安全运行的三级电磁环网问题即可彻底得到解决。

此外，省调对新投产的发、输变电工程及安排重要线路停电时，都要进行稳定分析计算，对线路潮流、中枢点电压、系统稳定和保护配合等问题，认真研究分析，提出相应对策。同时省调加强电网主设备的检修计划管理，减少重复停电。

**三、黑启动方案**

黑启动方案是在电网全部瓦解的情况下，分部、分区逐步启动，最终恢复电网正常运行的预案。1999 年，台湾发生“7·29”大停电事故，陕西省电力公司结合陕西电网实际，借鉴“7·29”事故教训，决定制订黑启动方案。

（1）加强陕西电网低频减负荷管理，保证低频减负荷装置的切荷量。2000 年，省调对各供电局的低频减负荷工作进行检查，重点检查低频减负荷装置的现状、实际切负荷量以及报表数据的真实性，同时要求各供电局对低频减负荷工作进行一次全面检查。根据检查结果，省调编制了陕西电网低频减负荷改造方案。2001 年 1 月，陕西电网低频减负荷方案改造完成并通过验收。陕西电网低频减负荷装置切荷量达到网、省调度规定的 46% 以上。2001 年 2 月 1 日起，省调按照《陕西省电力公司内部模拟市场及承包经营责任制实施办法调度操作细则》，对各供电局低频减负荷装置实际切荷量实施考核，以确保低频减负荷装置的正常投运。

（2）了解掌握陕西电网大机组的频率保护定值。省调对陕西电网大容量发电机组的频率保护定值进行确认，做到心中有数。

陕西电网大容量发电机组频率保护定值见表 6-2-1。

表 6-2-1 陕西电网大容量发电机组频率保护定值

<table>
<tr><th>厂 名</th><th>额定容量</th><th>频率保护定值</th><th>时间</th></tr>
<tr><td rowspan="2">蒲城发电厂</td><td rowspan="2">33 万千瓦</td><td>48 赫</td><td>1 秒，跳闸</td></tr>
<tr><td>47.5 赫</td><td>2 秒，跳闸</td></tr>
<tr><td rowspan="3">宝鸡第二发电厂</td><td rowspan="3">30 万千瓦</td><td>48 赫</td><td>100 分，信号</td></tr>
<tr><td>47.5 赫</td><td>60 分，信号</td></tr>
<tr><td>47 赫</td><td>10 分，信号</td></tr>
<tr><td rowspan="4">渭河发电厂</td><td rowspan="2">30 万千瓦（3、4 号机）</td><td>电压/频率=1.1</td><td>1 秒，信号</td></tr>
<tr><td>电压/频率=1.3</td><td>3 秒，跳闸</td></tr>
<tr><td rowspan="2">30 万千瓦（5、6 号机）</td><td>电压/频率=1.1</td><td>5 秒，信号</td></tr>
<tr><td>电压/频率=1.3</td><td>5 秒，跳闸</td></tr>
</table>

（3）2000 年 6 月，省调完成“陕西电网黑启动方案研究”，10 月，通过陕西省电力公司审查。《陕西电网黑启动方案研究》在国家电网调度系统是同级电网第一家完成，使陕西电网防止电网重大灾害的研究处于全国领先水平。

2001 年 6 月 20 日，省调完成安康水电厂机组的黑启动试验。6 月 25 日，完成石泉水电厂机组的黑启动试验。在试验的基础上，编制了《陕西电网黑启动实施方案》，获陕西省电力公司科技进步一等奖。《陕西电网黑启动实施方案》为调度人员提供了可行的操作方案，遇到电网危急时，可在最短时间内恢复电网运行。

### 四、电网安全稳定措施

陕西地区电网与主网联络薄弱，一些地区电网与主网是以单回线或电磁环网方式联络。较突出的有汉中电网、延安电网、商洛电网和安康电网，联络线上的任何故障，都可能导致地区电网全停，甚至威胁全网的安全。陕西与外省（区）的 3 回 330 千伏联络线，其中任一回联络线停运检修时，动稳极限都有较大幅度的下降。

2001 年 7 月，国家经贸委颁布《电力系统安全稳定导则》，对电网的安全稳定运行提出更高的校核标准，强调安全稳定措施和安全稳定自动装置的重要作用，要求在电力系统设计、建设、调度运行等各环节，均应进行稳定分析，提出和落实安全稳定措施。安全稳定措施不但是防止电网发生稳定破坏、频率崩溃和大面积停电事故的重要反事故措施，而且可以弥补电网一次结构上的不足，提高联络线的输送能力。

至 2002 年，陕西电网采取的安全稳定技术措施及装置包括：低频减负荷装置（全网）、110 千伏耀县变电站大小电流解列装置、低频解列保厂用装置（灞桥 3 号机组、户县 2 号机组、略阳 1 号机组）、高频切机装置（秦岭、神华发电厂）、330 千伏金锁—黄陵—延安—榆林—神木远跳装置、220 千伏洋周线振荡解列装置、220 千伏阎良变电站稳定控制装置、罗敷—秦岭远方切机装置、330 千伏汉中变电站振荡解列及备自投装置、220 千伏洋县—石泉稳控系统、330 千伏黄陵变电站稳控装置、神华发电厂—330 千伏神木变电站负序远切装置、330 千伏张村变电站备用自投装置、灞桥热电厂稳定控制装置、330 千伏渭河—桃曲—雍城稳定控制装置等。

陕西电网低频减负荷整定方案是按照西北电力集团公司西电集团［1997］13 号文和陕西省电力公司陕电调字［1999］24 号文《关于加强低频减负荷管理工作的通知》要求设定的。2000 年，各供电局按通知要求调整了定值和切负荷量，陕西电网低频减负荷总切负荷量达到 46%的规定值。2002 年，咸阳、汉中、宝鸡、商洛、榆林供电局实现对低频减负荷切负荷量的实时监测，咸阳、汉中供电局低频减负荷切负荷量的实时监测数据同步传送到省调。

陕西电网低频减负荷整定方案见表 6-2-2。

表 6-2-2　　陕西电网低频减负荷整定方案

| 轮　次 | 动作频率（赫） | 时间（分） | 控制负荷百分数（%） |
|---|---|---|---|
| 第一轮 | 49.0 | 0.2 | 7 |
| 第二轮 | 48.8 | 0.2 | 7 |
| 第三轮 | 48.6 | 0.2 | 7 |
| 第四轮 | 48.4 | 0.2 | 7 |
| 第五轮 | 48.2 | 0.2 | 7 |
| 第六轮 | 48.0 | 0.2 | 7 |
| 特殊轮 | 49.0 | 10.0 | 4 |
| 总　　计 | | | 46 |

省调于2001年12月15日、2002年12月15日对陕西电网低频减负荷切负荷量进行抽查，切负荷量分别为47.1%、49.49%，均达到46%的要求。

陕西电网2002年12月15日低频减负荷切负荷量统计见表6-2-3。

表6-2-3 陕西电网2002年12月15日低频减负荷切负荷量统计

| 轮 次 | 控制负荷（万千瓦）4时 | 控制负荷（万千瓦）10时 | 控制负荷（万千瓦）20时 |
|---|---|---|---|
| 第一轮总计 | 26.6 | 33.5 | 38.7 |
| 第二轮总计 | 29.0 | 33.9 | 43.8 |
| 第三轮总计 | 17.3 | 23.2 | 27.7 |
| 第四轮总计 | 14.3 | 22.7 | 24.7 |
| 第五轮总计 | 23.9 | 30.1 | 32.2 |
| 第六轮总计 | 21.2 | 29.7 | 33.9 |
| 特殊轮总计 | 12.4 | 19.2 | 23.5 |
| 各轮总计 | 144.9 | 192.6 | 224.8 |
| 全省负荷 | 282.3 | 389.3 | 446.4 |
| 所占百分比 | 51.34% | 49.49% | 50.38% |

安全稳定措施和安全稳定自动装置对保证西北电网和陕西电网安全稳定运行发挥了重要作用。

（一）1994年西北电网“1·10”事故

事故前，甘肃刘家峡水电厂1、4、5号机运行，出力66万千瓦，2号机检修，3号机热备用。1月10日，刘家峡水电厂在更换3号机变压器2302断路器的同期断路器时，只取下2302断路器操作保险，未拉开两侧隔离开关，对新换的同期断路器未认真检查。12时22分，投入2302断路器操作保险时，由于同期回路接线错误，2302断路器A、B相合闸，3号机非全相异步启动，3号主变压器A、B相接地短路，保护拒动，引起系统振荡，330千伏甘肃陇西变电站振荡解列装置动作，陕西电网与甘青宁电网解列，陕西电网频率降至48.22赫，低频减载Ⅰ、Ⅱ、Ⅲ轮和特殊轮动作，切负荷43.4万千瓦；八盘峡—西固电网解列后，频率降至48.3赫，低频减载Ⅰ、Ⅱ、Ⅲ、Ⅳ轮动作，切负荷9.7万千瓦，甘青宁电网频率50.3赫。

12时57分，330千伏陇西变电站3341断路器同期合闸，甘青宁电网与陕西电网并列成功；13时26分，刘家峡水电厂1号机与110千伏八盘峡—西固电网并列；14时44分，刘家峡水电厂与主网并列（八盘峡—西固电网与主网解列2小时21分）；18时40分，刘家峡水电厂5号机并网，西北电网恢复正常运行。

在“1·10”事故中，由于330千伏陇西变电站振荡解列装置正确动作，陕西电网与甘青宁电网解列，避免了电网瓦解。振荡解列装置发挥了电网安全第三道防线的作用，阻止事故进一步扩大。低频减负荷装置在事故中动作轮次正确，切负荷量基本达到设计要求，防止了频率进一步降低。

（二）1997 年陕西汉中电网“11·20”事故

汉中电网正常运行方式为 220 千伏洋—周线和 110 千伏宝—凤双回线与主网并网运行。11 月 20 日，220 千伏洋—周线检修，汉中电网通过 110 千伏宝—凤双回线与主网并网运行。事故前，略阳发电厂出力 15 万千瓦，碧口水电厂一台机带 8 万千瓦，汉中地区按计划用电。由于系统负荷及电力机车负荷摆动，14 时 24 分，110 千伏宝—凤线双回电流解列装置动作跳闸，汉中电网与主网解列，低频减负荷装置全部动作（频率低于 48 赫），切负荷 9.2 万千瓦。14 时 25 分，石泉水电厂 1 号机组低频率自启动并网，14 时 59 分，宝凤线同期并入主网运行，汉中电网低频减负荷装置所切负荷恢复送电。

在“11·20”事故中，宝凤线电流解列装置正确动作，避免了因线路过负荷烧断的严重后果；汉中电网低频减负荷装置及石泉水电厂低频率自启动装置正确动作，汉中电网频率很快恢复到 49.5 赫以上。

（三）330 千伏榆延线跳闸事故

陕北电网与主网联系薄弱，省调对陕北电网采取的低频减负荷和高频切机定值及整体稳控措施合理，如投入神华电厂一神木变电站负序远切装置，退出远跳，低频减负荷切荷量达到 64%等，对维持榆林孤网稳定运行起到了重要作用。6 月 27 日 17 时 34 分，330 千伏榆延线 326 号塔 A 相第 2 片绝缘子自爆，第 3、13 片绝缘子闪络。3310、3312 断路器高频距离、方向、零序保护动作跳闸，重合未成功，榆林孤网保持了稳定运行，未造成停电损失。

## 五、电网稳定控制

（一）电网概况

2002 年末，陕西电网统调发电厂 38 座，装机容量 733.60 万千瓦，其中水电厂 7 座，装机容量 117.55 万千瓦，占 16.02%；火电厂 31 座，装机容量 616.05 万千瓦，占 83.98%；陕西主网架为 330 千伏，330 千伏输电线路 43 条，长度 3132.015 千米；220 千伏输电线路 9 条，长度 823.747 千米；330 千伏及 220 千伏降压变压器 47（38+9）台，总容量 879 万千伏·安；接入 330 千伏电网的发电容量 567.25 万千瓦，占总装机容量的 77.32%；接入 220 千伏电网的发电容量 40 万千瓦，占总装机容量的 5.45%；2002 年陕西最大负荷 536 万千瓦。陕西电网 330 千伏跨省联络线 3 条，分别为桃—西线、雍—秦线和雍—陇线。

（二）稳定标准

电力工业部、国家经贸委先后颁发的《电力系统安全稳定导则》规定，电力系统承受大扰动能力的安全稳定标准分为三级：

第一级标准：保持稳定运行和电网的正常供电（俗称第一道防线）。

第二级标准：保持稳定运行，但允许损失部分负荷（俗称第二道防线）。

第三级标准：当系统不能保持稳定运行时，必须防止系统崩溃并尽量减少负荷损失（俗称第三道防线）。

（三）稳定现状

陕西电网基本满足第一级稳定标准，但存在不足。省际联络线桃—西线、雍—陇线、雍—秦线（网调调管）在重载情况下不满足三相短路校核标准，将引起东西部电网失步振荡。安康水电厂满发时，330千伏安—南、安—柞、柞—南线（网调调管）任一回线三相短路，都不满足动稳校核标准。安康水电厂与主网失步振荡；汉中电网对主网的单回联络线220千伏洋周线，在受电或送电功率较大时，关中10多条330千伏线路三相短路故障均将导致汉中电网失步振荡。渭南、黄陵、延安及张村等330千伏变电站为单台变压器，安康水电厂5号联络变压器，当主变压器发生故障时，即造成局部电网失压或损失负荷。其他变电站任一台主变压器故障或计划检修时，若另一台主变压器故障跳闸，将损失负荷，甚至引起连锁过载跳闸。汉中电网部分110千伏线路三相短路，保护延时切除故障，将导致220千伏系统与主网失步振荡。陕北电网330千伏金—黄—延线路检修，110千伏金—宜—店—黄线（或黄—洛—富—甘—马线）联网运行时，神华电厂一台机组、延—榆—神线或330千伏延安变电站主变压器跳闸将导致联络线过载。

除安康水电厂满发时，330千伏安—南、安—柞、柞—南线（网调调管）任一回线三相短路，不满足动态稳定校核标准及渭南、黄陵、延安及张村等330千伏变电站一台主变压器外，其他均采取一定稳控措施，如振荡解列、过流解列、切负荷等，不会危及主网安全。石泉水电厂、秦岭二厂送出存在电磁环网，稳定校核不满足要求，分别采取稳控切机措施，符合导则规定。

陕西电网在正常全接线方式下基本满足第二级稳定标准，计划检修方式下，无法满足第二级稳定标准。检修造成的单回联络线，故障解列时不能保证孤网的稳定运行。如330千伏桃—金线检修，330千伏金—韩线跳闸解列时，金锁变电站负荷甩给陕北电网供电，由于不平衡功率很大（20万千瓦左右），陕北孤网有失压的危险。3/2接线的330千伏枢纽变电站一条母线检修而另一条故障跳闸时，导致部分线路开环，局部电网失压，但因为中间断路器尚连通，部分联络线仍联络运行，不会造成主网瓦解。同样的情况发生在双母线厂站，将导致机组全停、局部负荷全停的后果，危及主网安全。在实际运行中，安排330千伏母线检修时要保证相邻线路和厂站全接线运行，对双母线接线的电厂（如安康、秦岭）安排母线检修时应同时减少出力，降低风险。

当严重故障导致西北电力系统稳定破坏时，“第三道防线”将发挥作用。主要有330千伏雍城、桃曲变电站、220千伏洋县变电站振荡解列装置，陕西电网低频减负荷装置，部分机组的低频解列保厂用装置，保住陕西电网或局部电网。

陕西省电力公司重视“第三道防线”的建设，加大了对稳定控制装置、低频减负荷装置、失灵保护的投入力度，使电网“第三道防线”得到加强，但安康电网、陕北电网与主网联络线无振荡解列装置，安康水电厂有失步振荡危及主网的危险。

## 六、安全性评价

2002年4月，按照国家电力公司相关文件精神和国家电力公司西北公司西电生[2001]41号文《关于组织开展西北电网安全性评价的通知》要求，陕西省电力公司在省调自评、供电局及电厂安全性评价的基础上，从5个方面（电网、调度运行方式、继电保护、通信及调度自动化、电气一次设备）组织开展了陕西省输电网安全性评价工作。对77个项目提出存在问题和改进意见，并对其中比较重大的40个问题写出文字说明。

陕西省电力公司安全性评价专家组抽查了蒲城、秦岭、安康电源点，330千伏柞水、东郊、桃曲变电站，330千伏安—南Ⅰ线、安—柞线、柞—南线及西安高压供电局、渭南、咸阳供电局所辖330千伏输电线路，并对有关变电站及330、220千伏输电设备进行电话询问，查清原安全性评价后有关问题的整改情况，并查阅调度有关专业技术资料。查评结果表明：陕西输电网网架结构较为合理，运行方式可靠，有一定的稳定水平；电气一次、二次设备基本良好，通信及调度自动化水平较高，基本能够满足陕西工农业生产及城乡人民用电需求。但陕西输电网还存在不容忽视的问题，如陕南电网稳定性能差；330千伏渭南、延安、黄陵等变电站单台变压器运行，已造成几次局部停电事故；缺乏严重故障暂态稳定分析；一次设备及发电机励磁调节系统还存在问题；继电保护装置选型不合理等问题。

2002年5月，国家电力公司西北公司安全性评价专家组对陕西输电网安全性评价进行了复评，认为《陕西省输电网安全性评价报告》符合陕西实际情况，提出的整改意见对陕西电网的规划、运行、维护有指导性作用。

2002年8月，陕西省电力公司以陕电安［2002］29号文，将《陕西省输电网安全性评价报告》印发陕西电力发电有限公司，直属各发电厂、供电局，要求各单位结合实际情况，安排对存在问题进行整改。

陕西省输电网安全性评价查评结果见表6-2-4。陕西省输电网安全性评价查评结果量化明细见表6-2-5。

表6-2-4　陕西省输电网安全性评价查评结果

| 序号 | 系统名称 | 应得分(标准分) | 实得分 | 得分率(%) |
|---|---|---|---|---|
| 1 | 电网 | 1850(2000) | 1125 | 60.1 |
| 2 | 调度运行及运行方式 | 1792(2000) | 1640 | 83.2 |
| 3 | 继电保护 | 1000(1000) | 881 | 88.1 |
| 4 | 通信及调度自动化 | 970(1000) | 743 | 76.6 |
| 5 | 电气一次系统 | 1325(1000) | 1008 | 76.8 |
| 合计 | 陕西输电网 | 6937(7500) | 5397 | 77.8 |

表6-2-5　陕西省输电网安全性评价查评结果量化明细

| 序号 | 系统名称 | 应得分 | 实得分 | 得分率(%) | 有无重大问题 |
|---|---|---|---|---|---|
| 1 | 电网 | 1850 | 1125 | 60.1 | |
| 1.1 | 电源 | 200 | 200 | 100 | |
| 1.2 | 电网结构 | 500 | 330 | 66 | 有 |
| 1.3 | 稳定水平 | 570 | 160 | 28 | 有 |

续表

| 序号 | 系统名称 | 应得分 | 实得分 | 得分率(%) | 有无重大问题 |
|---|---|---|---|---|---|
| 1.4 | 无功补偿 | 180 | 85 | 47.2 | 有 |
| 1.5 | 断路电流 | 200 | 200 | 100 | |
| 1.6 | 过电压 | 200 | 150 | 75 | 有 |
| 2 | 调度运行及运行方式 | 1792 | 1640 | 83.2 | |
| 2.1 | 调度运行 | 1000 | 880 | 88 | 有 |
| 2.2 | 运行方式及电网安全稳定管理 | 540 | 435 | 80.6 | 有 |
| 2.3 | 电网安全自动装置 | 350 | 285 | 81.4 | 有 |
| 2.4 | 对电源的安全稳定要求 | 82 | 50 | 61 | 有 |
| 3 | 继电保护 | 1000 | 881 | 88.1 | |
| 3.1 | 配置及选型 | 200 | 170 | 85 | 有 |
| 3.2 | 运行管理 | 500 | 416 | 83.2 | 有 |
| 3.3 | 动作统计分析 | 100 | 100 | 100 | |
| 3.4 | 专业技术培训管理 | 100 | 100 | 100 | |
| 3.5 | 运行指标 | 100 | 95 | 95 | |
| 4 | 通信及调度自动化 | 970 | 743 | 76.6 | |
| 4.1 | 通信 | 470 | 300 | 63.82 | 有 |
| 4.1.1 | 通信网络结构配置 | 140 | 50 | 35.71 | 有 |
| 4.1.2 | 运行维护管理 | 150 | 130 | 86.67 | 有 |
| 4.1.3 | 运行指标 | 70 | 40 | 57.14 | 有 |
| 4.1.4 | 通信直流电源 | 120 | 80 | 66.67 | 有 |
| 4.2 | 调度自动化 | 500 | 443 | 88.6 | |
| 4.2.1 | 调度自动化管理配置实现功能及应用 | 240 | 220 | 91.7 | |
| 4.2.2 | 厂/站端设备的配置及信息覆盖面 | 100 | 63 | 63 | 有 |
| 4.2.3 | 调度自动化运行指标 | 80 | 80 | 100 | |
| 4.2.4 | 调度自动化系统维护管理 | 80 | 80 | 100 | |
| 5 | 电气一次设备 | 1325 | 1008 | 76.8 | |
| 5.1 | 枢纽变与电源点状况 | 955 | 755 | 79 | |
| 5.1.1 | 主变压器和并联电抗器 | 300 | 190 | 63 | 有 |
| 5.1.2 | 无功补偿装置 | 85 | 85 | 100 | |
| 5.1.3 | 高压开关设备 | 150 | 125 | 83.3 | 有 |
| 5.1.4 | “小四器” | 120 | 90 | 75 | 有 |

续表

| 序号 | 系统名称 | 应得分 | 实得分 | 得分率(%) | 有无重大问题 |
|---|---|---|---|---|---|
| 5.1.5 | 母线及架构 | 90 | 75 | 83.3 | |
| 5.1.6 | 直流系统 | 105 | 100 | 95.2 | |
| 5.1.7 | 过电压保护和接地 | 105 | 90 | 85.7 | 有 |
| 5.2 | 330 千伏及 220 千伏线路 | 300 | 191 | 63.7 | |
| 5.2.1 | 运行管理 | 45 | 28 | 62.2 | 有 |
| 5.2.2 | 线路的巡视和维护 | 90 | 58 | 64.7 | 有 |
| 5.2.3 | 外绝缘配置和防污闪工作 | 90 | 55 | 61.1 | 有 |
| 5.2.4 | 过电压保护和接地 | 75 | 50 | 66.7 | |
| 5.3 | 电缆及电缆建筑物 | 70 | 62 | 88.6 | |
| 5.3.1 | 技术管理 | 15 | 12 | 80 | |
| 5.3.2 | 运行和维护 | 45 | 45 | 100 | |
| 5.3.3 | 防火措施 | 10 | 5 | 50 | 有 |

# 第二节　电　能　质　量

## 一、频率

1991 年，《西北电网调度规程》规定：刘家峡水电厂为第一调频厂，龙羊峡水电厂和安康水电厂为第二调频厂，其余电厂协助调频。1996 年调度规程规定：刘家峡和龙羊峡水电厂为第一调频厂，盐锅峡、青铜峡和石泉水电厂为第二调频厂，其余电厂协助调频。1998 年调度规程规定：当 AGC(自动发电控制)投入运行时，系统频率主要由 AGC 调整，参与 AGC 调整的有龙羊峡、刘家峡、安康水电厂、大坝发电厂和渭河发电厂；当 AGC 退出运行时，龙羊峡水电厂为第一调频厂，当龙羊峡水电厂失去调频能力时，由网调指定调频电厂；各省(区)调度应指定 1～2 个电厂为广义联络线的调频电厂。

1991～1997 年，西北地区连年干旱，黄河、汉江来水特枯，水电出力锐减，火电装机容量不足及系统用电负荷大幅增长，供需矛盾突出，电网缺电严重。尤其是 1995 年、1996 年电网计划限电、拉闸限电十分频繁，陕西限电量分别达到 21.99 和 18.73 亿千瓦·时。电网时常处于低频率运行，频率合格率低，如 1995 年 1 月为 96.87%，2 月为 95.40%，5 月为 92.53%，6 月为 88.14%。面对严峻形势，陕西省调采取多种措施，与用电部门密切协作，加强计划用电管理；加强系统调度管理，要求火电厂尽力做到稳发满发多发，要求各供电局调度严格执行电网计划限电，严格执行调度命令，低频率拉路限电必须执行到位；省调加强石泉、安康两个梯级电站联合调度，力争多蓄水，把有限来水用在电网调峰及电网低频率的关键时刻。1997 年，西北网调(兼陕西省调)加强运行管理，实施《西北电力系统频率考核办法》。10 月，电网 AGC(自动发电控制)投入试运行，电网频率质量显著改善，10～12 月，电网频率合格率分别达到 99.97%、99.96%及 99.96%。

1998 年，汉江来水偏丰，石泉、安康水库同期增加来水 288%和 128%，水电调频能力大大提高。陕西电网内部模拟市场的实施，加快了火电机组改造，火电调峰能力比 1997 年有明显增长。电网 AGC 正式投运及频率考核办法的实施，充分调动了电厂及各级调度的积极性，当年，频率合格率达到 99.98%，创历史最高水平。

1999 年，网省调度分离，电网频率调整由网调负责，网调对陕西电网责任频率合格率进行考核。随着陕西电网的快速发展，大容量机组的投运，1999 年陕西电网统调装机容量 603.35 万千瓦，最大负荷 418 万千瓦；2000 年统调装机容量 655.40 万千瓦，最大负荷 442 万千瓦；2001 年统调装机容量 690.60 万千瓦，最大负荷 469 万千瓦；2002 年统调装机容量 733.60 万千瓦，最大负荷 536 万千瓦，装机容量远大于最大负荷。为确保陕西电网责任频率合格率，省调每年对电网备用容量进行合理安排。备用容量为检修备用容量、事故备用容量、负荷备用容量之和。

陕西电网负荷受天气影响较大，又有峰谷差大的特点，负荷预测准确率低。省调与陕西省气象台签订了长期气象合同，通过气象台提供及时准确的气象信息，作为负荷预测的重要依据；使用先进的负荷预测软件，采用相似日法进行负荷预测；充分发挥调度专业人员长期从事负荷预测积累的宝贵经验，有效提高了负荷预测准确率。陕西电网负荷预测准确率达到 97.9%。

## 二、电压

电压调整是对无功功率的控制，由于早期认识不足，无功电源建设落后于有功电源建设，电压得不到有效控制。

20 世纪 90 年代初期，网调（兼陕西省调）贯彻能源部在大连召开的电压工作会议精神，在电压管理制度建设、发电机无功管理、无功优化等方面采取措施。在调压手段少、无功补偿容量低的情况下，发挥现有调压设备和主力电厂的调压能力，1992 年，中枢点电压合格率达到 94.94%。1992 年 3 月，西北电网召开电压工作会议，分析电压管理存在的问题，提出 2～3 年内电压工作的方向，结合会议精神，网调（兼陕西省调）提出并采取如下措施：

（1）更新观念，强化管理，把电压作为生产指标进行考核。推广韩城、秦岭发电厂管理经验，完善电压管理制度。

（2）无功电压曲线是统领全网电压、保证主网及地区电网安全稳定运行的调度指令，电厂必须充分发挥发电机无功调节能力，保证电压在规定范围内运行。

（3）1992 年完成安康水电厂机组进相试验，1993 年完成渭河发电厂机组进相试验，并制定进相、高力率运行考核办法。

（4）尽快投运安康水电厂 4 台机组，使 330 千伏安—南线双回线运行，完善静补装置。陕西电网变压器有载调压不足，除 330 千伏马营变电站外，其余主变压器因设备缺陷或其他原因未发挥调压作用；110 千伏有载调压变压器仅占 31.7%。110 千伏有载调压直接影响地区电压，要求各供电局新建或升压的 110 千伏变电站，凡带 6～10 千伏负荷的必须安装有载调压变压器，并执行有载调压变压器调压管理办法。

(5) 全网实行无功优化计算，用计算结果指导主变压器分接头调整，提高电压质量。

(6) 完善电压监视点表计，提高抄表质量。1993年，各电压监测点装设自动电压记录仪，对现有表计存在的压降大、互感器过载问题限期整治。

(7) 针对地区电网力率变化大，低谷时无功倒送，造成高压网调压困难，1993年，制定各地区力率变化范围，初步达到本地区无功平衡。

(8) 1993年完成330千伏西安北郊变电站主变压器分接头位置调整，无功补偿分组投切自动装置投入使用。

通过落实以上措施，1993年中枢点电压合格率达到98.8%。

1995年，处于中枢点的发电厂认真执行电压曲线，在最大限度内及时调整机组无功出力，电压合格率较高。处于中枢点的变电站主变压器均为有载调压，且大多数装有无功补偿设备，调压手段相对较多，电压控制较好。中枢点电压合格率达到99.10%。

1997年，根据调度机构安全文明生产达标要求，调管的所有厂站纳入电压统计。调度自动化系统采集电压信息，实现全面、及时、准确了解全网电压的技术条件。但是，由于电网无功补偿不足，调压手段贫乏，电压合格率仍处于较低水平。

1998年，西北电力集团公司提出年内所有高低压电抗器都应具备投运条件的要求。2月10日，330千伏渭南变电站低压电抗器（3万千乏）具备投运条件；2月23日，330千伏秦安变电站2号高压电抗器修复投运；3月底，330千伏桃曲变电站低压电抗器（2×3万千乏）具备投运条件；6月17日，330千伏沣河变电站2台主变压器修复投运，同时低压电抗器具备投运条件；9月25日，330千伏延榆线延安侧3号高压电抗器（9万千乏）、330千伏榆林变电站2号主变压器及1号低压电抗器（3万千乏）投运。3月29日完成李家峡水电厂1号机组进相试验；8月26日完成渭河发电厂4号机组进相试验；12月初完成靖远发电厂5号机组进相试验。《西北电网无功电压运行管理规定》实施，将调管的所有厂站纳入电压统计，并通过MIS系统实现对采集电压信息的监视、统计、考核，准确掌握全网电压情况。配合陕西内部模拟市场运营，对陕西各发电厂无功电压进行考核，陕西电网电压合格率由1997年的80%提高到92%。

1999年，省调根据调管范围确定23个电压监测点及波动范围，其中17个为考核点。省调编制了《陕西主网无功电力和电压运行管理规定及考核办法》，结合陕西内部模拟市场的运营，对调管电厂的无功及电压进行考核，以保证陕西主网的电压合格率。年末，陕西电网感性无功补偿度达到84.66%，比1998年提高12.23%。陕西电网电压合格率为99.56%，达到并超过调度机构考核标准。

2000年，省调对韩城发电厂2、3号主变压器，330千伏黄陵变电站1号主变压器，神华发电厂1、2号主变压器，渭河发电厂1、2号主变压器调压分接头进行调整，委托西北电力试验研究院对神华电厂机组进行进相实验。每月对调管发电厂、变电站下达电压运行曲线。同时制定电压调整措施：由于陕西220千伏为单线长线联络，中间无电压支撑点，秦岭一厂出力不足时，220千伏变电站母线电压偏低，220千伏阎良、洋县变电站应加装电容器，220千伏勉县变电站调相机应加强运行管理。同时，略阳发电厂开机不宜小于两小一大机，石泉水电厂开机不宜小于一台机。黄河、汉江水电大发，负荷较大的情况下，330 千伏马营、南郊、庄头等变电站电压偏低，应装设电容器补偿设备。网调省调分离后，接入 330 千伏电网的发电厂、变电站的调度关系发生变化，给电压管理带来诸多不便，有的电厂机组归省调调管，但 330 千伏母线归网调调管；有的变电站 330 千伏母线归网调调管，但 110 千伏母线归省调调管，需要网省调度共同协商，采取更好的管理办法。

2001 年，省调对略阳发电厂 1、2 号主变压器调压分接头进行调整。省调在陕西电网规划阶段，提出加装无功补偿设备和主变压器有载调压的建议。陕北电网投运后，500 多千米的单回 330 千伏线路电压合格率达到一流水平。

2002 年，省调对神华发电厂 1、2 号主变压器，秦岭发电厂 7 号联络变压器的调压分接头位置进行调整，每月对调管发电厂、变电站下达电压运行曲线并考核，当年，电压合格率达到 99.71%。同年，省调和西北电力试验研究院共同完成陕西主网无功优化研究，有关部门及供电局在电网规划、运行及新装无功补偿装置时，运用这一研究成果，合理配置和装设无功补偿装置，提高了陕西电网电压合格率。

1991～2002 年西北（陕西）电网频率、电压合格率统计见表 6-2-6。

表 6-2-6　1991～2002 年西北（陕西）电网频率、电压合格率统计

| 年　份 | 频率<br>最高值<br>（赫） | 频率<br>最低值<br>（赫） | 频率<br>不合格时间<br>（分） | 频率<br>合格率<br>（%） | 电压<br>合格率<br>（%） |
|---|---|---|---|---|---|
| 1991 | 50.45 | 49.52 | 1892 | 99.6400 | 97.00 |
| 1992 | 50.53 | 49.61 | 3847 | 99.2700 | 94.94 |
| 1993 | 50.35 | 49.52 | 4670 | 99.1100 | 98.80 |
| 1994 | 50.34 | 49.45 | 2102 | 99.6000 | 98.67 |
| 1995 | 50.45 | 49.55 | 17607 | 96.6500 | 99.10 |
| 1996 | 50.32 | 49.01 | 1787 | 99.6600 | 98.50 |
| 1997 | 50.35 | 49.62 | 631 | 99.8800 | 98.13 |
| 1998 | 50.32 | 49.70 | 105 | 99.9800 | 98.43 |
| 1999 | 50.30 | 49.75 | 26<br>（630 秒） | 99.9950<br>（99.9980） | 99.94<br>（99.56） |
| 2000 | 50.00 | 49.00 | 1007 秒<br>（195 秒） | 99.9968<br>（99.9994） | 99.96<br>（99.59） |
| 2001 | 50.22 | 49.66 | 915 秒<br>（189 秒） | 99.9971<br>（99.9994） | 99.99<br>（99.66） |
| 2002 | 50.19 | 49.72 | 647 秒<br>（243 秒） | 99.9979<br>（99.9992） | 99.99<br>（99.71） |

**注**　括号中的数据分别为陕西电网责任频率不合格时间、责任频率合格率、中枢点电压合格率。

## 第三节 经 济 运 行

### 一、发挥水电效益

水火电互济是西北电网的优势和特点，西北电网的经济效益在很大程度上取决于黄河、汉江的来水状况。

陕西电网火电比重大，水电比重小。黄河丰水期间，西北电网水电大发，西电东送，陕西省调服从西北网调的统一调度，精心安排电网运行方式，将火电减到最小方式，机组压到最小出力。陕西10万千瓦及以下火电机组均启停参与系统调峰，确保水能资源的利用和全网效益最大化。为提高西北电网西电东送能力，陕西省调做好各种事故预案，加强省际联络线负荷监控。丰水期间，330千伏西电东送稳定控制水平按动态稳定水平控制，提高西电东送能力5万～7万千瓦，每年汛期多用水电约1亿千瓦·时。黄河枯水期间，西北电网水电减发，火电机组大发，系统潮流变为东电西送。火电机组尽力做到满发稳发多发，临时检修尽可能安排在系统低谷期间。

### 二、提高调峰能力

陕西火电机组最大、最小负荷调峰范围多年来维持在10%～15%。

1997年，陕西试行《陕西电网内部模拟电力市场过渡实施办法》，1998年执行《陕西电网内部模拟市场及承包经营责任制试行办法》，促进了发电厂调峰的积极性。特别是1997～1999年陕西省电力公司集中对陕西各发电厂的锅炉燃烧方式进行改造，各火电厂调峰能力提高到46%～50%，基本满足了电网调峰的需要。

1999年12月，陕西省电力公司下达各火电厂的调峰任务，除宝鸡发电厂个别机组因设备缺陷原因调峰量暂定为30%～36%外，其他各火电厂机组调峰范围为46%，秦岭发电厂20万千瓦机组、渭河发电厂30万千瓦机组、蒲城发电厂33万千瓦机组调峰范围为50%。火电调峰能力的提高，为多用水电及电网经济运行奠定了基础。

### 三、开展经济调度

陕西电网的经济效益很大程度来自多发多用汉江水电，省调对石泉、安康两个梯级水电站实行联合调度，充分利用汉江来水。

石泉、安康水电厂位于汉江上游，有效库容不大，但汉江具有洪水频繁、峰值高、流量大的特点。省调在安排电网运行方式时，充分关注汉江流域水情变化，按来水预测及时调整运行方式。在水电调度中，把按洪水预报实时调度与按水库调度图调度两种方案紧密结合。每年5～10月汉江汛期来水时，在确保大坝安全的前提下，按汛限水位控制水库水位。洪水到来之前加大发电用水，腾出蓄洪库容；洪水即将结束时及时拦蓄洪尾多蓄水。每年汉江枯水期（11月～翌年4月），按调度图计划调度，以丰补枯。按照“以水定电”的原则安排调度计划，安排月度、年度运行方式，并在日调度计划中及时调整。石泉、安康水电厂在陕西电网调频、调峰、事故启动、经济效益方面发挥了重要作用，1991～2002年，按调度口径统计，石泉水电厂发电52.67亿千瓦·时，安康水电厂发电208.48亿千瓦·时。

1991年，黄河、汉江来水较枯、汉江来水仅为多年平均值的49%。陕西省调合理安排运行方式，采取提高水库水位，降低水耗措施，实发电量与水库调度图相比，增发水电5.5亿千瓦·时。

1992年11月，西北电业管理局制定《西北电网水电弃水增发电量考核奖励细则》，对水电厂降低水耗，提高效益起到促进作用。当年石泉水电厂发电5.71亿千瓦·时，比1991年提高了18.74%。

1994年11月12日晚，石泉上游普降暴雨，汉江出现超历史记录的汛情，石泉流量4760米$^3$/秒，安康流量5500米$^3$/秒，网调（兼陕西省调）及时调整运行方式，在330千伏庄—马线停电检修情况下，调度员密切监视220千伏周—洋线、330千伏庄—南线电流，线路功率压红线运行，多发水电4399万千瓦·时。洪水过后，石泉、安康拦蓄洪尾，水位分别达到410.04米和329.60米。

1995年，汉江来水特枯，1～6月，石泉、安康水库被迫低水位区运行125天。8月11～18日汉江来水，陕西省调抓住时机，及时调整方式，石泉、安康满出力运行。8～9月，石泉、安康增发水电1.9亿千瓦·时。

1998年，汉江来水好转，陕西省调发挥水情自动测报功能，及时采集水情数据，收集信息，预测汉江洪峰流量，利用水库调节能力，多发水电。当年石泉、安康水电厂增发1.58亿千瓦·时。

1999年，陕西省调根据西北电网汛期超购李家峡水电的让利返回政策，7～9月，购李家峡水电1.39亿千瓦·时，为陕西省电力公司取得效益1817万元。全年节约购电费用5600万元。

2000年，汉江来水较丰，石泉、安康水电厂全年发电29.77亿千瓦·时，比1999年增加13.05亿千瓦·时，创历史最高水平。

2001年，全省多发电5.3亿千瓦·时，按比外购电价少0.1元/（千瓦·时）计算，创造效益5300万元。

2002年，省调优化电网运行方式，严格控制送、受电量，低购高送。按照陕西省电力公司经济调度考核办法计算，全年创造效益9000万元。

### 四、降低网损

1991～2002年，随着电网建设加快，网架结构改善，无功补偿增加，技术装备水平提高，网损管理加强，陕西主网线损率呈下降趋势，2002年主网线损率为1.7%，较1991年下降2.52个百分点。

陕西主网线损电量占全网线损电量的30%以上，对全网经济效益影响极大。主网线损统计涉及到每个发电厂上网电量和各供电局供电量表计的准确计量和正确统计，涉及发电厂和供电局的利益。1991～1997年，主网线损率一直在3.82%～4.22%波动。在此期间，网损管理和网架结构存在的主要问题有：

（1）主网线损率计算办法采用的是余量法，管理范围涉及发、供电等众多环节，数字繁多，因素复杂。且主网与各供电局分界的关口及主网联络线上的表计误差较大，主网线损率指标无法分解。

（2）网架建设落后于电源建设，网架结构是决定主网线损的根本因素，20 世纪 90 年代中期，陕西电网建设远远落后于电源建设和负荷增长。1994～1997 年线路年增长率低于装机容量和供电量的增长率。而新建线路均为直配线路和电厂送出线路，主网架没有加强。电网建设的滞后和负荷的快速增长，致使线路负荷加重，主要输电线路 330 千伏北—沣、沣—庄、庄—南、渭—庄线及主要联络线庄—马—汤等输电线路经常重载运行，主网线损率较高。

1994～1997 年陕西电网主网装机容量、线路长度、供电量及线损率统计见表 6-2-7。

表 6-2-7　1994～1997 年陕西电网主网装机容量、线路长度、供电量及线损率统计

| 项　目 | 年　份 | | | |
|---|---|---|---|---|
| | 1994 | 1995 | 1996 | 1997 |
| 装机容量（万千瓦） | 406.66 | 467.12 | 500.12 | 501.32 |
| 年增长率（%） | — | 14.87 | 7.06 | 0.24 |
| 线路长度（千米） | 3072.287 | 3165.804 | 3223.102 | 3085.827 |
| 年增长率（%） | — | 3.04 | 1.81 | -4.26 |
| 供电量（万千瓦·时） | 200.64 | 208.48 | 216.56 | 224.48 |
| 年增长率（%） | — | 3.91 | 3.88 | 3.66 |
| 主网线损率（%） | 3.98 | 4.09 | 4.15 | 4.00 |

（3）有功建设与无功建设不匹配，导致无功不能就地平衡。1997 年末，陕西电网 330 千伏输电线路 26 条 2299.443 千米，220 千伏输电线路 10 条 786.384 千米，系统充电功率达 91.7 万千乏。无功补偿度仅 52.31%，距离导则中 90%的要求相差甚远，系统中大量无功不能就地平衡，导致网损增加。

（4）网架结构不合理。西北电源分布不均衡，东火西水的格局，致使潮流变化大。如在小负荷东电西送的大潮流方式下，陕西过网线损的增加，将使陕西主网的线损率较西电东送大负荷的线损率增加近 1 倍。陕西电网水电比重 21%，主要集中在陕南，远离负荷中心，电厂出力及主干线路潮流随丰枯季节大幅度变化，丰水期水电满发，大量水电远距离送至负荷中心，枯水期关中地区又向陕南电网倒送电量，主要联络线 220 千伏碧—勉线、周—洋线线损率较大，特别是 220 千伏碧—勉线线损率高达 8%以上。1997 年 220 千伏碧—勉线、周—洋线全年线损电量占总线损电量的 7%以上。

针对以上问题，陕西电网采取了如下管理和技术措施：

1998 年，陕西供电企业开始使用陕西省电力公司开发的线损管理分析软件。该软件能完成所有线损报表，并能进行查询和分析，将线损管理从被动管理转变为主动管理。陕西省电力公司将线损管理指标纳入对各供电局内部模拟市场考核，使主网线损率大幅度下

降。当年主网线损率为 2.57%，比 1997 年降低 1.43 个百分点。

1999 年，陕西省电力公司将所有发电厂的计量点改在电厂各电压等级的出线侧，改变了历史上发电厂厂供电量等于发电量减厂用电量的余量法统计方法。同时根据电网发展需要，将供电局关口表位由变电站 110 或 35 千伏出线侧计量调整到 220 或 330 千伏主变压器的中低压侧计量，关口表由原来的 500 余块减少到 200 多块。同年，陕西省电力公司制定了《陕西省电力公司关口电量管理办法》及《陕西电网主网电能损耗管理规定》及《陕西省电力公司高压网降损节电考核办法》，加强主网线损管理及考核，保证关口电量统计的准确。当年陕西电量计量计费系统投运，结算电量实现计算机自动采集。同时，省调加大了电压管理力度，降低了网损。根据电压运行实际，及时调整电压曲线，调整电厂、变电站的主变压器抽头。根据运行方式及时投切无功补偿装置。大负荷期间，及时增加电厂无功出力，投入容性无功补偿装置，提高运行电压。省调每月对主网线损完成情况进行监控，通过对分线、分压及母线电量不平衡率完成情况进行分析，及时纠正差错电量。2002 年，陕西主网线损率为 1.7%，比 1998 年降低 0.87 个百分点。

# 第三章 电 力 通 信

电力通信网是电网调度指挥、资源优化配置、电网自动化技术发展及电力市场建立的技术支持和保障。至2000年末，陕西建成电力通信网络管理系统，实现了对主干通信电路的统一监控和管理，形成以光纤、中容量数字微波为主干，程控交换机为汇接交换中心的电力系统通信平台。陕西电网光纤电路总长度1238.68千米，其中陕西电力信通公司管辖的光纤电路151.6千米，光端站11个，各供电局管辖的光纤电路1087.08千米，光端站158个。OPGW架空地线复合光缆总长度67.2千米；主干微波线路总长度2361.4千米，微波站88个；电力载波机975台，容量40667.85话路千米；行政交换机总台数45台，系统容量90244线；调度交换机总台数40台，系统容量20025线。

## 第一节 载 波 通 信

20世纪80年代后期，陕西电力系统载波机数量迅速增加，出现了载波通道拥挤、频率资源枯竭问题。而20世纪70年代出现的微波通信至80年代中期已进入全面实用化阶段，加之电网规模不断扩大，电网的继电保护、自动化系统的技术含量不断提高，对信息的需求增加，窄带和单路设备所提供的服务已不能满足电网对信息量日益增长的需求，陕西电力载波通信步入调整期。

20世纪90年代，电力载波通信作为电力系统特有的通信方式，仍以分支电路的形式在电网调度通信、调度自动化信息传输中发挥着作用。1999年，陕西电网在线运行的载波机有1084台，在220千伏及以上线路运行的是ZDD-12、ZJ-5型载波机，并有少部分ESB-2000型数字载波机；在110、35千伏线路上运行的主要是ZJ-3、ZDD-5、XBD-3和ZDD-12型载波机，这些设备超过15年服役期的约占总数的40%。

2002年末，陕西电网220千伏及以上线路运行的电力载波机173台，容量14398话路千米；110千伏及以下线路运行的电力载波机802台，容量26269.85话路千米，电力载波通信在陕西电网发展进程中仍发挥着一定作用。

## 第二节 无线及微波通信

### 一、无线通信

1987年，西北电业管理局选用日本松下（National）公司设备建立了一点对多点的无线电拨号通信系统。该系统与西北电业管理局自动交换机相连，实现交换机用户和系统内无线用户的自动通信。随着通信技术的发展和城市规划的要求，该系统已不适合在市区运行。1995 年，根据陕西省无线电管理委员会要求，将信道数减至 6 个。随着设备年限增长，元件老化，西安地区各单位已逐步用其他方式与西北电业管理局交换机联网。1997 年，该系统退出运行。其间，西安、咸阳、渭南、宝鸡等供电局曾先后建立 150 兆、450 兆比特无线电移动通信系统，这些系统经过完善接口设备，多数与主干通信网相连，成为陕西电力通信网的辅助通信方式。

1995 年 10 月，选用美国爱立信（Ericsson）设备，建设 800 兆比特集群通信网，组成包括西安、宝鸡及渭南在内的 3 个基站 20 个信道系统，车载台 50 个，移动话机 300 多部。该系统用 2 兆比特与西北电业管理局交换机互连，实现无线对无线，无线对有线，有线对无线的通信方式，为生产管理、电力调度及事故抢修提供了便利。

**二、微波通信**

陕西电网从 20 世纪 70 年代中期开始建设使用微波通信。至 2002 年，形成覆盖全省各级调度、所有电厂和 220 千伏及以上变电站的电力通信传输网。

1991 年，西安—河南省三门峡中容量数字微波电路建成投运（简称“西三微波”），电路全长 250 千米，10 个微波站，调制方式为 4DPSK，设备为日本电器株式会社（NEC）生产。“西三微波”是全国电力系统专用通信网的一级电路，经郑（郑州）—三（三门峡）微波与京（北京）—汉（武汉）微波电路相连，是陕西电力系统与电力工业部及其他网省局联系的重要通道。

1992 年 10 月，西安—安康中容量数字微波电路建成投运，调制方式为 OQPSK（偏移四相相移键控），信道机采用加拿大哈里斯（Harris）设备，终端 PCM（脉冲编码调制）采用加拿大新桥（Mainstreet）设备，电路全长 472.5 千米，15 个微波站。

1996 年，西安—延安中容量数字微波电路建成投运，调制方式为 OQPSK，采用加拿大哈里斯（Harris）和新桥（Mainstreet）智能 3630PCM 设备，电路全长 366.1 千米，15 个微波站。

1997 年，延安—榆林中容量数字微波电路建成投运，调制方式为 OQPSK，采用加拿大哈里斯（Harris）和新桥（Mainstreet）智能 3630PCM 设备。电路全长 290.5 千米，7 个微波站。

1998 年，西安—韩城 480 路 PDH（异步数字复接）数字微波电路建成投运，采用加拿大哈里斯（Harris）和新桥（Mainstreet）公司生产数字微波设备。电路全长 222.1 千米，10 个微波站。

1999 年 10 月，西安—宁夏银川数字微波电路建成投运，调制方式为 OQPSK，电路全长 813.53 千米，21 个微波站，甘肃、宁夏境内采用法国 SAT2GC 中容量设备，陕西境内采用加拿大哈里斯（Harris）7GC 设备，电路长 161 千米，7 个微波站。

2001 年，汉中勉县变电站—略阳发电厂数字微波电路建成投运，电路全长 56 千米，5 个微波站，途经勉县变电站。同年，五间房微波站—商洛供电局数字微波电路建成投运，电路全长 162.6 千米，7 个微波站，途经柞水变电站。

2002 年，榆林—神木 SDH 155 兆比特数字微波电路建成，电路全长 86.1 千米，4 个微波站。

陕西电网在建设干线数字微波电路的同时，建设了几条支线小容量数字微波电路：1995 年建成渭南供电局—蒲城发电厂电路；1997 年建成汉中供电局—勉县变电站电路；1998 年建成蒲城发电厂经尧山变电站至白水电厂的小微波电路等。1998 年，西安—户县—周至模拟微波设备进行更新改造，建成 8GC120 路数字微波电路。

**三、网管系统**

1999 年 8 月，陕西省调与国家电力公司电力自动化研究院通信技术研究所签订技术开发合同，研发 TDA（可发现缺陷功能）电力通信网络管理系统；与南瑞公司通信系统分公司签订设备合同，订购 CN3M 电力通信网络管理系统设备。

省调建设通信网络管理系统的目的是建设一套综合的通信网络高层管理系统。对陕西电力专用通信网统一管理，提高自动化水平。依据国际标准信息模型数据库，实现数据标准化。建立协议转换机制，实现多厂商设备的数据接入。把独立的、自成体系的进口或国产微波设备、光纤设备、SDH（同步数字复接）设备及智能终端等具备一定监测功能的子系统接入统一网管集中管理，与通信网已有的其他通信监控系统互连，与陕西省电力公司 MIS 网及其他信息网互连，实现资源共享。网络管理系统具备扩容、接入设备的能力，采用国际化标准 SNMP（简单网络管理协议）接口。

陕西电力通信网管系统 INMS（综合网络管理系统）是南瑞通信分公司与省调联合开发研制的一套新型电力通信网管系统。该系统基于 ITU-T 的 TMN 标准设计，技术水平在国内领先，陕西电网在国内最先应用该系统。电力通信网管系统是一套规模较大的软件系统，功能分为监控系统和应用管理系统两部分，分别于 2000 年 4 月和 8 月投入运行。

2000 年 10 月，网管系统试运行报告结论为：陕西电力通信网管监控系统和应用管理系统软件、硬件运行稳定，INMS 通信网管系统设计先进，功能合理、运行可靠，能较好满足用户需求，达到设计要求。

## 第三节　光　纤　通　信

以光导纤维为传输介质的通信方式称为光纤通信。其独特的抗干扰、重量轻、容量大等优点作为信息传输介质被广泛应用。20 世纪 80 年代中期，陕西电网在建设数字微波电路的同时，同步进行了光纤电路建设。

1987 年，配合 330 千伏西安北郊变电站建设工程，同时筹建总调经西安供电局至北郊变电站光缆通信电路。总调—西安供电局光缆电路于 1990 年开通，长 3 千米，选用上海光纤公司生产的 6 芯多模充油铠装光缆，与电力线同杆架设。西安供电局—北郊变电站电路长 11 千米，选用日本住友电气工业公司 6 芯多模长波无金属阻燃光缆，采用与 110 千伏架空地线捆绑方式。该段光缆电路 1991 年建成，设备为上海飞利浦公司生产。该项工程获国家电子振兴办公室试点示范工程奖。

1996 年，渭南供电局建成渭南地调—110 千伏良田变电站、渭南变电站、渭南邮电局的 14.2 千米 PDH（异步数字复接）光纤电路。

1997 年，陆续建成网省局机关至小东门家属院、西安电力学校、兴庆小区、老干所、西北电力建设局、西北电力设计院、西安电力中心医院、陕西省电力设计院、西北电力试验研究所等 20 千米的 24 芯单模光纤电路，解决西安地区部分电力单位交换机联网及有线电视传输问题。

1997～1998 年，安康供电局分别建成安康地调至 110 千伏江北变电站、江南变电站光纤通信电路。

1998 年，建成西安至北郊变电站光纤通信电路，全长 12.7 千米。

2001 年 3 月，建成西安—罗敷变电站光纤通信电路，全长 119 千米。10 月，建成罗敷变电站—秦岭发电厂光纤通信电路，电路全长 2.3 千米。同年，建成西安—南郊变电站光纤通信电路，全长 14 千米。

至 2002 年末，西安供电局建成光纤通信电路 437.7 千米；宝鸡供电局建成光纤通信电路 13.5 千米；咸阳供电局建成光纤通信电路 84 千米；渭南供电局建成光纤通信电路 58.8 千米；汉中供电局建成光纤通信电路 213 千米；铜川供电局建成光纤通信电路 79.9 千米；延安供电局建成光纤通信电路 33.15 千米；商洛供电局建成光纤通信电路 32.47 千米；榆林供电公司建成光纤通信电路 40.6 千米；安康供电局建成光纤通信电路 57.66 千米；安康水电厂建成光纤通信电路 36.3 千米。西安、宝鸡、渭南、铜川、商洛、汉中等供电局建成光纤环网通信。

## 第四节　程 控 交 换 机

1988 年 11 月，西北电业管理局引进美国哈里斯 HARRIS－2020 数字程控交换机，1990 年 10 月开通运行，容量为 1920 端口，90 个中继方向，运行至 1997 年。

1994 年，电力工业部国家电力调度通信中心颁布《全国电力系统通信自动交换网统一编号实施意见》，陕西省调按照该意见统一编号。10 月 1 日，实现了陕西各电力单位与电力工业部及其他网省自动交换网联网。

1995 年，西北电业管理局机关及西安、宝鸡、渭南、咸阳供电局、秦岭发电厂完成与当地电信局数字中继连接，实现直拨功能。

1997 年，西北电业管理局引进美国哈里斯 HARRIS－2020LX 型万门交换机，将原有的美国哈里斯 HARRIS－2020 交换机移至西北电力试验研究所使用，至此，陕西电力单位全部实现交换机程控化，形成以西北电业管理局为中心的三级汇接四级交换网络。设备生产厂家有美国哈里斯（Harris）、通广北电、HICOM 等，主要节点基本采用数字程控交换机，传输网通道节点均以数字中继线联网，网内可直拨交换局 80 多个，总容量近 50000 线，数字化程度达到 90%。

2002 年末，陕西电网有程控交换机 45 台，共计 90244 线，其中陕西省电力公司本部程控交换机 1 台，9216 线；西安供电局程控交换机 8 台，16404 线；咸阳供电局程控交换机两台，3008 线；宝鸡供电局程控交换机 3 台，5296 线；渭南供电局程控交换机两台，4964 线；汉中供电局程控交换机 3 台，4270 线；安康供电局程控交换机 1 台，1474 线；商洛供电局程控交换机 1 台，2000 线；铜川供电局程控交换机 1 台，1920 线；延安供电局程控交换机两台，3100 线；榆林供电公司程控交换机 1 台，448 线；户县热电厂程控交换机 1 台，1920 线；略阳发电厂程控交换机 1 台，1920 线；韩城发电厂程控交换机 3 台，3760 线；安康水电厂程控交换机两台，1776 线；石泉水电厂程控交换机两台，1856 线；延安发电厂程控交换机 1 台，400 线；宝鸡第二发电厂程控交换机两台，4096 线；渭河发电有限责任公司程控交换机 1 台，4096 线；秦岭发电有限责任公司程控交换机 3 台，5104 线；灞桥热电有限责任公司程控交换机 2 台，4000 线。

# 第四章 继电保护及调度自动化

20 世纪 90 年代，微机型继电保护技术开始在陕西电网应用。90 年代中期，西北电业管理局引进加拿大 CAE 公司新一代 EMS 能量管理系统，同时配套引进美国新一代分布式微机远动装置 GR90RTU 投入使用。

## 第一节 继电保护

### 一、继电保护装置

20 世纪 90 年代初，陕西电网继电保护装置仍以晶体管保护为主，在主要线路和设备上开始使用集成电路保护和微机保护。

1990 年，330 千伏秦—南、南—庄线两侧 WXB-11、WXB-22 型双重微机保护装置和 330 千伏韩—金线、220 千伏汤—阎、阎—代线两侧增装的 WXB-22 型微机保护装置投入运行后，性能良好，故障率低，动作快速，正确率高，检验调试简便，定值精确易于更改，提高了陕西电网继电保护工作水平。之后，1993 年投运的 330 千伏桃—西线，1994 年投运的 330 千伏金—延线、蒲—北线，1995 年投运的 330 千伏蒲—桃线，均配置 WXB-11 型和 WXB-22 型双重微机保护。故障录波装置采用新一代的 PGL-12 型装置。

1994 年 8 月，电力工业部在天津召开全国继电保护工作会议，11 月，下发［1994］647 号文《关于开展电力系统继电保护管理年工作的决定》。陕西电网对老、旧继电保护装置进行更新改造，在 330 千伏桃—渭线的桃曲变电站侧、330 千伏桃—金线桃曲变电站侧、330 千伏庄—沣线两侧均增装一套 WXB-11 型微机保护装置。

1995 年末，陕西 330、220 千伏线路上使用的保护装置，仍以各类晶体管继电保护居多。

1995、1996 年，省调开展“继电保护管理年”活动。继电保护更新改造计划列为陕西电网“九五”计划。要求新投入的 330、220 千伏线路装设双重微机保护；新投入的 110 千伏联络线、双回线尽可能装设微机保护；新投入的母线和主设备也尽可能采用微机保护；对正在运行的线路、母线和主设备保护装置，视情况按轻重缓急逐步更换。

1996 年投运的 330 千伏渭—沣 2 线、蒲—高线，1997 年投运的 330 千伏渭南变电站及渭—北线、渭—秦线，1998 年投运的 330 千伏雍城变电站、330 千伏新—雍Ⅰ、Ⅱ线，延—榆线，1999 年投运的 330 千伏渭—雍线、新—马Ⅰ线，330 千伏东郊变电站及东—北线、东—南Ⅰ线，330 千伏新—马 2 线、雍—陇线，330 千伏桥陵变电站及桥—蒲线、桥—桃线均采用双重微机保护。1999 年末，陕西电网 330、220 千伏线路全部实现双重微机保护配置；110 千伏线路微机保护配置约 60%；330 千伏母线及主变压器大部分配置了双套快速保护；采用 3/2 断路器接线的均配置了短引线保护，对中间断路器还配置了失灵远跳装置；按断路器配置了重合闸、三相不一致保护以及断路器失灵保护和操作箱。根据系统过电压和稳定要求，设置有相应的安全自动装置。330、220 千伏电压等级的微机故障录波器 40 套，微机化率达到 100%，110 千伏电压等级的微机故障录波器 70 套。

发电机、变压器保护的配置，随发电机、变压器投产年代、电压、容量的不同而不同。1991 年前，元件保护装置均采用全晶体管型保护（如秦岭发电厂 20 万千瓦机组）或集成电路型保护（如安康水电厂 20 万千瓦机组）。1991 年后，发电机、变压器多采用微机保护。1996 年 7 月，蒲城发电厂 1 号机组投入运行，该厂 1、2 号机组系引进罗马尼亚设备，采用的是引进英国 GEC 公司的全套集成电路型元件保护装置。

2000 年，省调编写了《陕西电网线路、变压器、母线、发电机常用微机保护检验和运行规程》，规范了微机保护检验和运行，使微机保护技术标准统一明确，工作程序规范有序。针对发、供电运行人员微机保护运行知识欠缺的实际，省调编写了《微机保护培训大纲》，对运行人员进行了培训及抽考。同时，对陕西电力系统 80%的继电保护人员进行了轮训。陕西省电力公司每年组织继电保护技术比武，以提高保护专业人员技能水平。2002 年末，陕西电网 330、220 千伏线路实现双重微机保护配置，选型有 WXB－11 型、WXB－15 型、WXB－22 型、CSL－100 型、LFP－900 型。220 千伏母线 9 处为双母接线，均配置电磁型母差保护一套。330 千伏母线 32 处，安装保护 61 套，其中西安南郊变电站、庄头变电站、秦岭发电厂各配置一套，其他配置双套，微机母差保护 14 套。110 千伏线路微机保护达到 70%以上。220 千伏主变压器 9 台，按一主一后配置保护；330 千伏主变压器 38 台，发电变压器组 24 台，按二主一后配置保护，其中微机保护 34 套。

## 二、微机保护运行

1999 年 5 月，针对微机保护运行中发现的问题，省调下发［1999］23 号文《陕西电力系统微机继电保护装置运行管理规定》，对微机保护运行档案、定值打印、定值核对、电源插件更换、软件管理以及软件版本升级作出明确规定。特别指出一条线路两侧同型号微机高频保护的软件版本必须一致。同时，要求对微机保护不正确动作分析原因，制定对策。

1999 年上半年，微机保护不正确动作原因有：

### （一）运行人员责任造成微机保护误动

1999 年 1 月 16 日 12 时 10 分，330 千伏庄头变电站 2 号主变压器 1102 断路器加入运行，旁路断路器撤出运行时，2 号主变压器 WBZ－500 型微机差动保护动作，断路器跳闸。经检查保护装置无问题，系运行人员操作配合不当所致。

1999 年 3 月 7 日 21 时 29 分，330 千伏渭—雍线 A、B 相相间故障，快速保护动作，断路器三相跳闸，同时，330 千伏汤—马线汤峪侧 CSL－102A 型微机高频方向保护动作跳闸。是马营变电站运行人员将连接片投错，致使汤峪变电站侧保护误动。

### （二）微机保护电流插件问题引起误动

1999 年 2 月 20 日 10 时 45 分，220 千伏周—阎线 WXB－11C 型微机保护动作跳闸。原因是装置电源板内一配线因摩擦外露，绝缘破坏，装置+5 伏电源波动至+3 伏左右，致使装置数据采集系统混乱，程序失效，装置 4 个 CPU（中央处理器）同时误动，周—阎线三相跳闸。

1999 年 4 月 29 日 16 时 9 分，330 千伏西安东郊变电站 1 号变压器启动，在第二次冲击变压器时，该变压器 WBZ－1201 型微机保护动作跳闸。原因是该装置一根 24 伏线头松动脱离碰外壳，抗干扰能力下降，在冲击变压器时，因干扰造成误动。

（三）微机保护 CPU 芯片接触不良或故障引起误动

1999 年 3 月 25 日 7 时 45 分和 8 时 35 分，330 千伏南—庄线南—郊变电站侧 WXB－11C 型微机保护误动线路跳闸。原因是装置 CPU 管脚与插座接触面氧化，接触不良，致使 CPU 地址混乱，引起误动。

1999 年 6 月 6 日 12 时 25 分，330 千伏渭—桃线渭河发电厂侧 WXB－11 型微机保护误动线路跳闸。经检查该装置距离保护的 CPU2 板故障，程序失效，误动出口；该装置“三取二”（该装置出口条件之一，要求 3 个 CPU 至少两个启动，保护出口才能跳闸）出口闭锁回路又未投入，故 CPU2 故障，造成总出口误动跳闸。

（四）微机故障录波器故障

1999 年 3 月 21 日，330 千伏沣—北线因故障跳闸。330 千伏沣河变电站 WGL－12F 型微机故障录波器未能录上波形。检查发现其后台机有问题，将后台机硬盘格式化，重新安装软件后恢复正常，但故障数据丢失，系软件受病毒破坏造成。

1999 年 6 月 18 日 13 时 28 分，220 千伏石—洋线 A 相故障，保护动作情况较为复杂，但洋县变电站 WGL－12 型微机故障录波器没有采样数据和波形，给事故分析带来困难。

1999 年 6 月 30 日 17 时 10 分，安康水电厂 330 千伏线路故障，WDS－2 型故障录波器虽录上波形，但却打印不出来。

为遏止微机保护不正确动作的状况，省调采取了如下措施：

及时更换电源插件。由于微机保护早期产品电源插件不够完善，已多次引起误动，要求使用 5 年以上的微机保护电源插件全部更换。《陕西电力系统微机继电保护装置运行管理规定》要求微机保护使用年限一般为 10～12 年，运行时间较长的微机保护，要特别注意电源插件特性，必要时进行更换。

经常检查 CPU 芯片。1999 年 6 月，省调［1999］01 号文明传电报《关于陕西电力系统继电保护运行管理的紧急通知》要求，各供电局、发电厂对维护范围内的 WXB－11(15) 型微机保护、多 CPU 并行工作的微机保护进行全面检查，应该投“三取二”出口的闭锁回路必须投入。当某一 CPU 故障，该插件退出时，为防止保护拒动，可退出“三取二”，但故障处理后，必须将“三取二”恢复投入运行。

加强运行管理，提高微机保护和微机故障录波器的检验质量和运行维护水平。

通过实施以上措施，1999 年上半年陕西省电力系统继电保护正确动作率下滑的局面得到控制。年末，全网继电保护正确动作率明显上升，330 千伏继电保护正确动作率 98.54%；220 千伏继电保护正确动作率 97.53%；陕西省电力系统继电保护正确动作率 99.79%。

1991～2002 年陕西电网 110～330 千伏继电保护及安全自动装置正确动作率统计见表 6－4－1。

表 6-4-1　1991～2002 年陕西电网 110～330 千伏继电保护及安全自动装置正确动作率统计

| 年　份 | 正确动作率（%） | 年　份 | 正确动作率（%） |
|---|---|---|---|
| 1991 | 99.54 | 1997 | 99.46 |
| 1992 | 99.24 | 1998 | 99.77 |
| 1993 | 99.09 | 1999 | 99.79 |
| 1994 | 99.47 | 2000 | 99.72 |
| 1995 | 99.72 | 2001 | 99.88 |
| 1996 | 99.05 | 2002 | 99.86 |

## 三、反事故措施及技术监督

### （一）继电保护反事故措施

1994 年，按照电力工业部颁发的《电力系统继电保护及安全自动装置反事故措施要点》，陕西电网排查了继电保护及安全自动装置存在隐患，制定了全网反事故措施要点。

1995 年，省调安排陕西电网直流熔断器与相关回路配置、保护装置用直流中间继电器、跳（合）闸出口继电器及相关回路、保护本体、仪表用互感器及其二次回路等反事故措施项目。2 月 19 日，省调针对 330 千伏沣河变电站主变压器事故，提出更换时间继电器，缩短时间级差，由 0.5 秒减至 0.3 秒，降低全网主变压器后备保护动作时限。

1996 年，省调结合发、供电设备年度大小修计划，安排难度较大的反事故措施项目。

1997 年 1 月 1 日，全网按新的保护级差运行。

1999 年，省调按照国家电力公司《电力系统继电保护及安全自动装置反事故措施要点》（简称《反措要点》）中“110 千伏以上线路保护，包括各套保护装置间的相互配合，应按‘四统一’（统一技术标准，统一元件符号，统一原理接线，统一端子排布置）技术原则有组织地进行分类检查，凡属严重影响保护性能的部分，安排计划分期分批地进行更新或改造。”的要求，年末，完成《反措要点》中有关高频保护改进工作；完成全部直流熔断器与相关回路的配置以及保护原理所涉及的反事故措施项目；完成 70%发电厂和变电站继电保护高频通道改造。2000 年 6 月，完成全部高频通道改造。

针对高频收发信机及故障录波器高频录波存在的问题，《反措要点》规定：“允许式纵联保护的发信及收信信号和闭锁式纵联保护的收信信号应进行故障录波”。1999 年初，国调中心《继电保护高频通道工作改进措施》补充规定：不允许用电缆并接在收发信机通道入口引出高频信号进行录波。同时要求故障录波器能反映该直流信号大小的录波输入接口。1999 年 6 月，省调与有关厂家达成高频收发信机及微机故障录波器接口扩展箱试用协议。1999 年 7～10 月，在宝鸡、咸阳、西安、渭南供电局进行试运行。330 千伏雍—陇线、雍—秦线分别经历 1～3 次故障考验，雍城变电站录波清晰完好。

（二）继电保护技术监督

依据国家电力公司《电力系统继电保护技术监督规定》，1999 年 5 月，陕西省电力公司颁发《陕西电力系统继电保护技术监督规定（试行）》和《陕西电网继电保护技术监督考核细则（试行）》。规定省调设立陕西省电力公司继电保护技术监督组，在陕西省电力公司技术监督领导小组领导下开展工作。各发供电单位设立继电保护技术监督组，在总工程师和陕西省电力公司继电保护技术监督组领导下开展工作。陕西省电力公司继电保护技术监督组请科研单位开发继电保护技术监督管理程序，规范继电保护技术监督及报表传送和统计。

继电保护技术监督考核分为监督及技术管理两部分，明确考核项目及奖励、扣分标准。陕西省电力公司继电保护技术监督组每半年组织一次技术监督考核，现场打分，年末进行评比。

**四、继电保护管理年**

1994 年 11 月，电力工业部［1994］647 号文下发《关于开展电力系统继电保护管理年工作的决定》。省调制定了陕西电力系统继电保护管理年工作计划和措施，并将继电保护管理年工作与“九五”计划目标相结合。

陕西继电保护管理年目标是通过两年努力，使 220 千伏及以上系统继电保护及安全自动装置正确动作率达到 95.5%（其中母线保护正确动作率达到 90%以上）；减少继电保护人员责任事故和“原因不明”事故，110 千伏及以上系统继电保护及安全自动装置二类事故比 1993 年减少 1/3；杜绝因保护人员责任造成的系统稳定破坏或大面积停电事故，杜绝因 220 千伏及以下电网事故扩大所引起的 330 千伏主网稳定破坏或大面积停电事故。

1995 年，西北网调（兼陕西省调）制定下发《西北电网继电保护安全运行奖励办法》、《西北电网 220 千伏及以上继电保护及安全自动装置（含故障录波器）事故、一类障碍统计规定》和《西北电网继电保护及安全自动装置动作统计规定》。

1996 年，继电保护管理年活动被列为陕西电力系统反事故技术措施的重点工作。完善了渭河、蒲城发电厂新机组的保护装置并投入运行。加大了系统继电保护改造力度，对正确动作率低，原理、设计及制造水平难以适应运行要求的老、旧保护装置，列入更新改造计划。对新投的 330、220 千伏线路，要求装设双重微机保护，母线和主设备要求采用微机保护装置。

**五、故障信息分析系统**

国家电力调度中心要求在“九五”时期，实现继电保护故障信息分析系统的应用，并作为调度机构“创建中国一流电网调度机构”的条件之一。

1999 年，省调完成继电保护故障信息分析系统主站及 330 千伏东郊变电站、渭南变电站、沣河变电站和蒲城发电厂、渭河发电厂、宝鸡第二发电厂等 6 个子站的安装投运。

2000 年，省调完成陕西电网 220 千伏及以上发电厂、变电站子站的继电保护故障信息分析系统的安装投运。

陕西电网继电保护故障信息分析系统不仅接入线路的微机保护，并且将母线、变压器等元件微机保护接入，实时监测保护的运行状态和故障时的动作行为，并可以进行保护定值核对，形成实时、有效的保护装置监测网。

陕西电网继电保护故障信息分析系统功能比较完善，可实现故障信息有选择性的快速上传；智能化的分析软件能迅速作出故障判断；多专业、多部门资源共享；实时监测保护运行情况，及时发现问题，减少事故发生。国内多数系统只考虑到故障录波器数据采集的处理，而没有考虑保护动作信息采集的处理，但保护动作信息又是调度最为关心的部分。为此，陕西故障信息分析系统综合考虑故障录波器和微机保护动作信息的采集处理并采用计算机技术实现，更具自身特色。

## 第二节 调度自动化

### 一、远动装置

20世纪80年代中期，陕西电网大量应用微电子技术的微机远动装置，在应用中又研制开发了微机远动装置接收和转发信息功能，使微机远动装置功能更加完善。

1995年，引进加拿大CAE公司EMS能量管理系统，从美国WESCON集团公司引进20套GR90RTU微机远动装置与之配套。GR90RTU是美国20世纪90年代全分布式的新一代产品，中央处理器（主CPU）是功能强大的32位微处理器，有两条高速通信链路连接输入/输出（I/O）模板，各I/O模板上都有独立的8位68HC11微处理器管理，与主CPU进行远程通信。GR90RTU具有分层、分布式、超大容量、多规约、多通信口的特点。一套GR90RTU可用不同规约与不同主站通信，通信速率达256比特/秒，精度为0.05%，分辨率SOE1毫秒不受点数影响，可实现各种开环/闭环自动控制。通过光纤网络通信，可实现远方维护管理。该装置运行稳定、精度高、功能强、可靠性高，并具有7个通信口连接各种IED（电子集成驱动器）智能设备。GR90RTU微机远动装置在陕西电网共安装12套。

20世纪90年代后期，随着综合自动化技术的发展，交流采样装置开始代替变送器应用到自动化领域，作为电网电测量参数（有功功率、无功功率、电压、电流、相位、频率、功率因素）的在线测量模块单元。与常规微机远动采集相比较，采集原理发生了变化，直接通过处理单元采集二次回路交流信号计算出量测值，减少了采用独立变送器单元将交流信号转换为直流模拟信号过程，从形式上是变送器和远动终端（RTU）的合成，具有较高的测量精度。陕西电网在城农网改造、无人值班变电站建设中，使用的微机远动装置或综合自动化设备均采用交流采样原理来实现电气量的测量，节省电量变送器，从而减少屏位及使用面积。

### 二、陕西电网调度自动化

20世纪90年代，陕西电网进入快速发展时期。大电厂、大机组相继建成投产，330千伏变电站建设进度加快，330千伏骨干网架已经形成。西北网调（兼陕西省调）调管厂站超过50个，同时要接收陕西各地调送来的实时远动信息。因此，西北网调（兼陕西省调）第二代集中式调度自动化系统在容量和功能上已不能适应电网发展的需要。1995年，西北电业管理局利用加拿大政府贷款，引进加拿大CAE公司新一代EMS能量管理系统。该系统采用20世纪90年代国际上最先进的分布式、开放网络体系结构，计算机选用美国DEC公司新推出的采用RISC技术的64位ALPHA3000型工作站和服务器，采用双以太网联结各个节点，构成一个冗余的高可靠性的局域网。

主站系统由数据采集（DAC）节点、系统数据（SYS）节点、人机联系（PMI）节点、高级应用（APP）节点和通信（COM）节点组成。所有关键应用功能节点按冗余来配置，并且通过双网连接，从而提高了系统的可靠性。EMS系统软件采用国际流行的UNIX操作系统DIGITAL UNIX3.2C；网络通信协议为TCP/IP（互联网连接协议）；数据库管理系统采用SYBASE（共享型数据库系统）客户/服务器结构的关系数据库管理系统；用户界面软件环境基于X－Windows/MOTIF；编程语言为ANSIC。系统支持软件是CAE自行开发的分布式应用环境（Distributed Appllcation Environment），它是EMS系统应用功能和UNIX操作系统之间的环境界面。系统应用软件包括ECS系统（能量控制系统）、GMS系统（发电管理系统）和NAS（网络应用分析）等部分。

EMS能量管理系统投运过程中，最大难题之一是引进的EMS能量管理系统不支持采用循环传送式（CDT）通信规约的国产微机远动装置（RTU）。必须在引进EMS能量管理系统中，开发出能接收采用CDT通信规约的国产RTU信息的程序。西北网调（兼陕西省调）依靠自己的技术力量，在消化分析引进系统基础上经过半年时间独立开发出接收CDT通信规约的程序，解决了20多台国产微机远动装置（RTU）信息接入问题。该项研究获得西北电业管理局科技成果二等奖。

1996年4月，EMS能量管理系统现场安装调试，11月完成SCADA（电网实时系统）功能现场测试验收。1997年12月，完成NAS（网络应用分析）现场测试验收，1998年1月，EMS能量管理系统通过工程验收。

EMS能量管理系统硬件设备的高可靠性和软件系统的稳定性，保证了EMS系统运行质量，主站计算机系统可用率达到99.99%以上，数据准确性创历史最高水平。同时，由于EMS能量管理系统容量大，功能强，调管厂站的信息包括遥测、遥信、智能电表电量等信息可全部采集到，保证了信息的完整性，为EMS系统高级应用软件开发和应用打下基础，为EMS系统实用化验收创造了条件。

### 三、地区电网调度自动化

20世纪80年代，西安、渭南、宝鸡、咸阳、汉中等地区电网调度自动化开始起步，厂站端主要安装SZY－2型、WYZ－II型布线逻辑式远动装置和MWY－C01型微机远动装置，主站端用MWY－DI型微机远动接收机和PC机构成单机系统。进入20世纪90年代，陕西地区电网调度自动化得到快速发展。

#### （一）西安地区电网调度自动化系统

主站系统选用陕西骊山微电子公司系统工程研究所研制的INTEL SYSTEM 320系统，主机采用美国INTEL公司SYSTEM 320（80386）高档工业控制微机，CPU 80386，主频20兆赫；内存4兆；前置机CPU 80286，主频12兆赫；4块8路串行通信板（SIO）可与32台RTU通信。RTU采用陕西骊山微电子公司研制的LS－

RTU，Z80CPU，主频4兆赫，SC1801POLLING通信规约。西安地区调度自动化系统实现数据采集、数据传输、工况监视、越限告警、事故报警、事件顺序记录、报表打印、汉字图形显示、人机会话、系统对时等功能，达到部颁技术指标及要求。该系统1990年12月投入运行。

（二）宝鸡地区电网调度自动化系统

主站系统选用南京电力自动化研究院研制开发的WJ－400型分布式系统。该系统主机采用HPRS/25C386微机双机，内存4兆，硬盘170兆；2台MWY－D3型前置机采用INTEL ISBC186/51S主处理板和JT538串行扩展板接收RTU信息；两台调度员工作站HPQS/20，内存4兆，硬盘150兆，配SAMPO 20英寸彩显，HP101键盘。前置机采用嵌入式实时操作系统工作方式，编程语言选用8086/8088汇编语言。主机采用MS－DOS操作系统，编程采用MSC 6.0语言，模块化结构。远动装置主要采用陕西骊山微电子公司的LS－RTU和烟台东方电子公司的DCF－5RTU，通信规约采用循环传送式（CDT）规约和问答式（SC1801 POLLING）规约，传输速率为300比特/秒和600比特/秒。该系统1992年7月投入运行。

（三）咸阳地区电网调度自动化系统

主站系统选用陕西骊山微电子公司研制开发的LSZD－32系统（Intel SYSTEM320系统），该系统主机采用SYSTEM320（80386）工控机，双机系统，内存4兆，外存80兆；前置机采用80286微机。1992年9月投入运行。1996年6月，由西安康托新源公司进行扩容改造并实现实时网与MIS网联网，把实时信息送入咸阳供电局MIS网中，充分发挥电网调度自动化系统在企业现代化管理中的作用。

（四）渭南地区电网调度自动化系统

主站系统选用山东烟台东方电子公司的GDZ－1工作站系统，该系统是基于RISC/UNIC分布式体系结构的开放系统。GDZ－1工作站系统以ETHERNET构成分布式结构，系统服务器两台，选用SUNSPARC10；数据采集机两台，选用IPC610；带双显示器的调度工作站两台，选用SUN SPARC2；维护工作站1台，选用SUN SPARC20；打印工作站两台，选用AST486。该系统软件为模块化结构，根据系统结构及实现功能，划分为不同的软件功能模块，完成SCADA功能并具有高级应用功能的基本环境配备。变电站远动装置主要采用陕西骊山微电子公司的LS－RTU，烟台东方电子公司的WDF－8RTU和DCF－5RTU，通信规约采用CDT和SC－1801POLLING规约。该系统1994年12月投入运行。

（五）汉中地区电网调度自动化系统

主站系统选用南京电力自动化研究院研制开发的RD－800单机系统。该系统是以RISC技术工程工作站为基础的新一代SCADA/EMS系统。该系统主要特点是分布式体系结构，基于UNIX，X－Windows，TCP/IP等国际标准或工业标准软件组成的开放式系统平台，关系型数据管理系统（DBMS），友好的人机界面，丰富的系统功能等。前置机采用IPC486/66工业控制机；主机系统采用SUN SPARC20，内存32兆，硬盘1.05吉，软驱1.44兆；调度员工作站采用SUNSPARC20；微机工作站采用IBM586/100。变电站远动装置主要采用陕西骊山微电子公司的LS－RTU，上海瑞利公司的FY－CIRTU，山东东方电子公司的 FDK－1331RTU 等，通信规约采用 CDT 和 SC－1801POLLING 规约。该系统 1996 年 12 月投入运行。

（六）安康地区电网调度自动化系统

主站系统选用南京电力自动化研究院研制开发的 RD－800 实时分布式监控系统。该系统由信息交换工作站（前置机），网络工程工作站和 PC 机工作站等组成。硬件平台选用 RISC 的工程工作站，系统选用 UNIX 操作系统，窗口图形环境采用 X－Windows，在此基础上开发了图形软件包、报表软件包等一系列工具软件。网络通信采用国际工业标准的 TCP/IP 协议。主要工作站选用 SUNSPARCIPX，微机工作站选用 HP486，前置机选用 IPC－610 工控机，变电站远动装置选用南京电力自动化研究院研制生产的 FZY－J1RTU，山东大学研制生产的 ES－60RTU，烟台东方电子公司的 WDF－10RTU。规约为部颁 CDT，速率 600 比特/秒。该系统 1994 年 8 月投入运行。

（七）铜川地区电网调度自动化系统

主站系统选用北京电力科学研究院研制开发的 ESCD－ALPHAV2.0 系统。该系统采用可扩充的以局域网（IEEE802.3 以太网）为基础的分布式网络环境，开放式体系结构并遵循国际标准和工业标准。主机采用 OPENVMS 操作系统最新版本。系统人机工作站采用 DECUNIX 操作系统。系统主服务器选用 ALPHA2004/166，调度员工作站选用 ALPHA2004/100，程序员工作站选用 ALPHA2004，终端服务器选用 DEC90M890RT，网络通信设备选用 DEC90HUB 和 DEC90ROUTER，数据采集工作站选用 INTELCOMTECH466 工控机。变电站远动装置选用上海惠安公司的 GR90 RTU，烟台东方电子公司的 WDF－10RTU，通信规约采用 CDT 和 DNP3.0POLLING 规约。地区电网调度室还采用大屏幕投影仪代替了传统的调度模拟屏。投影仪为 BARCO1280S，屏幕 120 英寸❶。该系统 1997 年 5 月投入运行。

（八）商洛地区电网调度自动化系统

主站系统选用烟台东方电子公司的 WDZ－10A 型系统，该系统于 1994 年 4 月安装调试后投入运行。随着变电站远动装置不断增加，主站系统的容量和功能已不能满足运行和实用化要求，1998 年，对原系统进行简单的升级改造，选用烟台东方电子公司的 DF－2000 主站系统，系统前置机采用 HPVL4/P133，主机采用 HPE－50/PII333，调度员工作站采用 HPVE8/PII266，网关机采用 PHILIPS486DX，服务工作站采用 LEGEND2000/PII350。变电站远动装置选用东方电子公司的 DCF－5RTU，WDF－10RTU，WDF－7RTU 和骊山微电子公司的 LS－RTU。通信规约采用部颁 CDT，速率 300 比特/秒。该系统 1998 年 11 月投入运行。

（九）延安地区电网调度自动化系统

主站系统选用山东大学的 ES－450 系统。主机采用 PC－DOS 操作系统，所有中断程序采用汇编语言编程，服务程序采用 C 语言编程，网络驱动程序是基于 IPX、NETBIOS 的 K.COM 通信内核，系统设计有多种类型数据库。主机采用 486DX/100 工控机，调度

---

❶ 英寸是非法定计量单位，1 英寸＝0.0254 米。

和远动工作站采用 DEC5166 和 DEC5100 微机。变电站远动装置采用山东大学 ES－60RTU 和西安康拓新源公司的 KX－96RTU。通信规约采用部颁 CDT，速率为 300 比特/秒和 600 比特/秒。该系统 1996 年 12 月投入运行。

（十）榆林供电公司电网调度自动化系统

主站系统选用烟台东方电子公司的 DF－8002 系统，主机采用 HP－IH6000 操作系统，调度员工作站采用 HP－KAYAKXU800，通道服务器采用 CHASE。变电站远动装置选用南瑞公司的 NS－2000、北京四方公司 CSC－000、南瑞公司的 RCS9700 综自站，上海益奥自控设备有限公司 GR－90RTU。该系统 2001 年 11 月投入运行。

自 1998 年起，在城农网改造过程中，各供电局对调度自动化系统进行扩容升级改造。系统容量、功能、覆盖率得到大幅度提高，新技术、新产品、新装备得到广泛应用。2001 年，10 个地区供电局先后完成调度自动化系统升级改造，其中西安、宝鸡、安康供电局选用南瑞公司 SD－6000 型能量管理系统，咸阳、汉中、延安供电局选用南瑞公司 OPEN－2000 型能量管理系统，渭南、商洛、铜川供电局选用烟台东方电子公司 DF－8002 调度自动化主站系统，榆林供电局选用北京科东 CC－2000 调度自动化系统。这些系统代表了 20 世纪 90 年代末国内调度自动化系统的先进水平，是适应面广、性能完善、技术成熟、可靠性高的新一代能量管理系统。

**四、调度自动化实用化**

根据能源部调度通信局《电网调度自动化系统实用化要求》（［1988］30 号）、《地区电网调度自动化系统实用化验收细则》（［1990］68 号）、《网、省电网调度自动化系统实用化验收细则（试行）》（［1991］16 号）要求，在调度自动化系统投运后，陕西电网及地区电网加大资金投入、加强人员培养、加快调度自动化系统实用化建设。

1999 年 10 月，商洛供电局调度自动化系统通过实用化验收，标志着陕西电网省、地两级电网调度自动化系统（除榆林外）全部通过实用化验收。榆林供电公司 2000 年 4 月成立调度中心（地调），调度自动化起步晚，将于 2003 年通过实用化验收。

（一）陕西电网调度自动化系统的实用化

西北网调（兼陕西省调）调度自动化一期系统 1995 年 3 月通过国家电力公司调度中心实用化验收。1997 年 2 月，引进 CAE 公司的 EMS 系统投入运行。1998 年 12 月，网省调度分离，EMS 系统共同使用。1999 年 11 月，引进的 EMS 系统移交省调。该系统于 1999 年 3 月通过国家电力公司调度中心实用化复查验收。5 月，西北电力调度通信中心对省调自动化系统进行抽查，结论是各项指标满足实用化要求。

2001 年 9 月 12 日，陕西电网调度自动化系统通过西北电力调度通信中心实用化复查验收。

（二）地区电网调度自动化的实用化

陕西地区电网调度自动化系统是分期分批建设的，1994 年 4 月～1999 年 10 月，各地区电网调度自动化系统陆续通过陕西省电力公司实用化验收。

1999～2002 年，西安、宝鸡、咸阳、渭南等调度自动化系统在实用化复查验收中运行指标达到高标准要求，其中负荷总加完成率、计算机月平均可用率、调度自动化系统月平均运行率、调度日报表月合格率均超过高端指标要求。

## 五、高级应用软件实用化

### （一）自动发电控制（AGC）

1995 年 7 月，网调（兼陕西省调）召开西北电网 AGC 控制原则协调会，确定网调与省调的 AGC 控制模式。1996 年 7 月，召开龙羊峡水电厂 AGC 控制方案及实施计划协调会，确定龙羊峡水电厂和安康水电厂均采用 AGC 控制方案，对安康水电厂 4 台机组的手动操作控制回路进行改造，完成 GR90 RTU 和机组 AGC 控制回路接口。9 月，对龙羊峡、安康水电厂机组进行参数测试和试验。11 月，AGC 功能通过现场测试验收。1997 年 7 月 1 日，AGC 功能投入试运行。1998 年 4 月 1 日，AGC 功能进入实用化考核，并纳入调度管理。至 1998 年末，AGC 投运率 89.5%，AGC 控制合格率 99.43%。1999 年 3 月，AGC 功能通过国家电力公司调度中心实用化验收。

1999 年 11 月，省调先后完成安康水电厂 1、3 号机，石泉水电厂 1、2、3 号机，宝鸡第二发电厂 1、2 号机及蒲城发电厂 1 号机等机组的现场 AGC 技术改造。2000 年 1 月，陕西电网 AGC 投入运行。

### （二）高级应用软件实用化工作

1999 年 11 月，省调开展高级应用软件实用化工作，包括建立陕西电网厂站模型及与 SCADA 实时数据库连接，调整网络拓扑软件和状态估计软件。

2001 年 9 月，西北电力调度通信中心组织验收组，对陕西调度自动化系统 SCADA 进行实用化复查，对 EMS 状态估计、调度员潮流、静态安全分析、短期负荷预报等高级应用软件实用化进行验收。各项指标均符合实用化要求。

### （三）地区电网调度自动化高级应用软件实用化

1999 年 4 月，宝鸡地区电网调度自动化系统高级应用软件投入运行，6 月，西安地区电网调度自动化系统高级应用软件投入运行。2000 年 12 月，宝鸡、西安电网调度自动化系统应用软件基本功能通过省电力公司组织的实用化验收。2001 年，咸阳、渭南调度自动化系统高级应用软件基本功能通过省电力公司实用化验收，2002 年，延安、安康调度自动化系统高级应用软件基本功能通过省电力公司实用化验收。6 个供电局的验收合格，标志着陕西地区电网调度自动化高级应用软件实用化进入全国网省调度自动化专业的先进行列。

### （四）调度员培训模拟系统

1997 年，西北网调（兼陕西省调）与中国电力科学院合作开发调度员培训模拟系统（DTS）并投入运行。主要功能是进行电力系统模拟与仿真、正常倒闸操作、事故模拟与处理，进行静态、动态潮流及稳定计算。硬件配置两台 ALPHA3000 工作站和两台 PC 机，使用 UNIX 操作系统。1999 年，网省分离后，该系统划归西北网调管理。

1999 年，省调与北京赛贝思通达电力技术有限责任公司签订陕西电网安全分析系统（DTS）合同，当年 12 月投入运行。陕西电网安全分析系统（DTS）突破 DTS 仅限于模拟培训功能，引入静态、动态潮流及稳定计算、事故模拟与处理及系统运行安全分析等功能，应用效果良好。

陕西电网调度自动化系统设备情况见表 6-4-2。

表 6-4-2 陕西电网调度自动化系统设备情况

| 序号 | 单位 | 系统名称 | 主机型号 | 内存 | 外存 | 前置机型号 | 开发单位 | 系统功能 | 实现功能 | 投资（万元） | 投运时间 | 退役时间 |
|---|---|---|---|---|---|---|---|---|---|---|---|---|
| 1 | 省调 | PDP-11/24 双机系统 | PDP-11/24 | 1 兆 | 10 兆 | MWY-D（8086 工控机） | 南京电力自动化研究院 | SCADA | SCADA | 200 | 1987-01 | 1997-05 |
| | | CAE EMS 系统 | ALPHA3000 工作站 | 128 兆 | 4 吉 | ALPHA3000PT-VME | 加拿大 CAE 公司 | EMS | EMS | 510 万美元 | 1996-12 | |
| 2 | 西安 | LS-ZD-3 双机系统 | SYSTEM320(80386) 工控机 | 4 兆 | 120 兆 | 80286 微机 | 骊山微电子公司 | SCADA | SCADA | 200 | 1990-12 | 1999-05 |
| | | SD-6000 系统 | ALPHAserver 41005/600 | 512 兆 | 13.3 吉 | MOTOROLAM45320 | 南京电力自动化研究院 | SCADA 高级应用 | SCADA 高级应用 | 450 | 1999-06 | |
| 3 | 咸阳 | LS-ZD-32 双机系统 | SYSTEM320(80386) 工控机 | 4 兆 | 80 兆 | 80286 微机 | 骊山微电子公司 | SCADA | SCADA | 200 | 1992-09 | 2000-04 |
| | | OPEN-2000 系统 | ALPHA 600AU 工作站 | 512 兆 | 18 吉 | OPEN-2000 工控机 | 南京电力自动化研究院 | SCADA 高级应用 | SCADA 高级应用 | 400 | 2000-04 | |
| 4 | 宝鸡 | WJ400 双机系统 | HPRS/25C 386 工控机 | 4 兆 | 170 兆 | MWY-D3（8086 工控机） | 南京电力自动化研究院 | SCADA | SCADA | 240 | 1992-07 | 1998-10 |
| | | SD-6000 系统 | ALPHA server 800 工作站 | 256 兆 | 8.6 吉 | MOTOROLA M45320 | 南京电力自动化研究院 | SCADA 高级应用 | SCADA 高级应用 | 450 | 1998-10 | |

续表

| 序号 | 单位 | 系统名称 | 主机型号 | 内存 | 外存 | 前置机型号 | 开发单位 | 系统功能 | 实现功能 | 投资（万元） | 投运时间 | 退役时间 |
|---|---|---|---|---|---|---|---|---|---|---|---|---|
| 5 | 渭南 | GDZ-1双机系统 | SUNSPARC 10工作站 | 32兆 | 1吉 | IPC610工作站 | 东方电子公司 | SCADA | SCADA | 250 | 1994-12 | 2000-10 |
| | | DF-8002系统 | SUNVLTRA 450工作站 | 1吉 | 18吉 | SUNVLTRA10工作站 | 东方电子公司 | SCADA高级应用 | SCADA高级应用 | 420 | 2000-10 | |
| 6 | 汉中 | RD-800 | SUNSPARC 20工作站 | 32兆 | 1吉 | IPC486/66工控机 | 南京电力自动化研究院 | SCADA | SCADA | 100 | 1996-12 | 1999-08 |
| | | OPEN-2000 | SUNVLTRA 60工作站 | 512兆 | 18吉 | OPEN-2000工控机 | 南京电力自动化研究院 | SCADA高级应用 | SCADA | 210 | 1999-08 | |
| 7 | 铜川 | ESCD-ALPHAV 2.0系统 | ALPHA200 4/166工作站 | 96兆 | 2吉 | INTEL 466工控机 | 电科院 | SCADA | SCADA | 250 | 1997-05 | 2002-05 |
| | | DF-8002系统 | ULTRA 450工作站 | 512兆 | 18吉 | SUN-V240 | 东方电子公司 | SCADA高级应用 | SCADA | 300 | 2002-05 | |

续表

| 序号 | 单位 | 系统名称 | 主机型号 | 内存 | 外存 | 前置机型号 | 开发单位 | 系统功能 | 实现功能 | 投资（万元） | 投运时间 | 退役时间 |
|---|---|---|---|---|---|---|---|---|---|---|---|---|
| 8 | 安康 | RD-800系统 | SUNSPARC IPX工作站 | 32兆 | 423兆 | WJ-800（IPC-610） | 南京电力自动化研究院 | SCADA | SCADA | 95 | 1994-08 | 2001-07 |
| | | SD-6000系统 | ALPHA DS201 | 512兆 | 3.6吉 | SD-6000 | 南瑞科技公 | SCADA 高级应用 | SCADA 高级应用 | 300 | 2001-07 | |
| 9 | 延安 | ES50系统 | IPC610工控机 | 8兆 | 540兆 | IPC工控机 4860/100 | 山东大学威海分校 | SCADA | SCADA | 28 | 1996-12 | 2000-10 |
| | | OPEN-2000系统 | SUNE450/250工作站 | 512兆 | 18吉 | OPEN-2000工控机 | 南京电力自动化研究院 | SCADA 高级应用 | SCADA 高级应用 | 300 | 2000-10 | |
| 10 | 商洛 | DF-2000系统 | HPE-50工控机 | 64兆 | 4吉 | HPP133/16工控机 | 东方电子公司 | SCADA | SCADA | 40 | 1998-11 | 2001-05 |
| | | DF-8002系统 | ULTRA 450工作站 | 512兆 | 1吉 | SUN-V240 | 东方电子公司 | SCADA 高级应用 | SCADA | 300 | 2001-05 | |
| 11 | 榆林 | DF-8002系统 | HP-LH6000工作站 | 512兆 | 18吉 | HP-LH6000工作站 | 东方电子公司 | SCADA | SCADA | 100 | 2001-11 | |

# 第七篇　农电

# 第七篇 农　　电

1991～2002 年，陕西省农电企业认真贯彻电力"为农业、为农民、为农村经济服务"的方针，坚持集资办电政策，实施电力扶贫共富工程，推进农村电气化县建设，开展农村电网建设与改造和农村电力管理体制改革，推行城乡居民生活用电同网同价，减轻农民负担，促进了农业、农村经济发展和农民生活水平的提高，农村电气化事业取得显著成果。2000 年末，实现了全省行政村村村通电，户通电率达到 97.63%，2002 年，全省县及县以下用电量达到 132.85 亿千瓦·时，为 1990 年的 2.5 倍。

2002 年末，陕西省设有 107 个县（市、区，含杨凌区），总人口 3674 万人，其中农村人口 2402 万人。全省县级管电机构（含城市城区市辖区）共 104 个，其中陕西省电力公司直供直管 38 个县（市、区）电力局（供电分局），分别归属西安、咸阳、宝鸡、铜川、渭南、汉中、安康、商洛、延安等 9 个地市供电局和榆林供电公司，覆盖 41 个县级行政区域，共 764 个乡镇、11727 个行政村、317.1 万农户；陕西省地方电力（集团）公司管理榆林供电局和 7 个地市农电管理工作委员会及 66 个县电力局（分公司），覆盖 66 个县级行政区域，共有 1073 个乡镇、18663 个行政村、499.8 万农户。全省共有农电职工 17769 人，农村供电所 1421 个。

## 第一章　农　村　电　网

1991～2002 年，陕西省农村电网发展经历了两个阶段：1991～1997 年，省政府加大了农村电网投资力度，各地市、县区人民政府相继制定出台集资办电政策，电力部门从多方面支持农电建设，农村电网发展主要依靠集资办电政策和实施电力扶贫共富工程，解决部分无电地区乡、村、户的通电问题。1998～2002 年，按照国务院部署，在全省开展大规模的农村电网建设与改造，重点解决农村电网设施落后、供电能力不足、电压质量差以及边远无电地区的用电问题，全省实现村村通电。

### 第一节　农村电网建设与发展

1990 年末，陕西省农村电网建成投运 110 千伏变电站 80 座、主变压器 123 台、总容量 244.66 万千伏·安，线路 2000 千米；35 千伏变电站 254 座、主变压器 393 台、总容量 123.27 万千伏·安，线路 4700 千米；35/0.4 千伏配电变压器 65 台、总容量 9.08 万千伏·安，6～10/0.4 千伏配电变压器 57929 台、总容量 433.31 万千伏·安，6～10 千伏配电线路 50600 千米；0.4 千伏低压线路 125200 千米。

1991～2002 年，通过集资办电，电力扶贫，特别是 1998 年开始的大规模农村电网建设与改造，陕西省农村电网得到快速发展。至 2002 年末，陕西省农村电网建成投运 110 千伏变电站 221 座、主变压器 355 台、总容量 687.8107 万千伏·安，线路 5765.64 千米；35 千伏变电站 422 座、主变压器 637 台、总容量 275.2234 万千伏·安，线路 7469.42 千米；35/0.4 千伏配电变压器 269 台、总容量 22.5481 万千伏·安，6～10/0.4 千伏配电变压器 98982 台、总容量 845.6962 万千伏·安，6～10 千伏配电线路 91133.44 千米；0.4 千伏低压线路 225303.13 千米。

1991～2002 年陕西省 0.4～110 千伏农电线路情况见表 7-1-1。1991～2002 年陕西省 35～110 千伏农村电网变电设备情况见表 7-1-2。1991～2002 年陕西省农村配电设备情况见表 7-1-3。

表 7-1-1 1991～2002 年陕西省 0.4～110 千伏农电线路情况 单位：千米

| 年 份 | 110 千伏 | 35 千伏 | 10（6）千伏 | 0.4 千伏 |
|---|---|---|---|---|
| 1991 | 1627.70 | 4671.60 | 51090.10 | 120262.50 |
| 1992 | 1876.1 | 4579.00 | 54014.00 | 125484.00 |
| 1993 | 2250.20 | 4700.70 | 56455.80 | 133770.50 |
| 1994 | 2500.30 | 4769.90 | 59562.50 | 159109.50 |
| 1995 | 2853.20 | 4826.80 | 63561.40 | 155032.40 |
| 1996 | 2871.30 | 4916.50 | 68936.00 | 164203.40 |
| 1997 | 3128.00 | 5176.90 | 72508.40 | 170720.20 |
| 1998 | 3522.43 | 5487.91 | 76117.21 | 201873.94 |
| 1999 | 3944.35 | 5857.71 | 85955.62 | 209031.65 |
| 2000 | 5721.34 | 6659.02 | 87678.01 | 214406.01 |
| 2001 | 5747.43 | 6836.48 | 88337.85 | 216937.90 |
| 2002 | 5765.64 | 7469.42 | 91133.44 | 225303.13 |

表 7-1-2 1991～2002 年陕西省 35～110 千伏农村电网变电设备情况

| 年份 | 110 千伏变电站 | | | 35 千伏变电站 | | |
|---|---|---|---|---|---|---|
| | 变电站（座） | 变压器（台） | 容 量（千伏·安） | 变电站（座） | 变压器（台） | 容 量（千伏·安） |
| 1991 | 73 | 108 | 2001400 | 268 | 411 | 1307785 |
| 1992 | 79 | 114 | 2167700 | 268 | 412 | 1472235 |
| 1993 | 97 | 141 | 2545850 | 270 | 406 | 1416595 |

续表

| 年份 | 110千伏变电站 | | | 35千伏变电站 | | |
|---|---|---|---|---|---|---|
| | 变电站（座） | 变压器（台） | 容　量（千伏·安） | 变电站（座） | 变压器（台） | 容　量（千伏·安） |
| 1994 | 100 | 144 | 2634850 | 270 | 416 | 1476575 |
| 1995 | 106 | 148 | 2761500 | 285 | 438 | 1496960 |
| 1996 | 108 | 155 | 2915000 | 289 | 447 | 1576060 |
| 1997 | 115 | 166 | 3150150 | 308 | 512 | 1707165 |
| 1998 | 122 | 175 | 3399300 | 320 | 505 | 1851510 |
| 1999 | 144 | 211 | 4063000 | 322 | 503 | 1874490 |
| 2000 | 197 | 316 | 5791107 | 341 | 530 | 2062460 |
| 2001 | 213 | 337 | 6429607 | 381 | 576 | 2416160 |
| 2002 | 221 | 355 | 6878107 | 422 | 637 | 2752234 |

表7-1-3　　1991～2002年陕西省农村配电设备情况

| 年　份 | 35/0.4千伏 | | 10（6）/0.4千伏 | |
|---|---|---|---|---|
| | 变压器（台） | 容　量（千伏·安） | 变压器（台） | 容　量（千伏·安） |
| 1991 | 76 | 73880 | 57610 | 4212492 |
| 1992 | 78 | 70730 | 60090 | 4542565 |
| 1993 | 68 | 60705 | 64088 | 4936387 |
| 1994 | 90 | 98315 | 66676 | 5261421 |
| 1995 | 94 | 103815 | 69616 | 5444506 |
| 1996 | 104 | 109440 | 72740 | 5655065 |
| 1997 | 139 | 116385 | 75600 | 5898553 |
| 1998 | 133 | 109745 | 79985 | 6318828 |
| 1999 | 147 | 103180 | 86281 | 6803279 |
| 2000 | 175 | 163481 | 90677 | 7380200 |
| 2001 | 217 | 165416 | 95985 | 7947455 |
| 2002 | 269 | 225481 | 98982 | 8456962 |

## 第二节　集资办电与电力扶贫

1990年末，陕西省乡镇、行政村、农户通电率分别为85.6%、72.1%、75.9%，全省尚有378个乡镇、10459个行政村、155.32万农户没有用上电。1991～1997年，陕西省农电工作重点放在解决农民群众最关心的用电难、用电负担重的问题上，在农村电网建设发展资金缺乏的情况下，采取“群众筹一点、地方政府拿一点、电力部门补一点”的集资办电方针，解决无电乡村通电问题。同时各地市、县人民政府相继制定出台一些集资办电政策。通过集资办电、扶贫通电、实施电力扶贫共富工程等，解决部分无电地区通电问题。

**一、集资办电与乡村通电**

1991年4月，陕西省计划委员会下达全省农电基本建设计划，安排建设10千伏农电线路533.5千米，安装10千伏配电变压器62台、总容量2450千伏·安，省政府补助250万元，其余由地方政府自筹。5月，陕西省电力工业局根据陕西省商州市人民政府《关于申请农电线路投资的报告》，同意尚未通电的商州市牛草、肖塬、三岔河、引龙寺及上官坊等5个乡建设10千伏线路73.8千米，总投资110.64万元，陕西省电力工业局从电网更新改造资金中一次性补助25万元，其余由地方自筹。6月，为解决洛川县朱牛、扬舒2个乡4个村人畜饮水、粮油加工等生活用电问题，同意架设10千伏线路12千米，安装配电变压器5台总容量180千伏·安，总投资24万元，陕西省电力工业局补助12万元，其余由地方自筹。9月，甘泉县人民政府颁发《甘泉县人民政府关于集资办电的决定》，从当年9月1日起，本县境内每千瓦·时用电加收2分钱用于集资办电。11月，陕西省电力工业局安排下达农电更改资金242万元，重点解决直供直管县农村配网改造及无电乡村通电工程的补助费用，同时考虑到部分县属农电企业的实际困难，对其农电工程项目也给予适当补助。

1992年5月，陕西省计划委员会下达全省10千伏农电线路基本建设投资计划，安排建设10千伏农电线路309千米，省政府补助250万元。陕西省电力工业局坚持“集资办电”方针，按照“谁用电、谁出钱、谁受益”的原则，采取多种办法筹措资金，加快无电乡村通电。9月，在黄陵县召开陕西省农电建设工作现场会，推广黄陵县重视农电建设和发展，坚持多方集资办电的经验，推动全省各地集资办电和加快无电乡村的通电工作。9月8日，延安行政公署在黄陵县召开村村通电总结表彰大会，黄陵成为陕北地区第一个实现村村通电的县。

1992年10月29日，陕西省人民政府召开第47次省长办公会，研究省物价局、省电力工业局《关于陕西电网1992年用电综合加价的报告》。同意省电力工业局提出的电网直供县电力局和陕西省14个县管电力局比照已经批准的陕西省农电管理局的办法，对综合加价按趸售办法处理，用作农电发展资金。农电发展资金，用电力综合加价实收与测算数的差额0.14分/（千瓦·时）解决，不再提高当年综合加价标准。陕西省农电管理局从1992年1月1日起执行，陕西省电力工业局和县管电力局从1992年7月1日起执行。农电发展资金按照统一规划、统一政策、统一用途、专款专用的原则使用。

1992年12月，陕西省电力工业局根据商州市、丹凤县人民政府关于解决无电乡村供电请求资助的报告，同意给予商州市东岳乡、仁治乡、药王坪乡、麻池河乡及金灵寺镇等部分乡村10千伏线路基建和新增配电变压器工程补助款15万元，给予丹凤县苏洵、西岭、东岭、毛里岗、石槽及林元岔等6乡10千伏线路基建和新增配电变压器工程补助款20万元，其余费用自筹解决。同年，商洛地区制定出台集资办电政策。随后，汉中、渭南、大荔、延安、洛川等县市人民政府先后出台了集资办电的文件。全省共有31个县（市、区）在其权限范围内相继出台集资办电政策，陆续建立起县级农电发展基金。

1993年，陕西省实行目录电价后，省人民政府决定，由陕西省计委、陕西省电力工业局联合发文，在电价中加收0.2分/（千瓦·时），用于农村电网建设。10月，渭南地区蒲城县实现了村村通电。11月，铜川市耀县实现了村村通电。12月，延安地区甘泉县实现了村村通电。

延安供电局按照陕西省电力工业局的部署和要求，针对全地区农村电网发展状况，提出实施“三五七”电力扶贫共富工程的奋斗目标：3年实现县县通110千伏高压输电线路，5年实现乡乡通35千伏高压输电线路（重点乡镇通110千伏输电线路），7年实现行政村通10千伏配电线路。经延安地区行政公署同意，出台《延安地区农电资金筹措使用管理办法》，当年征收农电发展基金900万元，为加快延安地区农电建设提供了稳定的筹资渠道。

1994年5月11日，陕西省电力工业局局长刘宏陪同中国电力企业联合会理事长张绍贤到延安市南泥湾实地调查研究，看到革命老区还未用上电，决定由陕西省电力工业局补助100万元解决南泥湾无电乡村通电问题。随后，延安市政府和延安供电局将该项任务列为南泥湾“511”通电工程，共架设高、低压线路160千米，安装配电变压器28台，解决了3个乡、15个行政村、36个自然村、900农户用电问题。7月30日，延安市政府在南泥湾镇举行南泥湾“511”通电工程竣工庆祝大会。至此，革命老区延安市（现宝塔区）实现了村村通电。

1994年，陕西省电力工业局解决了直供直管县（市、区）的43个乡、282个村的通电问题。陕南的汉中市、商州市、洛南县实现了村村通电；丹凤县实现了乡乡通电。陕西省农电管理局所辖子长县、横山县、定边县实现了乡乡通电，岐山县、乾县、麟游县、永寿县实现了村村通电。

1995年8月，陕西省电力工业局制定《农电基建计划管理办法》、《农电发展资金使用管理办法》，明确对解决无电乡村通电采取“贫困县按工程总投资的1/3，非贫困县按1/4”的补助标准，对实施农村电气化县建设的县（市）每年安排30万元用于配电网改造的补助费用，原则上不超过3年。安康地区白河县按照“以电养电，取之于电，用之于电，集资办电”的农电发展方针，采取争取上级补一点、政府集一点、群众拿一点的“三个一点”的办法，制定解决农村通电的配套政策，当年解决了9个无电乡的通电问题，提前实现了乡乡通电目标。

“八五”时期，陕西省通过各种渠道共筹集资金6.5亿元，用于农村电网和无电乡村通电建设，解决了257个乡、3324个行政村，约350万人口的用电问题。1995年末，全省2631个乡、32547个行政村、714.46万农户中，通电乡2483个，占总数的94.37%；通电村28574个，占总数的87.79%；通电农户629.68万户，占总数的88.13%。

1996年1月3日，根据省委、省政府《关于进一步加强扶贫攻坚工作决定》精神，陕西省物价局、陕西省电力工业局、陕西省农电管理局联合下发《关于调整省农电发展资金征收标准的通知》，从1996年1月1日起，省农电发展资金征收标准由0.2分/（千瓦•时）调整为0.5分/（千瓦•时），征收范围为除国家扶贫地区农业排灌用电以外的各类用电。征收的农电发展资金仍按省电力工业局1/3、省农电管理局2/3的比例分配使用。4月1日，陕西省电力工业局根据陕西省物价局《关于调整省农电发展资金征收标准的通知》精神，制定下发了《陕西省农电发展资金征收使用管理办法》。规定省农电发展资金由各地（市）、县（市）供电部门代为征收，用户随电费一并缴纳。各县（市）征收的农电发展资金全额上缴所在地（市）供电局，各供电局上缴陕西省电力工业局。农电发展资金主要用于解决无电乡村通电建设的35千伏输变电工程、10千伏配电工程以及农村电气化县建设的补助费用。资金的使用由陕西省电力工业局根据各地（市）年度农电工程项目计划审核下达。各地（市）供电局在财务上单独立账、核算，专款专用。

1996年7月19日，陕西省计划委员会印发《关于下达陕西省1996年10千伏农电线路基本建设补助投资计划的通知》，下达全年10千伏农电线路基本建设补助投资400万元，其中陕西省电力工业局133万元，陕西省农电管理局267万元。8月1日，陕西省人民政府副省长潘连生主持召开专题会议，听取安康地区行政公署关于“三通”（通电、通信、通路）建设情况的汇报，集中研究了加快安康地区农电和通信建设问题。决定当年安康地区10千伏农电线路建设补助1000万元，由省计委负责协调有关部门落实。10月，延安地区乡村通电工程建设全面完成，两年内共架设农电线路3307.64千米，安装配电变压器1497台、总容量38231千伏•安，安装太阳能发电设备327台、总容量1749.72千瓦，柴油发电机14台、总容量128千瓦，风力发电设备100台、总容量30千瓦，累计完成投资1.1740亿元。解决了10个乡镇、1002个行政村的通电问题，使73810户、304690人用上了电。至此，全地区13个县（市）的197个乡镇、3381个行政村全部通了电，90%以上的农户用上了电。年底，陕西省电力工业局直供直管县（市、区）实现乡乡通电。

1998年11月5日，国家发展计划委员会、国家经济贸易委员会、财政部、监察部、审计署、国务院纠风办联合向各省、自治区、直辖市人民政府下发《关于整顿电价秩序坚决制止乱加价乱收费行为的通知》（特急文件）。12月11日，陕西省物价局、省经济贸易委员会、省财政厅、省监察厅、省审计厅联合下发《关于认真贯彻落实国家六部委整顿电价秩序坚决制止乱加价乱收费行为的通知》，要求坚决取消各地政府和省政府出台的不符合国家规定的在电价外加收的各种附加费、基金等费用，原省政府在电价外加收的农电发展基金及省以下各级人民政府及部门出台的各种加价一律停止执行。各供电部门对用户的销售价格，在国家规定的目录电价以外，加收的费用只限于国务院批准的电力建设基金2分/（千瓦•时）、三峡工程建设基金0.4分/（千瓦•时）和省上核定的城市公用事业附加费照明用电2分/（千瓦•时），大工业、非工业和普通工业用电0.6分/（千瓦•时），除此之外，不得收取任何费用。全省取消的基金（资金）、附加费及加价项目共75项，涉及69个县（市、区）。年底，陕西省电力工业局实现直供直管县（市、区）村村通电。

**二、电力扶贫共富工程**

1993年末，陕西省有300个乡、6679个行政村、114.26万农户、450万人未用上电，其中陕西省电力工业局直供直管县（市、区）有143个乡、1916个行政村、43.51万农户、160万人，主要分布在陕南和陕北。在直供直管县（市、区）中，陕南的安康、白河、旬阳、汉中、勉县、略阳、山阳、商州、洛南、丹凤等县（市）共有无电乡143个，占全省无电乡总数的47.67%，无电村1643个，占全省无电村总数的24.6%；陕北的延安、洛川和宜君县有无电村186个，占全省无电村总数的2.72%；关中地区的长安、户县、蓝田、华阴等县（市）还有87个无电村。要实现至2000年末95%以上农户用上电的目标，需要建设35千伏及以上变电站103座、变电容量72.3万千伏·安，输电线路2430千米；10千伏配电线路23600千米，安装配电变压器9600台、容量92.8万千伏·安，工程总投资约13.4亿元。

1994年4月，陕西省电力工业局在安康市召开第一次“电力扶贫共富工程”座谈会。会议以实施“电力扶贫共富工程”为主题，制定直供直管县（市、区）“357电力扶贫共富工程”奋斗目标，即从1994年起，3年内实现乡乡通电；5年内基本实现村村通电；用7年时间实现95%以上农户用上电。具体实施方案是：1994年实现30个乡和300个行政村通电；1995年实现50个乡和350个行政村通电；1996年实现63个乡和400个行政村通电，实现乡乡通电。1997年再实现400个行政村通电；1998年使其余466个行政村通电，实现村村通电。至2000年末实现95%以上农户用上电。

1994年，陕西省电力工业局直供直管县（市、区）开始实施电力扶贫共富工程，当年新建35千伏变电站两座、线路65.6千米，10千伏线路931.5千米，完成投资3713.77万元，解决了43个乡、282个行政村的通电问题。

1995年4月，陕西省省长程安东在延安主持召开现场办公会，要求延安地区奋战2年，至1996年底实现农村“三通”。陕西省电力工业局决定出资400万元支持延安市、洛川县的村村通电建设。

1996年11月22日，陕西省人民政府下发《关于陕北电力扶贫办公室工作职责的通知》，同意在陕西省农电管理局设立“陕西省陕北电力扶贫办公室”，具体负责陕北地区电力扶贫开发工作。

1997年2月，陕西省电力工业局在安康市召开第四次“电力扶贫共富工程”会议，总结经验，安排村村通电任务。年末，陕西延安地区实现“三通”，山阳、宜君、宝鸡、华阴4个县（市）实现村村通电。

1998年11月，陕西省电力工业局在安康市中原镇勇敢村举行直供直管县（市、区）实现村村通电祝捷大会。至此，陕西省电力工业局直供直管县（市、区）和代管的柞水县实现了村村通电，农户通电率达到95.45%，提前两年实现“357”电力扶贫共富工程村村通电目标。

1994～1998年，陕西省电力工业局直供直管县（市、区）共筹措农电建设资金约4.37亿元。建设35千伏变电站23座，线路297千米；10千伏线路7863千米，配电变压器3464台。解决了143个乡、1916个行政村、32万户、约120万农业人口的用电问题。洛南、汉中、延安、洛川、商州、白河、丹凤、略阳、勉县、长安、蓝田、户县、华阴、宝鸡、宜君、山阳、安康、旬阳等18个县（市、区）实现了村村通电。

陕西省农电管理局对所属 52 个县电力局和 14 个县属电力局的村村通电任务提出分“三步走”的具体方案。即 1993 年前解决 40 个乡、800 个行政村、80 万人口的用电问题；1994～1996 年，解决 60 个乡、1200 个行政村、120 万人口的用电问题；1997～2000 年，全面完成村村通电规划目标。

1999 年，陕西省农电管理局投资 6100 万元，新建 10 千伏农电线路 1137 千米，解决了 776 个行政村的用电问题，使榆林地区实现村村通电。次年，陕西省农电管理局所属 66 县全部实现村村通电。

2000 年末，全省 2068 个乡、32161 个行政村、785.45 万农户中，乡、村通电率 100%；农户通电 766.83 万户，占总农户的 97.63%。

1991～2002 年陕西省乡、行政村、农户通电情况见表 7-1-4。

表 7-1-4　1991～2002 年陕西省乡、行政村、农户通电情况

| 年份 | 乡 | | | 行政村 | | | 农户 | | |
|---|---|---|---|---|---|---|---|---|---|
| | 总数（个） | 已通电（个） | 通电率（%） | 总数（个） | 已通电（个） | 通电率（%） | 总数（万户） | 已通电（万户） | 通电率（%） |
| 1991 | 2625 | 2264 | 86.2 | 33964 | 26019 | 76.60 | 665.27 | 512.93 | 77.10 |
| 1992 | 2627 | 2290 | 87.17 | 34961 | 27268 | 78.00 | 674.21 | 543.16 | 80.56 |
| 1993 | 2618 | 2318 | 88.54 | 33552 | 26873 | 80.09 | 698.32 | 584.06 | 83.64 |
| 1994 | 2632 | 2406 | 91.41 | 32544 | 27152 | 83.43 | 703.16 | 603.72 | 85.86 |
| 1995 | 2631 | 2483 | 94.37 | 32547 | 28574 | 87.79 | 714.46 | 629.68 | 88.13 |
| 1996 | 2604 | 2525 | 96.97 | 32553 | 29946 | 91.99 | 722.57 | 649.87 | 89.94 |
| 1997 | 2068 | 2019 | 97.63 | 32585 | 30973 | 95.05 | 733.57 | 673.22 | 91.77 |
| 1998 | 2072 | 2039 | 98.41 | 32218 | 31149 | 96.68 | 756.21 | 711.12 | 94.04 |
| 1999 | 2067 | 2056 | 99.47 | 32334 | 31990 | 98.94 | 772.83 | 743.92 | 96.25 |
| 2000 | 2068 | 2068 | 100 | 32161 | 32161 | 100 | 785.45 | 766.83 | 97.63 |
| 2001 | 2048 | 2048 | 100 | 31928 | 31928 | 100 | 810.90 | 797.11 | 98.30 |
| 2002 | 1837 | 1837 | 100 | 30390 | 30390 | 100 | 816.90 | 807.08 | 98.80 |

## 第三节　农村电网建设与改造

1998 年开始的农村电网建设与改造是国务院在全国统一部署的一项富民工程。

### 一、改造前状况

陕西农村电网建设与改造工程实施前存在的主要问题：一是电网结构不完善，35、110 千伏变电站布点少，电压合格率低，供电可靠性差，配电变压器台区与规程规定的“小容量、短半径、密布点”的要求差距甚大。10 千伏线路供电半径过长，大部分超过 15

千米，部分馈路甚至长达 40～50 千米，低压线路供电半径普遍超过 0.5 千米，山区县一般达到 3～5 千米，个别地方达到 10 千米以上。二是导线截面小，过负荷线路多。三是高耗能配电变压器达 1.7 万台，占总数的 50%以上。四是设备陈旧老化，造成电网损耗大，一些地方低压综合线损率高达 30%以上，停电频繁，不安全因素多。

## 二、改造原则及标准

### （一）原则

（1）坚持从电网末端抓起、从用户端抓起，以完善、改造 10 千伏电网为主，调整优化农网结构，重点解决过负荷、不安全、“卡脖子”、高消耗等馈路，提高电网供电能力和可靠性。

（2）按照“短半径、小容量、密布点”原则，调整、增加配电变压器台区，缩短 400 伏线路供电半径，村道线路绝缘化。

（3）坚持主网建设与配网建设协调发展，坚持把资金投向有负荷、有电量、有发展潜力的地方。结合配网建设改造，建设相应的 35～110 千伏输变电工程。力争 3 年内关中地区 3～4 个乡有一座 35 千伏变电站，陕南、陕北地区电源布点基本合理。

（4）采用国产新设备，使农网技术装备水平上一个新台阶。变电站建设坚持户外小型化原则，尽量少占耕地，不搞高标准装修。

（5）更换高耗能配电变压器，3 年内全部将 GB 64、GB 73 系列更换为 S9 系列。同时做好农村电网无功补偿合理配置，提高供电能力和电压质量。

（6）低压电网改造实现一户一表，在有条件的地方建立远程抄表和采用 IC 卡计费系统。

### （二）标准

（1）10 千伏线路供电半径不超过 15 千米，400 伏线路供电半径不超过 0.5 千米；高压综合线损率降到 10%以下，低压线损率降到 12%以下。

（2）简陋变电站全部改造完毕。

（3）电压合格率达到 90%以上。

（4）高耗能配电变压器全部更换。

## 三、建设与改造工程

1998 年 8 月 31 日，陕西省计划委员会下达 1998 年全省第一期农村电网建设与改造项目资金 15.3567 亿元，其中，陕西省电力工业局 4.3067 亿元（中央预算内专项资金 8613 万元，中国农业银行贷款 3.4454 亿元），陕西省农电管理局 11.05 亿元（地方预算内专项资金 2.21 亿元，中国农业银行贷款 8.84 亿元）。

1998 年 9 月 11 日，陕西省电力工业局在蒲城县召开现场会，明确农村电网建设与改造的原则、目标和标准。同时，确定 10 千伏建设与改造工程先行启动，安排直供直管县（市、区）建设改造资金 2.42 亿元，第一批农村电网建设改造工程全面开工。

1998 年 10 月 7 日，陕西省副省长巩德顺主持召开农村电网建设（改造）工程领导小组会议，确定农村电网建设和改造工程 3 年总规模 106 亿元。

1998 年 11 月 23 日，陕西省省长程安东主持召开省政府第一次重点项目协调调度会议。责成陕西省电力投资公司尽快办理农村电网建设与改造工程贷款担保手续。明确汉中二郎坝水力发电站送出工程接入110千伏电网，由陕西省电力工业局负责建设与管理。汉中、宁强、南郑110千伏电网工程项目纳入全省农村电网建设与改造工程计划。随后，陕西省人民政府办公厅印发了《关于审定〈陕西省农村电网建设和改造工程实施管理办法〉等有关问题的会议纪要》，明确了陕西省电力工业局、陕西省农电管理局的3年投资规模和实施范围。陕西省电力工业局3年投资规模为44亿元，实施范围为直供直管的41个县（市、区）；陕西省农电管理局3年投资规模为62亿元，实施范围为所管辖的66个县。为保证农村电网建设资金的统一管理，陕西省电力工业局、陕西省农电管理局的资本金在农业银行设立专户储存。

1998年12月29日，陕西省政府第22次省长办公会议决定：农网110千伏新建工程（不包括榆林地区）由陕西省电力工业局负责建设和管理，35千伏及以下新建工程由陕西省电力工业局和陕西省农电管理局按管辖范围分别实施；陕西省电力工业局、陕西省农电管理局在已划定的供电营业区内分别进行用户营业管理，不得跨区营业；责成省物价局根据会议讨论意见尽快制定《陕西省城市和农村居民电度表及进户线费用收取标准》；责成省计委根据会议讨论意见起草《陕西省农村电网建设与改造工程及电网运营管理办法》，报省政府常务会议审定。

1999年1月，陕西省电力工业局制定《城网农网建设改造工程管理办法》。成立城网、农网建设改造指挥部，下设办公室，分别设在生技部、农电局，负责协调日常工作。各供电局成立城网、农网建设改造领导小组。建设改造工程实行“五制”（项目法人制、资本金制、招投标制、工程监理制和合同制），建设改造资金由陕西省电力工业局实行统一管理、统贷统还。先后制定12个工程管理制度和办法，严把项目的工程设计、物资管理、施工管理、竣工验收“四关”。按照分级管理原则，做好农村电网发展规划和工程项目方案设计。110、35千伏输变电工程项目由省局负责组织审查，初步设计批复后由各地市供电局负责组织施工；10千伏及以下配网工程由各地市供电局进行审查，批复后由县电力局负责组织施工。对物资设备实行两级管理，由陕西省电力物资总公司对19种物资材料进行统一计划、统一订货、统一采购、统一储备、统一结算、统一配送的“六统一”管理，其余设备材料由各地市供电局统一采购。在施工管理上，坚持开工报告制度，不具备开工条件的项目坚决不予审批。加强110、35千伏输变电工程项目的全过程监理，并对10千伏及以下配网工程建立健全了质量监督保证体系。要求35千伏以上输变电工程按单个项目、10千伏工程按单个馈路、低压工程按行政村建立工程项目档案。工程项目竣工后，分别由陕西省电力工业局和各地市供电局组织验收。为提高设计质量，缩短工期，降低工程造价，陕西省电力工业局编制了110、35千伏变电站典型设计方案共13种。结合农村配电网的实际，制定了配电台区建设改造标准和通用安装图，统一了农村低压配电箱一次接线方案和箱体设计。

1999年3月，陕西省人民政府以陕政发［1999］10号文颁布《农村电网建设和改造工程及电网运营管理办法》，明确陕西省农电管理局负责包括榆林供电局在内的66个县农网改造工程和电网运营管理，陕西省电力工业局负责直供直管的41个县（市、区）农网改造工程和电网运营管理。新建110千伏输变电工程（榆林地区除外），统一由陕西省电力工业局负责建设并管理；改造的110千伏输变电工程、35千伏升压为110千伏输变电工程以及水电、火电厂上网工程，原则上分别由陕西省电力工业局、陕西省农电管理局负责组织实施所辖县（市、区）的工程项目。35千伏及以下新建和改造工程，分别由陕西省电力工业局、陕西省农电管理局负责组织实施所管县（市、区）的工程项目。用户划分原则是陕西省电力工业局负责除榆林地区以外的110千伏用户和辖区内35千伏及以下用户的管理，陕西省农电管理局负责辖区内35千伏及以下用户的管理（包括榆林地区的110千伏及以下用户）。

1999年4月，陕西省电力工业局与各地市供电局签订了农村电网建设与改造工程项目法人委托责任书，明确双方的责任和义务。各地市供电局作为工程项目实施阶段的经理单位，对本地区农村电网建设与改造工程负全责。

1999年9月，延安市一区两县（宝塔区、黄陵县、洛川县）农村电网建设改造工程竣工，完成工程投资1.86亿元。建设改造10千伏线路1095.52千米，新增和更换高损耗配电变压器1867台，总容量7.35万千伏·安；建设改造低压线路2687.11千米，一户一表工程完成10.05万户，涉及55个乡镇、1141个行政村、1745个自然村、11.04万户。经过自查验收，评定工程质量优良率63%、良好率37%，均符合国家有关规程和技术标准，得到国家计委、国家电力公司和陕西省人民政府的充分肯定。2000年6月，国务院总理朱镕基在视察延安时，看到农网建设改造工程搞得这么好，高兴地说："全国农村电网建设改造工程要都能像延安这样，我就放心了。"

1999年10月，陕西省计委下发《关于印发陕西省农村电网建设与改造规划的通知》。安排陕西省3年内新建和改造农村低压线路137000千米、10千伏线路47800千米，新增和更换10千伏高耗能配电变压器5.09万台、总容量456.5万千伏·安，新建和改造35千伏变电站486座、变电总容量230万千伏·安，建设35千伏输电线路6250千米，新建和改造110千伏变电站89座、变电总容量194万千伏·安，建设110千伏线路1790千米。

2000年2月21日，陕西省农村电网建设（改造）工程领导小组召集陕西省电力工业局、陕西省农电管理局负责人会议，对两个单位在全省农网建设改造中有分歧的规划项目进行协调。陕西省农网建设改造规划所列的涉及陕西省农电管理局6个35千伏升压改造工程（高陵姬家变电站、眉县变电站、平利变电站、旬邑变电站、澄城王庄变电站、宁强变电站）调整给陕西省电力工业局统一建设。陕西省农电管理局在工程建设上予以配合。2月24日～3月4日，国家电力公司城乡电网项目审计工作检查组对陕西省电力工业局城乡电网项目审计工作进行检查。3月，陕西省人民政府办公厅以陕政办发〔2000〕26号文下发《关于农村电网建设与改造工作中有关问题的通知》，对农村用户承担费用的项目及标准作出具体规定。同月，陕西省人民政府在西安召开陕西省农村电网建设与改造工作会议，传达第三次全国农村电网建设与改造工作会议精神，总结全省农村电网建设与改造工程进展情况及存在的主要问题，安排了当年农网建设与改造任务。5月，国家电力公司农网改造工程竣工县检查组对陕西省电力工业局的农网建设改造工程和农村供电所进行检查。6月，国家计划发展委员会和国家电力公司在北京召开表彰大会。陕西省洛川县电力局、周至县电力局被授予“全国农村电网建设与改造工作先进单位”，陕西省电力工业局有四名职工被授予“全国农村电网建设与改造工作先进个人”。

2001年3～4月，陕西省审计厅受审计署委托，对陕西省电力工业局农村电网建设与改造工程项目进行了审计。5月，省审计厅又委派各地市、县（市、区）审计局历时5个多月，对各地市农村电网建设与改造工程项目执行情况进行专项审计。

2002年3月，陕西省计委、省财政厅、省重大项目稽查办公室联合组织对全省各地市农村电网建设与改造工程项目进行稽查。

2002年，陕西省电力公司下发《第二期农网建设改造10千伏及以下工程管理规定》，开始进行第二期农村电网建设与改造工程。

1998～2002年，陕西省电力公司农村电网建设与改造工程分两期进行，完成投资51.7亿元。新建和改造输变电工程172项，其中110千伏87项，主变压器容量252.75万千伏·安，线路1389.89千米；35千伏85项，主变压器容量39.94万千伏·安，线路945.43千米。新建10千伏线路5064.83千米，改造10千伏线路7068.69千米；新增、更换10千伏配电变压器20866台，总容量178.198万千伏·安；建设改造低压线路26595.05千米。改造惠及8467个行政村，覆盖面占行政村总数的74.1%，受益农户237.12万户。在此期间，陕西省地方电力（集团）公司对所辖66个县农村电网进行了建设与改造，完成投资51.49亿元。新建与改造110千伏线路1204千米，变电站33座；35千伏线路2271千米，变电站194座；10千伏线路18710千米；完成10699个行政村、49657千米的低压电网改造。

农村电网建设与改造工程使农村电网技术装备水平大幅提高。110千伏断路器、电流互感器由少油更换为六氟化硫，35千伏油断路器更换为六氟化硫断路器或真空开关，10千伏断路器由油开关柜更换为真空开关柜；主变压器由过去的钟罩型或桶式结构、手动调压改为全密封自冷式、自动调压。变电站淘汰了电磁型继电器和保护装置，二次设备采用了微机保护和全站的综合自动化，实现了无人值班；变电站通信系统由过去的邮政市话、电力载波更换为微波或光纤通信，实现了信息数字化传输；10千伏配电设备全部淘汰了过去使用的GB 64、GB 73型高耗能配电变压器，采用了全密封的S-9、S-10、S-11型低损耗配电变压器，淘汰了阀式避雷器，更换为氧化锌避雷器；10千伏柱上油断路器更换为智能型真空开关，实现了远方控制和配电线路自动化切除故障的功能；10千伏架空线路全部更换为10米以上电杆；县城10千伏线路导线截面不小于120毫米$^2$，农村10千伏架空线路的导线最小截面也由16毫米$^2$提高到25毫米$^2$以上，在树线矛盾及人口密集的城镇街道采用绝缘导线，农村低压线路部分采用地埋线、集束导线；县级调度实现自动化，普遍使用了MIS系统；35千伏变电站实现了双电源，10千伏电网实现了手拉手供电。综合线损率下降，电压合格率提高，供电可靠性增强。2002年，陕西省电力公司直供直管县供电可靠率98.50%，电压合格率97.10%，线损率8.12%。

# 第二章　用电水平与服务

1991～2002年，陕西省农电事业发展较快，全省县及县以下用电设备总容量由1990的476.45万千瓦增加到2002年的958.46万千瓦。用电量由1990年的52.55亿千瓦·时增加到2002年的132.85亿千瓦·时，是1990年的2.5倍，占全省全社会总用电量的比例由31.01%提高到37.32%。全省年用电量（设区市的城区市辖区为一个统计单位，下同）在2亿千瓦·时以上的县（市、区）由4个增加到18个，年用电量在1亿～2亿千瓦·时的县（市、区）由11个增加到26个，年用电量在1亿千瓦·时以下的县（市、区）由84个减少到55个。其间，为贯彻中共中央关于各行各业都要大力支援农业的指示精神，落实“人民电业为人民”的服务宗旨，在全省农电系统开展以安全、效益、服务为主要内容的“电力为农业、为农民、为农村经济服务达标竞赛活动”，切实解决农民用电难、用电负担重和“老、少、边、山、穷”地区农村的通电问题，为农村经济发展和农民生活水平提高发挥了重要作用。

## 第一节　用电量及构成

1990年，陕西省县及县以下用电设备总容量476.45万千瓦，其中县城142.61万千瓦，农村333.84万千瓦。在县城用电设备中，县办工业109.70万千瓦，其他32.91万千瓦。在农村用电设备中，排灌116.78万千瓦，农业生产42.49万千瓦，农副产品加工73.14万千瓦，乡镇工业76.12万千瓦，其他25.31万千瓦。县及县以下用电量52.55亿千瓦·时，占全省全社会总用电量169.44亿千瓦·时的31.01%，其中县城22.57亿千瓦·时，占全省县及县以下用电量的42.95%；农村29.98亿千瓦·时，占全省县及县以下用电量的57.05%。在县城用电量中，县办工业16.58亿千瓦·时，占县城用电量的73.46%；居民生活3.59亿千瓦·时，占县城用电量的15.90%；其他2.39亿千瓦·时，占县城用电量的10.59%。在农村用电量中，排灌7.48亿千瓦·时，占农村用电量的24.95%；农业生产2.24亿千瓦·时，占农村用电量的7.47%；农副产品加工5.45亿千瓦·时，占农村用电量的18.18%；乡镇工业9.89亿千瓦·时，占农村用电量的32.99%；居民生活2.53亿千瓦·时，占农村用电量的8.44%；其他2.39亿千瓦·时，占农村用电量的7.97%。全省年用电量在1亿千瓦·时以下的县（市、区）84个，1亿～2亿千瓦·时的县（市、区）11个（长安县、户县、宝鸡县、岐山县、泾阳县、渭南市、大荔县、蒲城县、合阳县、富平县、南郑县），2亿千瓦·时以上的县（市、区）4个（西安市辖区、咸阳市辖区、汉中市、榆林市）。

“八五”末（1995年），陕西省县及县以下用电设备总容量617.93万千瓦，其中县城

196.80万千瓦，农村421.13万千瓦。在县城用电设备中，县办工业142.59万千瓦，其他54.21万千瓦。在农村用电设备中，排灌152.76万千瓦，农业生产46.69万千瓦，农副产品加工83.54万千瓦，乡镇工业103.31万千瓦，其他34.82万千瓦。县及县以下用电量78.54亿千瓦·时，占全省全社会总用电量236.72亿千瓦·时的33.18%，其中县城33.95亿千瓦·时，占全省县及县以下用电量的43.23%；农村44.59亿千瓦·时，占全省县及县以下用电量的56.77%。在县城用电量中，县办工业22.74亿千瓦·时，占县城用电量的66.98%；居民生活7.41亿千瓦·时，占县城用电量的21.83%；其他3.80亿千瓦·时，占县城用电量的11.19%。在农村用电量中，排灌14.16亿千瓦·时，占农村用电量的31.76%；农业生产2.54亿千瓦·时，占农村用电量的5.70%；农副产品加工4.62亿千瓦·时，占农村用电量的10.36%；乡镇工业13.92亿千瓦·时，占农村用电量的31.22%；居民生活7.40亿千瓦·时，占农村用电量的16.60%；其他1.93亿千瓦·时，占农村用电量的4.33%。全省年用电量在1亿千瓦·时以下的县（市、区）77个，1亿～2亿千瓦·时的县（市、区）12个（长安县、临潼县、扶风县、眉县、兴平县、泾阳县、乾县、大荔县、合阳县、南郑县、城固县、勉县），2亿千瓦·时以上的县（市、区）10个（西安市辖区、户县、宝鸡县、岐山县、咸阳市辖区、渭南市、蒲城县、富平县、汉中市、榆林市）。

“九五”末（2000年），陕西省县及县以下用电设备总容量810.53万千瓦，其中县城265.53万千瓦，农村545万千瓦。在县城用电设备中，县办工业183.93万千瓦，其他81.60万千瓦。在农村用电设备中，排灌177.03万千瓦，副业及生产144.61万千瓦，乡镇工业138.24万千瓦，其他68.31万千瓦。县及县以下用电量106.75亿千瓦·时，占全省全社会总用电量292.76亿千瓦·时的36.46%，其中县城48.26亿千瓦·时，占全省县及县以下用电量的45.21%；农村58.49亿千瓦·时，占全省县及县以下用电量的54.79%。在县城用电量中，县办工业29.28亿千瓦·时，占县城用电量的60.66%；居民生活10.76亿千瓦·时，占县城用电量的22.29%；其他8.23亿千瓦·时，占县城用电量的17.05%。在农村用电量中，排灌14.30亿千瓦·时，占农村用电量的24.45%；副业及生产6.49亿千瓦·时，占农村用电量的11.10%；乡镇工业23.52亿千瓦·时，占农村用电量的40.21%；居民生活11.59亿千瓦·时，占农村用电量的19.81%；其他2.59亿千瓦·时，占农村用电量的4.43%。全省年用电量在1亿千瓦·时以下的县（市、区）65个，1亿～2亿千瓦·时的县（市、区）20个（西安市阎良区、周至县、耀县、岐山县、扶风县、风县、三原县、兴平市、泾阳县、乾县、韩城市、澄城县、南郑县、西乡县、勉县、安康市汉滨区、商洛市商州区、洛南县、延安市宝塔区、府谷县），2亿千瓦·时以上的县（市、区）14个（西安市辖区、长安县、临潼县、户县、宝鸡市辖区、宝鸡县、咸阳市辖区、渭南市临渭区、大荔县、蒲城县、富平县、汉中市汉台区、城固县、榆林市榆阳区）。

2002年，陕西省县及县以下用电设备总容量958.46万千瓦，其中县城360.66万千瓦，农村597.80万千瓦。在县城用电设备中，县办工业230.57万千瓦，其他130.09万千瓦。在农村用电设备中，排灌191.19万千瓦，副业及生产140.93万千瓦，乡镇工业

156.78 万千瓦，其他 108.90 万千瓦。县及县以下用电量 132.85 亿千瓦·时，占全省全社会总用电量 355.97 亿千瓦·时的 37.32%，其中县城 65.53 亿千瓦·时，占全省县及县以下用电量的 49.37%；农村 67.32 亿千瓦·时，占全省县及县以下用电量的 50.63%。在县城用电量中，县办工业 41.87 亿千瓦·时，占县城用电量的 63.89%；居民生活 12.10 亿千瓦·时，占县城用电量的 18.46%；其他 11.56 亿千瓦·时，占县城用电量的 17.64%。在农村用电量中，排灌 14.27 亿千瓦·时，占农村用电量的 21.20%；副业及生产 5.79 亿千瓦·时，占农村用电量的 8.60%；乡镇工业 31.62 亿千瓦·时，占农村用电量的 46.97%；居民生活 12.79 亿千瓦·时，占农村用电量的 19%；其他 2.85 亿千瓦·时，占农村用电量的 4.23%。全省年用电量在 1 亿千瓦·时以下的县（市、区）55 个，1 亿～2 亿千瓦·时的县（市、区）26 个（西安市阎良区、周至县、高陵县、铜川市辖区、耀县、凤翔县、岐山县、扶风县、眉县、凤县、三原县、兴平市、乾县、礼泉县、武功县、韩城市、潼关县、澄城县、南郑县、洋县、西乡县、勉县、商洛市商州区、洛南县、延安市宝塔区、定边县），2 亿千瓦·时以上的县（市、区）18 个（西安市辖区、长安县、临潼县、户县、宝鸡市辖区、宝鸡县、咸阳市辖区、泾阳县、渭南市临渭区、大荔县、蒲城县、富平县、汉中市汉台区、城固县、安康市汉滨区、榆林市榆阳区、神木县、府谷县）。

1991～2002 年陕西省县及县以下用电设备容量情况见表 7－2－1。1991～2002 年陕西省县及县以下用电量情况见表 7－2－2。

表 7－2－1　1991～2002 年陕西省县及县以下用电设备容量情况　单位：千瓦

| 年份 | 用电设备容量总计 | 其中 | |
|---|---|---|---|
| | | 农村 | 县城 |
| 1991 | 4699068 | 3369176 | 1329892 |
| 1992 | 5708286 | 4147986 | 1560300 |
| 1993 | 5373639 | 3726962 | 1646677 |
| 1994 | 5790741 | 3886994 | 1903747 |
| 1995 | 6179275 | 4211249 | 1968026 |
| 1996 | 6436961 | 4385044 | 2051917 |
| 1997 | 6843428 | 4595296 | 2248132 |
| 1998 | 7026747 | 4675413 | 2351334 |
| 1999 | 7330143 | 4842995 | 2487148 |
| 2000 | 8105337 | 5450074 | 2655263 |
| 2001 | 9048525 | 5781334 | 3267191 |
| 2002 | 9584606 | 5978040 | 3606566 |

表 7-2-2　1991～2002 年陕西省县及县以下用电量情况　单位：万千瓦·时

| 年份 | 用电量总计 | 其中 | |
|---|---|---|---|
| | | 农村 | 县城 |
| 1991 | 542038.90 | 285580.30 | 256458.60 |
| 1992 | 580182.00 | 325946.10 | 254236.00 |
| 1993 | 665542.80 | 360460.00 | 305082.80 |
| 1994 | 741214.10 | 407826.40 | 333387.70 |
| 1995 | 785366.60 | 445854.30 | 339512.30 |
| 1996 | 841424.70 | 480254.70 | 361170.00 |
| 1997 | 888396.50 | 504749.60 | 383646.90 |
| 1998 | 874544.57 | 479731.99 | 394812.58 |
| 1999 | 914670.97 | 495168.81 | 419502.16 |
| 2000 | 1067533.16 | 584879.76 | 482653.40 |
| 2001 | 1185845.00 | 586307.00 | 599538.00 |
| 2002 | 1328516.53 | 673235.62 | 655280.91 |

## 第二节　用　电　水　平

1990 年，陕西省县及县以下年人均用电量超过 300 千瓦·时的县（市、区）有：西安市辖区、户县、岐山县、眉县、凤县、三原县、潼关县、合阳县、汉中市、榆林市等 10 个，其中榆林市居首位，为 586.31 千瓦·时。年人均用电量小于 50 千瓦·时的县（市、区）有：镇巴县、紫阳县、平利县、镇坪县、旬阳县、白河县、山阳县、延川县、安塞县、志丹县、吴旗县、宜川县、横山县、靖边县、绥德县、米脂县、佳县、清涧县、子洲县等 19 个，其中吴旗县最少，为 16.65 千瓦·时。全县农业人口年人均用电量超过 160 千瓦·时的县（市、区）有：西安市辖区、临潼县、户县、高陵县、铜川市辖区、宝鸡市辖区、宝鸡县、岐山县、咸阳市辖区、兴平县、三原县、泾阳县、礼泉县、潼关县、大荔县、合阳县、富平县等 17 个，其中西安市辖区居首位，为 397.17 千瓦·时。

“八五”末（1995 年），陕西省县及县以下年人均用电量超过 300 千瓦·时的县（市、区）有：西安市辖区、阎良区、户县、高陵县、耀县、宝鸡市辖区、宝鸡县、岐山县、扶风县、眉县、凤县、咸阳市辖区、潼关县、蒲城县、合阳县、富平县、汉中市、勉县、榆林市、府谷县、吴堡县等 21 个，其中榆林市居首位，为 1187.50 千瓦·时。年人均用电量小于 50 千瓦·时的县（市、区）有镇巴县、旬阳县、志丹县、吴旗县、米脂县、佳县、子洲县等 7 个，其中子洲县最少，为 34.32 千瓦·时。全县农业人口年人均用电量超过 160 千瓦·时的县（市、区）有：西安市辖区、阎良区、长安县、临潼县、户县、高陵县、宝鸡市辖区、宝鸡县、岐山县、扶风县、眉县、凤县、咸阳市辖区、杨陵区、兴平市、三原县、泾阳县、乾县、武功县、华阴市、潼关县、大荔县、蒲城县、合阳县、富平县、汉中市、榆林市、府谷县等28个，其中西安市辖区居首位，为755.85千瓦·时。年人均生活用电量超过50千瓦·时的县（市、区）有西安市辖区、阎良区、长安县、宝鸡市辖区、兴平县、潼关县、汉中市、延安市、榆林市等9个，其中，宝鸡市辖区居首位，为177.42千瓦·时。

“九五”末（2000年），陕西省县及县以下年人均用电量超过300千瓦·时的县（市、区）有：西安市辖区、临潼区、阎良区、户县、高陵县、铜川市辖区、耀县、宝鸡市辖区、宝鸡县、岐山县、扶风县、眉县、凤县、咸阳市辖区、杨陵区、三原县、泾阳县、兴平市、渭南市临渭区、潼关县、大荔县、蒲城县、富平县、汉中市汉台区、城固县、勉县、延安市宝塔区、榆林市榆阳区、神木县等29个，其中榆阳区居首位，为2381.38千瓦·时。年人均用电量小于50千瓦·时的县（市、区）只有子洲县一个，为34.32千瓦·时。全县农业人口年人均用电量超过160千瓦·时的县（市、区）有：西安市辖区、阎良区、长安县、临潼县、高陵县、铜川市辖区、耀县、宝鸡市辖区、宝鸡县、凤翔县、岐山县、扶风县、眉县、太白县、咸阳市辖区、杨陵区、兴平市、三原县、泾阳县、乾县、礼泉县、旬邑县、武功县、渭南市临渭区、韩城市、华阴市、潼关县、大荔县、蒲城县、澄城县、白水县、合阳县、富平县、汉中市汉台区、勉县、延安市黄陵县、榆林市榆阳区、府谷县、靖边县、定边县等40个，其中榆阳区居首位，为1957.09千瓦·时。年人均生活用电量超过50千瓦·时的县（市、区）有：西安市辖区、阎良区、临潼县、周至县、高陵县、宝鸡市辖区、宝鸡县、岐山县、扶风县、凤县、太白县、咸阳市辖区、礼泉县、兴平市、渭南市临渭区、大荔县、蒲城县、白水县、潼关县、汉中市汉台区、城固县、勉县、留坝县、佛坪县、岚皋县、延安市宝塔区、榆林市榆阳区、定边县等28个，其中宝鸡市辖区居首位，为232.48千瓦·时。

2002年，陕西省县及县以下年人均用电量超过300千瓦·时的县（市、区）有：西安市辖区、阎良区、长安县、临潼县、户县、高陵县、铜川市辖区、耀县、宝鸡市辖区、宝鸡县、岐山县、扶风县、眉县、凤县、咸阳市辖区、杨陵区、三原县、泾阳县、兴平市、渭南市临渭区、韩城市、澄城县、潼关县、大荔县、蒲城县、富平县、汉中市汉台区、南郑县、西乡县、勉县、略阳县、延安市宝塔区、安塞县、志丹县、甘泉县、榆林市榆阳区、神木县、府谷县、定边县等39个，其中榆阳区居首位，为4332.65千瓦·时。全省年人均用电量佳县最低，也达到53.28千瓦·时。全县农业人口年人均用电量超过160千瓦·时的县（市、区）有：西安市辖区、阎良区、长安县、临潼县、户县、高陵县、铜川市辖区、城区、耀县、宝鸡市辖区、宝鸡县、凤翔县、岐山县、扶风县、眉县、太白县、咸阳市辖区、杨陵区、兴平市、三原县、泾阳县、武功县、礼泉县、渭南市临渭区、韩城市、华阴市、潼关县、大荔县、蒲城县、澄城县、白水县、富平县、汉中市汉台区、勉县、延安市宝塔区、黄陵县、榆林市榆阳区、神木县、府谷县、定边县等40个，其中榆阳区居首位，为3465.86千瓦·时。年人均生活用电量超过50千瓦·时的县（市、区）有：西安市辖区、阎良区、周至县、户县、高陵县、铜川市辖区、宝鸡市辖区、凤翔县、岐山县、扶风县、眉县、太白县、杨陵区、礼泉县、渭南市临渭区、韩城市、华阴市、潼关县、大荔县、澄城县、汉中市汉台区、南郑县、留坝县、佛坪县、洛南县、岚皋县、延安市宝塔区、甘泉县、黄陵县、神木县等 30 个，其中宝鸡市辖区居首位，为 278.41 千瓦·时。

## 第三节　电力“三为”服务

电力“三为”服务是指电力为农业、为农民、为农村经济服务。

### 一、内容及标准

电力“三为”服务达标活动以“安全、效益、服务”为主要内容，其标准为：

(1) 安全。无特大事故和重大事故，消灭职工死亡责任事故和生产场所火灾事故，当年安全纪录实现 3 个 100 天。配电线路事故率不超过 0.7 次/(百千米·年)，配电变压器事故率不超过 0.01 次/(百台·年)。农村触电死亡事故率不超过 0.4 人/(兆米·年)(高低压线路总长度)。

(2) 效益。劳动生产率每年递增 5.5%。电费回收率 100%。电能表实抄率 90%。线损率不高于年计划指标。乡电管站按规定收取费用，财务制度健全。加强电能计量管理，集中装表率达 90%。

(3) 服务。建立装表接电一口对外制度，每年召开 2 次用户座谈会，听取用户意见。加强电费监督，减轻农民负担。分类综合电价控制在物价部门核定的标准范围内。农村实行定点、按月、张榜公布电费的办法，张榜率达 100%。加强对乡村电费收取的管理，统一抄表卡片、收据和报表。低压线损率降低到 15%以下（按乡计算）。农村照明用电每月保证率不低于 80%（每月供照明不少于 25 天）。贯彻《陕西省农村用电管理办法（试行）》，做到县有总站、乡有电管站。积极进行标准用电村和标准电管站建设。制定优质服务实施细则。

### 二、达标活动

1991 年 8 月，陕西省电力工业局在西安召开“陕西省农电工作会议”，传达能源部召开的全国农电工作会议精神，安排部署在全省开展“电力为农业、为农民、为农村经济服务达标竞赛活动”。9 月，陕西省电力工业局向陕西省农电管理局、陕西各供电局、各县电力局发出了《关于开展电力为农业为农民为农村经济服务达标竞赛活动的通知》，要求全省广大电业职工认真贯彻落实能源部召开的全国农电工作会议精神，坚持“人民电业为人民”的服务宗旨，把电力服务农业、服务农民、服务农村经济作为农电工作的根本方针，切实加强电力行业管理，努力做好全方位服务工作，加快解决农村尚存在的不同程度的用电难，农民用电负担重的问题。同时下发了《陕西省开展电力为农业、为农民、为农村经济服务达标竞赛考评实施细则（试行）》。12 月，陕西省电力工业局成立评选领导小组及办公室，制定评选办法和达标奖励的内容及标准，要求各县（市、区）电力局要有专人负责。凡荣获“达标单位”的县（市、区）电力局，由省“三电”办每月按其上年对应月售电量给以2%计划用电指标的奖励电量，其主管部门（陕西省电力工业局、陕西省农电管理局、县市人民政府）给职工每人奖励100元。

1992年6月，渭南市区电力局被能源部授予全国电力“三为”服务达标单位，颁发了奖牌和荣誉证书。陕西省电力工业局给渭南市区电力局每个职工一次性奖励100元。

1993年6月，电力工业部召开全国电力系统电话会议，表彰1992年度全国102个“三为”服务达标单位，陕西省耀县电力局、富平县电力局、咸阳市区电力局、潼关县电力局、榆林市电力局、宝鸡市区电力局、大荔县电力局、旬阳县电力局、扶风县电力局、户县电力局、洛川县电力局等11个单位榜上有名；全国44个“三为”服务达标单位复查合格，渭南市区电力局名列其中。同年，陕西省电力工业局召开陕西电力系统深入开展电力“三为”服务、减轻农民用电负担电话会议，贯彻落实中共中央、国务院《关于切实减轻农民负担的紧急通知》精神，部署进一步开展“电力为农业、为农民、为农村经济服务”活动。

1995年5月，陕西省电力工业局与新疆电力工业局组织农电管理人员开展了电力“三为”服务工作互查。6月，电力工业部召开1994年度全国电力“三为”服务达标表彰大会，授予陕西省宁强县电力局、凤县电力局、宜君县电力局、永寿县电力局、阎良供电分局、商州市电力局、洛川县电力局、白河县电力局、泾阳县电力局、蓝田供电分局、富县电力局等11个单位为1994年度全国电力“三为”服务达标单位。渭南市区电力局连续4年被授予全国“三为”服务达标先进单位。

至1999年底，陕西省电力工业局所属38个县市区电力局（供电分局）全部实现“三为”服务达标。

# 第三章　农村电气化县建设

1994 年 8 月，陕西省电力工业局参照水利电力部一百个以小水电供电为主的农村电气化试点县初级阶段验收条例和能源部 1991 年 1 月颁发的《农村电气化标准》（以县[市、区]为考核单位），编制了《陕西省农村电气化县验收细则（试行）》，报陕西省人民政府批转全省各地（市）行政公署（人民政府）、各县（市、区）人民政府组织实施。同时，制定了至 2000 年全省建成 20 个农村电气化县（其中 10 个农村水电初级电气化县）的奋斗目标。

## 第一节　电气化县标准

**一、水电初级电气化县（小水电地区）标准**

（1）全县人均年用电量 200 千瓦·时。

（2）全县户均年用电量 200 千瓦·时（牧区、林区、少数民族地区、可适当降低到 150 千瓦·时）。

（3）户通电率 90％及以上。

（4）全县综合线损率 12％及以下。

（5）全县应有 20％以上的家庭一年内有 6 个月以上的时间利用电煮饭、烧水。

**二、电气化县标准**

（1）通电率：乡通电率 100％，村通电率 100％，户通电率 95％以上。

（2）供电保证率：排灌用电供电保证率 100％，乡村居民生活用电供电保证率 90％以上。

（3）用电水平：全县人年均用电量达到 300 千瓦·时以上，全县农业人口年均用电量达到 160 千瓦·时以上，全县农村居民生活年均用电量达到 50 千瓦·时以上。

（4）电网与电源建设：农村电气化的发展纳入省、地（市）的电力发展规划，并与农村经济和社会发展相适应。农村电源和电网结构合理，达到多供少损、安全经济。

（5）电压合格率达到 90％以上。

（6）县独立电网频率合格率达到 95％以上。

（7）设备完好率：电站（厂）主要设备完好率达到 100％，其中一类设备为 70％以上。10（6）～110 千伏输、配、变电设备完好率达到 100％，其中一类设备为 70％以上。380/220 伏低压配电装置完好率达到 95％以上，其中一类设备为 60％以上。

农村电气化考核验收工作每年进行一次，由省人民政府组织有关部门进行。考核验收合格后，对以小水电为主供电的县上报水利部，大电网供电的县上报能源部（国务院机构改革后改为电力工业部），由两部分别授予“农村水电初级电气化县”、“农村电气化县”称号。

## 第二节　电气化县建设达标

### 一、水电初级电气化县（小水电地区）建设达标

从 1991 年开始，陕西省水利厅组织实施第二批农村水电初级电气化县达标建设，安排宁陕、陇县、淳化、彬县、镇安等 5 个县，每年各投入 500 万元，用于农村小水电站和农村中低压配电网建设。

1994 年，宁陕、陇县、永寿、淳化、彬县、镇安等 6 个县实现了农村水电初级电气化县达标。

1996 年，陕西省岚皋等县被列入国务院批准的全国第三批 300 个农村水电初级电气化县建设范围，由省水利厅组织实施，每年各投入 100 万元。2001 年，通过陕西省人民政府有关部门组织的达标验收。

### 二、电气化县建设达标

1994 年 5 月，陕西省电力工业局根据国家计委、经贸委、电力工业部联合召开的全国农村电气化工作会议精神，印发《关于加快农村电气化县建设的通知》。8 月，制定《陕西省农村电气化县验收细则（试行）》，并报请陕西省人民政府予以批转。潼关县按照能源部颁布的《农村电气化标准》，用 3 年时间，先后筹资 1100 万元，新建 110 千伏变电站 1 座，改造高、低压配电线路 280 千米，消除配电变压器缺陷，建设 500 台（处）标准配电台区，标准化用电村 64 个。1994 年，全县人均年用电量达到 471.05 千瓦·时，全县农业人口年均用电量达到 349.91 千瓦·时，全县农业人口年均生活用电量 58.97 千瓦·时，高压主设备完好率达 100%，其中一类设备达 95%，电压合格率 94%，低压线损率降到 11.86%。均达到和超过农村电气化县的各项考核指标。

1995 年 5 月，陕西省计划委员会、陕西省电力工业局联合印发《陕西省农村电气化县建设实施细则》、《陕西省农村电气化县验收办法》。6 月，由陕西省计划委员会、陕西省电力工业局、陕西省农电管理局等单位组成的陕西省农村电气化领导小组在潼关县召开“潼关农村电气化县达标验收暨陕西省第二批农村电气化县建设动员大会”，蒲城、汉中、金台、渭滨、兴平、耀县、富平、高陵、大荔、泾阳、阎良等 11 个县（市、区）人民政府的主管县（市、区）长、计委主任参加会议。陕西省电力工业局对实施第二批农村电气化县建设的阎良、金台、渭滨、兴平、汉中、蒲城、耀县等 7 个县（市、区）的工作进行了动员和安排。

1996 年 4 月，陕西省电力工业局在汉中市召开农村电气化县建设工作会议，总结推广潼关县建设农村电气化县的经验，明确了西安市阎良区、宝鸡市金台区、渭滨区、咸阳兴平市农村电气化县建设达标的期限，并下拨配网改造补助资金 250 万元，筹集农村电气化县建设资金 6602 万元（其中阎良区 3400 万元，兴平市 1702 万元，金台、渭滨两区

1500万元)。11月，西安市阎良区、宝鸡市金台区、渭滨区、咸阳兴平市全部通过了陕西省计划委员会、陕西省电力工业局共同组织的达标验收。

1997年3月5日，电力工业部电水农［1997］118号文件授予陕西省兴平市、宝鸡市金台区、渭滨区、西安市阎良区“农村电气化县”称号。同年，汉中市区、蒲城县、户县建成了农村电气化县。

1998年，西安市临潼县、咸阳市秦都区、渭城区建成了农村电气化县（区）。

“九五”时期，陕西省电力工业局直供直管的潼关、蒲城、阎良、临潼、户县、兴平、汉中市区、宝鸡市区、咸阳市区、杨陵、耀县、凤县、勉县、宝鸡县等14个县（市、区）实现农村电气化县建设达标。陕西省农电管理局投资5.57亿元，使岐山、扶风、眉县、三原、大荔、城固、高陵、富平、周至等9个县建成了农村电气化县。

# 第四章　农　电　管　理

1991～2002 年，农电管理相继实施了乡镇电管站改为供电营业所、取消农村综合加价（农电维护管理费）、城乡用电实行同网同价等举措。县级农电企业开展了“创一流”活动。

## 第一节　三级农电管理

陕西省农电分为省、县、乡三级管理。陕西省电力工业局设农电局，所属各地市供电局设农电（配网）科，负责各县电力局（供电分局）农电业务管理和指导工作。各县（市、区）电力局（供电分局）直接负责农村用电管理工作。各乡镇电管站（供电营业所）负责农村用电的电费抄、核、收工作。陕西省农电管理局在 7 个地市设立农电工作委员会，归口指导所属县电力局的业务工作。

### 一、省级农电管理

1990 年末，西北电业管理局（陕西省电力工业局）下设农电局，行使陕西省农电管理职能，并通过各地区（市）供电局管理直属农电企业。陕西省人民政府下设陕西省农电管理局，管理省属农电企业。

1993 年 10 月，西北电业管理局以西电劳字［1993］117 号文下发《关于西北电业管理局（陕西省电力工业局）农电局主要职责、内设机构和人员编制的通知》，重新明确农电局内设三处一室，即计划规划处、用电生产处、地方电站处、办公室。农电局实行两级管理，人员编制暂定为 26 人。主要职责是在西北电业管理局和陕西省政府的领导下，行使陕西省农电行业管理职能；负责贯彻执行电力工业法规、规程、制度、条例和有关农电的方针政策等；在全网统一规划下，负责陕西农用电网发展规划的编制和审定工作；负责直属农电企业的基建、生产、经营、技术和安全等各项管理工作，通过各地区（市）供电局管理直属农电企业；负责代部归口对西北各省（区）的农电实行行业管理；负责对陕西省地、县和用户兴建的小型电厂进行行业管理；负责对小电厂的基建、生产和经营管理进行业务指导；负责办理电力工业部、省政府和西北电业管理局交办的其他有关工作。

1998 年 10 月，西北电力集团公司与陕西省电力公司体制分离，陕西省电力公司仍然保留农电局。

1999 年 4 月，陕西省电力公司农电局内设机构调整为农电管理处、地方电站处。陕西省电力公司成立的城农网建设改造指挥部下设的农网改造办公室挂靠在农电局。

1999 年，陕西省人民政府决定，撤销陕西省农电管理局，成立陕西省地方电力（集团）公司。

## 二、县级农电管理

1990年以前，陕西省共有99个县电力局（水电局），其中，陕西省电力工业局直接管理77个县电力局（陕西电网覆盖71个县、榆林独立电网覆盖6个县），其余22个县电力局（水电局）由当地县人民政府管理。

1990年12月，陕西省政府决定，自1991年1月1日起，陕西省农电管理局直接管理44个县电力局（其中陕西电网38个县，榆林独立电网6个县），有关地市供电局对县电力局实行趸售。

1991年陕西省99个县级供电企业隶属关系及供电范围见表7-4-1。

表7-4-1　　1991年陕西省99个县级供电企业隶属关系及供电范围

| 隶属单位 | 县电力局（水电局） | 供电范围 |
|---|---|---|
| 西北电业管理局（陕西省电力工业局） | 西安市区、阎良、临潼、蓝田、长安、户县，宝鸡市区、宝鸡县、凤县，咸阳市区、兴平、杨陵，铜川供用电处、耀县、宜君，渭南、蒲城、华阴、韩城、潼关，汉中、勉县、略阳，安康供用电处、旬阳、白河，商县、丹凤、洛南、山阳，延安、黄陵、洛川（33个） | 西安市新城、莲湖、碑林、未央、坝桥、雁塔、阎良、临潼、蓝田、长安、户县，宝鸡市金台、渭滨、宝鸡县、凤县，咸阳市秦都、渭城、兴平、杨陵，铜川市城区、郊区、耀县、宜君，渭南、蒲城、华阴、韩城、潼关，汉中、勉县、略阳，安康、旬阳、白河，商县、丹凤、洛南、山阳，延安、黄陵、洛川（41个） |
| 陕西省农电管理局 | 高陵、周至，眉县、扶风、岐山、凤翔、陇县、麟游、太白、千阳，乾县、泾阳、三原、礼泉、永寿、淳化、旬邑、彬县、长武、武功，富平、大荔、澄县、合阳、华县、白水，宁强、南郑、城固、洋县，石泉、汉阴，安塞、延长、延川、甘泉、富县、黄龙，榆林、神木、府谷、米脂、横山、佳县（44个） | 高陵、周至，眉县、扶风、岐山、凤翔、陇县、麟游、太白、千阳，乾县、泾阳、三原、礼泉、永寿、淳化、旬邑、彬县、长武、武功，富平、大荔、澄县、合阳、华县、白水，宁强、南郑、城固、洋县，石泉、汉阴，安塞、延长、延川、甘泉、富县、黄龙，榆林、神木、府谷、米脂、横山、佳县（44个） |
| 县政府管理 | 西乡、镇巴、佛坪、留坝，宁陕、紫阳、岚皋、平利、镇坪，商南、镇安、柞水，宜川、子长、志丹、吴旗，定边、靖边、子洲、清涧、吴堡、绥德（22个） | 西乡、镇巴、佛坪、留坝，宁陕、紫阳、岚皋、平利、镇坪，商南、镇安、柞水，宜川、子长、志丹、吴旗，定边、靖边、子洲、清涧、吴堡、绥德（22个） |

1992年，陕西省政府决定，当地县政府直接管理的22个县电力局移交陕西省农电管理局管理。至此，县级电力管理体制变为陕西省电力工业局直供直管33个县（不含城市城区市辖区）电力局，陕西省农电管理局管理66个县电力局。

1999年7月，陕西省电力公司与神华集团公司签订《神华集团神东电力公司神东矿区电网及相应设施的移交协议》。8 月，陕西省电力公司接收神华矿区大柳塔供电处、调度中心、华达公司，将上述 3 个单位合并为一个机构，更名为陕西省电力公司榆林分公司神东供电处。神东矿区电网覆盖神木、府谷 2 个县和内蒙古自治区伊金霍洛旗的 12 个乡 50 个行政村。9 月，陕西省电力公司榆林地区电力工作委员会（榆林分公司）正式接管神东矿区电网。

2000 年 3 月 20 日，为适应杨凌农业高新技术产业示范区发展的用电需要，杨凌示范区电力局正式挂牌运营。

2002 年陕西省 104 个县级供电企业隶属关系及供电范围见表 7－4－2。

表 7－4－2　　2002 年陕西省 104 个县级供电企业隶属关系及供电范围

| 隶属单位 | 县电力局（供电分局、供电分公司） | 供电范围 |
|---|---|---|
| 陕西省电力公司 | 西安市城区、城东、城南、阎良、临潼、蓝田、长安、户县、周至（直供），宝鸡市区、宝鸡县、凤县，咸阳市区、兴平、杨陵，铜川新区、城区、耀县、宜君，渭南市区、蒲城、华阴、韩城、潼关，汉中市区、勉县、略阳，安康市区、旬阳、白河，商州、丹凤、洛南、山阳，延安、黄陵、洛川，榆林供电公司神东供电处（神东矿区）(38 个) | 西安市新城、莲湖、碑林、未央、坝桥、雁塔、阎良、临潼、蓝田、长安、户县，宝鸡市金台、渭滨、宝鸡县、凤县，咸阳市秦都、渭城、兴平、杨陵，铜川市印台、王益、耀县、宜君，渭南市临渭区、蒲城、华阴、韩城、潼关，汉中市汉台区、勉县、略阳，安康市汉滨区、旬阳、白河，商洛市商州区、丹凤、洛南、山阳，延安市宝塔区、黄陵、洛川（41 个） |
| 陕西省地方电力（集团）公司 | 高陵、周至，眉县、扶风、岐山、凤翔、陇县、麟游、太白、千阳，乾县、泾阳、三原、礼泉、永寿、淳化、旬邑、彬县、长武、武功，富平、大荔、澄县、合阳、华县、白水，宁强、南郑、城固、洋县、西乡、镇巴、佛坪、留坝，石泉、汉阴、宁陕、紫阳、岚皋、平利、镇坪，商南、镇安、柞水，安塞、延长、延川、宜川、子长、志丹、吴旗、甘泉、富县、黄龙，榆阳、神木、府谷、米脂、佳县、横山、定边、靖边、子洲、清涧、吴堡、绥德（66 个） | 高陵、周至，眉县、扶风、岐山、凤翔、陇县、麟游、太白、千阳，乾县、泾阳、三原、礼泉、永寿、淳化、旬邑、彬县、长武、武功，富平、大荔、澄县、合阳、华县、白水，宁强、南郑、城固、洋县、西乡、镇巴、佛坪、留坝，石泉、汉阴、宁陕、紫阳、岚皋、平利、镇坪，商南、镇安、柞水，安塞、延长、延川、宜川、子长、志丹、吴旗、甘泉、富县、黄龙，榆阳、神木、府谷、米脂、佳县、横山、定边、靖边、子洲、清涧、吴堡、绥德（66 个） |

## 三、乡村用电管理

1991 年初，陕西省物价局、陕西省电力工业局、陕西省农电管理局在宝鸡市召开陕西省农村电价检查整顿现场会，通报了对全省农村电价的检查情况和农村电价管理的现状，指出陕西农村在电价管理方面亟待解决的 4 个问题：乡（镇）电管站的电价电费管理制度不健全，管理不善；乱收费、乱加价、乱摊派现象严重；“权力电、人情电、关系电”的现象在一些地方还比较普遍；低压网络线损率太高，电费的承付能力到了极限。要求各级电力部门积极主动与各级物价部门配合，把农村电价管理工作列入议事日程，测算和管好农村电价，减轻农民用电的不合理负担。

1991年5月，按照中共陕西省委、省政府关于重点抓好22个行业廉政建设的部署和要求，陕西省电力工业局制定《关于加强农村用电收费管理的若干规定》，在全省农村广泛开展了整顿农村用电秩序工作。渭南行署成立农村用电管理中心，各县均成立农电管理总站，对乡电管站实行归口领导，农电秩序明显好转，全区照明用电从原平均电价0.58元/(千瓦·时)降到0.3元/(千瓦·时)以下。10月，陕西省电力工业局在汉中市召开陕西省乡（镇）电管站管理工作现场会，推广汉中市区电力局对乡电管站管理的做法和经验。会议要求，通电乡年内都要全部建立乡电管站，纳入电力行业管理，做到乡乡有电管站，村村有电费公布栏，户户有电费发票。

在乡电管站财务管理上，陕西省积极推广渭南地区实行抄表、开票两权分离和收支两条线的做法。1993年，全省已有62个农电管理总站、899个乡电管站建立农村用电财务管理制度，较好地杜绝了乡村电工乱开支的问题，使全省乡电管站的工作逐步纳入制度化、规范化、标准化管理。

1994年3月，陕西省电力工业局在西安召开陕西农电工作会议，贯彻落实全国、全省电力工作会议和陕西省经济工作会议精神，总结两年多来陕西农电工作，部署1994年的工作任务。会议讨论了《陕西省农村用电管理办法》、《关于农村分类综合电价和农村生活照明用电实行最高限价的安排意见》。随后，陕西省计委、省监察厅、省电力工业局、省农电管理局联合下发陕计价［1994］81号文《关于实行农村分类综合电价的通知》，在已制定的农村分类综合电价核定原则和实施方案的基础上，对全省农村生活照明电价以县为单位实行最高限价。依据地域和供电条件，将全省97个县分为3个价区，规定西安市辖区等16个县（区）电价不得超过0.3元/(千瓦·时)，长安、周至等24个县(区)电价不得超过0.35元/(千瓦·时)，其余57个县(区)电价不得超过0.4元/(千瓦·时)。原执行标准高于上述规定的，必须降到限价以下；原执行标准低于上述规定的，仍执行原标准，不得向限价靠拢。禁止任何形式的电费优惠、照顾，不得在省上规定的限价以外再加收或变相加收任何其他费用。

1995年5月，陕西省电力工业局印发《陕西省农村用电管理办法》，明确了乡电管站的组织形式、制度建设、人员管理等。渭南供电局编写了《乡电管站财务管理办法》，并建立乡电管站审计制度。商洛、安康、延安、渭南、宝鸡等供电局建立了地区农电管理中心。

1996年8月22日，陕西省物价局、监察厅、省电力工业局、省农电管理局联合下发陕价电调发［1996］25号文《关于调整农村生活照明用电最高限价的通知》。调整后的陕西省农村生活照明用电最高限价分为四个价区，即0.40～0.44元/(千瓦·时)，0.45～0.49元/(千瓦·时)，0.50～0.54元/(千瓦·时)，0.55元/(千瓦·时)。同时规定，调整后的农村生活照明用电最高限价中包括国家及省上已开征的各类基金及附加费，为农村用户结算电费的最终价格。任何单位都不得在最高限价以外加收、分摊各种费用。各地市物价局、供电局根据当地实际情况，在省上规定的最高限价价区范围内核定各县农村生活照明用电具体价格，从1996年9月1日抄见电量起执行。

1996年陕西省农村生活照明用电最高限价价区划分见表7-4-3。

表7-4-3 1996年陕西省农村生活照明用电最高限价价区划分 单位：元/（千瓦·时）

| 限价价区 | 执行县(区)名 |
| --- | --- |
| 0.40～0.44 | 西安市辖区、咸阳市辖区、宝鸡市辖区、汉台区 |
| 0.45～0.49 | 阎良、临潼、长安、户县、周至、高陵、兴平、泾阳、三原、乾县、岐山、眉县、临渭、蒲城、大荔、富平、铜川市郊区、耀县、城固、洋县、勉县 |
| 0.50～0.54 | 蓝田、武功、礼泉、杨陵、永寿、长武、淳化、旬邑、彬县、扶风、风翔、千阳、宝鸡县、陇县、潼关、华阴、韩城、澄城、白水、南郑、西乡、宁强、略阳、佛坪、安康市、石泉、汉阴、宁陕、岚皋、旬阳、镇坪、商州市、洛南、商南、镇安、山阳、柞水、丹风、延安市、黄陵、洛川、甘泉、富县、宜川、延川、延长、子长、安塞 |
| 0.55 | 麟游、太白、风县、合阳、宜君、镇巴、留坝、白河、紫阳、平利、吴旗、志丹、黄龙、榆林市、绥德、神木、府谷、米脂、佳县、横山、子洲、清涧、吴旗、定边、靖边 |

1999年4月，陕西省电力工业局直供直管县电力局开始乡镇电管站体制改革工作。6月，完成直供直管县（市、区）乡镇电管站体制改革任务，取消598个乡镇电管站，基本按乡镇行政区划改制，在773个用电乡镇中成立供电所635个。接收原乡镇电管站资产1.09亿元，村组资产登记造册15.2亿元。招聘电工7988名，减少村电工6283名，取消农村用电的中间环节，实现了“三公开（电价、电量、电费公开）、四到户（销售、抄表、收费、服务到户）、五统一（统一电价、发票、抄表、核算、收费）”。1994年下半年，陕西省电力工业局先后制定下发了《关于开展供电所管理规范化工作的通知》、《农电安全管理办法》、《营业管理办法》等18个文件，农村用电管理进入巩固改革成果，进一步加强和规范管理阶段。

## 第二节 城乡居民用电同网同价

1998年9月，陕西省电力工业局在蒲城县召开“两改一同价”（农村电网改造、乡镇电管站体制改革、城乡用电同网同价）工作会议，对乡电管站管理体制改革进行了部署和安排，并确定在西安市阎良区、蒲城县、汉中市汉台区进行改革试点。10月，制定印发《陕西省电力公司乡镇电管站管理体制改革实施办法》。同月，国家计委计基础［1998］2276号文下达《国家计委关于陕西省农村电网建设改造工程、农电管理体制改革和城乡用电同价方案的批复》。

1999 年，陕西省力工业局通过对直供直管县（市、区）农村电价的治理整顿，农村生活照明平均电价由治理整顿前的 0.658 元/（千瓦·时）降低到 0.553 元/（千瓦·时），直接减轻农民负担 593 万元，农村电价达到省上规定的最高限价以内。农村分类综合平均电价由 0.571 元/(千瓦·时)下降到 0.512 元/(千瓦·时)，经过复查、抽查，正确执行率达到 100%，减轻农民负担 1655 万元。

2000 年，陕西省电力工业局直供直管县(市、区)农村低压电网维护管理费与 1999 年相比，平均降低 0.034 元/(千瓦·时)，全年共减轻农民负担 7378 万元。

2001 年 11～12 月，陕西省电力公司组织有关部门对宝鸡、渭南、咸阳、汉中、铜川、商洛、西安供电局辖区内乡镇供电所的体制改革工作进行检查验收，均达到国家电力公司颁发的标准和要求。

按照陕价管调发［2002］83 号文《陕西省物价局关于陕西电网实行城乡居民用电同价的通知》，从 2002 年 9 月 1 日起，陕西电网(不含榆林)城乡居民生活照明用电全部按同网同价 0.49 元/(千瓦·时)执行。生活照明用电电价由居民生活用电目录电价和农村电网维护费构成，此价格为城乡居民生活照明用电的最终价格，任何部门和单位不得在此基础上加收任何费用。榆林地区依据省物价局陕价管调发［2003］23 号文《关于疏导榆林电网电价矛盾的通知》和榆林市物价局榆政价发［2003］34 号《关于调整榆林电网电力价格的通知》文件精神，从 2003 年 4 月 1 日起，城乡居民生活照明用电全部按同网同价 0.49 元/(千瓦·时)执行。

## 第三节 农电企业创一流

2000 年，国家电力公司决定在巩固农电“两改一同价”成果的基础上，在全国农电系统开展县级供电企业创一流工作，下发了《一流县级供电企业考核标准》以及《验收细则》。陕西省电力公司确定在户县、蒲城、兴平、凤县电力局开展创建一流县级供电企业试点工作。

### 一、县级供电企业创一流标准

(1) 安全管理：无生产人身重伤、重大设备、误操作事故。实现 2 个安全年无事故。送电事故率≤0.5 次/(百千米·年)，变电事故率≤0.1 次/(台·年)。农村触电死亡事故率≤0.4 次/(千千米·年)。

(2) 经营管理：完成利润总额。全员劳动生产率 5 万元/(人·年)。资产保值增值率 104%。多种经营收入年增长率≥15%。

(3) 文明生产：生产指挥系统健全畅通，有组织、技术、安全三大措施。各种档案、规章、图纸、资料齐全。标志齐全、规范。安全防护设施符合规程、条例要求。工作场所卫生整洁。

(4) 设备与生产管理：输变电设备和高压配电线路完好率达 100%，其中一类设备达

90%以上。低压配电装置完好率达到95%以上，其中一类设备达90%。继电保护和电网自动装置（含低周减载装置）校验完成率100%，自动装置投入率≥97%，正确动作率≥98%。

（5）营业管理与优质服务：电能表实抄率100%，电费差错率≤0.05%。供电方案答复低压客户不超过5天，10千伏高压客户不超过10天，居民用电从申请到接电小于五个工作日。停电事故处理城区低压用户不超过12小时，城区10千伏架空线路不超过12小时。无违反职工服务守则的问题。

（6）节能管理：有降损规划和年降损技措计划，定期进行线损理论计算。10千伏及以上线路线损率≤5%。功率因数：10千伏≥0.9；35千伏≥0.95。线损实行分压、分台区、分线统计分析。

（7）技术进步：有技术进步管理部门和管理干部，有科学与技术进步计划、资金和成果管理办法及实施细则。建立计算机综合管理系统，并与县调自动化系统联网，实现数据共享。用电管理、抄表、电费结算实现计算机管理。无人值班的35千伏变电站达到100%。

（8）科学管理与企业文化：企业建立较为完善的科学管理体系，有长期发展规划和近期实施计划。企业各类财务报表规范、齐全。企业规章制度健全。坚持以人为本，制订人才发展战略。实行社会服务承诺制，企业优质服务、行业作风在当地居前三名。

## 二、县级供电企业创一流活动

西安供电局户县供电分局按照国家电力公司《一流县级供电企业考核标准》和《验收细则》，制定了“一流的电网、一流的管理、一流的效益、一流的服务、一流的安全、一流的员工”6个一流标准，经过一年努力，2000年11月和12月，先后两次对全局各部门、班站（所）、多种经营单位逐项逐条进行自查和整改，各项工作均达到《一流供电企业考核标准》的要求。渭南供电局蒲城电力局成立了创一流领导小组，制定《创一流供电企业规划》、《创一流考评实施细则》和《创一流工作进度安排》，将任务细化、量化、逐项分解到班组，落实到人。新建和改造110千伏变电站5座，9座35千伏变电站实现了双电源供电，变电站全部采用综合自动化装置，实现了“遥测、遥控、遥信、遥调”功能和无人值班。坚持“安全第一、预防为主”的方针，实现安全生产782天。配电网一次设备实现了无油化。建成县级电网调度自动化系统。电网建设、供电能力、服务质量、安全管理水平及职工的文明素质都有了提高。2000年末，户县供电分局、蒲城县电力局通过陕西省电力公司一流县级供电企业验收。

2001年，户县供电分局、蒲城县电力局通过了国家电力公司一流县级供电企业验收。12月25日，国家电力公司国电农［2001］802号文件公布首批国家电力公司一流县级供电企业名单（全国22个），陕西省电力公司所属户县供电分局、蒲城县电力局荣获“一流县级供电企业”称号。

宝鸡供电局凤县供电分局依据创一流考核标准涉及的47个考核指标，建立各类相关指标报表、记录、账面、台账资料共计136种。建立起完整的企业标准管理体系，做到管理有制度、操作有标准、处理有规定、考核有依据。安全管理形成“目标责任化、管理网络化、工作系统化、教育深入化、操作规范化”。县级调度采用先进技术，将集控站监控系统、县调自动化系统、配网自动化系统和电能计量监控远传的四项功能合一。新建的MIS网络，使供用电管理、生产管理、安全管理、劳动人事管理、财务管理、档案管理和办公自动化管理软件集成为计算机联网管理系统，达到数据共享、信息互传。咸阳供电局兴平电力局也按创一流供电企业标准组织实施。年末，凤县供电分局、兴平市电力局通过了陕西省电力公司的验收。

2002年4月23～24日，国家电力公司委托陕西省电力公司组织内蒙、山东、江苏、天津和陕西电力系统的8名专家组成考核组，按照国家电力公司《建设一流县级供电企业标准》和《考核细则》，对兴平市电力局创一流工作进行检查考核，通过国家电力公司一流县级供电企业验收。之后，凤县供电分局相继通过国家电力公司一流县级供电企业验收。

## 第四节　安　全　用　电

1991年5月，陕西省电力工业局、省公安厅联合向全省各地市供电局、公安处（局）发出《关于认真做好“三夏”期间安全用电工作的通知》，要求严格执行两厅局联合印发的《“三夏”安全用电通告》，按照“谁主管，谁负责”的原则，把夏收安全用电责任落实到每个乡、村、组和个人。同时要求各级电力部门要深入基层检查，千方百计确保“三夏”安全用电。蒲城县集中改造配电室、配电盘以及墙头树枝线、胡拉乱接等危及安全运行的设备，消除用电无表、有表无箱的现象。

1992年2月，能源部颁发《农村低压电气安全工作规程》。5月，陕西省电力工业局、陕西省公安厅联合发出《关于认真做好“三夏”安全用电工作的通知》，要求保证“三夏”期间供电和安全用电。当年，全省发生农村触电死亡7人。

1993年，全省共安装漏电保护器36万多台。发生农电职工重伤1人，未发生人身生产死亡事故。发生农村触电死亡12人，有90个县电力局未发生农村触电死亡。

1994年，陕西省电力工业局确定农电安全以防止人身事故为重点，并制定了相应的防范措施。当年，全省发生农电职工重伤1人，11个县发生农村用户触电死亡22人。黄陵县电力局在农网改造中，违反规定使用乡村电工，造成一名乡电管员死亡。蒲城县电力局农电总站开展了农村低压电网建设试点，制定了“五统一”措施，即统一使用8～10米圆杆，干线统一使用25或35钢芯铝绞线，电表统一集装上杆，户户统一加装漏电保护器，统一工艺标准。

1995年，陕西省电力工业局制定农电安全工作要点，印发了《陕西省农电安全管理办法》，建立健全农电安全工作网，发放安全监督证，举办漏电保护器推广应用研讨会。4月，在蒲城县召开低压设备整改现场会。全年发生倒杆、断线、烧配电变压器等事故共11次，发生农村触电死亡6人。

1996年，全省未发生农电职工死亡事故。发生农村人身触电死亡3人，全年发生倒杆、断线、烧配电变压器事故 6 起。

1998 年 11 月 5 日，陕西省第一个农村电气化县潼关县电力局创造连续安全生产 10 年（3652 天）的纪录。

1999 年 1 月 5 日，陕西省农电管理局下发第一号《安全生产指令》。

2001 年 3 月 30 日，西安供电局临潼供电分局外包 10 千伏徐杨线路改造工程，在施工中发生倒杆造成一死一伤人身伤亡事故。

2002 年，陕西省电力公司直供直管 38 个县电力局安全生产实现“三无”（电力生产全年无人身伤亡事故、无特大事故、无重大设备事故）、两减少（减少人身责任事故、减少交通事故）、一达标（人身重伤率及设备事故率达到省公司考核标准），未发生责任性农村触电伤亡和火灾事故。

# 第八篇　修造与多种经营

# 第八篇　修造与多种经营

陕西省电力公司系统有7家修造企业，主要从事电站辅机设备、备品配件、热工及自动化控制装置、电力线路器材、化学水处理离子交换树脂、电热锅炉及热交换器、电力建设器材器械和特种车辆的研制与生产。1990年，共有职工6054人，固定资产11945万元，销售收入12409万元，利税总额1758万元。2002年，共有职工4438人，固定资产36392.81万元，销售收入25599.6万元，利税1581.34万元。

1991～2002年，修造企业虽然不断在探索和改革管理体制与机制，但仍不能适应市场经济发展的要求，更改资金缺乏，产品不能及时更新换代，企业一直在经营困境中艰难跋涉。

1990年，陕西省电力公司有多种经营企业179个，固定资产5545万元，销售收入2.34亿元，利润1148万元，上缴税金787万元。2002年，企业固定资产18.18亿元，销售收入50.59亿元，利润1.37亿元，上缴税金1.44亿元。

20世纪90年代，陕西电力多种经营企业坚持“电为核心，多种产业，三大支柱，协调发展”的方针，依靠主业，加强管理，发展比较顺利。陕西省电力公司独立运作以后，实行集团化发展战略，组建了陕西电力银河集团公司，多种经营企业得到长足发展。

## 第一章　修　造　企　业

陕西电力修造企业都是在20世纪50年代以后逐步建立起来的。进入20世纪90年代，大多数修造企业因不能及时转变经营方式，陷入困境。有的勉强维持，有的亏损严重难以为继。90年代后期，修造企业经改革经营机制和管理模式，逐步走出困境。

### 第一节　生产经营与改革改制

20世纪90年代后期，面对企业生存困境，陕西电力修造企业及时转变生产经营观念，把单一的产品经营调整为多元化发展，停止生产严重亏损和发展无望的产品，对有市场有效益的产品加大技术改造和市场开发力度，淘汰落后产能，开发新产品，促进产品升级换代。按照“一厂一策”、“一厂多策”原则，以市场机制为取向，盘活存量资产，招商引资，引进先进技术与管理，与国内外知名公司合资合作，组建起 14 个股份公司，安置职工 1330 人。同时，按照西北电力集团公司（陕西省电力公司）的统一安排，先后进行了劳动、人事、工资制度，住房制度，后勤服务改革。通过改革改制，职工的市场意识、竞争意识和创新意识有所增强，整体经营环境有了不同程度改善。

**一、西安电力机械厂**

西安电力机械厂位于西安市东郊半坡路 115 号，始建于 1956 年 1 月，初期主要生产输电线路杆塔和金具。从 20 世纪 80 年代起，开始生产电站化学水处理设备、钢球磨煤机、风机等电站辅机设备和备品配件。至 20 世纪 90 年代，已发展成为一家以发电厂辅机设备和输配电设备为主导产品的大型企业。1990 年，企业拥有固定资产原值 4278 万元，有职工 1901 人，完成工业总产值 3679 万元，实现销售收入 3374 万元，利税 606 万元。1993 年工业总产值达到 8104.2 万元。当年 8 月，西安市统计局、西安市工业经济考评办公室为西安电力机械厂颁发了 1993 年“西安市工业企业五十强”证书。

由于市场变化，从 1994 年起，西安电力机械厂产值开始下降，当年出现亏损 487.95 万元。到 1995 年，产值下降到 5176 万元，全年亏损 1652.15 万元。此后，产值连续几年一直徘徊不前，亏损累计加重，一段时间甚至出现部分车间停产歇业、部分职工下岗待业，职工工资不能按时足额发放的困难局面。

面对困境，该厂通过淘汰落后产能，以适应市场需求。先后关停无市场的叶片车间、铸钢车间、铸造车间、汽车队和制氧站。通过招商引资组建西安创源电力金具有限公司、西安银河电力输配电设备有限公司、西安创源水处理工程有限责任公司。

1993 年 6 月，从俄罗斯克罗姆纳重型机床厂购进 6.3 米双柱式车床投入使用。率先运用计算机辅助制造技术提高铸件质量，开发应用《铸件凝固进程计算机数值模拟》、《铸件浇冒系统 CAD 软件技术》，优化了中速磨 E70 高铬磨环、风扇磨叶轮盘、大齿圈等产品的铸造工艺设计，使铸件质量明显提高。1995 年 6 月通过专家评审，在国内同行业中居领先地位。

1996 年，在全厂范围内贯彻 GB/T 19000—1994（IDT ISO 9000：1994）族系列标准，建立质量管理体系，并于 1997 年 7 月通过中质协的认证审核，获得认证证书。2002 年 12 月又获得 GB/T 19001—2000（IDT ISO 9001：2000）标准体系的认证证书。

1996 年 10 月，厂质量保证部化验 QC 小组被中国科学技术协会、中华全国总工会、共青团中央和中国质量管理协会命名为“全国优秀质量管理小组”。

1997 年 3 月，铸件分厂混沙除尘系统治理工程通过西安市环保局验收。同月，电力工业部成套设备局、电力规划设计总院为该厂生产的钢球磨煤机、排粉风机颁发证书，列入 5 万～20 万千瓦、30 万千瓦火电机组配套辅机。

1998 年 3 月，建成具有世界先进水平的 EPC（真空干砂实型铸造）生产线，并试生产，这条生产线具有年产 3000 吨铸件的生产能力。

1999 年 1 月，西安电力机械厂将金具车间和叶片车间合并，成立金叶分公司。2000 年 1 月，金叶分公司改制成股份有限公司。5 月，与浙江三变科技集团有限公司、西安华晶电力配件制造公司合资组建成立西安银河电力金具公司，其中浙江三变科技集团有限公司投资 150 万元。8 月，更名为西安创源电力金具有限公司，注册资本 1158 万元，固定资产 432.86 万元，安排就业 86 人。公司更名后，投入 200 万元增添了数控切割设备，采用先进的压铸工艺，改造高耗能熔炼设备，成功开发了 500 千伏超高压电力金具，并于 2001 年完成性能试验，通过产品鉴定，在山东德滨线挂网运行。同年，该公司进入国家电力公司西北公司主持的 750 千伏金具产品试制单位行列。9 月，与国家电力公司电力建设研究所签订协议，成为唯一承担 750 千伏电力金具生产企业。12 月，通过 ISO 9001：2000 质量管理体系认证，并获得中国进出口质量认证中心颁发的认证证书，成为中国电力金具 4 大生产企业之一。2001 年实现销售收入 1200 万元。

1999 年 4 月，西安电力机械厂与山东达弛集团公司、上海瑞华公司合资组建西安银河电力输配电设备有限公司，注册资本 1098 万元。3 家出资比例分别为 40%、30%、30%。主要从事 10 千伏级系列配电变压器、组合式（又称箱式）变电站等输配电产品生产，并开发生产具有 20 世纪 90 年代国际先进水平的 SCB8 系列 10～110 千伏、50～10000 千伏·安环氧树脂浇注干式变压器及组合式变电站。8 月，西安银河电力输配电设备有限公司正式投产。投产初期，该公司只能生产 S9 型 10 千伏变电容量在 500 千伏·安以下的配电变压器。2001 年 5 月，开发出 S11 型系列叠片式配电变压器，变电容量扩大到 1600 千伏·安，品种规格增加到 13 个。该型产品荣获国家科技部等 5 部委颁发的国家重点新产品证书，并获得 30 万元无偿资助。该公司还与沈阳变压器研究所、西安交通大学合作，引进 H 级绝缘空气干式变压器、35 千伏级电力变压器技术，公司已经从小型变压器生产厂家发展成为中型变压器制造商。1999～2002 年，陆续新增固定资产 460.16 万元，完成产值 13088 万元，创造利润 1786.23 万元，上交税金 586.36 万元。2000～2002 年，连续 3 年荣获陕西省电力公司“陕西电力多种产业先进集体”称号。

1999 年 11 月，西安电力机械厂电站化学水处理设备制造分公司与西安电站水处理公司合并重组，成立西安创源水处理工程有限责任公司，分流职工 130 人。2001 年 1 月，又将原化学水处理车间的经营性资产追加投资到西安创源水处理工程有限责任公司，增资后公司注册资本 636 万元，固定资产 157.42 万元，安排就业 147 人。改制初期，公司经营处境极为困难，连续 3 年销售收入不足 2000 万元。为摆脱困境，公司投资数十万元与科研单位合作建立新产品实验室，提升产品技术含量，形成了 30 万、60 万千瓦机组化学水处理系统成套供货能力。该系统先后与华蓥山电厂、黔西电厂、发耳电厂签订供货合同，与美国 U、S、Filter 公司签订了韩城第二发电厂供货合同，并出口印度尼西亚和巴基斯坦。2003 年，销售收入将达 4500 万元，比 2001 年翻一番还多。

2001 年，西安电力机械厂完成 30 万千瓦以上发电机组辅机备品配件开发的图纸设计、试制工艺和加工工艺，进入产品试制阶段。

2002 年，该厂全年工业总产值突破亿元大关，实现销售收入 10097.6 万元，利税总额达到 671.64 万元，固定资产原值增加到 12406.81 万元，净值 6648.46 万元。

1991～2002 年西安电力机械厂生产经营情况见表 8－1－1。

表 8-1-1 1991～2002 年西安电力机械厂生产经营情况

| 年份 | 年末职工人数（人） | 工业总产值（现价）（万元） | 销售收入（万元） | 利润总额（万元） | 税金总额（万元） | 固定资产原值（万元） | 固定资产净值（万元） | 资本增值保值率（%） |
|---|---|---|---|---|---|---|---|---|
| 1991 | 1920 | 4262 | 4718.99 | 157.82 | 186.03 | 4402.69 | 2681.96 | — |
| 1992 | 1874 | 5937 | 4456.56 | 129.56 | 317.98 | 5069.42 | 3148.35 | — |
| 1993 | 1828 | 8104 | 7321.53 | 120.42 | 354.56 | 7690.00 | 4012.58 | 129.44 |
| 1994 | 1813 | 7852 | 5253.92 | －487.95 | 303.77 | 7790.37 | 4072.68 | 101.46 |
| 1995 | 1629 | 5176 | 5827.83 | －1652.15 | 374.36 | 8224.49 | 4008.22 | 101.22 |
| 1996 | 1629 | 6148 | 6673.66 | －247.04 | 436.07 | 12780.15 | 8137.88 | 167.79 |
| 1997 | 1583 | 7355 | 7333.60 | －239.30 | 430.66 | 12696.20 | 7568.88 | 103.80 |
| 1998 | 1322 | 7684 | 7603.82 | 1.93 | 479.75 | 13128.84 | 7771.52 | 99.87 |
| 1999 | 1300 | 5639 | 8221.39 | －199.97 | 330.98 | 14134.39 | 8389.79 | 102.70 |
| 2000 | 1300 | 9395 | 8221.39 | 2.37 | 502.73 | 12164.55 | 6801.68 | 93.32 |
| 2001 | 1287 | 8094 | 10417.57 | 1.37 | 604.79 | 12694.36 | 6697.29 | 103.68 |
| 2002 | 1253 | 10162 | 10097.60 | 11.58 | 660.06 | 12406.81 | 6648.46 | 100.63 |

### 二、西安电力树脂厂

西安电力树脂厂位于西安市灞桥区电厂东路，始建于 1970 年，原隶属于水利电力部机械制造局，1986 年 4 月，划归西北电业管理局，现隶属于陕西省电力公司。该厂是国内最大的离子交换树脂及吸附树脂专业生产厂家之一，全国电力系统指定离子交换树脂专业生产厂、中石化总公司产品入网单位、全国离子交换树脂行业协作组组长单位、中国环保产业协会认定的“全国环保产业骨干企业”，具有 ISO 9001 质量体系认证证书。主要为国内大中型火力发电厂高压、超高压、亚临界蒸汽锅炉化学水处理设备生产配套的阴阳离子交换树脂。产品也在食品、纺织、化工、电子、冶金、核工业、制药及废水处理等行业广泛应用。该厂“铁塔牌”离子交换树脂产品有 9 大系列 60 多个品种，多项产品曾荣获省优、部优、国优称号，年生产能力达 12000 吨。产品除在国内销售外，还远销美国、巴基斯坦、印度尼西亚、沙特阿拉伯等国家和澳门地区。

1991 年，该厂“铁塔牌”001×7 强酸性苯乙烯系阳离子交换树脂获国家“优质产品”银奖。主导产品 001×7、D001 阳树脂、201×7、D201、D301 阴树脂经美国陶氏化学公司、日本三菱公司、英国玻尔模梯公司测试，性能均达到或超过国际同类产品。

1993 年，研制成功 D001Z、D201Z 中压凝结水处理树脂，具有机械强度好，出水水值符合电标，使用周期长等优点。经运行试验表明，其技术指标和性能均达到或超过美国 DOW 公司生产的 DOWEX 均球 650C 和均球 650A 树脂水平。同年 3 月，201×7 阴树脂正式投入生产，当年产量达到 800 吨。

1994年9月，用氯甲醚车间废酸替代正品盐酸，使D113树脂转型获得成功。10月，根据国家质量监督局提名，中国质量检验协会推荐西安电力树脂厂生产的离子交换树脂为“国产精品”，并颁发《国产精品推荐证书》。同年，研制成功XDA－Ⅰ、Ⅱ型吸附树脂，开发了阴树脂三甲胺水溶液工艺。XDA－Ⅰ型吸附树脂获西北电业管理局科技进步一等奖、电力工业部机械制造局科技优秀一等奖。

1995年2月，该厂蒸汽提取回收200号汽油装置获得成功，回收率达到70%以上。

1996年，与第四军医大学唐都医院中心实验室联合研制出用于医治肿瘤的新产品——药物磁响应载体，该载体可在外加磁场作用下到达病灶部位，直接用于肿瘤治疗，避免了全身性化疗副作用大、无法控制坏死范围的缺陷。独立研制出饮用水杀菌剂——消毒树脂，经卫生防疫部门检测，杀菌率达100%，各种指标符合国家饮用水标准。12月，该厂生产的苯乙烯系阴、阳离子交换树脂被陕西省人民政府授予“陕西省名牌产品”称号，中国名牌商品介绍活动委员会介绍为“名牌商品”。该厂被国务院发展研究中心市场经济研究所认定并入选“中国最佳离子交换树脂专业生产厂”。

1997年4月，由西北电力实业发展总公司出资240万元（现金），西安电力树脂厂劳动服务公司综合加工厂出资120万元（现金84万元、无形资产36万元）组建陕西电力精细化工有限责任公司。6月完成设备安装，1998年3月开始正式生产。该公司主要经营化工原料的生产、加工，离子交换树脂的加工和水处理、水质稳定剂的生产销售。1999年转产甲缩醛。1997年8月，该厂新产品——D001Z、D201Z大孔中压凝结水树脂通过由陕西省经贸委、西北电业管理局主持的省级鉴定。同年，该厂在行业内首先通过ISO 9001全面质量管理认证，经中国出口产品企业质量体系工作委员会、中国商检质量认证中心评审，注册发证。

1998年4月，该厂“铁塔牌”离子交换树脂由陕西省环保局、陕西省环保信息中心通过专线和陕西公众信息网、环保局信息中心联网，成为陕西省环保局首批上网单位之一。12月，万吨硫酸钾项目可行性报告通过陕西省计划委员会评审。同年，阴树脂车间凝胶树脂三钾铵水溶液恢复试验成功，为降低阴树脂生产成本奠定了基础。

1999年，该厂新型万吨级环保吸附树脂、螯合树脂水处理药剂工程项目正式列入国家经贸委“双高一优”建设规划。6月，该厂生产的吸附树脂在北京举办的第四届全国环保产业、第六届国际环保会议上荣获金奖。

该厂排放物污染严重，又位于城区，西安市政府于1974年发出环保办机计字［1974］021号文件，1979年发出市革发［1979］55号文件，水电部于1983年发出机计字［1983］15号文件，1985年发出机计字［1985］32号文件，要求西安电力树脂厂改建迁建。1984年开始迁建，至1993年新厂在西安市马腾空建成投产运行。因二期扩建带来巨额债务，生产系统不配套造成产品成本大幅度上升，使企业陷入困境，生产几度停顿，到2001年亏损达280万元。2001年，经陕西省电力公司批准，新厂关闭，仍维持老厂生产。同时完成阴树脂车间改造，加大新产品开发和市场开拓力度，改善产品结构，把离子交换树脂应用领域从主要销往电厂扩大到化工、医药、核工业等领域。

2002年3月，《树脂吸附法处理有毒有机化工废水及其资源化研究》项目荣获国家科学技术进步二等奖。4 月，该厂首批树脂产品出口美国。8 月，该厂生产的“铁塔牌”离子交换树脂在美国申请商标注册获得成功，取得了“铁塔”商标在美国的专用权。

2002 年，该厂扭转了持续 5 年的亏损局面，当年完成产值 2110 万元，实现销售收入 2013 万元，微利 2 万元。

1991～2002 年西安电力树脂厂生产经营情况见表 8-1-2。

表 8-1-2 1991～2002 年西安电力树脂厂生产经营情况

| 年份 | 年末职工人数(人) | | | 工资总额（万元） | 全员劳动生产率[元/（人·年）] | 年末固定资产原值（万元） | 年末固定资产净值（万元） | 流动资金平均余额（万元） | 工业总产值（万元） | 产品销售收入（万元） | 利润总额（万元） | 产品销售税金（万元） |
|---|---|---|---|---|---|---|---|---|---|---|---|---|
| | 合计 | 工人 | 工程技术人员 | | | | | | | | | |
| 1991 | 467 | 241 | 54 | 147.0 | 68040 | 1509 | 1026 | 1280 | 2745 | 2095 | 267 | 224.0 |
| 1992 | 539 | 261 | 56 | 235.0 | 92609 | 1262 | 860 | 1935 | 3906 | 2889 | 300 | 309.0 |
| 1993 | 578 | 331 | 71 | 222.2 | 74162 | 4294 | 3845 | 3519 | 3671 | 2945 | 476 | 295.0 |
| 1994 | 516 | 324 | 81 | 488.5 | 96554 | 5219 | 4618 | 5992 | 4567 | 3169 | 0 | 17.0 |
| 1995 | 625 | 390 | 88 | 555.1 | 107697 | 7115 | 6112 | 5865 | 5611 | 5622 | 5 | 28.0 |
| 1996 | 603 | 375 | 79 | 640.0 | 87276 | 7218 | 5913 | 6805 | 4486 | 3520 | 0 | 9.6 |
| 1997 | 597 | 390 | 76 | 697.6 | 79194 | 7226 | 5769 | 8025 | 4031 | 3182 | −387 | 0.9 |
| 1998 | 538 | 321 | 63 | 605.0 | 69811 | 7160 | 5597 | 7940 | 3700 | 3693 | −537 | 18.4 |
| 1999 | 540 | 568 | 147 | 400.0 | 62913 | 9156 | 7466 | 8049 | 3045 | 2987 | −99 | 10.3 |
| 2000 | 523 | 558 | 148 | 350.0 | 45810 | 7604 | 5913 | 8457 | 2121 | 2225 | −283 | 12.3 |
| 2001 | 480 | 178 | 113 | 352.6 | 82539 | 7613 | 5798 | 8854 | 2113 | 1556 | −280 | 1.2 |
| 2002 | 452 | 213 | 115 | 359.9 | 77860 | 7642 | 5726 | 9755 | 2110 | 2013 | 2 | 11.7 |

## 三、秦川电站仪表厂

秦川电站仪表厂位于西安市户县余下镇，始建于 1965 年，原隶属于电力工业部机械制造局，1986 年 4 月，划归西北电业管理局，现隶属于陕西省电力公司。该厂是全国最早生产电力系统配电及自动化设备的专业厂家，是电力工业部重点修造企业，拥有一批较高层次的技术、管理人才和一套完善、先进的加工设备。企业注册资本 1567 万元，拥有大中型设备 120 多台，其中有美国、日本进口 24 工位、多工位数控冲床、数控剪板机和日本进口数控折弯机、意大利进口母线加工设备等先进自动化设备。主要产品有：汽水取样分析装置，高低压配电装置，化学补给水、凝结水精处理、除灰除渣、输煤等辅机系统程控装置，以及仿真机台盘等 5 大系列 20 多个品种，广泛用于大中型火电厂、变电站及化工、石油等行业。部分产品获部省优质产品奖、科技进步奖和国优银奖，产品除销售到国内近百个大中型火电厂、变电站外，还出口印度尼西亚、伊拉克、马来西亚、巴基斯坦、孟加拉及泰国等国家。

1993 年 3 月，秦川电站仪表厂成立多种经营性质的陕西秦川实业总公司，下辖电子设备制造公司、物资设备公司和电力服务公司。电子设备制造公司生产水程控、仿真机、电子恒温装置等产品；物资设备公司面向社会开展对外运输、加工产品；电力服务公司开展职工生活后勤、医疗卫生、基建维修和商业营销等项服务。同年，该厂研究开发的“网络计划技术在研制 PK－300 电动旁路控制装置中的应用”获陕西电力系统第四届现代化管理成果三等奖，被陕西省、西安市和西北电业管理局评为“现代化管理先进单位”。

1996 年 4 月，该厂与西北电力设计院、西安热工研究院联合研制开发的 HCK－1 型除灰除渣程控装置和 PK－200·300 型电动旁路装置被电力工业部评为电力机械重点推广产品。HCK－1 型除灰除渣程控装置设计制造工艺达到进口同类设备技术水平。PK－200·300 型电动旁路装置获电力工业部电力修造企（事）业科学技术进步一等奖。

1997 年，数字通信（INTUC）软件首次应用在宝鸡第二发电厂补给水和凝结水程控装置。在完成 GDL 低压配电柜工厂化设计的同时，采用金中一默勒元件，提高产品性能。自动加药装置使用 PLC（可编辑逻辑控制）方案，拓宽了产品系列；对 PZC－1 型配电柜、锅炉定排及汽水取样装置关键部位进行改进，延长产品寿命周期，提高产品在市场上的竞争力和占有率。制定《新产品研制奖励办法》、完善《半成品管理办法》、《物资采购管理办法》。当年，秦川电站仪表厂对秦川实业总公司进行股份制改造，首先将物资设备公司与电子设备制造公司合并为一个公司。合并后的公司和原有的西安自动化仪表公司进行资产重组，1998 年建立西安秦仪电力自动化设备有限责任公司。

1998 年，制定各管理部门和生产车间之间的承包管理办法，实行指标分解、量化考核，加大内部经济责任考核和内部经济活动分析的力度和范围，节约了费用，全年企业管理费比 1997 年下降 127 万元。12 月，秦川电站仪表厂与新加坡颖高国际有限公司、陕西省电力投资开发公司、青岛益和电气设备有限公司共同出资组建陕西银河电气设备有限责任公司。总投资 4672 万元，其中秦川电站仪表厂占 35%，是最大的股东；新加坡颖高国际有限公司占 25%；陕西省电力投资开发公司占 25%；青岛益和电气设备有限公司占 15%。1999 年 5 月挂牌成立，注册资金 1200 万元。公司租用秦川电站仪表厂厂房、大部分员工从秦川电站仪表厂招聘。公司设在西安高新技术产业开发区，建设起一条中高压开关柜生产线，主要设备从日本村田公司、意大利尤洛麦克公司引进，产品采用国际先进的柜体结构设计制作。主要元器件选用瑞士 ABB 公司等国际和国内知名公司的优良产品。生产线于 1999 年引进、当年建成、当年出产品。2000 年 3 月，其产品 KYN28－12CP 系列/T2500－40 铠装移开式户内交流金属封闭开关设备、ZN63A－12（VSI）Y 户内高压真空开关通过省级鉴定，投入批量生产。2000 年，公司产值即达 1.2 亿元。

1999 年，配套出台《职工辞职及内部退养暂行规定》、《协议保留劳动关系暂行管理办法》和职工待岗、下岗培训、轮岗分流等措施，合理分流人员，减轻企业负担。建立盘柜分厂和总装分厂，管理科室由 17 个压缩为 6 部 2 室，后勤从主业剥离，并采取扶持政策使其逐步走向物业化管理。围绕城乡电网建设改造，开发研制适应农村电网的 NDX 系列农用配电箱，PGL、GCK、GCS 低压配电柜，弱酸、废水程控装置以及研华 5000 系统模块为主的微机监测系统。

2000 年 7 月，该厂获得 ISO 9001 国际质量体系认证。8 月，秦川电站仪表厂与广西北海银河高科技产业股份有限公司、西北（陕西）电力实业发展总公司就出资组建陕西银河网电科技有限公司达成协议。公司经营电厂自动化系列产品、电网自动化系列配套装置及其他相关产品。公司注册地在西安高新技术产业开发区，总投资 2000 万元人民币，分两期投资，首期注册资金 1000 万元，二期 1000 万元。二期投资采取对秦川电站仪表厂经营性资产整体重组纳入的方式进行增效扩股。北海银河高科技产业股份有限公司占总股份 54%，其中以货币出资 44%，以技术出资 10%；西北（陕西）电力实业发展总公司占股份 26%，以货币出资 16%，以无形资产出资 10%；秦川电站仪表厂占总股份 20%，以货币出资 10%，以无形资产出资 10%。11 月，举行成立揭牌仪式。12 月，秦川电站仪表厂与福建省泉州市万泉电气设备有限公司、西安秦黄电力工程公司、陕西正大自动化工程有限公司就共同出资组建陕西银河机电设备制造有限公司签订协议。公司生产经营高低压配电设备、程序控制设备、母线槽、电缆桥架系列产品。公司注册资金 190 万元，股东首期出资额 190 万元。秦川电站仪表厂占总股份 35%，其中货币投资 33 万元，以设备出资 33.5 万元；万泉电气设备有限公司占总股份 43%，其中以货币出资 64.6 万元，技术出资 9%，折合 17.1 万元；秦黄电力工程公司占总股份 12%，以货币出资 22.8 万元；正大自动化工程有限公司占总股份 10%，以货币出资 19 万元。2001 年 4 月，公司成立揭牌。

至 2002 年末，秦川电站仪表厂有职工 430 人，其中各种高、中级工程技术、管理人员 130 名。年末固定资产原值 2044 万元，全年完成工业总产值 1925 万元，实现销售收入 1925 万元，利税 135 万元。

1991～2002 年秦川电站仪表厂生产经营情况见表 8-1-3。

表 8-1-3　　1991～2002 年秦川电站仪表厂生产经营情况

| 年份 | 年末职工人数（人） | | | 工资总额（万元） | 年末固定资产原值（万元） | 年末固定资产净值（万元） | 流动资金平均余额（万元） | 工业总产值（万元） | 产品销售收入（万元） | 利润总额（万元） | 产品销售税金（万元） |
|---|---|---|---|---|---|---|---|---|---|---|---|
| | 合计 | 工人 | 工程技术人员 | | | | | | | | |
| 1991 | 575 | 287 | 91 | 178.0 | 1200 | 705 | 1254 | 1045 | 998 | 53 | 57 |
| 1992 | 575 | 284 | 90 | 216.0 | 1217 | 709 | 1658 | 1168 | 1145 | 35 | 44 |
| 1993 | 570 | 232 | 76 | 234.8 | 1549 | 882 | 2715 | 1876 | 1678 | 15 | 106 |
| 1994 | 431 | 243 | 80 | 398.6 | 1630 | 874 | 3313 | 2304 | 2304 | 40 | 286 |
| 1995 | 427 | 278 | 75 | 392.8 | 1637 | 785 | 3589 | 1760 | 1760 | 5 | 105 |
| 1996 | 564 | 354 | 106 | 380.1 | 2477 | 1528 | 3522 | 950 | 950 | −575 | 165 |
| 1997 | 529 | 333 | 97 | 395.6 | 2510 | 1514 | 3615 | 1452 | 1240 | 0 | 185 |
| 1998 | 444 | 281 | 54 | 327.7 | 2575 | 1532 | 3754 | 2360 | 2410 | 0 | 95 |
| 1999 | 443 | 272 | 54 | 327.7 | 2577 | 1491 | 3891 | 2127 | 2002 | 0 | 108 |
| 2000 | 439 | 280 | 54 | 269.0 | 2049 | 1081 | 3988 | 2140 | 2980 | 20 | 118 |
| 2001 | 430 | 280 | 54 | 261.0 | 2043 | 1038 | 4048 | 1118 | 1118 | 24 | 66 |
| 2002 | 430 | 198 | 51 | 284.2 | 2044 | 996 | 4369 | 1925 | 1925 | 22 | 113 |

## 四、宝鸡电力设备厂

宝鸡电力设备厂位于宝鸡市卧龙寺，始建于1965年7月，原为西北列车电站基地，隶属于水电部列车电业局。1980年以后，转产生产坑口电厂专用煤炭漏斗车，1982年12月，更名为水利电力部宝鸡车辆修造厂，隶属于水电部机械制造局。1986年4月，改属西北电业管理局，1989年1月，更名宝鸡电力设备厂，同时使用宝鸡电力车辆厂厂名，现隶属于陕西省电力公司。1990年末，在册职工866人，固定资产原值2111万元，当年完成工业总产值1724万元，实现销售收入1788万元，利税66万元。

1991～2002年，宝鸡电力设备厂经历了生产经营最困难的时期。

1991～1992年，企业生产经营陷入困境，累计亏损514万元。

1993年，完成罐车底架试制和小批量生产、气垫输送机试制、热管换热器试制、26米斗臂工程车改进等新产品开发。全年完成工业总产值2758万元，实现销售收入2432万元，企业扭亏为盈，实现利润11万元。

1995年，该厂8项现代化管理成果获奖，其中“战略管理在电力修造企业经营中的应用”获西北电业管理局和电力工业部现代化管理三等奖。

1996年，宝鸡电力设备厂成立车辆公司、电力设备发展总公司和物业公司，在原精密铸造厂基础上成立了集体企业银杉电力设备配件公司。加大对主导产品的技术改进，K18DG煤车单车成本下降1万元，万元销售收入固定费用降低10%。6月，该厂通过ISO 9001质量体系认证。

1997年，创办了弹簧厂，基本满足了厂内铸钢件和车辆弹簧的生产需求。承接韩城焦化厂、府谷等小火电安装工程。成立新产品研制所和恒源电力自动化公司，研制的无触点、无级调节GK电子单功率温控仪、电力监控盘闪光报警装置、电力监控盘语音报警牌、HY-6UF型恒源系列豪华过滤净水器等产品投放市场。当年，在原宝鸡恒源电力自动化研究所（公司）基础上，由职工集资，组建宝鸡恒源电力自动化有限公司（简称恒源公司），总投资132万元，职工集资占总投资的50.7%。建设起为银河远东电缆公司配套生产无氧铜杆生产线，设计年生产能力2500吨，1999年投产达效。2000年，恒源公司研制开发的产品有HKY型电炉火候控制仪、酸碱液位控制仪、微机闪光报警器、污水液位控制装置、整定弹簧支吊架及高温高压阀门等20多种。2001年11月，恒源公司建成热电偶、热电阻生产线，并取得省质量技术监督局计量器具样机试验合格证书和制造计量器具合格证。在企业管理方面，该厂把质量、安全、生产和精神文明建设等38大项工作细分为276项具体指标，落实到领导、部门、车间班组和个人，进行严格考核。

1998年，成立销售部，对销售实行单项承包。新增了煤车厂修、钢结构件制造、备品配件生产等任务。开发出锅炉检修平台，新产品产值所占比值逐年上升，1996年约占15%，1997年占20%，1998年占到60%。

2000年4月，宝鸡电力设备厂与美国中美远东有限公司、西北（陕西）电力实业发展总公司（2000年10月组建为陕西电力银河集团公司）、陕西省电力建设投资开发公司组建陕西银河远东电缆有限公司，由中美远东有限公司委派总经理、总工程师组成经营班子，负责公司生产经营。电缆公司与宝鸡电力设备厂签订资产租赁协议书。2001年1月，陕西省人民政府为其颁发中华人民共和国外商投资企业批准证书，企业投资总额 3990 万元人民币，注册资本金 2000 万元人民币，其中陕西电力银河集团公司 700 万元（占 35%），中美远东有限公司 560 万元（占 28%），陕西华山创业科技开发有限责任公司（即原陕西天河能源科技有限公司）420 万元（占 21%），宝鸡电力设备厂 320 万元（占 16%）。

2001 年，制定《企业富余职工下岗自谋职业管理办法》和《管理科室实行轮岗工作制度暂行办法》，向电缆公司和电力设备发展总公司分流 180 人，压缩非生产人员 57 人。

2002 年，陕西银河远东电缆公司计划新上 110 千伏电缆项目。9 月，陕西省电力公司成立宝鸡电力设备厂工作协调小组，与陕西银河远东电缆有限公司建立联席会议，制订《宝鸡电力设备厂生产经营改革方案》，并于 11 月厂五届十一次职工代表大会审议通过。方案采取部分资产租赁经营的模式，确保全厂人员稳妥分流安置，确保电缆公司 110 千伏电缆项目如期扩建。

至 2002 年末，宝鸡电力设备厂有职工 686 人，年末固定资产原值 4916 万元，全年完成工业总产值 200 万元，实现销售收入 193 万元，全年亏损 399 万元。

1991～2002 年宝鸡电力设备厂生产经营情况见表 8-1-4。

表 8-1-4 1991～2002 年宝鸡电力设备厂生产经营情况

| 年份 | 年末职工人数（人） | | | 工资总额（万元） | 全员劳动生产率［元/（人·年）］ | 年末固定资产原值（万元） | 年末固定资产净值（万元） | 流动资金平均余额（万元） | 工业总产值（万元） | 产品销售收入（万元） | 利润总额（万元） | 产品销售税金（万元） |
|---|---|---|---|---|---|---|---|---|---|---|---|---|
| | 合计 | 工人 | 工程技术人员 | | | | | | | | | |
| 1991 | 860 | 497 | 70 | 275.0 | — | 2101 | 1219 | 1290 | 1300 | 1423 | 2 | 101 |
| 1992 | 840 | 453 | 70 | 307.0 | — | 2218 | 1371 | 1655 | 1378 | 1378 | −514 | 33 |
| 1993 | 838 | | | 360.0 | 24871.13 | 3040 | 2166 | 1926 | 2758 | 2432 | 11 | 103 |
| 1994 | 618 | 446 | 60 | 492.0 | 26373.19 | 3054 | 2001 | 3178 | 3541 | 3824 | 30 | 300 |
| 1995 | 587 | 415 | 50 | 776.0 | 45315.16 | 3235 | 2029 | 4715 | 5193 | 4291 | 50 | 272 |
| 1996 | — | — | — | 869.0 | — | 4785 | 3426 | 5820 | 5402 | 4997 | 10 | 259 |
| 1997 | — | — | — | 925.0 | — | 4861 | 3824 | 6296 | 5613 | 5476 | 20 | 418 |
| 1998 | — | — | — | 531.0 | — | 4906 | 3826 | 5309 | 1197 | 1603 | −498 | 123 |
| 1999 | — | — | — | 398.0 | — | 6818 | 5535 | 4615 | 1101 | 813 | −320 | 97 |
| 2000 | 739 | — | — | 464.0 | — | 4952 | 3583 | 6364 | 2665 | 2831 | −624 | 231 |
| 2001 | 686 | — | — | 266.8 | 6154.93 | 4995 | 3575 | 4865 | 437 | 373 | −198 | 81 |
| 2002 | 686 | — | — | 270.0 | 3411.08 | 4916 | 3525 | 2945 | 200 | 193 | −399 | 35 |

## 五、宝鸡铁塔厂

宝鸡铁塔厂位于宝鸡市姜谭路，始建于 1969 年，1993 年以前归属西北电力建设总公司，1994年1月起归属西北电业管理局，现隶属陕西省电力公司。至20世纪90年代初，该厂已经发展成为中国输电线路铁塔制造业实力最强的4个定点厂家之一。1990年，该厂在册职工741人，有固定资产1356万元，全年完成工业总产值2424万元，实现销售收入1989万元，利税272万元。2002年末，全厂在册职工556人。大专及以上文化程度的117人，具有高级专业技术职称的31人。年末拥有固定资产原值4608万元，完成工业总产值10294万元，实现销售收入8402万元，利润137万元，上交税金771万元。

1991年，该厂承揽国内天（天生桥）广（广州）输电线路铁塔和巴基斯坦903标、1073-2标出口铁塔生产任务。3月，企业取得500千伏铁塔生产许可证，产品首次进入华东、华南和西南地区。9月，被陕西省政府授予“重合同，守信用”单位、“陕西省安全生产先进企业”。

1992年，微波通信、广播电视铁塔成为宝鸡铁塔厂兼营业务。同年，该厂成立宝鸡秦源工贸公司，经营金属材料、钢球生产与销售，以及铁塔、钢结构配件加工。之后，宝鸡铁塔厂与宝鸡秦源工贸公司和桑园铺村民委员会三方联营成立了三力铁塔工业联营公司，经营铁塔及钢结构的设计、生产、安装、销售和技术培训。

1993年，宝鸡铁塔厂被国家统计局列为“中国100家最大金属制品企业”，排名第84位；入选“陕西省最佳经济效益工业企业”，被陕西省经济综合评价中心评为陕西省“经济明星企业”；获宝鸡市“八五”立功竞赛优秀企业一等奖，厂领导班子荣立集体二等功。

1994年，陕西省经贸委将宝鸡铁塔厂聚合硫酸铁（水剂）列入1994年陕西省第一批新产品开发计划。8月，中国建设银行陕西省分行授予宝鸡铁塔厂“AAA”级企业信用等级。

1995年，投资近300万元引进意大利20世纪90年代新技术A15·34NT数控铁塔加工中型生产线。同年，经国务院发展研究中心、管理世界中国企业评价中心评价，宝鸡铁塔厂在1994年度中国大型工业企业排序中列陕西省100家最佳经济效益工业企业第72位。

根据电力工业部机械制造局1996年生产任务完成情况的报告，在全国4个主要铁塔生产厂家中，宝鸡铁塔厂完成工业总产值名列第二，产品销售收入名列第一。

1997年，通过ISO 9002质量体系认证。在自（贡）蓉（成都）线、三（峡）万（县）线等500千伏工程中接连中标5个，产量达到10475.03吨，比1996年增长67.71%。

1999年，投资31万元对计算机放样技术进行改造。通信系统和龙门吊改造工程通过省电力公司验收。至12月31日，安全生产达1208天。

2000年，被国家电力公司授予“双文明单位”称号。

2001年初，中标三峡—常州、三峡—万县500千伏输电线路铁塔生产。年产量达10007吨，产值达11845万元，首次突破亿元大关。被陕西省质量技术监督局和“三秦质量万里行”组委会评为“争创质量无投诉（售后服务）先进单位”，被中共陕西省委、陕西省人民政府命名为“精神文明建设先进单位”。

2002年，在广东环网工程、三峡送出工程、新疆托克逊电厂双回送出等工程中，中标 500 千伏线路铁塔生产。当年，变电站构架出口叙利亚。省电力公司批准该厂《关于开发钢结构产品加工项目的请示》。

2000～2002 年，宝鸡铁塔厂先后投入 472 万元用于铁塔加工工艺技术改造，购置了 1 台 PP103 数控铁板冲床，1 台德国 PHOENIX－DP－500 型切割机和 1 条 BL2016 数控角钢生产线。还投入自有资金近 800 万元，开发了钢结构加工制作项目。

1991～2002 年宝鸡铁塔厂生产经营情况见表 8－1－5。

表 8－1－5　　1991～2002 年宝鸡铁塔厂生产经营情况

| 年份 | 年末职工人数(人) | | | 工资总额(万元) | 全员劳动生产率[元/(人·年)] | 年末固定资产原值(万元) | 年末固定资产净值(万元) | 流动资金平均余额(万元) | 工业总产值(万元) | 产品销售收入(万元) | 利润总额(万元) | 产品销售税金(万元) |
|---|---|---|---|---|---|---|---|---|---|---|---|---|
| | 合计 | 工人 | 工程技术人员 | | | | | | | | | |
| 1991 | 760 | 520 | 42 | 287 | 42174 | 1562.11 | 1056 | 2424 | 3167 | 3150 | 318 | 121 |
| 1992 | 774 | 530 | 43 | 337 | 42272 | 1609 | 1029 | 3072 | 3845 | 3815 | 391 | 141 |
| 1993 | 779 | 532 | 43 | 424 | 79291 | 1877 | 1207 | 6391 | 6153 | 69120 | 387 | 20 |
| 1994 | 667 | 410 | 46 | 520 | 30415 | 2066 | 1248 | 6656 | 6018 | 5088 | 52 | 33 |
| 1995 | 673 | 438 | 47 | 551 | 30832 | 2478 | 1491 | 6494 | 5778 | 5304 | 61 | 371 |
| 1996 | 667 | 399 | 53 | 559 | 24039 | 3831 | 2625 | 5452 | 4310 | 3541 | 20 | 280 |
| 1997 | 668 | 454 | 40 | 676 | 39405 | 3868 | 2472 | 5650 | 6829 | 6308 | 105 | 388 |
| 1998 | 556 | 397 | 29 | 677 | 55569 | 4263 | 2666 | 6647 | 7718 | 6798 | 36 | 449 |
| 1999 | 558 | 410 | 32 | 762 | 51484 | 4326 | 2496 | 6483 | 6818 | 6046 | 85 | 517 |
| 2000 | 565 | 353 | 34 | 845 | 60974 | 5299 | 3544 | 6532 | 8604 | 6643 | 136 | 306 |
| 2001 | 559 | 350 | 34 | 900 | 87266 | 4225 | 2534 | 8056 | 11845 | 9021 | 191 | 328 |
| 2002 | 556 | 341 | 35 | 875 | 88035 | 4608 | 2439 | 7724 | 10294 | 8402 | 137 | 771 |

**注**　全员劳动生产率 1991～1993 年为现价，1994～2002 年为不变价。

### 六、陕西电力线路器材厂

陕西电力线路器材厂位于西安市户县余下镇，始建于 1975 年 7 月，由西安电力机械厂制杆车间与陕西省火电一公司户县综合加工厂合并而成，原名陕西省电力水泥制品厂，归陕西省电业管理局领导。1980 年 3 月，该厂划归西北电力建设局领导，更名为西北电力建设局线路器材厂。1988 年 11 月，更名为陕西电力线路器材厂。1994 年 1 月，归属西北电业管理局，现隶属于陕西省电力公司。该厂是全国 12 家生产混凝土电杆的主要厂家之一。

1990 年末，陕西电力线路器材厂有职工 536 人，拥有固定资产原值 761 万元，全年完成工业总产值 653 万元，实现产品销售收入 776 万元，利税 49 万元。

1994 年 7 月，与西北电力设计院联合研制的用于 30 米/秒风速地区的 330 千伏预应力钢筋混凝土电杆试制成功，并通过鉴定。该产品填补了 30 米/秒风速地区输电线路钢筋混凝土电杆的空白，为钢筋混凝土电杆代替铁塔，节约投资，降低线路维修费用，乃至进一步扩大钢筋混凝土电杆的使用范围打下基础。

1995 年 9 月，研制成功 110 千伏双回路离心薄壁钢管混凝土电杆。当月，西北电业管理局主持进行力学性能试验，经专家论证，该产品加工质量和力学性能均符合国家和电力工业部有关标准，完全可以替代钢管电杆用于城市 110 千伏电网建设和改造。

1997 年 12 月，通过 GB/T 19002（IDT ISO 9002）质量体系认证。

2001 年，该厂获陕西省“三秦质量万里行”“争创质量无投诉先进单位”，该厂产品成为陕西省建材工业协会水泥制品委员会推荐产品。

2002 年 1 月，陕西电力线路器材厂与陕西省电力公司和陕西 9 个供电局共 11 家法人代表在西安签署协议，组建陕西银河电力线路器材有限公司。新组建的公司由陕西省电力公司控股，9 家供电局多经企业和陕西电力线路器材厂职工参股，出资 1100 万元，其中，陕西省电力公司出资 600 万元，9 家供电局多经企业和原线路器材厂职工出资 500 万元。2 月，公司完成工商注册。3 月，陕西银河电力线路器材有限公司成立揭牌。

至 2002 年末，陕西电力线路器材厂有职工 467 人，年末固定资产原值增加到 2563 万元，年末完成工业总产值 2097 万元，实现产品销售收入 2101 万元，上缴产品销售税金 141 万元。

1991～2002 年陕西电力线路器材厂生产经营情况见表 8-1-6。

表 8-1-6　　1991～2002 年陕西电力线路器材厂生产经营情况

| 年份 | 年末职工人数（人） | | | 工资总额（万元） | 全员劳动生产率［元/（人·年）］ | 年末固定资产原值（万元） | 年末固定资产净值（万元） | 流动资金平均余额（万元） | 工业总产值（万元） | 产品销售收入（万元） | 利润总额（万元） | 产品销售税金（万元） |
|---|---|---|---|---|---|---|---|---|---|---|---|---|
| | 合计 | 工人 | 工程技术人员 | | | | | | | | | |
| 1991 | 547 | 357 | 32 | 147 | 12408 | 758 | 507 | 423 | 675 | 632 | 1 | 18 |
| 1992 | 542 | 368 | 34 | 196 | 18739 | 759 | 487 | 514 | 1040 | 1091 | 18 | 36 |
| 1993 | 535 | 368 | 35 | 266 | 29077 | 848 | 557 | 1915 | 1656 | 1656 | 18 | 32 |
| 1994 | 484 | 346 | 32 | 230 | 24611 | 897 | 565 | 1435 | 1201 | 1395 | 0 | 42 |
| 1995 | 4444 | 296 | 30 | 293 | 26881 | 943 | 581 | 1665 | 1215 | 1002 | 0 | 65 |
| 1996 | 486 | 320 | 37 | 350 | 15132 | 1934 | 1554 | 1827 | 1409 | 1041 | −311 | 72 |
| 1997 | 443 | 278 | 34 | 327 | 18968 | 2373 | 1949 | 1685 | 1365 | 1010 | −247 | 47 |
| 1998 | 473 | 320 | 30 | 328 | 17648 | 2348 | 1867 | 1608 | 1414 | 1215 | −203 | 81 |
| 1999 | 476 | 349 | 34 | 353 | 18727 | 2841 | 2291 | 1556 | 1633 | 1719 | −159.0 | 158 |
| 2000 | 475 | 385 | 25 | 327 | 30117 | 2214 | 1679 | 1687 | 2109 | 2133 | 0.7 | 154 |
| 2001 | 476 | 376 | 30 | 364 | 81096 | 2465 | 1579 | 1646 | 2368 | 2714 | 18.0 | 225 |
| 2002 | 467 | 389 | 19 | 360 | 85244 | 2563 | 1585 | 1511 | 2097 | 2101 | 0 | 141 |

## 七、西北电力建设器材总厂

西北电力建设器材总厂位于西安市灞桥区电厂东路，始建于 1975 年 7 月，归陕西省电业管理局领导。1980 年 3 月，划归西北电力建设局领导，更名为西北电力建设局电力建设器材厂，1985 年 1 月更名为西北电力建设器材总厂。1994 年 1 月，归属西北电业管理局，现隶属于陕西省电力公司。该厂是中国钢模板工程理事会成员，国家电力公司西安电站水处理公司成员。拥有各种冷作、自动焊接、机械加工等专用设备，具有焊接无损探伤、理化性能试验、计量检测等技术手段。

1990 年末，西北电力建设器材总厂有职工 979 人，拥有固定资产原值 960 万元，全年完成工业总产值 1263 万元，实现产品销售收入 865 万元。

1993 年，该厂被电力工业部、化学工业部列为酸碱运输车定点生产厂家；陕西省劳动部门确定的锅炉定点生产单位，也是国内首家设计制造电热锅炉厂家。

1997 年，西北电力建设器材总厂组建西安西北电力建设工程有限公司，对外专业承建单机容量 10 万千瓦机组整体工程施工总承包，具备安装总承包三级资质。1998 年，公司取得建筑施工安全资格证。2000 年 7 月，承建施工的郑州兴隆铺热电厂安装工程竣工，该工程于 2001 年获河南省优质工程。

1999 年，该厂生产的电热锅炉被陕西省人民政府列为政府环保采购项目。2001 年 11 月，该厂通过 ISO 9001：2000 质量体系认证，具备一、二类压力容器设计、制造资质。2002 年，该厂被国家质量监督检验检疫总局批准为具备 B 级锅炉制造许可证单位。企业具有年产 12 万千瓦电热锅炉生产能力。可为用户提供全自动采暖设备系统的设计、制造和安装服务。

2000 年，该厂与陕西汽车制造总厂和青岛汽车改装厂合作，组装斯太尔 K29 型自卸汽车，用于生产“西秦”牌化工液体运输车组件。6 月，首批 20 辆 K29 型自卸汽车组装完成，交付使用。

1993～2002 年，共生产电热锅炉 584 台，压力容器 141 台，化学水处理设备 78 台，化工液体运输车 600 多辆，安装小火电锅炉 34 台，总装机容量 98 万千瓦。

至 2002 年末，西北电力建设器材总厂有职工 594 人，年末固定资产原值增加到 2753 万元，全年完成工业总产值 2720 万元，实现产品销售收入 868 万元，利税 76 万元。

1991～2002 年西北电力建设器材总厂生产经营情况见表 8-1-7。

表 8-1-7 1991～2002 年西北电力建设器材总厂生产经营情况统计

| 年份 | 年末职工人数（人） | | | 工资总额（万元） | 年末固定资产原值（万元） | 年末固定资产净值（万元） | 流动资金平均余额（万元） | 工业总产值（万元） | 产品销售收入（万元） | 利润总额（万元） | 产品销售税金（万元） |
|---|---|---|---|---|---|---|---|---|---|---|---|
| | 合计 | 工人 | 工程技术人员 | | | | | | | | |
| 1991 | 967 | 668 | 70 | 220 | 961 | 588 | 1100 | 1317 | 1202 | — | 52 |
| 1992 | 1199 | 904 | 68 | 327 | 1006 | 599 | 1158 | 2135 | 1753 | 2.0 | 66 |

续表

| 年份 | 年末职工人数（人） | | | 工资总额（万元） | 年末固定资产原值（万元） | 年末固定资产净值（万元） | 流动资金平均余额（万元） | 工业总产值（万元） | 产品销售收入（万元） | 利润总额（万元） | 产品销售税金（万元） |
|---|---|---|---|---|---|---|---|---|---|---|---|
| | 合计 | 工人 | 工程技术人员 | | | | | | | | |
| 1993 | 920 | — | | 340.8 | 1014 | 655 | — | 2362.9 | 1601 | — | — |
| 1994 | 794 | — | 53 | 250.6 | 1032 | 611 | — | 2475 | 1382 | 0 | — |
| 1995 | 793 | — | 51 | 209.2 | 1064 | 597 | — | 2629 | 1533 | 0 | — |
| 1996 | 791 | — | 66 | 250.6 | 1883 | 1372 | — | 2360 | 1313 | 3.3 | — |
| 1997 | 783 | — | 64 | 253.9 | 1905 | 1353 | — | 2698 | 1680 | 4.0 | — |
| 1998 | 725 | — | 56 | 236.8 | 1924 | 1334 | — | 2699 | 840 | 2.3 | — |
| 1999 | 716 | — | 76 | 248.3 | 1917 | 1303 | — | 2578 | 1206 | 10.1 | — |
| 2000 | 601 | — | 92 | 288.3 | 2116 | 1338 | — | 2712 | 1201 | 20.7 | 41 |
| 2001 | 596 | — | 92 | 306.3 | 2133 | 1304 | 2658 | 4208 | 871 | 1.1 | 33 |
| 2002 | 594 | — | 78 | 385.5 | 2753 | 1855 | 2478 | 2720 | 868 | 16.0 | 60 |

**注**　工程技术人员一栏从1999年开始为专业技术人员。

## 第二节　主　要　产　品

陕西电力修造企业产品共有12类100多个品种，主要有电站辅机设备、热工及自动化控制装置、特种车辆、化学水处理离子交换树脂及化工产品及电力线路器材等。

### 一、电站辅机设备

#### （一）化学水处理设备

1991年4月，西安电力机械厂生产的“华晶牌”离子交换器系列产品、中低压凝结水处理设备在能源部首届电力行业适用新技术新产品交易会上参展，获交易会综合效果优秀奖。

1992年8月，西安电力机械厂首次按国际惯例和国际标准实行第三方监造的化学水处理设备在深圳妈湾电厂使用，标志着该厂的化学水处理设备达到国际标准。

1994年，西安电力机械厂研制成功新型水处理自动控制装置，并得到应用，这项成果获西北电业管理局科技成果三等奖。

1995年，西安电力机械厂研制开发成功直径3米活性炭过滤器。

1996年4月，西安电力机械厂与西安电站水处理公司、西安热工研究院联合研制的新型凝结水精处理设备在杭州通过电力工业部鉴定。鉴定认为“设备结构合理，运行可靠，出水质量优良，能满足30万千瓦机组凝结水处理的需要。本体设备国产率达90%以上，可以替代进口产品，技术居国内领先水平。”此前，该厂研制开发的中、低压凝结水精处理设备及体外再生设备已投放市场，装备上海黄埔、吴泾、汉川、大坝、渭河等30多家发电厂，并于1995年出口巴基斯坦，已为国家节约外汇数千万美元。

（二）煤粉通风机

1991年4月，西安电力机械厂生产的M5－36型煤粉通风机系列产品在能源部首届电力行业适用新技术新产品交易会上参展，获综合效果优秀奖。

（三）中速磨煤机

1994年4月，西安电力机械厂研制的超高锰合金钢风扇磨煤机冲击板通过部级技术鉴定，该项目获西北电业管理局1994年度科技成果二等奖。

1999年，西安电力机械厂ZQM140中速磨煤机设计制造项目获陕西省电力公司科技进步一等奖。

（四）钢球磨煤机

1991年2月，西安电力机械厂制造的10台DTM/30型钢球磨煤机出口印度尼西亚。4月，钢球磨煤机系列产品在能源部首届电力行业适用新技术新产品交易会上参展，获交易会综合效果优秀奖。11月，该厂设计制造的380/690型球磨机，在陕西秦岭发电厂投入满负荷试运行。

1994年1月，印度尼西亚供热发电机组工程指挥部总指挥发来感谢信，称赞西安电力机械厂制造的10台DTM/30型钢球磨煤机质量上乘。4月，该厂研制的高碳中铬钢球磨煤机衬板通过部级技术鉴定。

（五）SGBL型立式水隔离泵

1989年，电力工业部设备成套局和电力规划设计总院将宝鸡电力设备厂生产的SGBL型立式水隔离泵列为30万千瓦火电机组配套辅机，同年获陕西省优秀新产品称号。1991年4月，水利电力部机械制造局在江苏谏壁电厂召开该产品现场会。1993年SGBL－145/6型立式水隔离泵获电力修造企业科学技术进步二等奖。

（六）LJ锅炉炉膛检修工作平台

该产品是1991年电力工业部下达的重点科技项目，专用于大型锅炉炉膛内部设施检修。1991年，宝鸡电力设备厂进行调研，并与郑州机械设计研究所联合设计。1992年9月，完成LJ40－220型锅炉炉膛检修平台的研制，交付电厂使用。1993年11月，完成LJ200型设计制造。1996年，通过电力工业部机械制造局鉴定。1997年6月，该厂获得电站起重设备制造安装资格证书（证书号为DQZS5－085Z［A、W］）。该产品的设计、制造、检验严格按照Q/BC209－1996LJ系列锅炉炉膛检修平台企业标准执行。1998年3月，获得电力工业部电力制造企业科学技术进步三等奖。2000年12月，该厂通过起重设备设计制造资质复审。之后，取得国家质量监督检验检疫总局颁发的中华人民共和国特种设备制造许可证及安装改造维修许可证。

（七）DDSJ型气垫胶带输送机

宝鸡电力设备厂1991年开始调研，并同太原重型机械学院联合设计，当年完成设计，并制造出第一台样机在陕西韩城发电厂试运行成功，1992年通过陕西省技术鉴定。该产品 1993 年获西北电业管理局科技进步二等奖，1994 年获电力工业部科技进步四等奖。

## 二、热工及自动化控制装置

### （一）汽、水品质分析及监控装置

该装置为秦川电站仪表厂生产，分 3 个系列：

1. QSZ 系列汽、水取样分析装置

该装置通过部级技术鉴定，获得国家“优质产品”银奖。可与 10 万、20 万、30 万及 60 万千瓦机组配套。

2. 自动加药装置

该装置用于火力发电厂锅炉给水系统，配置有程控装置和 CRT 监控系统，具有自动配药、定时搅拌、自动加药、自动计量、位置反馈指示和多种闪光报警等功能。该产品系列有 125 型、200 型、300 型和 600 型 4 种规格，分别配置 12.5 万、20 万、30 万和 60 万千瓦火电机组。

3. NJP－1 型凝汽器检漏装置

该装置由检测屏和取样泵架组成。可随时监测凝汽器设有取样点的任一区域的凝结水电导值。检测屏具有电导率读数、记录和输出报警信号。

### （二）低压配电装置

该装置为秦川电站仪表厂生产，主要有 PZC 系列抽屉式控制配电装置、GGD 型低压配电柜、GCK 型抽屉式低压配电柜和 GCS 型抽屉式配电柜、XL－Z1 型低压配电柜、PGL 型低压配电柜和 MNS 型抽屉式低压配电柜。

1. PZC 系列抽屉式控制配电柜

该产品是秦川电站仪表厂的主导产品之一，曾获水利电力部和陕西省优质产品称号。产品整体为组装结构，有 PZC－1 型、PGC－2 型和 PZC－20（16）型 3 种型号，功能单元为抽屉式，机械、电气保护齐全，符合 IEC－439 国际标准和有关标准。在电力、化工及其他行业 400 伏以下电压系统中作为集中配电、控制使用。

2. GGD 型低压配电柜

秦川电站仪表厂是该产品的原始设计单位之一，有 GGD－1 型、GGD－2 型和 GGD－3 型 3 种型号。具有分断能力高，动热稳定性好，电气方案灵活，组合方便，系列性、实用性强，防护等级高等特点，符合 IEC－439《低压成套开关设备和控制设备国际标准》和 GB 7251《低压成套开关设备国际标准》，广泛用于发电厂、变电站、厂矿企业等电力用户的交流 50 赫兹、额定电压 380 伏、额定电流至 3150 安的配电系统。

3. GCK 型抽屉式低压配电柜

该型配电柜设计有大电流单元，小电流多回路单元，同一柜内同一层的两个抽屉的小门各自独立。结构紧凑、组装灵活、连锁可靠，保护度高；操作安全简便，互换性能良好，短时耐受电流大；具有独特的兼容性，国产断路器和进口断路器均可安装，既可组装成动力中心，也可组装成电动机控制中心和计量、照明、功率补偿等用途的配电装置。适用于发电厂、变电站、楼宇、机场、港口和工矿企业等低压配电系统中作为受电、馈电及动力控制之用。

4. GCS 型抽屉式低压配电柜

该型配电柜可作为三相交流频率为 50（60）赫兹、额定工作电压为 380（400、600）伏、额定电流 4000 安及以下发电、供电系统中配电、电动机集中控制、无功功率补偿使用的低压成套配电装置。适用于发电厂、石油化工、冶金、纺织等行业和高层建筑的配电系统。

（三）程序控制设备

该设备由秦川电站仪表厂生产，主要有 SCK 型补给水、凝结水精处理程序控制装置和 HCK－1 型除灰、除渣程序控制装置、废水处理程控装置、输煤程控装置、循环水处理程控装置、锅炉定排程控装置和加药程控装置。

1. SCK 型补给水、凝结水精处理程序控制装置

该装置可对水处理工艺系统的运行、再生进行监视、自动控制，具有远方软手操、就地手操、报警、记录等功能。主要用于电力、化工等部门需要工业规模制取纯水的生产场合。

2. HCK－1 型除灰、除渣程序控制装置

该装置是秦川电站仪表厂研制的国产化第一套 2×30 万千瓦机组气力除灰和水力除渣控制装置，是采用可编程序控制器为核心的自动化程序控制装置。

（四）WSBJ 微机闪光报警装置

该装置为宝鸡电力设备厂恒源电力自动化有限责任公司制造，用于工业自动化生产过程中工艺信号监视报警。它以声音和闪光提醒值班人员及时了解和处理设备运行中出现的异常现象，用于工业自动化生产过程中的工艺信号监视报警、自动控制或检测系统中参数越限报警。1994 年，由恒源电力自动化有限责任公司与陕西远达电力自动化公司联合研发，当年研发成功，12 月，通过西北电业管理局技术鉴定。

**三、特种车辆**

（一）K18DGⅡ型煤炭漏斗车

该产品是宝鸡电力设备厂主导产品，曾于 1987 年 10 月被评为陕西省优质产品，1989 年 12 月被能源部评为部优质产品，90 年代又进行了技术改进。此种车辆适用于固定编组循环使用的电厂、码头、煤矿、冶金等行业运送煤炭、矿石等散粒货物，载重 60 吨，全钢焊接结构，设有 4 个底开门，具有风动、手动两种卸车功能。

（二）DG220 型高空带电作业绝缘斗臂工程车系列产品

DG220－32 型（BDC5130JDJ 型）高空带电作业绝缘斗臂工程车由宝鸡电力设备厂生产。1991 年 4 月，获能源部电力科学技术进步四等奖和国家专利，被评为陕西省优秀新产品。该型车由东风 ED1132F 型汽车底盘改装制成，可乘坐 6 人，采用液压传动，臂架为两折两缩变幅前置形式，可作 360°全回转。20 世纪 90 年代，该厂又独立开发成功 10～40 米工作高度的 6 种产品：①BDC5090JDJ 型（DGQ220－18/3 型），1990 年研制成功，1991 年投入生产，作业高度 18 米，兼带 3 吨起重带电作业。②BDC5110JDJ 型（DG220－26 型），1992 年研制成功，作业高度 26 米。③BDC5111JDJ 型（DG220－26Q 型），1992 年研制成功，采用汽油车底盘备用动力。④BDC5131DJ 型（DG220－28 型），1993

年研制成功。⑤BDC5112JDJ 型（DG220－26Q2 型），1994 年研制成功。⑥BDC5132GKZ 型（GKZ20 型），1994 年研制成功。

（三）BDC5040GSX 型带电水冲洗车

宝鸡电力设备厂 1994 年开始调研设计，1995 年 6 月，通过西北电业管理局技术鉴定，9 月，通过陕西省定型鉴定。可用于 220 千伏及以下变电站设备的带电水冲洗作业。该车采用 NKR55GLW 型汽车底盘，可乘坐 6 人。冲洗装置采用 PX－40A 型冲洗泵，压力为 2～4 兆帕，车体为玻璃钢材料。

（四）"西秦"牌化工液体运输车

该产品为西北电力建设器材总厂生产，是汽车运输酸碱液的专用车辆，在设计制造中采用了一些发达国家的标准，如日本的 JIS 标准、法国的 NF 标准、德国的 CIM 标准。底盘采用中国东风汽车工业公司的 EQ1092FJ 型、EQ1132FJ 型、EQ1141G 型以及重型汽车工业集团的斯太尔 1491/043 型底盘改装，载重量有 5 吨、8 吨、10 吨、17.5 吨，加液口为 DN150 快开式，出液口为 DN50，配有 10 米长耐腐蚀橡胶出液软管，胶管两端扣压有 DN50、PN10 兆帕的法兰，便于封闭或排放酸碱液，以避免环境污染。该车设有保温和加温装置，排放高度 10 米。其充装介质为浓盐酸、浓硫酸和液态氢氧化钠等化工原料。

**四、化学水处理离子交换树脂及化工产品**

该系列产品为西安电力树脂厂生产，有 9 大系列 60 多个品种。主要产品有：凝胶型强酸性苯乙烯系阳离子交换树脂（001×7 、002s、003、001T）；大孔型强酸性苯乙烯系阳离子交换树脂（D001、D001s、D001z、D002、D002s）；大孔型弱酸性丙烯酸系阳离子交换树脂（D111、D111s、D112、D112s、D113）；凝胶型强碱性苯乙烯系阴离子交换树脂（210×7、201×4、GRQ201、204、GRQ202、202、$201_T$）；大孔型强碱性苯乙烯系阴离子交换树脂（D201、D201z、D203、D202）；大孔型弱碱性苯乙烯系阴离子交换树脂（D301、D302）；特种树脂（吸附树脂 XDA－I、惰性树脂 TS－TR）及其他化工产品。

**五、电力线路器材**

（一）线路金具

该产品为西安电力机械厂生产。主要产品有：马铁金具、铸铁金具、锻铁金具和铝合金金具 4 大类 68 个系列 1000 余种，该系列产品广泛应用在 330、500、750 千伏线路中。

1991 年 4 月，铝合金线路金具新产品在能源部首届电力行业适用新技术新产品交易会上参展，获综合效果优秀奖。1999 年，二分裂阻尼式间隔棒获陕西省电力公司科技进步三等奖。同年，该系列金具用于我国第一条 330 千伏线路和葛洲坝—上海 500 千伏超高压输电线路，并获全国科学大会奖；"NLD－3"型耐张线夹、"LX－2"型楔型线夹获部、省优质产品。

（二）铁塔

该产品为宝鸡铁塔厂生产。1991 年，用于漫湾—昆明 I 回输电线路工程的铁塔，经电力工业部铁塔质量检验中心确认为一等品，该线路获"部优质工程"。1 月，该系列产品中标巴基斯坦水电开发署向国际采购的 500 千伏输电线路项目，为国家创汇 791 万美元。1997 年，该产品用于平果—罗洞Ⅱ回线路，该线路被评为国家电力公司优质工程。

（三）变电构架

该产品为宝鸡铁塔厂生产。2002 年，该厂同中机国际工程咨询设计总院合作生产的变电构架出口叙利亚，合同构架总重 344 吨，总价 206 万元人民币。

（四）电杆

该产品为陕西电力线路器材厂生产。主要产品有：环形钢筋混凝土电杆、环形预应力钢筋混凝土电杆，环形钢筋混凝土电车供电线网电杆，等径变截面、圆锥形钢管电杆，共 4 大类数 10 个品种。广泛用于 6～10 千伏农村电网、10 千伏城市电网和 35、110、220、330 千伏多个电压等级。10 千伏 8 回路钢筋混凝土电杆曾荣获陕西省电力公司科技进步奖。330 千伏钢筋混凝土电杆曾荣获全国科技大会三等奖。

**六、电热锅炉及热交换器**

（一）“唐都”牌全自动 DRZ 系列电热锅炉及蓄能式采暖设备

该产品是西北电力建设器材总厂的主导产品，是一种机电一体化的环保节能产品，其热效率≥98%。已有 DRZ0.1～2.0 10 个品种，半自动、全自动多个规格，热水、蒸汽两用炉系列，功率有家用型 6～10 千瓦，办公住宅用型 30～3000 千瓦；设计压力从 0.7～1.6 兆帕，采暖面积从 1000～47000 米$^2$；蒸汽锅炉单台产汽量从 0.02～4 吨/时。1995 年 2 月，经北京市热力公司考察认证，认为该产品能够替代同类进口产品，首批 17 台电热锅炉运送北京，在外国使馆区供热站使用。1999 年，开发研制出蓄能系列，利用夜间低谷廉价电力，用电高峰时停炉，可降低运行成本，节约运行费用 30%。该产品远销全国 20 多个省（市、区）。

（二）高频焊螺旋翅片管及碳钢——水热管空预器

螺旋翅片管由高频电阻连续焊接而成，是一种新型高效传热元件，用于电站、冶金、动力、轻化部门。1990 年，宝鸡电力设备厂对该产品进行生产调研，1992 年进行设备选型，并完成生产线设计，1993 年试制出螺旋翅片管及热管样品，1995 年 6 月通过西北电业管理局技术评定，7 月生产出 25 根热管在户县热电厂运行试验，8 月，开始生产第一台热管电站锅炉空气预热器。

**七、电站备品配件**

该系列产品为西安电力机械厂生产。1991 年 4 月，该厂研制生产的喷涂防腐管道新产品在能源部首届电力行业适用新技术新产品交易会上参展，获综合效果优秀奖。同年，该厂研制成功的锅炉受热面高温腐蚀垫喷涂环护技术，获西北电业管理局科技成果三等奖；RZB 型采煤机装置，获西北电业管理局科技成果二等奖。1996 年 6 月，该厂首次制造成功汽轮机大叶片，所生产的 60 个 680 动叶在韩城发电厂 2 号机末级叶片更换成功，未经任何修锉顺利装入叶轮，启动一次成功，带负荷试验振动及各项指标符合部颁标准。1997 年 4 月，该厂研制的“华晶牌”反渗透纯水机通过省卫生防疫站《生活饮用水卫生标准》检测，同意进入市场销售。1999 年，该厂自主开发研制成功与 DTM320、DTM350 钢球磨煤机配套的行星减速机和顶罐装置。2000 年，该厂试制成功入场煤采样机，在酒泉钢铁公司投入运行。

陕西省电力修造企业产品目录见表 8－1－8。

表 8-1-8　　陕西省电力修造企业产品目录

| 产品类别 | 产品名称 | 产品规格型号 | 计量单位 | 年生产能力 | 生产厂家 |
|---|---|---|---|---|---|
| 电站辅机设备 | 钢球磨煤机 | DTM206-380/860 | 台 | 30 | 西安电力机械厂 |
| | 中速磨煤机 | ZQM158、140、110 | 台 | 20 | |
| | 风机 | 送风、引风、排粉 | 台 | 50 | |
| | 化学水处理设备 | — | 吨 | 3000 | |
| | 化水和渗透系统装置 | — | 套 | 10 | |
| | 立式水隔离除灰泵 | SGBL | 台 | 5 | 宝鸡电力设备厂 |
| | 锅炉炉膛检修平台 | LJ | 台 | 10 | |
| | 气垫胶带输送机 | DDSJ | 米 | 1000 | |
| 自动控制装置 | 汽水分析监控装置 | QSZ1-4 | 台 | 10 | 秦川电站仪表厂 |
| | 自动加药装置 | 125、200、300、600 | | | |
| | 凝汽器检漏装置 | NJP-1 | | | |
| | 电站仿真机 | FZ120-30 万 | 套 | 10 | |
| | 化水处理程控装置 | SCK | | | |
| | 除灰除渣程控装置 | HCK-1 | | | |
| | 液位指示仪 | FWB-1 | 台 | 40 | 宝鸡电力设备厂 |
| | 微机闪光报警装置 | WSBJ | | | |
| 配电开关盘柜 | 低压配电柜 | GGD | 台 | 3000 | 秦川电站仪表厂 |
| | 抽屉式低压配电柜 | GCK | 台 | 1000 | |
| | 抽屉式控制配电装置 | PZC 系列 | 台 | 1000 | |
| 机械设备 | 给煤机 | YG 系列，MJ 系列 | 台 | 40 | 西安电力机械厂 |
| | 采制煤样装置 | RVB650-1400 | 台 | 20 | |
| | 挠性接头 | DGZ50～600 | 套 | 2000 | |
| | 斜坡式降压起动器 | QSJ-2，22～300 千伏 | 台 | 250 | 西北电建器材总厂 |
| 专用特种车辆 | 煤炭漏斗车 | K18DG-Ⅱ型，60T | 辆 | 300 | 宝鸡电力设备厂 |
| | 带电作业斗臂工程车 | DG220-18,20,26,32 | 辆 | 10 | |
| | 带电水冲洗车 | BDC5040GSX | 辆 | 10 | |
| | 化工液体运输车 | 4 吨，7 吨，17.5 吨 | 台 | 120 | 西北电力建设器材总厂 |
| | 电站灰渣运输车 | 19.5 吨 | 台 | 20 | |
| | 多功能洒水车 | 5 吨，18 吨 | 台 | 15 | |
| 电杆铁塔变电构架 | 水泥电杆 | 环形，锥形，等径 | 根 | 10 万 | 陕西电力线路器材厂 |
| | 钢管电杆 | 锥形，等径，变面 35 千伏、10～110 千伏，通信线路 | 吨 | 2000 | |
| | 薄壁离心钢管混凝土电杆 | — | 根 | 15000 | |
| | 输电线路铁塔 | 35、110、220、500、750 千伏电力、通信 | 吨 | 50，000 | 宝鸡铁塔厂 |
| | 变电构架 | — | — | — | |

续表

| 产品类别 | 产品名称 | 产品规格型号 | 计量单位 | 年生产能力 | 生产厂家 |
|---|---|---|---|---|---|
| 电力线路金具附件 | 电力线路金具 | 各种规格 | 吨 | 2200 | 西安电力机械厂 |
| | 电力线路铁附件 | 0.4～35千伏 | 吨 | 5000 | |
| | 镀锌螺丝 | M16，M20，高强，非标准 | 吨 | 500 | 宝鸡铁塔厂 |
| | 铁塔防盗螺母 | M16～24 | 万套 | 200 | |
| 锅炉压力容器和热交换器 | 蒸汽锅炉 | 1吨/时、2吨/时 | 台 | 50 | 西北电建器材总厂 |
| | 电热锅炉 | DRZ系列 | 台 | 200 | |
| | 压力容器 | 加热器、除氧器、分汽缸、储气罐、排污扩容器、蒸发器 | — | — | |
| | 热交换器 | 高频焊螺旋翅片管碳钢-水热管空预器 | — | — | 宝鸡电力设备厂 |
| 离子交换树脂和其他化工产品 | 凝胶型阳离子交换树脂 | 001×7，002s，003，001T | — | — | 西安电力树脂厂 |
| | 大孔型阳离子交换树脂 | D 001，D 001s，D 001z，D 002s，D111，D111s，D112，D112s，D113 | — | — | 西安电力树脂厂 |
| | 凝胶型阴离子交换树脂 | 210×7，201×4，GRQ201，204，GRQ202，202，201T | — | — | 西安电力树脂厂 |
| | 大孔型阴离子交换树脂 | D201，D201z，D203，D202，D301，D302 | — | — | 西安电力树脂厂 |
| | 吸附树脂 | XDA-1 | — | — | 西安电力树脂厂 |
| | 惰性树脂 | TS-TR | — | — | |
| | 甲醛 | 浓度50% | 吨 | 1000 | |
| | 氯甲醚 | — | 吨 | 1000 | |
| | 硫酸锌 | 含量98% | 吨 | 500 | 宝鸡铁塔厂 |
| | 硫酸铁 | — | 吨 | 15000 | |
| | 防水隔热粉 | 环角牌 | 吨 | 300 | 陕西电力线路器材厂 |
| | 酚醛塑料 | —— | 吨 | 200 | |
| 施工器材与器械 | 电焊条 | E4303-5015，2.5～5 | 吨 | 5000 | 西北电建器材总厂 |
| | 组合钢模板 | P3015-E1515 | 吨 | 4000 | |
| 金属加工制品 | 储油罐 | — | 个 | 100 | 西安电力机械厂 |
| | 焊接钢管 | 直缝，螺旋 | 吨 | 5000 | 陕西电力线路器材厂 |
| | 钢球 | 铸造、锻打，直径30～130毫米 | 吨 | 4000 | 铁塔厂、电力机械厂 |
| | 电杆模具 | 各种规格 | 套 | 200 | 线路器材厂、电力设备厂 |
| 备品配件及相关产品 | 喷涂防腐管道、汽轮机叶片、行星减速机、顶罐装置、入场煤采样机、反渗透纯水机等 | | | | |

# 第二章　多　种　经　营

20 世纪 90 年代，陕西省电力公司认真贯彻落实中共水利电力部党组《电力企事业单位发展集体经济若干政策的暂行规定》、能源部《关于进一步深化改革、大力发展多种经营、搞活电力经济的意见》及其“一业为主、多种经营、统筹规划、综合发展”方针，多种经营产业逐步发展成为具有独立、联合、中外合资、承包、租赁、股份制等多种经营形式的企业。

1990 年末，陕西电力多种经营企业有固定资产原值 5545 万元，当年实现总收入 2.34 亿元，利润 1148 万元，上缴税金 787 万元。2002 年末，陕西电力多种经营产业拥有固定资产原值 18.18 亿元，比 1990 年增加了 31.8 倍；当年实现总收入 50.59 亿元，比 1990 年增长 21.62 倍；实现利润 1.37 亿元，比 1990 年增长近 11 倍；上缴税金 1.44 亿元，比 1990 年增长 17 倍。

## 第一节　多种经营企业发展及改革改制

1991 年，陕西省电力公司系统有多种经营企业 179 个，职工 10968 人。全年总收入 3.36 亿元，实现利润 1020 万元，人均收入 30630 元，人均创利 935 元。年末固定资产原值 6692.6 万元，流动资金 1.35 亿元。

1993 年 3 月，中共西北电业管理局党组做出《关于加快多种经营发展的决定》，着手理顺多种经营与主业的关系，改革多种经营管理体制，转变多种经营企业的管理机制。11 月，组建西北电业管理局（陕西省电力工业局）多种经营局和中国西北电力集团公司（陕西省电力公司）多种经营总公司，为一套机构，两块牌子，履行两种职能。1994 年 3 月挂牌运营，加强了对多种经营的规划、协调、服务和监督、管理。把“两化”（经营集团化、产业规模化）、“两市”（开拓内部市场、社会市场）、“一建”（建立新的企业运营机制）、“两提高”（提高多经企业自有经济的综合实力、提高职工的经济收入）作为战略方针，通过改制、改组、改造，建立起了好的经营机制、好的领导班子和好的职工队伍，积极开发好产品、好项目。当年，涌现出户县热电厂、西安供电局及秦岭发电厂 3 家多经收入过亿元的企业和韩城发电厂、渭河发电厂、西安供电局、咸阳供电局多经企业和联合开发公司、万年饭店等一批创利大户。

1994 年，开始清产核资、产权界定工作，基本划清了多经企业与主业、国有与集体的产权关系。在进行资产清查、产权界定、价值重估、资金核实、产权登记、建章立制过程的各个环节上，严格执行“依法确认、尊重历史、宽严适度、有利监管”的原则，坚持“三不变”（不改变企业性质、不改变隶属关系、不改变分配制度）和“两不准”（不准把集体资产量化到个人，不准把集体资产化为国有）的清产核资原则。通过清产核资、产权界定，进一步确立了财务工作在整个经营管理中的中心地位和调控作用。与此同时，强化多经企业内部管理，既继承了电力企业一系列行之有效的管理办法，又制定了体现多经自身特点的新办法。同年，陕西省电力公司下发《陕西电力多种经营资产经营承包责任制规范意见（试行）》，出台《股份合作制试行办法》，全面推行资产经营承包责任制和股份合作制。陕西省电力公司系统各单位都成立了多种经营总公司，对多经工作实行统一归口管理，并逐步强化自身的企业行为，从根本上改变了发展初期多头管理、自成体系、各自为政的局面。

1995 年中国电力企业联合会黄山会议之后，陕西省电力公司系统开始多种经营企业的公司制改造。7 月，由西北电力多种经营总公司等 8 家电力企业按照公司法组建的西北电力高科技有限责任公司在西安高新技术产业开发区电力高科大厦开业。该公司是西北电力集团公司依托技术、人才和资金优势，进一步向外拓展的窗口企业。通过对高科大厦的物业管理筑巢引凤，向系统内外前来进驻的企业提供优质的办公、生活场所及各种服务。积极推行外引内联，以房产、技术、资金参股，与系统内外企业以合资、合作形式兴办多种多样的经济实体。多种经营企业的经济和效益逐步向规模化发展，形成了一批骨干支柱企业。

1996 年，陕西电力多种经营企业加快了改革、改制和发展步伐，投入资金 13902 万元，新建续建区域联合项目，中外合资等多种经营项目 52 个。6 月，多种经营总公司与多种经营局分离，多种经营总公司成为经济实体。当年，涌现出一批总收入过亿元，利润近千万元的多种经营骨干企业。

1997 年，西北电力集团公司（陕西省电力公司）决定对多种经营总公司进行内部资产重组，建立新的管理机制。6 月，成立西北（陕西）电力实业发展总公司。实业发展总公司是西北电力集团公司（陕西省电力公司）的全资子公司，代表西北电力集团公司（陕西省电力公司）经营管理非电产业的直接投资，对其下属公司作为控股公司进行管理。总公司实行总经理负责制，总经理为法定代表人。西北电力集团公司（陕西省电力公司）设立监督管理委员会，对总公司的重大决策实行审议、监督和管理。总公司注册资本金 9680 万元，下属控股公司有联合开发公司、万年饭店有限公司、西京公司、西北电力高科技有限公司、陕西地方电力发展有限公司、陕西三秦工程监理有限公司、陕西电力旅游有限公司、西安埃尔凯电气有限公司、商洛电力工业硅有限公司、陕西电力精细化工有限公司、陕西神府电力实业有限公司。还有参股公司 20 余家。11 月，西北（陕西）电力实业发展总公司与国内计算机行业四强之一的民营企业海星科技实业（集团）公司等 9 家企业共同发起建立“经济混合体”——西安海星现代科技股份有限公司，西北（陕西）电力实业发展总公司占有 30%股份，成为第一大股东。

1997 年 5～11 月，陕西省电力公司对全系统多经企业进行清产核资，对由电力企事业单位主办的、有行政隶属关系的多种经营企业进行资产清查、产权界定、价值重估、资金核实、产权登记和建章立制。通过清产核资，摸清了多经企业“家底”，明晰了产权关系，解决了资产状况不良、资产闲置浪费等问题，规范了多经企业的资产管理和资金管理。1998 年 5 月，这项工作通过了电力工业部清产核资办公室组织的检查验收。

1998 年 12 月，陕西银河电气设备有限公司举行组建签字仪式。至此，陕西省电力公司多种经营已建成有限责任公司和股份有限公司 26 个，建成股份合作制企业 5 个。当年，陕西电力多种经营企业年收入过亿元的达到 9 家。

1999 年，对多经企业和公司本部多经实体进行清理整顿。撤销银行账户 117 个，撤销工商注册 15 个，收回投资及欠款 1589.5 万元，清理小金库资金 13.38 万元，核实弥足注册资金 470 万元，调换不合格财务人员 8 名，清理临时用工 114 人，清退兼职人员 30 余人。与此同时，对公司本部和 18 个多种经营实体进行清查和审计，清理不良投资，对还款、追款、移交等各项事宜均按有关规定进行处置。陕西省电力多经企业加大了改制改造力度，当年，对 3 个修造企业和两个多经企业实行资产重组和资源优化配置，与国（境）外公司合资合作，共吸引外资 2788 万元。先后组建陕西电力燃料有限责任公司、陕西电力银河电缆有限公司、陕西银河电气设备有限公司、陕西银河电力仪表有限公司、陕西银河电力自动化有限公司等一批有实力、效益好的多种经营企业，总计注册资本金 1.1 亿元。其中银河电缆、银河电气两个中外合资企业当年组建投产，当年见效。12 月 12 日，陕西电力信通有限责任公司成立。公司注册资本 5005.52 万元，其中陕西省电力公司出资 3855.52 万元，出资比例为 77.03%；西北（陕西）电力实业发展总公司出资 500 万元；陕西省电力公司物资总公司出资 500 万元；陕西电力燃料有限责任公司出资 150 万元。2001 年 5 月，公司变更登记，注册资本增为 10005.52 万元，其中陕西银河科技投资有限责任公司出资 5000 万元，出资比例为 49.97%，成为陕西电力信通有限责任公司的第一大股东；陕西省电力公司和其他原始股东出资未变，但出资比例下降，其中陕西省电力公司出资比例为 38.53%。12 月 31 日，陕西银河旅游有限责任公司成立。公司注册资本 2455 万元，其中陕西省电力公司出资 1540 万元，出资比例为 62.73%；西北（陕西）电力实业发展总公司出资 615 万元，；陕西省电力公司物资总公司出资 300 万元。2002 年末，公司实收资本增至 6902 万元，其中陕西省电力公司出资 3792 万元，出资比例为 54.94%；陕西电力银河集团公司［即原西北（陕西）电力实业发展总公司］出资 2810 万元；陕西省电力公司物资总公司原始出资 300 万元未变动。

2000 年 9 月 1 日，由西北（陕西）电力实业发展总公司控股，陕西省环境保护公司、陕西省电力公司职工持股会参股的陕西电力银河环保科技有限公司成立。10 月 12 日，陕西银河科技投资有限责任公司成立，公司注册资本 15000 万元，其中陕西省电业工会（职工持股会）出资 13500 万元控股，陕西省电力公司、西北（陕西）电力实业发展总公司、陕西电力发电有限公司各出资 500 万元。公司注册地为西安高新技术产业开发区。陕西银河科技投资有限责任公司以推动陕西省电力公司“银河战略”的实施及科技企业的发展为投资重点，为陕西省电力公司系列重大改制提供资金支持。陕西银河科技投资有限责任公司先后被推举为中国科技金融促进会投融资协会理事单位、陕西省创业投资协会（筹）副理事长单位、西安高新区投融资委员会副主任委员单位等。11 月 8 日，组建陕西电力银河集团公司。12 月 26 日，陕西电力银河仪表有限公司更名为股份制公司。12 月 28 日，陕西电力银河自动化公司完成了股份制改造成为股份有限公司。至此，陕西省电力公司所属多经企业发展已初具规模，包括直属 44 个单位多经企业总公司（实业公司）及其管辖的 200 多个集体所有制多经企业；国有修造企业新组建的银河电气、电缆有限责任公司；陕西电力实业发展总公司系统 16 个企业以及由其中改组改制新建的自动化、仪表、旅游公司、陕西电力燃料有限公司、陕西电力物资有限公司和陕西电力信通有限公司，以及汉江流域的多个小水电站。陕西省电力公司多经产业以“银河”为品牌的公司已经成为新的经济增长点。

2001 年，陕西电力多种产业完成项目 52 个，其中旅游、房地产 11 个，小水电 3 个，高科技类 11 个，环保综合类 7 个，资源原材料类 10 个，机械加工类 5 个，其他综合类 7 个。

2001～2002 年，陕西电力银河集团公司通过资产重组、增资扩股，成为陕西一个大型企业集团。2002 年，陕西银河科技投资公司进入中国创业投资行业 50 强。

2002 年，陕西省电力公司多种产业实现收入 50.59 亿元，实现利税 2.81 亿元，其中利润 1.37 亿元，职工总人数达 26654 人，其中安置主业职工 18982 人。拥有固定资产原值 18.18 亿元。银河集团资产规模达到 45 亿元，全年实现收入 21 亿元，实现利润 8630 万元。

1991～2002 年陕西省电力公司多种经营企业主要经济指标见表 8－2－1。

表 8－2－1 1991～2002 年陕西省电力公司多种经营企业主要经济指标

| 指标名称 | | | 单位 | 年份 | | | | | |
|---|---|---|---|---|---|---|---|---|---|
| | | | | 1991 | 1992 | 1993 | 1994 | 1995 | 1996 |
| 总收入 | | | 千元 | 335730 | 528800 | 964557 | 1121782 | 1389522 | 1632694 |
| 实现利润 | | | 千元 | 10195 | 23250 | 33009 | 42000 | 42507 | 73401 |
| 期末职工人数 | 合计 | | 人 | 10968 | 13844 | 19387 | 22608 | 23143 | 23503 |
| | 其中：全民职工 | | 人 | 4178 | 6249 | 10380 | 14189 | 14742 | 14516 |
| 工资总额 | 合计 | | 千元 | 24630 | 38137 | 68291 | 132742 | 174159 | 196538 |
| | 其中：支付全民工资总额 | | 千元 | 12476 | 21079 | 44015 | 105750 | 135798 | — |
| 资产 | 合计 | | 千元 | — | — | 820234 | 1088871 | 1188199 | 1550033 |
| | 其中 | 流动资产合计 | 千元 | 13515 | 38329 | 569985 | 802332 | 849056 | 1130232 |
| | | 固定资产原值 | 千元 | 66926 | 66897 | 139979 | 228457 | 260016 | 339238 |
| | | 固定资产净值 | 千元 | — | 52036 | — | 178924 | 190351 | — |
| 负债合计 | | | 千元 | — | 41053 | 668967 | 884840 | 963672 | 1238114 |
| 全员劳动生产率 | | | 元/（人·年） | 32182 | 39883 | 47275 | 50855 | 11006 | 15315 |
| 人均实现利税 | | | 元/人 | 414 | 1753 | 1805 | 1907 | 3916 | 3860 |
| 资本金利润率 | | | % | — | — | 33 | 8.9 | 8.4 | 7.1 |
| 成本费用利润率 | | | % | — | — | 3 | 3.8 | 3.6 | 6 |

续表

| 指标名称 | | | 单位 | 1997 | 1998 | 1999 | 2000 | 2001 | 2002 |
|---|---|---|---|---|---|---|---|---|---|
| 总收入 | | | 千元 | 1904898 | 1984531 | 3222830 | 3877219 | 4041614 | 5058946 |
| 实现利润 | | | 千元 | 77056 | 42724 | 80156 | 113995 | 158165 | 136594 |
| 期末职工人数 | 合计 | | 人 | 22655 | 21745 | 24466 | 27425 | 28095 | 26654 |
| | 其中：全民职工 | | 人 | 13901 | 12591 | 13351 | 17186 | 15922 | 18982 |
| 工资总额 | 合计 | | 千元 | 233115 | 233817 | 309887 | 335402 | 355322 | 305214 |
| | 其中：支付全民工资总额 | | 千元 | 182768 | 151798 | 208240 | 256323 | 262403 | 172240 |
| 资产 | 合计 | | 千元 | 193150 | 2330691 | 3504213 | 4146010 | 4866395 | 5791784 |
| | 其中 | 流动资产合计 | 千元 | — | 1566488 | 2116038 | 2585693 | 2983606 | 3694052 |
| | | 固定资产原值 | 千元 | 576905 | 746282 | 1257832 | 1531496 | 1702222 | 1817825 |
| | | 固定资产净值 | 千元 | 391188 | 508093 | 934870 | 1044141 | 1126619 | 1186588 |
| 负债合计 | | | 千元 | 1377524 | 1636298 | 2250199 | 2581763 | 3010628 | 3736329 |
| 全员劳动生产率 | | | 元/（人·年） | 18867 | 19632 | 23285 | 26265 | 29873 | 31670 |
| 人均实现利税 | | | 元/人 | 7227 | 5963 | 6540 | 8758 | 8942 | 10590 |
| 资本金利润率 | | | % | 4.7 | — | — | — | — | — |
| 成本费用利润率 | | | % | 4.3 | 2.3 | 3.3 | 4.2 | 5.5 | 4.6 |

## 第二节　产业结构调整

20世纪90年代，陕西省电力公司多种经营企业产业结构先后发生重大变化，逐步发展成为生产经营型企业。特别是到了世纪之交，出现了一批优势企业和骨干企业，开发出一批一流产品，陕西电力银河集团公司实施“银河”品牌战略，产品形成“银河”系列。

20世纪90年代初期，渭河发电厂创办铸造厂、保温材料厂、化工建材厂、机电修理厂、劳保制衣厂、装饰材料厂、印刷厂、电石厂、粉煤灰建材厂等15个经营实体，保温材料厂年生产能力达2000吨，成为陕西省最大的硅酸铝耐火纤维生产厂家，产品远销新疆、甘肃等地。所生产的耐磨衬板和耐高温火嘴填补了西北地区空白。石泉水电厂多经总公司研制生产出弹性金属塑料轴瓦和防水生物专用涂料，经多家水电厂机组运行证明，达到国内同类产品优质水平。西北电力联合开发公司在陕西旬阳县关子沟开发了铅锌矿。到1994年底，小水电、小火电、退役机组发电成为陕西电力多经的支柱产业，弹性金属氟性塑料轴瓦、闪光报警器、家用加热调试器及高铬弯管等成为陕西省电力多经企业的“拳头”产品。陕西省发供电企业所需小型备品配件基本上由多经企业生产，中小型基建工程也多由多经企业施工，发电厂的小窑煤都由多经企业经销。多经企业中，工业、建筑安装、金属冶炼、加工、商业、旅游服务业、种植养殖业都具备了一定规模，工业比重逐步上升。陕西电力多种经营已开始由安置型、福利型向效益型、产业化转变。

1995年以后，陕西电力多种经营加快了产业结构调整步伐。

1999年，有23个多种经营企业的产品在国家电力公司“全国城乡电网建设与改造设备及技术展览会”、中国电力企业联合会“全国电力展览会”、“西安国际电力电工装备展览会”参展。

2000年4月，银河电缆公司建成西北地区首条6～35千伏悬链式干法交联电缆生产线。当年，银河电力自动化公司配电自动化系统智能配电软件项目获科技部、财政部第二批科技型中小企业技术创新基金立项，配电过程自动化成套设备列入国家计委支持项目，批准立项获得资助。银河环保科技有限公司下设碧绿凯环保科技开发公司、创源水处理公司、精细化工公司、硫酸钾肥公司，以烟气脱硫、废水污水处理、粉煤灰综合利用技术设备的科研、设计、制造、安装、调试为主。银河网电科技有限公司以生产电力系统自动化软件、硬件及系统集成产品为主。

2001年4月，银河仪表公司生产的低压电力远方集中抄表系统（简称集抄系统）通过实用化验收。同月，国家计委以高技［2001］483号文件批准《银河电力自动化公司关于配电过程自动化成套设备技术产业示范化工程可行性研究报告》，决定将该项目列入国家高新技术产业发展项目计划。6月，银河电气设备公司研制的KYN28－12型铠装移开式户内交流金属断路器设备、ZN63A－12（VS1）户内高压真空断路器通过省级鉴定，投入生产。8月，银河输配电设备公司研制开发的S11－M－30－1600千伏A/10系列配电变压器通过省级投产鉴定。12月，银河电缆公司开发研制的4种新产品：多芯屏蔽计算机电缆、热电偶用补偿导线、尼龙护套电缆、同轴电缆通过陕西省经贸委和机械行业办的省级鉴定，填补了省内空白，达到国内先进水平。

2002年4月，世界500强企业芬兰诺基亚—麦拉菲尔公司亚太地区副总裁米特宁一行考察银河电缆公司，洽谈合作建设西北地区第一条立塔式电缆生产线，生产110千伏交联电缆，该项目随即开工建设。5月，银河自动化公司开发研制的县级调度自动化系统、变电站集控系统、城区配电自动化系统和配电地理信息系统融为一体的配电网自动化系统，通过国家电力公司科技成果鉴定。8月，该公司研制的GEA－2000A交流采样远动终端通过新产品鉴定。9月，银河仪表公司和西安四方机电有限公司签订协议，合作生产包括电缆故障测试仪器、电缆测试设备、电机测试设备，开关测试仪器、避雷器测试仪器、其他绝缘测试仪器在内的系列电力检测仪器及设备。与深圳市裕源盛荣实业有限公司签订5万只1级和2级静止式交流有功电能表出口订单。银河自动化公司研制的GEA－IDMS2000智能配电软件荣获省级“优秀软件产品”，该公司被授予“陕西省优秀软件企业”称号。银河电缆公司、银河仪表公司分别被陕西省人民政府授予“省级质量管理先进企业”。同年组建的陕西银河国梁乒乓球俱乐部开始营运，参加了全国乒乓球超级联赛。

1991～2002年，陕西各供电局相继成立多种经营性质的勘测设计企业和电力施工企业，承担本局部分110千伏及以下电压等级输变电工程建设及改造任务。勘测设计企业有：

陕西汉水电力实业（集团）有限责任公司成立于 2001 年 1 月，前身为安康供电局设计室，具有电力（送电变电）行业丙级设计资质。

西安众源电力设计有限公司成立于 2001 年 11 月，前身为西安电力设计院，具有电力（送电变电）行业乙级设计资质。由其独立设计研制的 110 千伏 4 回路铁塔，成功运用于西安南二环输电线路工程，荣获西北电业管理局 1996 年设计优秀奖；110 千伏朝阳门变电站电气工程 1998 年获陕西省优秀设计二等奖；110 千伏岗家寨变电站工程 2002 年获陕西省优秀设计三等奖。

渭南电力设计院成立于 2001 年 ，前身为渭南供电局设计室，具有电力（送电变电）行业丙级设计资质和工程勘测乙级资质 。由其独立设计的 110 千伏苏东变电站获西北电业管理局 1996 年设计优秀奖；110 千伏苏东变渭南城区变工程和 110 千伏渭南—招商—毕家线路工程获陕西省优秀设计三等奖。

宝鸡电力设计院前身为宝鸡供电局设计室，具有电力（送电变电）行业丙级设计资质和工程勘测乙级资质。延安供电局设计室具有电力（送电变电）行业丙级设计资质。商洛供电局设计室具有电力（送电变电）行业丙级设计资质。

汉中电力设计院成立于 2002 年 6 月，前身为汉中供电局设计室，具有电力（送电变电）行业丙级设计资质和丙级勘测资质。

咸阳亨通电力设计有限公司成立于 2002 年 10 月，前身为咸阳供电局设计室，具有电力（送电变电）行业丙级设计资质和工程勘测乙级资质。由其独立设计的 110 千伏咸阳变电站改造工程获陕西省优秀设计三等奖，110 千伏杨凌新桥变电站工程获陕西省优秀设计三等奖。

铜川易源电力设计院成立于 2002 年，前身为铜川供电局设计室，具有电力（送电变电）行业丙级设计资质。由其独立设计的 110 千伏桃柳线路工程 1996 年获西北电业管理局设计评优二等奖。

施工企业有：

宝鸡先行电力（集团）有限责任公司成立于 1997 年 10 月，是宝鸡供电局所属多经企业，具有电力工程施工总承包二级资质。

渭南光明电力集团有限公司成立于 1998 年 5 月，前身为渭南供电局工程处，具有电力工程施工总承包二级资质。1994～1997 年代表西北电力集团承担了巴基斯坦卡拉奇 LOT－Ⅲ工程，该工程电压等级 220 千伏，采用双回路、双分裂 400 平方毫米铜导线同塔架设，架空地线采用 250 毫米$^2$－OPGW 复合光缆。1997 年竣工，得到巴方业主 KESC 的高度评价。

延安通和电业有限责任公司成立于 1999 年 1 月，是延安供电局所属多经企业，具有电力工程施工总承包三级资质。

商洛丹源电力（集团）有限责任公司成立于 2000 年 9 月，前身为商洛供电局电力工程公司，具有电力工程施工总承包二级资质。

西安亮丽电力集团有限责任公司成立于 2000 年 11 月，是西安供电局所属多种经营集团公司，具有电力工程施工总承包二级资质。

陕西汉水电力实业（集团）有限责任公司成立于 2001 年 1 月，前身为安康电力开发总公司，具有电力工程施工总承包三级资质。

陕西众源实业发展有限公司成立于 2001 年 6 月，由西安高压供电局所属多经企业合并改制后组建，具有电力工程施工总承包三级资质。

咸阳亨通电力（集团）有限公司成立于 2002 年 3 月，是咸阳供电局所属多经企业，具有电力工程施工总承包二级资质。

铜川易源电力工程有限责任公司成立于 2002 年 10 月，前身为铜川供电局电气公司，具有电力工程施工总承包三级资质。

汉中供电局电力安装公司前身为汉中供电局工程处，具有电力工程施工总承包二级资质。

## 第三节 陕西电力银河集团公司

2000 年，按照陕西省电力公司“银河战略”构想，在原西北（陕西）电力实业发展总公司的基础上，通过增资扩股、产权重组，组建起大型多种产业集团公司——陕西电力银河集团公司。

### 一、组建陕西电力银河集团公司暨银河集团

#### （一）历史沿革

1998 年 10 月网省体制分离后，陕西省电力公司抓住城农网建设改造机遇，提出“银河”发展战略，相继组建一系列以“银河”为品牌的专业化公司。

2000 年 11 月 1 日，陕西电力银河集团公司暨陕西电力银河集团正式登记注册，注册资金 19000 万元，由陕西省电力公司出资 13000 万元，陕西电力科技投资公司出资 3000 万元，陕西省电力建设投资公司出资 2000 万元，陕西电力发电有限公司出资 1000 万元。

2000 年 11 月 8 日，陕西电力银河集团公司揭牌成立。以集团公司为核心，与控股的 12 个子公司、13 家参股公司和 12 家协作单位组成陕西电力银河集团，资产规模约 30 亿元，成为陕西省一家大型企业集团，陕西电力银行集团公司组织机构图见图 8－2－1。

#### （二）股权结构调整

2001 年，陕西电力银河集团公司股权调整，陕西银河科技投资公司出资 10000 万元，占注册资本 52.6%；陕西省电力公司出资 6000 万元，占注册资本 31.6%；陕西天河能源科技公司出资 2000 万元，占注册资本 10.5%；陕西电力发电有限公司出资 1000 万元，占注册资本 5.3%。

2002 年 1 月，经董事会同意将账面可分配利润 1660.34 万元全部转增为资本，集团公司总资本金增至 20660 万元。

#### （三）发展战略

发展目标是加速建立高科技、能源开发与房地产三大支柱产业，在资产与资本运作中争取实现跨越式发展，向产业化、规模化、集团化、现代化的一流企业集团迈进。发展措

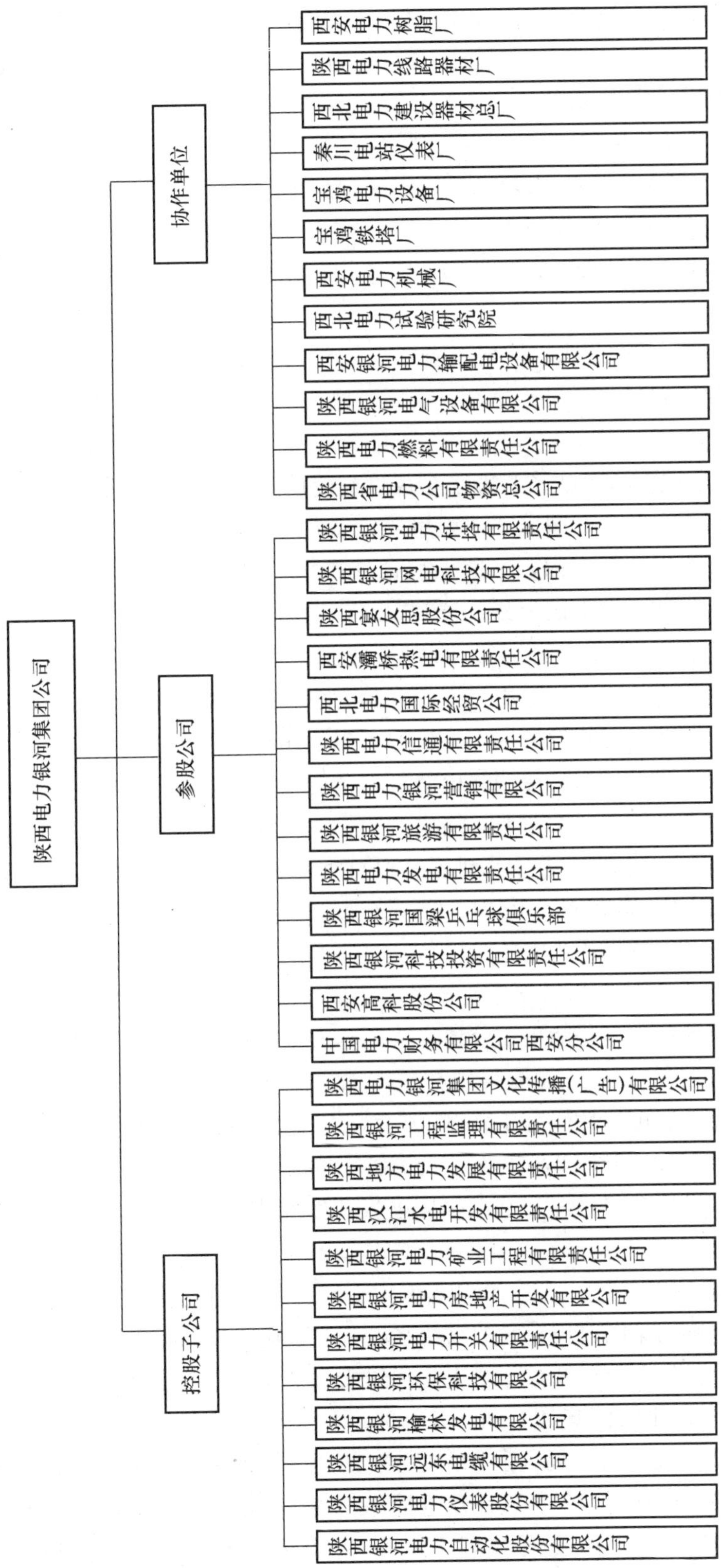


图8－2－1　陕西电力银河集团公司组织机构图

施是调整产业结构，调整产品结构；培植龙头企业，培植支柱产业；跨所有制、跨行业、跨地区、跨国经营；引进技术、引进资金、引进管理，引进机制；实现高技术、高效益、高附加值，低成本、低投入。

（四）经营与财务状况

2000年，公司成立当年实现经营收入2.7亿元，利润总额2426万元。2001年，实现经营收入3.62亿元，利润总额2577万元。2002年，实现经营收入21亿元，利润8630万元，资产负债率58.65%。资产结构、财务状况良好，资本得到保值增值。

（五）主要项目

从公司组建至2002年末，完成投资4.5亿元。主要完成榆林发电厂及配套煤矿、陕北煤电基地前期规划与两大煤矿建设、汉江流域水电开发等项目。

1. 榆林发电厂及配套煤矿

2001年，陕西省第14次省长办公会议确定建设陕西银河榆林发电厂。榆林发电厂位于榆林市榆阳区牛家梁工业园区，地处世界七大煤田之一的神府煤田，距离榆林市区16千米。包括配套煤矿技改在内，一期工程计划投资10亿元，安装2×13.5万千瓦机组，工期20个月，年发电量21亿千瓦·时。规划二期装机2×30万千瓦，配套煤矿60万～150万吨/年。一期工程采用国际先进的EPC（工程总承包）模式进行工程招投标。工程由山东电力设计院设计，山东电力工程咨询院为总承包单位，西北电力建设第一工程公司承担设备安装，西北电力建设第四工程公司承担土建施工。为解决电厂用煤，拟对榆阳区东风煤矿进行资产重组。该矿探明煤田储量2.5亿吨，由陕西银河榆林发电有限公司控股70%，投资1.3亿元进行技术改造，使生产能力达到年产60万吨以上。2002年6月，举行进点仪式。9月，2×13.5万千瓦机组工程总承包合同（EPC）签字。这是国内同类型机组中首家采用EPC模式的机组。12月，该项目开工建设，标志着陕西电力银河集团公司参与陕北煤电基地建设进入实施阶段。

2. 陕北煤电基地前期规划与两大煤矿建设

陕北煤电基地由山东鲁能集团公司与陕西电力银河集团公司共同投资开发建设。2001年上半年开始，投资3000万元取得榆林神木锦界井田、府谷三道沟2个煤矿的探矿权，完成环境保护评价、可行性研究工作和矿权评估工作，完成二期评勘合同。2002年取得了采矿权。同年，神木电厂2×60万千瓦机组完成可研报告、环境保护评价与水土保持方案报告预审查。可研与项目评估已上报国家发改委，进入审批程序，2003年上半年将开工建设。

3. 汉江流域水电开发

由陕西电力银河集团公司控股的汉江水电开发公司建设的毛坝关水电站，是汉江流域水电梯级开发项目，总装机3×8000千瓦，建于汉江最大支流任河（紫阳县境内）。电站总投资1.72亿元。由银河集团公司（占50%股份）、安康水电联合实业有限责任公司（占45%股份）、安康市移民局（占5%股份）共同投资兴建。陕西汉江水电开发有限责任公司负责工程的建设和管理。年设计发电量9851万千瓦·时，可实现年收入2300万元。工程于2000年底开工，已完成导流洞、大坝、引水发电洞、厂房建设和机电安装。2002

年11月截流，2003年5月，首台机组将投产发电，全部工程计划于2004年6月完成。

4. 银河科技产业园

2000年底，银河集团公司与西安高新区管委会签订了唐延路段135亩土地使用权转让合同，由上海建筑设计院提出规划设计方案，预计总投资6亿元，分为综合办公区、高科技产业园区、技术开发区、培训会展中心区和配套服务区等5个不同功能的片区。一期工程配网自动化与智能仪表生产研发中心建筑面积19746米$^2$，2002年4月开工建设，主体工程于7月21日封顶。年末，自动化、仪表等公司入住。

5. 银河大厦及住宅小区建设

2001年8月，陕西电力银河集团公司与西安市碑林区城市建设开发总公司在西安市柿园路征地28亩，筹划建设银河大厦，作为陕西省电力公司办公大楼。设计楼高33层，总建筑面积4.8万米$^2$，总投资2.4亿元。2002年末，已完成地勘、打桩等工程。同年，建成西安市长乐门外住宅小区，总资产约1.5亿元；建成西安市东大街银河公寓，总投资约2000万元。

**二、陕西电力银河集团公司控股子公司**

陕西电力银河集团公司有控股子公司12个。

（一）陕西银河电力自动化股份有限公司

陕西银河电力自动化股份有限公司位于西安高新技术产业开发区唐延路银河科技产业园，是在原陕西银河电力自动化公司基础上，经过增资扩股重新组建的股份有限公司。1999年5月举行成立签字仪式，2001年1月揭牌。公司注册资本金2060万元，总资产4800多万元。

该公司是从事县级电网调度自动化、变电站综合自动化、电厂自动化等产品科研和制造的专业化公司。通过英国摩迪公司ISO 9001质量体系认证。承担3项国家级重点项目：科技部“创新基金”项目——配电自动化智能软件；国家级“火炬计划”项目——配电自动化系统；国家配电过程自动化成套设备产业示范项目——配电过程自动化成套设备。公司研发和生产的配电自动化系统分别获国家电力公司1999年度科技进步奖、陕西省2000年度科技进步二等奖和西安市2001年度科技进步一等奖。2000年，公司进入西安高新技术产业“百强企业”。

（二）陕西银河电力仪表股份有限公司

陕西银河电力仪表股份有限公司位于西安高新技术产业开发区唐延路银河科技产业园，前身是陕西银河电力仪表有限公司。是由西北（陕西）电力实业发展总公司投资60%、浙江华仪电器集团有限责任公司投资40%组建的专业从事各类电能表和用电管理系统设计、生产、销售的高科技企业，1999年5月举行成立签字仪式，8月揭牌。2001年1月，经增资扩股重新组建为股份有限公司。

该公司已经成为国内高科技电能表的重要生产基地，产品有各种单相、三相电子式系列电能表，预付费系列电能表，多费率系列电能表，多功能系列电能表，高低压载波集中抄表系列，电力需求侧管理系统，电能表校验装置，微机误防系统，厂站电能计量自动化系统，数字式电压互感器二次降压自动补偿器，高低压无功补偿器等11大系列近百种规格，年生产能力达100万只（件）。

该公司拥有国内先进的现代化全封闭厂房和设施，具有一流水准的生产线，拥有高素质的科研、技术、生产和管理人员。电能表的生产流程全部实现了检测、走字自动化和监控管理系统网络化。2000年6月，该公司生产的“银华牌”电子电能表获西安市技术监督局“家用电能表计量检查合格单位”证书。8月，获西安市“质量先进产品”奖牌。10月，公司通过了ISO 9001质量体系认证。12月，通过高新技术企业资质认证。2001年3月，被评为西安市“计量检验优秀单位”。公司生产的三相多功能表、集抄表、IC卡表及单相电子表等49种规格产品已列入国家经贸委城乡电网建设改造工程主要产品推荐名录，被评为陕西省“消费者信得过产品”。

（三）陕西银河远东电缆有限公司

陕西银河远东电缆有限公司位于宝鸡市卧龙寺，于2000年4月成立，是一家中美合资企业，由西北（陕西）电力实业发展总公司、中美远东有限公司、陕西省电力建设投资开发公司、浙江富天集团有限公司、宝鸡电力设备厂共同投资，总资产6300万元。

该公司建立了一整套指令控制和保证体系，获得了国家有关部门的质量认证和生产许可证，取得了GB/T 19002—1994认定，并通过IDT ISO 9002国际质量保证体系认证。主要产品列入国家第三批城乡电网建设改造产品推荐目录。2002年以后，公司加大科技投入，开发110千伏交联电缆、网络电缆和750千伏高压架空导线产品。

该公司先后被授予“先进外商投资企业”和“重合同守信用企业”。

（四）陕西银河电力开关有限责任公司

陕西银河电力开关有限责任公司位于西安高新技术产业开发区唐延路银河科技产业园，是在原西安埃尔凯电气有限公司的基础上，经过整体改制重新组建的中外合资企业。注册资金1100万元，其中陕西电力银河集团公司出资380万元，占总股份34.55%；德国ALSTOM公司出资300万元，占总股份27.27%；许继集团出资200万元，占总股份18.18%；陕西开关厂出资120万元，占总股份10.91%；宝光集团出资100万元，占总股份9.09%。公司已经通过ISO9002国际质量体系认证、高新技术企业认证和低压产品强制CCC认证。

该公司主导产品分为4大系列：

（1）高压电力断路器。主要是引进德国ALSTOM公司技术生产的GL、SL及FXT型高压断路器系列产品，韩国现代公司技术生产的110千伏GIS组合电器，ABB公司技术生产的110千伏COMPASS、PASS组合开关。

（2）中压电器成套装置。主导产品有：JYN-35、GBC-35、KYN-28-12（GZSI-12）、WK-12型纵旋式开关、KYN11-12、XGN-12系列开关柜、M24、RM6、FBM系列环网柜、MNS、GCS、GCK、GGD等低压开关柜。

（3）户外柱上开关及箱式变电站设备。

（4）电力自动化装置，10千伏无功补偿装置和直流成套装置。中低压等级产品主要采用宝光集团和许继集团的配件或成套产品。

（五）陕西汉江水电开发有限责任公司

陕西汉江水电开发有限责任公司位于陕西省安康市果园路 29 号，是由陕西电力银河集团公司和陕西安康水电联合实业有限责任公司等参股于 2000 年组建的水电开发企业，注册资本 5200 万元。该公司主要从事水利电力建设的投资开发、水利电力资源综合利用和水利电力工程咨询服务。经营汉江流域水电站建设、电力生产管理、销售。公司正在建设汉江支流任河毛坝关水电站。

（六）陕西银河地方电力发展有限责任公司

陕西银河地方电力发展有限责任公司位于西安市尚德路 79 号，主营发电，并从事电力、化工、石油、天然气等行业的管道工程设计、管道配管、高温高压合金钢管件制造、管道安装和调试、电厂备品配件制造、设备成套等业务。

该公司所属的咸阳秦能公司朱家湾发电厂总资产 2.28 亿元，装机容量 3×1.2 万千瓦，年设计发电能力 2.1 亿千瓦·时。

该公司所属的银河管道公司取得国家电力公司电力规划设计总院、设备成套部 20 万、30 万千瓦火力发电机组主要辅助设备推荐厂商名录证书。

（七）陕西银河榆林发电有限公司

陕西银河榆林发电有限公司总部位于西安市尚德路 79 号，是一家能源开发企业，由陕西电力银河集团公司、陕西银河科技投资有限公司及陕西电力燃料有限公司共同出资组建。该公司以火电厂投资建设和经营管理为主导，经营范围涉及项目投资与开发、资源综合开发与利用、热力的生产、经营、销售和服务等领域。参与投资建设的项目主要有陕西银河榆林发电厂。

（八）陕西银河电力房地产开发有限公司

陕西银河电力房地产开发有限公司成立于 1998 年，位于西安市柿园路 216 号。

该公司具有房地产开发三级资质。成立 4 年来，完成西北电力通信调度大楼拆迁征地工作，陕西省电力公司长乐门住宅小区工程建设。开发和在建的项目有：西安市柿园路银河公寓、西安市东大街银河怡园、西安高新技术产业开发区银河科技产业园、柿园路银河大厦等，总建筑面积 30 万米$^2$。

（九）陕西银河电力矿业工程有限责任公司

陕西银河电力矿业工程有限责任公司位于西安市长缨东路 85 号，是陕西电力银河集团公司控股、职工持股会参股的有限责任公司。前身是西北电业管理局联合开发公司。2001 年 4 月，改制为陕西银河电力矿业工程有限责任公司，注册资本 1100 万元。

该公司主营矿产开采、加工、销售，主要产品有：锌、锌精粉和铅、铅锭。主营业务还有：锅炉安装、调试、维修，电力工程设计、施工、安装、技术咨询以及电器设计、制造等。可承接 110 千伏及以下输配电工程和 35 吨/时及以下电站蒸汽锅炉及电热锅炉的安装、调试、维修，高低压配电柜、控制屏的设计、制造等。兼营机电产品开发、生产销售，金属雕塑设计、制作、安装，以及旅游服务等。2002 年，实现销售收入 5000 万元。

（十）陕西银河环保科技有限公司

陕西银河环保科技有限公司成立于 2000 年 9 月。原位于西安市尚德路 79 号，后迁至西安高新技术产业开发区唐延路银河科技产业园。是专业化环境保护科技工程公司，由西北（陕西）电力实业发展总公司、陕西省环境保护公司、陕西省电力职工持股会参股组建。该公司主要从事电站烟气脱硫、废水污水处理、锅炉循环水处理、干除灰及粉煤灰综合利用、人工环境的科研、设计、制造、安装、调试。公司先后承建了宝鸡发电厂废水污水处理回收利用工程、宝鸡第二发电厂 4×30 万千瓦机组粉煤灰分选工程、华山莲花山庄净化水工程、蒲城发电厂洗煤水处理工程、秦岭发电厂 4×20 万千瓦机组气力干除灰（粉煤灰输送、分选）工程。并与德国 BBP 环境保护公司合作，进行脱硫技术交流。

（十一）陕西银河工程监理有限责任公司

陕西银河工程监理有限责任公司位于西安市尚德路 79 号。原为陕西三秦工程监理有限责任公司，成立于 1997 年 1 月，2002 年 10 月起更名陕西银河工程监理有限责任公司。

该公司从事大型电力建设和房屋建筑工程的全过程监理。2002 年 8 月，被建设部核定为电力工程甲级资质、房屋建筑工程乙级资质监理单位。10 月，通过 ISO9001：2000 质量管理体系认证。

公司已监理一、二、三等电力工程和房屋建筑等各类工程 80 余项。监理的主要工程有：西安东郊 330 千伏变电站工程、渭河发电厂至乾县 330 千伏输电线路工程、汉中供电局调度通信楼、铜川供电局综合楼、西安万年饭店二期工程等。

（十二）陕西电力银河集团文化传播（广告）有限公司

陕西电力银河集团文化传播（广告）有限公司位于西安市尚德路 56 号雅迪商务酒店，是在原陕西新视野电力广告公司的基础上，增资扩股重新组建起来的。

该公司主要从事企业文化建设和传播交流，企业形象策划与识别系统的设计和推广，承办展览、展示、影视广告、商业广告、印刷品广告、户外广告与专题的设计、制作，室内装饰、装潢的设计、制作，大画幅专业摄影，各种画册、产品样本的设计印制，工艺品以及各类媒体的发布代理，是一家具有全程策划与实施执行力的专业广告公司。公司成立后，两次成功举办大型“西部国际电力、电工设备及技术展览会”，为陕西省电力公司设计制作参加国家电力公司展览的大型展示，策划制作“韩城第二发电厂开工典礼”仪式、“陕西省电力公司首届职工文化节”开幕式和陕西电力“银河之夜”、“银河之春”歌舞晚会等系列大型文艺演出活动。推广实施陕西省电力公司、银河集团等大型企业的 VI 视觉识别系统，并为银河集团公司、三秦能源有限公司等企业设计全套 VI 手册。2002 年，陕西电力银河集团文化传播（广告）有限公司为迎接中共中央总书记、国家主席、中央军委主席江泽民视察陕北煤电基地，制作多幅大型户外宣传图。全程策划制作“鲁能杯中超乒乓球联赛”陕西银河国梁乒乓球俱乐部主场比赛的户内外广告。

# 第九篇　科　　技

# 第九篇　科　　技

1991～2002 年，陕西省电力系统认真实施国家科技创新和科教兴电战略，加大科技投入力度，围绕电力生产建设中的重大和关键问题，积极开展应用研究，推广应用先进适用技术，充分发挥科技的引领和支撑作用。共投入科技经费 1.06 亿元，完成各类科技开发与推广项目千余项，取得省部级及以上奖励 49 项。

陕西省电力系统技术监督工作在已开展的 9 项监督工作基础上，又提出全过程监督，即从基建开始就抓监督工作，为新投入的机组和设备安全奠定牢固基础。

环境保护工作随着电力工业的发展和国家对火电厂污染物排放标准的提高逐步得到加强。污染物排放以治理粉尘为主，同步开展二氧化硫和氮氧化物等有害气体治理以及废水回收再利用等工作，改变了火电企业污染物长期超标排放的局面。

## 第一章　科技管理体制与机制

1991～2002 年，随着国家科技体制改革和机制创新，企业成为科技创新的主体，陕西省电力科技工作迅速调整定位，实施“科教兴电”战略，形成适应企业发展的科技创新体系。同时，积极修订科技项目和科技成果管理制度，加大科技成果推广转化力度，使科技工作真正成为推动陕西省电力发展的重要力量。

### 第一节　管　理　体　制

#### 一、科技管理体制

1991～1998 年，陕西省电力科技工作由陕西省电力公司科技处负责。这一时期，科技处人员 9～10 人（含环保、学会）。1998 年 10 月，网省体制分离后，陕西省电力公司组建科技进步领导小组，负责科技发展战略制定与科技体制改革。1999 年 1 月，陕西省电力公司成立科教部，并在科教部设置科技处负责科技管理，主要负责贯彻落实国家、国家电力公司、陕西省电力公司科技、电力环保和专利法规、政策、方针和规定，科技项目立项、实施和验收管理，组织新技术、新产品、新设备的开发研究、推广应用，推进科技成果产业化。2002 年末，因发电资产剥离，科技处分离了对各发电厂相关科技项目管理工作，保留了对部分发电厂科技成果的评审工作，科技管理人员维持在 3～4 人。

1991～2002 年，各基层单位先后调整加强了科技工作领导小组，建立了厂、局（院）主管领导负责，生技科组织实施，科技专责具体落实的科技工作体系。陕西省电力公司进一步明确了各级领导的科技工作责任，以保证科技工作实施方案的落实。每年制订全省电力生产、建设方面的科技攻关和科技项目计划，分解落实到各基层单位。在陕西省电力公司《科技项目管理办法》指导下，组织公司科技项目和自选科技项目的开发实施；按照公司《科技进步奖励办法》对本单位科技进步奖进行评审和向上级申报；部分供电局实行技术专家聘任制，并进行动态考核。

**二、科技创新**

1993 年，国家颁布《中华人民共和国科学技术进步法》，科技创新成为推动国家持续发展的重大战略。1994～1995 年，电力工业部先后下发《关于加快科技进步的决定》及实施细则。按照电力工业部的部署和要求，陕西省电力工业局召开了科技工作会议，成立科技领导小组并初步建立了科技进步管理体系。1996 年，成立以局长任组长，有关副局长任副组长的科技领导小组。要求重大技改工程必须采纳先进成熟的科技成果，科技投入要随着经济的增长逐年增加，投入不小于年销售收入的 1%；加快信息网络建设和信息资源开发；加强人才培养，造就跨世纪人才队伍；加强对科技工作的考核。

1998 年，国家科技政策做出较大调整，企业成为科技创新的主力军。1999 年初，陕西省电力公司抓住这一机遇，提出“科教兴电”战略，将科技进步作为公司发展的主要动力，通过建立技术创新体系，做好技术开发、技术服务、技术监督、技术信息 4 方面工作，开展超前性、技术改造可行性、生产关键问题及科技产品开发 4 个方面的研究，全面提高科技对电力企业发展的贡献率。根据企业实际确定科技发展战略方针，整合所属电力试验研究院、培训中心和各供电局的科技创新能力，发挥企业整体创新优势。加快技术创新和技术服务体系建设，大力推进高新技术应用，以实现公司技术进步的跨越式发展。加强公司各单位之间、企业与科研院校之间的联合研究与开发，广泛利用优势资源，提高技术创新的效率和水平。加大信息技术的开发和应用，满足公司发展和现代化管理的需要。

1999 年，陕西省电力公司将西北电力试验研究院（简称电研院）从事业单位改制为科技型企业，实行有偿技术服务，面向市场，参与竞争，使其成为适应西北和陕西电力发展需要的自主经营、自负盈亏、自我约束、自我发展的法人实体和市场主体，并逐步发展成为西北和陕西电力系统的技术创新中心。

2000 年，陕西省电力公司进行企业内部机构重组，将信息中心、省电力调度中心通信处、电力试验研究院计算机室整合，组建陕西电力信通公司。抓住电力系统信息化建设机遇，占领系统内部市场，利用电力系统在通信网络方面的装备优势和人才优势，使其真正成为信息研究和服务的实体。

2002 年，制定《陕西省电力公司科技创新工作意见》，就有关科技创新问题提出具体要求，明确公司科技创新体系的组成与职责、科技创新与体制改革的具体措施、人才培养的办法和与产业化有关的问题，提出电力科技创新的具体内容，指导各个单位开展科技创新工作。

通过几年探索，陕西省电力公司的科技创新形成了电力生产技术支持体系和科研开发、成果转化及产业化体系的基本框架。由西北电研院、省调中心、信通公司和基层单位组成的电力生产技术支持体系，为陕西电力发展提供了技术储备。以电研院及培训中心为科研开发基地，以银河科技产业园为成果转化和产业化基地，为技术成果转化提供平台，以科技投资公司为投融资主渠道，为产业化提供资金支持。实现了科研开发、成果转化、产业化三者协调发展。

**三、高科技成果产业化**

1999年，陕西省电力公司科教部开始实施高科技成果产业化。在陕西省电力公司层面，以配电自动化领域的科技成果为基础，成立陕西银河电力自动化股份公司，并以其为核心建立起银河科技产业园。同时以电力通信和信息化成果为基础，成立陕西电力信通公司。至2002年，陕西银河电力自动化公司实现总产值1.698亿元，陕西电力信通公司实现总产值1.239亿元。在基层单位层面，电研院、培训中心，都组建了相应的高科技企业。西北电研院以电力系统化学防腐、化学清洗等科技成果为基础，1998年成立西安协力动力化学有限公司，至2002年，实现总产值7600万元；以防谐波无功补偿装置科技成果为基础，成立陕西银河中试测控技术有限公司，至2002年，实现总产值350万元；以带电清扫机科技成果为基础，成立陕西银河电力防污技术有限责任公司，2002年实现产值200万元；西北电力职工培训中心以高压无功补偿、锅炉浓淡燃烧器以及高效耐磨风机等科技成果为基础，成立陕西银河能控有限责任公司和九联科技有限责任公司，2年间实现总产值300万元。

## 第二节 管理机制

1991～2002年，随着科技进步与创新的不断发展，陕西省电力公司先后出台了强化科技进步、科技进步考核、科技项目管理、科技成果奖励等一系列制度、规定和办法，推动了科技工作发展，使科技在电力生产建设中的作用日益突出。

**一、制度建设**

“八五”时期，西北电业管理局（陕西省电力工业局）下发了一系列科技管理规定、办法，其中主要有《科技计划管理办法》、《科技成果管理办法》、《科技成果奖励办法》。同时，编制了陕西电力工业“八五”计划和科技发展规划纲要。

“九五”时期，科技管理规章制度进一步完善。1995年5月，颁发《西北电业管理局科学技术进步管理办法》，对科技进步计划的内容、科技进步计划项目的来源、基层企业科技进步计划的编制等方面做出了具体规定。同时还颁布《西北电业管理局科技进步奖励办法》，规定了奖励种类、评审原则、获奖条件和具体评审办法。1996年，制定下发《标准化工作管理办法》、《企业标准编写规定》等若干标准化方面的规定和办法。1998年，制定、修订了《科技项目计划管理办法》、《促进科技成果转化实施细则》、《科学技术成果评审奖励管理办法》。1999年，陕西省电力公司贯彻《中共中央、国务院关于加速科技进步的决定》，实施“科教兴电”战略，根据国家电力公司《关于加强科技工作若干问题的决定》，成立了以总经理为组长的科技领导小组，制定下发了《关于加强技术创新，发展高科技，实现产业化的决定》、《科技项目管理办法》、《科技进步考核办法》、《科技进步奖励办法》、《科技进步责任制实施细则》。随后，又修订了《科学技术成果评审奖励管理办法》和《促进科技成果转化实施细则》。同时，每年制定科技工作要点，征求专家和基层单位意见，下发到公司各单位，达到“规范管理、统一步调、协调发展”。

各基层单位根据实际情况，制定相应的科技管理制度，针对自身在科技方面的特点，出台科技工作的激励与促进措施，使科技管理进入有制度可依，有措施促进的良性发展中。西北电力试验研究院建立了项目动态管理、科技开发激励机制，通过项目动态管理和对科技人员实行科技津贴与低职可高聘等措施，加大了科技开发力度。培训中心在专职科技人员中设立中青年科研基金及科研人员津贴，提升科技研发质量。宝鸡供电局建立技术专家评聘和科技奖励制度，提高职工参与科技研发的积极性。其他单位也在科技研发、科技项目管理、科技成果奖励等方面采用各具特色的办法推进科技工作进步。

**二、科技投入**

1991～1998 年，西北电业管理局（陕西省电力工业局）共投入科研经费 7051.5 万元。1999 年，陕西省电力公司独立运作后，科技投入 900 万元，2000 年 740 万元，2001 年 802 万元，2002 年 1153 万元。

1998～2002 年，陕西省电力公司先后获得 1 项国家中央财政预算内高科技产业化专项资金支持项目——配电过程自动化成套设备产业化示范项目；3 项国家电力公司科技项目——混合式高压限流开断器研制项目、汽轮机监视保护系统及国产化项目、变电站地网缺陷综合诊断系统研制项目；3 项科技部中小企业技术创新基金无偿资助项目——智能配电软件项目、中药有效成分提取专用吸附树脂技术项目、电力生产实时信息管理系统项目。

基层供电企业自筹资金，设立科技基金扶持小型研究和技术成果应用。在大修、更改、基建项目中，引入研发的科技成果，使工作效率和工作质量显著提高。

**三、计划与项目管理**

1991～1993 年，科技项目立项采取基层单位申报，省公司科技处根据发展需要编制计划，下达年度科技项目的方式。1994 年，陕西省电力公司编制并下发重点科技攻关课题 30 多项。课题包括防止事故、节约能源、大机组、高参数、自动化及信息化等多个方面。

1999 年，陕西省电力公司独立运作后，科教部加强了对科技立项的指导，由各基层单位首先申报项目，科教部召开各基层单位和公司专家参加的协调会，确定当年重大科研和技术攻关项目，落实科研经费。

1999 年以来，成功实施了汽轮机振动监测系统、混合式高压限流开断器、带电清扫设备、无功补偿与谐波控制设备、高压无功补偿装置、高效耐磨风机等重大科研项目，其中汽轮机振动监测系统、混合式高压限流开断器获得国家电力公司认可与经费资助，其他项目也在产业化方面取得很好效果。

2002 年，根据《国家电力公司科技发展规划（2003～2005～2010）》，结合陕西电网生产中的实际问题，编制《陕西省电力公司科技发展规划（2003～2005）》，提出陕西省电力公司科学技术发展战略、目标、关键领域和保证措施。

陕西省电力系统科技项目管理实行分级管理方式，基层单位由科技专责对下达的科技项目实行日常管理，省电力公司科教部按年分阶段对科技专责和科技项目实行考核与检查。要求项目下达以后必须建立项目进度计划、经费使用计划与概算。在实施过程中，按阶段提交完成情况报告。完成后提交相应的报告与经费使用情况。省电力公司科教部对科技项目实行阶段检查与部分随机抽查，项目完成后进行验收或鉴定。

## 四、科技考核

1995 年前，科技考核主要集中在科技项目与成果、科技组织与活动等方面，对先进集体和先进科技工作者进行表彰奖励。1995 年以后，随着电力工业部科技管理相关制度的出台，对基层单位考核从科技项目管理情况、科技投入与产出情况、科技成果与奖励情况、科技经费使用情况四个方面进行。由各单位根据《科技进步考核办法》先自评打分，填写考核表，提交科技工作总结、科技项目完成情况、科技投入产出情况，科技处再根据日常掌握的情况和提交的总结及报表进行综合评定，评选优秀科技单位与科技工作者。1999 年，陕西省电力公司独立运作后，科技考核工作进一步加强，考核内容陆续增加了科技进步工作领导、科技管理机制、科技论文、成果专利、高科技产业等项内容。

## 五、成果评审与管理

1991～2002 年，陕西电力系统科技成果评审一直采用三级评审办法，由各基层单位先在本单位进行评选奖励，并将优秀成果推荐上报省电力公司统一评审。科技处根据成果性质进行分组，由相关技术专家组成专业评审组进行初步评审，并向公司科技进步成果评审委员会推荐相应的奖项等级。1995 年，开始将科技进步奖分设为科技成果奖、科技成果推广奖、科技成果开发和推广组织奖以及优秀研究报告和技术方案奖。1998 年前，陕西电力系统科技成果主要集中在热、电两个方面，成果评审分为热、电、综合 3 个专业组进行。1999 年以后，成果评审主要分为电气一次、电气二次、综合 3 个专业组。科技进步成果评审委员会是公司科技进步奖的最高评定组织，委员们根据成果的实用性、先进性、经济价值确定奖励等级。自开展成果评审以来共评出了 800 余项科技进步奖。

科技成果的统计、宣传、登记工作由省电力公司科技处负责，西北电力情报信息中心、西北电力职工培训中心协助完成。获奖的一、二等奖进入陕西科技成果登记系统和国家电力公司科技成果管理统计系统。

# 第二章　科　技　成　果

1991～2002年，陕西省电力工业进入大容量、高参数、高度自动化的发展阶段，在不断解决电力生产中出现的问题过程中，产生了一批高水平的科学研究和技术开发成果。这些成果在技术改造、电力建设中得到广泛推广应用，取得显著经济和社会效益。

## 第一节　成　果　概　况

1991～1998年，陕西省电力公司系统共获得陕西省科学技术奖12项，其中二等奖3项，三等奖9项；获得能源部、电力工业部、国家电力公司科技进步奖24项，其中二等奖3项，三等奖17项，四等奖4项。1999～2002年，陕西省电力公司共获得陕西省科学技术奖12项，其中二等奖4项，三等奖8项。

1999年，全系统共有7个项目通过陕西省电力公司组织的鉴定与验收，有200项成果获得各级科技奖励，其中110千伏多棱型插接式多回路钢管电杆试验研究等3项获陕西省科技进步奖；银川城区配电网自动化获国家电力公司科技进步三等奖；10项获西北电力集团公司科技进步奖，187项获陕西省电力公司奖励。

2000年，共有7个项目通过鉴定，5个项目通过陕西省电力公司组织的验收。城区配电网自动化系统、变电站电流互感器及支柱绝缘子防雨闪试验研究获陕西省科技进步二等奖，110千伏GIS投切主变压器陡波前过电压研究获陕西省科技进步三等奖，共有182项成果获陕西省电力公司奖励，其中一等奖8项，二等奖8项，三等奖72项；科技成果推广一等奖8项，二等奖24项。

2001年，共有11个项目通过验收，鉴定项目5项。XL系列移动式化学清洗平台成套装置获得陕西省科学技术奖二等奖，电力参数的变频测量电源装置等3项获陕西省科技进步三等奖。陕西省电力公司共评出科技进步奖149项，其中VEARHR802旋转机械振动分析系统等5项为一等奖，二等奖8项，三等奖136项。

2002年，共有22项通过陕西省电力公司组织的验收，3项通过鉴定，获陕西省科技进步奖二等和三等奖各一项。省电力公司共评出科技进步奖148项，其中新型三通道双回流煤粉燃烧器等15项获科技进步一等奖，可控调压装置无功补偿和谐波治理等10项获二等奖，123项获三等奖。

1991～2002年陕西电力系统科技成果获得省部级奖励情况见表9-2-1。

表 9－2－1　　1991～2002 年陕西电力系统科技成果获得省部级奖励情况

| 序号 | 年份 | 奖励名称 | 项目名称 | 获奖单位 | 获奖等级 | 分项小计 | 年度小计 |
|---|---|---|---|---|---|---|---|
| 1 | 1991 | 能源部科技进步成果奖 | 电力“架空地线复合光缆通信系统”研究试验工程 | 宝鸡供电局 | 三等（应用） | 4 | 5 |
| 2 | | | DHL－1 型蓄电池组自动恒温装置 | | 四等（应用） | | |
| 3 | | | SXJ－1 手持式悬式绝缘子检测器 | 渭南供电局 | 四等（应用） | | |
| 4 | | | 高压开关规范化试验仪 | 电力试验研究院 | 四等（应用） | | |
| 5 | | 陕西省科学技术奖 | 35 千伏变电站有载调压，电容器分组投切微机自控系统管理 | 西北电业管理局（陕西省电力工业局） | 三等 | 1 | |
| 6 | 1992 | 能源部科技进步成果奖 | 单台微机控制多台热量计发热量测定系统 | 电力试验研究院 | 四等（应用） | 1 | 1 |
| 7 | 1993 | 电力工业部科技进步成果奖 | 三探针式悬式绝缘子检测器（STXJ－1 型） | 渭南供电局 | 三等（应用） | 6 | 9 |
| 8 | | | GCD－100 光纤场强电压表 | 电力试验研究院 | 三等（应用） | | |
| 9 | | | 变电运行岗位技能培训仿真系统 | 西北电业职工大学<br>西安供电局 | 三等（理论） | | |
| 10 | | | 制粉系统断煤监测装置 | 韩城发电厂 | 三等（应用） | | |
| 11 | | | 西北电网水调自动化系统规划 | 西北电力调通局（第二） | 三等（理论） | | |
| 12 | | | 火电厂四项金属技术监督行业标准 | 西北电研院（第二） | 三等（理论） | | |
| 13 | | 陕西省科学技术奖 | 数字式电压闪变测试仪 | 西北电管局科技处 | 三等 | 3 | |
| 14 | | | BDJ－2A 型便携式电能电测表检验装置 | 渭南供电局 | 三等 | | |
| 15 | | | 变电站微机远方抄表及负荷管理系统 | 渭南供电局 | 三等 | | |

续表

<table>
<tr><th>序号</th><th>年份</th><th>奖励名称</th><th>项目名称</th><th>获奖单位</th><th>获奖等级</th><th>分项小计</th><th>年度小计</th></tr>
<tr><td>16</td><td rowspan="9">1994</td><td rowspan="5">电力工业部科技进步成果奖</td><td>JN－1 型火电厂节能诊断仪（ESDS）</td><td>西北电管局科技开发中心</td><td>二等（应用）</td><td rowspan="5">5</td><td rowspan="9">9</td></tr>
<tr><td>17</td><td>陶瓷—金属复合涂层抗锅炉析铁高温溶蚀试验研究</td><td>宝鸡供电局</td><td>三等（应用）</td></tr>
<tr><td>18</td><td>QGZ－1 型气动高压带电清扫装置</td><td>电研院</td><td>三等（应用）</td></tr>
<tr><td>19</td><td>灰水回收系统防垢技术的试验研究</td><td>灞桥电厂、局环保办</td><td>三等（应用）</td></tr>
<tr><td>20</td><td>超高锰合金钢风扇磨冲击板研制</td><td>电力机械厂</td><td>三等（应用）</td></tr>
<tr><td>21</td><td rowspan="4">陕西省科学技术奖</td><td>330 千伏安—南双回线工频参数测试（4）</td><td>电研院</td><td>二等</td><td rowspan="4">4</td></tr>
<tr><td>22</td><td>回盲肠代输尿管扩大膀胱术治疗结核性膀胱挛缩对侧肾积水研究</td><td>电力医院</td><td>二等</td></tr>
<tr><td>23</td><td>JY 型智能加药调控器</td><td>电研院</td><td>三等</td></tr>
<tr><td>24</td><td>NLJ－90 型智能工业 pNa 计</td><td>电研院</td><td>三等</td></tr>
<tr><td>25</td><td rowspan="4">1995</td><td rowspan="2">电力工业部科技进步成果奖</td><td>VQK 型变电站电压无功微机控制装置</td><td>宝鸡供电局</td><td>三等（应用）</td><td rowspan="2">2</td><td rowspan="4">4</td></tr>
<tr><td>26</td><td>BBD－100 型高压电动机断条检测仪研制</td><td>电力试验研究院</td><td>三等（应用）</td></tr>
<tr><td>27</td><td rowspan="2">陕西省科学技术奖</td><td>JN－1 型火电厂节能诊断仪</td><td>局科技处</td><td>二等</td><td rowspan="2">2</td></tr>
<tr><td>28</td><td>BBD－100 型高压电动机断条检测仪研制</td><td>西北电研院</td><td>三等</td></tr>
<tr><td>29</td><td rowspan="2">1996</td><td rowspan="2">电力公司科技进步成果奖</td><td>高压电力设备内外部故障在线红外成像诊断与温度管理研究</td><td>西北电管局供电处（第二）</td><td>二等（应用）</td><td rowspan="2">2</td><td rowspan="2">2</td></tr>
<tr><td>30</td><td>电力设备防污闪技术</td><td>电力试验研究院（第六）</td><td>三等（理论）</td></tr>
</table>

续表

| 序号 | 年份 | 奖励名称 | 项目名称 | 获奖单位 | 获奖等级 | 分项小计 | 年度小计 |
|---|---|---|---|---|---|---|---|
| 31 | 1997 | 国家电力公司科技进步成果奖 | 大气环境对输变电设备抗污闪能力的影响 | 西北电研院（第七） | 二等（应用） | 2 | 2 |
| 32 | | | 《电测量变送器检定规程》JJG（电力）01—1994 | 电力试验研究院 | 三等（理论） | | |
| 33 | 1998 | 国家电力公司科技进步成果奖 | 翻车机系统程控自动化改造 | 蒲城发电厂（第二） | 三等（应用） | 2 | 4 |
| 34 | | | KHS-1 汽轮机凝汽器密封防腐胶 | 电力试验研究院 | 三等（应用） | | |
| 35 | | 陕西省科学技术奖 | 火电厂锅炉智能连续排污流量测量系统 | 秦岭电厂 | 三等 | 2 | |
| 36 | | | KHS-1 汽轮机凝汽器密封防腐胶 | 西北电研院 | 三等 | | |
| 37 | 1999 | 国家电力公司科技进步成果奖 | 银川城区配电网自动化（暂时） | 西北电业职工大学（第二完成单位） | 三等（应用） | 1 | 4 |
| 38 | | 陕西省科学技术奖 | 110 千伏多棱型插入式多回路钢管塔研究与试验 | 西安供电局 | 三等 | 3 | |
| 39 | | | 南郊变电站 1 号主变压器改为串激式有载调压 | 西安供电局 | 三等 | | |
| 40 | | | 火电厂锅炉过热器热腐蚀及等离子喷涂防护技术 | 秦岭电厂 | 三等 | | |
| 41 | 2000 | 陕西省科学技术奖 | 城区配电自动化系统 | 银河自动化公司 | 二等 | 3 | 3 |
| 42 | | | 变电站电流互感器及支柱绝缘子防雨闪试验研究 | 西北电研院 | | | |
| 43 | | | 110 千伏 GIS 投切主变压器陡波前过电压研究 | 西北电研院 | 三等 | | |

续表

| 序号 | 年份 | 奖励名称 | 项目名称 | 获奖单位 | 获奖等级 | 分项小计 | 年度小计 |
|---|---|---|---|---|---|---|---|
| 44 | 2001 | 陕西省科学技术奖 | XL 系列移动式化学清洗平台成套装置 | 西北电研院 | 二等 | 4 | 4 |
| 45 | | | 电力参数的变频测量电源装置 | 西北电研院 | 三等 | | |
| 46 | | | 移动式超速试验研制 | 西北电研院 | 三等 | | |
| 47 | | | 进口罗马尼亚 33 万千瓦发电机组（直流炉）监控系统研究及应用 | 陕西省电力公司（第二完成单位） | 三等 | | |
| 48 | 2002 | 陕西省科学技术奖 | CZQ－50 型超高压带电自动清扫机 | 西北电研院 | 二等 | 2 | 2 |
| 49 | | | VEARHR802 旋转机械震动分析系统 | 西北电研院 | 三等 | | |

## 第二节　主要科技成果及应用

1991～2002 年，随着电源电网建设与改造工程的实施，大批先进技术得到应用。陕西电力系统技术装备水平和自动化程度大幅度提高。

### 一、发电技术

1991 年 4 季度，陕西省第一台采用计算机监控系统和自动调节系统的 30 万千瓦大型发电机组在渭河发电厂投入试运行。从此，陕西电网发电机组有了代表现代技术的分散控制系统（DCS）、汽轮机抗燃油电调系统（DEH），锅炉燃烧管理系统（FSSS）、中压凝结水精除盐系统，陕西电力工业进入大机组、高参数、高效率的新阶段。至 1995 年底，渭河发电厂 4×30 万千瓦机组全部投产。1996 年 3～12 月，蒲城发电厂 2 台 33 万千瓦机组投运。1998～2000 年底，宝鸡第二发电厂 4 台 30 万千瓦机组陆续投入运行。至此，陕西电网的主力发电机组由 20 世纪 80 年代的 20 万千瓦超高压机组发展成 30 万千瓦的亚临界机组。

#### （一）安全运行与设备技术改造

1991 年 4 月，西安热工研究所研制成功 DDZ－1 型转子中心孔多功能自动检测装置。该装置具有电子内窥显微电视、磁粉、涡流扫描和超声波自动检测功能，可实时显示缺陷坐标位置和缺陷尺寸。该项目获国家科技进步三等奖、电力工业部科技进步二等奖。12

月，西安热工研究所完成煤粉燃烧特性工程应用方法研究。建立了以煤粉燃烧为中心的煤燃烧特性试验体系；开发了渣型对比法、经验对比及模型判别方法以及居里点裂解色谱分析系统，建立了适合工程应用的煤粉均相着火模型、移动火焰锋面模型、完全封闭的、四角切园燃烧煤粉火焰稳定性分析数学模型，改进了一维燃烧模型。该项研究成果获得国家科技进步二等奖。

1993 年，西安热工研究所等完成了电力工业部重点科技项目——抗燃油的研制及工业应用。确定了抗燃油的配方及合成工艺，进行中试放大及工业生产。对汽轮机组用的金属材料进行了腐蚀性能试验研究，表明国产抗燃油性能稳定、抗老化性能好、能和进口油相混，可替代进口油，降低投资和运行费用。该项目获得国家科技进步三等奖。同年，该所研制出一套 YLOC-1 型在役汽轮机叶轮超声自动检测装置，专门用来检查在役汽轮机叶轮内部缺陷、键槽裂纹，亦可用于管道焊缝、护环等自动检测，获得电力工业部科技进步二等奖。

安康水电厂是中国在泄洪消能布置中首次采用宽尾墩消力池联合消能工程的大型水电厂。为了检查大坝、厂房等主体工程及宽尾墩等新型消能工程运行中的结构稳定性与实际消能效果，西北电力集团公司和有关单位联合引进了雷达雨量计遥测技术、彩红外同步摄影技术，与常规的压力、流速、掺气、水位、雨量、振动传感器相配合，自 1990 年至 1996 年，对安康水电厂新型消能工程运行中的泄流能力、洪水过程、泄水流态、下游冲刷、泄洪雾化、动水压力、空蚀磨损、排架振动、水情测报等问题进行了持续 7 年的原型观测，取得大量观测资料，用以对水电站的设计、施工及运行进行指导。

1994～1998 年，西北电力试验研究院、西北电业管理局电网处与户县热电厂合作，对热管空气预热器存在工质失效及积灰、腐蚀、磨损等问题进行研究。发现造成钢制热管预热器失效的原因是产生的氢气积累在冷凝段顶部，致使传热恶化或停滞。据此设计并装设了自还原系统，运行 6 个多月，各项运行参数保持正常，热管元件未发生失效。后又在略阳发电厂进行了热管预热器及失效热管恢复性试验，恢复了失效热管的传热能力。1998 年 6 月，该项研究获西北电业管理局科技成果一等奖。

2000 年，西北电力试验研究院完成“VEARHR802 旋转机械振动分析系统”研制。系统综合应用了机械故障诊断、数字信号处理、多 CPU 并行处理、现场总线等技术。经渭河发电厂等现场测试和动平衡试验，西北国家计量测试中心、陕西省计量测试研究所计量检定，系统完全达到设计性能要求。该系统获得 2000 年度陕西省电力公司科技进步一等奖、2002 年度陕西省科学技术三等奖。同年，西北电力试验研究院和上海发电设备研究院共同研制了移动式超速试验装置，该装置可在机组检修时，将危急保安器动作转速调整至合格范围，机组启动后的超速试验只是进行验证而避免了停机调整，可大大减少启停机次数，降低费用。试验装置在渭河、秦岭、韩城等发电厂多种机组的危急保安器讲行整定试验，取得满意效果。获陕西省电力公司科技进步二等奖、2001 年获陕西省科学技术三等奖。

2000～2001 年，西安热工研究院和陕西省电力公司完成进口罗马尼亚 33 万千瓦发电机组（直流炉）监控系统研究及应用。其硬件采用美国福克斯波罗公司生产的 I/ASER-

IESDCS（分布式控制系统），控制系统包括 FSSS（锅炉燃烧管理系统）、SCS（顺序控制系统）、MCS（模拟量控制系统）、DAS（数据采集和处理系统）、ECS（电气控制系统）、BPS（旁路控制系统）6 个子系统。经优化和改造后，控制系统所有设计功能全部投入运行，大幅度降低了热控和电气检修维护人员以及运行人员的工作量。该项目获得陕西省科学技术三等奖。

2002 年，西安热工研究院完成对哈汽型 30 万千瓦汽轮机调节级叶片的改进和安全性研究，开发了一套完整的分析汽轮机各种型式叶片振动特性、激振力、动应力及疲劳寿命的理论和方法，定量获得了激振力、振动特性、离心应力场、稳定汽流应力场、动应力场，对叶片的低周和高周疲劳寿命进行了预估，评价了其安全性，推荐了叶片方案。该项目获得陕西省科学技术三等奖。

（二）水处理

西安热工研究院与武汉水利电力大学共同研制出水中铁、铜、二氧化硅和磷酸根标准物质。1991 年，获得电力工业部科技进步理论二等奖。研究成果由国家技术监督局批准为国家二级标准物质，核发国家标准物质定级证书和制造计量器具许可证。

2002 年，西安热工研究院完成水处理用 001×7 强酸性阳离子交换树脂寿命诊断研究技术。通过验证试验和理论推导，首次提出判断 001×7 强酸性阳离子交换树脂寿命的技术性和经济性指标。该项目获得陕西省科学技术三等奖。

（三）火电厂污染治理

户县热电厂和西北电业管理局环保领导小组针对户县热电厂二灰场位于透水沙卵石面，灰水直排河流污染环境，致使灰场无法启用问题组织攻关。项目组吸收国外干灰碾压贮灰技术，结合陕西具体情况，经过对二灰场浸泡粉煤灰碾压及降雨入渗试验与研究，提出切实可行的技术措施，排除了对地下水污染的可能。1992 年 6 月，经省环保部门鉴定，同意二灰场恢复使用，挽回 400 万元损失，为推广干灰碾压贮灰技术提供了可靠数据，1993 年该项目获西北电业管理局科技成果一等奖。

## 二、电网技术

1991～2002 年，陕西电网装机容量、技术水平跃上新台阶。随着电源点迅速增加和用电负荷快速增长，陕南、陕北均通过 330 千伏和关中电网联络，全省 330 千伏骨干网架形成。经过多年对 330 千伏电网的建设与结构调整，采取多种措施（防止潜供电流、平衡充电无功，完善调压手段）提高动、静态稳定性，330 千伏电网的可靠性和电压质量明显提高。电网中主设备以 $SF_6$ 断路器设备为主，逐步淘汰了空气和油断路器，保护装置全部实现微机化，变电站基本实现综合自动化，满足无人值班要求。

（一）输配电技术

1. 750 千伏电压等级输变电关键技术研究

1978 年，在 330 千伏电网建设过程中，西北电网更高一级电压的研究就开始启动。1997 年，西北电力集团公司把西北电网高一级电压选择研究作为重点研究课题之一，先后委托西北电力试验研究院、西北电力设计院等单位进行研究，并组织人员赴欧美和独联体考察超高压技术。

1998年，中国电力科学研究院、西北电力设计院、西北电力试验研究院等单位共同完成了《从全国联网看西北电网高一级电压等级的选择及对西北向外送电的影响》、《西北电网上高一级电压的必要性和可能性研究》等21个专题研究报告。确定了西北电网高等级电压确定以及750千伏电网建设可行性和规划等一系列问题，为西北建设750千伏电网奠定了基础。

2001年2月，在国家电力公司科技环保部项目立项会上，同意《西北电网750千伏工程关键技术研究》正式立项。由西北电力设计院、西安交通大学、西北电力试验研究院等国内研究机构负责20多项有关750千伏工程中关键技术的专题研究。

2001年4月～2002年2月，西北电力试验研究院完成《最高运行电压及相应技术标准选择》的专题研究，以满坪—兰州750千伏线路工程为依托，结合西北电网750千伏远景网架研究的初步成果，建立西北电网750千伏输电线路的计算网架。进行西北地区750千伏最高运行电压的计算分析和研究，提出西北电网750千伏输电系统初步的最高运行电压方案。

2. 输变电技术

1998年1月～1999年8月，西北电力试验研究院、西安高压供电局对110千伏GIS（六氟化硫封闭式组合电器）投切主变压器陡波前过电压进行了研究，通过现场实测和模拟计算，得出在长进线及电缆头处加装避雷器，尽量避免隔离开关投切小母线以及GIS每次操作相当于承受3pu雷电冲击电压，且对GIS绝缘有累计效应的结论，可防止出现设备事故。该项研究成果2000年获陕西省科学技术三等奖。

2000～2001年，西北电力试验研究院、陕西省电力调度中心针对神（木）—朔（州）电气化铁路所产生的谐波和负序分量现场实测数据严重超标，影响发电厂机组安全运行问题，综合电气化铁路运行工况、电网连接方式以及系统参数，提出加装静止动态无功补偿装置（SVC）的治理方案。该方案实施后，降低了对系统的谐波与负序污染，获陕西省电力公司科技进步一等奖。

2001～2002年，西安供电局完成62座110千伏变电站及市区5座35千伏变电站无人值班改造和运行升级，建立起9个110千伏监控中心（集控站），实现了110千伏及以下变电站全部无人值班。2002年，330千伏东郊变电站监控系统改造完成，成为西安电网第一座330千伏电压等级综合自动化变电站。

3. 设备研制与技改

1992年，西安供电局研制成六氟化硫回收过滤器，与回收装置串联使用，不需要动力和储气罐，效果好、不需长时间净化，为在检修中回收六氟化硫气体提供了一种新的有效手段，填补了国内空白。西北电力试验研究院在进行安康水电厂全密封组合电器耐压试验中，首次使用国产第一台GTO串联谐振试验变压器进行现场试验和GIS内部放电故障定位装置对内部故障点进行定位2项新技术。

1995年，西北电力试验研究院研制成功10千伏雨天带电作业合成绝缘操作杆，解决了10千伏配网雨天带电作业的难题。

1995年5月～1998年12月，西北电力试验研究院研制成DWK-1型微电脑防谐无功补偿控制器，避免了投切振荡的发生和向电网倒送无功，具有过电压和低电压限值设定功能，可对电网和电容器的基波电压和电流以及谐波电压和电流实行有效监控和越限保护。

1998 年，西安供电局引进国外先进的绝缘斗臂车和绝缘材料技术，逐步开展中间电位作业。

1999 年，西北电力试验研究院完成变电站电流互感器以及支柱绝缘子防支柱雨闪的相关研究，通过对 330 千伏电流互感器、支柱绝缘子及 110 千伏耦合电容器的雨闪试验，研究雨闪发生原因、发生雨闪的临界盐密和雨水电阻率及临界雨量。研究利用硅橡胶增爬裙防止雨闪的效果，提出了在各电压等级电流互感器瓷套及支柱绝缘子上安装增爬裙的合理数量及具体安装方法。该方法 1999 年获陕西省电力公司科技进步一等奖，2000 年获陕西省科学技术二等奖。西北电力试验研究院、宝鸡供电局联合研制成电力参数变频测量装置，用于准确测量同杆双回或多回线路工频参数，保障了测量的准确性。该装置 1999 年获陕西省电力公司科技进步一等奖，2001 年获陕西省科学技术三等奖。

2001 年，西北电力试验研究院与辽宁省电力科学院、宝鸡合力叉车厂联合研制成功适用于 500 千伏变电站超高压设备带电清扫的 CZQ－50 叉车装配超高压带电自动清扫机，解决了 500 千伏超高压设备清扫问题。该设备 2001 年获陕西省电力公司科技进步一等奖，2002 年获陕西省科学技术二等奖。

自 2002 年起，西北电力试验研究院针对发电厂、变电站接地网缺陷危害严重的问题，从地网扁铁腐蚀机理着手，将地网转化为电路模型，利用接地引下线测量的方法，研究了《发电厂、变电站接地网腐蚀诊断系统》，可在选取典型测试点的基础上，确定地网腐蚀情况及腐蚀点，提高了地网缺陷诊断的准确性。该项目被国家电力公司列为重大科技项目进行研究和应用。

（二）供用电技术

1. 配电技术

1997 年 4 月～1998 年 9 月，西北电业职工大学完成《城区配电网自动化系统》研制，并应用到银川城区电网，采用有线和无线扩频混合通讯系统进行配电网监控，成为国内较早实现配电网监控的系统之一。该项目 1999 年获陕西省电力公司科技进步一等奖，2000 年获陕西省科学技术二等奖。

2001 年 11 月，陕西银河电力自动化有限公司开发完成《智能配电软件》，实现了利用人工智能科学管理配电网，能充分利用测量数据反映配电网主要运行指标，实现网络优化、安全经济运行。该项目被列为国家计委高技术示范项目。

在城网改造中，市区 110 千伏线路根据走径情况，采用窄型钢管塔、无拉线多角型独立转角塔、多棱泛壁插入式以及双回、4 回线共塔。在新建和改造 110 千伏变电站工程中，普遍采用节能型有载调压变压器、六氟化硫断路器、氧化锌避雷器、免维护直流电源、微机保护、带有限制高次谐波及放电曲折变压器的免维护密集型无功补偿电容器组、程序五防、接地馈路电容电流在线监测、防火自动报警、智能型电能表等新型设备。西安、宝鸡、咸阳、渭南等供电局还建设了 GIS 变电站，对城网 110 千伏变电站实行以微机系统管理、监控综合自动化为主要手段的集中控制。

2. 用电技术

1996 年 10 月，西北电业管理局调度通信局、西北电力设计院联合完成《智能电度表信息接入自动化系统的研究》，智能表与自动化系统（RTU）的连接成功，为西北电网电量计费系统的建立以及与 EMS 系统的有机结合作出了贡献，为其他智能电量表的接入提供了可借鉴的经验。

2001 年，西安供电局应用配网调度自动化系统投入运行，实现了故障自动判断、隔离，区域自动优化、恢复供电。正常运行时通过网络优化，提高负荷率、降低损耗。并实现了地理信息、电网实时信息和 GPS（全球定位系统）三重叠加等功能，经国家电力公司专家鉴定，科技含量、实用化程度居全国领先水平。

2002 年，西安供电局和西安亮丽自动化发展有限公司共同开发研制成功远程抄、核、收自动化系统。采用 GSM（全球移动通信系统）、载波、红外、电话等技术方式抄表，按照电力规范核算，直接进入现有营销系统，收费与银行联网实时结算，实现了抄、核、收全程自动化管理。该系统获陕西省电力公司科技进步二等奖。西安供电局还在全国首家利用超短波无线传输技术研制成远程无线抄表系统，在 1300 台计量装置上实现了 50 米以外远距离抄表。

（三）电力调度与信息化

2000 年，陕西省电力公司成立由公司领导参加的数字化陕西电力领导小组，利用城农网建设改造机会，加大投入，统一组织实施各供电局信息化建设。

1. 电力通信网络

经过近 10 年建设，至 2002 年，陕西电力信息局域网络初具规模。省公司机关建成了以 155 兆 ATM（异步传输模式）网络为主干、10 兆交换到桌面的局域网络。电网运行实时信息、各类管理信息已在生产指挥、企业经营管理中得到广泛应用。省公司直属 10 个供电局（公司）、部分发电企业和科研院所建成了基于 TCP/IP（网络通信协议）的千兆以太网主干、10/100 兆交换到桌面的企业内部 Internet 网络。广域网建设确立了信息主干网络以光纤为主、微波为辅的建设原则，将实现东西主干网络传输带宽为 100 兆，南北主干网络带宽为 N×2 兆。2002 年，已完成宝鸡—西安—渭南—秦岭发电厂—商洛 440 多千米光纤主干和西安市光纤骨干网 1200 多千米。

2. 电网调度自动化

1991 年，中国电力科学研究院编制的《电力系统综合分析程序》移植到微型计算机，陕西省调运行方式编制工作使用这个程序作为计算工作的主要工具。

1992 年，西安供电局投运了骊山微电子公司研制的 SYSTEM－320 安全监控系统。该系统为调度员初步掌握调度自动化的先进手段发挥重要作用。1996 年，由西安康拓新源公司对该系统进行改造，构成 KTXY－1000 分布式监控系统。

1993 年，西北电网总调与西安交通大学合作开发 PSS（电力系统静态稳定器）及 EOC（最优励磁控制器）参数整定程序，作为研究电网低频振荡及 PSS、EOC 参数的协调整定工具。

1994 年 9 月，在 330 千伏蒲北输电线路上采用具有国际先进水平的集成电路型电力载波机 ESB－500X，该技术在西北电网属首次。

20 世纪 90 年代中期，西北网调利用加拿大政府贷款，引进了加拿大 CAE 电子有限公司新一代能量管理系统——新一代分布式、开放式 EMS 系统。在引进 EMS 系统时开发了接入 CDT 通信规约的程序，使这套系统更趋完善。EMS 系统于 1996 年进行安装调试，1998 年通过现场工程验收。AGC（自动发电控制系统）的成功投运，标志着整个电网自动化应用水平和电网运行管理水平上了一个新台阶。

1997 年 6 月，西北电网总调引进中国电力科学研究院编制的《电力系统计算数据库》。12 月，西北电业管理局调度通信局把国际标准 DNP3.0 分布式网络规约成功应用到西北电网调度自动化二期工程，获得西北电力集团公司 1997 年度科技进步一等奖。

1997 年，西北电网水调自动化系统开发完成，1998 年通过鉴定。该系统于 2000 年被评为西北电力集团公司科技进步一等奖、国家电力公司科技进步二等奖。

1998 年，西安供电局和宝鸡供电局选用国家电力公司南京自动化研究院研制开发的 SD－6000 型能量管理系统。10 月，西安供电局市区集控 IES－500 监控系统投入运行，标志着西安电网首座集控中心落成使用。

1999 年 1 月～2000 年 1 月，全国电力系统面临计算机 2000 年问题（“Y2K”），陕西省电力公司组建了由公司领导、生产、调度、通信等方面专家组成的“Y2K”问题工作组，对 9 个火电厂、两个水电站各种计算机监控设备存在的“Y2K”问题进行摸底、测试，排查解决相关问题，从 3 月底起步，到 4 月 30 日在全国第一个完成地级供电局验收，使自动化设备安全度过危险期，未发生影响安全生产的问题。

1999 年 4 月，西安地区电网调度自动化主站系统更新完成，采用 SD－6000 系统。该系统具有统一的支撑软件平台，具备开放型、分布式 SCADA/EMS/DMS 系统，是当时国内唯一通过部级鉴定，并获得国家电力公司科技进步一等奖、国家科学技术三等奖的 EMS 系统，也是国内技术先进、功能强大、成熟性好、可靠性高的 SCADA/EMS/DMS 系统。

2000 年 7 月，陕西电力调度中心制订了《陕西电网低频减载工程方案》，用其编制的《陕西电网负荷预测及发电计划编制应用软件》，使调度运行工作摆脱了完全靠人工进行负荷预测和发电计划安排的传统方式，实现了陕西电网调度管理现代化。

2002 年，陕西电力信通有限责任公司和陕西蒲城发电有限责任公司共同研发的《生产实时信息管理系统》将各类生产过程监控信息采集到企业 MIS（信息管理系统）网上，形成整个企业共享的生产管理数据库，为企业设备安全、经济运行和经营决策提供依据。该系统成功地应用于蒲城发电有限责任公司 DCS 分布式控制系统和陕西省电力调度中心 EMS 系统。

3. 发电厂、变电站综合自动化

1997 年，咸阳供电局在变电站综合自动化系统引进瑞士 GIS 组合电器，实现了咸阳地区第一座 110 千伏无人值班变电站。

1998 年，宝鸡供电局与武汉国测电力新技术公司联合研制成功 35 千伏变电站综合自动化系统。该系统采用分布式结构，各项指标均满足系统要求，保证无人值班站的安全可靠运行。

2000年，陕西电网调度员仿真DTS系统投入使用，陕西电网10个地区供电局调度自动化系统升级改造工作全面完成，SCADA及DTS等自动化系统高级应用部分得到完善，陕西电网调度自动化系统应用软件基本功能全面步入实用化，成为电网运行的重要技术支撑。

2001年，西安地区集控系统全部投入运行，所辖110千伏变电站全部实现远方监控，无人值班。

至2002年，发电厂、变电站综合自动化系统在整个陕西电力系统广泛应用，陕西电网内30万千瓦机组已全部采用先进的分散控制系统DCS，大大提高了机组运行的安全可靠性，降低了运行管理成本。绝大部分变电站微机远动进行了更新改造，使用综合自动化设备，提高厂站自动化水平，使地区电网调度自动化系统的远动信息覆盖率和量测精度都有显著提高。通过城农网改造，除榆林外各地级市所有110千伏城区变电站和部分35千伏变电站实现了无人值班，主要设备实现综合自动化、全部信息上传、自动切除等功能，部分设备实现自动投运，为电网安全运行奠定了基础。2002年，陕西电网自动化EMS系统直收330千伏变电站26座、220千伏变电站6座、发电厂18座及8个地调转发信息，共计58个点。

4. 继电保护及自动装置

20世纪90年代初，晶体管保护在陕西电力系统线路及安全自动装置中占绝大多数，至1995年仍达70%～80%。

1990年，陕西电网开始配置集成电路保护和微机型继电保护装置，新建的变电站全部采用微机保护，新投入的220、330千伏线路装设双重微机保护。系统中原已运行的线路、母线和主设备的继电保护装置，根据运行情况，逐步更新为微机保护装置。12月，在330千伏安—南线上首次采用南京自动化研究所生产的全套集成电路型线路继电保护装置，配置有快速高频方向保护、快速高频闭锁距离保护、双回线横联保护、综合重合闸装置和微机故障录波装置。为保证安康水电厂安全送出，要求实现异线全相运行、重合闸具有异线全相选相功能。由于330千伏安—南双回线是全国首条同杆架设的超高压线路，继电保护装置的研制、运行和整定均缺乏经验。南京自动化研究所、西安交通大学、西北电力设计院、西北电业管理局等单位在西安交通大学动模试验室进行了长达4个月的大规模试验，确定了保护的具体参数。该线路大部分穿越秦岭山区，发生多次故障，该保护投入后，装置均正确动作。

1996年，在110千伏咸阳变电站首次使用南京自动化设备厂生产的四方公司产品CSC2000型综合自动化设备，用于主变压器差动和后备保护、主变压器非电量保护，主变压器断路器控制，110、10千伏备用电源自投，10千伏线路电流、重合闸、低周保护，10千伏电容器保护。

1999年5月，陕西电网开始研发继电保护信息管理系统。11月底，逐步投入运行，接入15个330、220千伏变电站。通过继电保护信息管理系统，可以实时监控所接入保护的运行状态，及时处理装置存在的缺陷，提高系统继电保护的运行管理水平。该系统的投运，在安全稳定运行中发挥了重要作用。2003 年底，全系统 220 千伏及以上厂站及部分 110 千伏厂站将全部接入该系统。

2002 年，建成低频减负荷装置控制负荷实时监视系统，实现实时信息监视和信息报表管理两大功能，数据信息可随时进行查询、浏览、编辑、计算及打印等，解决了低频减载装置各轮控制负荷数量依靠手工录入的问题。

5. 其他电力信息化应用

1998 年，宝鸡、汉中、延安、西安、咸阳和渭南等城市的主要供电线路陆续建设了不同规模的配电自动化系统，这些系统的投运降低了线路损耗、提高了供电能力和供电可靠性，减少了事故停电范围，缩短了停电时间。在确保故障处理功能和提高供电可靠性的同时，还可在正常情况下借助人工智能进行网络优化，降低运行成本，扩大供电能力和确保供电安全。同时，在陕西电网建成投运电能计量计费系统，该系统主要功能包括接收从采集系统传来的数据，按用户要求的统计条例规定进行统计，用于电量分析，数据查询，数据汇总、报表生成等，数据可以通过 ODBC（开放数据库互联）方式供给 MIS 或 Web 系统使用。至 2002 年，系统已建成具备网络通信的功能关口点 32 个，具备全系统 17 个上网发电厂及 3 个省际联络线关口点的上网表计数据采集和数据统计功能。

2002 年，管理信息系统进入实用化阶段，全省所有供电局和省调中心建成了管理信息系统（MIS）。安康水电厂及公司直供直管县级电力局的管理信息系统正在建设中，将于 2003 年完成。全省电力办公自动化系统基本统一了平台和应用，统一了全省电力财务账务管理软件，并统一开发财务分析及预算软件。根据陕西省电力公司“客户服务方式创新、客户服务技术创新、客户服务形象创新”的目标，完成《陕西电力客户服务支持系统规划》、《陕西电力客户服务支持系统总体方案》。建设呼叫中心与用电营销系统紧密结合，采用多层软件架构，符合 J2EE 标准技术先进的客户服务系统。有效整合营销各项业务，实现工作自动流转。

从 1992 年起，各供电局按用电形势要求，开始建设负荷控制系统，后更名为负荷管理系统。至 2002 年末，全省负荷管理系统已初具规模，其中安康、商洛、延安供电局为有线方式，其他供电局为无线方式，终端全部为汉显双向终端。自 2001 年起，对达到实用化验收的供电局扩展了远方抄表、小电厂管理、电能表在线监测、大客户用电分析等功能。

## 三、电力施工技术

### （一）电源建设施工

1. 电厂施工

1992 年，西北电业管理局基建局水电处针对安康水电厂工程汛期长、洪水流量大、溢流堰闸墩结构复杂、表孔闸门不能安装与全部投运等问题，于 1994 年完成安装并投运过水叠梁封堵表孔工程措施，水库多蓄水 16.1 亿米$^3$，增发电量 6.62 亿千瓦·时，获得西北电业管理局科技成果一等奖。

1993 年 5 月～1994 年 4 月，陕西省电力设计院在充分研究粉煤灰工程性质的基础上，提出采用土工织物碎石加筋垫层处理粉煤灰软弱坝基的技术方案。该研究成果 1998 年获西北电业管理局科技成果一等奖。

西北电力试验研究院研制成功适用于火力发电厂锅炉、凝汽器等热交换设备的化学清洗 XL 系列移动式化学清洗平台成套装置，在大型锅炉及凝汽器化学清洗工作中多次使用，收到良好效果，获 2000 年陕西省电力公司科技进步一等奖，2001 年度陕西省科学技术二等奖。

2. 大口径厚壁弯管工艺

西北电建三公司在完成西气东输管道工程大口径厚壁 X70 中频感应加热弯管中，使用钢管化学成分分析，通过对弯管的回火热处理工艺试验和弯管弯曲段弯制工艺试验，提高了钢管的淬透性，确定了弯管加热温度过渡区强度与韧性的保证措施。此外，还对弯管机和中频感应加热系统进行改造，2002 年获陕西省电力公司科技进步一等奖。

3. 发电机组安装

西北电力试验研究院等单位对 30 万千瓦以上机组 SA335P91 与 12Cr1MoV 异种钢焊接性能进行试验研究，用高、中、低三种匹配方式对焊接接头进行大量试验研究，得出低匹配焊接的接头性能最佳，中匹配次之，高匹配较差的结论。研究结果为焊接 SA335P91 与 12Cr1MoV 异种钢提供了理论支持。试验研究结果在蒲城发电厂三号机组应用，焊缝质量良好。该项目于 2002 年获陕西省电力公司科技进步一等奖。

（二）输变电施工

1996 年，陕西送变电工程公司针对 330 千伏延榆线南端工程地形复杂、山高坡陡、沟壑纵横，材料运输极为困难的问题，采用矿区多支点循环索道运料的原理，结合送变电工程施工特点，研制出简易索道多支点运输施工方法，减小了山区施工劳动强度，提高了工效。

1997 年 8 月，渭南供电局采用带电作业方式更换 110 千伏输电线路下段铁塔。

1998 年，咸阳供电局研制的适用于 330 千伏线路的 SSF－1 型带电作业四轮双线飞车用于断裂间隔棒的更换和导线修补等作业，获陕西省电力公司科技进步一等奖。该产品同国内同类产品相比，具有设计新颖、结构合理、使用安全、进退自如、空档转动灵活等优点。

2002 年，陕西送变电工程公司在全国第二条紧凑型 500 千伏新乡—安阳—邯郸线路施工中，采用一牵六（2＋4）张力放线施工方案，取得良好效果。

## 四、电力安全技术

（一）电厂安全生产技术

1995～1996 年，西北电力试验研究院、中电联标准化部、陕西（西北）电建总公司联合制定《火力发电厂汽水管道与支吊架维修调整导则》，明确规定了对支吊架进行维修与调整的原则性要求，具体规定了对恒力吊架、弹簧吊架、刚性支吊装置、减振器与阻片器的调整方法，使检修人员便于操作。并提出对管系进行寿命管理与寿命预测必须保证的物质条件与组织条件。

1998 年 3 月，西北电力试验研究院编制完成《锅炉炉膛安全监控系统在线验收测试规程》。7月，编写完成《西北热工自动调节系统运行技术指标及试验导则》，规范了自动调节系统在投入前和投入后所应进行的试验项目和质量要求，规范统一了西北电网各火力发电厂热工自动调节系统的试验方法，使各火电厂之间热工调节系统的调节质量更具可比性，也使西北电力集团公司热工监督考核细则更具可操作性。

（二）电网安全生产技术

1999年9月，西北电力试验研究院在总结多年绝缘技术监督实践和经验的基础上，制定陕西省电力公司绝缘监督反事故措施，涵盖高压电网和电器设备绝缘的各个方面、各个环节和各个阶段，成为保证电网安全生产的有效手段。

2000年，陕西电力调度中心、西北电力试验研究院对陕西电网的黑启动问题进行研究，论证选取黑启动电压的可行性，研究了机组自励磁、空载线路合闸过电压、启动初期的低频振荡、恢复中的频率电压控制等问题，为电网事故恢复提供了全面的解决预案。

2002年，西安热工研究院等6个单位共同完成变压器油、汽轮机油、密封油的运行质量标准；糠醛、含气量、抗燃油自燃点、T501含量测定的试验方法；六氟化硫电气设备气体监督和安全防护规范等9项技术标准的修订和制定。其中两项为国家标准，7项为电力行业标准。这些标准被全国31个省、市、自治区以及香港、台湾地区广泛应用，国外一些著名电气设备公司亦已采用。该项目荣获陕西省科学技术三等奖。

# 第三章　科技信息与科技交流活动

陕西省电力系统通过开展科技交流活动，收集整理、交流发表信息，出版技术期刊，举办科技展览，开展学术活动和群众性创新等活动，形成良好的科技氛围，促进了科技工作。

## 第一节　科　技　信　息

陕西省电力公司重视科技信息的处理与利用工作，科技信息中心设在西北电力试验研究院，负责电力技术资料、科技成果信息、技术标准的管理工作。《热力发电》、《西北电力技术》等科技刊物在全国具有一定影响，为广大科技工作者提供研究成果和技术交流平台。

20 世纪 90 年代初期，西北电力试验研究院在原情报室的基础上组建西北电力试验研究院科技情报信息中心，从事电力科技信息的收集、整理、报道、服务与研究，使之成为西北电力行业的资料馆藏中心、电力文献资源检索中心、开发利用技术信息服务中心和西北电力标准化咨询与标准图书发行中心。科技情报信息中心通过开发和利用馆藏文献资源，编辑出版了《信息快报》。对馆藏一次文献和网上信息进行二次加工，及时、准确地传递国内外最新电力生产信息、技术信息和管理信息。根据电力生产和科研工作需要，汇编各类专业的专题资料，提供专题信息服务。如《750 千伏输变电工程资料汇编系列》、《600 兆瓦火电机组运行经验汇编》、《汽轮发电机组振动技术选编》等。西北电力试验研究院科技情报信息中心还负责西北电力标准信息网和西部电力标准化情报信息网活动的组织协调工作，利用计算机网络技术和现代信息技术，建立了西部电力标准化情报网。负责电力标准文献的采集、编辑、交流工作，不断补充、更新标准数据库，提供标准文献计算机检索服务。

《热力发电》由西安热工研究院主办，1972 年创刊，原名《热工技术报道》，1973 年改现名。创刊时为内部刊物，1988 年取得全国统一刊号，内部发行。1992 年，经国家科委批准，国内外公开发行。《西北电力技术》是由国家电力公司主管，西北电力试验研究院主办的电力类杂志，1996 年为季刊，1997 年以后改为双月刊，以各类电厂和供电企业，发供电设备制造、设计、试验研究部门，动力工程及输变电建设单位、城乡广大电力用户、相关大中专院校和公共图书馆为基本读者对象。

1991～2002 年，陕西省电力公司科技处每年都组织科技情报信息中心、西北电力职工培训中心对公司评选出来的科技成果进行整理、提炼、摘录，形成科技成果汇编，并印发到各单位，作为推动科技成果应用和信息交流的重要参考资料。

## 第二节　科 技 交 流 活 动

20 世纪 90 年代，陕西省电力行业的绝缘监督、电器设备、继电保护等专业技术监督小组、专业委员会每年召开 1～2 次专业技术交流会或年会，讨论工作中出现的技术与设备问题，有的还形成论文集。陕西省电力公司科技处不定期邀请西安交通大学、中国电力科学研究院等单位的专家为公司系统广大科技人员举办专题技术讲座。先后组织了配电网自动化及装备、变电站设备巡检、无功补偿装置与技术、变电设备状态检修及设备管理、绝缘在线监测、电网污秽检测与测试等多项专题研讨会，由专家介绍相关领域的发展情况，电研院介绍有关技术的整体概况和主要问题，各个供电企业提供现场应用中的主要不足与缺陷，使科技交流有目的、有层次，各个层面均能获得有用信息。

20 世纪 90 年代中期，陕西省电力公司科技处每年利用科技项目立项协调的机会，组织各单位介绍本单位科技工作情况和项目概况，形成良好的交流机制。2000 年，在科技项目交流中又引入了专家质询、建议的环节，提高了基层单位科技管理和应用水平。

1999 年，陕西省电力公司科技处与陕西省电机工程学会联合在国家举办的“科技之春”科普宣传月期间，组织开展了宣传电力知识和安全用电活动，制作科技成果宣传展示牌，在公司系统相关单位进行展览。西北电力职工培训中心、宝鸡供电局还编制了《科技专刊》、《科技快讯》，刊发科技新闻、科技动态、科技论文与经验，加强对职工科技活动的指导与鼓励，宣传科技知识，提高职工的科技意识。陕西省电力公司组织银河集团公司、西北电力试验研究院、西北电力职工培训中心等参加了“99 西安国际电力电工及电气自动化设备展览”。

2001 年 3 月，陕西省电力公司主办了“2001 年西部国际电力电工、电力环保设备与技术展览会”。2002 年，该展览再次在西安举办，并逐步形成常态机制。陕西省地方电力集团公司、西北电力试验研究院、西北电力职工培训中心、陕西银河自动化公司等企业参加展览，进行科技成果交流。

## 第三节　群众性科技创新活动

1991～1999 年，陕西省电力公司在科技成果奖励中专门开设了合理化建议与技术改进奖项，鼓励群众参与技术改进与革新，先后奖励各种合理化建议与技术革新活动 30 多项。进入 21 世纪，以开展“小发明、小革新、小改造、小建议”群众性创新活动为载体，营造创新氛围，产生了一大批实用的群众性创新成果。

渭南供电局经过班组工人和技术人员联合攻关，反复试验，研制成功了易换式 10 千伏配电型避雷器，在检修、更换、预试避雷器时，线路和变压器无需停电。该设备在陕西、甘肃、新疆等省区多个变电站 10 千伏馈路出线、配电变压器上安装运行。研制成功的 110 千伏变压器推进器解决了主变压器移动、就位费时费力问题。开发的电缆故障分析与应用技术在施工中提高了电缆故障分析、判断的准确性。

西安供电局变电工区完成的 GS14G 型接地开关改造项目，将传统的把式操作机构改造成涡轮大传动操作机构，利用杠杆原理使操作更轻松、更简便。研制的带电更换 330 千伏双联弯头卡具，在带电、停电情况下，用于 330 千伏线路作业，既方便又能提高工作效率。

1996～1999 年，西北电业职工大学发挥专业优势，发动教师开展职工技能鉴定试题库系统、变电站仿真系统、配网自动化系统开发工作，形成一系列科研成果，在多家供电局推广应用。

# 第四章 技 术 监 督

电力工业技术监督从20世纪70年代的4项发展到90年代末的全过程监督。陕西省电力公司严格执行各项专业技术监督标准和规程，结合发供电设备运行实际，依靠科技进步提高技术监督的质量和成效。

## 第一节 技术监督管理

陕西省电力公司建立有技术监督管理体系，省公司生产、供电、调度是技术监督归口管理部门，西北电力试验研究所（院）负责日常监督工作，并形成厂（局）、车间（分场）、班组层层负责的监督管理体系。1992年9月，西北电业管理局锅炉压力容器检验中心通过部级鉴定并获得证书。1994年4月，电力工业部批准成立电力工业部西北地区发电用煤质量检验测试中心，挂靠在西北电力试验研究所，归口西北电业管理局领导。8月，西北电网六氟化硫气体运行监督检测中心成立，并通过电力工业部组织的评审验收，设在西北电力试验研究所。

1996年，西北电力试验研究院完成《西北电力集团公司技术监督导则》、《西北电力集团公司技术监督考核办法》，以及各专业技术监督导则和检查考评办法的编写和修订。1997年3月，电力工业部发布了西北电力试验研究院起草的电力行业标准《火力发电厂汽水管道与支架维修调整导则》。4月，西北电力试验研究院制定并发布陕西电力系统《常温固化硅橡胶防污涂料使用导则》。

1998年，西北电力试验研究院编写制定《西北电力集团公司全过程技术监督实施细则》，以国家、行业和西北电力集团公司颁布的法规、标准、规程、条例、制度为依据，界定了设计、制造，安装、调试，发供电企业和电力试验研究院所在全过程技术监督工作中的权力、责任和义务；确定了金属、化学、绝缘、热工、电测及锅炉、汽轮机、发电机、变压器及环保等主设备在基建生产各个环节的技术监督项目、内容、方法和标准；规定了在基建生产的各个阶段、各个环节必须着力完成的监督工作。

1999年7月，西北电力试验研究院和蒲城发电厂编写完成《技术监督论文集》，收集了技术监督、测试、分析、诊断和事故处理及技术监督管理等各个方面的研究成果和论著。

## 第二节 全过程技术监督

陕西省电力公司坚持实行电力生产全过程技术监督，对系统内部的发供电设备及其运行状况进行监测和管理，掌握其运行性能和变化规律，指导生产，并反馈到设计、制造部门，以提高产品质量。在电力生产的全过程中，严格执行技术监督制度，保障电厂、电网安全经济运行。通过对电力技术监督报告的分析，为电力管理、生产、营销部门进行科学决策提供重要依据。

## 一、金属监督

金属监督主要负责压力容器和承压管道及部件、蒸汽管道、高速转动部件的材质、组织和性能变化分析、安全和寿命评估；焊接材料、胶接材料、焊缝、胶接面的质量，以及部件、焊缝、胶接面和材料的无损检验。1991～2002 年，西北电力试验研究院和各发电厂密切配合，进行了多项金属监督工作，保证了发电厂设备安全运行。

1991 年 3 月，渭河发电厂二期 30 万千瓦机组 3 号炉水压试验时，过热器所用的 TP304 管泄漏，先后查出高温过热器多处明显漏水和渗水。西北电研院深入施工现场调查研究，通过各种性能试验和厂家、施工单位取样分析，最后确认造成高压过热器泄漏的原因是设备出厂前进行水压试验时，未按有关规定采用合格的化学除盐水，而采用上海地区自来水进行水压试验，水中氯离子导致过热器管产生点和晶间腐蚀。同时，对尚未安装的 4 号炉高压 TP304 管进行抽查取样检查，试验结果和 3 号炉基本相近。这一重大缺陷的发现和解决，避免了渭河发电厂二期机组投产后严重事故的发生，改变了以往技术监督在机组投产运行后才开展工作的方式，从而确定了从电力建设施工开始就由电研院参与全过程技术监督。1992 年 6 月，电力工业部在扬州召开全国电力安全生产会议，西北电力试验研究院就这一工作做了专题发言，被领导和参会者誉为“真经”。

1993 年 1 月～1994 年 12 月，西北电力试验研究院、秦岭发电厂针对秦岭发电厂 4 号炉汽包 G761－L 筒节在 H3 环缝附近存在大量夹层缺陷问题，进行现场实测和有限元计算，分析缺陷产生和发展的原因，最终对缺陷能否产生脆性开裂及能够承受多少次启停做出结论，并确定了重点监督区域和监督方案。

1995 年 6 月～1996 年 1 月，渭河发电厂 5 号炉累计运行时间不足 3000 小时，就发生 6 次高温再热器爆管。经过西北电力试验研究院分析、试验，发现钢研 102 钢管管材质量低劣、异种钢焊口焊接质量差、管排设计不合理、结构应力过大等是导致频繁爆管的原因，为西北电业管理局及电厂决策更换管材提供了依据，并促使东方锅炉厂承担责任，变更管排设计，同时也为宝鸡第二发电厂订货及监造提供了经验。

1995 年 7 月～1996 年 12 月，西北电力试验研究院对凝汽器铜管硫酸亚铁成膜工艺进行了一年半的试验研究，弄清不同材质、不同新旧粒度铜管的表面预处理方法，发现影响控制成膜条件的主要因素，提出低碱度水的 pH 值调节新方法；发现了溶解氧是影响成膜质量的关键因素之一，提出用压缩空气补充水中氧气消耗的新方法；通过试验确定了盐酸滴溶法、铁含量测定法、动电位扫描法的评价标准（优、良、合格、差 4 个等级的数值范围）。

1998 年，西北电力试验研究院等 5 家单位，对陕西地区 20 万千瓦和 30 万千瓦发电机组所配套的 670 吨/时和 1050 吨/时锅炉高温过热器、高温再热器的频繁爆管问题进行了研究分析，重点对 T91 钢材的各种性能、钢管管排制造工艺，特别是焊接、弯管工艺性能，焊接及焊后热处理工艺，全面进行应用试验研究，探索爆管原因。

2000年9月，在韩城发电厂1号炉大修中，西北电研院与西安热工研究院合作，对1号炉汽包焊缝存在的缺陷进行了全面复查、校核和寿命评估，为机组安全运行提供了可靠理论依据。

2000年，蒲城发电厂1号机、炉首次大修时，西北电力试验研究院对高温螺栓进行了全面检验，对锅炉9类受热面管进行抽样试验。发现共有217条螺栓的硬度超出了规范，其中有109条超出了允许监督运行的范围，螺栓材质与标称不符。炉受热面管的材质状况未发生明显恶化，在正常工况下应能够满足锅炉继续运行的安全要求。通过对研究成果的合理应用，保证了发电厂安全生产。

2000年4～12月，韩城发电厂在浙江无损检测工程公司开发的《MMI2.0金属监督信息管理系统》软件基础上，开发研制了集金属试验、金属监督、NDT专业知识培训等管理与学习于一体的《金属天地》应用软件。

2001年4月，户县热电厂对3、4号炉主蒸汽管道进行了状态检查。特别检查了主蒸汽管道的焊缝、弯头外弧面及中性面等薄弱部位，摸清了管系状况，对主蒸汽管道的状态做出了评估，为机组的运行、检修、更新和监督运行提供了重要技术依据。

2000年3月～2002年3月，西北电力试验研究院和陕西电力发电公司依据当时执行的标准和新监督技术，结合陕西发电厂实际情况，制定《陕西省电力金属技术监督管理细则》、《陕西火力发电厂金属技术监督厂际评比标准》、《金属技术监督记录及报告格式》、《300兆瓦机组金属监督标准大修项目》、《200兆瓦机组金属监督标准大修项目》、《火电厂金属技术监督季报表》、《火电厂金属技术监督年度计划报表》等一系列管理标准，用以指导发电厂金属技术监督管理，2002年3月正式执行。

**二、化学监督**

1988～1991年，西安供电局共投运34台六氟化硫断路器和1套GIS设备。在运行中发现断路器中的六氟化硫含水量超过部颁标准。为解决这一问题，西安供电局研制出六氟化硫回收过滤器，采用能安装较大量的吸附剂并加温加速吸附的原理，将六氟化硫含水量经分子筛过滤1～2遍后，使水分含量达标。

1990年，西北电力试验研究所设计完成的JY智能加药装置可用于发电厂给水、炉水、循环水加药实现在线优化控制。在韩城发电厂1号机凝结水泵出口母管进行试验获得成功，1991年底，在4台机组上分别安装了JY智能加药装置。

1992年11月，西北电力试验研究所与秦岭发电厂共同完成具有微处理机的智能化化学分析仪表NLJ－90型智能工业PHA计，能自动显示水样钠离子含量，手动可显示PNA值、水样温度和水样碱化处理程度（PH值）。

1995年，为提高循环水浓缩倍率，防止凝汽器铜管腐蚀结垢，西北电力试验研究院对户县、宝鸡、略阳、秦岭、韩城及渭河等火电厂水源情况、水质状况及循环水处理情况进行了调查。

1996年，西北电力试验研究院修订《西北电力集团公司化学技术监督工作条例》。

1996年6月～1998年3月，西北电力试验研究院对宝鸡、韩城、渭河、户县、秦岭、略阳和灞桥等发电厂用水系统的用水与排水进行了测算及水质分析，找出各厂用水与排水系统设备存在的缺陷和问题。并向各厂提供了相应的废水处理措施和节水方案，为各厂的水务管理和节约用水提供了科学依据。

1998 年 10～12 月，户县热电厂通过离子色谱分析和分光光度计分析测定给水系统各部位铜含量的对比，找出给水系统低压加热器中疏水是导致铜含量超标的主要原因。采取减少汽流冲蚀措施，调整补给水加氨量，可减少氨蚀；调整锅炉排污率，降低锅炉汽包盐浓缩倍率，最终可达到降低炉水含铜量，防止炉管高负荷时还原铜离子的沉积，减缓水冷壁铜垢的生成。

1998 年，西北电力集团燃料公司组织研制成功 TN－200 型快速煤质监测仪。渭河发电厂设计安装了 1、2 号机组汽、水集中取样分析装置，改善了热力设备汽水取样和分析条件，确保化学在线仪表的可靠正常投运，提高了化学监督水平。渭河发电厂 4 号炉大修时，发现水冷壁管内壁存在大面积腐蚀现象。西北电研院从金属监督、化学监督及锅炉运行 3 个专业入手，对 4 号炉水冷壁管从腐蚀原因、失效机理以及预防措施等方面进行试验分析，论证 4 号炉水冷壁管内壁腐蚀为垢下腐蚀，锅炉水质不合格是造成腐蚀的根本原因，炉内加药管故障、炉内火焰偏斜是造成局部区域管排腐蚀严重的因素，据此提出了相应的建议和措施。户县热电厂锅炉补给水因空气二次污染较重，造成热力系统溶解氧和游离二氧化碳腐蚀，影响安全运行。针对这一问题，该厂在除盐补给水箱中采用塑料翼形球覆盖液面，有效降低补给水导电度，提高给水品质，减缓给水及热力设备的腐蚀，延长设备使用寿命。同年，由西安交通大学电子与信息工程学院研究设计，在宝鸡发电厂实现了化学监督实施微机监视，使化学监督实施连续 24 小时数据采集。

1997 年 4 月～2000 年 12 月，经过西北电力试验研究院、户县热电厂多次试验研究，找到将新型停炉保护剂十八烷基胺 ODA 液化的方法，制成常温下稳定的 ODA 乳浊液，并经复配研制出 DY－A 型新型热力设备停（备）用防腐保护药剂，于 1998 年 7 月在户县热电厂成功应用。

1999 年，秦岭发电厂 20 万千瓦超高压机组锅炉采用低磷酸盐处理，大大减少了炉水排污量，连排开度可保持在 10%左右，降低了汽水损失率和炉水含盐量，基本解决了磷酸的“暂时消失”现象。

2000 年 12 月，宝鸡第二发电厂针对凝汽器铜管水侧腐蚀、结垢造成泄漏，管端胀口工艺不良，造成渗漏导致汽水品质劣化问题，采用高压电弧喷涂锌工艺，在金属表面增加了一层防腐保护层。利用喷涂面的粗糙提高防腐胶的附着力。经处理后，再未因铜管腐蚀及泄漏造成水质恶化而减负荷运行或停机。

2000 年 4～12 月，西北电力试验研究院、蒲城发电有限责任公司共同组织了 1 号机组 33 万千瓦直流炉热化学试验，全面摸清了该机组在不同工况条件下水汽品质变化规律及盐类在水汽系统中不同区段的沉积规律，提出机组运行中给水控制参数、机组启动升降负荷速度对水汽品质的影响情况，以及改变供水方式对水汽品质产生的影响。

## 三、环境保护技术监督

1991 年初，陕西省电力公司系统有专职从事环境监测和环境保护工作人员 74 人，环境监测车 7 辆，重要仪器 183 台。

1991 年，韩城发电厂投入 567 万元，完成周原灰场改造，停止了向黄河排灰。户县热电厂投入 1400 多万元，完成一、二灰场改造和灰水回收工程，1992 年增加库容，减少了外排灰水量。

1991～1992 年，略阳发电厂 1、2 号锅炉除尘器由文丘里式改为多管式，两炉的除尘效率均提高到 92%。

1992 年，户县热电厂改造了 6 号锅炉除尘器，除尘效率由 65%提高到 91%以上。9 月，西北电业管理局举办火电厂环境监测学习班，邀请陕西省、西安市环境监测中心站负责人授课，并请省环保局组织有关专家进行全面考核和发证工作。陕西省 8 座火电厂及有关单位的环境监测人员共 35 人参加学习。

1993 年，秦岭发电厂投入 1500 万元，完成二灰场应急工程，加高灰坝，增加库容 150 万米$^3$，使灰水悬浮物达标排放。灞桥、户县热电厂粉煤灰综合利用取得显著成果，做到当年排灰当年利用的良性循环。灞桥热电厂与西安建筑设计院、西安公路研究所等单位共同进行用粉煤灰替代黄土、沙子处理地基和修筑路堤的研究，获得成功，当年灰渣综合利用量达 227.23 万吨，利用率 75.71%。

1995 年，宝鸡发电厂 1 号锅炉除尘器由多管式改为复合式，除尘效率从 75%提高到 91%以上，获 1996 年西北电业管理局科技进步一等奖。户县、灞桥热电厂分别改造了 3 台锅炉除尘器，改善了大气环境。11 月，略阳发电厂投入 8805 万元，新建康家沟灰场，增加了 500 万米$^3$ 库容，结束了向嘉陵江排灰的历史。当年，秦岭发电厂煤粉综合利用回收总量达 3400 吨，其中漂珠回收 1600 吨，选碳回收 1800 吨。韩城发电厂回收漂珠 470 吨。

1996 年 11 月～1997 年 10 月，西北电力试验研究院制定《西北电力集团公司环境保护技术监督条例》和《环保技术监督指标考核实施细则》，自 1997 年 11 月起试行。该条例包括环保技术监督总则、环保机构与职责、监督范围和内容以及技术管理 4 部分，与《环保技术监督指标考核实施细则》一起使环境保护技术监督工作实现了规范化管理，使环保设施从设计、选型、安装、调试、试生产到运行、检修实施全过程监督有了依据。

1998 年，陕西省电力公司完成烟尘治理项目 17 个，改造除尘器 16 台，停运 9 台，待改造或安排停运 5 台，减少烟尘排放量 8.6 万吨/年；完成废水治理项目 4 个，开工 1 个，待停运电厂 1 个，待安排 3 个，提高废水回收能力 1900 吨/时。完成脱硫工业试验 1 项，减少二氧化硫排放量 118.6 吨/年。同年，由陕西省电力设计院设计，陕西水电工程局施工的秦岭发电厂三灰场（低洼盐碱地改造）建成竣工，灰场库容 350 万米$^3$，首创在国内采用水力冲填粉煤灰技术，不但有效地利用粉煤灰填筑坝体，而且实现了无大型施工机械、无施工扬尘、无车辆拉灰。西北电力试验研究院《大气环境对输变电设备抗污闪能力的影响》研究获国家科技进步三等奖、部级科技进步二等奖。

1999 年，秦岭发电厂完成废水回收工程。改造除尘器，全年烟尘排放量减少 4.3 万吨，比 1997 年减少 15.2 克/瓦。

2000 年 4 月，韩城发电厂溢流水回收中采用溢流水汇集加凝聚剂和助凝剂—沉淀—

清水加阻块灰水系统的优化处理回收工艺，设计处理水量500吨/时，使出水悬浮物小于70毫克/升，做到溢流水不再外排。

2000年6月～2001年10月，西北电力试验研究院通过对陕西省电力公司8个火电厂29台锅炉烟气二氧化硫排放状况进行实地测试，对照国家排放标准，进行校核评价，并提出减排建议。

2001年8月～2002年12月，韩城发电厂、西北电力试验研究院根据环保标准，在韩城发电厂4号锅炉安装了烟气在线监测装置。该装置可实时监测烟尘浓度、二氧化硫实时浓度、二氧化氮实时浓度并辅助测量参数烟气温度、烟气压力、烟气流量、烟气湿度及含氧量等参数。监测方法和位置选取合理，监测数据准确，及时准确反映了烟气污染物真实排放情况。

**四、绝缘技术监督**

1993年，西北电力试验研究所对变压器在长期运行中受到热、电、应力等方面因素作用而引起的绝缘性能下降至寿命终结的过程进行研究，发现变压器纸绝缘在老化过程中产生糠醛，通过对糠醛的测量，可了解纸绝缘的状况。此外，变压器绝缘纸参数之一的聚合度，也可直接反映出绝缘纸的老化程度。

从1993年7月起，西北电力试验研究所开展了变压器现场局部放电试验普测工作，并研制出250赫兹可移动式变压器局部放电试验和感应耐压装置。至1997年底，对31台330千伏变压器、3台220千伏变压器和5台110千伏变压器进行了局部放电试验，共检测出12台变压器局放严重超标，2台变压器内部遗留金属异物，2台变压器进水受潮等问题。

1994年4月，西北电力试验研究所对陕西省内正在运行的5台发电机做了绝缘老化鉴定试验。并对试验情况做了分析。分析发现：中小容量、低出口电压发电机的绝缘老化主要表现为热老化；大容量、高出口电压发电机的绝缘老化主要是由局部放电进一步发展为机械损伤，表现为局部性缺陷，常规试验手段难以检测，易造成运行中突发事故。这一认识可以帮助提高运行发电机的健康水平。

1996年12月，西北电力试验研究院、户县热电厂针对该厂3号发电机励磁回路绝缘出现异常，影响发电机正常运行问题进行测试，经过认真试验分析，判定是由于发电机转子大轴对地电位悬浮，致使励磁回路绝缘监测回路无法正常进行而造成，并非发电机励磁回路绝缘本身存在问题。

1995～1998年，根据多处变压器高压套管运行中出现温度异常的问题，西北电力试验研究院、宝鸡供电局开展变压器套管运行温度异常缺陷诊断。通过对210台次的测量试验进行总结，认为红外热像技术是诊断该类故障的重要手段，为安全运行提供了技术保证。

1997年10月～1998年2月，西北电力试验研究院利用频率响应分析法对陕西电力系统110千伏及以上变压器进行了38台次绕组变形检测，通过对测量数据的分析、比较、总结，为判定电力变压器绕组变形提供了可靠依据。陕西省电力公司技术人员开展发电机局部放电在线监测研究，采用射频监测装置检测局部放电的射频信号，对运行中的发电机实行故障放电在线监测，用来判断定子的绝缘状况。发电机局部放电在线监测起到在绝缘故障前及时发现隐患，并通过声光报警和显示，提醒运行和检修人员适时做出相应处理，防止故障扩大。

1998 年，宝鸡发电厂在对 1 号主变压器运行进行取样分析时，发现变压器油中气体含量异常，特别是出现了乙炔气体含量超过警惕值（5PPM）的现象。为此，宝鸡发电厂对该变压器运行情况进行连续取样分析，确定变压器芯体有悬浮电位间断放电现象，这一现象与调压开关操作杆下端钢质插件接触不好有关。据此，制订了改进方案。改进方案实施后，跟踪取样做气相色谱分析，乙炔含量均为 0，其他微量气体含量也都在正常范围，运行稳定。

1998 年 12 月，西北电力试验研究院、西安华伟公司根据《电力设备预防性试验规程（DL/T 596—1996）》的要求和发电厂、供电局电气设备检修试验的需要，研制开发成功一套适合现场使用的检验六氟化硫气体密度控制器和压力表准确性、可靠性的测试仪，解决了现场无法检验六氟化硫压力表和密度控制器的问题。

1999 年 2～9 月，西北电力试验研究院在总结多年绝缘技术监督实践和经验的基础上，制订《陕西省电力公司绝缘监督反事故措施》，措施涵盖了高压电网和电器设备绝缘的各个方面、各个环节和各个阶段，成为保证电网安全生产的有效手段。

为防止变压器等设备发生恶性事故，自 1996 年起，陕西电力系统主变压器陆续安装了在线监测装置，在运行中 24 小时不间断监测主变压器油中气体的变化情况，并通过报警、记忆和传输网络功能及时发出警告。1997 年，在韩城发电厂投运的 1 号主变压器装设了 HB－4 型变压器油在线监测装置，用于监测油中微水、微气含量和温度。同年，针对 330 千伏汤峪变电站 2 号主变压器损坏事故，引进加拿大 H201T1 绝缘在线监测装置。1998 年，引进武汉高压研究所研制的在线监测系统，安装在 330 千伏西安南郊变电站 1 号主变压器，1999 年 6 月检测到 B 相套管局放问题，避免了重大设备事故。2000 年，咸阳供电局在庄头、沣河、大杨 330 千伏变电站的 5 台主变压器上安装了加拿大生产的 H201Ri 油色谱在线监测装置。

2002 年 1 月，西北电力试验研究院、宝鸡供电局对陕西电网 330 千伏输电线路雷击跳闸情况进行统计与分析，得出主要由雷云绕击导线导致跳闸的结论，并联合研制成功 330 千伏交流系统用线路型悬挂式复合外套金属氧化锌避雷器，该产品填补了国内空白。

**五、热工技术监督**

1996 年，西北电力试验研究院完成《西北电力集团公司热工技术监督条例》及专业技术监督检查考评办法的编写和修订。

1997 年 1 月～1998 年 7 月，西北电力试验研究院根据电力工业部颁发的《电力工业技术监督工作规定》、《火力发电厂热工仪表及控制装置监督规程（报批稿）》和水利电力部颁发的《计量管理工作规定》等，结合西北电网具体情况，编写了《西北热工自动调节系统运行技术指标及试验导则》，提出热工仪表及控制装置在设计、施工、调试、运行、检修、量值传递全过程技术监督和质量管理方面的要求及方法，制定了热控技术监督考核细则。

1998 年 3 月，西北电力试验研究院完成《锅炉炉膛安全监控系统在线验收测试规程》。7 月，完成《西北热工自动调节系统运行技术指标及试验导则》，自 8 月 1 日起实施。该导则规定了常规自动调节系统的试验项目、试验方法和质量要求，增加了协调控制系统和给水全程调节系统的试验项目、试验方法和质量要求。

## 六、电测技术监督

1996 年 10 月，西北电业管理局调度通信局、西北电力设计院联合完成《智能电度表信息接入自动化系统的研究》。智能表与 RTU 的连接成功，为西北电网电量计费系统的建立以及与 EMS 系统的有机结合作出了贡献，为其他智能电量表的接入提供了可借鉴的经验。

1999 年 5 月，西北电力试验研究院利用 GPS 标准时钟，构成电能计量装置校时系统，实现对各关口电能表的时钟进行监测与校准。这一方法，具有授时误差小、操作简便可靠、便于现场使用等特点，适合对关口电能表的时钟进行现场维护与校对。

2001 年 12 月，西北电力试验研究院根据国际标准化组织和国际电工委员会技术规范要求，对检定等级较高的标准表如三相功率表、电能表采用三相三线接线方式对示值误差测量进行不确定度评定，使校准报告和检定证书给出的误差值的度清晰可见。

## 七、继电保护与安全自动装置技术监督

1995 年，石泉水电厂 1 号机大差保护误动，经测试检查，查明保护存在设计和技术问题，采取一系列措施解决了存在问题。渭河发电厂一期 2 号发电机—变压器组保护自 70 年代开始投运，从整套保护设备到图纸都比较混乱，备品配件严重不足，给运行、维护造成较大困难。1995 年 2 号机大修时，对 2 号发电机—变压器组成套保护设备进行更新改造，将原保护改为集成电路保护，与原保护设备相比，原理先进，精确度、灵敏度高，检修、运行方便。

1996 年，在 110 千伏咸阳变电站首次采用南京自动化设备厂生产的四方公司产品 CSC2000 型综合自动化设备，用于主变压器差动和后备保护、主变压器非电量保护，主变压器断路器控制，110、10 千伏备用电源自投，10 千伏线路电流、重合闸、低周保护，10 千伏电容器保护。

## 八、电能质量技术监督

1995 年 5 月～1998 年 12 月，西北电力试验研究院采用微机控制技术和数据采样技术，研制出 DWK－1 型微电脑防谐无功补偿控制器。控制原理采用功率因数设定和实际无功需求相结合作为电容器投切的判据，避免投切震荡的发生和向电网倒送无功。该控制器具有过电压和低电压限值设定功能，有利于调整电网电压，具有对电网和电容器的基波电压和电流以及谐波电压和电流实行有效监控和越限保护功能。

2000～2001 年，西北电力试验研究院、陕西省电力调度中心针对神（木）—朔（州）电气化铁路所产生的谐波和负序电流严重超标影响电厂机组安全运行问题，综合电铁运行工况、电网连接方式、系统参数，提出加装静止动态无功补偿装置（SVC）的治理方案。SVC 装置投运后，进行了神塑线电能计量方案的论证，得出如下结论：谐波使非线性用户的电能表少计电量，电力部门线损增加，应采用能进行基波和谐波综合电能计量的表

计，才能正确计量。

2001年4～11月，西北电力试验研究院和安康供电局针对安康地区负荷以电气化铁路为主，通过采用先进的测试设备和科学的测试方法对其电能质量进行了详细试验，以实地测量数据为基础，将谐波、负序、电压偏差等电能质量有机地联系起来进行分析，证实电气化铁路负荷对当地电力系统正常运行影响极大，给出对电网影响的综合评价，指出应加强对电铁负荷谐波和负序的监测管理，为以后电力系统出现电能质量问题提供了重要的分析依据。

2001年1月～2002年底，在充分掌握电网参数的基础上，针对以往无功补偿存在的问题和线损管理、配网自动化管理的需要，以及用电设备中的非线形负荷和电网内谐波源对电网的危害，西北电力试验研究院、陕西银河中试测控技术公司和陕西银河电力自动化公司研制出TQB系列配电变压器监测无功自动补偿装置。在控制技术上有效地将负荷实际无功需求与功率因数设定及电压水平相结合，作为电容投切的依据。

2002年，陕西省电力公司、咸阳供电局利用各供电局的SCADA、DMS等系统中的实时数据资源，将其与企业数据管理系统进行无缝互联和有效集成，形成独立的配电网无功与电压实时监测系统。

**九、节能技术监督**

陕西省电力节能检测中心负责对陕西省电力公司所属火力发电厂实施能量平衡测试和评价，对基建、技改工程项目进行合理用能的评价及竣工验收测试，对发供电企业中的节能自检工作进行技术指导和监督。

1991年4月，西北电力试验研究所“煤粉直接点火燃烧器”科研项目荣获陕西省第二届技术成果交易洽谈会金牌奖。

1989～1993年，西安交通大学和西北电业管理局共同开展了“火电厂节能诊断仪”研制工作，先后应用于韩城发电厂12.5万千瓦机组、秦岭发电厂20万千瓦机组，分别诊断出各机组的节能潜力约20多克/(千瓦·时)。

“八五”时期，陕西电力系统依靠新机投运和挖潜提效，不断加强设备管理和维护，促使经济指标逐步提高。1995年，供电煤耗率比1990年下降了6克/(千瓦·时)；线损率比1990年下降了0.83个百分点。

1996年7月18日，西北电力试验研究院编写的《西北电力集团火电机组煤耗定额及奖励办法》获得西北电力集团公司优秀节能项目二等奖。

1999年5月，西北电力试验研究院编制完成《电力节能监测实施细则》。7月，受西北电力集团公司委托，陕西省电力公司制定《西北电力集团公司节能监督条例》。

# 第五章　试验研究机构

陕西省电力科研实力较为雄厚，除多所理工类大专院校和西安电力机械制造集团公司外，还有西安热工研究院、西北电力试验研究院等电力专业科研单位。

## 第一节　西安热工研究院

西安热工研究院是中国电力行业国家级热能动力科学技术研究与热力发电技术开发机构，主要专业于1951年在北京创建，1965年迁址西安，成立西安热工研究所。1994年，更名为电力工业部热工研究院。1998年，更名为国家电力公司热工研究院。2001年，更名为国电热工研究院。该院主要致力于清洁煤发电技术，火电机组安全经济运行技术，火电机组自动控制技术，电厂化学水油处理技术和节水技术，电站新型材料技术，电站重要部件及设备寿命评估及管理技术，电站状态检修技术，电站远程诊断网络技术，新能源发电技术等领域的研究开发。

西安热工研究院科技队伍实力雄厚，试验设备先进齐全。2002年9月，国家发改委在该院设立电站锅炉煤清洁燃烧国家工程研究中心，设有硕士学位授予点和博士后工作站。该院同时是中国电机工程学会火力发电分会和7个行业标准委员会、5个行业归口质量检测中心挂靠单位。历年来完成国家各部委及中外合作重大科技攻关科研项目300余项，获国家级科研成果奖80余项。制定、修订国家及电力行业标准300余部。与许多国家和国际组织有着广泛的技术交流与合作，执行和参与了中国—欧盟、世界银行和亚洲开发银行等国际组织的技术咨询和科技开发项目，以及美国、德国、英国、丹麦、加拿大、澳大利亚等国的多项政府间科研及技术合作项目。

## 第二节　西北电力试验研究院

西北电力试验研究院始建于1958年，原名西北电业管理局中心试验所。1980年8月，更名为西北电业管理局电力试验研究所。1994年，更名为西北电力试验研究院，成为全国6大电网研究院之一。担负西北地区电力科技试验研究工作，既是西北电力集团公司的技术监督中心、技术服务中心、技术开发中心、技术信息中心，环境监测中心，又是西北电力集团锅炉压力容器检验中心、西北地区发电用煤质量检测中心、西北地区水电站大坝安全监察中心。拥有锅炉、汽轮机、热工、化学、电气、系统自动化、环保、计算机等10多个专业研究室。

至2002年，该院共取得百余项重要科研成果。1978年以来，获全国科学技术奖7项，部省级科技成果奖25项，国家科技进步奖1项，国家发明奖1项。20世纪60年代，开展了发电机负序容量，负序对电动机、变压器的影响，负序保护，仪表试制等研究工作。掌握了陕西电力系统关中区域负序电流发生规律和发电机承受负序的能力，为电力机车提高牵引量提供了科学依据。70年代，参加中国第一条330千伏刘（家峡）—天（水）—关（中）超高压输电线路的启动调试，与有关单位共同进行多项重大技术措施的综合研究。同时开展直流输电技术研究，配合制造部门试制直流输电技流阀等设备，填补了国内空白。在研究跨地区联网实现电网稳定运行技术等课题方面，采用多种现代科技手段提高了电网的技术经济效益。开展电力系统谐波测量分析和对策研究，并研制出谐波发生装置。90年代，对国产30万千瓦火电机组及20万、32万千瓦水电机组开展大量试验研究工作，解决了多项重大技术难题，使新装发电机组在较短时间内达到稳发满发。研制出光纤场强电压表、智能加药装置、高压带电清扫装置。该院不断引进和更新测试设备，仿制和自制出一批国内先进水平的测试仪器和测量装置，部分成果已向厂家转让，主要有红外测温仪、哈氏可磨性测定仪，触电保安器及锅炉小油枪点火燃烧器等。

# 第十篇　教　育　培　训

# 第十篇 教 育 培 训

1991～2002 年，陕西省电力系统已具备比较现代化的教育培训手段。形成包括岗位培训、继续教育、职工高（中）等成人学历教育、普通高（中）等教育、职业技术教育、企业职工子女教育在内的多门类、多层次、多形式的教育培训体系和教育培训管理网络。随着电力体制改革不断深化，陕西省电力公司对教育培训体制、结构以及教育资源配置等进行了一系列改革，适应现代企业制度要求的教育培训体系逐步形成。

## 第一章 职 工 培 训

陕西省电力公司根据人事部《企业科技人员继续教育的暂行规定》，结合陕西电力科技发展实际情况，制定了《陕西省电力系统继续深化教育改革实施意见》，提出教育培训工作以职工培训为重点，以提高职工队伍整体素质为目标，引导职工立足本职，认真学习业务技能。

### 第一节 职 工 培 训 概 况

“八五”时期，陕西省电力公司干部培训主要是领导干部岗位培训，一般干部计算机知识普及及应用培训。“九五”以后，为适应企业发展对人才的需求，培养企业后备干部被提上议事日程，开始有计划地培训中青年干部。在干部培训中，领导干部和后备干部重点学习现代工商管理知识，管理人员主要学习新技术、新工艺、新设备、新管理方法，同时开展各类短期培训和继续教育。工人培训以岗位培训为重点，重视并加强高级工、技师和高级技师的培训，使高、中、初级电力生产技能人员的比例逐步提高到 3∶5∶2。发供电单位开展各种类型的现场培训和岗位技术练兵竞赛活动。

陕西省电力公司重视加强企业技能培训基地建设，对所属各单位岗位培训基地建设进行统一规划，建立了发电、供电、电建、修造等专业培训基地。

1991～2002 年陕西省电力公司职工培训基本情况见表 10－1－1。

表 10-1-1　1991～2002 年陕西省电力公司职工培训基本情况

| 年　份 | 职工总数（人） | 各类学习人数占职工总数的% | 岗位培训占职工总数的% |
|---|---|---|---|
| 1991 | 53415 | 15 | 41.9 |
| 1992 | 55945 | 44.9 | 39.2 |
| 1993 | 44023 | 45 | 35.9 |
| 1994 | 46822 | 50.1 | 43.4 |
| 1995 | 52309 | 32.9 | 25 |
| 1996 | 59582 | 27.7 | 21.8 |
| 1997 | 58285 | 28.6 | 26 |
| 1998 | 56328 | 64.5 | 54.9 |
| 1999 | 37862 | 59.3 | 47.2 |
| 2000 | 36940 | 64.68 | 53.4 |
| 2001 | 41464 | 68.7 | 57.9 |
| 2002 | 41585 | 72.4 | 62.8 |

**注**　本表以陕西省电力公司企业教育年报统计数据为准。

## 第二节　干　部　培　训

国家体改委、国家教委、人事部《关于积极开展企业管理干部岗位培训工作的意见》要求，从 1993 年起，企业管理干部必须参加岗位培训，大中型企业领导干部必须取得岗位职务任职资格证书才能任职。陕西省电力公司按照上级要求，加大了对各级各类干部的岗位培训工作。

1991 年，陕西省电力公司共有 5106 名干部参加各类教育培训，占干部总数的 28.5%，其中，岗位培训 4321 名，高等学历教育 643 名，中等学历教育 47 名，分别占干部总数的 24.1%、3.6%、0.3%。在岗位培训中，上岗资格培训人数比上年增加 0.5 个百分点。举办厂（局）级干部、科级干部岗位培训班及多种经营企业经理统考培训班共 10 期，培训干部 246 名。组织直属单位的 11240 名职工参加全面质量管理统考，累计参加统考取证人数占职工总数的 69.2%。教育处与干部处配合，组织编写了《西北电业管理局一般干部岗位规范》，共 10 个系列 719 个岗位。制定和印发了干部继续教育制度及登记证书，为干部培训逐步走向正规化奠定了基础。对所属 15 个单位 567 名中层干部的企业管理基础知识状况进行摸底考试，人均考试成绩 58.3 分，及格率 50.8%。同年，对职工教育培训进行考核，所属 28 个厂（局）、院（所）中有 13 个单位评为 100 分，两个单位由于没有完成教育培训任务，师资配备和校舍面积未达到要求，考评得分较低。12 月，经中共西北电业管理局党组批准，成立中共西北电业管理局党组党校，党校和西北电业职工大学、西北电业管理局培训中心实行一套班子管理。年末，陕西电力系统共有专职教育干部和专职教师880名，校舍总面积90410米$^2$。

1992年，陕西省电力公司共有6373名干部参加了培训，占干部总数的35.6%，其中，岗位培训4162名，高等学历教育683名，中等学历教育14名，继续教育1511名，分别占干部总数的23.3%、3.8%、0.08%、8.4%。岗位培训中，上岗资格培训986名，适应性培训3026名。有465名科级及以上干部参加了岗位培训班，其中，厂（局）处级干部175名。举办技术短训班31期，培训1745人。

1993年，陕西省电力公司共有6753名干部参加各类培训，占干部总数的33.8%，其中，岗位培训3709名，高等学历教育755名，中等学历教育328名，继续教育1664名，分别占干部总数的18.6%、3.8%、1.7%、8.3%。干部教育以科级及以上领导干部岗位培训为主，共举办3期领导干部岗位培训班，150名领导干部参加。基层单位有217名中层干部参加岗位培训班。为使基层企业中层干部岗位培训结合工作实际，对课程内容进行了调整，对发电厂机、炉、电、化学分场主任采取两段制培训。由西北电业管理局直接组织的各类培训班共65期，培训3246人次，其中，西北电业职工大学举办30期，培训1202人，占培训人数的37%。

1994年，陕西省电力公司举办大中型企业领导干部岗位培训班3期，67人参加。全年有1566人参加各类专业技术培训，其中402人参加了计算机培训班。9月，西北电业管理局开办首期“中青年干部”培训班，陕西32名中青年干部参加了为时4个月的培训学习。

1995年1月，西北电力集团公司以人字［1995］1号文印发《西北电业职工培训、考核、使用配套制度实施办法》、《西北电力集团公司职工教育管理暂行规定》、《西北电力集团公司关于实行教师津贴补贴办法的规定》及《西北电力集团公司关于加强直属学校学生实习工作和聘请兼职教师的若干意见》等文件。提出西北和陕西电力教育培训的总目标是：以贯彻落实《中国教育改革和发展纲要》为目标，以深化教育体制改革为契机，以合理配置现有教育资源为主体，以提高教育质量为生命，使各类专业人才拥有量基本满足西北和陕西电力工业发展的需要，使职工队伍素质全面提高，至2000年建成一个结构合理、功能齐全、业绩一流的电力教育培训体系。当年，直属电力企业有238名科级及以上干部参加各类岗位培训班，其中处级干部岗位培训班培训74人。为时3个月的中青年干部培训班培训47人。

1996年6月，中共中央组织部、国家经济贸易委员会发出国经贸培［1996］328号文《关于印发“九五”期间全国企业管理人员培训纲要的通知》，要求在全面提高各级各类企业管理人员素质的基础上，重点对国有大中型企业领导人员及其后备人员普遍进行一次系统的工商管理培训，培训分为岗位适应性短期培训、工商管理培训、专业管理人员职业资格培训等。电力工业部于11月4日以人干［1996］385号文转发该文。按此要求，西北电力集团公司先后选拔部分职工参加工程管理（经济管理）硕士研究生进修和工程管理“双学位”学历教育，以满足企业发展需要。当年，陕西省电力公司共举办83期各类培训班，4949人参加脱产培训。有14名厂（局）长、总工程师参加岗位培训，50名中青年干部参加第三期中青年干部岗位培训班。11月，电力工业部在电人教［1996］707号文《关于印发继续教育改革若干意见的通知》中指出，当前全国教育工作面临两个重要转变：一是教育要全面适应现代化建设对各类人才培养的需要；二是要全面提高办学质量和效益。强调“九五”成人教育的重点是岗位培训和继续教育。要求对从事电力工业主业，年龄在35岁以下，不具备技校以上毕业水平的职工，按其所从事的专业，一律普及到中等职业技术教育水平，培训后不合格者要转岗。按照这一要求，陕西省电力公司要求新接收的部队转业干部到西北电业职工大学进行不少于一年的培训，持证上岗。

1997年，国家经贸委和中电联批准，西北电业职工大学为西北电力系统工商管理培训基地。西北电力集团公司决定，至2000年，对陕西省电力公司所有副处级及以上干部普遍进行一次现代工商管理知识培训。西北电力集团公司制定《陕西省电力系统继续深化教育改革实施意见》，要求各单位教育培训工作要以职工培训为重点，以提高职工队伍整体素质为目标，引导职工立足本职，努力学习业务技能。把在职人员的岗位技能培训作为重中之重，并辅以必要的知识培训。西北电力集团公司并以人字［1997］8号文发出《关于在陕西电力系统开展一般管理人员和专业技术人员岗位培训的通知》。按照国家及电力工业部规定，6月，西北电力集团公司在西北电业职工大学举办为时3个月的第一期大中型企业领导干部工商管理知识培训试点班，开设公司理财、市场营销、经济法、人力资源开发、会计报表分析等12门课程。陕西省电力公司有38名领导干部参加。同年4～7月，举办西北电力系统第四期中青年干部培训班，陕西省电力公司有45人参加。培训班以中国特色社会主义理论和工商管理知识为主要内容，并增开“新财务制度”、“关贸协定谈判”讲座。举办2期有70名领导干部参加的西北电力集团公司党校学习培训班。陕西省电力公司按岗位职能要求，将一般干部分为6大类，定为127个岗位。规定通用公共课由单位组织培训，专业课由西北电业职工大学组织培训。所有科目均由西北电力集团公司委托西北电业职工大学组织考试。当年培训1400人。

1998年，在西安电力高等专科学校设立技术干部培训中心，负责对专业技术人员进行培训。西北电业职工大学作为管理干部培训教学基地，主要负责对管理人员进行培训。陕西省电力公司制定“116”人才工程战略，为全省电力系统培养100名高级管理人才、100名高级专业技术人才、600名高级技师。同时，制订工程硕士和工商管理硕士培养规划。会同西安交通大学、华北电力大学联合培养一批跨世纪高级管理人才和专业技术人才。当年，有90人参加工程硕士考前补习、66人参加工商硕士考前补习。陕西省电力公司制订下发《1998～2001年陕西电力系统管理人员和专业技术人员培训规划》，提出到2000年大专及以上学历职工人数达到25%以上，初中及以下学历职工人数降至20%以下的目标。同年，陕西省电力公司共举办管理干部培训班42期，培训1781人；技术干部培训班6期，培训246人，其中领导干部工商管理培训班2期，培训104人；中青年干部培训班3期，培训119人。有2387人参加了一般干部岗位培训，96人参加党校理论培训。当年，经陕西省劳动厅批准，在西北电业职工大学设立国家劳动部计算机信息技术考试站，陕西电力系统组织各级各类管理人员参加计算机中级培训考试，900人获得等级证书。

1999年，陕西省电力公司按规划要求，以培养高层次复合型人才为目标，以厂处级领导干部工商管理培训为龙头，以跨世纪现代化信息技术培训为重点，对高、中、初级3个层面进行培训。陕西省电力公司建立的工商管理培训教育体系，通过国家电力公司人力资源部评估验收，等级为良好。建立完善计算机应用技术等级培训管理、教学、考试、发证体系，设立24个计算机培训基地，共有586型以上计算机604台。建立培训网络14个，多媒体投影教室5个。公司系统一般管理人员和专业技术人员的岗位培训已全部完成公共课的培训和考试，转入专业课的培训和考试。全年共培训各类人员13201人次，培训时间在30个学时以上的有7516人，其中举办企业领导干部和中青年干部工商管理培训班3期，培训96人；举办中青年干部强化培训班4期，培训105人；160名基层企业中层干部参加了工商管理培训；1528名基层企业中层干部参加了岗位培训。

2000年，中共陕西省电力公司党组陕电党字［2000］61号文决定成立中共陕西省电力公司党组党校。按照国家电力公司干部培训规划要求，陕西省电力公司决定首先在机关全体干部中进行计算机培训，规定男职工50岁以下、女职工45岁以下必须参加全国计算机中级考试，共举办计算机培训班10期，培训280人。系统内有2300人参加计算机应用技术培训考试，1697人取得证书。全年培训各类人员3987人次，其中，企业领导干部工商管理培训51人、高级经营管理干部强化班培训49人、中青年干部强化班培训45人。到2000年末，陕西电力系统在校培养的工程硕士178名、工商硕士62名、技术经济研究生31人。

2001年，陕西省电力公司制订"十五"时期员工培训规划和《陕西省电力公司改进培训工作的若干意见》。明确了各类人员培训重点：培训以案例教学和研究讨论为重点；党校培训以邓小平理论和党性知识教育为重点；后备干部培训以管理理论为重点；厂(局)长工商管理培训以经济理论为重点。对管理人员和专业技术人员的工商管理培训进行了调整，将为时3个月的集中脱产培训调整为3段制：先集中学习后回到企业进行调研，再集中进行结业论文答辩，教育方式增加了讨论和案例教学。当年，系统内2171人次参加由省公司举办的各级各类培训班，1000名企业管理人员通过专业知识培训和考试，1422人进行计算机培训和考试，288人进行仿真机培训。

2002年，陕西省电力公司与西安交通大学、华北电力大学联合举办的工程硕士和工商硕士班共培养各类高层次人才271名，其中工程硕士178名，工商硕士62名，技术经济研究生31名。举办企业领导工商管理培训班和县供电企业领导工商管理培训班各一期，分别有27人和21人参加培训。举办为时两个月的中青年干部培训班两期，培训46人。举办高级经营管理培训班两期，培训49人。培训中心组织10多位教师编写出《韩城第二发电厂60万千瓦机组运行维护培训计划》，编写数万字的教学大纲，由培训中心教师到企业授课，在基层企业举办中层干部工商管理培训班。

经过培训，具有专科及以上学历人员由1995年的9648人增加至2002年的13477人，占全体员工的比例由18.02%提升到29.26%；中专及技校学历人员由1995年的15954人减少到2002年的12186人，占全体员工比例由29.80%降低到26.46%；高中及以下学历人员由1995年的28715人减少到2002年的20394人，占全体员工比例由52.01%降低到44.28%。

1991～2002年陕西省电力公司干部教育培训情况见表10-1-2。

表10-1-2 1991～2002年陕西省电力公司干部教育培训情况

| 年份 | 干部总数（人） | 干部学习（%） | 岗位培训（%） | 资格培训（%） | 技术等级培训（%） | 适应性培训（%） | 继续教育（%） | 高等教育（%） | 中等教育（%） |
|---|---|---|---|---|---|---|---|---|---|
| 1991 | 17894 | 28.5 | 24.1 | 3.4 | — | 20.8 |  | 3.6 | 0.3 |
| 1992 | 17893 | 35.1 | 23.3 | 5.7 | — | 17.6 | 6.4 | 3.8 | 0.1 |
| 1993 | 19956 | 33.8 | 18.6 | 8.5 | 0.7 | 9.4 | 8.3 | 3.8 | 1.7 |
| 1994 | 144443 | 39.7 | 29.8 | 7.9 | 0.4 | 21.4 | 3.7 | 5.9 | 0.2 |
| 1995 | 14395 | 33.3 | 23.0 | 6.4 | 1.0 | 15.6 | 0.35 | 6.2 | 0.2 |
| 1996 | 15614 | 29.9 | 22.3 | 4.8 | 0.7 | 16.8 | 2.7 | 4.6 | 0.12 |
| 1997 | 15788 | 37.0 | 28.6 | 8.5 | 1.4 | 18.7 | 2.8 | 2.8 | 0.12 |
| 1998 | 14850 | 72.3 | 61.9 | 11.4 | 3.4 | 43.0 | 4.5 | 5.7 | 0.2 |
| 1999 | 14534 | 52.8 | 40.4 | 12.0 | 5.9 | 22.7 | 7.0 | 5.2 | 0.8 |
| 2000 | 13560 | 61.3 | 48.7 | 17.4 | 4.7 | 26.4 | 7.1 | 4.7 | 0.4 |
| 2001 | 13696 | 62.8 | 49.8 | 12.2 | 1076 | 35.8 | 8.1 | 4.4 | 0.5 |
| 2002 | 13753 | 70.9 | 60.7 | 16.9 | 1.5 | 44.3 | 4.6 | 5.3 | 0.3 |

**注** 1. 本表为陕西省电力公司干部教育基本情况统计，以陕西省电力公司企业教育年报统计数据为准。

2. 2002年参加培训人数以参加培训人次进行统计。

## 第三节 工 人 培 训

陕西省电力公司工人培训以岗位培训为重点，突出技能训练，开展技术比武和技能竞赛活动。

1991年，陕西省电力公司有19819名工人参加各类培训，占工人总数的52.9%，其中，参加岗位培训18860人、接受高等学历教育390人、中等学历教育483人，分别占工人总数的50.1%、1.0%、1.3%。岗位培训人数比1990年增长15个百分点，中等学历教育增长0.22个百分点。组织供电工人技术比武大赛，比赛工种有变电运行、线路运行、继电保护、断路器检修及电能计量等，100多名工人参加专业技术理论和操作技能比赛，西安、汉中、铜川供电局获团体前3名。在职工增加效益工资前，对公司系统32851名职工进行业务技术考核，其中，发供电企业运行岗位七级以上的1359名工人和技师由省公司组织统考，通过补考后仍有19人不合格，未增加效益工资。全年培训班组长1690人。

组织编写和审定陕西发、供电企业253个运行岗位工人培训考核大纲。岗位培训试点单位韩城发电厂编写电气、汽轮机、锅炉、化学、燃运、水灰等6个分场运行岗位培训教材。西安供电局与西北电业职工大学合作，投入50万元筹建变电站运行微机模拟操作技能培训基地，于次年投运，供各类变电站进行岗位规范要求的操作技能训练。

1992年，陕西省电力公司有18835名工人参加各类培训，占工人总数的49.2%，其中岗位培训17868人、高等学历教育346人、中等学历教育584人，分别占工人总数的46.7%、0.9%、1.5%。本着“立足基层、学赛结合”的精神，把比赛与生产、培训紧密结合，有计划地开展发供电及修造企业工人技术比赛活动。公司所属24个企业的5453名工人参加23个工种的三级技术比赛，134名选手参加电度计量、电焊工、烹调三个工种二级技术比赛。西北电业管理局组织系统内205名选手参加110千伏变电运行、10千伏断路器检修、电能计量、带电作业、电焊、20万千瓦机组和30万千瓦机组主值班员等7个工种二级技术比赛，陕西省电力公司共获得两个团体总分第一、一个团体总分第三、12人获个人总分第一、10人获个人总分第二、5人获个人总分第三的好成绩。陕西省电力公司从1992年起实行技师应知理论知识统考制度，当年有31个基层单位的1091名工人申请参加77个工种的技师考试。考试实行统一命题、统一考试、统一阅卷。9月，进行第一次统考，考试合格率为48.6%。

1992年，西北电业管理局一次性拨款35万元给宝鸡发电厂筹建焊工培训中心。1993年11月，经陕西省劳动厅陕劳锅发［1993］395号文批准，同意成立宝鸡焊工培训中心（设在宝鸡发电厂）和西北电业管理局西安焊工培训中心（挂靠在西安电力技工学校）。陕西省电力公司所属发电、修造、电建企业都先后建有本企业的焊工培训场所。

1993年，陕西省电力公司有20237名工人参加培训，占工人总数的50.1%，其中岗位培训17835人、高等学历教育516人、中等学历教育1122人，分别占工人总数的44.5%、1.3%、2.8%。全系统有8810名工人参加51个工种的三级技术比赛。10月，基层21个单位，61个工种，350名工人申请参加陕西省电力公司第二次技师应知理论知识统考，两次统考累计合格611人。参考人员中，韩城发电厂合格率最高为66.6%。韩城发电厂作为岗位培训试点单位，通过三项制度改革，制定较完整的培训、考核、使用制度，建立起三级培训网，实行全员持证上岗制度。

1994年4月，根据国家统一颁发的《工人技术等级标准》，西北电业管理局组织陕西电力系统教师、工程技术人员参加编写工人理论技能知识试题库（电力生产人员技术等级考试丛书）。理论知识部分由西北电业职工大学负责组织编写；技能知识部分由陕西发电、供电、修造、电建各专业组完成相应的专业部分编写。该丛书含146个工种128分册，另有规程法规、全面质量管理题库，共计1500万字，24万道试题。经一年多时间编审，于1995年10月出版发行。12月，陕西电力系统技能工资入轨运行考试应用了该题库，99个工种的973人参加考试，其中，生产人员及格率为80.0%，管理人员及格率为73.0%。另有38名高级技师参考，及格率为82.0%。同年6月，西北电力集团公司下发的西电集团劳字［1994］10号文《关于印发中国西北电力集团公司企业送培人员培训管理办法的通知》规定，对新进系统工作的退伍军人、按政策顶替工人，文化程度达不到中专（技校）学历人员，先进行学历教育后上岗。

1995年，陕西省电力公司加强基层企业技能培训基地建设，要求各单位结合实际工作，大力开展岗位练兵和现场培训活动。对直属各单位岗位培训基地建设进行统一规划，要求发电企业建立机、电、炉分场运行及钳工、焊工、起重工及计算机等岗位技能培训基地；供电企业建立变电、配电、计算机等岗位技能培训基地；电建企业建立焊工、钳工及起重工等岗位技能培训基地。当年建立了17个培训基地，包括火电仿真机、变电仿真机、线路检修、施工安装、仪表检测、金相绝缘监督、钳工、焊工及起重工等，覆盖了电力系统生产人员中主要岗位和工种。7月，为贯彻《中华人民共和国劳动法》和国务院《中国教育改革和发展纲要》，经陕西省劳动厅审核批准，建立陕西电力职业技能鉴定站，在系统内设立15个鉴定点，负责对火力发电、水力发电、供用电、火电施工、城镇（农村）工矿企业电气、机械修造等6大门类23个专业共172个工种的初、中、高级工技能鉴定和技师、高级技师任职资格考评。经陕西省劳动厅培训考核，系统内105人被聘为职业技能鉴定考评员，颁发了证书。11月，陕西10个供电局举行变电安全生产技术比赛，各局共选派代表56名，分14个队参赛。比赛内容包括触电急救、填写工作票、操作票、审查试验报告、巡视设备、排除故障、变电安全知识等7项。同年，西安供电局制作的《农村用电》、西北电建总公司制作的《六氟化硫断路器安装》、《联轴器找正》电教片，参加全国电力系统优秀电化教材评比，分获二等奖、三等奖和优秀奖。电建总公司组织编写了火电、送变电施工企业中层干部岗位培训教材4本，共计7306万字，发行上千册。陕西供电协作组组织编写了35千伏变电运行技能培训教材，共28万字，出版发行5000册。

1996年，陕西省电力公司所属27个生产单位组织51个工种比赛，7039人参加。263人参加省公司组织的焊工、继电保护、330千伏变电站、金属监督等工种比赛。3月，举办陕西省电力公司第五届焊工技术比赛，基层14个单位41名选手参加。8月，组织陕西省电力公司技师和高级技师统考，拟题和标准答案各278套，971人参加。9月，陕西省电力公司选送9名选手参加由陕西省总工会、劳动厅组织的陕西省“金刀工程”竞赛，其中两人获前五名。西北电业管理局调整“西北电业管理局焊工技术考核委员会”，电力工业部对西北电业管理局宝鸡焊工培训中心进行资质认证（电力焊接第040号）。11月，根据电力工业部电人教［1996］707号文《关于印发继续深化教育改革若干意见的通知》，陕西省电力公司要求系统内35岁以下的电力生产人员应普及中等职业技术教育，进入系统的退伍军人一律到西安电力工业学校学习两至三年，毕业后持证上岗。

1997年，西北电力集团公司决定在系统内开展以班组为基础的46个工种群众性技术比赛活动，陕西省电力公司10209人次参加比赛。1月，在宝鸡焊工培训中心举办陕西电力系统首届焊工调考活动，来自各火电厂、火电安装公司11个单位的41名焊工参加调考。举办陕西电力系统继电保护专业调考活动，22个单位412人参加调考。4月，教育培训部门完成生产人员岗位技能培训模块教学大纲编审任务。大纲共3大类2650册，146个工种，其中发电71个工种、供电14个工种、电建修造61个工种。模块大纲以工人技术等级标准和岗位规范为依据，结合各个岗位实际进行编写，每个模块即为一个独立项目。大纲审定后，基层单位按照模块大纲开展培训活动。

1998年，根据电力工业部电安生［1996］374号文《关于颁发电业生产人员培训制度（修订本）的通知》要求，拟定《1998～2001年陕西电力系统生产人员培训规划》，规定35岁以下不具备中等职业学校学历的下岗分流生产人员集中到西安电力工业学校脱产学习2年；岗位离不开的生产人员实行业余学习加辅导，实施3年技校学历教育。教学计划由西安电力工业学校统一管理，对考试合格者发技校毕业证。已具备中等职业学校毕业学历人员及退伍志愿兵进行一年适应性培训，其他复员退伍军人实施3年技校学历脱产教育。当年，有1225人参加学习。公司培训中心和基层17个培训基地上下联动，充分利用闲置和停用设备，为培训提供物质保证。在培训基础上，由技能鉴定机构对所有生产人员进行职业技能鉴定，确定相应的技能等级并颁发技能等级证书。陕西省电力公司主要负责高级工及以上人员的培训，基层单位负责中级工及初级工培训。当年，系统有2921人参加生产人员技术等级培训，715人参加技能鉴定并取证，其中高级工168人、中级工271人、初级工276人。还组织了技师、高级技师统考活动，148个工种1304人参加统考。

1999年，陕西省电力公司31个基层企业单位建起50个岗位培训基地。共有教室4118米$^2$、办公室1890米$^2$，30万千瓦和33万千瓦火电仿真机2座，330千伏变电仿真和电力调度仿真3座，培训规模达到1642人，基本满足了全系统岗位技能培训要求，其中条件较好的17个工种（专业）、12个单位的生产培训基地和24个计算机培训基地主要承担高级技师及生产骨干培训。培训主要工种为钳工、焊工、起重工、变电运行、变电检修、电缆、电气试验、继电保护、带电作业、送配电线路、电能表校验及修理、土建、车工等。当年，在各级生产人员培训中心和培训基地参加30个学时以上培训的生产人员21667人。生产人员参加脱产一个月的岗位技能模块大纲强化培训，其中2985人经考试合格。534名复转军人在西安电力工业学校进行输变电、热动及焊接3个专业的技校学历教育。直属18个单位35岁以下不具备规定学历的957名青工参加发电、输变电、热动及机加工4个专业的脱产或业余辅导形式培训。

2000年，举办为时一个月的电力电缆、计量和变电运行技师、高级技师脱产培训，103人参加，经培训考核均达到要求。250名复转军人到西安电力工业学校进行技校层次的学历教育。2400人参加脱产一个月的技能强化培训。陕西省电力公司与延安供电局共同组织编写了农电工岗位培训教材《设备、营业、计算》和《电工基础与安全知识》。9月，国家电力公司锅炉压力容器监察委员会在大连举办全国电力系统第二届生产焊工调考活动，陕西省电力公司3人参加调考，2人调考成绩优秀。汉中供电局一选手参加全国电力行业变电站值班员技能竞赛，获“全国电力行业技术能手”称号，被陕西省电力公司破格晋升为工人技师。陕西省电力公司坚持每两年进行一次焊工比赛，1991～2000年，共举办5届焊工比赛和一次调考活动，184名选手参加比赛和调考。

2001年，按照面向实际紧贴生产的原则培训生产人员，强化技能和安全意识，使每个工人达到“会干活、不出事”。西安电力工业学校建立电工基本技能、低压电器与控制、高压断路器、电力装配、热动装配与检修、计算机、线路安装与检修等专业技能实训基地。西安高压供电局建立调度员仿真基地，汉中供电局建成送电线路技能培训基地，咸阳供电局建立线路架设、检修、变电运行、计算机等多功能技能培训基地，石泉水电厂建成陕南小水电运行和维护培训基地。陕西省电力公司31个单位共建起78个培训基地。西安电力工业学校在各供电局建立农电岗位培训教学点，送教上门，全年共办培训班29期，对1378名农电所长、业务骨干、农电工人进行培训。公司各单位生产人员培训中心全年共举办55期培训班，培训3409人次，1200人参加了脱产强化培训。386名复退军人到西安电力工业学校接受学历教育，使在校人数达到804人。年末，全系统累计有1051名35岁以下文化程度未达到中等职业学校学历的青工取得了西安电力工业学校（技校）毕业证书。组织编写10个专业的技能鉴定国家级试题库、变电站值班员培训讲义、电能表校验工培训讲义。

2001～2002年，生产人员培训中心对主要岗位的班站长进行了管理、法律、班组建设和安全生产等知识培训。基层企业结合实际，开展规章制度学习和现场技能培训。各级生产人员培训中心两年共举办培训班19期，培训班组长2139人次。按照国家电力公司3年内完成全部农电工轮训的指示精神，陕西省电力公司生产人员培训中心对各直供直管县电力局农村供电所长、业务骨干、普通农电工等进行脱产培训。至2002年末，累计培训各类农电人员6669人，其中农电所长668人、农电骨干988人、农电员工5013人。2002年6月10日，国家电力公司在西安举行农村电工知识与技能竞赛（决赛），陕西省电力公司代表队获团体第二名、个人第一名。

1991～2002年陕西省电力公司工人教育培训基本情况见表10-1-3。

表10-1-3 1991～2002年陕西省电力公司工人教育培训基本情况

| 年份 | 工人总数（人） | 参加学习（%） | 岗位培训（%） | 其中：资格培训（%） | 技术等级培训（%） | 适应性培训（%） | 高等教育（%） | 中等教育（%） | 班组长培训（%） |
|---|---|---|---|---|---|---|---|---|---|
| 1991 | 37436 | 53.0 | 50.4 | 7.0 | 6.8 | 35.6 | 1 | 1.3 | 46.5 |
| 1992 | 38279 | 49.2 | 46.7 | 9.8 | 8.0 | 28.9 | 0.9 | 1.5 | 39.2 |
| 1993 | 40077 | 50.5 | 44.5 | 11.9 | 6.7 | 25.9 | 1.3 | 2.8 | 30.4 |
| 1994 | 41207 | 55.0 | 48.1 | 16.2 | 7.8 | 24.2 | 2.3 | 3.0 | 47.7 |
| 1995 | 40475 | 32.8 | 25.7 | 8.4 | 5.7 | 11.8 | 3.6 | 2.3 | 46.9 |
| 1996 | 40486 | 26.8 | 21.4 | 4.9 | 3.1 | 12.4 | 3.2 | 1.7 | 23.8 |
| 1997 | 40877 | 31.1 | 25 | 6.5 | 2.6 | 15.9 | 4.1 | 31.6 | 33.7 |
| 1998 | 37717 | 61.3 | 52.2 | 11.2 | 9.4 | 31.6 | 5.5 | 2.8 | 51.0 |
| 1999 | 35020 | 62.0 | 50.0 | 7.7 | 11.1 | 31.2 | 5.3 | 4.2 | 71.4 |
| 2000 | 35184 | 66.0 | 55.2 | 7.0 | 14.6 | 33.6 | 5.2 | 5.4 | 87.9 |
| 2001 | 34904 | 71.0 | 61.1 | 9.2 | 7.9 | 44 | 4.5 | 5.4 | 89.9 |
| 2002 | 34996 | 64.2 | 63.6 | 8.6 | 0.9 | 46 | 54 | 4.0 | 109.0 |

**注** 1. 本表为陕西省电力公司工人教育基本情况统计，以陕西省电力公司企业教育年报统计数据为准。

2. 2002年工人参加培训人数，以工人参加培训人次进行统计。

## 第四节 革命传统教育基地

1995年5月，西北电力集团公司发出西电人字［1995］48号文，决定建立西北电业管理局延安革命传统教育基地。基地占地3076.45米$^2$，建筑面积1104.46米$^2$，由延安供电局按内部机构进行管理，每年由省电力公司教育部门统一安排人员到基地接受革命传统教育。陕西省电力公司从专项更改资金中分年拨出专款共78.5万元和小型基建费30万元用于基地建设和发展。1995～2002年，陕西省电力公司共有18000多人到基地接受革命传统教育。

# 第二章 在职职工高(中)等学历教育

陕西省电力公司把在职职工学历教育，包括成人高等教育、成人中等教育、高等函授教育及广播电视大学等形式的教育作为培训工作的任务之一，分别在西北电业职工大学和西北电业职工中等专业学校开办了成人高、中等教育。

## 第一节 西北电业职工大学

西北电业职工大学成立于1982年，是经水利电力部教育司批准，教育部备案，由陕西送变电工程公司职工大学改名而成，隶属西北电业管理局。1983年1月，学校迁至西安市文艺路19号。西北电业管理局职工培训中心、广播电视大学工作站、高等函授教育总站均设在该校。1990年末，全校共有教职工708人，其中，专职教师127人（教授、副教授17人，讲师71人），教学辅助人员45人。1990年在校生504人，其中职大375人，电大34人，函大95人。各类培训班963人。

1991年，西北电业职工大学在成人高等学校率先建立了各科试题库，实现了教考分离。年末，在西北电业管理局组织的全网中专、技校、职工大学“学临汾、迎评估、创三优、争一流”检查评比活动中，该校被评为“学临汾成绩优异单位”。中国电力企业联合会（简称中电联）成人高校评估组对西北电业职工大学办学水平进行了评估。

1992年11月，中电联发出《表彰全国电力系统成人高、中等专业学校和高等函授教育先进学校的决定》，西北电业职工大学受到表彰。

1993年，学校开始招收不脱产学生，并在西北电力系统一些企业设立办学点。

1994年，西北电力集团公司与日本四国电力株式会社在西北电业职工大学联合开办“日本四国电力展示室”，至2000年，先后接待3任日本四国电力株式会社社长率领的代表团。

1995年，学校被西安市人民政府命名为“文明卫生单位”。

1996年9月，根据国家教委1993年12月印发的《关于各类成人高等学校评估工作的意见》和《成人高校评估的基本内容和准则》，陕西省教委组织评估组，对学校办学水平进行评估。

1997年2月，陕西省教委发出陕教成发［1997］8号文《关于印发西北电业职工大学等16所成人高等学校办学水平评估结论的通知》，西北电业职工大学以93分的优异成绩名列陕西省独立建制成人高等教育学校第一名。3月，电力工业部发出《“九五”期间电力系统管理人员和专业技术人员培训实施意见的通知》，西北电业职工大学被确定为电力系统大中型企业领导干部工商管理培训院校之一。12月，陕西省教委确定西北电业职工大学为A类学校（甲级或充分达标学校），并被评为“陕西省成人高等教育示范学校”、“陕西省成人高等学校A类达标学校”。西北电力集团公司被陕西省教委表彰为“重视成人高等教育先进主管单位”，西北电业职工大学被授予“文明校园”、“重视办学水平评估单位”。国家教委发出教成［1997］7号文《关于表彰全国成人高等教育评估优秀学校的通知》，西北电业职工大学被评为“全国成人高等教育评估优秀学校”。中国电力企业联合会发出中电联教［1997］18号文《关于表彰全国电力系统成人高等教育评估优秀学校的通知》，授予西北电业职工大学“全国电力系统成人高等教育优秀学校”。同年，经陕西省劳动厅和西北电力集团公司批准，在西北电业职工大学建立国家劳动部计算机信息技术考试站。

1999年4月，陕西省电力公司陕电人字［1999］75号文《关于陕西省电力教育培训体制改革有关问题的通知》决定，西北电业职工大学与西安电力高等专科学校合并，组建西北电力职工培训中心，保留西安电力高等专科学校、西北电业职工大学、中共西北电业管理局党组党校牌子。培训中心实行一套班子、多种功能的办学体制。主要承担陕西省电力公司各级各类管理人员和专业技术人员的培训任务。改制后职工大学所在地作为西北电力职工培训中心（南区）的科研基地、多种经营基地和校办工厂。

2002年末，西北电业职工大学有教职工518人。校区占地56149米$^2$，建筑面积90324米$^2$。总资产6746万元。学校各系开办的函授教育累计招生590人，毕业410人。

“八五”时期，西北电业职工大学共举办培训班139期，培训7782人次，其中，领导干部449人次，基层企业中层干部1228人次，管理人员3505人次，专业技术人员2787人次，生产技能人员1041人次。“九五”时期共举办培训班252期，培训13581人次，其中，领导干部494人次，管理人员5950人次，专业技术人员4483人次，生产技能人员2654人次。西北电力职工培训中心和西安交通大学、华北电力大学联合举办“工商管理硕士”和“工程硕士”班五期，培养工商管理硕士生60多名，工程硕士生130多名，技术经济管理硕士生40多名。“十五”前两年共举办培训班208期，培训12630人次，其中，领导干部161人次，管理人员3479人次，专业技术人员6334人次，生产技能人员2656人次。

## 第二节 广播电视大学工作站

1983年，“西北电业管理局广播电视大学工作站”成立，设在西北电业职工大学内，隶属陕西省广播电视大学。先后开办了电力技术、电气工程、机械工程、热能动力、土建工程、财务会计、审计、统计、企业政治教育及文秘等14个专业。至1990年，共毕业学员149名。1991～1992年，共招收学员379人。1993年，工作站受西北电业管理局委托在陕西系统内招收电厂热能动力专业大专生22名。1995年，停止对外招生。1991～1996年共毕业学生171人。

## 第三节　职工高等函授教育和专业证书教育

根据国家教育委员会、人事部《关于成人高等教育试行“专业证书”制度的若干意见》精神，西北电业管理局在西北电业职工大学开展了专业证书教育试点，招收35岁以上，从事本专业技术工作或管理工作，具有高中文化程度，并具有5年以上本专业工作经历的在职人员，经考试合格后入学。至1992年，招收选送到天津大学、兰州大学、河海大学、西北电业职工大学及西北水电勘察设计研究院的学员共441人，由西北电业管理局代部进行结业验印的学员有174人。专业证书可作为评定、聘任本专业专业技术职务、管理职务和其他职务任职资格的依据之一。

1995年，西北电业职工大学和华北电力学院联合举办的职工高等教育函授工作站停办，共毕业学生近300人。至2002年末，西北电业职工大学先后和四川大学、武汉水利电力学院、长沙水利电力学院等高等院校联合举办的职工高等教育函授班和职工专科升本科函授班共计招收590人，毕业410人。西安电力高等专科学校1998年开始进行高等专科函授教育，开设发电、热动2个专业，至2002年末，共计招收学生460人，毕业50人，在读学生400人。

## 第四节　职工中等专业教育

“八五”初期，陕西省电力系统经批准开展成人中等专业教育的有西北电业职工中等专业学校、水电三局职工中等专业学校及西北电力勘测设计院职工中等专业学校。1991年，中电联组织职工中专学校进行“四定”（定任务、定规模、定机构、定经费），开展自评工作。1992年5～6月，西北电业管理局按照中电联教成［1991］64号文《关于在电力系统成人中等专业学校开展办学水平评估的通知》和教成［1992］14号文《关于部署电力系统成人中专学校办学水平评估工作的通知》要求，组织评估组开展评估工作。西北电业职工中等专业学校办学水平评为A级，其他两校评为B级。水电三局职工中等专业学校和西北电力勘测设计院职工中等专业学校在“八五”时期由于生源、师资等原因先后停办。11月，中电联以教成［1992］5号文印发《关于表彰全国电力系统成人高、中等专业先进学校和高等函授教育先进学校的决定》，西北电业职工中等专业学校被表彰为“全国电力系统先进学校”。至1994年，西北电业职工中等专业学校在陕、青、宁、新、冀、豫等省（区）内设立20个函授站或办学点。1991～2002年，西北电业职工中等专业学校共招收脱产中专生1905人，毕业2021人；招收函授中专生2815人，毕业2829人。

1999年4月，陕西省电力公司决定将原设在西安电力高等专科学校内的西北电业职工中等专业学校移交至西安电力工业学校统一管理。

# 第三章 普通高(中)等教育

陕西省电力公司采取有效措施，积极办好所属普通高（中）等学校，不断加大资金投入，改善办学条件。1991～2002年，对所属各学校总计投入更改资金2460万元，其中1998年和1999年投入更改资金分别达到500万元。学校认真贯彻党的教育方针，把“德育”放在首位，加强思想教育。抓规章制度建设，从严治校、从严治教。在教与学活动中引入竞争机制，端正办学思想，深化教学改革，加大办学结构调整，办学水平和师资力量配备均达到上级要求，学校管理水平和教育质量逐年提高。

## 第一节 调 整 结 构

1991年初，国家教委和劳动部相继发出《关于开展普通中等专业学校教育评估工作的通知》、《关于开展技工学校评估工作的通知》。6月，中电联教培部发出《关于电力系统开展中等专业学校、技工学校教育评估工作的通知》，要求按照能源部指示，在系统内中专、技校积极开展“学临汾、迎评估、创三优（优化的育人环境、优良的校风校纪、优异的教育质量）、争一流”活动。陕西省电力公司按照上级要求，对所属中等专业学校、技工学校开展教育评估，促进各校管理和建设向标准化、科学化发展。学校依照《普通中等专业学校办学水平评估指标体系》、《关于评选“国家级”省部级重点普通中等专业学校的通知》、《国家级重点技工学校标准》、《国家级重点技工学校评估细则》进行对照分析，不断提高办学水平。经过4年努力，陕西省电力公司所属中专、技校均被评为省部级或国家级重点中专学校或重点技工学校。

为提高职工队伍素质，自1991年起，陕西省电力公司实行“变招工为招生”、“先培训后就业”政策，企业需补充人员一律由学校将毕业生分配到单位。陕西省电力公司由于历史原因，基层单位普遍超员，为控制职工总数增长，1996年开始对所属各学校招生规模进行计划控制。

根据电力工业部《关于深化中专与技校改革，建立新型电力职业技术学校的实施意见》，陕西省电力公司对所属中专、技校进行调整。1996年，经电力工业部批准，将西安电力技工学校和咸阳电力技工学校合并，更名为西安电力工业学校。咸阳电力技工学校作为西安电力工业学校分校。经陕西省教委同意，西安电力工业学校从1997年开始举办中等专业教育。12月，在咸阳分校成立生产技能人员培训中心。1998年，在西安电专成立技术干部培训中心，在西北电业职工大学成立管理人员培训中心。1999年4月，陕西省电力公司决定，将西安电专和西北电业职工大学合并，组建西北电力职工培训中心。原设在西安电力高等专科学校的西北电业职工中等专业学校移交给西安电力工业学校。

1991～2002年陕西省电力公司教育培训专职干部、专职教师、建筑、经费统计见表10－3－1。

表10－3－1 1991～2002年陕西省电力公司教育培训专职干部、专职教师、建筑、经费统计

| 年份 | 职教干部人数（人） | 职教专职教师人数（人） | 高等教育教师人数（人） | 中专教育教师人数（人） | 校舍建筑面积（米²） | 人均面积（米²） | 实际支出经费（万元） | 工资总额（万元） | 实际支出经费占工资总额比例（%） |
|---|---|---|---|---|---|---|---|---|---|
| 1991 | 363 | 517 | 170 | 242 | 90410 | 1.82 | 418.61 | 14415.43 | 2.904 |
| 1992 | 260 | 537 | 172 | 260 | 82585 | 1.47 | 306.82 | 19072.80 | 1.609 |
| 1993 | 247 | 358 | 166 | 105 | 63702 | 1.06 | 762.04 | 20093.98 | 3.792 |
| 1994 | 320 | 336 | 165 | 32 | 68818 | 1.24 | 720.66 | 32867.04 | 2.193 |
| 1995 | 320 | 309 | 206 | 31 | 65191 | 1.19 | 763.50 | 42060.89 | 1.815 |
| 1996 | 325 | 404 | 168 | 101 | 207722 | 3.70 | 1169.12 | 59113.42 | 1.978 |
| 1997 | 307 | 548 | 179 | 101 | 103019 | 1.82 | 1303.06 | 63042.50 | 2.067 |
| 1998 | 233 | 401 | 151 | 141 | 78009 | 1.46 | 1204.81 | 79439.96 | 1.157 |
| 1999 | 137 | 607 | 290 | 189 | 261607 | 5.31 | 988.024 | 71040.20 | 1.391 |
| 2000 | 116 | 516 | 241 | 201 | 236841 | 5.14 | 1058.649 | 74494.54 | 1.421 |
| 2001 | 122 | 582 | 264 | 215 | 160647 | 3.31 | 719.50 | 28425.90 | 2.531 |
| 2002 | 111 | 482 | 260 | 139 | 123037 | 2.52 | 1434.757 | 103497.40 | 1.386 |

**注** 本表以陕西省电力公司有关企业教育统计年报数据为准。

1991～2002年陕西省电力公司普通高中等学校、职工学校、职业学校招生、毕业学生情况统计见表10－3－2。

表10－3－2 1991～2002年陕西省电力公司普通高中等学校、职工学校、职业学校招生、毕业学生情况统计 单位：人

| 年份 | 西安电力学校 | | 西安电力技工学校 | | 咸阳电力技工学校 | | 西北电业职工大学 | | 西安电力高等专科学校 | | 西安电专函授 | | 西北电业职工中等专业学校 | |
|---|---|---|---|---|---|---|---|---|---|---|---|---|---|---|
| | 招生 | 毕业生 | 招生 | 毕业生 | 招生 | 毕业生 | 招生 | 毕业生 | 招生 | 毕业生 | 招生 | 毕业生 | 招生 | 毕业生 |
| 1991 | 280 | 401 | 859 | 369 | 351 | 219 | 150 | 180 | — | — | — | — | 230 | 271 |
| 1992 | 400 | 414 | 741 | 792 | 302 | 272 | 242 | 104 | — | — | — | — | 1128 | 224 |
| 1993 | 420 | 448 | 656 | 878 | 352 | 227 | 242 | 104 | — | — | — | — | 361 | 234 |
| 1994 | 348 | 596 | 398 | 859 | 415 | 337 | 569 | 162 | 193 | — | — | — | 937 | 164 |

续表

| 年份 | 西安电力学校 | | 西安电力技工学校 | | 咸阳电力技工学校 | | 西北电业职工大学 | | 西安电力高等专科学校 | | 西安电专函授 | | 西北电业职工中等专业学校 | |
|---|---|---|---|---|---|---|---|---|---|---|---|---|---|---|
| | 招生 | 毕业生 | 招生 | 毕业生 | 招生 | 毕业生 | 招生 | 毕业生 | 招生 | 毕业生 | 招生 | 毕业生 | 招生 | 毕业生 |
| 1995 | 160 | 583 | 450 | 740 | 406 | 286 | 583 | 318 | 360 | — | — | — | 396 | 1051 |
| 1996 | 140 | 664 | 338 | 656 | 125 | 394 | 529 | 445 | 480 | — | — | — | 544 | 306 |
| 1997 | — | 247 | 368 | 455 | 318 | 412 | 464 | 569 | 301 | 188 | — | — | 593 | 859 |
| 1998 | — | 158 | 452 | 362 | 286 | 251 | 363 | 479 | 350 | 344 | 54 | — | 337 | 385 |
| 1999 | — | 148 | 102 | 325 | 348 | 56 | 596 | 469 | 209 | 445 | 125 | — | 518 | 279 |
| 2000 | — | — | 126 | 416 | 249 | 363 | 520 | 410 | 198 | 262 | 155 | — | 491 | 435 |
| 2001 | — | — | 152 | 396 | 343 | 300 | | 196 | 115 | 245 | — | — | 127 | 564 |
| 2002 | — | — | 213 | 218 | 284 | 266 | 380 | 173 | 399 | 123 | 126 | 50 | 113 | 621 |

1995～2002 年陕西省电力公司职工文化结构统计见表 10－3－3。

表 10－3－3　1995～2002 年陕西省电力公司职工文化结构统计

| 年　份 | | 1995 | 1996 | 1997 | 1998 | 1999 | 2000 | 2001 | 2002 |
|---|---|---|---|---|---|---|---|---|---|
| 博士 | 人数（人） | — | — | — | — | — | — | — | — |
| | 所占比例（%） | — | — | — | — | — | — | — | — |
| 研究生 | 人数（人） | 95 | 110 | 118 | 118 | 119 | 117 | 157 | 191 |
| | 所占比例（%） | 0.180 | 0.200 | 0.210 | 0.240 | 0.240 | 0.250 | 0.340 | 0.410 |
| 本科 | 人数（人） | 3782 | 4071 | 4279 | 3935 | 4030 | 4045 | 4157 | 4449 |
| | 所占比例（%） | 7.060 | 7.260 | 7.600 | 7.910 | 8.180 | 8.780 | 9.050 | 9.660 |
| 专科 | 人数（人） | 5771 | 6184 | 6597 | 6791 | 7520 | 7517 | 8433 | 8837 |
| | 所占比例（%） | 10.780 | 11.030 | 11.600 | 13.700 | 15.260 | 16.320 | 18.360 | 19.190 |
| 中专 | 人数（人） | 8541 | 8924 | 8943 | 7503 | 7117 | 6460 | 5747 | 5872 |
| | 所占比例（%） | 15.950 | 15.910 | 15.800 | 15.100 | 14.440 | 14.020 | 12.510 | 12.350 |
| 技校 | 人数（人） | 7413 | 8222 | 8343 | 8025 | 8088 | 7790 | 6729 | 6314 |
| | 所占比例（%） | 13.850 | 14.660 | 14.700 | 16.100 | 16.410 | 16.910 | 14.650 | 13.710 |
| 高中 | 人数（人） | 12904 | 13426 | 13449 | 11951 | 12022 | 10655 | 11968 | 11868 |
| | 所占比例（%） | 24.100 | 23.940 | 23.700 | 24.000 | 24.390 | 23.130 | 26.060 | 25.770 |
| | 35 岁以下人数（人） | — | — | — | 5046 | 5417 | 6572 | 4884 | 4704 |
| | 所占比例（%） | — | — | — | 10.100 | 10.990 | 14.270 | 10.640 | 10.220 |

续表

| 年　份 | | 1995 | 1996 | 1997 | 1998 | 1999 | 2000 | 2001 | 2002 |
|---|---|---|---|---|---|---|---|---|---|
| 初中 | 人数（人） | 13154 | 13432 | 13286 | 10419 | 9529 | 8688 | 8041 | 7882 |
| | 所占比例（%） | 24.570 | 23.950 | 23.400 | 20.900 | 19.330 | 18.860 | 17.510 | 17.110 |
| | 35岁以下人数（人） | — | — | — | 3569 | 3330 | 3890 | 1991 | 1766 |
| | 所占比例（%） | — | — | — | 7.180 | 6.760 | 8.440 | 4.340 | 3.830 |
| 小学 | 人数（人） | 1764 | 1712 | 1651 | 997 | 865 | 792 | 689 | 644 |
| | 所占比例（%） | 3.300 | 3.050 | 2.900 | 2.000 | 1.755 | 1.719 | 1.500 | 1.400 |
| | 35岁以下人数（人） | — | — | — | 24 | 23 | 15 | 13 | 12 |
| | 所占比例（%） | — | — | — | 0.048 | 0.047 | 0.033 | 0.030 | 0.030 |
| 文盲 | 人数（人） | 19 | — | — | — | — | — | — | — |
| | 所占比例（%） | 0.04 | — | — | — | — | — | — | — |
| 其他 | 人数（人） | 91 | — | — | — | — | — | — | — |
| | 所占比例（%） | | — | — | — | — | — | — | — |

**注** 1994年底陕西省电力公司主业从业人员各类学历的比例为：大专及以上占17.9%、中专技校高中占53.6%、初中及以下占28.2%。大专及以上学历从1992年的13.1%提高到17.9%，初中及以下学历从1992年的38.1%降到28.2%。

## 第二节　西安电力高等专科学校（西安电力学校）

西安电力高等专科学校（简称西安电专）是经国家教委同意，于1994年在西安电力学校的基础上建立的。学校位于西安市长乐西路10号，成立于1953年4月，是全国电力系统开办较早，专业齐全，规模较大的全国重点中等专业学校。1990年，有教职工552人，其中教师202人。教师中有高级讲师31人，讲师87人。学校开设电力、热力、管理3大类9个专业，在校学生2082人。学校占地143亩，建筑面积6.3万米$^2$。有实验室24个，建筑面积5381米$^2$，实习工厂3354米$^2$。

1991年，西安电力学校在开展“学临汾、迎评估、创三优、争一流”活动中，被西北电业管理局评为“先进单位”。在陕西省教委办学水平评估中，被评为A级。

1992年，学校建成总投资858.4万元、建筑面积2000米$^2$的30万千瓦仿真机房。翌年12月，完成安装调试工作并正式投入运行。学校在教改中进行“三、一”分段制（即学生在校3年完成教学计划规定的全部理论课程和电力生产过程认识，金工、热机拆装等基础实习教学任务，第四学年下厂进行毕业实习并撰写毕业论文）试点。当年，学校被评为“部级教育先进集体”。

1993年，西安电力学校开设发电、热动、用电、热自、继电保护、集控、电力通信、财会及物资管理等专业。4月，国家教委高等学校设置评审委员会评审考察组对学校改建为西安电力高等专科学校的申请进行考察论证。10月，在长沙召开的全国高等学校设置评议委员会第二次全体会议上，西北电业管理局《关于建立西安电力高等专科学校的申请》获全票通过。当年，西安电力学校被电力工业部评为“职业技术教育先进学校”。

1994年，经全省中专教育评估、评选并报陕西省人民政府批准，报国家教委备案，陕西省教委确定西安电力学校为“省部级重点普通中等专业学校”（陕教成［1994］34号文）。3月8日，国家教委发出教计［1994］64号《关于同意建立西安电力高等专科学校、山东电力高等专科学校、郑州电力高等专科学校的通知》，同意在西安电力学校的基础上建立西安电力高等专科学校（简称西安电专）。5月8日，西安电力高等专科学校挂牌，填补了西北电力系统无普通高等学校的空白。学校设置5系1部：电力工程系、动力工程系、计算机系、企业管理系、社会科学系、基础部，开设发电厂及电力系统（简称发电）、热能与动力工程（简称热动）、电力系统继电保护、供用电技术、输变电工程、通信技术、热工检测与控制技术、火电厂集控运行、计算机应用技术、计算机通信、财务会计等专业。当年，西安电专招收发电、热动两个专业3年制学生193名。12月，经国家教委、劳动部审定，电力工业部授予西安电力高等专科学校“电力职业技术教育标兵”称号。

西安电专成立后，与西安电力学校和西北电业职工中等专业学校实行一套领导班子。陕西省电力公司加大了对学校的资金投入，1995年，完成21500米$^2$的校舍建筑。2月，学校被陕西省政府命名为“省级文明单位”。10月，西安电专在电力工业部第二届田径运动会上荣获团体总分第六名，列专科学校第二名。

1996年，11000米$^2$培训楼投入使用。10月，学校被中共陕西省委、陕西省人民政府评为陕西省教育系统精神文明建设“创佳评差”竞赛活动最佳单位。

1991～1996年，西安电力学校共招收全日制在校生1748人。

1997年3月，电力工业部人事教育司人劳［1997］40号文同意在西安电专设立电力系统燃料管理培训中心，中心按校内机构进行管理，承担为全国电力系统培养复合型燃料管理人才及全国电力系统燃料工作人员技术和岗位培训工作。12月，学校被陕西省教工委、省教委评为“文明校园”。

1998年4月，西北电力集团公司在西安电专设立技术干部培训中心。6月10日，成立西安电专校董事会。10月，西北电力集团公司与陕西省电力公司体制分离，西安电专划归陕西省电力公司管理。

1999年4月12日，陕西省电力公司发出陕电人字［1999］75号文《关于陕西电力教育培训体制改革有关问题的通知》，将西安电专和西北电业职工大学合并，组建西北电力职工培训中心，实行一套班子、多功能、多层次的办学体制。中心成立后，仍保留西安电力高等专科学校、西北电业职工大学和西北电业管理局党组党校名称。新的教育培训体系的任务是转变职能，由学历教育为主转变为以职工培训为主，抓好高层次复合型人才的培训以及管理人员和专业技术人员的常规培训，使中心成为教育培训、科研开发、成果转化推广应用的基地。教学培训任务在原电专完成，原职工大学（南区）成为学校的科研基地、多种经营基地和校办工厂。

1991～1999 年，西安电力学校共毕业全日制在校中专生 3659 人。

1994～2002 年，西安电力高等专科学校共招收全日制在校生 2605 人，毕业 1607 人。

至 2002 年末，西北电力职工培训中心共有教职工 915 人，其中，管理人员 102 人、专业技术人员 351 人、技能人员 108 人。具有高级职称的 93 人、中级职称的 292 人。具有博士生学历 2 人、研究生学历 22 人、本科学历 241 人、专科学历 203 人。培训中心校舍建筑总面积 102012.8 米$^2$。

## 第三节　西安电力工业学校

西安电力工业学校是经电力工业部同意，于 1996 年由西安电力技工学校和咸阳电力技工学校进行中专、技校一体化改革，将两校合并更名成立的。

西安电力技工学校创建于 1956 年，1970 年撤销，1980 年重建时迁至西安灞桥热电厂厂区前。1990 年末，学校有教职工 383 人，在校学生 2838 人，设有物理、电工、电子、电机、计算机、继电保护、热工、热力自动化及锅炉等实验室，火电设备、水轮机等专业模型室，有较完善的电化教学设施和实习工厂。实习工厂开设钳工、电工基本功训练和热能、电气设备检修实习。是一所体制较为健全，设施较为完善，管理水平和教学水平较高的中等职业技术学校。

咸阳电力技工学校经电力工业部批准成立于 1980 年，位于咸阳市东郊。1990 年末，学校有教职工 173 人，在校学生 745 人，设有理化、力学、电工、电子、热工仪表、继电保护、电机、高压等实验室和电化教学室以及实习工厂。

1991 年初，劳动部发出《关于开展技工学校评估工作的意见》。6 月，中电联教培部发出《关于电力系统开展中等专业学校、技工学校教育评估工作的通知》。1992 年 8 月，能源部印发《关于办好电力职业技术教育的几项具体措施》，同年，能源部人劳司发出《关于电力技工学校毕业生试行两种制度的通知》。按照文件精神，西安电力技工学校深化教育改革，完善办学条件，努力提高教学质量。在西北电业管理局 1991 年组织的“学临汾”活动检查评比中，西安电力技工学校被评为学临汾先进单位。在西北电业管理局组织的西北电力系统六所技工学校发电、热动 2 个专业一年级 36 名学生进行的钳工比赛中，西安电力技工学校获得团体第一名。

1992 年，西安电力技工学校和咸阳电力技工学校在办学水平评估中均被评为 A 级，西安电力技工学校被推荐为陕西省重点技工学校和中电联先进职业技术学校。

1993 年 2 月，陕西省人民政府办公厅、陕西省劳动厅命名西安电力技工学校为“省级重点技工学校”，咸阳电力技工学校为一类技工学校。3 月，能源部表彰西安电力技工学校为“能源部系统职业技术教育先进单位”。按照能源部要求，从 1993 年起，新工人上岗必须具有学历与技术等级“双证书”。据此，西北电业管理局原则同意西安电力技工学校热动、发变电、水动专业从 90 级起，实行“五一”分段制（即前五个学期在校内学完全部基础理论、基本工艺及基本操作等教学内容，最后一学期将学生提前分配到工作单位，按岗位进行毕业实习、毕业考核，并确定技术等级）教学计划。并对分配到 22 个发供电、修造企业的 817 名应届毕业生进行定岗实习，按岗位或工种考核技术等级，为实行“双证书”制度打下基础。同年，西北电业管理局以西电劳字［1993］113 号文转发陕西省劳动厅《关于成立西北电业管理局西安焊工培训中心的批复》，该培训中心挂靠在西安电力技工学校。

1994 年初，咸阳电力技工学校由西北电建总公司管理划归西北电业管理局作为直属单位管理。8 月，劳动部确定西安电力技工学校为“国家重点技工学校”；国家教委、国家体委、劳动部授予该校“全国职业技术教育系统体育工作先进学校”称号。7 月，电力工业部授予西安电力技工学校“电力职业技术教育标兵学校”称号。

1995 年，西安电力技工学校被西安市人民政府命名为“文明单位”。

随着电力企业生产设备和管理现代化程度不断提高，许多生产岗位的从业人员已很难界定是工人或是干部，许多岗位上的人员既有中专生也有技校生，特别是在三项制度改革中，逐渐取消了工人和干部身份区别，而中专与技校同属中等职业技术教育层次，其入口学制相近，主要专业的课程体系及授课时数大致相同，中专、技校分设体制亟待改革。1994 年 4 月，电力工业部电人教［1994］250 号文印发《关于深化中专与技校改革、建立新型电力职业技术学校的实施意见》，对改革的有关问题做出了一系列规定。

1995 年 10 月，西北电力集团公司发出西电集团人字［1995］3 号文《西北电力集团公司深化职业技术教育改革的通知》，启动职业技术学校一体化改革工作。

1996 年 4 月，电力工业部电人教［1996］288 号文批复，同意西北电力集团公司西电人字［1996］40 号文《关于西安电力技工学校和咸阳电力技工学校参加中专、技校一体化改革方案的报告》，将两校合并更名为西安电力工业学校，学校规模 1200 人。保留西安电力技工学校校名，原咸阳电力技工学校为分校，分校作为学生技能实习基地和陕西省电力公司生产技能人员技能培训基地。9 月，西北电力集团公司为学校挂牌。学校开设电厂热力设备运行及检修、发电厂及变电站电气运行与检修、供用电技术、汽轮机安装与检修、输电工程施工、焊接、工业与民用建筑等专业。

1997 年 2 月，西北电力集团公司以西电人字［1997］7 号文《关于西安电力工业学校承担电力中专各项工作的报告》上报陕西省教委。陕西省教委于 4 月 11 日发出陕教职函［1997］2 号文《关于西安电力工业学校实行中专、技校一体化改革有关问题的复函》，同意一体化改革方案的报告，西安电力工业学校从 1997 年开始，举办中等专业教育、技工教育和中专教育均按国家规定的技工（中专）学校招生办法进行，招生对象均为初中毕业生。分流办法暂定为在校生按 50%进行分流，在对学生进行全面考核的基础上，双向选择并进行分流考试，考试成绩作为确定学生分流方向的主要依据之一。分流工作于每个年级学生的第二学年末进行。经分流接受中专教育的学生学制为 4 年、接受技校教育的学生学制为 3 年。学生学习期满后，按分流所取得的学籍和国家有关规定，分别发给中等专业学校、技工学校毕业证书。经陕西省教委同意，当年西安电力工业学校对在校的 95 级、96 级技校学生进行分流。95 级技校生 349 名，初次分流在《电厂热力设备运行及检修》、《发电厂及变电站电气运行与检修》两专业各 40 名。西北电力集团公司决定 1996 年及以前招收的中专生，继续留在西安电专，“老生老办法”。从 1996 年起，所有新生一律实行“并轨制”，不包分配、双向选择就业。1997 年 12 月 25 日，集团公司生产人员培训中心在咸阳分校正式挂牌，咸阳分校正式从技工学校学历教育转变为职业培训，开展对系统内退伍军人的培训工作。

1999 年 3 月，陕西省电力公司以陕电人字［1999］59 号文批准在西安电力工业学校成立陕西省电力行业职业技能鉴定中心。4 月，陕西省电力公司发出陕电人字［1999］75 号文《关于陕西电力教育培训体制改革有关问题的通知》，决定在西安电力工业学校建立陕西省电力公司生产人员培训中心。改革目标是转变职能、调整办学方向、提高办学质量、由学历教育为主转变到以生产人员培训为主。将西北电业职工中等专业学校的管理和教学任务转移到西安电力工业学校。其任务是完成职工教育培训、复退军人岗前培训、待业子女教育培训、完成职工成人中专学历教育。学校停止招收全日制中专、技校学生，在校生规模 1100 人。

2001 年，受陕西省电力公司委托，咸阳分校为中电联电力行业职业技能鉴定中心组织编写了 10 个专业工种的技能鉴定试题库。

1991～2002 年，西安电力工业学校共招收 8634 名学生，毕业 9876 名，其中从 1997 年起，共有 1069 名安置到系统内的复员退伍军人到学校学习，经 1～3 年的学习有 967 名复员退伍军人领到毕业证书，回到单位上岗工作。

2002 年末，西安电力工业学校共有教职工 358 人，其中，从事职业技术教育教师 130 人，管理人员 98 人、专业技术人员 163 人、技能人员 27 人。本科学历 107 人、专科学历 113 人。具有高级职称 56 人、中级职称 147 人。学校占地面积 119999.99 米$^2$、校舍建筑面积 42000 米$^2$。图书馆藏书 35000 册。学校当年资产总值 4761 万元。

# 第四章　职　工　子　女　教　育

企业办中小学教育，是在特定历史条件下解决职工子女就学难的有效方式。陕西省电力公司先后开办了18所职工子女学校（简称子校）。1993年以后，陕西省电力公司按照政府办基础教育的精神和政企分开的要求，逐步将职工子女学校移交地方政府教育行政部门管理。

## 第一节　学校发展和教学质量

“八五”初，陕西省电力公司有职工子女学校18所，共有教职工836名，其中教师659名。校园建筑面积134515米$^2$，校舍面积59114米$^2$，有教学班232个，在校生6498人。

1991年，按照中电联要求，陕西省电力公司组织34人的普教评估组，对18所职工子女学校的办学水平进行评估，评出一类学校1所、二类学校13所、三类学校4所。通过评估，查清了各校办学条件底子，摸清了各校教学质量在当地所处的水平。评估显示，小学的教学质量普遍高于当地平均水平，88.8%的初中、75%的高中教学质量高于当地平均水平。有4所子校已在当地处于先进行列。宝鸡电力设备厂子校被授予“优秀学校”奖牌。该校在1991年初中毕业生统考中，人均总分高于当地重点中学38分。

1992年1月，西北电业管理局在陕西宝鸡电力设备厂召开西北电力系统普教工作会议。各省（区）电力局主管教育的领导和子校协作组组长，陕西各职工子女学校校长和书记共46人参加会议。

在开展“学先进、迎评估、创三优、争一流”活动中，陕西各职工子女学校在评估中办学条件平均得分13.35分，占标准分20分的76.5%。达一类标准的一所，达二类标准的9所，达三类标准的7所，不合格的一所。评估发现，初中和小学常规教学仪器配备不全，一半学校没有电教设备、音乐美术专用教室。

1993年5月，为掌握各校教学质量，陕西省电力公司组织职工子女学校初中二年级数学、英语，小学五年级语文、数学统考。初中二年级592名、小学五年级767名学生参加统考，平均成绩比较差。为适应初中、小学教材更换，使任课教师熟悉教材统编体系，了解使用过程中应注意的问题，在重庆市教委协助下，1993～1995年暑期，连续3年在重庆开办了3期新教材教法学习班，每期开设10多个学科，参加人数达200多人。

经过办学水平评估，陕西省电力公司各职工子女学校教学质量逐步上升。1994年，西北电建四公司子校、灞桥热电厂子校高中毕业生参加高考建档率分别达到60.22%、50%。韩城发电厂、蒲城发电厂、电建三公司及电建四公司子校分别被当地教育部门评为

“文明学校”。1995年，电建四公司子校、灞桥热电厂子校、户县热电厂子校，高考建档率分别达到80%、75%、70%。高考成绩分别列所在区（县）第一、第二、第三名。13所初中有5所在地区中考中有一半应届毕业生考入当地重点高中。当年，陕西省电力公司派出18位子校校长到上海学习。

1995年，西北电业管理局下发《关于对优秀教师实行奖励性补贴的规定》，规定专职任课教师的补贴面为30%，高中分60元/月和50元/月两档，初中、小学分40元/月和30元/月两档。

1996年，陕西省电力公司职工子女学校中有3所高中、5所初中、2所小学成为当地的文明学校或窗口学校。宝鸡电力设备厂子校初中毕业生考入宝鸡市重点高中、普通高中的比例逐年上升，2002年学校被所在区评为“教育目标管理任务完成先进单位”。

2001年，陕西省电力公司职工子女学校共有学生10701人，其中，小学生5833人、初中生3531人、高中生1337人。有教职工767人，其中在册教师529人、外聘教师128人。学校占地面积146693.33米$^2$，建筑面积61247米$^2$。学校年投入费用1654.5万元，其中学校自筹经费447.83万元，办学单位投入1206.67万元。

## 第二节 基础教育体制改革

1993年2月，中共中央、国务院颁发《中国教育发展纲要》，明确基础教育应以地方政府办学为主。1994年，电力工业部提出企业办基础教育改革意见，指出基础教育主要由政府办，同时鼓励厂矿企业、事业单位和其他社会力量，按照国家法律法规和政策多渠道、多形式办学。根据改革进程，不断改进办学形式。从实际出发，有条件的企业逐步把职工子女中、小学交给社会办或与地方联办，仍需由企业办的，继续办好，关键是提高教育质量。对生源较少、管理较差、办学质量不符合要求的学校，办学单位要积极探索与地方联合办学或交给社会办等新的办学体制。并要求各单位一定要认真总结和汲取过去在办学方面的经验教训，从长计议、慎重从事。据此，西北电业管理局要求各办学单位按照国家教委统一要求和标准，统筹规划，搞好基础教育体制改革。

1998年，陕西省电力公司提出企业办中小学分离改制意见，实行新单位新办法，新建单位一律不办子弟学校；老单位已办的中小学要分类排队，区别对待。地处大中城市的发供电、修造企业所属中小学，由办学单位与地方政府教育行政部门商洽，创造条件先行分离或采取停止招生的办法，逐步停办。远离城镇的企业所属中小学暂时保留，不断提高教学质量和办学效益，待条件成熟后交地方教育行政部门。基建单位所办中小学管理体制由基建单位自主决定。

1999年，陕西省电力公司提出企业办职工子女学校的具体改革思路，制定企办职工子女学校分流的工作原则为：能交的交出去，能缩小规模的缩小规模，边远地区的继续办好。2000年，西安供电局职工子女学校停办。秦岭发电厂资产转让隶属关系改变，该厂职工子女学校随之改变。2001年，西北电建总公司职工子女学校停办。电建四公司将西安、咸阳两个职工子女学校合并为一所学校统一管理。保留下来的延安发电厂职工子女学校、蒲城发电厂职工子女学校，电建三公司职工子女学校以及电建四公司职工子女学校改制为企有民助办学体制，面向社会招生。

2002 年，陕西省电力公司召开职工子女学校校长工作会议，传达贯彻 2001 年全国电力系统基础教育年会、陕西省企事业研究会及企业中小学分离改制调研会精神，总结交流系统内各单位中小学体制改革，提高办学质量的经验，进一步明确了企办学校分离改制的方向。

# 第五章　教育管理机构

陕西省电力公司教育培训工作在上级主管部门统一领导下，由陕西省电力公司和所属企业实行分级管理。

陕西省电力公司在本部管理机构中设立教育处，负责陕西各直属单位的教育培训工作。随着电力体制改革进一步深化，陕西省电力公司本部和直属单位教育培训管理机构也随之调整变化。

## 第一节　公司教育管理机构

陕西省电力公司教育处归口管理系统内教育培训工作，履行教育培训规划、计划、监督、协调职能。教育处内设干部培训、工人培训、成人高等教育、成人中等教育、中专（技校）教育、职工子女教育、综合管理等岗位。

1992 年，陕西省电力公司教育处有专职干部 10 人。1993 年 9 月，在“三项制度改革”中将干部处、教育处、老干部处（离退休办公室）合并组建为人事教育处，处内设教育培训科，有专职管理人员 6 人。1997 年，陕西省电力公司本部机构改革，推行部室建制。6 月，成立人事部，下设教育培训处，定员 6 人。1999 年 1 月，陕西省电力公司成立科教部，下设教育培训处，设专职管理人员 4 人。

## 第二节　直属单位教育管理机构

“八五”初期，陕西省电力公司直属各发电、供电、修造、施工企业和科研院（所）均设有教育培训工作管理部门，车间（分场）设专（兼）职培训专干，各班组设培训员，基本形成 3 级教育培训管理体系。1993 年以前，陕西省电力公司直属 42 个发电、供电、施工、修造企业中独立设置教育培训管理部门的单位有 27 个。在之后的机构改革中，部分基层单位将原设立的专门教育培训管理部门与有关科室合并。

# 第十一篇　管　　理

# 第十一篇 管 理

1991～2002 年，陕西省电力公司认真贯彻《全民所有制工业企业转换经营机制条例》和《国有企业改革和发展若干重大问题的决定》，在建立和完善社会主义市场经济体制过程中，经营管理工作在观念、体制和机制上都发生了深刻变革，注重向管理要效益，由粗放型管理向集约型管理转变。成功编制全省“八五、九五、十五”电力发展规划和陕北煤电基地建设规划。建立健全各项管理制度，全面加强企业的计划管理、财务管理、物资管理和审计监督，不断完善经营管理目标责任制。实施人才强企战略，深化企业内部劳动、人事、分配制度改革，引入竞争机制和激励机制，建立新型的劳动用工和干部人事制度。经济效益和社会效益同步增长。2002 年，陕西省电力公司售电量达到 269.53 亿千瓦·时，是 1990 年的 2.11 倍；销售收入达到 100.92 亿元，是 1990 年的 6.05 倍；资产总额达到 335.21 亿元，是 1990 年的 6.11 倍。

## 第一章 组 织 机 构

20 世纪 90 年代初，陕西省电力工业局（陕西省电力公司）与西北电业管理局（西北电力联合公司）实行四块牌子，一套机构。本部内设机构和直属单位变化不大。1998 年网省分离后，陕西省电力工业局（陕西省电力公司）组织机构随之发生改变。

### 第一节 陕西省电力工业局（陕西省电力公司）机构设置

1991 年，西北电业管理局（西北电力联合公司）和陕西省电力工业局（陕西省电力公司）管理机构实行处室制。

1991 年西北电业管理局（西北电力联合公司）、陕西省电力工业局（陕西省电力公司）组织机构见图 11-1-1。

1993 年，西北电力联合公司改组为西北电力集团公司。随着集团化运作的逐步规范，本部组织机构实行部室制。

1998 年西北电力集团公司（西北电业管理局）、陕西省电力公司（陕西省电力工业局）组织机构见图 11-1-2。

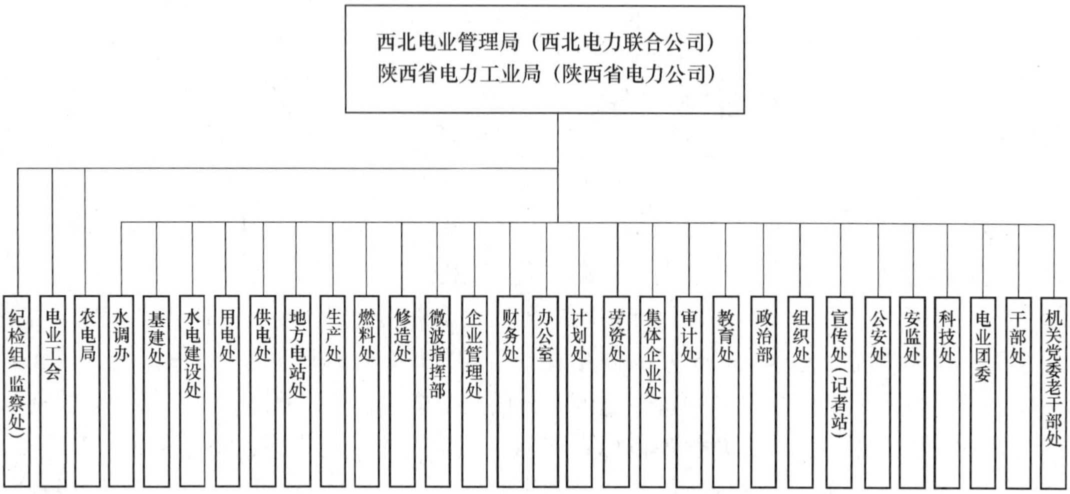


图 11-1-1　1991 年西北电业管理局（西北电力联合公司）、陕西省电力工业局（陕西省电力公司）组织机构

1998 年 10 月，陕西省电力公司与西北电力集团公司体制分离，1999 年 1 月，陕西省电力公司独立运作。1 月 12 日，陕西省电力公司下发陕电人字［1999］03 号文《关于调整陕西省电力公司机关机构设置的通知》。公司本部机构按照部建制为主，处建制为辅，部处并存的原则设置 11 部（总经理工作部、计划发展部、生产技术部、经营部、市场营销部、安监与环保部、多种产业经营部、财务部、思想政治工作部、人事部、科教部），5 处（行政事务处、审计处、公安处、离退休管理处、卫生处），2 委（工委、纪检组及监察专员办公室），1 局（农电局），2 中心（调度中心、信息中心）。

2002 年陕西省电力公司本部组织机构见图 11-1-3。

## 第二节　直　属　单　位

1991～2002 年，陕西省电力工业局（陕西省电力公司）直属单位有发电企业、供电企业、电力建设施工企业、修造企业、多种经营企业和科研、设计、教育培训等。其间，随着陕西省电力工业体制发生的一系列重大变革，陕西省电力工业局（陕西省电力公司）直属单位也发生了改变。

1991 年西北电业管理局（陕西省电力工业局）、西北电力联合公司（陕西省电力公司）直属单位见图 11-1-4。

1998 年西北电力集团公司（西北电业管理局）、陕西省电力公司（陕西省电力工业局）直属单位见图 11-1-5。

2002 年陕西省电力公司直属单位见图 11-1-6。

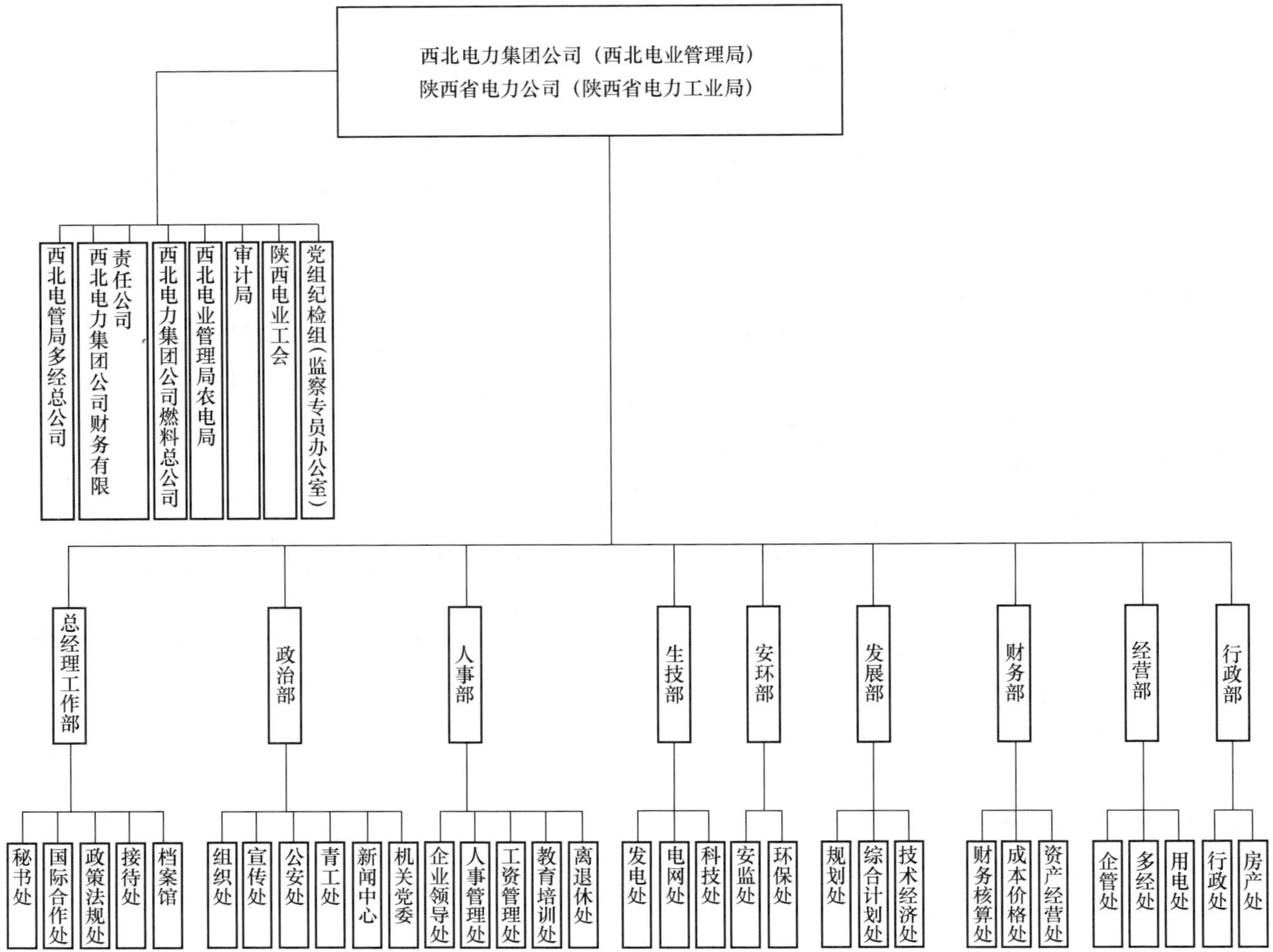


图 11-1-2 1998 年西北电力集团公司（西北电业管理局）、陕西省电力公司（陕西省电力工业局）组织机构

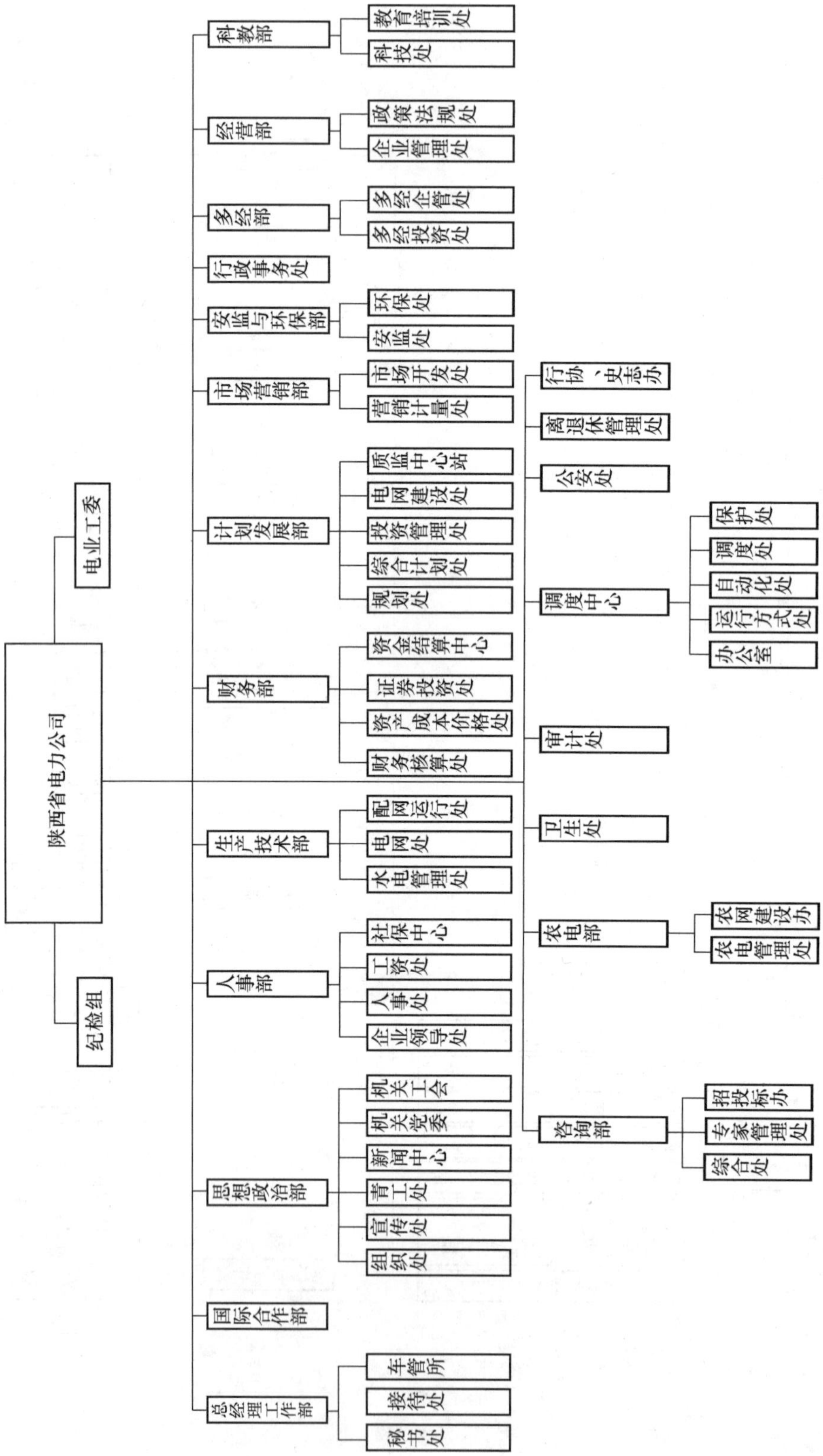


图 11-1-3　2002 年陕西省电力公司本部组织机构

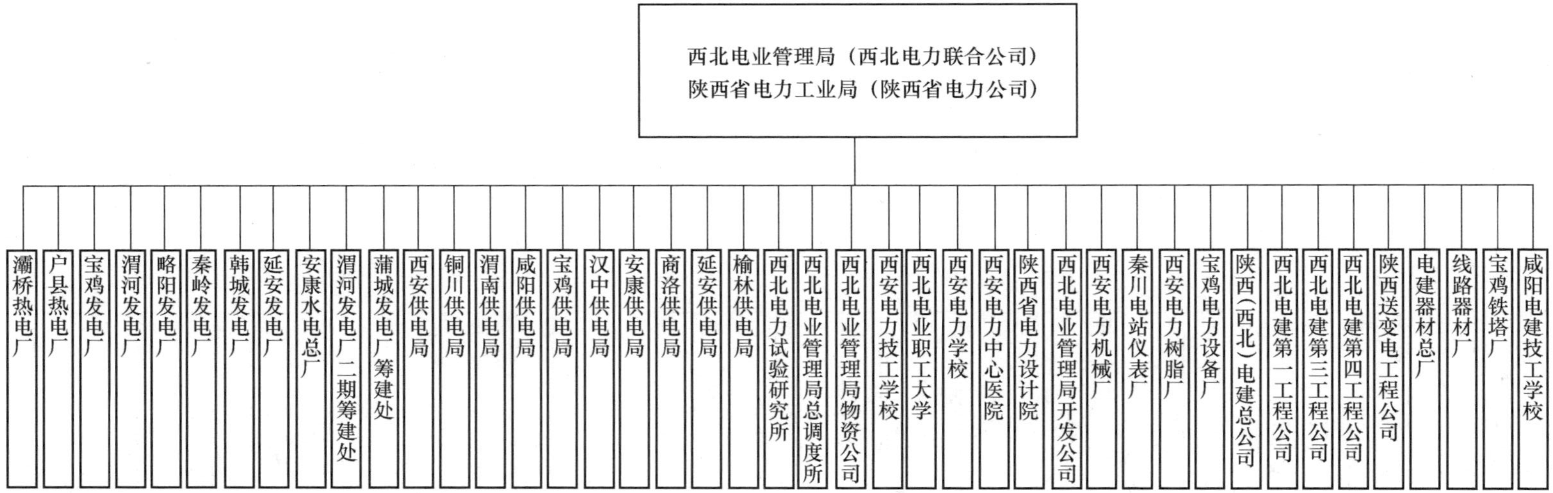

图 11-1-4 1991 年西北电业管理局（西北电力联合公司）、陕西省电力工业局（陕西省电力公司）直属单位

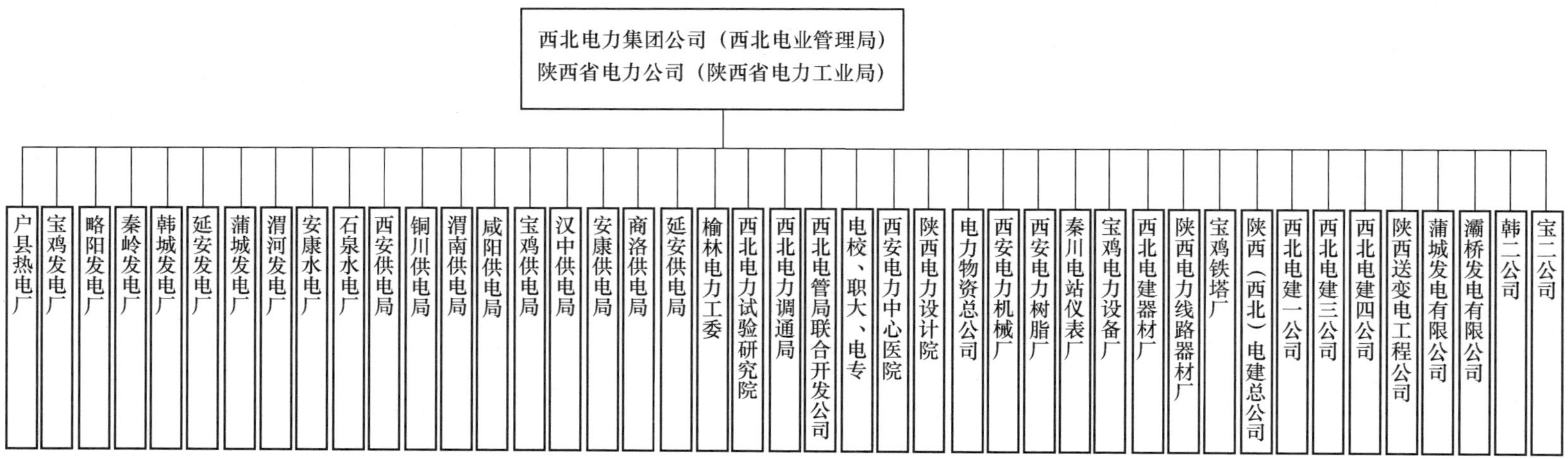

图 11-1-5 1998 年西北电力集团公司（西北电业管理局）、陕西省电力公司（陕西省电力工业局）直属单位

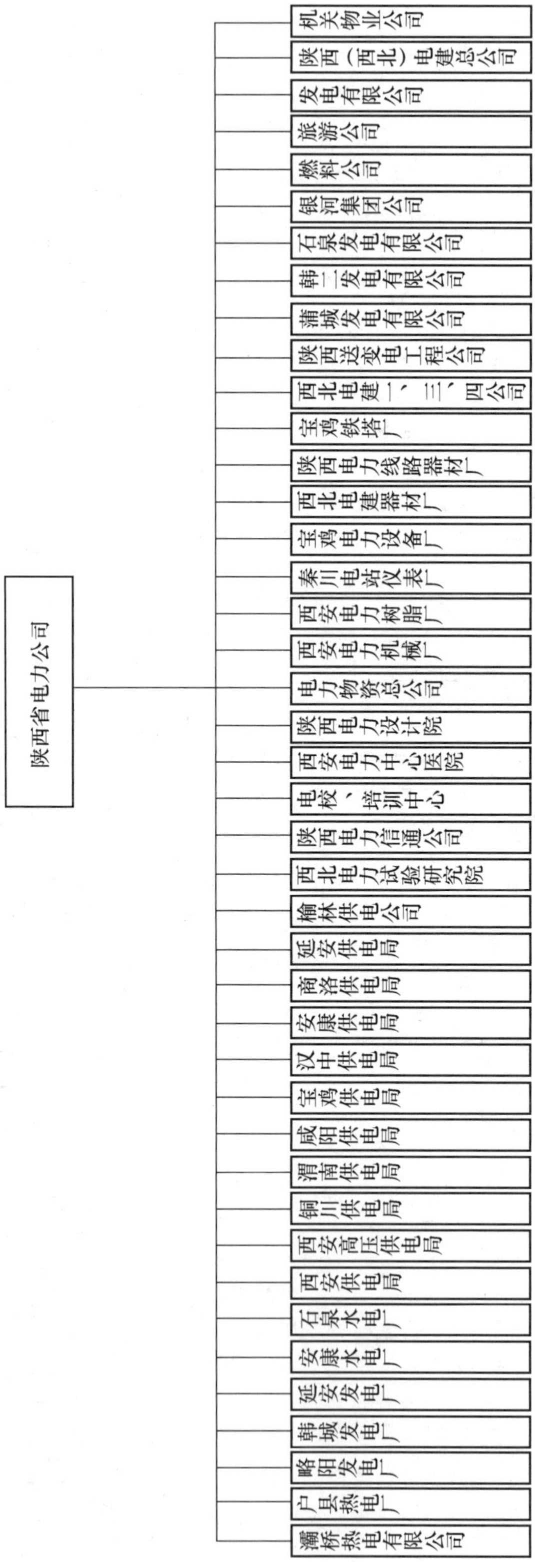


图 11－1－6　2002 年陕西省电力公司直属单位

# 第二章　规　　划

1991～2002年，是电力工业体制改革深化时期，也是新中国成立以来陕西省电力工业发展最好的时期之一。这一时期，电力规划编制与实施经历了“八五”电力行业规划的落实、“九五”电力行业规划的编制与落实、“十五”电力行业规划的编制与“十五”前期规划的落实3个阶段。经过12年的发展，陕西省电力工业彻底改变了滞后于全省经济社会发展的局面，电力“瓶颈”制约基本解除。2002年末，陕西发电装机容量突破800万千瓦，年发电量超过340亿千瓦·时。随着蒲城发电厂、宝鸡第二发电厂陆续投产，陕西省电源基本形成以20万～30万千瓦机组为主力的格局。随着马汉、榆神、罗张等330千伏输变电工程相继投运，330千伏骨干网架已覆盖全省10个地市。12年间，“八五”、“九五”和“十五”电力行业规划得到有效落实。电力基本建设完成投资383.25亿元，其中电源建设165.16亿元，电网建设218.09亿元。陕西电网新增发电装机460.25万千瓦，其中水电69万千瓦，火电391.25万千瓦。全省30万千瓦发电机组从无到有，至2002年末，30万千瓦及以上发电装机容量占全省火电装机容量的比重超过50%，已有秦岭、渭河、宝鸡3座超百万千瓦的大电厂。全省新建330千伏变电站15座，新增变电容量576万千伏·安，新增330千伏输电线路1323千米；新建110千伏变电站142座，新增变电容量726.37万千伏·安，新增110千伏输电线路4664千米。电力技术经济指标得到有效改善，全省供电煤耗由1991年的414克/（千瓦·时）下降到2002年的399克/（千瓦·时），线损率由9.67%下降到7.56%。

## 第一节　“八五”电力发展规划及实施

1990年5月，《陕西省“八五”电力发展规划》编制完成，西北电业管理局以西电计字［1990］53号文上报国家能源部和陕西省人民政府。“八五”规划编制时正值全国范围经济调整，陕西电网持续多年的缺电局面亟待改变。因此，电力发展水平、电源电网建设速度规划虽然适度，但是实际完成情况与规划水平相比仍有相当差距。

### 一、“八五”电力发展规划

#### （一）依据及目的

《陕西省“八五“电力发展规划》根据能源部《关于编制“八五”计划工作的通知》（能源部综计规［1990］29号）要求和陕西省计委送阅件《关于陕西省全面部署编制“八五”计划和十年规划设想工作》的精神编制而成。重点对“八五”时期陕西电力负荷发展水平、电源投产进度及送出工程、投资与资金来源、加快电力发展政策建议进行了研究。规划以1989年电力供需实际情况为基础，设计水平年为1995年，展望至2000年。

（二）主要内容

1. 电网现状及存在问题

电网现状：

1989 年末，陕西省全口径发电装机总容量 255.25 万千瓦，其中水电装机容量 34.44 万千瓦，占总容量的 13.49%；火电装机容量 220.81 万千瓦，占总容量的 86.51%。陕西电网发电装机容量 231.70 万千瓦，其中水电装机容量 22.18 万千瓦，占总容量的 9.57%，火电装机容量 209.52 万千瓦，占总容量的 90.43%。

1989 年，全省完成发电量 148.54 亿千瓦·时，其中水电 12.99 亿千瓦·时，火电 135.55 亿千瓦·时；火电平均利用小时 6357 小时，供电煤耗 417 克/(千瓦·时)。陕西电网完成发电量 145.59 亿(千瓦·时)，其中水电 11.12 亿(千瓦·时)，火电 134.46 亿(千瓦·时)；火电平均利用小时 6417 小时，供电煤耗 413 克/(千瓦·时)。

1989 年，全省全社会用电量 161.48 亿千瓦·时。1985～1989 年年均增长 9.71%，1989 年比 1988 年度增长 11.91%，是 20 世纪 80 年代增速最快的一年，当年全省统计拉限电量 16.6 亿千瓦·时。陕西电网统调最大负荷为 237 万千·瓦，1985～1989 年年均增长 5.54%，1989 年比上年增长 1.28%。当年最大日限电负荷 50 万～70 万千瓦，陕西电网净购西北电网电量 10.68 亿千瓦·时。

1989 年末，陕西电网拥有 330 千伏变电站 7 座，变电容量 207 万千伏·安，线路 14 条，总长 1243 千米；220 千伏变电站 6 座，变电容量 72 万千伏·安，线路 10 条，总长 868 千米；110 千伏变电站 129 座，变电容量 469.51 万千伏·安，线路 224 条，总长 5229 千米。

陕西电网以 330 千伏电网和 220 千伏电网为骨干网架，330 千伏电网已覆盖关中 5 个地市。配合安康水电厂送出，正在建设的安南双回线预计 1990 年底投产，330 千伏电网将延伸到陕南地区。省际（陕甘）间有三回 330 千伏线路与甘肃电网相连，其中马营—秦安、马营—陇西、金锁—西峰各 1 回，因甘肃西峰尚未建成 330 千伏变电站，金—西线降压 110 千伏运行。220 千伏电网主要分布在西安和汉中两个地区。

1989 年末，全省 89 个县中由陕西电网供电的已达 87 个。陕南山区的佛坪和镇坪两县由当地小水电供电。陕北榆林地区的两个 110 千伏孤立小电网，分别由山西省天桥水电站和宁夏马家滩变电站供电。

存在的主要问题：

（1）装机容量严重不足且超期服役，设备过度使用导致事故频繁发生，对用户无法保证连续供电。

（2）电网覆盖面有待扩大。1989 年，全省乡镇、行政村和农村用户通电率分别为 84.32%、69.48%和 72.54%，且主要集中于铁路、公路沿线等经济比较发达地带。广大边远地区、山区还有 1/3 以上的村、户迫切需要供电。

（3）陕西电网缺电日益严重。以前为季节性限电，限电多集中在冬季和夏季用电高峰时段。后来发展成全年性缺电，如 1988 年，每月都在限电，1989 年下半年由于全省经济下滑，用电量有所趋缓，但全年仍有 8 个月在限电，电力短缺已严重制约陕西经济发展。

2. 电力需求预测

陕西省政府提出“八五”时期“重点发展关中，加快开发陕南陕北”的战略方针。全省机械、电子、高科技等重要产业将得到较快发展。交通及通信等基础设施条件将得到有效改善。通过对各行业和各供电区域用电情况进行调查分析，结合陕西省国民经济发展趋势，选用产值单耗法、回归分析法、弹性系数法、负荷曲线叠加法、长期趋势预测法等多种方法，对陕西“八五”时期负荷水平进行预测。经过综合分析，提供高、低 2 个预测方案，考虑到省内发供电能力的限制，选用低方案为推荐方案。

陕西省“八五”电力负荷水平预测见表 11-2-1。

表 11-2-1 陕西省“八五”电力负荷水平预测

| 年份 | 1985 实际 | 1989 实际 | 1990 | 1991 | 1992 | 1993 | 1994 | 1995 | 2000 | “七五”增长率（%） | “八五”增长率（%） | 九五”增长率（%） |
|---|---|---|---|---|---|---|---|---|---|---|---|---|
| 全省需电量高方案（亿千瓦·时） | 111.47 | 161.48 | 194.00 | 209.00 | 225.00 | 242.00 | 260.00 | 281.00 | — | 11.72 | 7.69 | — |
| 全省需电量低方案（亿千瓦·时） | 111.47 | 161.48 | 194.00 | 206.00 | 202.00 | 237.00 | 250.00 | 265.00 | 400.00 | 11.72 | 6.44 | 8.58 |
| 统调最大发电负荷（万千瓦） | 191.00 | 237.00 | 285.00 | 316.00 | 383.00 | 363.00 | 397.00 | 430.00 | 660.00 | 8.33 | 8.57 | 8.95 |

按照低方案预测结果计算，“八五”时期全省电量增长速度为 6.44%，电力消费弹性系数为 0.84；统调最大负荷增长速度为 8.57%。“九五”时期电量增长速度为 8.58%，电力消费弹性系数为 1.35；统调最大负荷增长速度为 8.95%。

3. 电源建设规划

“八五”时期，陕西境内陕西电网电源建设规划投产规模 311 万千瓦，其中水电 60 万千瓦，火电 251 万千瓦。具体项目为：安康水电厂（3×20 万千瓦）投产 2～4 号机，略阳发电厂扩机（2×5 万千瓦）投产 2 号机，渭河发电厂新厂（4×30 万千瓦）投产 1～4 号机，蒲城发电厂（2×33 万千瓦），宝鸡第二发电厂（4×30 万千瓦）投产 1～2 号机。

陕西省“八五”电源建设开工与投产进度见表 11-2-2。

11－2－2　陕西省“八五”电源建设开工与投产进度　单位：万千瓦

| 项目名称 | 建设性质 | 建设规模 | 总规模 | 建设起止年限 | 1990预计 | 结转“八五” | “八五”投产容量 | | | | | | 结转“九五” |
|---|---|---|---|---|---|---|---|---|---|---|---|---|---|
| | | | | | | | 1991 | 1992 | 1993 | 1994 | 1995 | 合计 | |
| 总计 | | | 833 | | 25 | 808 | 75 | 50 | 30 | 93 | 63 | 311 | 497 |
| 水电 | | | 137 | | 20 | 117 | 40 | 20 | 0 | 0 | 0 | 60 | 57 |
| 火电 | | | 696 | | 5 | 691 | 35 | 30 | 30 | 93 | 63 | 251 | 440 |
| 安康水电站 | 新建 | 4×20 | 80 | 1978～1992 | 20 | 60 | 40 | 20 | | | | 60 | 0 |
| 旬阳水电站 | 新建 | 3×10 | 30 | 1992～1997 | | 30 | | | | | | 0 | 30 |
| 蜀河水电站 | 新建 | 3×9 | 27 | 1996～2000 | | 27 | | | | | | 0 | 27 |
| 略阳电厂扩机 | 扩建 | 2×5 | 10 | 1988～1991 | 5 | 5 | 5 | | | | | 5 | 0 |
| 渭河电厂新厂 | 新建 | 4×30 | 120 | 1988～1994 | | 120 | 30 | 30 | 30 | 30 | | 120 | 0 |
| 蒲城电厂 | 新建 | 2×33 | 66 | 1988～1995 | | 66 | | | | 33 | 33 | 66 | 0 |
| 蒲城电厂二期 | 新建 | 2×60 | 120 | 1996～2000 | | 120 | | | | | | 0 | 120 |
| 宝鸡二厂 | 新建 | 4×30 | 120 | 1991～1997 | | 120 | | | | 30 | 30 | 60 | 60 |
| 韩城二厂 | 新建 | 2×60 | 120 | 1994～2000 | | 120 | | | | | | 0 | 120 |
| 府谷电厂 | 新建 | 4×35 | 140 | 1993～1999 | | 140 | | | | | | 0 | 140 |

4. 电网建设规划

“八五”时期，陕西电网发展重点仍在关中地区，在加强关中330千伏电网建设，满足西安、宝鸡、咸阳、渭南及铜川等大中城市用电增长需要的同时，需要结合本省资源开发利用情况，扩展电网覆盖面，逐步将330千伏骨干网架向陕南与陕北延伸。陕西电网规划建设凤翔（雍城）、乾县（大杨）、沣河、西安东郊、渭南、耀县（桃曲）、延安和汉中8座330千伏变电站。关中负荷中心将围绕渭河、蒲城、宝鸡等大型电源送出，建成蒲城电厂—西安北郊、蒲城电厂—耀县（桃曲）、蒲城电厂—高明、渭河新厂—沣河二回、渭河新厂—乾县（大杨）—凤翔（雍城）、宝鸡二厂—马营、宝鸡二厂—凤翔（雍城）等

330千伏输变电工程。330千伏骨干网架向北将延伸到延安地区，建成金锁—延安330千伏输变电工程，向南将扩展到汉中地区，建成马营—汉中330千伏输变电工程。

省间与西部电网甘肃之间仍然保持3回联络线，其中金锁—西峰改为桃曲—西峰，马营—秦安改为凤翔（雍城）—秦安，马营—陇西改为宝鸡二厂—陇西。

5. 投资估算与资金筹措

“八五”时期，陕西电力建设项目投资66.85亿元，其中水电13.88亿元，火电52.97亿元，含电厂送出工程投资10.48亿元。

资金主要分为两部分，其中国家投资41.78亿元，占62.49%；地方投资25.07亿元，占37.51%。

6. “八五”规划滚动调整情况

1992年，陕西省政府提出“八五”计划提前一年半实现，十年规划提前3年实现，全省国民生产总值“八五”增长率为10.5%，“九五”为11.5%，到2000年达到1065亿元。为了落实上述目标，要求重点抓好“20项兴陕工程”，其中发电装机容量10年内要新增600万千瓦。为此，1992年9月编制完成《陕西电力工业“八五”计划“九五”规划纲要（修改稿）》，对原规划提出的全省需电量和负荷水平未作调整。1991年实际投产装机容量25万千瓦，后四年投产装机容量调整为231万千瓦，其中水电40万千瓦，火电191万千瓦。并提出“九五”时期新增装机372万千瓦。

**二、“八五”电力发展规划执行情况**

“八五”时期，陕西电网新增装机容量185万千瓦，其中水电60万千瓦，火电125万千瓦。1995年末，陕西省全口径发电装机总容量达到498.74万千瓦，其中，水电装机容量118.19万千瓦，占总容量的19.68%，火电装机容量380.55万千瓦，占总容量的80.32%，全省年发电量达到238.23亿千瓦·时，火电平均利用小时6510小时。在电力瓶颈制约尚未解除，严重限电的情况下，“八五”时期，全省全社会用电量年均增长6.92%，1995年达到236.72亿千瓦·时；陕西电网最大负荷年均增长5.30%，1995年达到325万千瓦。

“八五”时期，陕西电网新增330千伏变电站3座，变电设备容量153万千伏·安；110千伏变电站45座，变电设备容量144.39万千伏·安；35千伏变电站7座，变电设备容量9.88万千伏·安。新增330千伏输电线路433千米，110千伏输电线路921千米，35千伏输电线路216千米。全省330千伏骨干网架由“七五”末的6个地区扩展至7个地区，向北延伸到延安地区。1995年末，陕西电网35千伏及以上设备变电容量达到1233万千伏·安，其中330千伏变电站10座，变电设备容量360万千伏·安；220千伏变电站6座，变电设备容量84万千伏·安；110千伏变电站182座，变电设备容量638.2万千伏·安；35千伏变电站248座，变电设备容量150.44万千伏·安。陕西电网35千伏及以上输电线路长度达到16688千米，其中330千伏输电线路2242千米，220千伏输电线路924千米，110千伏输电线路6272千米，35千伏输电线路7250千米。

“八五”时期，陕西电力建设完成总投资71.72亿元，其中电源项目56.88亿元，占总投资的79.31%；电网项目14.84亿元，占20.69%。

## 第二节　“九五”电力发展规划及实施

《陕西省“九五”电力发展规划》编制于1994年，是在当年刚刚编制完成的《陕西省2020年电力发展规划》基础上进行的，由西北电业管理局正式行文向电力工业部上报《关于报送陕西省“九五”电力发展规划的报告》（西电计字［1994］138号）。“九五”电力行业规划编制时正值陕西电网严重缺电，全省经济社会发展受到电力不足的困扰，因此，对“九五”末期负荷预测水平、电源规划安排均较高。从1996年下半年开始，全国经济发展转移到以结构调整和扩大内需为中心，同时受亚洲金融危机影响，陕西省电力需求趋缓，实际执行结果比预期要低很多。1998年，根据电力工业部《关于调整电力结构、优化滚动修订“九五”后三年计划的通知》（电力部电计［1998］15号）要求，对陕西省“九五”电力发展规划进行了滚动修订。

### 一、“九五”电力发展规划

（一）依据及目的

根据电力工业部《关于尽快编制电力工业“九五”电网发展规划的通知》（电力工业部计规划［1994］135号）要求，在已经编制完成的《陕西省2020年电力发展规划》基础上，重点对“九五”时期陕西电力负荷发展水平、装机投产进度及电力电量平衡、骨干网架建设、投资与资金筹措、加快电力发展政策等进行了研究。以1993年电力供需实际情况为基础，设计水平年为2000年。

（二）主要内容

1. 电网现状及存在问题

电网现状：

1993年末，陕西省全口径发电装机总容量为429.32万千瓦，其中水电装机容量为120.22万千瓦，占总容量的28.00%；火电装机容量为309.10万千瓦，占总容量的72.00%。陕西电网发电装机容量为402.61万千瓦，其中水电装机容量为109.96万千瓦，占总容量的27.31%，火电装机容量为292.65万千瓦，占总容量的72.69%。

1993年，全省完成发电量215.98亿千瓦·时，其中水电41.61亿千瓦·时，火电174.37亿千瓦·时；火电平均利用小时5680小时，供电煤耗416克/(千瓦·时)。陕西电网完成发电量202.17亿千瓦·时，其中水电34.58亿千瓦·时，火电167.59亿千瓦·时；火电平均利用小时5726小时，供电煤耗411克/(千瓦·时)。

1993年全省全社会用电量213.29亿千瓦·时，1990～1993年年均增长7.98%，1993年比1992年度增长10.49%，是20世纪90年代以来增速最快的一年，当年全省统计拉限电量1亿千瓦·时；陕西电网统调最大负荷为334万千瓦，1990～1993年年均增长9.99%，1993年比1992年增长8.79%，当年最大限电负荷60万千瓦。陕西电网净购西北电网电量2.51亿千瓦·时。

1993年末，陕西电网拥有330千伏变电站9座，变电容量360万千伏·安，线路20条，总长1856千米；220千伏变电站6座，变电容量84万千伏·安，线路11条，总长923千米；110千伏变电站162座，变电容量579.17万千伏·安，线路264条，总长5724千米。陕西电网以330千伏电网和220千伏电网为骨干网架，330千伏电网已覆盖关中5个地市，并以关中为中心向陕南和陕北辐射，向南与安康地区形成双回330千伏网架，向北随着1994年8月金锁关—延安330千伏输变电工程的建成，已延伸至延安地区。省际（陕甘）间有3回330千伏线路与甘肃电网相连，其中，马营—秦安、马营—陇西、桃曲—西峰各1回。220千伏电网主要分布在关中的西安、渭南及陕南的汉中地区，在省内基本呈线型结构。

北部榆林地区仍未并入陕西电网。由两个110千伏小电网供电，其东北部10县由山西省天桥水电站和当地小水火电电源供电；西部两县由宁夏青铜峡水电站供电。

陕西省89个县除陕南山区的佛坪和镇坪由当地小水电供电外，其余87个县均由电网供电，全省已经实现县县通电。全省乡镇、行政村和农户通电率分别达到88.54%、80.09%和83.14%，尚有300余个乡、6679个村、114万农户，约450万人还未用上电。

存在的主要问题：

（1）现有发供电设备过度使用和超期服役问题严重，事故率高，可靠性低；小燃煤机组能耗高，经济指标低，迫切需要加快更新增容。

（2）全省仍有约13%的人口未用上电，有的县通电率只有30%左右，迫切需要加快电网建设，扩大电网覆盖面。特别是榆林地区，电网薄弱，发供电能力不足，供电可靠性低，经常限电。

（3）电费收缴困难。至1994年6月底，欠费用户累计欠缴电费4.5亿元，主要是煤矿、军工、交通等大型国有企业欠费，严重影响陕西电力工业的后续发展。

2. 电力需求预测

在国家能源开发战略西移的大格局下，"九五"时期，陕西省能源资源开发产业、重化工产业及交通运输等基础产业将会得到较快发展。通过对陕西省重点用户用电调查及发展分析，结合全省国民经济发展趋势，选用5种预测方法，对陕西省"九五"时期负荷水平进行预测，经过综合分析，提供高、中、低3个预测方案，其中以中方案为推荐方案。

陕西省"九五"电力负荷水平预测见表11-2-3。

表11-2-3　　陕西省"九五"电力负荷水平预测

| 方案 | 年份 | | | | | | | | |
|---|---|---|---|---|---|---|---|---|---|
| | 1990实际 | 1991实际 | 1992实际 | 1993实际 | 1995 | 2000 | "八五"增长率（%） | "九五"增长率（%） | 1991～2000年增长率（%） |
| 全省需电量高方案（千瓦·时） | | | | | 265 | 400 | 9.36 | 8.58 | 8.97 |
| 全省需电量中方案（千瓦·时） | 169.43 | 180.43 | 193.04 | 213.29 | 260 | 400 | 8.94 | 9.00 | 8.97 |
| 全省需电量低方案（千瓦·时） | | | | | 260 | 380 | 8.94 | 7.89 | 8.41 |
| 统调最大发电负荷（万千瓦） | 251 | 256 | 307 | 334 | 420 | 660 | 10.84 | 9.46 | 10.15 |

按照中方案预测结果计算，电力消费弹性系数“八五”为0.85，“九五”为0.87，均小于1。人均用电量1995年为739千瓦·时，2000年为1076千瓦·时，接近全国平均水平。

3. 电源建设规划

“九五”时期，陕西电网电源建设规划投产规模472万千瓦，其中水电9万千瓦，火电463万千瓦。具体项目为：石泉水电厂扩机（2×4.5万千瓦），灞桥热电厂“以大代小”项目（2×10万千瓦），宝鸡第二发电厂（4×30+2×60万千瓦）投产1～5号机，户县热电厂技改（2×30万千瓦），韩城第二发电厂（2×60万千瓦）投产一台机组，蒲城发电厂（2×33+2×30万千瓦）投产2～4号机，黄陵发电厂（2×30万千瓦）投产一台机组，店塔发电厂（2×10万千瓦）。

陕西省“九五”电源建设开工与投产进度见表11-2-4。

表11-2-4　　陕西省“九五”电源建设开工与投产进度　　单位：万千瓦

| 项目名称 | 建设性质 | 建设规模 | 总规模 | 建设起止年限 | 已投产容量 | 1994实际 | 1995预计 | 结转下期 | “九五”投产容量 | | | | | | 结转下期 |
|---|---|---|---|---|---|---|---|---|---|---|---|---|---|---|---|
| | | | | | | | | | 1996 | 1997 | 1998 | 1999 | 2000 | 合计 | |
| 总计 | | | 987 | | 60 | 30 | 63 | 834 | 37.5 | 54.5 | 80 | 120 | 180 | 472 | 362 |
| 水电 | | | 41.0 | | 0 | 0 | 0 | 41 | 4.5 | 4.5 | 0 | 0 | 0 | 9 | 32.0 |
| 火电 | | | 946 | | 60 | 30 | 63 | 793 | 33 | 50 | 80 | 120 | 180 | 463 | 330 |
| 石泉水电站扩建 | 扩建 | 2×4.5 | 9 | 1995～1997 | | | | 9 | 4.5 | 4.5 | | | | 9 | 0 |
| 旬阳水电站 | 新建 | 4×8 | 32 | 1999～ | | | | 32 | | | | | | 0 | 32 |
| 灞桥热电厂 | 扩建 | 2×10 | 20 | 1995～1998 | | | | 20 | | 10 | 10 | | | 20 | 0 |
| 宝鸡二厂 | 新建 | 4×30+2×60 | 240 | 1995～2001 | | | | 240 | | 30 | 30 | 60 | 60 | 180 | 60 |
| 户县电厂技改 | 扩建 | 2×30 | 60 | 1996～2003 | | | | 60 | | | | 30 | 30 | 60 | 0 |
| 渭河电厂 | 新建 | 4×30 | 120 | 1989～1995 | 60 | 30 | 30 | 0 | | | | | | 0 | 0 |
| 韩城二厂 | 扩建 | 2×60 | 120 | 1997～ | | | | 120 | | | | | 60 | 60 | 60 |
| 蒲城电厂 | 新建 | 2×33+2×30 | 126 | 1988～1999 | | | 33 | 93 | 33 | | 30 | 30 | | 93 | 0 |
| 黄陵电厂 | 技改 | 4×30 | 120 | 1998～2003 | | | | 120 | | | | | 30 | 30 | 90 |
| 店塔电厂 | 技改 | 2×10 | 20 | 1995～1998 | | | | 20 | | 10 | 10 | | | 20 | 0 |
| 头道河电厂 | 新建 | 4×30 | 120 | 2000～2007 | | | | 120 | | | | | | 0 | 120 |

按有关协议，黄河上游李家峡水电厂分配给陕西电力35万千瓦，电量12.2亿千瓦·时。

从“八五”后期开始，陕西电网将逐步安排部分超限运行且问题严重的老机组退出运行，其中“八五”末退役或报废11万千瓦，“九五”期间退役或报废37.4万千瓦。具体安排如下：灞桥热电厂“八五”报废3.6万千瓦，“九五”报废2.4万千瓦；宝鸡发电厂

“八五”退役5万千瓦，“九五”退役10万千瓦；户县热电厂“九五”退役10万千瓦；渭河发电厂“九五”退役10万千瓦；略阳发电厂“九五”退役5万千瓦；延安发电厂“八五”报废2.4万千瓦。

4. 电网建设规划

“九五”时期，陕西电网规划建设神木、榆林、黄陵、韩城（西庄）、桥陵、阎良（泾河）、渭南、台头（罗敷）、东郊、柞水、乾县（大杨）、凤翔（雍城）和汉中等13座330千伏变电站，配合电源送出将继续加强完善330千伏骨干网架，进一步扩大电网覆盖面。关中负荷中心将围绕着蒲城、宝鸡、韩城二厂等大型电源送出，建成蒲城—阎良（泾河）—西安北郊、蒲城—桥陵、渭河—西安北郊—沣河、宝鸡二厂—马营、宝鸡二厂—凤翔（雍城）、韩城二厂—渭南、韩城二厂—韩城电厂等330千伏输变电工程。2000年前，330千伏骨干网架向北将延伸到榆林地区，建成延安—榆林—神木330千伏输变电工程，为神（木）—朔（县）电铁工程提供可靠供电保障；向南将扩展到汉中地区，建成马营—汉中330千伏输变电工程。

省际间与西部电网甘肃之间已有3回联络线，规划建设第四回联络线由桃曲经彬县至甘肃平凉，力争2000年以前建成投产。

网间配合宝鸡二厂向四川送电，规划2000年前建成±500千伏宝鸡二厂—成都直流输电工程。

5. 投资估算与资金筹措

以1993年价格水平年为基准进行静态投资估算，“九五”时期陕西电力建设项目投资255.22亿元，其中水电8.13亿元，火电247.09亿元，含青海李家峡水电厂项目投资1.8亿元（当时投资体制是电网项目不能作为独立工程立项，而是作为电源项目的送出工程按照其本体工程的20％～30％进行估算，并涵盖在电源项目之中）。

资金来源主要分为3部分，一为国家投资165亿元；二为地方投资37亿元；三为利用外资53亿元，各部分投资所占比例依次为64.65％、14.50％和20.77％。尚有0.22亿元的少量缺额，由电力企业或地方申请短期信贷解决。

6. “九五”后3年规划滚动调整情况

1998年5月，编制完成《陕西电力发展“九五”后三年计划》（修订稿）。根据修订计划，2000年全省需电量调整为360亿千瓦·时，陕西电网最大负荷调整为580万千瓦，1998～2000年的增长率分别为11.72％和15.14％。1996～1997年实际投产装机33万千瓦，后3年投产装机容量调整为311万千瓦，其中水电9万千瓦，火电302万千瓦。

**二、“九五”电力发展规划执行情况**

“九五”时期，陕西电力工业快速发展。1996年，陕西发电装机容量突破500万千瓦，随着蒲城、宝鸡第二发电厂陆续投产，陕西省电源基本形成以20万～30万千瓦机组为主要支撑、并以燃煤火电为主的格局。随着马—汉、延—榆—神、柞水等330千伏送变电工程的相继投运，330千伏骨干网架已覆盖全省10个地市。

“九五”时期，陕西长期以来存在的用电紧张局面得到缓解，实现了电力供需基本平衡。2000年全省全社会用电量和陕西电网最大负荷分别达到292.76亿千瓦·时和442万千瓦，“九五”期间的增长速度分别为 4.34%和 6.34%，最大负荷增长高于电力需求增长。

2000 年末，陕西省全口径发电装机总容量 737.56 万千瓦，其中水电装机容量为 145.12 万千瓦，占总容量的 19.68%；火电装机容量 592.44 万千瓦，占总容量的 80.32%。“九五”时期，陕西电网新增装机容量 196.75 万千瓦，其中水电 9 万千瓦，火电 187.75 万千瓦，其中 30 万千瓦及以上机组新增 156 万千瓦，加上少量地方电厂新增，发电装机容量年均增长 8.14%。2000 年，全省累计完成发电量 283 亿千瓦·时，其中水电 36 亿千瓦·时，火电 247 亿千瓦·时；火电平均利用小时 4390 小时。“九五”时期，全省发电量年均增长 3.50%，火电利用小时年均下降 424 小时。省间电力流向由“九五”初期的净输出转变为“九五”末期的净购入。

2000 年末，陕西电网 35 千伏及以上变电设备容量 1973.48 万千伏·安，其中 330 千伏变电站 19 座，变电设备容量 672 万千伏·安；220 千伏变电站 6 座，变电设备容量 96 万千伏·安；110 千伏变电站 244 座，变电设备容量 1025.03 万千伏·安；35 千伏变电站 295 座，变电设备容量 180.45 万千伏·安。“九五”时期，35 千伏及以上设备变电容量年均增长 9.87%，其中 330 千伏设备变电容量年均增长 13.30%。陕西电网 35 千伏及以上输电线路长度为 20611 千米，其中 330 千伏输电线路 3020 千米，220 千伏输电线路 824 千米，110 千伏输电线路 8514 千米，35 千伏输电线路 8253 千米。“九五”时期，35 千伏及以上输电线路年均增长 4.35%，其中 330 千伏输电线路年均增长 6.14%。

“九五”时期，陕西新增装机容量 238.32 万千瓦，其中水电 26.93 万千瓦，火电 211.89 万千瓦；30 万千瓦及以上的机组 156 万千瓦。新增火电机组主要集中在关中地区，新增水电机组主要分布在汉中、安康地区。

“九五”时期，陕西电网新增 330 千伏变电站 9 座，变电设备容量 312 万千伏·安；220 千伏变电设备容量 12 万千伏·安；110 千伏变电站 62 座，变电设备容量 386.83 万千伏·安；35 千伏变电站 47 座，变电设备容量 30.01 万千伏·安。新增 330 千伏输电线路 778 千米，110 千伏输电线路 2279 千米，35 千伏输电线路 1030 千米。全省 330 千伏骨干网架由“八五”末的 7 个地市延伸至 10 个地市，关中地区的构架逐步加强，电网安全稳定性得到提高。2000 年末，陕西电网 35 千伏及以上变电设备容量达到 1973.48 万千伏·安，其中 330 千伏变电站 19 座，变电设备容量 672 万千伏·安；220 千伏变电站 6 座，变电设备容量 96 万千伏·安；110 千伏变电站 244 座，变电设备容量 1025.03 万千伏·安；35 千伏变电站 295 座，变电设备容量 180.45 万千伏·安。陕西电网 35 千伏及以上输电线路长度达到 20675 千米，其中 330 千伏输电线路 3020 千米，220 千伏输电线路 824 千米，110 千伏输电线路 8552 千米，35 千伏输电线路 8279 千米。

“九五”时期，陕西电力工业基本建设完成投资 212.72 亿元，是电力工业发展史上投资规模最大、投资增长速度最快的时期。其中电源项目 81.24 亿元，占总投资的 38.19%；电网项目 131.48 亿元，占 61.81%。由于 1998～2000 年大规模开展了城农网建设与改造工程，“九五”时期，不仅陕西电力工业投资增长速度达到 28.07%，而且电网建设投资超过了电源建设投资。

## 第三节 “十五”电力发展规划及实施

《陕西省“十五”电力行业规划》是在电力工业部撤销，政府管电职能交由国家经贸委以后，以陕西省电力公司为主，会同陕西省经贸委共同编制的5年电力行业规划。编制工作从1998年四季度开始，2000年1月完成，3月，陕西省经贸委和陕西省电力公司联合行文，向国家经贸委和国家电力公司上报《关于陕西志“十五”电力行业规划的报告》（陕经贸能［2000］137号）。同年5月，该规划通过国家经贸委和国家电力公司及西北电力集团公司会同西北各省区经贸委组织的西北地区电力行业“十五”规划评审会评审。

规划编制时正值亚洲金融危机和国家宏观经济调控时期，电力需求趋缓。受此影响，编制的电力规划偏于保守。2003年，按照国家电网公司《关于开展电力“十五”规划滚动调整研究工作的通知》（国家电网规［2003］24号）要求，对陕西省“十五”电力行业规划进行了滚动修订。

### 一、“十五”电力发展规划

#### （一）依据及目的

《陕西省“十五”电力行业规划》是根据国家经贸委电力司、国家电力公司计划投资部《关于做好编制电力行业规划准备工作的通知》（电力［1998］19号），以及国家经贸委和国家电力公司联合下发的《关于开展“十五”电力行业规划编制工作的通知》（电力［1999］6号）要求，结合陕西省“十五”国民经济发展规划，由陕西省经贸委和陕西省电力公司共同编制完成。

规划编制的基本思路是充分利用陕北优质煤炭和天然气资源，积极开发建设神木府谷火电基地，在最大限度满足区域内电力需求的同时，逐步建立陕西电网的商品电基地，实现变输煤为输电的战略转移。

规划以1999年电力供需实际情况为基础，设计水平年为2005年，并展望至2015年。

#### （二）主要内容

1. 电网现状及存在问题

电网现状：

陕西电网是西北电网的重要组成部分，它位于西北电网的东部，以330千伏电网为主网架，以110千伏为配网，部分220千伏电压等级电网降压运行；330千伏电网东起渭南，西止宝鸡，北至榆林，南到安康；省际间有3回330千伏线路与甘肃电网相连。

陕西电网是典型的以燃煤发电为主的电网，且火电主要集中在关中，靠近负荷中心；水电厂位于陕南汉江干流，已建成石泉、安康水电厂。1999年末，陕西省全口径发电装机总容量为667.45万千瓦，其中水电装机容量129.20万千瓦，占总容量的19.36%；火电装机容量538.25万千瓦，占总容量的80.64%。陕西电网发电装机容量610.06万千瓦，其中水电装机容量110.46万千瓦，占总容量的18.11%；火电装机容量499.60万千瓦，占总容量的81.89%。

1999 年，陕西省完成发电量 264.12 亿千瓦·时，其中水电 22.59 亿千瓦·时，火电 241.53 亿千瓦·时；火电平均利用小时 4756 小时，供电煤耗 412 克/(千瓦·时)。陕西电网完成发电量 248.48 亿千瓦·时，其中水电 19.02 亿千瓦·时，火电 229.46 亿千瓦·时；火电平均利用小时 4766 小时，供电煤耗 403 克/(千瓦·时)。

1999 年，全省全社会用电量达到 272.10 亿千瓦·时，1995～1999 年年均增长 3.54%，是历史上增速较低的一个时期，其中 1998 年发生供需形势逆转，全社会用电量比 1997 年降低 0.62%，1999 年比 1998 年增长 6.04%，出现止跌回升态势。陕西电网统调最大负荷 418 万千瓦，1995～1999 年年均增长 6.49%，1999 年比 1998 年增长 7.18%。陕西电网净购西北电网电量 6.79 亿千瓦·时。

1999 年末，陕西电网 35 千伏及以上设备变电容量为 1745.64 万千伏·安，其中 330 千伏变电站 16 座，变电设备容量 597 万千伏·安；220 千伏变电站 6 座，变电设备容量 96 万千伏·安；110 千伏变电站 221 座，变电设备容量 879.11 万千伏·安；35 千伏变电站 281 座，变电设备容量 173.53 万千伏·安。35 千伏及以上输电线路长度 19488 千米，其中 330 千伏输电线路 2988 千米，220 千伏输电线路 853 千米，110 千伏输电线路 7599 千米，35 千伏输电线路 8048 千米。

存在的主要问题：

电源结构不合理，电网可靠性差，调峰容量不足，资本金短缺，电价不到位。电力市场需求不旺。

（1）电源：小机多，大机少。火电多，水电少。机组能带基荷的多，能调峰的少。

（2）电网：陕北、陕南电网单线单变供电可靠性差。延安变电站一台变压器；马营—汉中单回线路；安康电网电源结构不合理，仅靠水电电源和 110 千伏电网供电，枯水期安康地区供电可靠性低。关中电网也存在变电站需要优化布局和西安市电网供电可靠性和供电能力有待提高的问题。

（3）电价：结构不合理，连续用电（高耗能）用户电价高，农灌用户电价太低；电厂还本付息电价没有全部出台；电网还本付息电价未出台；峰谷电价、丰枯水电电价也不尽合理；陈欠电费回收问题难以解决。

2. 电力需求预测

“十五”时期是陕西省实施西部大开发的关键时期，陕西以基础设施建设、山川秀美工程以及重要接续矿产资源开发为重点，全面启动西部大开发。通过广泛调研和分析，预计“十五”时期省内新增大负荷主要有：电气化铁路负荷 30 万千瓦；新兴城镇和经济开发区负荷 40 万千瓦；水利负荷 10 万千瓦；石化、有色金属等工业负荷 25 万千瓦；城市供水及污水处理负荷 3 万千瓦。

按照《陕西电网编制大纲》要求，对电力需求进行预测必须选用两种或两种以上方法，本次预测采用经济计量模型和非线性回归模型两种预测方法。对全省需电量和陕西电网最大负荷进行分析预测，需电量求出 4 组方案，最大负荷求出 2 组方案。

陕西省“十五”负荷水平预测见表 11－2－5。

通过综合比较和专家论证，一致推荐中物价下的方案为基本方案。该方案 2000 年、

2005 年的需电量分别为 287 亿千瓦·时、375 亿千瓦·时。在此水平下，“九五”、“十五”时期的增长速度分别为 3.91%和 5.51%。该方案 2000 年和 2005 年的陕西电网最大负荷分别达 454 万千瓦和 602 万千瓦，在此水平下，“九五”、“十五”时期的增长速度分别为 6.93%和 5.79%。

3. 电源建设规划

(1) 电源建设方针与布局。

表 11-2-5 陕西省“十五”负荷水平预测

| 方案 | 年份 | | | | | | “九五”增长率（%） | “十五”增长率（%） | “十一五”增长率（%） | “十二五”增长率（%） |
|---|---|---|---|---|---|---|---|---|---|---|
| | 1995 实际 | 1999 实际 | 2000 | 2005 | 2010 | 2015 | | | | |
| 1. 二元非线性回归模型 | | | | | | | | | | |
| 全省需电量高方案（亿千瓦·时） | 237 | 272 | 299 | 381 | 488 | 680 | 4.77 | 4.99 | 5.05 | 6.87 |
| 全省需电量中方案（亿千瓦·时） | 237 | 272 | 297 | 371 | 469 | 648 | 4.64 | 4.55 | 4.79 | 6.70 |
| 全省需电量低方案（亿千瓦·时） | 237 | 272 | 295 | 362 | 448 | 617 | 4.50 | 4.19 | 4.34 | 6.62 |
| 电网最大负荷高方案（万千瓦） | 325 | 418 | 457 | 621 | 859 | 1218 | 7.06 | 6.31 | 6.72 | 7.22 |
| 电网最大负荷中方案（万千瓦） | 325 | 418 | 453 | 596 | 809 | 1137 | 6.87 | 5.63 | 6.31 | 7.04 |
| 电网最大负荷低方案（万千瓦） | 325 | 418 | 448 | 575 | 756 | 1049 | 6.65 | 5.10 | 5.63 | 6.77 |
| 2. 经济计量模型 | | | | | | | | | | |
| 高物价 | | | | | | | | | | |
| 全省需电量高方案（亿千瓦·时） | 237 | 272 | 290 | 391 | 565 | 812 | 4.16 | 6.14 | 7.64 | 7.52 |
| 全省需电量中方案（亿千瓦·时） | 237 | 272 | 288 | 379 | 535 | 755 | 4.04 | 5.60 | 7.14 | 7.14 |
| 全省需电量低方案（亿千瓦·时） | 237 | 272 | 287 | 369 | 504 | 705 | 3.89 | 5.16 | 6.47 | 6.93 |
| 中物价 | | | | | | | | | | |
| 全省需电量高方案（亿千瓦·时） | 237 | 272 | 288 | 382 | 540 | 765 | 4.03 | 5.78 | 7.18 | 7.21 |

续表

| 方　案 | 年　份 | | | | | | “九五”增长率（%） | “十五”增长率（%） | “十一五”增长率（%） | “十二五”增长率（%） |
|---|---|---|---|---|---|---|---|---|---|---|
| | 1995 实际 | 1999 实际 | 2000 | 2005 | 2010 | 2015 | | | | |
| 全省需电量中方案（亿千瓦·时） | 237 | 272 | 287 | 375 | 512 | 720 | 3.91 | 5.51 | 6.43 | 7.06 |
| 全省需电量低方案（亿千瓦·时） | 237 | 272 | 285 | 360 | 483 | 670 | 3.77 | 4.82 | 6.04 | 6.75 |
| 低物价 | | | | | | | | | | |
| 全省需电量高方案（亿千瓦·时） | 237 | 272 | 287 | 376 | 525 | 740 | 3.94 | 5.54 | 6.88 | 7.12 |
| 全省需电量中方案（亿千瓦·时） | 237 | 272 | 285 | 365 | 498 | 695 | 3.82 | 5.02 | 6.41 | 6.91 |
| 全省需电量低方案（亿千瓦·时） | 237 | 272 | 284 | 355 | 470 | 643 | 3.68 | 4.60 | 5.77 | 6.47 |
| 高中低物价水平下 | | | | | | | | | | |
| 电网最大负荷高方案（万千瓦） | 325 | 418 | 458 | 628 | 876 | 1246 | 7.12 | 6.49 | 6.88 | 7.30 |
| 电网最大负荷中方案（万千瓦） | 325 | 418 | 454 | 602 | 824 | 1163 | 6.93 | 5.79 | 6.48 | 7.13 |
| 电网最大负荷低方案（万千瓦） | 325 | 418 | 450 | 580 | 769 | 1071 | 6.71 | 5.23 | 5.78 | 6.86 |

“十五”时期电源建设方针是优先加快陕北火电基地建设和陕南汉江梯级水电开发，巩固、完善、优化关中火电电源点，因地制宜发展新能源，调整电力结构，关停小火电机组，研究调峰电厂、洁净煤燃烧技术，逐步放开电力市场。

这一时期，要加快陕北火电基地建设，继续做好户县、榆神、府谷、黄陵、眉县单机 60 万～100 万千瓦机组大型火电厂前期准备工作，在陕北靖边和西安建设燃气电厂。要进一步研究汉江、黄河北干流水电开发顺序，优先开发有调节性能的电厂，并研究抽水蓄能电厂建设的可能性。

为实现资源优化配置、统一电力市场，随着国家环保政策对电厂二氧化硫、飘尘、排渣标准的提高，“十五”时期，要加快研究向上海、华北送电的可能性。

电源建设布局原则是靠近负荷中心，以水定容量。

（2）发电装机规划和老机组退役安排。

“十五”时期，陕西电网电源建设规划投产规模 206 万千瓦，均为火电机组。具体项目为：灞桥热电厂“以大代小”项目（2×10 万千瓦），蒲城发电厂二期（2×33 万千瓦），韩城第二发电厂（2×60 万千瓦）投产一台机组，户县热电厂技改（2×30 万千瓦）投产一台机组，陕北靖边燃气（2×30 万千瓦）投产一台机组。

陕西省“十五”电源建设开工与投产进度详见表 11－2－6。

表 11－2－6　　陕西省“十五”电源建设开工与投产进度　　单位：万千瓦

| 项目名称 | 建设性质 | 建设规模 | 总规模 | 起止年限 | 已投产容量 | 1999实际 | 2000预计 | 结转下期 | “十五”投产容量 | | | | | | 结转下期 |
|---|---|---|---|---|---|---|---|---|---|---|---|---|---|---|---|
| | | | | | | | | | 2001 | 2002 | 2003 | 2004 | 2005 | 合计 | |
| 总计 | | | 475 | | 30 | 50 | 69 | 326 | 43 | 43 | 30 | 30 | 60 | 206 | 120 |
| 水电 | | | 9 | | 0 | 0 | 9 | 0 | 0 | 0 | 0 | 0 | 0 | 0 | 0 |
| 火电 | | | 466 | | 30 | 50 | 60 | 326 | 43 | 43 | 30 | 30 | 60 | 206 | 120 |
| 新建 | | | 405 | | 30 | 50 | 69 | 196 | 33 | 43 | 0 | 30 | 60 | 166 | 90 |
| 技改 | | | 70 | | 0 | 0 | 0 | 70 | 10 | 0 | 30 | 0 | 0 | 40 | 30 |
| 石泉扩机 | 扩建 | 2×4.5 | 9 | 1998～2000 | | | 9 | 0 | | | | | | 0 | 0 |
| 宝鸡二厂 | 新建 | 4×30 | 120 | 1996～2000 | 30 | 30 | 60 | 0 | | | | | | 0 | 0 |
| 蒲城二期 | 扩建 | 2×33 | 66 | 2000～2002 | | | | 66 | 33 | 33 | | | | 66 | 0 |
| 韩城二厂 | 新建 | 2×60 | 120 | 2001～2006 | | | | 120 | | | | | 60 | 60 | 60 |
| 灞桥扩机 | 扩建 | 1×10 | 10 | 2000～2002 | | | | 10 | | 10 | | | | 10 | 0 |
| 店塔电厂 | 新建 | 2×10 | 20 | 1999 | | 20 | | 0 | | | | | | 0 | |
| 灞桥技改 | 技改 | 1×10 | 10 | 1996～2001 | | | | 10 | 10 | | | | | 10 | 0 |
| 户县技改燃气 | 技改 | 2×30 | 60 | 2002～2007 | | | | 60 | | | 30 | | | 30 | 30 |
| 陕北靖边燃气 | 新建 | 2×30 | 60 | 2003～2007 | | | | 60 | | | | 30 | | 30 | 30 |
| 前期工作 | | | 1050 | | | | | | | | | | | | 1050 |
| 旬阳电站 | 新建 | 4×8 | 32 | 2006以后 | | | | | | | | | | | 32 |
| 喜河电站 | 新建 | 3×6 | 18 | 2006以后 | | | | | | | | | | | 18 |
| 榆神电厂 | 新建 | 4×60 | 240 | 2005前后 | | | | | | | | | | | 240 |

续表

| 名称 | 建设性质 | 建设规模 | 总规模 | 起止年限 | 已投产容量 | 1999实际 | 2000预计 | 结转下期 | “十五”投产容量 | | | | | | 结转下期 |
|---|---|---|---|---|---|---|---|---|---|---|---|---|---|---|---|
| | | | | | | | | | 2001 | 2002 | 2003 | 2004 | 2005 | 合计 | |
| 府谷电厂 | 新建 | 4×100或2×60 | 400 | 2005前后 | | | | | | | | | | | 400 |
| 黄陵电厂 | 新建 | 2×60 | 120 | 2006以后 | | | | | | | | | | | 120 |
| 眉县电厂 | 新建 | 4×60 | 240 | 2006以后 | | | | | | | | | | | 240 |

根据国家有关调整产业结构关停小火电的指示精神，结合陕西省实际情况，“九五”后两年和“十五”时期将陆续安排79.363万千瓦机组退役，其中“十五”时期关停67.95万千瓦。

4. 电网建设规划

（1）目标与任务。

陕西电网以330千伏电网为骨干网架，逐步取消（降压）220千伏电网。

骨干网架要做到安全、可靠、经济、调度灵活，便于过渡，并能适应水、火电送出各种运行方式需要，与西北电网规划协调一致。

（2）一次电网规划。

陕西电网按自然地理分为关中、陕南、陕北3部分，其中关中电网为陕西电网的负荷中心。陕西电网2005年目标电网为：关中负荷中心将形成中部和西部两个330千伏双环网络的网架结构，中部形成南郊—东郊—渭南—北郊—西北郊（草滩）—沣河—庄头—西南郊（河寨）—南郊8个330千伏变电站组成的双环网架，供电范围包括西安、咸阳、渭南大部分地区；西部形成西起宝鸡第二发电厂，东至沣河和渭河发电厂，即形成宝二—马营—扶风（段家）—庄头—沣河—渭河—乾县（大杨）—雍城6个330千伏变电站、2个百万级火电厂组成的330千伏双环网架，满足大型电源接入系统的需要。关中330千伏汤峪变电站将随着330千伏扶风（段家）变电站的建成而退役。同时，将进一步扩大330千伏电网的覆盖面，加强陕南陕北与关中的联络。陕北电网形成以延安、黄陵、榆林、神木330千伏变电站为单电源的330千伏网架结构。陕南与关中的联络由3回扩大到5回，“十五”时期，建成罗敷—商州（张村）线路、马营—汉中第二回线路，开工建设汉中—勉县（武侯）330千伏输变电工程。

220千伏电网将逐步退役或降压运行。关中枣园、阎良、代王220千伏变电站将随着西安东郊、泾三（池阳）、泾河（聂刘）、罗敷、西北郊（草滩）等变电站的投产及330千伏双环骨干网架的建设，逐步退役降为110千伏运行。汉中地区今后不再发展220千伏电网。

随着公伯峡水电厂（5×30万千瓦）的建设，省间，陕西电网与甘青宁电网之间最大交换功率将达到150万千瓦，需要新建陕西省乾县变电站—甘肃平凉的陕甘之间第四回线路。

“十五”时期，陕西电网规划建成扶风（段家）、泾三（池阳）、商州（张村）、西北郊

（草滩）、西南郊（河寨）、泾河（聂刘）、韩城（西庄）和安康（金州）等 8 座 330 千伏变电站，扩建北郊、南郊、凤翔（雍城）、延安、罗敷等 5 座 330 千伏变电站；新增变电容量 405 万千伏·安；新增线路 1728 千米。

陕西省“十五”电网建设投产进度详见表 11－2－7。

表 11－2－7　　陕西省“十五”电网建设投产进度

| 项目名称 | 建设规模（千米） | 总规模（千米） | 建设起止年限 | 2000预计（千米） | “十五”投产容量（万千伏·安） | | | | | |
|---|---|---|---|---|---|---|---|---|---|---|
| | | | | | 2001 | 2002 | 2003 | 2004 | 2005 | 合计 |
| 330 千伏变电 | | 528 | | 123 | 72 | 174 | 63 | 48 | 48 | 405 |
| 乾县变电站 | 1×24 | 24 | 1998～2000 | 24 | | | | | | 0 |
| 黄陵变电站 | 1×15 | 15 | 1996～2000 | 15 | | | | | | 0 |
| 罗敷变电站一期 | 1×24 | 24 | 1999～2000 | 24 | | | | | | 0 |
| 神木变电站 | 2×15 | 30 | 1999～2000 | 30 | | | | | | 0 |
| 柞水变电站 | 2×15 | 30 | 1998～2000 | 30 | | | | | | 0 |
| 扶风变电站 | 1×24 | 24 | 1999～2001 | | 24 | | | | | 24 |
| 北郊变电站扩建 | 1×24 | 24 | 2000～2001 | | 24 | | | | | 24 |
| 南郊变电站扩建 | 1×24 | 24 | 2000～2001 | | 24 | | | | | 24 |
| 泾三变电站 | 1×24 | 24 | 2001～2002 | | | 24 | | | | 24 |
| 商州变电站 | 2×15 | 30 | 2000～2002 | | | 30 | | | | 30 |
| 凤翔变电站 2 号 | 1×24 | 24 | 2001～2002 | | | 24 | | | | 24 |
| 西北郊变电站 | 2×24 | 48 | 2001～2002 | | | 48 | | | | 48 |
| 西南郊变电站 | 2×24 | 48 | 2002～2003 | | | | 48 | | | 48 |
| 泾河变电站 | 2×24 | 48 | 2001～2002 | | | 48 | | | | 48 |
| 韩城变电站 | 1×24 | 24 | 2004～2005 | | | | | | 24 | 24 |
| 安康变电站 | 2×24 | 48 | 2003～2004 | | | | | 48 | | 48 |
| 延安 2 号变压器 | 1×15 | 15 | 2002～2003 | | | | 15 | | | 15 |
| 罗敷变电站二期 | 1×24 | 24 | 2004～2005 | | | | | | 24 | 24 |
| 330 千伏送电 | | 1848 | | 120 | 136 | 383 | 351 | 386 | 472 | 1728 |
| 黄陵变电站“π”接线 | 2 | 2 | 1999～2000 | 2 | | | | | | 0 |
| 渭南变电站—西安东郊线 | 60 | 60 | 2000～2001 | | 60 | | | | | 60 |
| 秦岭—南“π”东郊变电站 | 2×20 | 40 | 2000～2001 | | 40 | | | | | 40 |
| 榆林—神木 | 101 | 101 | 2000～2000 | 101 | | | | | | 0 |
| 柞水“π”接线 | 2×8.5 | 17 | 2000～2000 | 17 | | | | | | 0 |
| 秦岭—东郊“π”接罗敷变电站 | 2×18 | 36 | 2000～2001 | | 36 | | | | | 36 |
| 马—汉线Ⅱ回 | 192 | 192 | 2002～2003 | | | | 192 | | | 192 |
| 渭—乾线Ⅱ回 | 73 | 73 | 2003～2004 | | | | | 73 | | 73 |
| 乾—凤线Ⅱ回 | 101 | 101 | 2003～2004 | | | | | 101 | | 101 |
| 马营—庄头双“π”扶风 | 4×10 | 40 | 2002～2003 | | | | 40 | | | 40 |
| 庄头—沣河Ⅱ回 | 31 | 31 | 2001～2002 | | | 31 | | | | 31 |
| 户县—西南郊 | 2×30 | 60 | 2002～2003 | | | | 60 | | | 60 |
| 西南郊—南郊Ⅱ回 | 17 | 17 | 2002～2003 | | | | 17 | | | 17 |

续表

| 项目名称 | 建设规模（千米） | 总规模（千米） | 建设起止年限 | 2000预计（千米） | “十五”投产容量（万千伏·安） | | | | | |
|---|---|---|---|---|---|---|---|---|---|---|
| | | | | | 2001 | 2002 | 2003 | 2004 | 2005 | 合计 |
| 西南郊—庄头Ⅱ回 | 42 | 42 | 2002～2003 | | | | 42 | | | 42 |
| 蒲城—泾河—北郊 | 125 | 125 | 2001～2002 | | | 125 | | | | 125 |
| 蒲城—桥陵Ⅱ回 | 20 | 20 | 2001～2002 | | | 20 | | | | 20 |
| 渭南—北郊—沣河 | 96 | 96 | 2001～2002 | | | 96 | | | | 96 |
| 韩二—渭南双回 | 2×190 | 380 | 2004～2005 | | | | | | 380 | 380 |
| 韩二—韩城变电站—韩一 | 22 | 22 | 2004～2004 | | | | | 22 | | 22 |
| 西高明—韩一改接入韩二 | 22 | 22 | 2004～2005 | | | | | | 22 | 22 |
| 西高明—蒲城改接入渭南 | 70 | 70 | 2005～2005 | | | | | | 70 | 70 |
| 秦—渭改秦—东 | 60 | 60 | 2003～2004 | | | | | 60 | | 60 |
| 罗敷—商县 | 95 | 95 | 2001～2002 | | | 95 | | | | 95 |
| 泾三变电站“π”接线 | 2×8 | 16 | 2001～2002 | | | 16 | | | | 16 |
| 延安—靖边 | 110 | 110 | 2003～2004 | | | | | 110 | | 110 |
| 安康厂“π”入安康变电站 | 2×10 | 20 | 2003～2004 | | | | | 20 | | 20 |

(3) 二次电网规划。

1) 调度自动化。

为满足电网安全运行，2005 年，西北电网实行统一调度分省核算，总调及各省调、地调建成 SCADA/EMS/DMS 和Ⅱ、Ⅲ级计算机实时数据通信网络，为电力商品化提供必要的技术手段。

建设完善调度自动化二期工程中高级应用软件（AGC、EDC、SE、NAS 等），建成完善的 EMS 系统。建成陕西电网内部电能量计量计费系统和 3 级公共实时数据通信网络。实现电网安全、经济调度，发售电量自动计费，竞价上网等功能。

各地调在完善 SCADA 功能及高级应用软件基础上，建设 DMS 系统，以经济手段管理配电网运行，实现用户负荷、电量自动分时计费控制核算。

信息分散采集，分层逐级传送，建成完善合理的信息采集、传输体系。

电网内 20 万千瓦及以上容量火电机组和水电厂参与电网 AGC。大机组具有 DCS，水电厂具备计算机监控系统。

220、110 千伏及以下电压等级城市枢纽变电站逐步实现无人值班；330 千伏变电站实现综合自动化；火电厂内具备电气计量计算机监测，满足管理要求。

2) 电力通信系统。

为满足陕西电网发展的要求，建立以数字微波和光纤通信为主体的电力系统专用通信网。

实现以微波/光纤为主干线的“网形”通信网。

扩建或更换省公司程控交换机，实现由单一电话交换功能升级到综合服务功能的信息管理系统。

建设以西安为中心，以光纤通信为主体的电力通信城网，并与公用的“信息高速公路”接轨，实现电网通信现代化。

3）继电保护与安全自动装置。

随着电网容量高速增长，330 千伏骨干网架更加密集，平行线、短线群及主要城市周围双环网大量涌现，系统稳定问题更趋严重，在负荷中心（如西安、咸阳、宝鸡、渭南），常规的继电保护以 0.1 秒切除故障时间已不足保证电网安全需求，要求采用 1 赫兹左右的快速保护配合高速断路器在 0.06 秒以内切除故障，按照这一基本要求，继电保护规划如下：

在配置原则上尽量采用不同原理两套快速主保护并均具有完善后备功能。

在构成上以高可靠性第三代微机保护为主。

纵联保护通道以载波为主，有条件的采用数字光纤或微波通道。

建立完善的继电保护管理、运行信息、电网故障信息分析系统，提高管理水平和事故分析能力。

在安全自动装置方面实现以计算机控制为中心的分层安全稳定控制系统，即在省调建立系统稳定控制双机系统，进行在线计算实时控制，实现切机、切负荷、电气制动、投切电抗器，联络线潮流控制，电网分层或分区解列等一系列安全稳定措施。

（4）城市电网规划。

城市电网建设和改造的目标是不断提高城网供电可靠性和容载比，改善供电薄弱环节，满足城市公用事业用电和居民生活用电，并通过节能降耗，降低供电成本，减轻用户负担。

规划在城市电网“卡脖子”地区，新的负荷增长点，电气化铁路周围，330 千伏变电站周围，拟退役电厂周围建设 110 千伏城市电网。2001 年前完成城市电网建设与改造工程。

（5）农村电网规划。

紧紧围绕国务院提出的“两改一同价”目标，从农村经济发展和提高农村居民生活用电水平的实际出发，坚持统一规划、统一标准、统一建设、统一管理的原则；坚持优先安排 10 千伏及以下农村电网、各电压级电网协调发展；坚持送、变、配之间，有功与无功之间协调发展；坚持使用国产电气设备；坚持变电站建设少占耕地，不搞装饰的原则。通过 3 年建设改造，使农村电网 35、110 千伏变电站布点基本合理；10 千伏供电半径不超过 15 千米；配电变压器按照短半径、小容量、密布点的原则，使 400 伏线路供电半径不超过 0.5 千米；高压综合线损率降到 10%以下；对高耗能配电变压器进行更新改造；简陋变电站全部改造完毕；电压合格率达到 90%以上。10 千伏出线断路器、线路分段断路器实现无油化；无功就地分散补偿。大力发展一户一表，实施“四到户”（抄表、开票、收费、服务到户）管理。逐步建立县级电网调度自动化系统，实现配电自动化。

在有负荷、潜在负荷地区，大电网未延伸到地区，供电半径过大、电压低、损耗大地区，需要简化电压等级地区，网络结构需要加强地区和供电可靠性低地区建设农网 110 千伏变电站。到 2005 年，把陕西省农村电网建设成为一个结构合理、安全经济、装备先进、技术领先的农村电网。

5. 社会环境与影响分析

按电力环境统计口径，1998 年末陕西省火电厂总装机容量为 434.9 万千瓦，年燃煤量 1024 万吨，燃煤平均灰分为 29.45%，煤炭平均含硫量 2.10%，年二氧化硫排放量 32.25 万吨，年烟尘排放量 19.94 万吨，年灰渣产生量 291.63 万吨，年废水排放量 3729 万吨。单位发电量二氧化硫排放量为 16.52 克/(千瓦·时)，单位发电量烟尘排放量为 10.21 克/(千瓦·时)，当年环保设施总投资为 3500 万元。

根据陕西省环境保护目标，确定陕西省火电厂 2005 年单位发电量二氧化硫排放量为 13.99 克/(千瓦·时)，其中"两控区"(酸雨控制区和二氧化硫污染控制区)为 14.51 克/(千瓦·时)。

"十五"时期，用于环保项目的总投资预计为 16.48 亿元，其中，对划入"两控区"的 4 座老火电厂（秦岭发电厂、韩城发电厂、户县热电厂和灞桥热电厂），采取减少排放二氧化硫措施和已建项目的综合治理，预计投资 3.70 亿元；计划建设的投资项目（灞桥技改、蒲城二期、韩城二期）按建设进度，预计环境保护总投资为 12.78 亿元。

6. 电价预测分析

(1) 上网电价水平预测。

从已上网的电厂看，陕西最高上网电价为 350 元/(兆瓦·时)，国家出台蒲城、宝二等几个电厂的上网电价在 294～340 元/(兆瓦·时)，由于这些电厂的提价，会使平均上网电价上升。电网中的小水火电和康复机组虽电价较低，但它们大多数即将退出运行，由于这部分因素的影响，又会使上网电价下降。

"十五"时期，新增电源项目主要有宝鸡第二发电厂、蒲城发电厂二期、灞桥技改和韩城第二发电厂。宝鸡第二发电厂电价已出台为 330 元/(兆瓦·时)，其余项目政府虽然承诺过最高上网电价为 350 元/(兆瓦·时)，但电价改革的方向，是要把按个别成本定价、一厂一价改为按社会平均成本定价，因此，新上项目很难超过宝鸡第二发电厂电价水平。

从"十五"时期即将推行的电力改革模式看，放开电力市场、打破行业垄断，最终会使电价下降。但放开初期，由于市场秩序的建立、各种规则的完善需要时间，放开的程度也会有限，政府定价的职能还会继续存在，因此，原有的价格水平还会继续维持一段时间。由此可见，陕西电网上网电价在"十五"时期的发展总趋势是上升的，但幅度不大，规划水平年预计在 334.62 元/(兆瓦·时)。

(2) 销售电价水平预测。

销售电价水平预测主要考虑了以下因素：

1) 电价的现有水平。根据测算和上报的资料，1999 年销售电价应当上调 74 元/(兆瓦·时)，实际仅出台 28.6 元/(兆瓦·时)，其中，新机上网电价调整对其影响为 14.3 元/(兆瓦·时)，电网送出工程为 13.3 元/(兆瓦·时)，西北电网陕西段联络线为 1 元/(兆瓦·时)，还有 45.4 元/(兆瓦·时)没有到位。

2)"十五"时期新投产机组上网电价调整对销售电价的影响。估计需增加电价在 0.01 元/(千瓦·时)以内。

3）城农网改造工程资金的还本付息问题。按照国家规定偿还的原则是：计入电网成本，逐年摊入全网电价。如按全网250亿千瓦·时售电量和10年偿还期计算，需增加电价0.05元/(千瓦·时)左右。

4）“十五”时期电网送出工程投资的还本付息问题。估计需增加电价0.01～0.02元/(千瓦·时)。

5）燃料、运输等其他费用的提高对电网成本产生的联动，这部分影响会使电价上升。

6）城乡用电同网同价的影响。实行“两改”后，农村电价将明显降低，并由城市适当分摊农村电价，实际上是由城市提高电价来相应降低农村电价，结果会使整体电价水平提高。

7）线路损失率的影响。由于城农网改造工程的实施，线路损失明显降低，这部分影响会使电价水平降低。

综合以上因素，预计“十五”时期销售电价走势是逐步上升的，规划水平年将达477.80元/(兆瓦·时)。电价构成仍按现有分类，非工业和普通工业、商业和非居民照明电价将超过500元/(兆瓦·时)，分别达575.65元/(兆瓦·时)、770.00元/(兆瓦·时)和651.00元/(兆瓦·时)，其余均在350～500元/(兆瓦·时)。

7. 投资估算

“十五”时期，陕西省电力工业预计总投资为246.93亿元，其中电源项目133.57亿元，占总投资的54.09%，电网项目113.36亿元，占总投资的45.91%。在电网项目投资中，330千伏项目32.26亿元，占电网项目投资的28.46%；110千伏及以下项目79.25亿元，占电网项目投资的69.91%，其中，城网建设与改造项目29.02亿元，占电网项目投资的25.60%，农网建设与改造项目49.72亿元，占电网项目投资的43.86%；电网自动化项目1.85亿元，占电网项目投资的1.63%。

陕西省电力工业“十五”主要建设项目投资详见表11-2-8。

表11-2-8　陕西省电力工业“十五”主要建设项目投资　单位：万元

| 项　目 | 2001 | 2002 | 2003 | 2004 | 2005 | “十五”期间合计 | “十五”投资结构(%) |
|---|---|---|---|---|---|---|---|
| 电源与电网项目合计 | 634838 | 577696 | 481882 | 421151 | 353769 | 2469337 | 100.00 |
| 其中：省电力公司投资 | 552644 | 476276 | 421162 | 360431 | 277869 | 2088382 | 84.57 |
| 电源项目 | 257921 | 339420 | 291012 | 242642 | 204750 | 1335746 | 54.09 |
| 其中：省电力公司投资 | 175726 | 238000 | 230292 | 181922 | 128850 | 954791 | 71.48 |
| 新建项目 | 216894 | 276050 | 211800 | 226800 | 204750 | 1136294 | 85.07 |
| 技改项目 | 41027 | 63370 | 79212 | 15842 | 0 | 199452 | 14.93 |
| 电网项目 | 376917 | 238276 | 190870 | 178509 | 149019 | 1133591 | 45.91 |
| 330千伏投资 | 78494 | 84560 | 58733 | 61725 | 39100 | 322612 | 28.46 |
| 330千伏变电 | 54621 | 47202 | 23046 | 22023 | 12000 | 158892 | 14.02 |
| 330千伏送电 | 23873 | 37358 | 35687 | 39702 | 27100 | 163720 | 14.44 |

续表

| 项 目 | 2001 | 2002 | 2003 | 2004 | 2005 | “十五”期间合计 | “十五”投资结构（%） |
|---|---|---|---|---|---|---|---|
| 110千伏及以下合计 | 293936 | 149937 | 128762 | 112677 | 107217 | 792529 | 69.91 |
| 城网110千伏及以下 | 120220 | 42500 | 42500 | 42500 | 42500 | 290220 | 25.60 |
| 农网110千伏及以下 | 168581 | 107437 | 86262 | 70177 | 64717 | 497174 | 43.86 |
| 电网自动化 | 4488 | 3779 | 3375 | 4107 | 2702 | 18451 | 1.63 |

## 二、“十五”电力发展规划执行情况

“十五”时期，陕西省电力供应由“九五”末的略显富裕转变为2002年的基本平衡。实际用电量与负荷均超过“十五”电力行业规划预测水平。2001年和2002年全社会用电量分别比同期增长9.45%和11.09%，2002年，全社会用电量达到了355.97亿千瓦·时，其中第一、第二、第三产业和居民生活用电分别达到了20.12亿千瓦·时、237.31亿千瓦·时、58.65亿千瓦·时和39.89亿千瓦·时，2002年增速是自1989年以来最快的一年。陕西电网最大负荷与用电量同步增长，2001和2002年分别比同期增长6.11%和14.35%，2002年达到536.3万千瓦，当年新增负荷67.3万千瓦。

2002年末，全省发电装机容量达819.77万千瓦，其中水电146.23万千瓦，火电673.54万千瓦，水火电比例为18∶82。陕西电网统调发电装机容量达733.60万千瓦，其中水电117.55万千瓦，火电616.05万千瓦，水火电比例为16∶84。2002年，完成发电量347.82亿千瓦·时，其中，水电28.41亿千瓦·时，火电319.41亿千瓦·时。“十五”前两年，全省发电量平均增长了10.86%，全省装机容量仅增长了5.43%，装机增长与电量增长不同步，省间电力流向基本为净购入。2001年，净购西北电网电量5.55亿千瓦·时。2002年，净购0.36亿千瓦·时。2002年夏季高峰负荷期间，全省出力出现紧张，备用容量已显不足，8月4日夏季最大负荷日，陕西全网备用容量仅有2.5万千瓦。

“十五”前2年，陕西电网新增发电装机78.5万千瓦，其中蒲城发电厂33万千瓦，宝鸡第二发电厂30万千瓦，灞桥热电厂技改10万千瓦，加上少量地方新增供热、自备电厂和小水电，全省装机年均增长率为5.43%。330千伏电网得到进一步发展，关中地区330千伏变电站布点与变电容量配置水平不断提高，2001～2002年，建成大杨、罗敷、张村3座330千伏变电站，扩建西安北郊、沣河两座330千伏变电站。2002年建成罗敷—张村输变电线路。“十五”前2年，新增35千伏及以上变电容量342.8万千伏·安，其中新增330千伏变电容量111万千伏·安；新增35千伏及以上线路2614千米，其中，新增330千伏线路112千米。

“十五”前两年，全省电力建设完成投资98.81亿元，完成“十五”规划投资的40.02%。其中电源项目完成投资27.04亿元，占总投资的27.36%；电网项目完成投资71.77亿元，占总投资的72.64%。电网项目中，330千伏电网完成投资6.50亿元，城农网建设与改造项目分别完成投资15.35亿元和48.62亿元。

## 第四节　陕北煤电基地规划

陕北煤电基地开发的指导思想是在满足地区国民经济和社会发展对电力需求的基础上，抓住机遇，利用自身地理位置优势和能源资源优势，统筹规划，分步实施，加快陕北煤炭、天然气资源开发，建设陕北大型火电基地，形成优质电能输出强势，实施“西电东送”战略，大力推进全国联网，使能源工业成为带动陕西全省经济发展的支柱产业。

陕北煤电基地开发与建设依据以下原则：

可持续发展原则。陕北煤电基地开发与建设立足于高起点、高标准，发展大容量高效能机组，以节约水资源和保护生态环境为前提。

统筹规划原则。陕北煤电基地建设作为一项长期发展战略，把“西电东送”同陕北能源重化工基地建设统一规划，以发挥整体规模效应。

体制创新原则。从电力体制改革和发展大局出发，通过引入竞争机制，引进多种所有制成分，促进煤电基地开发。

机制创新原则。低电价优势是向区外送电的前提，按照市场规律和现代企业制度要求，积极探索煤电一体化的开发模式，控制煤价水平，提高“西电东送”竞争力。

### 一、电源建设规划

陕北煤电基地电源建设总规模2280万千瓦，一期建设工程1080万千瓦，已完成初可深度厂址计算，建设条件已经成熟。中远期还规划1200万千瓦。

神木锦界电厂：建设规模6×60万千瓦，一期2×60万千瓦，已完成初可研，项目建议书已报国家计委，正在进行可行性研究设计，计划“十五”末投产2台机组，“十一五”全部投产。

府谷庙沟门电厂：建设规模6×60万千瓦，一期2×60万千瓦，已完成初步可行性研究，项目建议书已报国家计委，正在进行可行性研究设计，计划“十五”末投产两台机组，“十一五”全部投产。

榆林牛家梁电厂：建设规模6×60万千瓦，已完成初步可行性研究，计划“十一五”全部投产。

府谷阴塔电厂：建设规模6×60万千瓦，规划阶段，计划“十二五”全部投产。

榆林南沙电厂：建设规模4×60万千瓦，规划阶段，计划“十二五”全部投产。

府谷段寨电厂：建设规模6×60万千瓦，规划阶段，计划“十三五”全部投产。

榆林金鸡滩电厂：建设规模4×60万千瓦，完成初步可行性深度厂址计算，计划“十三五”全部投产。

陕北煤电基地外送电源项目见表11－2－9。

### 二、电力外送规划

#### （一）送电规模

根据对区外电力市场分析，陕北煤电基地向区外送电的市场空间有：京津唐电网2010

表 11-2-9 陕北煤电基地外送电源项目 单位：万千瓦

| 项目名称 | 建设性质 | 建设规模 | 总规模 | 建设起止年限 | 完成初步可行性厂址容量 | 投产规模 | | | | |
|---|---|---|---|---|---|---|---|---|---|---|
| | | | | | | “十五” | “十一五” | “十二五” | “十三五” | 合计 |
| 合计 | | | 2280 | | 1080 | 240 | 840 | 600 | 600 | 2280 |
| 神木锦界电厂 | 新建 | 6×60 | 360 | 2004～2010 | 240 | 120 | 240 | | | 360 |
| 府谷庙沟门电厂 | 新建 | 6×60 | 360 | 2004～2010 | 360 | 120 | 240 | | | 360 |
| 榆林牛家梁电厂 | 新建 | 6×60 | 360 | 2005～2010 | 240 | | 360 | | | 360 |
| 府谷阴塔电厂 | 新建 | 6×60 | 360 | 2009～2015 | | | | 360 | | 360 |
| 榆林南沙电厂 | 新建 | 4×60 | 240 | 2010～2015 | | | | 240 | | 240 |
| 府谷段寨电厂 | 新建 | 6×60 | 360 | 2014～2020 | | | | | 360 | 360 |
| 榆林金鸡滩电厂 | 新建 | 4×60 | 240 | 2015～2020 | 240 | | | | 240 | 240 |

年累计缺约 430 万千瓦的装机容量，2015 年累计缺约 1270 万千瓦的装机容量；河北南网 2010 年累计缺约 570 万千瓦的装机容量，2015 年累计缺约 1310 万千瓦的装机容量；山东电网 2010 年累计缺约 200 万千瓦的装机容量，2015 年累计缺约 1000 万千瓦的装机容量。这些缺额主要依靠西北、蒙西、山西送电。

规划“十五”时期，投产 4 台 60 万千瓦机组，实现向华北送电 150 万～200 万千瓦。“十一五”时期，投产 840 万千瓦机组，装机容量达到 1080 万千瓦，向华北送电 600 万千瓦，向山东送电 300 万千瓦。根据受端电力市场情况，远期还可建设 1200 万千瓦火电装机用于外送。

（二）送电方案

（1）“十五”送电方案。新建神木锦界电厂，以 2 回交流 500 千伏出线，经山西开关站向河北南网保南 500 千伏变电站送电；新建府谷庙沟门电厂，以 2 回交流 500 千伏出线，经山西开关站向河北徐水 500 千伏变电站送电。

（2）“十一五”送电方案。神木锦界电厂再增加 1 回交流 500 千伏出线经山西开关站向河北南网石北 500 千伏变电站送电，在山西开关站加串补；府谷庙沟门电厂再增加 1 回交流 500 千伏出线经山西开关站向河北霸州 500 千伏变电站送电，在山西开关站加串补；榆林牛家梁电厂以直流±500 千伏线路送电至山东电网淄博换流站。

## 三、陕北煤电区外市场竞争力分析

陕北煤电基地电源点采用空冷机组，电厂不脱硫静态投资单位造价在3500元/千瓦左右，标煤价按60～100元/吨计算，含税上网电价为0.19～0.21元/(千瓦·时)；电厂脱硫静态投资单位造价在3800元/千瓦左右，标煤价按60～100元/吨计算，含税上网电价0.21～0.23元/(千瓦·时)。

经初步估算，向华北电网送电的附加电价为0.05元/(千瓦·时)(含税电价)，向山东电网送电的附加电价为0.08元/(千瓦·时)(含税电价)。这样，由陕北煤电基地向华北电网京津唐和河北南网送电的到网电价：不脱硫为0.24～0.26元/(千瓦·时)(含税电价)，脱硫为0.26～0.28元/(千瓦·时)(含税电价)；向山东电网送电的到网电价：不脱硫为0.27～0.29元/(千瓦·时)(含税电价)，脱硫为0.29～0.31元/(千瓦·时)(含税电价)左右。京津唐和山东地区平均上网电价(含税)分别为0.303元/(千瓦·时)和0.35元/(千瓦·时)，与在当地建厂相比具有一定竞争力。

# 第三章　计 划 与 统 计

2001年政企分开前，陕西省电力工业局承担政府对电力的行政管理职能和行业管理职能。电力生产计划以及电力基本建设项目计划实行国家计划指导下的统一管理。计划制订的前期工作主要由国家电力主管部门负责组织，陕西省电力工业局参加。1999年，西北电力集团公司与陕西省电力公司体制分离后，陕西省电力公司单独向国家电力公司报送年度生产经营建议计划和投资项目建议计划。

## 第一节　计 划 管 理 体 制

20世纪90年代，陕西省电力生产计划由国家电力主管部门依据国家计委下达的全国工业生产计划制订下发。电力基本建设计划由国家电力主管部门和国家能源投资公司转发国家计委下达项目计划。20世纪90年代末，电力工业部将政府管电职能移交给国家经贸委，由国家经贸委向省经贸委以及各电管局下达发电量预期调控目标。

1993年9月，国家计委同意西北电力集团从1994年起在国家计划中实行单列，范围包括西北电力集团核心企业和紧密层企业。西北电力集团在固定资产投资、直接吸收外商投资、技术引进及境外投资等方面，享受国家规定的自主决策权。西北电业管理局（西北电力集团公司）对局属陕西各发电厂、调度通信局下达年度发电生产计划。计划指标主要有工业生产总产值、发电量、供电煤耗率、厂用电率，其中发电量为指令性计划。对陕西各供电局下达年度供电生产计划，计划指标主要有工业生产总产值、售电量、线损率。对各电厂建设公司、工程局、供电局转发由国家电力主管部门与国家能源投资公司转发的国家计委下达的电力基本建设项目计划。基建计划实行按单项工程编制和下达投资计划，国家计划安排的各专业银行的基建贷款是指令性计划，各专业银行按计划供应资金。国家计委对基本建设投资计划进行安排。小型基建计划由国家电力主管部门下达，对部分所属教育、科研等单位在建工程安排部分投资。每年安排给小型基建的自筹资金主要用于学校、医院、科研、设计等事业单位和局机关职工住宅等生活设施的建设。只对陕南、陕北个别职工生活设施较差的单位给予少量资金补助。其他各发电厂、供电局、修造企业的职工住宅等生活设施建设靠企业自筹解决。

## 第二节　计 划 制 订 与 实 施

电力生产计划制订的前期工作主要由国家电力主管部门组织。陕西省电力工业局每年

9 月底前，将电力生产计划实际完成情况、全年预计完成情况以及存在问题，采取的措施做出具体分析；对计划年度全口径的需电量和最大负荷做出预测，对发电量按生产能力进行测算，编制计划年度电力生产经营建议计划。从 1994 年开始，国家计委和电力工业部（国家电力公司）下达的发电量计划，按预期计划（目标）形式下达。

电力基建计划制订的前期工作主要由国家电力主管部门、国家能源投资公司以及华能集团公司联合组织。陕西省电力工业局在每年九月底前，提出电力基建计划执行情况和调整意见，编制计划年度电力基建建议计划，提出投资项目建议计划（包括投资计划和资金计划）、工程进度等。

为适应社会主义市场经济体制要求，改进和完善计划管理，从 1992 年起，在全国范围内组织试编电力生产和电力基建两年滚动计划。电力基建计划还要求试编续建项目及新开工项目的滚动计划。2 年滚动计划是把 2 个年度计划衔接起来一次编制，从长期计划和 5 年计划的安排出发，结合经济运行实际情况，第一个年度计划是全面完整的执行计划，第二个年度计划为框架计划。

1998 年以前，西北电力集团公司根据国家电力公司编制的生产经营计划，结合西北地区实际情况编制西北电力集团生产经营计划。在电力供需矛盾缓和以后，集团公司强调要研究市场，根据电力市场需求和供给的实际情况做好电网生产运行，确保直属发电厂发电计划完成；加强购电计划管理，推行购电合同管理。优化电力资源配置，充分利用水力资源，发挥高效大机组作用，合理安排各投资类型发电厂的购电计划，严格限制小机组等高耗能机组上网。

1998 年 10 月，西北电力集团公司与陕西省电力公司体制分离后，陕西省电力公司开始单独向国家电力公司报送计划年度的生产经营建议计划和投资项目建议计划，同时向陕西省计委报送计划年度《陕西省电力公司国民经济和社会发展计划》。陕西省电力公司在向国家电力公司呈报生产经营建议计划之前，要求各直属发电、供电单位汇报当年计划执行情况及存在问题，上半年生产任务完成情况及存在问题，计划年度生产形势预测，分析主要计划指标提高和改进的可能性并提出相应措施。分析电量、成本、效益三方面的联系，在此基础上提出上网电量计划安排建议。国家电力公司正式下达计划指标后，陕西省电力公司将计划指标下达给各发电、供电单位和各发电有限责任公司。各直属发电、供电单位以及控股的发电有限责任公司根据省电力公司下达的经济承包责任制以及内部模拟市场的经济管理办法，分别制定各单位细化的经济责任制管理办法，对计划指标进行分解和细化，层层落实责任。

## 第三节 统 计 工 作

1991～2002 年，陕西省电力工业局重点进行统计方法改革和统计信息自动化系统建设，进一步开展统计数据质量和分析研究工作，不断强化统计信息、咨询和监督职能，以提高统计整体水平。从 1993 年起，开始试用统计报表的计算机汇总和远程传输程序。根据国家计委、国务院生产办、国家统计局[1992]10号文《关于改进工业生产评价考核指标报告的通知》和国家统计局《改进工业生产评价考核指标的实施方案》，开始测算确定企业主要经济指标标准值和权数，概括反映即时的经济运行质量，成为对经济评价的考核依据。1994年，分步建立和完善了管理信息系统，进一步开展远程传输工作。从1994年下半年起，主要统计报表一律不再使用人工书写上报。

1996年9月，西北电业管理局在银川召开西北电力统计工作会议，交流计算机技术运用、统计方法研究、统计单位调查互查、统计培训等经验。对西北电力集团月度生产指标完成情况快报的统计口径作出具体规定：西北电力集团的统计范围为各省区电力公司和西北电力集团公司的全口径指标，形成集团口径，该口径包括部管部分和多种经营部分。其中部管部分指按照设备的隶属关系形成的主业口径，由原部属部分和集资代管部分两类组成；多种经营部分指按照设备的隶属关系形成的多经口径，由退役机组和自营小机组两类组成；对股份制企业和机组，视其股东投资比例，由各省（区）电力公司确定列入集团口径，或在集团口径外单独列示；发电量的统计口径为（单机容量）500千瓦以上，计算指标的发电量统计口径为（单机容量）6000千瓦以上；新的发电月报格式从1997年1月开始实行。会议还就基建统计工作提出由西北电业管理局确定电力投资渠道多元化归属栏目；试用西北电业管理局编制的“基建月报”工作簿及所生成的“电力基本建设完成情况标准表”等。

1997年11月，国家电力公司以国电计[1997]120号文下发《国家电力公司统计管理办法（暂行）》，规定了国家电力公司系统统计工作的基本任务及职责。按照规定，陕西省电力公司综合统计机构的主要职责是，指导和协调本系统统计工作；协调本公司各专业统计工作；组织实施国家、地方和国家电力公司统计调查制度和重大统计调查；负责本地区和本系统的统计信息网络建设；对本公司生产经营和投资状况等进行统计分析、统计预测和统计监督。西北电力集团公司（陕西省电力公司）在计划管理部门设立统计机构，负责归口管理本单位统计工作。根据管理范围、工作量及工作性质等需要，按比例设立高级、中级统计岗位。

1999年1月，西北电力集团向西北各省（区）电力公司等单位印发《西北电力集团电力工业生产、基建统计报表制度》。规定“执行主体”是西北电力集团公司下属全资子公司和控股公司。报表内容主要为定期统计报表，包括生产经营统计报表、电力销售与用电分类统计报表、电力投资统计报表等。其中电力生产报表又分为快报、月报、年报，电力投资统计报表分为月报、全年预计投资完成快报和年报。当月，陕西省电力公司向直属陕西各单位印发《陕西省电力公司统计报表制度实施办法（暂行）》。

2000年10月，国家电力公司对1997年11月发布的《国家电力公司统计管理办法（暂行）》作了修改，重新印发《国家电力公司统计管理办法》，明确国家电力公司系统统计工作基本任务及职责，省电力公司综合统计机构的主要职责是负责本地区电力工业统计工作；执行本单位综合统计协调会议决定的各项统计任务；负责本系统综合统计工作；组织实施国家、地方和国家电力公司统计调查制度和重大统计调查；统一对外发布综合统计资料；负责本地区和本系统的综合统计信息网络建设；对本系统生产经营和投资状况等进行统计分析、统计预测和统计监督。

# 第四章　财　　务

1991～2002年，陕西电力工业管理体制经历了几次较大变革，国家对电力企业的财税、价格政策作了多次大的调整，陕西电力财务管理和会计核算体制、会计政策、经济承包责任制、管理体制等随之发生了变化。

## 第一节　财务管理与会计核算

1991～1998年，陕西省电力公司与西北电力集团公司（西北电力联合公司）合署办公，财务部门以管理陕西省电力公司财务为主。1998年10月，网省体制分离，1999年1月，陕西省电力公司独立运作，财务独立核算。实行三级管理[陕西省电力公司，发电厂、地市级供电单位，县（区）电力局]，会计核算采用三级核算逐级汇总模式。对子公司合并汇总会计报表。陕西省电力公司会计报表由报送西北电力集团公司改为直接报送国家电力公司。

### 一、财务管理体制

1991年，安康水电厂投产，陕西省电力公司财务管理和核算单位增加到35个，即10个发电厂、10个供电局、10个报账制单位、4个修造企业及陕西电网总会计。当年，中央电力企业进入第二轮承包期。

1993年，建立资本金制度，按照清产核资核定的国家资本，逐层分解，转为实收资本。

1996年，榆林地区电力工作委员会成立，纳入财务汇编单位。

1997年，基建与生产财务会计制度接轨，基建账务按照生产会计科目体系并入生产账务核算。纳入财务决算的建设单位有韩城第二发电有限责任公司、蒲城发电厂（一期）、宝鸡第二发电有限公司、府谷电厂筹建处、延榆330输变电公司。

1998年10月网省体制分离后，陕西省电力公司所属地市级供电单位、发电厂、报账制单位为分公司，施工修造企业为子公司。纳入陕西省电力公司财务汇编范围的企业43个。

1999年，新组建的西安高压供电局以分公司纳入汇编企业。年度合并报表，分公司31个，全资子公司9个，控股公司1个。当年组建的陕西电力信通有限责任公司、陕西电力燃料有限责任公司，次年纳入合并范围。

陕西省电力公司将灞桥、韩城、石泉、略阳、渭河一期及户县等6个发电厂作为向西北电力开发有限责任公司的增加投资，将上述发电厂属于燃料公司管理的账面净资产作为陕西电力燃料有限责任公司对西北电力开发有限责任公司的投资，由陕西省电力公司控股，次年纳入合并范围。

西北电业职工大学与西安电力高等专科学校合并成立西北电力培训中心，西安电力技工学校改为西安电力工业学校，次年以新单位作为汇编范围。

2000年，神东电力公司神东矿区电网及相应资产划归陕西省电力公司，并入榆林地区电力工作委员会。秦岭发电厂改制，划出汇编范围。蒲城发电有限责任公司（股权70%）、韩城第二发电有限责任公司（股权60%）纳入合并范围。

**二、执行财务会计法规**

1991年，国家对部分电力工业生产线上在用固定资产实行加速折旧，比原折旧率加速20%，对超期使用的发供电设备和提足折旧设备，继续提取折旧至1995年。

1992年，国家规定，劳保统筹基金提取比例由工资总额的13%升至15%；自当年5月起职工福利基金提取比例由工资总额的11%升至14%；固定资产单位价值由800元升至2000元，低于2000元及提足折旧的固定资产列入低值易耗品，摊销成本并增加流动资金。折旧基金从本年度开始免交能源交通重点建设基金。根据国家税务总局国税发[1992] 143号文《电力企业以税还贷管理办法》，用减免产品税归还贷款。

1993年7月1日起，陕西省电力公司贯彻实施新的《工业企业会计制度》，将有关项目转入新的会计核算科目，同时，停止执行加速折旧办法，统一实行新的折旧制度，并建立资本金制度，实行住房制度改革。

1994年，根据国税发［1994］27号文《国家税务总局关于大型企业集团征收所得税的通知》，陕西省电力企业统一合并纳税、清算。按照《中华人民共和国企业所得税暂行条例》，自1994年1月1日开始，陕西电力企业统一按33%的所得税率缴纳所得税，税后利润暂免交财政，取消税前利润归还借款、税前提取单项留利政策。对电力、热力产品征收增值税，增值税率：电力17%、热力13%，其中电网内发电环节按厂供电量4元/(兆瓦·时)，供电环节按电力销售收入3%预征，就地缴纳，月终按电力销售收入17%税率抵扣进项税后清算。

同年，陕西省电力公司会计电算化应用全面推广，会计报表由计算机自动生成，会计核算进入电算化时代。

1995年，按照上级规定，劳保统筹基金提取比例由工资总额的15%升至17%。开始实行住房公积金制度，按比率提取住房公积金。

1995～1996年，按照国家规定，实行“拨改贷”转“贷改投”优惠政策。

根据国家计委计建设［1996］526号文《关于设立水电站库区后期扶持基金的通知》和陕西省人民政府陕政办函［1997］1号文规定，自1997年1月1日起，按水电厂供电量0.005元/(千瓦·时)提取库区后期扶持基金，共提取10年。

1997年，国家电力公司转发财政部财工字［1997］496号文《关于国家电力公司集中折旧资金财务处理意见的函》，要求国家电力公司增加资本公积、子公司减少资本公积。陕西省电力公司按照要求，做了账务处理。

1998年，财政部发出［1998］316号文件，1998年1月1日～2006年12月31日调整安康水电厂后期扶持基金，提取标准由按水电供电量0.005元/(千瓦·时)调整为移民人均250元，陕西省电力公司按照移民人数56520人，逐月从发电成本中列支。按照国家电力公司国电财［1998］576号文《关于体制分离中资产划分问题的批复》，划分陕西省电力公司与西北电力集团公司的资产。根据财政部财经［1998］146号文及国家电力公司《关于印发建立资本纽带有关规定的通知》，建立以国家电力公司为母公司、省（区）电力公司为子公司的母子公司制度。

1999年，执行财政部财基字［1999］956号文《关于印发中央级"特种拨改贷"资金本息余额转为国家资本金的实施办法的通知》，将1987年用国家重点建设债券资金安排的特种拨款改为贷款，从使用贷款之日起至1999年12月20日止的本息余额转为国家资本金。6月8日，国家电力公司转发财政部《国家电力公司投资收益收取使用管理暂行办法》，要求从1999年1月1日起，停止向子公司集中折旧资金，改为收取投资收益。6月14日，国家电力公司以正式文件下达西北电力集团公司系统上缴投资收益7000万元，其中陕西省电力公司上缴1950万元。8月17日，国税函［1999］559号文《国家税务总局关于东北和西北地区电力企业所得税问题的通知》，明确从1999年1月1日起，陕西省电力公司是独立企业所得税纳税人。

2000年，财政部财企［2000］295号文《关于企业住房制度改革中有关财务处理问题的通知》，要求落实国发［1998］23号文《国务院关于进一步深化城镇住房制度改革加快住房建设的通知》精神。据此，陕西省电力公司明确职工住房按核定价格出售、不再提取住房基金和住房周转金。

2001年，财政部颁发实施无形资产、投资、租赁、资产负债表日后事项等8项企业会计准则。经国家电力公司批准，陕西省电力公司从2001年1月1日起，在系统内实行其中6项，无形资产和投资暂不执行。

## 第二节　经营承包和资产经营管理

1991～2002年，经济体制改革不断深化，国家对中央电力企业经营管理模式随之进行调整。推行承包经营责任制、税利分流以及资产经营考核等不同模式，同时实行功效挂钩的工资政策。

### 一、承包责任制和利税分流

1991～1992年，能源部对各网局继续实施第二轮经济承包。中国电力企业联合会下达中电联财［1991］39号文《西北电管局1991～1992年第二轮利润承包方案》，核定西北电业管理局第二轮承包计税利润基数3.4亿元，上缴利润基数2.94亿元，企业留利基数6000万元（第一轮基数4600万元）。因未相应调减计税利润和上缴利润基数，实际上仍维持第一轮承包方案基数，其中陕西省电力公司第二轮承包计税利润基数1.23亿元，上缴利润基数1.05亿元，企业留利基数1828.5万元。

1992年3月，西北电业管理局以西电字［1992］4号文《关于印发西北电网第二轮承包细则的通知》，转发能源部能源办［1991］778号文《关于印发电力工业企业第二轮承包办法的通知》、《西北电业管理局第二轮上缴利润包干实施细则》、《西北电业管理局电力工业企业工资总额同经济效益挂钩实施细则》、《西北电业管理局技术改造任务承包实施细则》和《西北电业管理局第二轮承包经营责任制考核细则》，要求从1991年起执行。

1993年起，国家开始实行税利分流。财政部印发财工字［1993］278号文《关于中国西北电力集团公司实行财务计划单列和税利分流办法的通知》，税利分流方案的基数仍沿用一、二轮承包时的基础数据。1993年9月3日，中国西北电力集团公司下发西电集团财字［1993］3号文《关于落实西北电力集团税利分流方案的通知》，要求财务计划单列和税利分流办法从1993年1月1日起执行至1995年12月31日。

税利分流方案主要内容为：核定西北电力集团公司所得税率为33%，税后利润上交财政5500万元后全部留用，并按《工业企业会计制度》第63条规定的顺序分配；实行税利分流办法后，西北电力集团公司固定资产投资借款一律用税后留用资金归还，同时取消按税前还贷利润提取“两金”（职工福利基金、奖励基金）的政策；西北电力集团公司1993年上交中央财政收入指标（所得税、利润）由2.94亿元减至2.28亿元，其中陕西省电力公司由1.04亿元减至0.83亿元。国家批准电力综合加价并入目录电价，确定了减税还贷额度。

**二、预算管理和资产经营考核**

1994年，陕西省电力公司制订产权和资本管理规划目标，建立出资人管理制度，加强产权管理，以确保资本的保值增值。

1995年，财政部财工字［1995］7号文《企业经济效益评价指标体系（试行）》，电力工业部予以转发，要求各单位可以以本单位1994年指标完成情况对企业经济效益进行评价。评价指标体系包括：销售利润率、总资产报酬率、资本收益率、资本保值增值率、资产负债率、流动比率（或速动比率）、应收账款周转率、存贷周转率、社会贡献率及社会积累率10项指标。

1996年，根据国家电力公司国电［1995］278号文《关于在国家电力公司系统开展法人资本金效绩评价试点工作的通知》，陕西省电力公司加强对公司系统法人资本金的监督管理，科学合理评价企业效益和经营者业绩。按照《国家电力公司法人资本金效绩评价暂行办法》，制定了10项指标，逐步对公司所属单位进行绩效考评。

1998年，国家对中央电力企业实施资产经营考核。西北电力集团公司对所属企业资产经营考核的主要指标包括：资产保值增值率、投资收益率、不良资产比率、资产负债率、利润总额、上交投资收益六个指标。

1999年，陕西省电力公司印发陕电财字［1999］38号文《陕西省电力公司资产经营考核实施细则》，自1999年1月1日起实施。省公司法定代表人与所考核企业的法定代表人签订年度资产经营承包责任书，确定资产经营考核指标及责任。

2001年，国家在对中央企业推行资产经营考核的同时，开始推行预算管理制度。国家电力公司在系统内全面建立预算管理体系，制定出台预算管理办法。陕西省电力公司印发陕电财字［2001］52号文《陕西省电力公司预算管理办法》。预算管理逐步成为企业经营和业绩目标管理的有效工具。

2002 年，国家电力公司发出国电财［2002］632 号文《关于印发国家电力公司资产经营考核暂行办法的通知》，规定国家电力公司作为出资者，依据其财产所有权，通过责任制的形式对所投资企业的资产经营状况进行考核。据此，陕西省电力公司对所属单位资产经营考核指标同步调整。

**三、工效挂钩**

1991～1992 年，第二轮承包期继续实行万千瓦·时售电量工资含量包干并与物资消耗挂钩考核办法。工效挂钩基数包括职工人数、工资总额、售电量。万千瓦·时售电量工资含量，由西北电业管理局在部下达的工资总额内统一核定，实行按职工人数和新增售电量计提效益工资。考核售电量工资含量包干的同时考核企业物资消耗、劳动生产率等技术经济指标。工资总额结算包括挂钩内和挂钩外工资总额。实行工效挂钩的企业建立特别准备金。在劳动工资管理方面，执行增人不增工资、减人不减工资的政策。

1993 年，工效挂钩改为实行工资总额与实现利税和售电量挂钩的办法。工资总额与售电量、利税挂钩比例为 5∶5。之后，工资总额与实现利税、售电量挂钩比例有所调整。1996 年工资总额与实现利税、售电量挂钩比例调整为 6.5∶3.5，工资总额增长与售电量增长的挂钩比例调减至 35%。工资增长与企业经济效益增长的关联度大幅提升。

**四、企业内部经济责任制**

1991～1992 年，陕西省电力公司实行内部承包经营责任制。对发、供电企业实行内部电价核算的内部利润承包，修造企业实行上缴利润基数在 1990 年承包基数上递增 5%，工资总额与计税利润挂钩，计税利润每增长 1%，工资总额按 0.5%计提增长效益工资。对西北电力试验研究所、物资公司、电力设计院、西北电业职工大学、西安电力技工学校及西安电力中心医院等综合单位实行成本总额控制内部承包模式。

1993～1994 年，对基建企业暂行百元产值工资含量包干（简称“百含”），指标考核与“百含”挂钩，税后利润企业全部留用的办法。

1995～1996 年，对发电企业采用统一的内部上网电价，对供电企业采用统一的内部购网电价结算，内部利润承包，利润增长（减亏）分成；实行工资总额与内部利润和电量挂钩。1996 年，修订修造企业经营承包责任制，承包期限拟定 3 年，实行利润总额承包，增长利润税后全留，工资总额与实现利税挂钩，考核企业主要评价指标的承包模式。

随着对电力市场构架前景的规划，全国电力系统陆续试行内部模拟市场的过渡体制。1997 年，西北电力集团颁布《直属单位领导班子工作实绩考核的暂行办法》，陕西省电力公司施行《陕西电网内部模拟市场过渡实施办法》。1998 年 1 月 1 日，陕西省电力公司试行《内部模拟市场及承包经营责任制试行办法》。按照内部模拟市场，实行内部利润基数承包。对各发电厂和供电局推行分时电量和峰谷电价的结算办法，用经济手段调动发电厂调峰和供电局调荷的积极性，以促进电网的整体效益。

至 2002 年末，陕西省电力公司经济管理机制仍然执行内部模拟市场同承包经营责任制相结合的经营管理模式。

**五、主要经济指标**

2002 年，陕西省电力公司财务状况明显改善，总资产较 1991 年增加 272.94 亿元，增幅达5.38倍，年均增长16.54%；所有者权益比1991年增加80.39亿元，增幅达4.07倍，年均增长13.6%。

陕西省电力公司独立运作以后实现利润逐年增加，从1999年的－3561万元，到2002年末7654万元，增加11215万元。

1991～2002年陕西省电力公司主要经济指标见表11-4-1。

表11-4-1 1991～2002年陕西省电力公司主要经济指标 单位：万元

| 年份 | 资产 | | 负债总额 | 所有者权益 | 销售收入净额 | 利润总额 | 资产负债率（%） |
|---|---|---|---|---|---|---|---|
| | 总额 | 其中：固定资产 | | | | | |
| 1991 | 622676 | 552769 | 360407 | 262269 | 191706 | 11584 | 57.88 |
| 1992 | 690237 | 677830 | 411500 | 278737 | 239388 | 8645 | 59.62 |
| 1993 | 977084 | 982715 | 483684 | 493400 | 352862 | 8122 | 49.28 |
| 1994 | 1061729 | 1058486 | 540098 | 521631 | 364041 | 5117 | 50.87 |
| 1995 | 1191997 | 1112893 | 645811 | 546186 | 393436 | 3190 | 54.18 |
| 1996 | 1409778 | 1235151 | 642395 | 767383 | 535139 | 5508 | 45.57 |
| 1997 | 1929802 | 1376940 | 1013829 | 915973 | 672760 | 7435 | 52.54 |
| 1998 | 2012860 | 1482633 | 1071686 | 941174 | 616865 | 8747 | 53.24 |
| 1999 | 2243940 | 1780204 | 1244701 | 999239 | 712162 | －3561 | 55.47 |
| 2000 | 2940218 | 2264616 | 1901554 | 1038664 | 847802 | 1162 | 64.67 |
| 2001 | 3237258 | 2535417 | 2157683 | 1079575 | 890120 | 4041 | 66.65 |
| 2002 | 3352105 | 2787044 | 2285957 | 1066148 | 1009209 | 7654 | 68.19 |

## 第三节 资产与资金管理

### 一、盘活存量资产

渭河发电厂新厂4×30万千瓦机组由陕西省电力建设投资开发公司投资70%，西北电力集团公司投资30%共同建设，初始投资33亿元人民币。中介机构评估54.89亿元人民币。经国家国有资产管理局批准确认，香港旭兴公司于1997年以27.54亿元人民币购买陕西省电力投资公司51%的股份。收购后3方的股权比例分别为：香港旭兴公司51%（价值27.54亿元人民币）、中国西北电力集团公司30%（价值16.2亿元人民币）、陕西省电力投资公司19%（价值10.26亿元人民币）。

网省体制分离后，秦岭发电厂二期（4×20万千瓦机组）网省公司各占50%的股权，一期（2×12.5万千瓦机组）股权全部归陕西省电力公司。1999年末，陕西省电力公司、西北电力集团公司在省政府协调下，与陕西省电力投资公司协商秦岭发电厂（含一、二期）资产转让问题。各方同意秦岭二期股权为陕西省电力投资公司60%，西北电力集团公司20%，陕西省电力公司20%。秦岭一期股权为陕西省电力投资公司60%，陕西省电力公司40%，并上报国家电力公司。国家电力公司下发国电财［1999］247号文《关于同意陕西电力转让韩城、秦岭（一期）部分资产的批复》、国电财［1999］367号文《关于同意西北电力集团公司转让秦岭电厂（二期）部分产权的批复》、国电财［1999］765号文《关于秦岭发电厂资产转让改制重组项目可行性研究报告的批复》3个文件，完成秦岭发电厂一、二期转让工作。

秦岭发电厂资产转让后，西北电力集团公司获得7.5亿元转让收入，陕西省电力公司获得9.87亿元转让收入。

## 二、集资办电

1991年3月，陕西省政府组建陕西省电力投资公司，主要负责集资办电，征收和管理各项电力建设资金和出售用电权的资金，集中用于电力建设。（陕西省电力投资公司在体制篇已有详细记述。）

## 三、产权变动

1995年11月，根据国务院相关文件精神，经中国人民银行批准，西北电力集团组建成立中国西北电力集团财务公司，中国西北电力集团为控股股东，主要负责在集团内部融通资金。

1998年10月，西北电力集团公司和陕西省电力公司体制分离，11月5日，国家电力公司发出国电财［1998］597号文《关于核定国家电力公司对各子公司出资额的通知》，核定国家电力公司对中国西北电力集团公司出资额为149.4亿元，持股比例100%，其中陕西省电力公司55.9亿元。1999年1月1日起，西北电力集团公司与陕西省电力公司各自独立核算，自主经营。

2000年9月28日，西部证券股份有限公司成立，陕西省电力公司投资一亿元，并列第一大股东。

2002年12月3日，国家计划发展委员会发出计基础［2002］2704号文《国家计委关于国家电力公司发电资产重组划分方案的批复》，将延安发电厂（100%）、陕西电力发电有限公司（控股97.17%）、石泉发电有限责任公司（48.59%）、石泉水力发电厂（97.17%）、渭河发电厂（97.17%）、略阳发电厂（97.17%）、韩城发电厂（97.17%）、户县热电厂（97.17%）、灞桥热电厂（97.17%）、灞桥热电有限责任公司（77.74%）、陕西新力发电有限责任公司（14.58%）、陕西秦华发电有限责任公司（40%）划转给大唐集团公司；将陕西蒲城发电有限责任公司（控股70%）以及在建的蒲城二期（60%）划转给华电集团公司。

## 四、清产核资和榆林供电局权属问题

### （一）清产核资

1993年，国务院清产核资领导小组印发清办［1993］6号文《清产核资领导小组办公室职责范围和工作任务》、《清产核资工作人员守则》及清办［1993］7号文《清产核资总体方案》。3～10月，电力工业部清产核资领导小组办公室陆续转发上述文件。据此，陕西省电力公司全面开展清产核资工作。经过资产重估，固定资产原值由 68.16 亿元增加到 96.99 亿元，增幅达 42.29%；固定资产净值由 50.72 亿元增加到 70.03 亿元，增幅达 38.07%。年折旧额由 2.59 亿元增加到 4.56 亿元，年增加折旧 1.97 亿元，增幅达 76.06%。

1994 年，电力工业部清产核资领导小组办公室以清办［1994］19 号文转发财政部等部门《关于清产核资扩大试点中核定国有资金的通知》，按照该通知规定，陕西省电力公司在资产重估的基础上，对流动资产、固定资产、所有者权益进行核定，申报核销了 1991 年以前坏账损失 4267 万元。电力工业部清产核资领导小组以电清［1994］4 号文《关于对我部直属电力企业资金核实结果批复的通知》批复陕西省电力公司核销坏账 3767.2 万元，其中核销上缴利润 560.6 万元，冲减资本公积 3206.6 万元。

1995 年，电力工业部转发国务院办公厅经清［1995］62 号文《关于在全国进一步开展清产核资工作的通知》，按照这一精神，陕西省电力公司开展清产核资后续工作，重点对占用土地进行估价，并完成清产核资报表衔接工作。

（二）榆林供电局权属问题

1989 年，陕西省人民政府陕政发［1989］35 号文件明确榆林供电局划归陕西省农电局管理。虽然 1998 年网省体制分离时，财务账面上将榆林供电局资产、产权划归陕西省电力公司所有，但陕西省电力公司无法对榆林供电局国有资产部分进行正常保全运营和管理。

西北电业管理局多次向国家电力公司和国家国有资产管理局递交《关于榆林供电局产权界定请示》和《关于请求榆林供电局产权进行暂缓登记的紧急请示》，国家国有资产管理局国资产函发［1997］12 号文批复“榆林供电局暂缓办理产权登记”，同时抄报陕西省人民政府。但这一问题一直未得到解决。

为确保国有资产管理的合法性，2000 年，陕西省电力公司向国家电力公司递交《关于请求榆林供电局产权进行暂缓登记的紧急请示》，以期再次表明榆林供电局资产、产权归属问题。在 2000 年国有资产重新占有登记中，财政部在已核发的产权证中仍将榆林供电局产权划为陕西省电力公司所有。2001 年，在财政部产权证年检工作中，陕西省电力公司办理和通过了包括榆林供电局在内的有关年检手续。

榆林供电局虽已划归陕西省农电管理局管理，但由于未按规定办理产权移交手续，陕西省电力公司在历年财务报告中，仍以 1995 年财务报表数，将榆林供电局列为汇编单位范围。

## 第四节 电 价 管 理

1991～2002 年，陕西电网销售电价继续实行国家统一定价，执行国家订立的目录电价及其说明。其间，曾一度在执行目录电价基础上实行综合加价，后又将综合加价部分并入新的目录电价。西北电网内省间互供电价由西北电业管理局商西北五省（区）电力局、物价局确定。

## 一、陕西省电价水平

1991～1992年，执行1976年水利电力部颁布的目录电价。

1976年水利电力部颁布执行的陕西电网电价目录见表11－4－2。

表11－4－2　　1976年水利电力部颁布执行的陕西电网电价目录表

<table>
<tr><td colspan="2">照明电价<br>[元/(千瓦·时)]</td><td colspan="3">非工业、普通工业电价<br>[元/(千瓦·时)]</td><td colspan="3">大工业电价</td></tr>
<tr><td rowspan="2">不满<br>1千伏</td><td rowspan="2">1千伏<br>及以上</td><td rowspan="2">不满<br>1千伏</td><td rowspan="2">1～<br>10千伏</td><td rowspan="2">35千伏<br>及以上</td><td colspan="3">基　本　电　价</td></tr>
<tr><td>变压器<br>容量<br>[元/(千伏·安)/月]</td><td>最大需量<br>[元/(千瓦·月)]</td><td>1～<br>10千伏</td></tr>
<tr><td>0.200</td><td>0.195</td><td>0.085</td><td>0.083</td><td>0.080</td><td>4.000</td><td>6.000</td><td>0.058</td></tr>
</table>

<table>
<tr><td colspan="5">大工业电价</td><td colspan="5">农业生产电价[元/(千瓦·时)]</td></tr>
<tr><td colspan="5">电度电价[元/(千瓦·时)]</td><td colspan="3">直供电价</td><td colspan="2">趸售电价</td></tr>
<tr><td></td><td colspan="4">其　中</td><td rowspan="3">不满<br>1千伏</td><td rowspan="3">1～<br>10千伏</td><td rowspan="3">35～<br>10千伏</td><td rowspan="3">1～<br>10千伏</td><td rowspan="3">35～<br>10千伏</td></tr>
<tr><td rowspan="2">35千伏<br>及以上</td><td colspan="2">电解铝、电石</td><td colspan="2">电炉铁合金、<br>电解烧碱、合成氨、<br>电炉钙镁磷肥、<br>电炉黄磷</td></tr>
<tr><td>1～<br>10千伏</td><td>35千伏<br>及以上</td><td>1～<br>10千伏</td><td>35千伏<br>及以上</td></tr>
<tr><td>0.055</td><td>0.038</td><td>0.035</td><td>0.048</td><td>0.045</td><td>0.060</td><td>0.058</td><td>0.055</td><td>0.035</td><td>0.030</td></tr>
</table>

根据1987年水利电力部、国家经委、国家物价局联合颁发的《关于多种电价实施办法的通知》，陕西电网结合实际与省物价局共同研究，并经省政府同意，多种电价采用用电综合加价办法。1992年陕西电网综合平均销售电价127.06元/(兆瓦·时)。

与此同时，地方小水电、小火电上网电价都有较大幅度提高，陕西电网小水电上网电价从1991年4月1日起升至0.12元（1985年前建成的小水电）和0.15元（1985年后建成的小水电），小火电上网电价升至0.15元。地方集资兴建的电厂和机组开始实行还本付息电价。

1993年，国家清理整顿各级地方政府在电价外违规加收的基金和收费，将电价审批权限收归中央，将陕西实行的用电综合加价全部并入新的目录电价，重新核定公布陕西省电价表。新电价表自1993年4月1日起执行。

1993年1月1日起，国家对城乡居民生活用电征收0.003元/(千瓦·时)，作为三峡工程建设基金；自1994年1月15日起，将三峡工程建设基金升至0.004元/(千瓦·时)。

1994年，为解决中央投资建设还贷问题，全国在1993年目录电价基础上，电价平均提高 0.015 元/(千瓦·时),陕西省提高 0.011 元/(千瓦·时)。

1995 年,陕西电网开始实施峰谷分时电价。

1995～1997 年,陕西对小水火电、集资机组上网电价进行适当调整。1995 年,对陕西省农电管理局属各县的趸售电价按 28%折扣。

1997 年,农村生活照明电价在原价区水平基础上提高 0.05 元/(千瓦·时)。

1999 年,为解决新投电力项目还本付息问题,国家计委计价格[1999]1153 号文件批准从 2000 年 1 月 1 日起执行新的电价目录。陕西省电网销售电价平均提高 0.0286 元/(千瓦·时)。对高耗能、涉农企业用电实行优惠措施。

2000 年陕西电网(未开征城市公用事业附加的地区)销售电价见表 11－4－3;2000 年陕西电网(已开征城市公用事业附加的地区)销售电价表见表 11－4－4;2000 年陕西电网企业趸售电价表见表 11－4－5。

表 11－4－3　2000 年陕西电网(未开征城市公用事业附加的地区)销售电价表

单位:元/(千瓦·时)

| 用电分类 | 电度电价 | | | | | 基本电价 | |
|---|---|---|---|---|---|---|---|
| | 不满1千伏 | 1～10千伏 | 35～110千伏以下 | 110～220千伏以下 | 220千伏及以上 | 最大需量[元/(千瓦·月)] | 变压器容量[元/(千伏·安)/月] |
| 一、居民生活电价 | 0.392 | 0.382 | 0.382 | | | | |
| 二、非居民照明电价 | 0.555 | 0.546 | 0.546 | | | | |
| 三、商业电价 | 0.673 | 0.664 | 0.654 | | | | |
| 四、非工业、普通工业电价 | 0.468 | 0.461 | 0.452 | | | | |
| 其中:中、小化肥电价 | 0.301 | 0.297 | 0.293 | | | | |
| 五、大工业电价 | | 0.357 | 0.337 | 0.317 | 0.312 | 24.000 | 16.000 |
| 其中:电炉铁合金、电解烧碱、合成氨、电炉钙镁磷肥、电炉黄磷 | | 0.347 | 0.327 | 0.307 | 0.302 | 24.000 | 16.000 |
| 电石 | | 0.337 | 0.317 | 0.297 | 0.292 | 24.000 | 16.000 |
| 中、小化肥 | | 0.206 | 0.191 | 0.181 | 0.176 | 24.000 | 16.000 |
| 六、农业生产用电 | 0.399 | 0.391 | 0.381 | | | | |
| 七、农业排灌用电 | 0.219 | 0.217 | 0.214 | | | | |

表 11-4-4　2000 年陕西电网（已开征城市公用事业附加的地区）销售电价表　单位:元/(千瓦·时)

| 用电分类 | 电度电价 | | | | | 基本电价 | |
|---|---|---|---|---|---|---|---|
| | 不满1千伏 | 1~10千伏 | 35~110千伏以下 | 110~220千伏以下 | 220千伏及以上 | 最大需量[元/(千瓦·月)] | 变压器容量[元/(千伏·安)/月] |
| 一、居民生活电价 | 0.412 | 0.402 | 0.402 | | | | |
| 二、非居民照明电价 | 0.575 | 0.566 | 0.566 | | | | |
| 三、商业电价 | 0.693 | 0.684 | 0.674 | | | | |
| 四、非工业、普通工业电价 | 0.474 | 0.467 | 0.458 | | | | |
| 其中：中、小化肥电价 | 0.307 | 0.303 | 0.299 | | | | |
| 五、大工业电价 | | 0.363 | 0.343 | 0.323 | 0.318 | 24.000 | 16.000 |
| 其中：电炉铁合金、电解烧碱、合成氨、电炉钙镁磷肥、电炉黄磷 | | 0.353 | 0.333 | 0.313 | 0.308 | 24.000 | 16.000 |
| 电石 | | 0.343 | 0.323 | 0.303 | 0.298 | 24.000 | 16.000 |
| 中、小化肥 | | 0.212 | 0.197 | 0.187 | 0.182 | 24.000 | 16.000 |
| 六、农业生产用电 | 0.399 | 0.391 | 0.381 | | | | |
| 七、农业排灌用电 | 0.219 | 0.217 | 0.214 | | | | |

表 11-4-5　2000 年陕西电网企业趸售电价表　单位:元/(千瓦·时)

| 电价类别 | 县级趸售[元/(千瓦·时)] | | 县以下趸售[元/(千瓦·时)] | |
|---|---|---|---|---|
| | 1~10千伏 | 35千伏以上 | 1~10千伏 | 35千伏及以上 |
| 居民生活电价 | 0.288 | 0.288 | | |
| 非居民照明电价 | 0.420 | 0.420 | | |
| 商业电价 | 0.505 | 0.505 | | |
| 工业、非工业电价 | 0.339 | 0.331 | | |
| 其中：中、小化肥电价 | 0.225 | 0.220 | | |
| 农业生产电价 | 0.312 | 0.300 | | |
| 农业排灌电价 | 0.158 | 0.153 | | |

注　1. 按照计价格［2000］425 号文件要求，以上 3 张表所列价格，均含中央电力建设基金 0.02 元/(千瓦·时）和三峡工程建设基金 0.004 元/（千瓦·时）。贫困地区农业排灌电价在农业排灌电价基础上降低 0.024 元/（千瓦·时）执行。

2. 表 11-4-4 所列价格，除农业生产、农业排灌电价外，均含城市公用事业附加，标准为：居民生活、非居民照明电价、商业电价 0.02 元/（千瓦·时）；非工业、普通工业、大工业电价 0.006 元/（千瓦·时）。

3. 根据《国家计委关于在“九五”期间继续征收电力建设基金的通知》（计交能［1996］583 号）文件的规定，对已下放地方的原国有重点煤炭企业生产用电、核工业铀扩散厂和堆化工厂生产用电价格，按表所列的分类电价降低 0.017 元/（千瓦·时）执行：抗灾救灾用电、化工部发放生产许可证的氮肥、磷肥、钾肥、复合肥生产企业用电，按表 11-4-4、表 11-4-5 中所列分类电价降低 0.02 元/（千瓦·时）执行。

2002 年，陕西电网城乡居民生活用电同网同价开始实行。这一时期，陕西电价水平偏低，并价后的平均销售电价比全国水平 0.197 元/（千瓦·时）低 0.0425 元/（千瓦·时）。长期偏低的电价，制约了陕西电力工业发展。根据陕西省物价局、陕西省电力公司《关于呈报陕西电网疏导电价方案的报告》，2002 年 12 月 5 日，国家计委发出计价格［2002］2661 号文《关于疏导陕西省电价矛盾的通知》，指出：

（1）根据计价格［2001］701 号文《国家计委关于规范电价管理有关问题的通知》要求，将你省有关电厂上网电价（含税，下同）降低为：蒲城发电公司、宝鸡第二发电公司、新力发电公司和略阳发电厂 0.27 元，李家峡水电站 0.26 元。核定新投产电厂上网电价为：国华神木发电公司 0.302 元/(千瓦·时)，杨凌燃气电厂 0.40 元/(千瓦·时)，秦岭(华)电厂 0.23 元/(千瓦·时)，石泉发电有限公司、二郎坝电厂 0.27 元/(千瓦·时)。

（2）为解决以上电价矛盾和新建电网送变电工程还本付息、农网还贷、李家峡水电站电价以及提取中央直属水库库区建设基金问题，在清理现有电厂上网电价的基础上，将陕西省电网销售电价平均提高 0.02 元/（千瓦·时）（含税），其中，中央直属水库库区建设基金征收标准另行下达。各类用户的具体销售价格见附表，1999 年中共陕西省委印发的《陕西省电网销售电价表》（计价格［1999］1153 号）同时废止。

（3）以上电价自 2002 年 12 月 10 日抄见电量起执行。

2002 年陕西电网（未开征城市公用事业附加的地区）销售电价见表 11-4-6；2002 年陕西电网（已开征城市公用事业附加的地区）销售电价表见表 11-4-7；2002 年陕西电网企业趸售电价表见表 11-4-8。

表 11-4-6　　2002 年陕西电网（未开征城市公用事业附加的地区）销售电价表　　单位：元/(千瓦·时)

| 电价分类 | 电度电价 | | | | | 基本电价 | |
|---|---|---|---|---|---|---|---|
| | 不满1千伏 | 1～10千伏 | 35～110千伏 | 110千伏 | 220千伏及以上 | 最大需量［元/(千瓦·月)］ | 变压器容量［元/(千伏·安)/月］ |
| 一、居民生活电价 | 0.490 | 0.490 | 0.490 | | | | |
| 二、非居民照明电价 | 0.623 | 0.614 | 0.614 | | | | |
| 三、商业电价 | 0.743 | 0.734 | 0.724 | | | | |
| 四、非工业、普通工业电价 | 0.509 | 0.502 | 0.493 | | | | |
| 其中：中、小化肥电价 | 0.342 | 0.338 | 0.334 | | | | |
| 五、大工业电价 | | 0.376 | 0.356 | 0.336 | 0.331 | 24.000 | 16.000 |
| 其中：电炉铁合金、电解烧碱、合成氨、电炉镁磷肥、电炉黄磷 | | 0.366 | 0.346 | 0.326 | 0.321 | 24.000 | 16.000 |

续表

| 电价分类 | 电度电价 | | | | | 基本电价 | |
|---|---|---|---|---|---|---|---|
| | 不满1千伏 | 1～10千伏 | 35～110千伏 | 110千伏 | 220千伏及以上 | 最大需量[元/(千瓦·月)] | 变压器容量[元/(千伏·安)/月] |
| 电石 | | 0.356 | 0.336 | 0.316 | 0.311 | 24.000 | 16.000 |
| 中、小化肥 | | 0.225 | 0.210 | 0.200 | 0.195 | 24.000 | 16.000 |
| 六、农业生产用电 | 0.419 | 0.411 | 0.401 | | | | |
| 七、贫困县农业排灌用电 | 0.201 | 0.199 | 0.196 | | | | |

表 11-4-7　　2002年陕西电网(已开征城市公用事业附加的地区)销售电价表　　单位：元/(千瓦·时)

| 用电分类 | 电度电价 | | | | | 基本电价 | |
|---|---|---|---|---|---|---|---|
| | 不满1千伏 | 1～10千伏 | 35～110千伏以下 | 110千伏 | 220千伏及以上 | 最大需量[元/(千瓦·月)] | 变压器容量[元/(千伏·安)/月] |
| 一、居民生活电价 | 0.490 | 0.490 | 0.490 | | | | |
| 二、非居民照明电价 | 0.643 | 0.634 | 0.634 | | | | |
| 三、商业电价 | 0.763 | 0.754 | 0.744 | | | | |
| 四、非工业、普通工业电价 | 0.515 | 0.508 | 0.499 | | | | |
| 其中：中、小化肥电价 | 0.348 | 0.344 | 0.340 | | | | |
| 五、大工业电价 | | 0.382 | 0.362 | 0.342 | 0.337 | 24.000 | 16.000 |
| 其中：电炉铁合金、电解烧碱、合成氨、电炉镁磷肥、电炉黄磷 | | 0.372 | 0.352 | 0.332 | 0.327 | 24.000 | 16.000 |
| 电石 | | 0.362 | 0.342 | 0.322 | 0.317 | 24.000 | 16.000 |
| 中、小化肥 | | 0.231 | 0.216 | 0.206 | 0.201 | 24.000 | 16.000 |
| 六、农业生产用电 | 0.419 | 0.411 | 0.401 | | | | |
| 七、贫困县农业排灌用电 | 0.201 | 0.199 | 0.196 | | | | |

表 11-4-8　2002 年陕西电网企业趸售电价表　单位：元/(千瓦·时)

| 电价类别 | 县级趸售 | | 县以下趸售 | |
| --- | --- | --- | --- | --- |
| | 1～10 千伏 | 35 千伏及以上 | 1～10 千伏 | 35 千伏及以上 |
| 居民生活电价 | 0.288 | 0.288 | 0.288 | 0.288 |
| 非居民照明电价 | 0.469 | 0.469 | 0.469 | 0.469 |
| 商业电价 | 0.556 | 0.556 | 0.556 | 0.556 |
| 工业电价 | 0.326 | 0.311 | 0.326 | 0.311 |
| 其中：中、小化肥电价 | 0.192 | 0.180 | 0.192 | 0.180 |
| 非工业电价 | 0.368 | 0.360 | 0.368 | 0.360 |
| 其中：中、小化肥电价 | 0.254 | 0.249 | 0.254 | 0.249 |
| 农业生产电价 | 0.327 | 0.315 | 0.327 | 0.315 |
| 贫困县农业排灌电价 | 0.140 | 0.135 | 0.140 | 0.135 |

注　1. 以上除农业排灌电价外，均含农网还贷基金 0.02 元/(千瓦·时)和三峡工程建设基金 0.04 元/(千瓦·时)。

2. 续表一中所列价格，除农业生产、农业排灌电价外，均含城市公用事业附加，标准为：居民生活、非居民照明电价、商业电价 0.02 元/(千瓦·时)；非工业、普通工业、大工业电价 0.06 元/(千瓦·时)。

3. 根据《国家计委关于在“九五”期间继续征收电力建设基金的通知》(计交能[1996]583 号)文件的规定，对已下放地方的原国有重点煤炭企业生产用电、核工业铀扩散厂和堆化工厂生产用电价格，按表所列的元/(千瓦·时)类电价降低 0.017 元/(千瓦·时)执行：抗灾救灾用电、化工部发放生产许可证的氮肥、磷肥、钾肥、复合肥生产企业用电，按表 11-4-7、表 11-4-8 中所列元/(千瓦·时)类电价降低 0.02 元/(千瓦·时)执行。

4. 供电局与趸售县结算时，除农业排灌电价外，各类用电均在表 11-4-8 所列电价的基础上，按扣除农网还贷基金和三峡工程建设基金计收电费。

5. 铜川鑫光铝厂电解铝生产用电价格，在国家计委计价格[1999]977 号文件规定水平的基础上提高 0.019 元/(千瓦·时)。

## 二、西北电网跨省（区）互供电价管理

1991～2002 年，西北电网省间互供电管理经历 2 个阶段。

1991～1994 年，经济体制尚处于计划经济模式，电力投资主体基本上是国家单一形式，西北电网正处于严重缺电时期。西北电网继续执行 1987 年制定的电力电量分配考核办法，以 1986 年四省（区）实用电量为基数，扣除政策分配电量后，按基数比例分配。考核以扣还电量及拉闸限电等手段为主。

1995～2002 年，执行西北电业管理局西电办字［1994］38 号文《西北电网跨省（区）互供电的管理和结算实施办法》。1997 年，全国经济结构调整，用电市场相对缓和。西北电网各省（区）的存量电价由于连年调整，已经与增量电价接近，陕西出现倒挂。为解决这一问题，从 1998 年 1 月 1 日起，执行《西北电网省际间互供电管理办法》，坚持“分省

安排，全网平衡”的计划原则，按照《中华人民共和国电力法》和《电网调度管理条例》规定和因网因地制宜原则，坚持调度体制不变，实行“统一调度，口子结算”。依照《中华人民共和国电力法》中关于同网同质同价原则，归并增存量、水火电、上下网价格，理顺原办法中复杂的价格关系，执行西电办字［1994］38 号文《西北电网跨省（区）互供电的管理和结算实施办法》中的价格和“高来高去”的水平，坚持经过物价管理部门的审批程序。

# 第五章 审 计

1991～2002 年，陕西省电力公司依据国家法律、法规、财务会计制度以及上级有关规定，开展内部审计工作，围绕电力企业改革与发展大局，履行内部审计监督、评价、服务职能。在维护财经纪律，规范财经秩序，推进依法治企，防范经营风险，强化增值服务，提高经营管理水平方面发挥了重要作用。1991～2002 年的 12 年间，审计机构不断健全，经过“抓重点、打基础”，“积极发展、逐步提高”，形成内部审计监督体系。审计制度不断完善，保证了审计监督体系有效运转。开展了经济责任审计、经济效益审计、财务收支审计、财务决算审计、工程审计、审计调查、合同审计、签证审计等项审计活动。1991 年，能源部授予西北电业管理局审计处“审计工作先进集体”。2001 年，国家电力公司授予陕西省电力公司审计处“审计工作先进集体”。

## 第一节 组织机构和队伍

1985 年，西北电业管理局成立审计处，负责陕西电力系统的审计工作。直属陕西各单位和陕西（西北）电力建设总公司也相继成立审计科（室、处）或设立专职审计员，初步建立起审计分级监督管理体制。1990 年末，陕西省电力公司有 20 个基层单位组建了审计机构，其余单位配备了专职或兼职审计人员，全系统共有 56 名专兼职审计人员。

1991 年，西北电业管理局为解决审计力量不足问题，采取以局审计处为主，集中陕西基层单位的审计力量，用 2 个多月时间分成 3 个组对直属单位进行联合审计，既解决了任务与力量不足的矛盾，又起到以工代培作用，提升了参审人员的业务技能。同年，由西北电业管理局审计处组织部分单位审计人员，参加了审计署举办的审计学习班。

1992 年末，中国西北电力集团公司成立，审计处直管陕西的审计职能及审计范围不变。同年，组织基层审计人员参加联合审计。实行审计组长（主审）负责制，参审人员按分工对承担的项目（或审计范围）负责，做到弄清情况，大的违纪和不合规的收支不能漏审。

1993 年，西北电业管理局机关进行“劳动、人事、工资”3 项制度改革，撤销审计处，成立审计局与电力工业部西北审计分局合署办公，实行两块牌子，一套机构，行使双重职能。同年，为理顺基建管理体制，推动项目业主负责制，西北电业管理局以西电劳字[1993] 125 号文下发《关于改革陕西电力基建管理体制有关问题的通知》，自 1994 年 1 月 1 日起，将陕西（西北）电力建设总公司所属 4 个施工企业（西北电建一公司、三公司、四公司、陕西送变电公司）、3 个修造企业（宝鸡铁塔厂、西北电力建设器材总厂、陕西电力线路器材厂）和咸阳电力技工学校，划归西北电业管理局直接管理，1994 年 1

月起，8 个单位的审计报表及相关资料直接报送西北电业管理局审计局。

1994 年，各基层单位审计人员参加由西北电业管理局审计局和陕西正源审计事务所共同举办的新税制学习班，学习班结束后，部分人员参加了西北电业管理局对陕西 18 个发供电及修造企业进行的增值税执行情况检查。同年，部分审计人员参加了西北电业管理局审计局举办的《中华人民共和国审计法》宣传和学习。参加了陕西省审计厅、建设厅举办的工程概预算审计资格证书培训班。

1995 年，西北电业管理局召开陕西电力单位审计工作会议，提出强化审计监督，要求各单位把审计工作贯穿到整个企业管理工作中，强调企业所有的生产经营活动，重大项目立项、重大投资决策，大额度资金使用，都要有审计部门参与。开展事前、事中、事后审计。3 月，各基层单位审计人员参加西北电业管理局审计局举办的审计电算化管理系统及应用培训班。6 月，参加《企业财务通则和企业会计准则》培训班。

1996 年，基层单位审计人员参加西北电业管理局审计局组织的计算机联网审计现场观摩操作培训班。同年，部分审计人员参加陕西省举办的土建、电气、管道安装审计资格证书学习班。

1997 年，陕西电力各单位审计科长（负责人）参加西北电业管理局审计局举办的审计科长培训班，并参加计算机辅助审计程序讲习和演习学习班。

1998 年 10 月，陕西省电力公司与西北电力集团公司体制分离，陕西省电力公司审计部门负责陕西电力系统审计工作。

1999 年 1 月，陕西省电力公司独立运作，发出陕电人字［1999］03 号文《关于调整陕西省电力公司机关机构设置的通知》，设立审计处。

2000 年，陕西省电力公司举办审计人员《中华人民共和国会计法》学习班，并派出人员参加国家电力公司举办的审计学习班。

2001 年，陕西省电力公司审计处选派审计人员参加国家电力公司举办的审计培训班及陕西省举办的计算机学习班。

至 2002 年末，陕西省电力公司系统有审计机构 36 个，审计人员 101 名。全系统审计人员共 358 人次参加各种学习班、培训班、研讨班。

## 第二节　制　度　建　设

1991 年 12 月，西北电业管理局西电审字［1991］40 号文印发《西北电业管理局燃料管理与核算审计办法》，要求直属陕西省各火电厂将燃料管理与核算审计列为经常性审计，或结合财务收支等一并实施燃料管理与核算审计。同年，西电审字［1991］41 号文印发《西北电业管理局电费管理审计办法》，明确直属陕西省各供电局必须将电费管理审计列入年度审计工作计划，进行经常性审计，每年至少一次。

1992 年 12 月，西北电业管理局西电审发［1992］31 号文印发《西北电业管理局经济合同审计办法》，要求直属陕西省各单位在经济合同签约和履行过程中，必须加强审计监督，包括事前签证审计，事中审计检查和事后审计评价。

1993年3月，西北电业管理局西电审字［1993］7号文印发《陕西电力直属单位审计工作竞赛评比暂行办法》，要求直属陕西省各单位认真准备1992年度评比资料，包括审计工作总结、审计工作底稿、审计报告等各种审计基础资料。5月，采用现场观摩评比方式，评出优胜单位，进行表彰奖励，并推荐出席西北电力系统评比活动。12月，根据国家体改委等部门颁发的《全民所有制工业企业转换经营机制审计监督规定》，西电审字［1993］29号文印发《西北电力集团关于加强全网审计工作的意见》，要求各单位把审计工作作为企业管理的重要组成部分，列入领导议事日程。重申“所属大中型企业、事业单位必须设立独立的审计机构，配备各类专业干部，围绕企业经营中的突出问题和薄弱环节开展审计工作，为领导决策提供第一手资料”。

1994年11月，中共西北电业管理局党组在听取系统审计工作情况汇报后下发西电党字［1994］71号文《关于进一步加强审计工作的通知》，要求各单位党委转变观念，提高认识，切实采取措施，加强审计工作。凡应设置审计机构的大中型企业，都要在年内完成。“三改”中把审计机构合并的要改正过来，审计机构要配备足够的有较高思想素质和业务水平的干部。该通知再次明确了大中型、小型企业，事业单位，报账单位，学校等内审人员的配备定额，要求内审人员加强学习，改进工作方法，真正成为领导的参谋和助手。

1995年9月，为促进多种经营企业健康发展，西北电业管理局西电经字［1995］10号文印发《西北电力多经企业审计办法》，要求各单位内部审计机构应对所属多经企业实施审计监督，并负责业务指导。11月，西北电力集团与西北电力工委联合以西电集团审字［1995］2号文印发《西北电力集团职代会审计工作报告制度（试行）》，要求各单位都要将审计工作报告提交职代会审议。同年，西北电力集团公司西电集团审字［1995］3号文印发《西北电力集团审计增收节支考核办法》，明确内审在双增双节工作中要以经济效益为中心，强化企业管理，增强企业自我约束机制，发挥“审计出效益”的作用。

1996年10月，西北电业管理局西电审字［1996］19号文印发《西北电管局关于应用计算机审计的暂行规定》，要求各单位加快应用计算机开展内审工作，并对本单位计算机网络财务系统及有关信息资料进行审计监督。

1997年3月，西北电业管理局西电审便［1997］04号文印发《审计局对多经总公司实施审计监督制度的意见》，明确西北电力集团公司审计局按照审计职责范围对多经总公司改组后成立的西北电力实业发展总公司实施审计监督。4月，西北电力集团公司西电集团审字［1997］7号文印发《中国西北电力集团建设工程项目审计办法》，要求各单位审计机构要有效地对本单位基本建设（含小型基建）和技改、业扩等项工程项目进行审计监督。8月，西北电力集团公司西电集团审字［1997］14号文印发《西北电力集团厂（局）长任期经济责任审计实施细则（暂行）》，明确各发供电、修造、施工、多经企业和事业单位的法定代表人在任职期满，提任、调动、辞（免）职或离退休等离开工作岗位前，都应由上级组织对其任职期间的经济责任进行审计，未经审计不得离任。因特殊原因未经审计需要离任的，不得解除其任职期间的经济责任。10月，西北电业管理局西电审字［1997］

23号文印发《电力基层企业内部审计基本作业规范与规定》，要求各单位、各有限责任公司根据国家电力公司的有关规定，从合规、实际、实用、效率出发，又有别于国家机关的审计，完善和规范基层企业内部审计作业程序，提高审计工作质量。11月，西北电力集团公司制定《中国西北电力集团内部审计工作规定》，明确集团公司各级内部审计机构对本部门、本单位领导负责并报告工作，实行年度职工代表大会报告制度。坚持“上审下”和“同级审”制度，坚持审计与服务并重的原则。进一步明确了省公司、大中型、小型企业和学校、医院等单位内审机构和人员编制等相关事项，促进审计工作规范化、制度化、经常化。

1998年8月，西北电力集团公司西电集团审字［1998］20号文印发《西北电力系统建立审计分析报告制度》。要求各单位建立审计分析报告制度，以便于上级领导及时掌握本单位经营状况，实现审计监督向帮助企业改善管理、提供咨询转变，向经济评价、财务分析、经营决策的管理审计转变，并明确了报送审计分析报告的时间、要求和内容。

1999年1月，陕西省电力公司陕电审字［1999］5号文印发《陕西省电力公司城网农网建设与改造项目审计实施细则》，要求直属单位对城农网建设改造项目实行开工前、建设期、竣工决算全过程审计监督制度。

2000年，中共陕西省电力公司党组在年初陕西电力工作会议上提出“强化审计监督，健全内控制度，实施‘审、帮、促’战略”，明确审计处列席总经理办公会。2月，陕西省电力公司以陕电审字［2000］02号文印发《陕西省电力公司审计业务委托社会审计管理办法》，明确陕西（西北）电力建设总公司、公司直属各单位、各有限责任公司委托社会中介机构承办审计业务的内容、范围及相关事项。3月，陕西省电力公司陕电审字［2000］05号文印发《陕西省电力公司城、农网建设与改造工程决算审查和决算审计实施办法》，要求各供电局集中力量抓好决算审查与决算审计，保证“两网”项目资金安全、节约和效益。6月，陕电审综字［2000］09号文印发《审计人员就地审计工作守则》，要求系统各级审计人员遵章守纪、谨慎执业、廉洁自律、爱岗敬业、诚实守信，做好本职工作。

2001年2月，陕西省电力公司陕电审字［2001］05号文印发《陕西省电力公司城网建设与改造工程竣工决算审计前资料检查实施办法》，明确直属各供电局、榆林供电公司在施工决算审计之前，由检查组对项目决算资料进行审前检查，确定是否具备决算审计的条件。4月，陕电审字［2001］13号文印发《关于进一步搞好审计工作的几点意见》，要求陕西（西北）电建总公司、陕西电力银河集团公司、直属各单位和各有限责任公司完善内部审计机构，充实政治素质高、业务能力强的专业人员；吸收审计部门负责人列席经理（厂、局长）办公会议，参与经济活动的全过程管理；审计人员依照《内部审计条例》和《内部审计基本准则》开展工作；通过对风险评估来确定审计项目的重点、内容和周期。12月，陕电审字［2001］33号文印发《陕西省电力公司内部审计规定及工作规范》，明确内部审计机构和审计人员应具备的条件、资质和执业要求，以及实施审计、反映审计结果、审定审计报告、出具审计意见书、做出审计决定和检查落实审计决定时应当遵循的行为规范。同年，又以陕电审字［2001］34号文印发《陕西省电力公司企业资产经营业绩审计档案登记管理办法》，明确自2001年起，陕西（西北）电建总公司、陕西电力银河集团公司、陕西直属各单位，各有限责任公司实行企业经营业绩审计档案登记制度，实现对企业领导人员任期经济责任的动态监督和任期经营业绩考核。

2002年2月，陕西省电力公司陕电审字〔2002〕9号文印发《陕西省电力公司审计信息考核评比办法》，制定内部审计信息考核内容、标准及评比办法。5月，陕电审字〔2002〕16号文印发《陕西省电力公司经济合同审计实施细则》，要求各单位强化对经济合同的审计监督，防范经营风险，维护企业合法权益。6月，陕电审字〔2002〕20号文印发《陕西省电力公司物资管理审计办法》，要求各单位完善物资内部控制制度，对物资核算与管理的各主要业务流程所建立的关键控制点形成的内控系统的健全性、适用性、效果性进行有效监督。9月，陕电审字〔2002〕28号文印发《陕西省电力公司货币资金审计办法》，要求针对货币资金在新形势下发现的新问题，各单位每年应列入必审项目，并评价其货币资金的真实性、安全性、效益性。重视对非独立核算的二级机构的审查，检查有无以拨代支等情况。

## 第三节 财务收支财务决算审计

1991年，能源部西北审计分局依据年度审计工作计划，派出审计组对陕西（西北）电建总公司1990年财务决算进行就地审计，并延伸审计其所属的西北电建四公司所辖咸阳、蒲城两个分公司和西北电力建设器材总厂。西北电业管理局审计处派出审计组对西安电力中心医院从筹建到开诊以来的财务收支情况进行就地审计，针对存在问题提出6条建议。10月，对西安电力学校1989～1990年度财务决算进行就地审计，并延伸审计下属校办工厂、综合服务部、咨询部、宏达商场等部门与学校的经济往来。

1992年，西北电业管理局审计处指导陕西电力企业作好迎接审计署对行业审计前的各项准备工作，对西安电力机械厂、西安供电局、宝鸡电力设备厂等单位进行审前检查。4月，本着“一审、二帮、三促进”的工作原则，对安康水电厂、西北电业职工大学、蒲城发电厂筹建处1991年度财务收支情况进行就地审计，并延伸审计蒲城发电厂筹建处所属综合公司与主业的经济往来等，对资金使用中存在的问题，提出了纠正意见。

1993年10月，西北电业管理局审计处对陕西省电力设计院1992年度及1993年1～6月财务收支情况进行就地审计，并延伸审计所属西安秦黄电力设计综合公司与主业的经济往来等有关情况。

1994年，陕西电力系统各单位审计科（处、室）负责人参加西北电管局审计局在陕西试点年度财务决算的审计签证财务决算会议，要求1993年度财务决算编报工作与财务决算审计签证工作趋于同步，先审后报。在审计试点总结的基础上，西北电业管理局审计局编写了《电力企业年度财务收支决算及重要项目、收支决算审计签证办法》。2月，委托陕西正源审计事务所对西北电力试验研究所1993年度财务决算进行审计。4月，对陕西送变电工程公司1993年度财务收支情况进行就地审计，并延伸审计该公司所属一处和三强实业公司与主业的经济往来。10 月，委托陕西正源审计事务所对商洛供电局 1993 年度财务决算和 1994 年 1～7 月财务收支情况进行就地审计。同年，陕西各基层单位 40 名审计人员参加西北电业管理局审计局与陕西正源审计事务所结合国家新税制改革共同举办的新税制学习班，学习结束后抽出 19 人，分成 4 组，对陕西 18 个发供电、修造企业 1～5 月增值税执行情况进行审计检查。经统计，18 个单位 1～5 月应得进项税 7513.57 万元，实际只取得 5426.19 万元，占 72.22%。对尚未取得的 2087.38 万元进项税进行认真分析，分别向被检单位提出改进和追补进项税发票的建议。

1995 年，各基层单位按照西北电业管理局审计局要求，将年度财务决算审计签证工作列入必审内容。送审的 1994 年度财务决算中多数单位的审计意见能够在财务决算编报之前和编报过程中得到纠正。为保证决算同步审签的质量，促使基层单位的内审工作做到月审计、季报告、年总审，2 月，西北电业管理局审计局组成审计组对渭河发电厂 1993～1994 年度财务收支情况进行就地审计，并重点延伸审计燃料、材料管理与核算、资金管理、成本费用以及主业与多经的经济关系。同年，审计局委托华安审计事务所对汉中供电局、渭南供电局、咸阳供电局、延安供电局、物资总公司 1994 年度财务收支、资产、负债、损益的真实性、合法性以及 1993 年度新旧会计制度接轨和资产保值增值进行审计查证。委托陕西正源审计事务所对铜川供电局、户县热电厂、西安电力树脂厂及渭河发电厂等单位的多经企业 1994 年度财务收支情况进行就地审计。委托陕西资信会计师事务所对西安供电局 5 个多经企业的财务收支情况进行就地审计。

1996 年，陕西电力系统各基层单位审计人员按照电力工业部《电力企业年度财务决算报告审签试行办法》，在 1995 年度财务决算编报会前，做好了本单位财产物资盘点和账务清理等各项准备工作，审查决算编报前和编报过程中的账务凭证，对审计出的问题在决算上报前就予以纠正。全系统各级内审部门在坚持开展定期财务收支审计监督过程中，把单纯的财务收支查账转移到以监督企业国有资产保值增值为重点，使各单位的资产、负债、所有者权益的深层次审计取得良好效果。同年，审计局对西北电建四公司、商洛供电局、延安发电厂、西北电力集团物资总公司 1995 年度财务收支及资金管理情况进行就地审计。延伸审计商洛供电局所属山阳县电力局、商州市电力局 1995 年度电费营业与会计核算工作。还派出审计人员延伸审计查证西北电建四公司所办的陕西秦光·欧迪克石材有限公司和矿产部的财务收支情况。7 月，对秦川电站仪表厂 1995 年度及 1996 年 1～6 月资产、负债、损益情况进行就地审计。9 月，对西安电力高等专科学校 1995 年度教育经费、专项资金和预算外资金的收入、筹集、分配和使用情况进行就地审计。同年，委托陕西正源审计事务所分别对陕西电力尚德工贸公司、燃料总公司所属陕西渭北电力燃料有限责任公司、西安电力科技开发中心、西北电业管理局机关工会技协服务部等 6 个单位自开办至 1995 年末财务收支等情况进行送达审计。

1997 年，西北审计分局根据电力工业部电审通［1997］89 号文《关于开展电力生产企业盈亏情况的审计调查》，对陕西电网总账会计盈亏情况进行就地审计调查。4 月，委托华安审计事务所分别对秦川电站仪表厂、西安电力机械厂、西安电力树脂厂 1996 年度财务收支、资产、负债、损益的真实性、合法性进行审计查证。同年，加大了对陕西电网多经企业经营状况的审计力度，7月，西北电业管理局审计局委托陕西资信会计师事务所分别对陕西（西北）电建总公司所属多经企业陕西电建物资器材供销公司、西安制冷工程公司，宝鸡电力设备厂所属多经企业宝鸡电力设备发展总公司等单位自开办以来的财务收支情况进行就地审计。委托陕西正源审计事务所分别对宝鸡发电厂多经企业宝鸡电力实业总公司、西北电力试验研究所多经企业陕西电力工贸总公司、局物资总公司多经企业陕西电力物资实业总公司，以及延安供电局多经企业1996年度财务决算和1997年上半年财务收支情况进行就地审计。10月，委托陕西正源审计事务所对西北电业管理局联合开发公司1995～1996年上半年财务收支、经营成果、对外投资等项目进行就地审计，并延伸审计铅锌经销部以及公司所属凤县选矿厂、西京金属造型艺术装饰公司等。

1998年4月，委托华安审计事务所对西安供电局1997年度资产、负债、损益及财务收支情况进行就地审计。7月，对多经总公司所属北京西电宏达实业公司1993年6月～1998年6月财务收支情况进行就地审计。同年，委托陕西正源审计事务所对西北电建第四工程公司、西北电建第三工程公司、灞桥热电厂、咸阳供电局等单位所属多种经营企业1997年度财务收支情况进行就地审计。

1999年1月，西北电力集团公司发出西电集团审通［1999］001号文《审计通知书》，与陕西省电力公司组成联合审计组，对网省公司分离前西北电业管理局调度通信局自办的局电力通信自动化公司、陕西西北电力通信自动化工程技术有限公司、陕西恒通电力有限责任公司3个多经企业的资产、负债、损益情况进行联合审计，对存在问题提出审计建议，促进资产移交和机构划转工作。6月，陕西省电力公司审计处对西北电业职工大学和西安电力高等专科学校合并前的财务收支情况进行就地审计，核实两校的财务状况，并重点提出债权债务清理方面存在的问题，为两校合并奠定了财务基础。11月，分别对公司机关多种产业经营部和公司本部所属西安电力科技开发中心、中国未来研究会电业分会，局科协技术服务部、陕西电力旅游有限公司等12个经济实体1998年度及1999年1～6月财务收支情况进行审计，为省公司清理整顿机关经济实体提供详细资料。同年，陕西省电力公司审计处对陕西送变电公司、铜川供电局多经企业财务收支情况进行就地审计。

2000年，陕西省电力公司审计处对西安电力中心医院、咸阳供电局、延安供电局等单位1998年资产、负债、损益情况和1999年财务收支情况进行就地审计，并延伸审计西安电力中心医院工会和多经企业陕西电力伯乐总公司财务收支情况。延伸审计了咸阳供电局所属的杨凌电力局、亨通电力建设有限公司及秦沅电器有限公司等的财务收支情况。委托陕西中恒信会计师事务所对西北电力开发有限责任公司1997～1999年度资产、负债、损益等情况进行就地审计。

2001年，陕西省电力公司审计处对西安高压供电局、陕西送变电工程公司、西北电力建设器材总厂、西北电建一公司、西北电力开发有限责任公司、西安供电局、商洛供电局1999～2000年资产、负债、损益等情况进行就地审计，并延伸审计西北电建一公司的二级核算单位，同时对上述单位所属多经企业进行同步审计。同年，组成审计组对渭南供电局、西安电力树脂厂、宝鸡电力设备厂1999～2000年度财务收支情况进行就地审计，并延伸审计所属多种经营企业的财务收支情况。

2002 年，陕西省电力公司审计处对北京银河电力技术培训中心、汉中供电局、咸阳供电局、西安电力树脂厂、西北电力试验研究院、西北电力建设第四工程公司、延安发电厂及陕西银河旅游有限责任公司等单位 2001 年度资产、负债、损益等情况进行就地审计，并延伸审计所属二级核算单位和多种经营企业。同年，还对陕西银河电力仪表股份有限责任公司、万年饭店 2001 年财务收支情况进行就地审计。

## 第四节　任期经济责任审计

1991 年，西北电业管理局审计处对渭河发电厂、西安供电局、西安电力树脂厂、西安电力机械厂等 4 个单位厂（局）长 1990 年度承包经营责任履行情况进行就地审计，并延伸审计西安供电局所属的城区电力局和户县电力局。同年，对灞桥热电厂厂长第一轮承包期（1988～1990 年）履行承包合同的情况进行承包终结经营责任审计，对厂办多种经营企业进行同步审计。针对审计出的问题，提出改进建议 19 条。

1992 年 4 月，西北电业管理局审计处对安康供电局局长 1991 年承包经营情况进行就地审计，并延伸审计旬阳县电力局 1991 年度财务收支情况，还对所属多经企业与主业资产、资金往来关系和经营管理情况进行了审计。5 月，对略阳发电厂厂长承包期届满主要经营指标完成情况以及任期经济责任进行就地审计。

1994 年，对韩城发电厂、宝鸡供电局、汉中供电局、石泉水电厂厂（局）长 1993 年度经营承包情况进行就地审计，并延伸审计宝鸡供电局多种经营与主业的关系，对该局各类资金情况进行审计调查。7 月，委托陕西正源审计事务所对延安供电局局长 1993 年度承包经营情况进行就地审计。

1995 年，西北电业管理局审计局对西北电业职工大学、西安电力技校、咸阳电力技校、西安电力中心医院、西安电力机械厂等单位的厂（校、院）长进行离任经济责任审计。对安康水电厂厂长进行任期中经济责任审计，并延伸审计 1994 年度财务收支及主业与多经企业资产划分和结算关系等情况。

1997 年，西北电业管理局审计局对西安供电局、韩城发电厂、蒲城发电厂、户县热电厂、铜川供电局及延安供电局等单位厂（局）长任期内主要业绩、任期目标实现情况、重大决策及财经纪律执行情况进行就地审计。4 月，派出审计组对西安电力高等专科学校校长 1992 年任职以来经济责任进行离任审计。

1998 年，西北电力集团公司审计局对略阳发电厂、石泉水电厂、灞桥热电厂等单位主要领导进行任期经济责任审计。同年，审计局参加集团公司考核组，对 25 个基层单位领导班子进行考核。

1999 年，陕西省电力公司审计处对秦岭发电厂厂长、渭南供电局局长任期工作业绩、重大经营决策、国有资产保值增值、企业内控制度的健全性及任期经济责任进行就地审计。同年，还对西北电力试验研究院、省电力设计院、安康供电局、略阳发电厂、陕西电力物资总公司、西北电力建设第四工程公司、陕西（西北）电建总公司厂（局、院）长、总经理进行离任经济责任审计。对陕西（西北）电建总公司原已完成工程的外部资金，责成企业存入资金结算中心，规范资金管理。

2000 年，陕西省电力公司审计处对安康水电厂、铜川供电局、榆林分公司等单位厂（局）长、总经理进行任期经济责任审计。对陕西电力物资总公司、蒲城发电厂、宝鸡供电局等单位总经理、厂（局）长进行离任经济责任审计。

2001 年，陕西省电力公司审计处对户县热电厂、韩城发电厂、陕西电力线路器材厂、陕西电力燃料有限责任公司、西北电力建设第三工程公司的厂长、经理任期经济责任进行就地审计。对灞桥热电有限责任公司、秦川电站仪表厂、榆林供电公司的厂长、经理进行离任经济责任审计。

2002 年，陕西省电力公司审计处对韩城第二发电有限责任公司、西安电力中心医院、西北电力建设器材总厂、安康供电局、西安电力机械厂的经理、厂（局、院）长进行任期经济责任审计。并延伸审计了所属多种经营企业。6 月，组成审计组对宝鸡铁塔厂、略阳发电厂厂长进行离任经济责任审计。

## 第五节　专　项　审　计

1991 年，西北电业管理局审计处对宝鸡供电局电费收交情况进行效益审计调查。4 月，对渭河发电厂二期扩建筹建处 1990 年以来概算执行情况进行就地审计，查出不合规支出 64.8 万元（其中违纪金额 33.5 万元），按照依法处理的原则进行纠正。同时对该筹建处在执行工程概算方面存在的问题，提出改进和争取调整概算的建议。9 月末，西北电业管理局与能源部西北审计分局联合召开西北电力系统经济效益审计研讨会，陕西电力系统 3 个单位在会上介绍了开展效益审计的经验。受审计署西安特派员办事处审西特委通字［1991］4 号委托审计通知书委托，西北电业管理局审计处对陕西电力系统单位投资在 500 万元以下新开工基本建设项目进行开工前审计，并对陕西电力系统全民企业出借给所属集体企业资金的使用情况进行专项审计调查，促使多经企业正确运用主办厂（局）的借入资金，加强资金管理。11 月，西北审计分局对宝鸡发电厂内部控制制度的健全、有效性进行审计调查。

1992 年一季度，西北电业管理局审计处通过对陕西省电力系统 1991 年全民企业所办集体企业资金使用情况开展专项调查，针对发现问题印发《关于加强集体企业资金使用管理的通知》，使无偿占用全民资产以及盲目投资的问题基本得到纠正。9 月，能源部西北审计分局对秦岭发电厂物资、材料和大修资金、更新改造资金的内部控制制度进行审计调查。

1993 年，西北审计分局对秦岭发电厂等 7 个单位的小窑煤、退役机组、集资机组的核算与管理情况进行专项审计调查。

1994 年，陕西省电力系统内部审计工作向经济效益审计延伸，各基层企业围绕电费、电价、贴费收入核算；燃料采购价格、质量；工程项目概预算；进项税、销项税；施工企业设备、材料采购、工程成本、工资含量等展开审计挖潜增效活动。灞桥热电厂审计科重视对燃煤管理与核算的审计，参与小窑煤全过程管理，使小窑煤的发热量一直稳定在5000～5500大卡❶，天然煤价居于系统内较低水平，按综合计算，每年可降低燃料成本近百万元。西北电业管理局审计局在对陕西电力系统年度财务决算和财务收支审计的同时，对小窑煤、退役机组、集资机组、物资管理和核算以及工程管理等情况进行审计调查，就有关问题提出审计意见和建议。

1995年，西北电业管理局审计局委托陕西资信会计师事务所对西安供电局1994年度营业电费与财务核算工作进行就地审计，重点抽审市区供电分局、长安供电分局等单位，并延伸审计趸售县周至县电力局。同年，委托陕西正源审计事务所对秦岭发电厂、宝鸡发电厂、略阳发电厂等单位1994年度燃料管理与核算等情况进行就地专项审计调查。秦岭发电厂长达14年的发电用煤绕道计收铁路运费问题最终得到彻底解决。按1995年运煤量计算，每年可节省1800万元。同年，对陕西8个小型基建项目进行开工前和预、决算审计，送审金额1612万元。

1996年1月，西北电业管理局审计局组织人力对西安供电局、秦岭发电厂等8个发供电单位的更改、业扩、大修、小型基建工程计划执行和工程资金使用情况进行重点审计检查，向局党组提交了审计检查报告，就存在问题提出改进意见和建议，在西北电业管理局资金委员会会议上对有关情况进行了通报。5月，按照电力工业部审计局安排，对韩城发电厂1994～1995年修理费支出情况进行专项审计调查分析。7月，对灞桥热电厂财务收支、燃料、材料及工程管理等方面内部控制制度完善程度和有效性以及各关键控制点进行审计调查。对商洛供电局所属商州市电力局1995年度营业电费与会计核算进行专项审计。委托陕西资信会计师事务所对咸阳供电局1995年度营业电费和贴费收支情况进行就地审计调查，延伸审计了咸阳市区电力局，兴平市电力局。

1997年，根据电力工业部审计局安排，西北电业管理局审计局对直属陕西26个基层生产企业截至1996年末盈亏情况进行专项审计调查。对陕西地区小火电机组现状进行审计调查。7月，派出审计组赴巴基斯坦，对渭南供电局承建的巴基斯坦卡拉奇宾卡西姆热电厂6号机组扩建配套输电线路工程进行就地审计。8月，委托陕西正源审计事务所对府谷电厂前期工程筹建办公室1988～1997年上半年前期费用的拨款、支出的合规性和截至1997年6月底资产负债的真实性进行就地审计。11月，对延安供电局1996年度至1997年1～6月营业电费及会计核算情况进行就地审计，并延伸审计了所属洛川县电力局。

1998年5月，委托陕西正源审计事务所对渭南供电局、宝鸡供电局、汉中供电局、铜川供电局、商洛供电局1997年度及1998年1～6月营业电费与会计核算情况进行专项审计。对秦岭发电厂、韩城发电厂、蒲城发电厂1997年度及1998年上半年燃料管理与核算情况进行专项审计调查。委托陕西中恒信会计师事务所对西安供电局1997～1998年上

❶ 大卡为非法定计量单位，1大卡=4.19千焦/千克。

半年营业电费和会计核算情况进行专项审计调查。对韩城发电厂、蒲城发电厂 1997 年度及 1998 年上半年燃料管理与核算进行专项审计。

1999 年 3 月，陕西省电力公司审计处对宝鸡、咸阳、渭南、汉中、安康、商洛、铜川和延安供电局的小水电、小火电上网管理费进行审计，核实各供电局 1998 年小水电、小火电上网管理费提取和使用情况，以及 1999 年 1 季度提取和上缴情况。6 月，审计处对公司本部资金、物资、燃料 3 个结算中心运作情况以及省电力公司物资公司 1999 年经营目标完成情况进行了审计调查。对商洛供电局电费与核算情况，略阳发电厂燃料管理与核算情况进行就地专项审计。

2000 年，委托陕西中恒信会计师事务所对渭南供电局城网工程 110 千伏固市输变电、宝鸡供电局农网工程法门寺 110 千伏输变电、汉中供电局城网工程 110 千伏北郊输变电、铜川供电局城网工程无人值班改造和 110 千伏柳林输变电二期、延安供电局农网建设改造工程竣工决算进行就地审计。陕西省电力公司审计处全年共完成工程审计项目 9 项，送审投资 53183 万元、核减投资 4899 万元，对审计过程中发现的问题逐项提出审计建议和改进措施。

2001 年 9 月，对西安供电局 1998～1999 年城网建设与改造工程、安康供电局城网 110 千伏张滩输变电工程竣工决算进行就地审计。

2002 年，陕西省电力公司审计处对燃料公司、银河集团公司、物业公司、宝鸡铁塔厂等 4 个年薪制试点单位经营指标完成情况进行核实。3 月，对榆林银河大酒店基建工程竣工决算进行就地审计。对陕西（西北）电建总公司承建的 330 千伏延榆输变电工程、安康供电局城网 110 千伏张滩输变电工程、中心输变电 110 千伏自动化改造完善工程、城网 110 千伏西郊输变电工程，咸阳供电局城网 110 千伏·安村输变电工程，商洛供电局城网 110 千伏西郊输变电等工程项目竣工决算进行就地审计。委托陕西中恒信会计师事务所对宝鸡第二发电厂 330 千伏宝—凤线等送出工程，渭河发电厂二期 330 千伏凤翔变电站等送出工程，宝鸡供电局城网建设与改造等工程，延安供电局城网 110 千伏建设与改造等工程进行就地审计，并对石泉水电厂扩机工程等项目的竣工决算进行就地审计。

## 第六节　国　家　审　计

1991 年 3 月，审计署驻西安特派员办事处（简称西安特派办）根据审计署、国家计委审基发［1991］4 号文《关于 1991 年基本建设项目审计检查实施方案的通知》，发出审西特通字［1991］006 号文《审计通知书》，与国家能源投资公司联合对安康水电厂基本建设项目的投资活动及项目的决策、计划、资金、材料、设备、各种取费、设计、施工及工期、质量等方面进行全面检查审计。4 月，西安特派办发出审西特通字［1991］010 号文《审计通知书》，对秦岭发电厂 1989～1990 年度财务收支及相关经济活动进行就地审计。8 月，西安特派办发出审西特办字［1991］026 号文《审计通知书》，对渭河发电厂基本建设项目决策、计划、资金、材料设备、各种取费、设计、施工及工期、质量等进行就地审计。

1992年，西安特派办发出西特审通字［1992］001号、002号、003号、008号、009号、024号、025号、028号、042号、043号文《审计通知书》，对宝鸡供电局、渭南供电局、咸阳供电局、铜川供电局、汉中供电局、户县热电厂、秦川电站仪表厂、西安电力机械厂、宝鸡电力设备厂及宝鸡铁塔厂等12个单位1990～1991年度财务收支及相关经济活动进行就地审计。渭南地区审计局根据陕西省审计厅、财政厅、税务局、建设厅转发审计署《关于开展城市维护和建设资金审计的意见》，发出渭地审字［1992］76号文《审计通知书》，对渭南供电局1991年度代征的电力附加收入解缴情况进行专项审计。

1995年7月，陕西省审计厅根据审计署审综发［1995］92号文授权通知，发出陕审通中［1995］137号文《审计通知书》，对略阳发电厂1994年度及1995年上半年财务收支及有关经济活动情况进行就地审计。

1996年，西安特派办发出审西特通字［1996］29号、33号、40号文《审计通知书》，对西安供电局、汉中供电局、宝鸡供电局1995年度资产、负债和损益进行审计。7月，陕西省审计厅发出陕审通字［1996］149号文《审计通知书》，对延安供电局1995年度及1996年1～5月财务收支和有关经济活动进行就地审计。9月，西特办发出审西特通字［1996］44号文《审计通知书》，对西北电力建设第一工程公司1995年度资产、负债、损益及其有关经济活动进行审计。10月，西特办根据1996年重点建设项目竣工决算审计计划，发出审西特通字［1996］56号文《审计通知书》，对安康水电厂建设项目竣工决算进行就地审计。

1997年，西安特派办发出西特审通投［1997］27号文《审计通知书》，对陕西（西北）电力建设总公司1996年度财务收支及相关经济活动进行就地审计。7月，陕西省审计厅根据审计署审授综［1997］107号授权审计通知，发出陕审通中［1997］128号文《审计通知书》，对安康供电局1996年度及1997年1～5月的财务收支及其经济活动进行就地审计。8月，陕西省审计厅发出陕审通中［1997］213号、214号文《审计通知书》，对秦岭发电厂1996年度及1997年1～6月、咸阳供电局1996年度财务收支及其经济活动进行就地审计。10月，西安特派办发出西特审通投［1997］40号文《审计通知书》，对西北电力建设第四工程公司1996年度财务收支及其相关经济活动进行就地审计，并延伸审计了第一、第二、第三分公司、第一工程处及宝鸡第二发电厂和泛美大厦项目经理部等二级核算单位。11月，西安特派办发出西特审通投［1997］41号文《审计通知书》，对西北电建第三工程公司1996年度财务收支及其相关经济活动进行就地审计，并延伸审计了渭河分公司、广州南海项目经理部和宝鸡第二发电厂项目经理部等二级核算单位。

1998年5月，西安特派办发出西特审通投［1998］21号文《审计通知书》，对宝鸡第二发电厂在建工程概算执行情况进行就地审计。9月，陕西省审计厅根据审计署审授综［1998］124号文《审计通知书》授权，发出陕审通中［1998］251号文《审计通知书》，对宝鸡供电局1997年度和1998年1～8月财务收支情况进行就地审计。

1999年，陕西省审计厅根据审计署授权发出陕审通中［1999］297号文《审计通知书》，对榆林供电公司1998年度财务收支及相关经济活动进行就地审计。

2000年，陕西省审计厅根据审计署审行发［2000］29号文通知，发出陕审通卫［2000］430号文《审计通知书》，对西北电业职工大学1999年度财务收支及相关经济活动进行就地审计。11月，陕西省审计厅根据审计署审办发［2000］28号文授权，发出陕审通金［2000］415号文《审计通知书》，对汉中供电局1999年度财务收支及相关经济活动进行就地审计。陕西省审计厅还根据审计署、教育部、国家发展计划委员会、财政部《关于审计国务院部门（单位）所属学校有关事项的通知》（审行发［2000］29号文），发出陕审通农［2000］438号文《审计通知书》，对西安电力高等专科学校1999年度资产、负债及财务收支（包括教育经费、其他费用、教育事业收入、上级补助收入、基建经费、房改经费、公费医疗经费）情况进行就地审计。

2001年，陕西省审计厅根据审计署统一部署，发出陕审投通［2001］86号文《审计通知书》，对陕西省电力公司农村电网建设与改造项目情况进行专项审计，并就农村电网“两改一同价”政策执行情况进行审计调查。5～7月，商洛地区审计局根据陕西省审计厅陕审投授［2001］97号文《授权审计通知书》，对商洛供电局1998年6月～2001年3月农村电网建设与改造项目及建设项目有关事项进行就地审计和审计调查。5月，洛南县审计局根据陕西省审计厅授权，发出洛审通字［2001］56号文《审计通知书》，对商洛供电局洛南分局1999～2001年3月农村电网建设与改造项目财务收支和工程决算情况进行专项就地审计。

2002年9月，西安特派办根据审计署办公厅审办外资发［2002］30号文精神，发出审西特行通［2002］9号文《审计通知书》，对西安灞桥热电有限责任公司利用日本输出入银行贷款进行改扩建项目执行情况、项目管理、偿债能力以及资产、负债和损益情况进行就地审计。

## 第七节 审 计 成 果

1991～2002年，陕西电力系统共完成审计项目6398项，其中财务预算审计47项，任期经济责任审计249项，资产经营责任审计188项，会计决算审计212项，经济效益审计202项，专项审计65项，内控制度审计33项，工程（基建）审计1381项，审计调查490项，财务收支审计990项，专项资金审计128项，合同审计1379项，其他审计1034项。完成各类签证审计6949项。查出违规金额20068.98万元，已从查出的违规金额中纠正了19248.86万元。促进增收节支（核减工程款）29931.66万元。2000～2002年，共提出审计建议1110条，被采纳938条。

1991～2002年陕西电力系统审计情况详见表11-5-1。

表 11-5-1　　1991～2002 年陕西电力系统审计情况　　单位：项

| 项目 | | 年份 | | | | | | | | | | | | 合计 |
|---|---|---|---|---|---|---|---|---|---|---|---|---|---|---|
| | | 1991 | 1992 | 1993 | 1994 | 1995 | 1996 | 1997 | 1998 | 1999 | 2000 | 2001 | 2002 | |
| 审计项目完成情况 | 合计 | 192 | 200 | 195 | 206 | 420 | 847 | 816 | 710 | 921 | 668 | 841 | 382 | 6398 |
| | 任期经济责任审计 | 4 | 14 | — | — | 5 | 14 | 15 | 33 | 38 | 49 | 49 | 28 | 249 |
| | 资产经营责任审计 | 9 | 10 | 12 | 7 | 17 | 7 | 15 | 25 | 14 | 24 | 26 | 22 | 188 |
| | 财务预算审计 | — | — | — | — | — | — | — | — | — | 18 | 26 | 3 | 47 |
| | 会计决算审计 | — | — | — | — | 47 | 28 | 27 | 31 | 27 | 34 | 18 | — | 212 |
| | 经济效益审计 | 16 | 8 | 14 | 14 | 14 | 17 | 15 | 12 | 9 | 38 | 37 | 8 | 202 |
| | 专项审计 | — | — | — | — | — | — | — | — | — | 25 | 40 | — | 65 |
| | 内控制度审计 | — | — | — | — | — | — | — | — | — | 9 | 15 | 9 | 33 |
| | 工程基建审计 | 4 | 5 | 7 | 14 | 74 | 144 | 160 | 122 | 202 | 210 | 367 | 72 | 1381 |
| | 审计调查 | 34 | 28 | 17 | 17 | 43 | 37 | 59 | 66 | 49 | 59 | 42 | 39 | 490 |
| | 财务收支审计 | 69 | 65 | 58 | 74 | 121 | 124 | 157 | 184 | 138 | — | — | — | 990 |
| | 专项资金审计 | 3 | 5 | 6 | 28 | 23 | 15 | 23 | 13 | 12 | — | — | — | 128 |
| | 合同审计 | 26 | 20 | 54 | 16 | 54 | 440 | 324 | 162 | 283 | — | — | — | 1379 |
| | 其他审计 | 27 | 45 | 27 | 36 | 22 | 21 | 62 | 149 | 202 | 221 | 201 | — | 1034 |

续表

单位：项

| 项目 | | 1991 | 1992 | 1993 | 1994 | 1995 | 1996 | 1997 | 1998 | 1999 | 2000 | 2001 | 2002 | 合计 |
|---|---|---|---|---|---|---|---|---|---|---|---|---|---|---|
| 签证 | 合计 | 26 | 17 | | | 19 | 24 | 50 | 46 | 23 | 3087 | 1746 | 1911 | 6949 |
| | 会计决算 | 26 | 17 | — | — | 19 | 24 | 50 | 46 | 23 | — | — | — | — |
| | 工程 | — | — | — | — | — | — | — | — | — | 1732 | 491 | — | — |
| | 合同 | — | — | — | — | — | — | — | — | — | 1355 | 1230 | — | — |
| 查出违规资金(万元) | | 587.56 | 560.55 | 525.31 | 735.80 | 2149.48 | 3077.77 | 1540.87 | 1370.60 | 3345.52 | 1908.92 | 2844.59 | 1422.01 | 20068.98 |
| 纠正金额(万元) | | 583.40 | 551.21 | 513.94 | 718.02 | 2141.35 | 2939.56 | 1523.36 | 1335.77 | 3345.52 | 1631.78 | 2643.15 | 1321.80 | 19248.86 |
| 促进增收节支核减款(万元) | | 193.32 | 179.48 | 529.17 | 163.37 | 2026.33 | 870.22 | 806.74 | 1415.95 | 1977.01 | 7053.76 | 6258.51 | 8457.80 | 29931.66 |
| 审计建议 | 提出(条) | — | — | — | — | — | — | — | — | — | 355 | 271 | 484 | 1110 |
| | 采纳(条) | — | — | — | — | — | — | — | — | — | 297 | 251 | 390 | 938 |
| 机构人员 | 已建机构(专设机构) | 22(21) | 33(31) | 25 | 29(27) | 25 | 33 | 38 | 30 | 36 | 32 | 28 | 36 | — |
| | 已配人员(专职人员) | 66(64) | 77(75) | 67(66) | 66(65) | 103 | 93 | 105(101) | 99(94) | 106(103) | 101(98) | 97 | 10(99) | — |

1998～2002 年，陕西省电力公司审计处共完成审计项目 152 项，其中任期经济责任审计 39 项，资产经营责任审计 8 项，财务决算审计 2 项，经济效益审计 12 项，工程审计 31 项，审计调查 10 项，财务收支审计 38 项，专项资金审计 7 项，其他审计 5 项。查出违规金额 4778.82 万元，从查出违规金额中纠正 4620.67 万元。促进增收节支（核减工程款）12103.75 万元。2000～2002 年共提出审计建议 127 条，被采纳 119 条。

1998～2002 年陕西省电力公司审计处审计情况详见表 11-5-2。

表 11-5-2　1998～2002 年陕西省电力公司审计处审计情况　单位：项

<table>
<tr><th colspan="2" rowspan="2">项　目</th><th colspan="5">年　份</th><th rowspan="2">合计</th></tr>
<tr><th>1998</th><th>1999</th><th>2000</th><th>2001</th><th>2002</th></tr>
<tr><td rowspan="14">审计项目完成情况</td><td>合计</td><td>36</td><td>31</td><td>23</td><td>30</td><td>32</td><td>152</td></tr>
<tr><td>任期经济责任审计</td><td>5</td><td>9</td><td>9</td><td>8</td><td>8</td><td>39</td></tr>
<tr><td>资产经营责任审计</td><td>—</td><td>—</td><td>3</td><td>5</td><td></td><td>8</td></tr>
<tr><td>财务预算审计</td><td>—</td><td>—</td><td>—</td><td>—</td><td>—</td><td>—</td></tr>
<tr><td>会计决算审计</td><td>1</td><td>1</td><td>—</td><td>—</td><td>—</td><td>2</td></tr>
<tr><td>经济效益审计</td><td>—</td><td>—</td><td>3</td><td>9</td><td>—</td><td>12</td></tr>
<tr><td>专项审计</td><td>—</td><td>—</td><td>—</td><td>—</td><td>—</td><td>—</td></tr>
<tr><td>内控制度审计</td><td>—</td><td>—</td><td>—</td><td>—</td><td>—</td><td>—</td></tr>
<tr><td>工程基建审计</td><td>14</td><td>—</td><td>7</td><td>3</td><td>7</td><td>31</td></tr>
<tr><td>审计调查</td><td>—</td><td>4</td><td>1</td><td>5</td><td></td><td>10</td></tr>
<tr><td>财务收支审计</td><td>10</td><td>15</td><td>—</td><td>—</td><td>13</td><td>38</td></tr>
<tr><td>专项资金审计</td><td>5</td><td>2</td><td>—</td><td>—</td><td>—</td><td>7</td></tr>
<tr><td>合同审计</td><td>—</td><td>—</td><td>—</td><td>—</td><td>—</td><td>—</td></tr>
<tr><td>其他审计</td><td>1</td><td>—</td><td>—</td><td>—</td><td>4</td><td>5</td></tr>
<tr><td colspan="2">查出违规资金（万元）</td><td>807.70</td><td>2145.68</td><td>742.10</td><td>183.19</td><td>900.50</td><td>4778.82</td></tr>
<tr><td colspan="2">纠正金额（万元）</td><td>807.70</td><td>2145.68</td><td>742.10</td><td>50.00</td><td>875.19</td><td>4620.67</td></tr>
<tr><td colspan="2">促进增收节支核减工程款（万元）</td><td>490.61</td><td>—</td><td>4530.29</td><td>1372.73</td><td>5710.12</td><td>12103.75</td></tr>
<tr><td rowspan="2">审计建议</td><td>提出（条）</td><td>—</td><td>—</td><td>23</td><td>50</td><td>54</td><td>127</td></tr>
<tr><td>采纳（条）</td><td>—</td><td>—</td><td>20</td><td>50</td><td>49</td><td>119</td></tr>
<tr><td rowspan="2">本部机构人员</td><td>已建机构</td><td>1</td><td>1</td><td>1</td><td>1</td><td>1</td><td>—</td></tr>
<tr><td>已配人员</td><td>4</td><td>5</td><td>9</td><td>6</td><td>7</td><td>—</td></tr>
</table>

# 第六章 人事与劳动工资

20 世纪 90 年代以来，陕西省电力公司通过推行人事、劳动、工资三项制度改革，调整优化组织结构和职工队伍结构，提高企业核心竞争力，职工整体素质和企业经济效益稳步上升。不断完善企业内部工资奖励分配办法，推行适合企业特点的激励和分配制度，实行按岗位定酬，按任务定酬，按业绩和成果定酬的分配办法。对有贡献的专业技术人员实行项目成果奖励，对贡献突出的专业技术人才实行特殊奖励，提高了全体员工的工作积极性和企业凝聚力。

1991～2002 年，推行岗位结构工资制，在原工资基础上将工资划分为基础工资、岗位工资、技能工资、津贴和奖金等单元，根据生产经营任务完成情况对各单元工资进行浮动调节。1993 年，在推行“三项制度”改革中建立企业补充医疗保险，使之成为多层次医疗保障体系的一个重要组成部分，以弥补基本医疗保险保障水平的不足，解决医改中出现的难点问题，缓解部分职工个人自付医疗费用负担过重的压力，促进了职工队伍稳定。

## 第一节 人事管理

根据《全民所有制企业聘用制干部管理暂行规定》和《陕西省新建全民所有制工业企业劳动管理试行办法》，自 1991 年起，陕西省电力公司规定了劳动管理范畴，主要包括劳动计划编制，劳动组织改善，职工调动安排，劳动定额定员，劳动竞赛，以及劳动保护、工资、奖励和福利工作等。

1992 年，根据陕西省劳动厅陕劳办［1991］164 号文《国营企业劳动人事、工资分配、社会保险制度改革若干问题解答的通知》，陕西省电力公司建立健全了职工升级考核标准和制度，定额定员标准和制度，培训制度，考勤和请假制度，奖励和惩罚制度，以及社会待业保险等制度，逐步形成适合陕西电力系统特点的劳动管理体系。

1993 年，陕西省电力公司开展“人事、劳动、工资”三项制度改革，主要内容是：以人事制度改革为切入点，精简机构，减少冗员，做到人尽其责、人尽其才；打破干部工人的身份界限，变身份管理为岗位管理，管理人员竞聘上岗，能上能下；深化用工制度改革，建立健全动态的定岗、定员、定编制度，实行职工公开招聘、动态管理、动态考核、末位淘汰等制度，做到职工能进能出；企业在准确测算各工种、岗位所需劳动力数量的基础上以产定人、以岗定员，坚决裁减超编岗位和人员；以分配制度改革为核心，按照多劳多得原则，根据职工实际贡献、岗位责任大小以及技术等级拉开分配差距，实行量化考核、一岗一薪，把传统的以固定工资加奖金的工资结构，改革为与劳动成果直接挂钩的分配机制，同时建立节约奖、安全奖、大修质量奖、超发电加班费等分配制度。

陕西省电力公司“三项制度”改革分层次、分阶段、有步骤进行。第一步，实行“三定”，即定编、定岗、定员。定编即根据生产经营管理工作的需要定机构，确定各机构的职责范围；定岗即根据职责范围定岗位，确定各岗位的职责；定员即根据企业生产经营情况及岗位职责确定各岗位需要用人的数量。第二步，实施竞争上岗。制订竞争上岗实施方案。在不影响生产经营管理工作的前提下，分层次从高岗位到低岗位，从要害岗位到一般岗位实施竞争上岗。在公开职位说明和各职位人数之后，组织实施报名、审核、考试、答辩、评分、录用等程序。第三步，安置富余人员。根据实际情况，出台富余人员安置政策，包括转岗、培训、内部退养、协议解除劳动合同等。第四步，进行薪酬改革。根据各岗位责任、风险大小，技能需求高低等因素，测定各岗位的岗位系数，确定各岗位的岗位工资，岗位之间适当拉开工资差距，体现出岗位差异对工资分配的影响。第五步，完善考核制度。建立岗位绩效考核和末位淘汰制度，对各岗位进行定量考核，考核结果作为兑现工资、奖金的依据，对年度或任期内考评成绩优秀的人员予以表彰或奖励，对考评成绩达不到规定要求的人员，给予警示和处罚。第六步，研究制定各项人事、劳动、分配管理制度。包括公开选拔和向社会招聘管理人员制度，管理人员聘用任期制度，管理岗位和专业技术岗位竞聘制度等。

1994 年，根据陕西省人民政府陕政［1994］69 号文《全面实行企业劳动合同制的通知》精神，陕西省电力公司实行全员劳动合同管理，企业与职工按照自愿、双向选择、协商一致的原则，签订劳动合同，依法确定劳动关系。打破了企业职工的干部、工人身份界线，建立全方位选聘管理人员的竞争机制。

1995 年，根据陕西省劳动厅陕劳培［1994］405 号文《陕西省职业技能鉴定管理规定》要求，建立了陕西电力系统职业技能鉴定站，强化职业技能鉴定体系。制订陕西电力工业职业技能鉴定站布局规划，建立起一支电力行业特有工种职业技能鉴定考评员队伍，完善了电力行业特有工种试题库，完成一般工种职业技能鉴定工作。

1991～2002 年陕西省电力公司劳动工资情况见表 11－6－1。

表 11－6－1　　1991～2002 年陕西省电力公司劳动工资情况

| 年　份 | 年末职工人数（人） | 工资总额（千元） | 全员劳动生产率［元/(人·年)］ |
|---|---|---|---|
| 1991 | 53415 | 185372 | 55804 |
| 1992 | 55945 | 222744 | 62932 |
| 1993 | 44023 | 281432 | 65081 |
| 1994 | 46822 | 428268 | 72436 |
| 1995 | 52309 | 505015 | 74608 |
| 1996 | 59582 | 599670 | 76458 |
| 1997 | 58285 | 682009 | 74311 |
| 1998 | 56328 | 734500 | 92044 |
| 1999 | 37862 | 597309 | 85526 |
| 2000 | 36940 | 668662 | 93322 |
| 2001 | 41464 | 857760 | 110307 |
| 2002 | 41585 | 967880 | 121966 |

## 第二节 工 资 管 理

1992 年，根据劳动部《关于进行岗位技能工资制试点工作的通知》，陕西省电力公司制定了工资制度改革方案和新的岗位技能工资标准，随后，实行岗位技能工资制。职工工资由基本工资和 15%工资性补贴组成，基本工资包括岗位工资、技能工资。15%工资性补贴包括 3%医疗保险金，5%养老保险金，7%风险金。对于原全民合同制职工，给予 13%的补贴。管理类岗位工资分为 1～26 级，8 个区，起点为 100 元，级差 10 元；生产类岗位工资分为 1～17 级，按两类工资标准执行。

1993 年，陕西省电力公司建立以岗位工资为主的基本工资制度。明确规定岗位职责和技能要求，实行以岗定薪，岗变薪变。职工工资水平在国家宏观调控下由企业依据当地社会平均工资和企业经济效益自主决定。在劳动用工制度改革方面，按市场化要求对用工进行动态管理，通过完善定员定额，以产定人，实施下岗分流、减员增效。

1994 年，工资分配坚持按岗位责任、劳动成果和企业经济效益兑现工资，拉开个人收入差距，建立有效激励机制，实行浮动工资制。岗位工资按照劳动技能、劳动责任、劳动强度、劳动环境等要素组成评价指标体系。自设岗序、自定标准，原则上实行一岗一薪。根据西北电业管理局西电劳字［1994］37 号文《关于机关和事业单位工作人员工资制度改革后劳动统计若干问题的通知》，增加了风险性工资补贴，按全体职工标准工资的 15%计提。根据国家劳人部［1994］473 号文《关于电力企业技能工资入轨运行的实施意见》，进一步加强了对岗位工资的管理。

根据陕西省政府第 8 号令《陕西省最低工资规定》及劳人部［1994］488 号文《供电劳动定员标准》要求，陕西省电力公司坚持工资分配同效益与主要经济技术指标挂钩的办法。规范岗位设置，明确各类岗位职责，上岗条件及具体工作任务要求。量化岗位之间的劳动差别，合理确定岗位系数。岗位系数体现了不同岗位之间的差别。

技能工资是对职工个人所具备的技术水平、业务能力和工作实绩的报酬，依据职工自身的文化知识、专业技术水平和工作能力，设置相应的技能工资等级。

在岗位技能工资之外，又增加综合效益工资。综合效益工资是企业整体效益提高或降低时在职工报酬上的反映。

陕西省电力公司内部技能工资级差情况见表 11-6-2。

表 11-6-2 陕西省电力公司内部技能工资级差情况 单位：元

| 级 别 | 标 准 | | |
|---|---|---|---|
| | 高 | 中 | 低 |
| 35 | 708 | 616 | 524 |
| 34 | 686 | 596 | 507 |
| 33 | 664 | 577 | 490 |

续表

单位：元

| 级　别 | 标　准 | | |
|---|---|---|---|
| | 高 | 中 | 低 |
| 32 | 642 | 558 | 474 |
| 31 | 620 | 539 | 458 |
| 30 | 599 | 521 | 442 |
| 29 | 578 | 503 | 427 |
| 28 | 558 | 485 | 412 |
| 27 | 538 | 467 | 397 |
| 26 | 518 | 450 | 382 |
| 25 | 498 | 433 | 367 |
| 24 | 478 | 416 | 353 |
| 23 | 459 | 399 | 339 |
| 22 | 440 | 382 | 325 |
| 21 | 421 | 366 | 311 |
| 20 | 402 | 350 | 297 |
| 19 | 383 | 334 | 283 |
| 18 | 365 | 318 | 270 |
| 17 | 347 | 302 | 257 |
| 16 | 329 | 287 | 244 |
| 15 | 312 | 272 | 231 |
| 14 | 295 | 257 | 218 |
| 13 | 278 | 242 | 205 |
| 12 | 262 | 228 | 193 |
| 11 | 246 | 214 | 181 |
| 10 | 230 | 200 | 170 |
| 9 | 215 | 187 | 159 |
| 8 | 200 | 174 | 148 |
| 7 | 185 | 161 | 137 |
| 6 | 171 | 149 | 126 |
| 5 | 158 | 137 | 116 |
| 4 | 145 | 126 | 107 |
| 3 | 132 | 115 | 98 |
| 2 | 120 | 105 | 89 |
| 1 | 109 | 95 | 81 |

**注**　岗位等级划分：35～25 为大型企业厂级正职；33～23 为大型企业厂级副职；31～21 为中型企业厂级正职；29～19 为中型企业厂级副职；27～17 为小型企业厂级正职；25～15 为小型企业厂级副职；32～17 为高级技术人员；27～13 为中级技术人员；22～14 为高级技术工人；16～9 为中级技术工人；8～6 为初级技术工人；15～5 为非技术工人。

根据电力工业部电人教［1994］617号文《调整电力企业工资标准的意见》，陕西省电力公司各企业根据实际情况选择制定了适合本企业的工资标准，工资档次随企业效益上下浮动。为优化企业内部工资关系，实现工资的动态管理，以丰补欠，陕西省电力公司建立了工资贮备基金，按每年工资总额的新增部分不少于10％提取。

2001年，陕西省电力公司调整职工收入分配结构，把工资总额中的部分补贴纳入岗位工资，提高岗位工资的比重。按照《企业工资总额同经济效益挂钩的实施办法》，将企业工资总额同经济效益挂钩，工资总额根据企业经济效益高低按比例浮动。根据国家对企业工资总额实行分级管理，各个企业的工资总额及浮动比例由其主管部门负责核定；企业与国家机关、事业单位的工资改革和工资调整脱钩，国家不再安排企业职工的工资改革和工资调整的规定，依照劳动人事部、财政部等5部门联合颁发的《国有企业工资改革试行办法》、《国营大中型企业职工工资标准》等工资改革配套文件，以及国家电力公司的有关规定，陕西省电力公司制定了本系统工资改革实施办法和统一的工资标准。新的工资标准仍是岗位（职务）等级工资制，但工资标准有所简化。同时强调职工的工资随其工作岗位（职务）的变动而改变，职工的工作岗位（职务）变动，其工资将重新评定。规定企业可以根据实际需要自行决定浮动升级，职工浮动升级，不得超过本岗位（职务）的最高等级线。建立了岗位基金，企业可以根据实际需要，对从事繁重劳动和劳动条件较差的工人，对技术要求高、责任重大的关键岗位职工实行内部浮动岗位津贴。建立企业工资增长基金，专项用于企业的工资改革。企业的工资总额经核定后，原则上实行增人不增工资总额、减人不减工资总额的原则。

## 第三节　社　会　保　障

20世纪90年代，随着国家社会保障制度改革，陕西省电力公司逐步建立了养老、失业、医疗、工伤、生育等社会保险，解决了职工养老保险、失业保险、医疗保险主要靠政府财政和企业负担的问题，改变了资金来源单一的局面。1999年，陕西省电力公司在人事部下设社保中心，统一负责社保工作。

### 一、养老保险

1991年，全民所有制企业职工养老保险基金实行省级统筹，以账户管理为中心，全面实行个人缴费制度，建立补充养老保险制度。

1992年，按照西北电业管理局西电劳字［1992］7号文《企业劳动、工资、社会保险制度改革宣传提纲》，开展社会保险制度改革宣传工作。

1994年，陕西省电力公司按照中国电力企业联合会劳资金［1994］16号文和国务院《关于建立统一的企业职工基本养老保险制度的决定》，解决新老体制过渡衔接问题，完成养老保险新老制度统一并轨工作。在搞好基本养老保险制度改革的同时，实行多种形式的补充养老保险，并做好年度养老保险决算和养老保险统筹基金季报。

1995年，按照社会统筹与个人账户相结合的原则，陕西省电公司全面实行新的养老金计算办法。加强管理服务，健全和完善养老保险基金管理的财务、审计制度。按照《电力行业职工基本养老保险个人账户管理办法》，规范了全系统职工基本养老保险个人账户管理。制定《职工补充养老保险和职工储蓄性养老保险的指导性意见》，进一步明确企业补充养老保险的管理体制、基金来源、账户管理等有关问题，妥善处理企业补充养老保险与基本养老保险、职工个人储蓄性养老保险的关系。以网络软件开发为重点，分期分批建成基本养老保险计算机管理网络，开通了陕西省电力公司与部分单位的网络子系统，推行保险卡管理。

1998 年，根据国务院《关于建立统一的企业职工基本养老保险制度的决定》和国家电力公司社保工作会议精神。陕西省电力公司于当年年底实现基本养老保险制度与国家制度并轨。对合同制职工养老保险金的筹集，按照职工工资总额 17%的比例计提。筹集比例的计算公式为：

养老保险金筹集比例＝（退休费用总额＋提取的管理服务费用＋积累金－个人缴费总额）/工资总额×100%

从 1998 年起，陕西省电力公司在实行基本养老保险的基础上，结合实际情况，由各单位自行组织试行补充养老保险，对基本养老保险进行补充，把企业的发展和职工的切身利益紧密联系起来。补充养老保险基金实行专户储存、专款专用。

1999 年，按照《社会保险登记管理暂行办法》及《社会保险申报缴纳管理暂行办法》及《社会保险费征缴监督检查办法》，对职工个人缴费比例和单位缴费比例作了明确规定，建立了统一的社会保障管理体系。规定自 1999 年起，企业职工个人缴费比例由本人缴费工资的 4%提高到 5%，单位缴费比例仍按工资总额的 20%计提。

**二、医疗保险**

1998 年，国务院颁布国发［1998］44 号文《关于建立城镇职工基本医疗保险制度的决定》，全面推行社会基本医疗保险制度改革。基本医疗保险实行社会统筹账户与个人账户相结合的模式，覆盖所有用人单位及其职工。同时还规定，为了不降低一些特定行业职工现有的医疗消费水平，在参加基本医疗保险的基础上，作为过渡措施，允许建立企业补充医疗保险。根据上述文件精神和《西安市企业劳保医疗制度改革实施细则》，结合陕西省电力公司实际情况，将医疗保险缴费比例确定为工资总额的 7%左右，个人缴费比例为本人工资的 2%。单位缴纳的基本医疗保险费一部分用于建立统筹基金，一部分划入个人账户，个人缴纳的基本医疗保险费计入个人账户。统筹基金主要用于支付住院和部分慢性病门诊的费用；个人账户主要用于支付一般门诊费用。统筹基金的支付一是有起付标准（即“起付线”），“起付线”以下的医疗费用由个人负担；二是有最高支付限额（即“封顶线”），超过“封顶线”的医疗费用也需由个人负担；三是“起付线”至“封顶线”之间的医疗费用由统筹基金和个人账户共同负担。一般情况下，统筹基金的“起付线 ”为上年度当地职工年平均工资的 10%，统筹基金的“封顶线”为上年度当地职工年平均工资的 4 倍。

2002 年，建立了不同群体的医疗保障体系。对在岗职工、离退休人员、职工家属及独生子女按照国家医疗保险有关规定，制定不同的医疗保障管理办法。根据财政部、劳动部财社［2002］18号文《关于企业补充医疗保险有关问题的规定》，陕西省电力公司参加各项社会保险并按时足额缴纳社会保险费，按规定参加当地基本医疗保险，费用由用人单位和职工共同缴纳，企业缴纳的基本医疗保险费从职工福利费中列支。在此基础上，陕西省电力公司又建立了补充医疗保险，单独建账，单独管理。企业补充医疗保险资金由企业集中使用和管理，费用在工资总额4％以内的部分，企业直接从职工福利费中列支，福利费不足列支的部分，经同级财政部门核准列入成本。个人缴费部分由个人现缴或从工资中代扣。企业补充医疗保险建立在基本医疗保险制度的基础上，结合本行业特点及实际情况设计方案，与基本医疗保险制度配套实施，形成比较完善的医疗保障体系，减轻了大病、重病患者和经常住院患者个人医疗费用负担过重的压力。

### 三、失业保险

根据国家《失业保险条例》规定，2001年，陕西省电力公司所属具有独立法人资格的发电企业、供电企业、修造企业、科研设计机构相继建立失业保险。失业保险费按照本单位工资总额的2％缴纳，职工按照本人工资的1％缴纳。并明确规定，劳动合同解除后，用人单位对该条例规定的劳动者应支付补偿金，不能因劳动者领取了失业救济金而拒付或克扣经济补偿金。失业保险机构也不得以劳动者领取了经济补偿金为由停发或减发失业救济金。劳动者所应获得的经济补偿金与失业保险机构支付的失业救济金不存在任何折抵。

# 第七章　干　部　工　作

从20世纪90年代起，陕西省电力公司党组注重建设高素质的干部队伍，按照“革命化、知识化、专业化、年轻化”方针和德才兼备原则，培养选拔了大批企业领导干部、企业管理干部和专业技术干部。加强对干部特别是领导干部的教育、管理和监督，重点抓所属各单位领导班子建设，健全后备干部制度，建立后备干部队伍。同时加强对管理干部和专业技术干部的管理。随着陕西省电力事业的发展和改革的深入，对干部人事制度进行了一系列改革。1990年末，陕西省电力公司干部队伍总数10729人，至2002年末，干部总数达13217人，干部队伍逐步发展壮大，素质不断提高，基本适应了陕西省电力事业发展的需要。

## 第一节　管　理　机　制

按照“党管干部”的原则以及《中华人民共和国企业法》关于干部选拔任用和管理的有关规定，陕西省电力公司制定了企业领导干部选拔、考察、任免、管理的实施办法，公司本部副处级以上干部、直属单位党政正副职、总工程师、总经济师、总会计师（简称“三总师”）、纪委书记、工会主席由陕西省电力公司党组任免和管理，公司本部设有专门的干部管理机构。干部选拔任用由干部人事、组织、纪检监察、工会等部门组成考察组进行考察，纪检监察部门进行廉政鉴定，由陕西省电力公司党组集体讨论决定。直属单位党群领导干部（党委正副书记、纪委书记、工会主席）本部组织、宣传、纪检、工会副处级以上干部由公司党组任免；直属单位行政领导干部和“三总师”、公司本部行政部门副处级以上干部由公司行政任免。

随着干部人事制度改革逐步深化，先后实行了领导干部交流轮岗、任前公示、任前廉政谈话、定期述职述廉、离任审计、咨询等制度。

对管理和专业技术干部，陕西省电力公司成立了工程技术、经济、会计、统计、医疗卫生、教学及思想政治工作等系列的高、中、初级职称评审委员会，对申报人员按照条件进行评审或按照上级规定组织考试，合格者授予相应专业技术职称或任职资格，由领导根据岗位设置聘任专业技术职务。

1992年以前，陕西省电力公司设干部处，干部处下设党政干部组、专业技术干部组和综合组，另设离退休办公室，为便于对离休干部的服务与管理，离退休办公室同时对外为老干处，使用老干处印章。

1993年，“人事、劳动、工资”三项制度改革，干部处、教育处和离退休办公室（老干处）合并，成立人事教育处。

1996年，实行公司化运营，设立人事部，人事部下设企业领导干部处、人才交流中心、工资处（社保中心）、教育培训处、离退休管理处。

1999 年，陕西省电力公司独立运作，人事部下设企业领导处、人事处、工资处和社保中心，离退休管理单独设处。这种机构设置一直延续到 2002 年及以后。

## 第二节 干部队伍

1991 年，陕西省电力公司共有企业正副处级领导干部 346 人。在企业处级领导干部中，具有大学本科学历的 156 人，具有专科学历的 59 人，具有中专学历的 79 人，具有大专以上学历的占总数的 62.1%；具有高级职称的 155 人，中级职称 111 人；共产党员 327 人，占总数的 94.5%；民主党派 1 人；女干部 9 人，占总数的 2.6%。35 岁以下的 4 人，占总数的 1.15%，36～45 岁的 55 人，46～54 岁的 176 人，55～59 岁的 103 人，60 岁以上的 8 人。

2002 年末，陕西省电力公司共有企业正副处级干部 375 人。在企业处级领导干部中，研究生 24 人，博士 3 人，具有大学本科学历的 195 人，具有大学专科学历的 115 人，具有中专学历的 38 人，具有大专以上学历的占到总数的 90%，比 1991 年提高了 27.9 个百分点；具有高级职称的 191 人，中级职称 169 人；共产党员 347 人，占总数的 92.5%；女干部 19 人，占总数的 5.1%，比 1991 年提高了 2.5 个百分点。35 岁以下的 16 人，占总数的 4.27%，比 1991 年提高了 3.12 个百分点，36～45 岁的 149 人，46～54 岁的 123 人，55～59 岁的 86 人，60 岁以上的 1 人。

1991～2002 年陕西省电力公司企业领导干部统计见表 11-7-1。

表 11-7-1　　1991～2002 年陕西省电力公司企业领导干部统计　　单位：人

| 项目 | | 年份 | | | | | | | |
|---|---|---|---|---|---|---|---|---|---|
| | | 1991 | 1993 | 1994 | 1997 | 1998 | 1999 | 2001 | 2002 |
| 职务 | 正处级 | — | — | — | — | — | — | 110 | 117 |
| | 副处级 | — | — | — | — | — | — | 268 | 258 |
| | 合计 | 346 | 337 | 384 | 394 | 396 | 430 | 378 | 375 |
| 学历 | 研究生 | — | — | — | 7 | 14 | 14 | 21 | 27 |
| | 其中博士 | — | — | — | — | — | — | 2 | 3 |
| | 大学本科 | 156 | 153 | 178 | 213 | 215 | 252 | 202 | 195 |
| | 大学专科 | 59 | 69 | 89 | 86 | 99 | 103 | 114 | 115 |
| | 中专 | 79 | 78 | 80 | 60 | 45 | 43 | | 38 |
| 年龄 | 35 岁以下 | 4 | 3 | 8 | 28 | 28 | 42 | 16 | 16 |
| | 36～45 岁 | 55 | 69 | 69 | 88 | 110 | 135 | 149 | 149 |
| | 46～54 岁 | 176 | 173 | 207 | 163 | 159 | 158 | 122 | 123 |
| | 55～59 岁 | 103 | 87 | 98 | 107 | 98 | 96 | 91 | 86 |
| | 60 岁以上 | 8 | 5 | 2 | 8 | — | — | — | 1 |
| | 平均年龄 | — | — | — | — | — | 47.3 | 51.19/46.1 | 50.82/46.06 |

续表

单位：人

| 项　目 | | 年　　份 | | | | | | | |
|---|---|---|---|---|---|---|---|---|---|
| | | 1991 | 1993 | 1994 | 1997 | 1998 | 1999 | 2001 | 2002 |
| 职称 | 高级 | 155 | 153 | 186 | 191 | 203 | 225 | 202 | 191 |
| | 中级 | 111 | 119 | 129 | 161 | 153 | 167 | 147 | 169 |
| 共产党员 | | 327 | 311 | 362 | 380 | 373 | 399 | 351 | 347 |
| 民主党派 | | 1 | 1 | — | — | — | | — | — |
| 女 | | 9 | 10 | 12 | 19 | 15 | 20 | 15 | 19 |
| 少数民族 | | 5 | 5 | 6 | 2 | 5 | 5 | 3 | 3 |

1991 年，陕西省电力公司有企业管理人员和专业技术人员 10939 人，其中专业技术人员 8511 人，占职工总数的 22.4%，具有高级职称的 528 人，中级职称 2353 人，初级职称 4055 人，具有高级职称的占总人数的 6.2%；按从事专业技术岗位分类，其中工程技术人员 4929 人，经济管理人员 962 人，会计人员 689 人，统计人员 121 人，思想政治工作人员 38 人。

至 2002 年末，陕西省电力公司企业管理人员和专业技术人员共有 13217 人，具有职称的人员 14330 人，占职工总数的 30.9%，比 1991 年提高了 8.5 个百分点，其中具有高级职称的 1442 人，占总人数的 10.91%，比 1991 年提高了 4.71 个百分点；具有中级职称的 5010 人；具有初级职称的 7878 人。

1991～2002 年陕西省电力公司企业管理人员及专业技术人员统计见表 11－7－2。

表 11－7－2　1991～2002 年陕西省电力公司企业管理人员及专业技术人员统计

单位：人

| 年份 | 干部总数 | 专业技术人员 | 级别分类 | | | 专业技术分类 | | | | |
|---|---|---|---|---|---|---|---|---|---|---|
| | | | 高级 | 中级 | 初级 | 工程技术人员 | 经济人员 | 会计人员 | 统计人员 | 政工人员 |
| 1991 | 10939 | 8511 | 528 | 2353 | 4055 | 4924 | 962 | 698 | 121 | 38 |
| 1992 | 11590 | 9636 | 579 | 2538 | 4823 | 5350 | 977 | 719 | 127 | 650 |
| 1993 | 12019 | 10020 | 652 | 2890 | 4887 | 5649 | 1016 | 745 | 128 | 624 |
| 1994 | 14926 | 12544 | 852 | 3610 | 6453 | 6779 | 1377 | 1021 | 171 | 847 |
| 1995 | 15022 | 12730 | 765 | 3490 | 6923 | 6873 | 1357 | 1039 | 161 | 949 |
| 1996 | 15398 | 12889 | 862 | 3673 | 7165 | 6663 | 1444 | 1125 | 160 | 998 |
| 1997 | 14421 | 12808 | 926 | 4110 | 6394 | 6361 | 1532 | 1191 | 160 | 1124 |
| 1998 | 13417 | 12060 | 863 | 3902 | 5874 | 6170 | 1437 | 1156 | 134 | 1025 |
| 1999 | 12967 | 11702 | 909 | 3923 | 5351 | 6022 | 1373 | 1103 | 127 | 1026 |

续表

| 年份 | 干部总数 | 专业技术人员 | 级别分类 | | | 专业技术分类 | | | | |
|---|---|---|---|---|---|---|---|---|---|---|
| | | | 高级 | 中级 | 初级 | 工程技术人员 | 经济人员 | 会计人员 | 统计人员 | 政工人员 |
| 2000 | 12487 | 11320 | 1004 | 4149 | 5094 | 5849 | 1263 | 1055 | 116 | 1213 |
| 2001 | 12081 | 11045 | 1107 | 4103 | 4852 | 5659 | 1226 | 1031 | 107 | 1271 |
| 2002 | 13217 | 14330 | 1442 | 5010 | 7878 | — | — | — | — | — |

**注** 具有职称的人员有的不在管理和专业技术岗位，在生产一线或服务岗位。

## 第三节 管 理 工 作

20 世纪 90 年代以来，陕西省电力公司注重建设高素质的干部队伍，加强企业领导班子和干部队伍建设。尊重知识，重视人才，实施人才开发战略，加强了对专业技术干部的培养、评聘与管理工作。

### 一、企业领导班子和干部队伍建设

陕西省电力公司党组从 20 世纪 90 年代起认真抓直属单位领导班子思想、作风和组织建设，有计划、有步骤地改善各级领导班子年龄结构和专业知识结构。

从 1991 年起，陕西省电力公司按照《全民所有制工业企业厂长工作条例》要求，不断完善考核管理评价体系，加强对所属单位领导班子和领导干部的考核监督。不定期组织考核小组，由陕西省电力公司领导带队，对任期届满的领导班子成员的工作业绩、思想作风、工作能力等进行全面考察。每年都组织人员对基层单位领导干部（包括后备干部）进行考察，作为选拔、调整各级领导班子成员的参考。

1991～1992 年，继续开展对企业领导干部（厂局长、党委书记、总工程师、总经济师、总会计师）岗位培训，至 1992 年末，公司所属企业领导干部全部完成培训考核，取得任职资格证书。其间，陕西省电力公司制定了新一轮经营承包办法，进一步完善厂局长任期目标责任制，加大对企业领导班子的考核力度。

1993～1995 年，陕西省电力公司全面开展“人事、劳动、工资”三项制度改革（简称“三改”），通过“三改”，在干部管理中引入竞争机制，实行干部聘任聘用制。陕西省电力公司机关副处级以上干部实行竞争上岗。基层单位普遍实行精简机构，减人增效。实行干部能上能下，人才合理流动机制。

1995 年，贯彻全国和电力工业部组织工作会议精神，重视抓好培养选拔年轻干部工作。1991 年，全公司 35 岁以下企业领导干部只有 4 名，仅占到领导干部总数的 1.15%；至 1997 年已经达到 28 名，占到领导干部总数的 7.11%。

1996 年，根据电力工业部党组《关于领导干部交流任职的若干规定》要求，对公司机关和基层单位领导干部进行较大范围交流。贯彻电力工业部干部工作座谈会精神，着力加强各级领导班子思想政治建设，从省公司党组自身做起，切实抓好中心组学习制度的落实。制定和完善领导干部轮岗制度、离任审计制度、公司党组成员联系基层单位制度，加强对干部的管理和监督。全年对 25 个基层单位领导班子进行考察，重点解决一些存在的突出问题。重视年轻干部的选拔和培养，21 名 35 岁以下的年轻干部走上企业领导岗位，17 个厂（局）级单位领导班子配备了 30 岁左右的年轻干部。

1997 年 1 月，召开了陕西省电力公司干部工作会议，学习贯彻江泽民总书记《努力建设高素质干部队伍》重要讲话精神，确定着重抓 4 个方面的工作：加大推进干部交流力度；机关优秀中青年干部下派锻炼；从基层选拔优秀年轻干部到机关挂职锻炼；建立重要岗位轮岗制度。制定《陕西省电力公司机关试行干部职位轮换（轮岗）暂行办法》、《陕西省电力公司党组成员同所属单位主要领导谈心制度》，建立领导干部谈心记录卡、《厂局长任期经济责任审计暂行办法》、《直属单位领导班子工作实绩考核办法》。加大了以各级领导班子为重点的干部队伍建设和管理力度，完善并落实了领导班子中心组学习、领导干部回复诫勉等项制度。制订干部教育培训计划，开始分期分批实施对副处级以上干部实行工商管理和党校系统政治轮训。对公司本部副处级以上干部进行全面考核，结合考核情况，加大干部教育培训、交流轮岗和选拔优秀年轻干部的力度。

1998 年，建立企业管理干部、专业技术干部和生产人员 3 个培训中心，全年举办领导干部工商管理和党校理论班 3 期，150 名领导干部参加；举办管理干部培训班 42 期，1500 人参加；后备干部培训班 3 期，119 人参加；专业技术干部培训班 6 期，246 人参加。

1999 年，实施“116 人才工程”（争取用 3 年时间在全省电力系统培养 100 名高层次复合型人才，100 名高级专业技术人才，600 名有专长的高级技师人才，以适应陕西电力发展和国际竞争的需要），与国内外著名高校、企业联合，培养高层次、复合型人才，培训高级技师 200 名。加强 35 岁以下青工、复转军人的岗位技能和高新技术培训，参加各类培训班人数达 29234 人次。加强对领导干部的管理，及时调整配备了公司本部各部门和基层单位领导班子。举办年轻干部培训班 5 期，培训年轻干部 143 人，交流轮岗干部 96 人，占到公司管理干部的 23.2%。加强后备干部队伍建设，大力选拔优秀年轻干部，全年任用 40 岁以下干部 62 人，其中 35 岁以下 26 人，基本上实现了每个企业领导班子配备一名 35 岁左右干部的目标。在开展“三讲”教育中，坚持标准，严格要求，以整风精神落实思想和组织措施，把学习理论、武装头脑同整顿思想、改进作风相结合，提高干部队伍理论修养和思想政治素质，改进工作作风，增进各级领导班子的团结和凝聚力。

2000 年，对管理干部开始逐步实行公开招聘，面向社会选聘了 3 名高级证券管理人才。在公司内多种经营和修造企业开展经营者年薪制试点。建立了《领导干部外出请假制度》、《公司党组管理干部任职年龄及办理退休手续问题暂行规定》、《公司委派、推荐董事、监事、经营管理者办法》及《用人失察追究制度》等项规章制度。及时调整不能适应工作要求的干部，加大干部交流力度，保持对领导干部的动态管理。全年交流轮岗领导干部 103 人，占党组管理干部总数的 23%。6 名处级干部与山东电力集团公司进行对口交流任职。陕西省电力公司后备干部中有 5 名被国家电力公司和中共陕西省委、省政府交流提拔为厅局级干部。新任用 40 岁以下年轻干部 48 人，其中 35 岁以下的 10 人，公司中层干部的平均年龄下降到 45.8 岁。公司各级领导班子的年龄、文化、专业结构进一步趋于合理。全年举办管理干部培训班 94 期，3987 人参加培训，干部的业务水平管理水平不断提高。

2001 年，完善并全面实施干部公开招聘、任前公示、末位淘汰、用人失察责任追究、咨询管理等制度。举办 6 期有 180 人参加的处级干部学习“三个代表”重要思想培训班。组织实施了厂（局）、处级领导干部向本单位、本部门广大干部职工述职述廉活动。

2002 年 1 月，贯彻国家电力公司干部工作会议精神，制定并下发《陕西省电力公司深化干部人事制度改革实施办法》等 8 项制度，实施包括领导干部招聘制、末位调整制在内的一系列规章制度，继续推进公司干部人事制度改革进程。

配合领导班子调整，继续加大干部交流力度。进一步优化和改善领导班子的年龄结构、专业结构和知识结构，使干部在更大范围内接受锻炼、开阔眼界、丰富经验、增长才干，不断增强领导干部队伍的活力，逐步实现干部交流工作的制度化、规范化。1999～2002 年，共交流轮岗干部 312 人次，占干部总数的 73.1%，其中从基层交流到机关 43 人，从机关交流到基层 33 人。

依照《中华人民共和国公司法》，完善公司法人治理结构。把坚持党管干部原则和董事会依法选择经营管理者以及经营管理者依法行使用人权结合起来，严格按照现代企业制度规范运作，不断完善法人治理结构。坚持党组确定推荐董事、监事人选，股东会、董事会研究确认的原则，至 2002 年末，共推荐调整公司全资、控股公司董事、监事、经理 183 人次。

至 2002 年，已经建立起一支有 389 人的后备干部人才库。后备干部管理办法不断完善。共举办 10 期青年干部培训班，243 名青年干部参加培训。还推荐 13 名干部参加国家电力公司青年干部培训班和工商管理培训班。

进一步加强对领导干部的监督管理，健全约束机制，强化思想、作风建设，提高领导干部团结、务实、廉洁、勤政意识。以落实资产经营、安全生产和党风廉政建设三项责任制，层层签订责任书为抓手，加大对各级领导班子的考核奖惩力度。

**二、专业技术干部评聘与管理**

陕西省电力公司专业技术干部队伍有工程技术、科学研究、经济、会计、统计、卫生技术、教学、翻译、图书档案、新闻出版、律师公证及政治工作等 12 个系列。20 世纪 90 年代以后，随着专业技术职称改革的深化，职称工作走上经常化、制度化轨道。根据国家规定，对专业技术干部实行资格评审和职务聘任分开。聘任职务按照岗位设置和岗位要求，做到人尽其才。

陕西省电力公司加强专业技术干部队伍建设，认真做好专业技术职务评聘工作。制定和完善《专业技术职务管理办法》，以及各专业技术系列高、中、初级职称的任职资格条件、专业技术职务聘任、专业技术人员考核等一系制度规定。加强并不断完善专业技术资格评审机构，按照上级要求对评审委员会成员及时进行调整充实，保证评审工作顺利进行。严格执行国家职业资格考试制度，及时组织专业技术资格考试、职业资格考试和职称外语考试。1996年，国家实行经济专业中、初级职称资格以考代评，陕西省电力公司经济专业评审委员会停止工作。1999年8月，国家电力公司制定下发《深化职称改革，完善专业技术职务聘任制度的意见》及《国家电力公司专业技术资格评审委员会组建及其工作办法》，各类专业技术任职资格均由国家电力公司统一评定。2000年，陕西省电力公司各级各类专业技术任职资格评审委员会全部撤销。

1995年，全公司高级职称人员占专业技术人员总数的6.8%；中级职称人员占专业技术人员总数的31.2%。至2002年，高级职称人员占专业技术人员总数达到10.07%；中级职称人员占专业技术人员总数达到35%，分别提高了3.27个百分点和3.8个百分点。

至2002年末，全公司拥有享受政府特殊津贴专家31人。

从20世纪90年代中后期起，开展了各级专业技术人员的继续教育工作，选送优秀青年专业技术人员到高等院校、科研院所攻读工程硕士和工商管理硕士学位。

## 第四节　离退休干部管理

1991年，陕西省电力公司有离退休人员6559人，占在职职工人数的17.2%，其中离休干部547人，退休干部1295人。至2002年末，有离退休人员15711人，占在职职工人数的33.8%，其中离休干部427人，退休干部5219人。

1991～2002年陕西省电力公司离退休干部情况统计见表11-7-3。

表11-7-3　1991～2002年陕西省电力公司离退休干部情况统计　　单位：人

<table>
<tr><th rowspan="2">年份</th><th rowspan="2">离退休人员</th><th rowspan="2">离退休干部</th><th colspan="6">离休干部</th><th colspan="5">退休干部</th></tr>
<tr><th>总数</th><th>享受副部级单项待遇</th><th>享受局级待遇</th><th>享受副局级待遇</th><th>享受处级待遇</th><th>享受副处级待遇</th><th>总数</th><th>享受局级待遇</th><th>享受副局级待遇</th><th>享受处级待遇</th><th>享受副处级待遇</th></tr>
<tr><td>1991</td><td>6559</td><td>1842</td><td>547</td><td></td><td colspan="2">93</td><td colspan="2">274</td><td>1295</td><td colspan="2">6</td><td colspan="2">75</td></tr>
<tr><td>1992</td><td>7143</td><td>2081</td><td>558</td><td></td><td colspan="2">91</td><td colspan="2">352</td><td>1523</td><td colspan="2">39</td><td colspan="2">104</td></tr>
<tr><td>1993</td><td>7845</td><td>2420</td><td>563</td><td></td><td>7</td><td>84</td><td colspan="2">369</td><td>1857</td><td colspan="2">6</td><td colspan="2">95</td></tr>
<tr><td>1994</td><td>9165</td><td>2803</td><td>571</td><td>1</td><td>3</td><td>84</td><td colspan="2">376</td><td>2232</td><td colspan="2">11</td><td colspan="2">147</td></tr>
<tr><td>1995</td><td>11127</td><td>3615</td><td>552</td><td>1</td><td>3</td><td>84</td><td colspan="2">359</td><td>3063</td><td colspan="2">18</td><td colspan="2">197</td></tr>
<tr><td>1996</td><td>11622</td><td>3834</td><td>532</td><td>1</td><td>7</td><td>76</td><td>24</td><td>319</td><td>3302</td><td>3</td><td>13</td><td>73</td><td>152</td></tr>
<tr><td>1997</td><td>11327</td><td>4182</td><td>522</td><td>1</td><td>7</td><td>75</td><td>24</td><td>312</td><td>3660</td><td>5</td><td>11</td><td>90</td><td>160</td></tr>
<tr><td>1998</td><td>16689</td><td>6100</td><td>512</td><td>1</td><td>5</td><td>68</td><td>18</td><td>305</td><td>5588</td><td>4</td><td>18</td><td>108</td><td>220</td></tr>
<tr><td>1999</td><td>15834</td><td>6068</td><td>502</td><td>1</td><td>5</td><td>65</td><td>17</td><td>300</td><td>5566</td><td>3</td><td>18</td><td>118</td><td>240</td></tr>
<tr><td>2000</td><td>15422</td><td>5555</td><td>465</td><td>2</td><td>5</td><td>58</td><td>19</td><td>274</td><td>5090</td><td>4</td><td>20</td><td>118</td><td>231</td></tr>
<tr><td>2001</td><td>16465</td><td>5505</td><td>440</td><td>1</td><td>4</td><td>55</td><td>18</td><td>261</td><td>5065</td><td>4</td><td>21</td><td>129</td><td>236</td></tr>
<tr><td>2002</td><td>15711</td><td>5646</td><td>427</td><td>1</td><td>4</td><td>54</td><td>18</td><td>252</td><td>5219</td><td>4</td><td>21</td><td>131</td><td>248</td></tr>
</table>

自1991年以来，陕西省电力公司及其所属单位均设有专门机构或专、兼职人员负责离退休干部管理工作。公司本部机构多次变化，但离退休管理机构一直保留，工作人员也未减少。离退休干部管理工作主要是把“两项待遇”落到实处，即“政治待遇不变，生活待遇适当从优”。建立并落实老干部阅读文件、听重要报告、参加有关重要会议重要政治活动和学习制度，及时向老干部通报情况，重大问题听取和征求他们的意见，邀请他们参加重要会议和活动，不定期召开座谈会，为离退休副处级以上干部订阅报刊，使老同志及时了解党和国家各个时期的路线、方针、政策以及党和国家重大事项，了解陕西省电力发展新形势。按照“方便离退休党员参加党支部活动和便于党支部开展工作”的原则，根据离退休党员居住分布情况，成立了离退休党总支和党支部。2002年末，省电力公司机关共建立离退休党总支1个，党支部8个。关心离退休老干部和离退休职工生活，坚持“三必访”（重大节日必访、老干部有病住院必访、家庭有急事必访）制度；及时调整和发放离退休金和各种生活补贴，定期组织健康体检；成立老年书法绘画、门球、桥牌、合唱等各种文化体育活动组织，因地制宜建立离退休活动中心，为离退休人员提供必要的活动场所，经常开展适合老干部的多层次、多种类、丰富多彩的文化体育活动，丰富老干部晚年生活。

1992、1998年，陕西省电力公司专门召开全系统离退休工作会议，研究安排离退休工作，明确要求落实离退休职工管理与服务机构设置、人员编制和落实“两项待遇”。

2000年，召开“陕西电力系统离退休工作暨离退休先进工作者和离退休先进个人表彰会议”，制定《陕西省电力公司离退休职工管理办法》和《离休干部医疗管理办法》。组织参加全国电力系统离退休职工桥牌赛，举办陕西省电力系统老年人（甲级队）门球赛，建立离退休工作通讯员队伍。同年，社保基金统筹从电力行业统筹改为以省为单位社会统筹，离退休金发放标准和各种费用提取办法发生了较大变化。陕西省电力公司克服困难、争取政策，保证全系统特别是困难企业离退休职工按时足额领到基本养老金。同年，陕西省电力公司离退休处的调研报告《发挥党支部战斗堡垒作用，加强离退休职工思想政治工作》被国家电力公司评为优秀调研报告，并在国家电力公司召开的“国电公司系统离退休干部思想政治工作研讨会”上做了经验交流。

2001年，召开了“陕西电力系统离退休党建工作经验交流会”。在《陕西电力报》开办离退休工作专栏，开展工作交流。

2002年，陕西电力老年门球队参加陕西省第十二届运动会门球比赛，获行业组第一名，代表国家电力公司老年文体协会参加全国老年门球比赛，获第四名。

# 第八章　国际合作与交流

改革开放以来，特别是1993年国务院授予西北电力集团公司部分外事审批权和对外经贸自主经营权以后，陕西省电力公司国际合作与交流长足发展。1991～2002年，公司利用外资（含境外资金）16.2亿美元，引进国外先进设备和关键技术；生产、施工企业承包海外电力工程、参加国外电站运行维护，遍及亚洲近10个国家；公司先后选派3500多名管理人员、工程技术人员和技术工人赴五大洲数十个国家进行电力生产技术、经营管理各个领域的考察交流、管理技术培训和劳务合作。与世界知名电力企事业单位、电工制造企业及相关机构实现互访，每年接待来访外宾数百人次。与日本四国电力株式会社、美国加州独立电网公司等建立了定期双边交流合作机制。

## 第一节　管理机构和制度建设

1991～2002年，陕西省电力公司加强外事管理机构、制度和队伍建设。从体制、机制和组织上保证全系统外事管理规范有序，国际合作卓有成效。

### 一、外事管理机构

1991年5月，西北电业管理局成立外事办公室，定员3人，与局办公室合署办公。

1992年12月，中国西北电力集团公司成立，国务院授予因公出国任务审批权、邀请外国人来华通知签证权以及对外经济贸易合作自主经营权。

1993年9月，外事办公室分设，定员6人。主要职责是贯彻国家对外方针政策和有关涉外工作法规，负责集团公司利用外资、外经外贸、国际科技交流合作等涉外事项的归口管理工作，履行全集团因公出国和邀请外国人来访事项的管理职能，办理集团公司国际合作交流及涉外具体事务。

1998年7月，公司总部实行部室制，撤销外事办公室，成立总经理工作部国际合作处，行使原外事办公室职能。10月，网省体制分离后，陕西省电力公司仍设总经理工作部国际合作处。

2000年4月，国际合作处与总经理工作部分离，成立国际合作部。

### 二、外事管理制度建设

1994年6月，西北电力集团公司在西安召开“西北电力集团首次外事工作会议”，学习中央有关外事管理的规定，强调树立“外事无小事”、“外事授权有限”的观念。8月，印发《中国西北电力集团公司外事工作管理规定》、《中国西北电力集团公司因公出国事项管理办法》、《关于邀请外国人来华事项管理规定》、《关于对外科技合作和出席国际会议管理办法》、《利用外资办电暂行规定》、《外事接待管理制度》和《关于在对外公务活动中赠送和接受礼品的规定》等7项制度。

1995年1月，西北电力集团召开首次外经贸会议。会上，集团公司直属陕西各发供电企业与集团外经贸窗口企业——西北电力对外公司签订了《进出口代理协议》。4月，集团公司印发《进出口贸易管理暂行规定》、《对外承包工程和对外劳务合作管理暂行规定》。

1996年10月，制定下发《西北电力集团公司外国经济专家管理工作暂行规定》。

1997年，成立西北电力集团公司机电产品进口领导小组，领导小组办公室设在集团公司外事办公室。9月，集团公司制定印发《中国西北电力集团公司机电设备进口审核管理办法》和《关于涉外经贸项目出国（境）事项管理的补充规定》。

1999年1月，陕西省电力公司独立运作后，重新制定《陕西省电力公司国际合作部工作规程》、《陕西省电力公司外事工作管理规定》及《陕西省电力公司外事接待管理制度》、《陕西省电力公司因公出国（含港澳）事项暂行管理办法》、《陕西省电力公司机电产品进口审核管理办法（试行)》、《陕西省电力公司利用外资办电工作暂行条例》、《陕西省电力公司外国经济专家管理工作规定》及《陕西省电力公司关于对外公务活动工作中赠送和接受礼品的规定》。同时，将国家电力公司制定的有关利用外资项目和进出口设备国际招标管理办法，对外经济合作业务管理规定，国际招标工作纪律，国际交流管理办法一并汇编成册，印发各单位执行。还制定了《外事工作人员守则》、《外事管理岗位职业道德规范》。举办外事业务培训班、涉外人员英语强化培训班及选送外事干部参加外交部、国家电力公司、省外事外经贸部门等举办的各种外事、外经贸业务培训班，提高外事管理干部的政策水平和业务素质。

## 第二节　国际交流合作与往来

1993年，国务院授予西北电力集团公司一定的外事审批权后，陕西省电力公司对外开放程度提高，国际交流合作活动日益频繁有效。

### 一、对外交流合作

1991～2002年，陕西省电力公司与国外（境外）一百多个知名电力公司、电工制造企业以及电力相关机构开展交流合作，其中和日本四国电力株式会社、美国加州独立电网公司等建立了定期交流合作关系。

#### （一）接待来访外宾

1993～2002年陕西省电力公司本部接待外宾来访人数统计见表11－8－1。

表11－8－1　1993～2002年陕西省电力公司本部接待外宾来访人数统计

| 年　份 | 来访外宾团组数（批） | 来访外宾人数（人次） |
|---|---|---|
| 1993 | 36 | 150 |
| 1994 | 48 | 215 |

续表

| 年 份 | 来访外宾团组数（批） | 来访外宾人数（人次） |
| --- | --- | --- |
| 1995 | 48 | 384 |
| 1996 | 33 | 127 |
| 1997 | 50 | 180 |
| 1998 | 55 | 296 |
| 1999 | 54 | 181 |
| 2000 | 60 | 230 |
| 2001 | 75 | 210 |
| 2002 | 65 | 235 |

来访外宾团组有进行科技、管理方面专题交流的，也有进行经贸合作洽谈的。1999 年，陕西省电力公司接待的 54 个来访外国团组中，洽谈经贸合作的有 36 个团组 106 人次，科技、管理专题交流团组 18 个 75 人次。

（二）国际交流合作活动

1993 年，陕西省电力公司在西安组织国际电力科技等专题交流活动 23 次，500 人次参加。9 月，罗马尼亚工业部长波佩斯库率团考察陕西蒲城发电厂。10 月，陕西省电力公司组团赴韩国大田参加世界博览会。11 月，组团参加在日本大分举行的第六届亚洲放电国际学术研讨会议；国际水电站高土石坝学术研讨会一行 21 名专家到陕西省电力公司访问。

1994 年，陕西省电力公司举办国际电力科技等专题交流活动 27 次。3 月，由中国电力企业联合会主办，陕西省电力公司承办中日“中国电力供需模型研讨会”。10 月，陕西省电力公司和西安交通大学在西安共同举办第七届亚洲放电国际学术研讨会议。陕西省电力公司组团参加北京国际电力展览会，电力工业部部长史大桢视察了西北电力集团展位。

1995 年，陕西省电力公司举办国际电力科技等专题交流活动 21 次。2 月，澳大利亚国际发展援助局评估团来陕西省电力公司考察评估利用澳大利亚政府贷款项目。3 月，瑞士苏尔寿公司（Sulzer）高级管理人员来陕西省电力公司洽谈合资兴办水电设备喷涂中心项目。同年，西班牙海斯坦公司、巴布考克公司高级管理人员及美国 Bechtel 公司副总裁、美国 GPU 公司总裁等外商先后来陕西省电力公司洽谈投资办电。10 月，亚洲开发银行专家考察秦岭发电厂改造项目。陕西省电力公司参加在北京举办的“第三届国际电力设备及技术展览会”和电力发展研讨会。11 月，日本荏原制作所专家来陕西省电力公司交流电站脱硫技术。

1996 年，陕西省电力公司举办国际电力科技、管理等专题交流活动 24 次。5 月，陕西省电力公司正式加入“东亚及西太平洋电力工业协会”（简称亚太电协，CEPSI）。10 月，公司派代表出席在马来西亚召开的亚太电协 CEPSI 大会。

1997 年，陕西省电力公司举办国际电力科技、管理专题交流活动 21 次。2 月，陕西省电力公司总经理丁中智率团出访马来西亚和澳大利亚，与马来西亚电力公司（TNB）及澳大利亚澳力公司（Olex）、东方电力公司、联合电力公司、VPX、澳大利亚能源公司、太平洋电力公司就电力管理体制等多个议题进行广泛深入交流，并考察了有关发电企业、电力调度中心等。4月，韩国电力公社李宗勋社长率团到陕西省电力公司访问交流。6月，朝鲜电力部副部长率团到陕西省电力公司访问交流。6月，美国田纳西流域管理局（TVA）首席执行官率团到陕西省电力公司进行电网可靠运行、全面质量管理专题交流。8月，陕西省电力公司邀请香港中华电力公司讲习团到集团公司举办“用电管理和电力市场”专题讲座。10月，联合国教科文组织产学研结合计划西安网点在西北工业大学举行电力技术研讨会，西北工业大学校长戴冠中教授及国内有关单位代表、日本三菱公司代表出席，陕西省电力公司作为联合承办方派员出席，丁中智总经理在会上作了《发展中的西北电力》专题报告。陕西省电力公司和瑞士苏尔寿水电公司（Sulzer Hydro）在北京举行中瑞合资“西安黄河喷涂中心有限公司”合同和公司章程签字仪式，电力工业部部长史大桢及瑞士驻华大使馆高级官员、苏尔寿公司总裁等有关人员出席仪式。11月，陕西省电力公司派代表出席在泰国举行的亚太电协十二届理事会。

1998年，陕西省电力公司举办国际电力科技、管理专题交流活动19次。4月，陕西省电力公司总经理丁中智率团访问美国、瑞士，与美国加州能源委员会、太平洋煤电公司、伊利诺伊州公共事业委员会、爱迪生电力公司、美国电力公司（AEP）、CEA公司及瑞士苏尔寿公司（Sulzer）等就电力体制、管理、合作等议题广泛进行交流，并考察单机容量百万千瓦的发电厂和电力培训中心。7月，澳大利亚国际发展援助局官员及专家评估团到陕西省电力公司考察评估澳大利亚政府赠款项目，先后考察了秦岭发电厂、蒲城发电厂、西安热工研究院、西安电力高等专科学校，就电力环保和培训项目进行一系列交流；巴西电力部长率团到陕西省电力公司访问交流。9月，联合国教科文组织产学研结合计划西安网点在秦岭发电厂举办“电厂环保讲座”。10月，由国家电力公司主办、陕西省电力公司承办的“中日电力法交流研讨会”在西安举行；日本东京电力株式会社代表团应邀到陕西渭河发电厂进行电厂安全管理诊断技术交流。11月，泰国总理府部长萨维·勃提维克（Mr. Savit Bhotiwihok）率11人代表团到陕西省电力公司访问交流。

1999年，陕西省电力公司举办国际电力科技、管理等专题交流活动65次。瑞士第一波士顿银行董事、总经理邱致中一行到陕西省电力公司就电力项目上市进行专题交流。1月，赵杰臣总经理应韩国国家电力公社邀请前往韩国考察并就大鹏电线株式会社和宝鸡电力设备厂合资建设电缆厂签订协议。11月，陕西省电力公司同比利时阿尔斯通公司签订政府贷款框架协议；陕西省电力公司派代表前往欧洲、美国，就韩城第二发电厂、灞桥热电厂扩建及城网改造利用外资工作，考察法国阿尔斯通公司、比利时威力公司、德国西门子公司、奥地利伊林公司、瑞士苏尔寿公司、美国福斯特惠勒公司、西屋公司、加州独立电网公司。12月，日本三井、三菱、东芝、日立等公司到陕西省电力公司交流60万千瓦超临界机组技术。

2000年，陕西省电力公司举办国际电力科技、管理等专题交流活动70次。1月，美国福斯特惠勒公司、日本东芝公司先后在西安进行发电厂流化床技术交流。3月，俄罗斯全俄外经国家技术工业出口联合公司代表团来公司交流水电技术。5月，西门子（Siemens）中国公司高级副总裁蓝雷德一行到公司交流IT技术。7月，赵杰臣总经理出访加拿大CAE公司和哈里斯公司、美国太平洋电力公司、加州独立电网公司。8月，美国瑞术公司来公司洽谈合资事宜；西安电力高等专科学校与英华美合资办学。11月，陕西省电力公司与加拿大能源公司就合资建设户县热电厂签订合作协议书。12月，陕西省电力公司召开国际招标会议。

2001年，陕西省电力公司举办国际电力科技、管理专题交流活动80次。ABB香港公司、日本三菱电机公司、法国阿尔斯通公司（Alstom）、乌克兰扎波罗热变压器有限公司等电工制造企业先后在西安举办60万千瓦超临界技术、超高压输电技术交流会；美国OSI公司副总裁罗纳德先生一行来西安交流电网自动化技术。3月，陕西省电力公司总经理赵杰臣与加拿大加能公司总裁叶承苇在北京签署合资建设户县热电厂二期项目，加拿大总理克雷蒂安与国务院副总理曾培炎出席签字仪式。4月8日，赵杰臣总经理会见全国政协常委、香港英惠公司董事长赵展岳，商谈灞桥热电厂俄罗斯设备供货情况。5月，陕西省电力公司协助中国电力企业联合会承办在西安举行的亚太地区法律协会能源国际会议；柬埔寨能源工矿部长苏塞一行访问陕西省电力公司。9月，陕西省电力公司总经理赵杰臣率团赴巴西圣保罗输电公司、伊泰普水电站、伊瓜苏电力局和阿尔斯通巴西公司，美国加州独立电网公司进行电力体制改革访问。12月，国家计委、财政部安排陕西省电力公司意大利政府贷款280万美元，比利时政府贷款230万美元。

2002年，陕西省电力公司举办国际电力科技、管理专题交流活动72次。西门子公司（Siemens）、ABB公司、日本三菱电机、日本日立公司、日本旭通电机公司、施耐德电气公司（Schneider Electric China）、日本碍子株式会社（NGK公司）、日本东京电力株式会社、南非国家电力公司（Eskom）先后与陕西省电力公司进行60万千瓦超临界技术交流，谋求在韩城第二发电厂工程上的合作。7月，陕西省电力公司向省政府提出采用南非SADU技术建设100万吨/年煤炭液化工程建议。10月，陕西省电力公司邀请美国加州ISO技术专家Mr. Kenny Li和Mr. Yenren Liu介绍ISO电力市场运营经验，公司本部50人听讲。10月，南非国家电力公司（Eskom）高级管理人员Mr. Van Zyl、Mr. Kuni及香港顺兴公司总经理冼纬中等来陕西省电力公司洽谈750千伏输变电项目合作，Eskom Enterprises公司后被聘为西北750千伏超高压输变电示范工程项目设计技术咨询。12月，陕西省电力公司总经理赵杰臣率陕西电力银河集团公司总经理前往南非SADU公司考察煤炭液化技术及项目运营情况，为陕北煤炭液化可行性研究提供参考。考察南非国家电力公司，同海域南非中国—非洲工程协会及著名华人企业集团金巢集团进行煤变油合作和清洁电站技术洽谈。陕西省电力公司工会主席李长安就企业文化建设访问澳大利亚、新西兰。

## 二、因公出国管理

1994年5月，陕西省电力公司开始行使因公出国任务审批权。公司明确，因公出国服从服务于利用外资、对外经贸和国际交流合作需要。对外经贸项目出国任务申报必须附经贸合同和招投标文书；出国考察、培训任务申报，必须附具体的考察提纲和国家规定的出国培训报批文件。列入年度计划的出国任务和出国团组，需经过组团参团的基层企业审核，由公司外事主管部门报公司主管领导审核，最后由具有出国任务审批权的公司领导审批，在外交部备案。7 月，陕西省电力公司接受国务院廉政检查组对行使外事授权情况检查。1995 年 7 月，又接受国家计委、国家经贸委、国家体改委和陕西省纪委的检查，受到好评。

1991～2002 年陕西省电力公司因公出国团组统计见表 11-8-2。

表 11-8-2　1991～2002 年陕西省电力公司因公出国团组统计

| 年　份 | 出国团组数（批） | 出国人数（人次） |
|---|---|---|
| 1991 | 41 | 125 |
| 1992 | 101 | 345 |
| 1993 | 66 | 248 |
| 1994 | 72 | 218 |
| 1995 | 114 | 361 |
| 1996 | 231 | 615 |
| 1997 | 92 | 341 |
| 1998 | 120 | 469 |
| 1999 | 92 | 370 |
| 2000 | 103 | 325 |
| 2001 | 85 | 286 |
| 2002 | 95 | 352 |
| 合　计 | 1212 | 4055 |

**注**　统计数字中不含地方政府审批团组。

因公出国团组中，1996 年以前是以执行对外经贸项目合同、洽谈对外经贸合作为主。1996 年以后根据陕西省电力改革发展和技术进步需要，有计划地组织了一些电力科技、电力管理专题考察团组。1997 年，各类电力科技、电力管理考察团组出国人数占 37%，对外经贸项目团组人数占 41%，研修培训团组人数占 19%，参加国际会议人数占 3%。1992～1998 年，通过德国卡尔杜伊斯堡基金会奖学金项目、中英 MBA 进修项目、赴日本电力企业进修项目等先后选派 13 名工程技术骨干赴德国、英国、日本进行为期一年的培训；通过日本国际协力事业团援助的 JICA 项目以及电力工业部、中国国际人才交流协会和美国全国农电合作社协会培训协议项目，选送管理技术骨干赴日本、美国进行为期数月的培训。从 1998 年起，随着启动西北电网高一级电压等级研究工作，有计划组团赴美国、加拿大、俄罗斯、日本、韩国、巴西、委内瑞拉、南非等国专题考察 750 千伏超高压输变电关键技术、超高压电网建设、运营情况。2002 年 10 月，陕西省电力公司争取到国家外国专家局资助选派有关技术、管理人员赴南非国家电力公司（ESKOM）进行超高压电网建设运营培训。而后，还选派中国第一个 750 千伏超高压输变电示范工程变电站运行人员和有关管理人员赴韩国电力公社进行现场培训。

## 第三节　利用外资和引进国外先进技术设备

1991～2002 年，陕西省电力公司利用外资（含境外资金）16.2 亿美元，引进和利用外国先进技术及设备，提高了陕西省电力企业的技术装备水平。1998 年，陕西省电力公司被陕西省人民政府授予“利用外资先进单位”。

### 一、直接利用外资

1991～2002 年，陕西省电力公司直接利用外商投资的项目主要有渭河发电厂、蒲城发电厂一期工程及秦岭发电厂等。

#### （一）渭河发电厂

1996 年 1 月，国务院副总理邹家华考察渭河发电厂，针对当时陕西省严重缺电而电力建设资金又严重不足的现状，提出将电厂部分股份出售给境外企业，换来资金建设新电厂的思路。此后，渭河发电厂新厂业主陕西省电力建设投资开发公司和中国西北电力集团公司与香港中旅集团控股的香港旭兴发展有限公司协商，达成合作经营陕西渭河发电厂新厂的意向。1997 年 5 月，该合作项目建议书、可行性研究报告及合作公司的合同、章程先后经电力工业部、国家计划委员会和国家对外贸易经济合作部审查批准，同意将渭河发电厂新厂净资产 54.98 亿元的 51％转让给香港旭兴发展有限公司，并由陕西省电力建设投资开发公司、西北电力集团公司和香港旭兴发展有限公司采取合作经营方式组建陕西渭河发电有限公司，共同经营陕西渭河发电厂新厂，合作期限 20 年。1997 年 5 月 10 日，陕西省最大的利用境外资金项目渭河发电有限公司正式挂牌。陕西省通过出售资产所得的 28.04 亿元资金用于建设省内蒲城发电厂二期工程和宝鸡第二发电厂工程。

#### （二）蒲城发电厂一期工程

该项目引进两台罗马尼亚 2×33 万千瓦火电机组，引进合同于 1988 年经中罗两国政府换文生效。合同总额 3.415 亿瑞士法郎，其中 3.075 亿瑞法是罗马尼亚归还中国给予的长期无息贷款，其余 0.34 亿瑞士法郎为换货贸易。按照合同该项目本应 1993 年建成投运，由于罗方国内原因设备迟迟不能交货，一直拖延到 1996 年、1997 年两台机组才先后建成投运。

#### （三）秦岭发电厂

经电力工业部同意，从 1996 年 10 月起，西北电力集团公司就盘活秦岭发电厂存量资产同有意投资的香港李嘉诚的长江实业集团麾下的长江基建有限公司进行了多次谈判。1997 年 3 月，双方签署了合作经营陕西秦岭发电厂的合作协议书。4 月，电力工业部批准该项目建议书。9 月，国家国有资产管理局对秦岭发电厂合作经营项目资产评估结果予以确认，确定秦岭发电厂（4×20 万千瓦）净资产评估值为 31.88 亿元人民币。1998 年 3 月，国家计委批准此项合作项目的可行性研究报告，同意香港长江中国基建有限公司投资 15.62 亿元人民币等值外汇购买秦岭发电厂 49％的产权，并同中国西北电力集团公司组成合作公司共同经营秦岭发电厂新厂，合作期限 15 年。5 月，双方在西安草签了合作经营 4×20 万千瓦机组合同书及合作公司章程。后因亚洲金融危机影响，此合作项目被搁置。

（四）多种经营项目

陕西省电力公司吸引国外境外资金兴办了一批多种经营产业。西北电力集团多种经营总公司与香港越秀海滨有限公司、香港港源水利电力工程有限公司合资经营西安万年饭店，该项目 1988 年 8 月建成开业，经营期原定 13 年，后又向陕西省对外经济贸易厅提出申请，经同意延长合资经营期到 2011 年。陕西银河集团公司与日本三菱公司、日立公司合资建立银河环保公司，生产脱硫设备；与法国阿尔斯通公司合资建立银河开关公司，生产高低压开关柜；与美国公司合资建立银河仪表公司，生产高科技关口表。

**二、间接利用外资**

陕西省电力公司利用外资的主要方式是争取外国政府和国际金融机构的优惠贷款（外国政府贷款一般分为两部分，相当一部分是外国政府赠款或无息贷款，一部分是出口信贷，还款期限较长，贷款利息较低；国际金融机构对特定项目提供无息贷款）进行电力建设，引进国外先进设备和技术，即间接利用外资。

（一）外国政府优惠贷款

1991 年以来，陕西省电力公司外事部门、项目主管部门、财务部门与项目实施单位按照分工密切协作，使利用外国政府优惠贷款申报、立项评估、贷款协议和转贷协议签订、设备招标谈判、进口设备监造验收、海关手续办理、索赔、项目施工组织、项目竣工验收投运，直至按时归还外国政府贷款的全过程做到分工明确、规范有序，提高了贷款利用效率和效益。

1991～2002 年陕西省电力公司利用外国政府优惠贷款统计见表 11-8-3。

表 11-8-3　1991～2002 年陕西省电力公司利用外国政府优惠贷款统计

| 年　份 | 贷款国别 | 贷款金额 | 使用贷款项目 |
|---|---|---|---|
| 1991 | 加拿大 | 499 万美元 | 西北电网微波通信工程 |
| 1991 | 瑞士 | 160 万瑞士法郎 | 蒲城发电厂送出工程 |
| 1993 | 加拿大 | 509 万美元 | 西北电网调度自动化工程 |
| 1993 | 瑞士 | 490 万瑞士法郎 | 蒲城发电厂送出工程等 |
| 1993 | 瑞士 | 570 万瑞士法郎 | 有关变电站用高压断路器 |
| 1994 | 瑞士 | 470 万瑞士法郎 | 陕西电网变电站用 GIS 等 |
| 1994 | 法国 | 1970 万美元 | 西北电网微波通信工程 |
| 1995 | 加拿大 | 527 万美元 | 西北电网微波及水调自动化 |
| 1995 | 澳大利亚 | 1098 万美元 | 陕西电网建设用电缆设备 |
| 1996 | 瑞士 | 290 万美元 | 西安朝阳门变电站 GIS |
| 1998 | 西班牙 | 200 万美元 | 一点多址微波通信工程 |

续表

| 年　份 | 贷款国别 | 贷款金额 | 使用贷款项目 |
|---|---|---|---|
| 1998 | 日本 | 7000万美元 | 灞桥热电厂改扩建工程 |
| 1998 | 日本 | 579.7亿日元 | 韩城第二发电厂项目 |
| 1998 | — | 520万美元 | 宝鸡、延安电网改造 |
| 2001 | 比利时 | 230万美元 | 陕西城网改造 |
| 2001 | 意大利 | 280万美元 | 陕西城网改造 |

（二）间接利用外资主要项目

1. 陕西省电力公司微波通信工程

1991年10月，建成西安—三门峡微波通信工程（电路长248千米，9个微波站），该工程全部引进日本NEC株式会社生产的480CH/POH数字微波设备。建成开通后实现了西北电网与电力工业部及全国各大区域电网、各省（区）市电网之间的电话自动直拨业务。同年，西北电业管理局申请利用加拿大政府混合贷款499万美元，引进加拿大哈里斯公司（Harris）37站540路数字微波设备，扩展电网微波通信网络。1993年，陕西电网和新疆主电网微波工程作为一个项目统一申请法国政府混合贷款1970万美元额度，由两省（区）电力公司分别贷款实施。1994年5月，陕西省电力公司引进法国SAT公司的480路数字微波通信设备。1995年，陕西电网申请加拿大政府贷款527万美元，使用哈里斯公司生产的540路数字微波站。

2. 城农网建设改造工程

1998～2002年，陕西电网利用瑞士、加拿大、澳大利亚、西班牙、意大利及比利时等国家政府优惠混合贷款4547万美元，引进国际电工制造企业的输变电设备和通信设备，满足了西安、宝鸡、铜川、咸阳、渭南及汉中等供电局城农网改造及网内蒲城发电厂等在建大型电站项目送出工程的需要。

3. 陕西电网调度自动化工程

20世纪90年代，陕西省电力公司申请利用外国政府贷款，先后引进外国先进系统设备实施了调度自动化二期工程。从1992年8月起，先后与加拿大DATEK公司、西门子公司（Siemens）、CAE公司进行技术谈判，综合考虑各种因素后，选定加拿大CAE公司调度自动化系统主站系统。1993年3月，国家对外贸易经济合作部批准西北电力集团公司利用加拿大政府混合贷款509万美元，引进加拿大CAE公司（CAE Electronics CTD）电网调度自动化能量管理系统（EMS）。4月，陕西省电力公司与加拿大CAE公司签订调度自动化系统主站系统供货合同。随后，双方召开两次设计联络会，中方分三批选派工程技术骨干30人次赴加拿大CAE公司与外方专家共同开发DNP3.0远动规约并进行培训。1996年4月，设备安装完成，5月，初步调试完毕。8月起陆续将330千伏网架上厂站的RTU更换为GR90RTU。新系统于1997年1月正式交付调度使用。1998年1月12日，该工程通过由陕西省电力公司主持、邀请全国各网省电力公司专家参加的工程验收。

4. 韩城第二发电厂项目

韩城第二发电厂 2×60 万千瓦工程利用日本政府国际协力基金（OECF，后改为日本国际协力银行 JBIC）贷款建设。1997 年 9 月 12 日，国家对外贸易经济合作部与日本海外经济协力基金会签订关于陕西韩城第二发电厂工程贷款协议。1998 年 3 月，国家计委批准项目可行性研究报告。项目总投资 75.9 亿元人民币，其中利用日本政府贷款 579.7 亿日元（约合 5.5 亿美元）。至 2002 年末，完成外资贷款协议和转贷协议签订以及机炉岛等主要设备国际招标。

5. 西安灞桥热电厂改造工程

该工程利用日本政府输出入银行（后更名为日本国际协力银行）贷款 7000 万美元，建设 2×10 万千瓦双抽汽供热机组。1999 年 1 月，日本政府贷款转贷协议正式签订，电厂三大主机设备从俄罗斯进口，2002 年第一台机组建成投产发电。

**三、引进国外先进技术设备**

1991～2002 年，陕西省电力公司大量引进急需的国际先进电力设备、通信设备、自动控制设备和技术，提高技术装备水平。陕西省电力企业还自筹资金引进一批电站建设和电网建设关键高新技术设备。

（一）城乡电网建设改造工程引进设备

在城乡电网建设改造工程和在建大型电站送出工程中，陕西省电力公司利用外国政府贷款以及自筹资金大量引进 ABB、西门子（Siemens）、阿尔斯通（Alston）、日立公司、日新公司、奥地利伊林公司（Élan）、澳大利亚澳力公司（Olex）、法国阿尔卡特公司（Alcatel）、赛特公司（Sat）、美国通用电器公司（GE）、NEC、西屋公司（WestHouse）、加拿大 SRT、哈里斯公司（Harris）、德国 EMH、德国 AEG、美国开放系统控制公司（OSC）、美国约克制冷设备公司（YIC）、芬兰 KONE CO、美国 SUN 公司、美国 IBM 公司、美国 UTS 公司、美国 Cylink 公司、美国康宁公司（Corming Cable Systems）、法国 Synelec、美国 Exide、英国 Marconi Communications，LTD、英国雷诺尔公司（VA TECH Reyrolle - Automation Control & Protection）等生产的 330、110 千伏组合电器（GIS）、六氟化硫高压断路器、变压器、高压电缆等关键设备以及光纤、电力载波通信设备、电能计量计费系统、线路保护装置、电网水调自动化等电网二次设备。

（二）电站建设改造项目引进设备

1991～2002 年，陆续在建、扩建、改造的宝鸡第二发电厂、蒲城发电厂、韩城第二发电厂、安康水电厂、秦岭发电厂、韩城发电厂、渭河发电厂、石泉水电厂、灞桥热电厂等引进美国 B&W 公司、美国威斯豪斯工业产品公司（Westinghouse industry Products International Coin）、荷兰 Stork 公司、美国福勒公司（Fuller）、德国罗特米勒公司（Appear Bateau Rot home opine）、德国 EPROM 公司、瑞典 Iko Kabel 公司、美国西屋公司（West House）、美国费希尔公司（Fisher）、美国福尼公司、日本日立公司、英国霍普森公司（Hopkinsons，LTD）、法国阿尔斯通公司（Alstom）、奥地利 Voith 公司、ABB、GE、美国亚威公司（Yarwar）、美国 Fichon 公司、ABB API 公司、瑞士布鲁克电缆公司（Brugg kabrl AG）、美国 Sybase 公司、美国 Crosby 公司、德国 G&M Euratr Ade Gmbh

公司、西门子（Siemens）、伏伊特西门子（Voith Siemens）、俄罗斯巴尔瑙尔锅炉厂、乌拉尔汽轮机厂、新西伯利亚电机厂、叶卡捷林堡汽轮机公司、英国克莱德贝尔格曼公司、日本神冈株式会社、日本住友金属工业株式会社等企业生产的电站3大主机设备以及除灰系统、分散控制系统（DCS）、空气预热器、机组旁路系统、反渗透水处理设备、锅炉安全门、连续可调最小流量装置、电厂4大管道、高压阀门、调节阀门、水电厂水调自动化系统、电站送出高压电缆、水轮机筒形阀设备、磨煤机、150吨履带吊车等关键设备。

韩城第二发电厂工程是利用日本政府贷款，采用国际招标采购设备建设的陕西首个单机容量60万千瓦火电机组，首次引进脱硫设备，使陕西火电厂装备水平上了一个新台阶。

（三）电网调度自动化工程引进设备

1994～2001年，陕西省电力公司建设的电网调度自动化二期工程，引进加拿大CAE公司和Val met公司的能量管理系统（EMS）。这一时期，陕西骨干电网分期陆续建设的电网微波通信工程，引进加拿大Harris公司和法国SAT公司数字微波设备，建成覆盖陕西各主要发电厂、变电站的现代通信网络，使陕西电网调度自动化水平实现了质的飞跃，开创了电力系统实时信息传输、系统远动控制的新时代。

（四）施工、修造企业引进设备

20世纪90年代，陕西省电力公司所属施工企业、修造企业引进了一些国外生产的大型施工机械和高科技机加工设备。宝鸡铁塔厂引进意大利数控机床，陕西银河电气设备公司引进日本村田机械株式会社生产的数控冲床和液压式数控折弯机。

## 第四节　对外经济和贸易合作

改革开放以来，陕西省电力公司国际经济和劳务合作以及对外进出口贸易有了较快发展。20世纪90年代，更多的送变电、火电施工企业以及电力设计单位、电力修造企业积极实施“走出去”战略，开展对外经济和劳务合作，参与国际市场竞争，全系统进出口贸易有了较大增长。2002年9月，陕西省电力公司被评为国家电力公司系统“实施‘走出去’战略先进单位”。

### 一、对外经济和劳务合作

1991～2002年，陕西省电力企业进入国际市场承包工程开展劳务合作。“九五”时期，先后派出1256人次赴科威特、印度尼西亚、泰国、巴基斯坦、苏丹、伊朗、尼泊尔、孟加拉及新加坡等国家承包工程开展劳务合作。

（一）陕西（西北）电建总公司承包的海外工程

陕西（西北）电建总公司在20世纪80年代初期就进入国际电力建设市场。1991～2002年，陕西（西北）电建总公司参与了多项海外工程劳务合作项目。

1. 伊朗吉朗电站工程

1991年，中国机械设备进出口总公司总承包伊朗吉朗电站（4×12.5万千瓦）工程项目，陕西（西北）电建总公司分包该项目的施工监理和调试。

2. 印度尼西亚莫加克托电站工程

1991 年，陕西（西北）电建总公司与中国机械设备进出口总公司、中国东方电气集团公司合作，分包印度尼西亚莫加克托发电厂（Indonesian Mojacto Power Plant）6×5 万千瓦工程调试项目。10 名技术人员出国施工，出色完成承包项目，为以后在印尼继续承揽工程打下良好基础。

3. 伊朗阿拉克电站工程

1996 年，陕西（西北）电建总公司与中国东方电气集团公司合作，分包伊朗阿拉克电站（Iran Arark Power Plant）4×32.5 万千瓦工程项目土建施工及设备安装技术服务和施工监理。合同总价款 385 万美元。陕西（西北）电建总公司先后派出 66 名技术人员到施工现场服务。2002 年末，该工程三台机组建成投运，最后一台机组开始调试。

4. 伊拉克巴格达东电站工程

2002 年，陕西（西北）电建总公司与中国东方电气集团公司合作，分包伊拉克巴格达东电站（Baghdad East Power Plant）2×12.5 万千瓦工程项目施工监理和调试。先后派出 25 名技术人员到现场工作。

（二）陕西送变电工程公司承包的海外工程

1992 年，陕西送变电工程公司和中国技术进出口总公司合作，中标巴基斯坦一条 40 千米 220 千伏输电线路工程。1999 年 8 月，陕西送变电公司又与中国电气进出口公司就孟加拉国一个 330 千伏电缆工程签订了电缆头制作劳务合同，派员现场工作 11 个月。2000 年后，陕西送变电工程公司与西安电力机械进出口公司等合作参加印度尼西亚、孟加拉等国输电线路建设工程项目投标工作。

（三）陕西省电力设计院承包的海外电力工程设计项目

1994 年，陕西省电力设计院开始进入国际市场，与中国电子进出口总公司西安分公司合作，在巴基斯坦 Bin Qasim 火电厂扩建送出至 Korangi 变电站线路工程项目（35 千米 220 千伏输电线路工程）中标，承担工程设计，高质量完成从初设到施工图设计。该工程 1997 年 11 月竣工投入运行，运行良好，受到巴方好评。1999 年，该院成立“国外工作部”，并与中国电气进出口联营公司合作分包孟加拉国 132 千伏、双回路 60 千米送电线路工程设计。2000 年，经对外贸易经济合作部批准，陕西省电力设计院获得对外勘测设计咨询监理经营权。此后，该院相继与国内十几家对外公司合作，共同承揽大型国际电力工程，先后参加了巴基斯坦、孟加拉、多米尼加、马来西亚、沙特阿拉伯、尼日利亚、泰国、菲律宾和印度尼西亚等国家的输变电工程项目投标工作。2001 年，该院又与中国电气进出口联合公司合作完成孟加拉国 230 千伏送电线路工程建设管理工作。

（四）其他劳务合作

1. 科威特电站劳务项目

1992 年，中国水利电力对外公司组织技术人员赴科威特电站进行运行和检修技术劳务，陕西省电力公司在系统内选拔推荐出国劳务人员，并对初选人员进行强化英语培训。1992 年、1995 年先后选送西北电力试验研究院、秦岭发电厂、宝鸡发电厂、韩城发电厂等单位 28 名工程师、技工赴科威特履行 2 年或 3 年不等的电站运行或检修技术劳务。

2. 巴基斯坦输电线路工程项目

1994 年 5 月，西北电力集团公司巴基斯坦工程公司中标巴基斯坦宾．卡西姆火电厂（BIN. QASIM）扩建送出 LOT－3 工程项目（35 千米 220 千伏输电线路工程）。集团公司委托渭南供电局组织选派员工实施此项工程。先后有工程技术人员和技工 80 人次出国赴现场施工。1997 年 3 月，完成工程主体施工任务，1998 年工程竣工临时移交，一年保质期满后于 1999 年正式移交。

## 二、进出口贸易

### （一）进口贸易

1993 年，国家授予西北电力集团公司进出口贸易自主经营权，批准成立西北电力对外公司，成为西北电力企业进出口代理商，促进进口贸易更加便捷，进口贸易规模空前增长。

### （二）出口贸易

早在 20 世纪 80 年代，西安电力机械厂、秦川电站仪表厂、西安电力树脂厂、宝鸡铁塔厂的产品就已经打入国际市场。“九五”时期，陕西电力修造企业通过出口电力树脂、水处理设备、电除尘器、输电线路铁塔等产品，创汇达 4900 万美元；硅铁、碳化硅、金属硅、锌锭等出口额达 2433.69 万美元。

1991～1992 年，陕西省电力公司主要出口产品有：西北电业职工大学水轮发电机厂出口马来西亚一套 500 千瓦水电机组。西安电力机械厂出口印度尼西亚 DTM 筒式钢球磨煤机 10 台，创汇 114.75 万美元。西安电力树脂厂生产的离子交换树脂销往美国 50 吨，同时还销往巴基斯坦和印度尼西亚。秦川电站仪表厂生产的化学汽水取样分析装置出口孟加拉国、巴基斯坦、印度尼西亚。

1991～1993 年，宝鸡铁塔厂生产的 35～500 千伏输电线路铁塔出口巴基斯坦、泰国、尼泊尔及中东地区，3 年创汇 1146.45 万美元。

1994 年，秦川电站仪表厂 SCK 型水处理程控设备出口巴基斯坦。

1996 年，秦川电站仪表厂向孟加拉国吉大港电站出口汽水取样分析装置。

1997 年，西安电站水处理公司向巴基斯坦、伊朗电站出口凝结水处理设备。

1998 年，秦川电站仪表厂向马来西亚古晋电厂出口汽水取样分析装置。西安电力机械厂和上海电气（集团）总公司合作向印度尼西亚电站出口该厂生产的 ZQM－140 型中速磨煤机及一次风机。

1999 年，西安电站水处理公司向孟加拉国出口驳船电站化学水处理工程设备。

2001 年，秦川电站仪表厂与东方电力设备联合公司合作向伊拉克出口电站汽水取样分析装置。

1991～2002 年，陕西省电力公司多种经营产业中的硅铁厂，共计向日本、美国、加拿大、新加坡等国以及台湾地区出口硅铁、碳化硅、金属硅等产品 15666.7 吨，创汇 728.7 万美元。

# 第九章 物 资 供 应

20 世纪 90 年代，随着计划经济体制向社会主义市场经济体制的转变，陕西电力物资供应工作也相应进行了体制和机制的改革。1999 年，陕西电力物资供应由四级管理体制改革为二级管理体制，由计划经济的物资分配体制转变为走向市场经济的物资采购供应招议标制。物资总公司由报账制单位改革为实行“四自两体”（自主经营、自负盈亏、自我发展、自我约束的法人实体和市场竞争主体）的公司制单位，每年上缴 2000 万元利润，由陕省西电力公司系统的物资供应者转变为实施电力生产建设项目物资总代理总承包制的服务者。

## 第一节 物资分配体制及改革

1991 年，国家统配物资仍实行计划经济体制，资源配置方式主要是按计划分配下达指标，按指标订货供应。陕西省电力公司物资分配供应管理实行四级管理体制，即国家物资总局、电力工业部物资局（成套局）、西北电业管理局物资公司（处、总公司）和局直属基层单位供应科。每年计划由下往上逐级上报，下达指标由上往下逐级分配。1993 年，国家计划委员会（计综合字［1993］1622 号文）同意中国西北电力集团公司在国家计划单列。1994 年，开始实行物资计划单列，由国内贸易部直接按计划分配戴帽下达指标（经电力工业部物资局）到西北电力集团公司所属五省区电力公司。1995 年，国家统配物资逐步放开，资源配置进入市场调节阶段，国家统配物资的计划分配指标越来越少。当年陕西省电力公司分配到钢材指标 6.6 万吨。至 1997 年，国内贸易部分配给西北电力集团公司（五省区）钢材指标仅 2 万吨，其中陕西 7200 吨。1999 年，国家取消了计划分配制，物资供应全部进入市场。

1991～1998 年，西北电业管理局物资公司（处、总公司）负责直属陕西发供电、基建、修造和各企事业单位的材料、机电设备、成套设备和备品配件的计划、分配、订货、催交、运输、验收、保管和发货工作，并赋予陕西电力系统物资管理职能。供应给系统内基层单位的物资不加收管理费，对供应外系统物资创收的利润按比例上缴西北电业管理局。1998 年 10 月，网省体制分离，物资公司归属陕西省电力公司，更名为陕西省电力公司物资总公司。1999 年，承担陕西电网建设和城农网改造工程物资计划、订货和管理工作。

20 世纪 90 年代初，陕西省电力公司内部物资体制改革一直处于研讨、探索和尝试之中。1993 年，大力发展多种经营，个别单位将物资供应部门整建制划转多经产业，一度出现了单位多头采购订货，重复加收管理费，有的竟加收 17%管理费，加大了电力生产建设成本，也有假冒伪劣产品进入电力系统，给系统安全埋下隐患。针对以上问题，物资公司及时召开部分单位供应科长会议，就供应体制与归属等问题进行研讨并达成6点共识：各单位供应科保证物资供应的职能不能变；供应体制设置为两种模式，一种是保留供应科以保证主业供应为主，富余人员可成立对外经营的物资供销单位，仍由供应科领导，另一种是将物资供应科全部划归多种经营但要赋予其保证主业物资供应的管理职能；物资部门的资产是国有资产不得划归多种经营部门；西北电业管理局物资总公司下达的指令性计划物资，未经同意不得经营；凡划归多种经营的物资供应部门向主业供应的物资一律不得加收管理费或任意加价；物资统计工作应做到不断、不乱，均应由西北电业管理局物资公司归口管理。以上6点以西电物字［1993］55号文上报西北电业管理局党组。1995年，陕西省电力公司开始结合社会主义市场经济特点，借助原物资供应渠道优势，在公司内部实行“六统一”（统一计划、统一订货、统一采购、统一储备、统一结算、统一配送）的管理办法，将各基层单位分散订货采购，改变为按品种类别集中，形成批量优势，实行有关部门多方人员参加的招议标订货，既保证了产品质量，又降低了成本，同时也为下一步电力物资体制改革奠定了基础。

1999年5月1日，陕西电力物资管理体制开始改革。为确保物资管理体制改革顺利进行，成立了物资管理体制改革领导小组（陕电人字［1999］74号文）。5月18日，陕西省电力公司以陕电总字［1999］72号文《关于印发陕西省电力公司物资体制改革有关文件的通知》下发各直属基层单位，并附有《实施细则》和《物资结算中心管理办法》2个附件。《实施细则》对改革后的物资体制，计划管理、收取管理费标准及返基层单位费率和监督约束等3个方面作了明确规定。《物资结算中心管理办法》对物资结算中心的机构设置、结算原则、职责划分和运转程序等作了明确规定。12月19日，陕西省电力公司颁发陕电总字［1999］125号文《陕西省电力公司物资供应管理办法》，进一步明确陕西省电力公司物资总公司作为陕西省电力公司全资子公司，行使公司系统物资管理职能，负责对陕西省电力公司系统基建、生产物资供应实行统一归口管理。是直属基层单位物资部门的业务主管部门，负责行使对物资供应的组织、协调、监督和指导。陕西省电力公司物资供应实行两级管理，即陕西省电力公司物资总公司和直属基层单位物资部门。物资总公司负责机电产品类汽车、堆煤机、起吊设备、机炉电主要辅机设备等32个品种；材料类钢材、木材、水泥、有色金属、进口材料、电杆等10个品种的统一订货并签订合同（以上产品简称目录内产品），根据各单位上报计划进行直达订货或分割订货。基层单位的物资部门在价格信息指导下负责目录外产品的订购。对电力工程建设及生产所需采购的物资按陕电计字［1999］52号文《陕西省电力公司招投标管理办法》实行招投标订购。该办法还对两级管理的职责分工、物资需用计划编制、物资结算管理、物资采购、配送和储备物资到货验收程序等作了详细规定。

## 第二节　物　资　计　划

计划经济时期物资计划是整个物资供应中最重要的环节，随着国家物资体制改革，物资计划的编报依据、上报流程和物资统计工作随之变革。

### 一、编制计划依据

1998年以前，按计划经济体制要求编报物资计划。各基层单位编制计划的主要依据为：生产维修按需用材料编制；机电设备按电力工业部万千瓦定额、电压线路等级定额和变电站容量定额编制；重点技措项目按电力工业部、西北电业管理局批准的项目、投资和实际需用量编制；大中型基建项目按国家下达批准的项目，又分重点核销项目和一般项目，都按建设投资额、建设规模和施工进度物资需用量编制；重点核销项目是国家必保项目，对计划的要求更高，对编制的计划进行单独会审，跟踪物资去向，直到工程竣工后对物资进行核销；小型基建项目按西北电业管理局批准下达的投资额和建筑面积规模编制；产品制造按电力工业部、西北电业管理局下达的生产任务和产品消耗定额编制；备品配件按订货数量加上工艺损耗和加工损耗定额编制。物资计划编制完成后，经单位计划、生技、财务等部门审核后，再上报西北电业管理局物资公司（处、总公司）汇总。

1999年以后，陕西省电力公司电网建设和城农网改造工程建设加快，物资供应管理体制变革为两级管理。各单位按照陕西省电力公司批准的项目，按两级管理产品目录，分别编制物资计划。计划内容按工程项目、产品名称、型号、规格、需用数量、交货时间等编制，有关主设备及材料附图纸和相关技术规范书。物资计划编制完成由相关部门审核后，再报陕西省电力公司物资总公司。

### 二、计划上报流程

1998年以前，物资计划流程分上报计划和分配下达指标2个阶段。上报计划阶段流程是：直属基层单位将物资计划汇总，经相关部门审核后，上报西北电业管理局；物资公司（处、总公司）审核汇总，将物资计划送生产处、计划处、财务处等部门复核后，分别上报国家电力主管部门物资局、成套局、配件公司审核汇总，将部系统物资计划送部计划司、生产司、财务司等部门审核后，上报国家物资总局（国内贸易部）。经过资源配置，进入按计划、按项目进行指标分配下达指标阶段，按照“先生产、后基建，先重点、后一般”的原则下达，国家物资总局将指标分配到部物资局、成套局、配件公司。每年3月，下达上半年预分配物资指标，9月下达全年分配指标。西北电业管理局物资公司（处、总公司）最后再分配到基层使用单位。

1999年以后，编制物资计划只需基层使用单位按项目汇总计划，报陕西省电力公司物资总公司审核、汇总，送省公司生技部、农电部、计划发展部及财务部等相关部门复核之后，实行统一招议标订货。

### 三、物资统计

1998年以前，各基层单位供应部门都设有物资统计员，负责主要物资的收入、消耗和库存等年、季、月报表的上报工作。归口单位为西北电业管理局物资公司（处、总公司），经汇总加以文字分析后分别报电力工业部（能源部）物资局、陕西省和西安市统计局，为考核计划的准确率和各类物资消耗定额的编制积累数据。1999年以后，结束了物资计划的分配制，不再归口统一上报各类物资统计报表。

## 第三节 物资供应和调配

### 一、供应量

1991～2002年，陕西电力生产、建设快速发展，对物资的需求量不断增加，主要物资的供应量也不断增加。

1991～1998年陕西省电力公司主要材料设备供应情况见表11-9-1。

表11-9-1 1991～1998年陕西省电力公司主要材料设备供应情况

| 年度 | 钢材（吨） | 木材（米³） | 水泥（吨） | 有色金属（吨） | 机电设备（亿元） | 汽车（辆） | 导线（吨） | 电缆（千米） | 变压器［台/万（千伏·安）］ | 各种配件（万元） | 主辅机设备（台/亿元） |
|---|---|---|---|---|---|---|---|---|---|---|---|
| 1991 | 62155 | 15080 | 124900 | 1339 | 3.76 | 137 | 543 | 1296 | 640/56.2 | 2494 | 156/3 |
| 1992 | 79768 | 21390 | 144723 | 1150 | 4.89 | 131 | 845 | 1040 | 330/126 | 1011 | 722/9.7 |
| 1993 | 105000 | 11000 | 173000 | 118 | 5.92 | 139 | 2281 | 925.2 | 363/33.62 | 6918 | — |
| 1994 | 67250 | 8482 | 192000 | 906 | 5.40 | 110 | 1600 | 1200 | 306/20.7 | — | — |
| 1995 | 66000 | 7500 | 220000 | 676 | 12.00 | — | — | — | — | — | — |
| 1996 | 75622 | 8922 | 416678 | 840 | 0.80 | — | 1165 | 210 | 4/3.2945 | 47000 | — |
| 1997 | 68000 | 9738 | 154000 | 893 | 10.50 | — | — | — | — | — | — |
| 1998 | 66000 | 7006 | 138500 | — | 13.80 | — | 1868 | 1356 | 457/63.427 | 9712 | — |

### 二、供应渠道

1998年前，主要物资实行国家计划分配，经常出现指标分配不足，订货品种规格不全，不按合同交货，供货方随意加价等情况，形成分到订不到、订到拿不到，市场是有行无市、有价无货的卖方市场。物资供应渠道主要有两条：一是靠上级电力工业部（能源部）物资局、成套局、配件公司等物资部门按上报计划多分配指标，多订货，提高订货直达率，加强驻厂催交工作，千方百计提高合同交货率，既降低成本又满足需求量。二是依靠开拓资源和调度调剂，主要通过以下3种方式做好物资缺口的调配：一是通过西北电业管理局增加用电指标带电加工，以双方互保方式，加工计划外钢材、有色金属和水泥等材料。1991年，由陕西略阳钢铁厂用带电加工钢材2100吨。1993年7月，西安钢铁厂供应计划外钢材，以每吨低于出厂价50元供应陕西省电力公司各基层单位。1994年3月，西北电业管理局物资公司向西北电业管理局申请1亿千瓦·时电量用于带电加工。1995年，汉中813厂带电加工铝锭300吨。3月，为解决秦岭发电厂、渭河发电厂等酸碱供应不足，经请示西北电力集团公司，增加化工厂电量，使发电厂的酸碱供应得到保证。二是对拖欠电费严重的生产企业，采用将其生产的电力所需用的物资产品顶电费的办法。1991年，采用这种办法开拓资源铝锭、导线、钢材和化工产品等共计4913吨，收回电费资金933万元。三是陕西省电力公司每年定期举行两次物资调度调剂会，定期参加全国、电力工业部、陕西省和西安市等专业物资公司召开的调度调剂会，充分利用库存，互通有无解决物资缺口。1998年以后，随着社会主义市场经济体制的建立，物资由计划分配全部变为自产自销等多种形式的市场格局。陕西省电力公司除电源建设的主辅机设备供不应求外，材料和机电设备从原来的卖方市场变为买方市场，物资供应进一步加强“六统一”，生产基建所需物资按产品品种类别、按计划采取集中招议标订货供应。

### 三、成套设备供应

1991～2002年，经国务院批准立项的计划内电力建设项目所需成套设备，由国家电力主管部门成套局组织相关单位联合进行招议标订货，由电力工业部驻生产厂总代表组负责催交工作。由于国内生产规模和产量有限，成套设备一直处于供不应求的局面，因此成套设备的排产、催交和大件运输成为关键。1993年，中国电能成套设备总公司和西北电力集团公司在电力工业部驻西北地区大型电力设备制造厂总代表组的基础上，共同组建了西北电能成套设备公司，负责为全国各地计划内电源和送变电工程建设项目，以及西北电业管理局直属电力工程项目提供成套设备的质量监督、催交运输及现场联络等全方位服务。

### 四、备品配件供应

各发电厂上报当年需要备品配件订货计划，由西北电业管理局物资公司（处、总公司）汇总后送局修造处（生产处）审核，先召开修造企业内部生产排产订货会，系统内修造企业不能生产的部分再汇总上报国家电力主管部门配件公司，参加全国修造企业备品配件订货会。

对事故抢修或大修急需备品配件，由需用单位报计划，局生产处（修造处）开急加工件通知单，安排修造企业按进度要求生产交货。

### 五、电力基建物资总代理

1996年，电力建设项目开始实行项目法人负责制和招投标制，物资供应开始实行总代理和总承包制。3月，西北电力集团公司批复宝鸡第二发电厂4×30万千瓦电源建设工程的物资供应由西北电力集团公司物资总公司实行总代理、总承包，负责组织工程所需成套设备和主要材料设备供应，实行有偿服务。4月8日，物资总公司组织15人进驻工地。1998年6月11日，《人民日报》第二版以《适应市场经济，主动转变角色，西北电力物资总公司实行代理制》为标题，并加《机制变，效果显》的编后语，对宝鸡第二发电厂物资总代理制进行报道。在宝鸡第二发电厂取得物资总代理制经验后，蒲城发电厂二期2×33万千瓦、灞桥热电厂2×10万千瓦扩建工程、韩城第二电厂2×60万千瓦、汉江喜河4×3.25万千瓦水电工程和榆林上河发电厂2×13.5万千瓦等电源建设工程，都由物资总公司实行物资供应总代理总承包。

## 第四节　物　资　管　理

陕西省电力公司系统通过开展物资管理达标、废旧物资回收、物资招议标和计算机应用等现代化管理手段，为降低生产成本和基建工程造价取得成效。

### 一、物资管理达标活动

1990～1992 年，陕西省电力公司开展以计划管理、资金管理、定额管理为主要内容的物资管理创优达标活动。28 个直属发供电和电建单位全部通过创优达标验收，物资计划准确率都在±5%误差以内，物资实际流动资金占用比核定定额下降两个百分点，公司核定流动资金 6669 万元，实际占用 6554 万元，降低 115 万元。1991 年，处理积压物资价值 352 万元，占年初全部积压物资 1092 万元的 32%。1992 年，处理积压物资折合人民币 289 万元，占年初全部积压物资 740 万元的 40%。1995 年，制定公司《创一流企业物资工作标准（讨论稿）》。1997～1999 年，开展物资管理标准化达标工作。1998 年，西北电业管理局物资总公司在全国五大集团公司中，首家通过标准化管理达标验收。至 1999 年，公司各单位全部通过达标验收。

### 二、废旧物资回收

1991 年，开始回收废钢铁。1991 和 1992 年，陕西省电力公司回收废钢铁 1513 吨和 1436 吨。1999 年，陕西省电力公司对系统内废旧物资实行由物资总公司统一管理。11 月 25 日，印发《废旧物资管理办法》，规定废旧物资实行“四统一”（统一回收、统一保管、统一报废、统一处理），由物资总公司和基层物资部门两级管理。该办法还对回收项目与范围、管理职责分工和结算办法作了具体规定。并明确废旧物资处理资金按各基层单位上缴的数量和价值分配。其原则为基层单位 50%，陕西省电力公司 30%，物资总公司 20%。2000 年 3 月，陕西省电力公司又印发陕电农改字［2000］56 号文《农村电网建设改造工程废旧物资利用管理办法》，对废旧物资回收管理、仓储管理和处理办法作了规定，并明确价值效益分配原则为按各供电局上缴数量的 80%用于冲减工程费用，20%用于物资总公司的管理费用。同年，物资总公司采取招标办法，首批处理废旧导线 97 吨，废旧变压器 3743 台，价值 604.48 万元。2001 年，回收废旧变压器 4180 台，废旧导线 103 吨。

### 三、物资招标

1991 年，陕西省电力公司开始实行物资招标。1995 年，实行“六统一”管理，把基层单位分散订货的物资集中起来形成批量优势，进行招议标订货。1999 年，陕西省电力公司制定并实施陕电计字［1999］52 号文《陕西省电力公司招投标管理办法》，进一步完善和规范招投标管理工作。陕西省电力公司物资总公司根据文件精神，结合物资招议标的实际情况制定《陕西省电力公司物资总公司招投标活动管理办法》，内容包括招投标范围、组织机构、职责划分和招投标管理办法等。明确系统内修造企业产品参加物资招投标实行“同等优先”的原则，形成一整套完整的物资招投标管理体系。

1991～2002 年陕西省电力公司主要物资招议标订货情况见表 11－9－2。

表 11－9－2　1991～2002 年陕西省电力公司主要物资招议标订货情况

| 序号 | 时　间 | 招议标项目内容 | 订货金额（亿元） | 节约资金（万元） |
|---|---|---|---|---|
| 1 | 1991 | 渭河发电厂Ⅲ期主辅机招议标 | | 1008 |
| 2 | 1991 | 蒲城发电厂一期国内配套设备招议标 | — | 358 |
| 3 | 1992 | 成套设备 384 台件，西安、深圳、宝鸡三次招议标 | 4.9700 | — |
| 4 | 1995－04 | 渭河发电厂Ⅱ期保温材料招议标 | — | 20 |
| 5 | 1995 | 宝鸡发电厂Ⅱ期工程设备国内招议标 | 4.6000 | 1570 |
| 6 | 1995－04 | 李家峡水电工程进口发电机断路器 4 台和干式电缆 4489 米招议标 | 586 万美元 | 250 万美元 |
| 7 | 1996－03 | 330 千伏延—榆线送变电工程 140 千米设备招议标 | 0.5800 | 454 |
| 8 | 1996－06 | 陕西省电力系统技改项目 196 台设备招议标 | 0.0627 | 71.35 |
| 9 | 1996－04～1998－02 | 宝鸡发电厂Ⅱ期工程材料、设备招议标 22 次 | 18.7000 | 5100 |
| 10 | 1998－12 | 陕西农网改造第一次材料、设备招议标 | 0.9738 | 1000 |
| 11 | 1999－07～12 | 陕西农网改造材料、设备招议标 12 次 | 3.1500 | 1500 |
| 12 | 1999－08 | 西安、关中、陕北城网改造材料设备 3 次招议标 | 1.0230 | — |
| 13 | 2000 | 陕西电力系统材料、设备招议标 | 4.7000 | — |
| 14 | 2001 | 灞桥热电厂扩建工程材料、设备 6 批招议标 | 1.2100 | — |
| 15 | 2002 | 陕西城农网改造和建设 14 次招议标 | 2.2000 | — |

## 四、计算机应用及培训

1991 年，陕西省电力公司各单位物资部门共有计算机 37 台，操作人员 64 名。主要应用在物资统计报送软件、合同管理和进出库数据等项工作。仅有宝鸡发电厂、西安供电局及渭南供电局等单位供应科在物资管理全过程运用了计算机。1992 年 6 月，举办物资管理计算机培训班，系统内 47 名物资管理人员参加。此时，全系统共有计算机 59 台，西北电业管理局物资公司与电力工业部物资局计算机联网成功，实现了数据传递。当年，还完成陕西省电力系统物资管理微机应用的规划编制。1995 年，陕西省电力公司举办计算机提高班和物资统计员培训班，共有 40 名物资人员参加。1997～1998 年，在陕西省电力公司物资部门推行“电力部远方物资通用系统计算机程序”，并举办培训班，共有 66 人参加。公司内已有宝鸡供电局、汉中供电局、渭河发电厂、蒲城发电厂、安康水电厂、石泉水电厂和陕西送变电工程公司等单位的物资部门开始应用这一程序。2002 年，公司所有物资部门实现了计算机联网，广泛应用于物资计划编报、物资仓储收发和日常办公等，基本实现计算机全过程管理。

## 第五节　陕西省电力公司物资总公司

1980年，西北电业管理局物资公司成立，与物资处实行两块牌子，一套机构和人员，对外作为法人实体，经营电力生产基建所需物资，对内行使对甘肃、宁夏、青海、新疆四省（区）电力系统的物资专业指导，对陕西电力系统行使物资供应和管理职能。1993年，在人事、劳动、工资三项制度改革中，撤销西北电业管理局物资处，保留物资公司，行使陕西电力系统物资供应管理职能。1994年7月，公司由西安市和平门外环城南路东段迁至朱雀大街157号新办公大楼。1995年4月，更名为西北电业管理局物资总公司。1998年10月，网省体制分离，公司隶属陕西省电力公司，更名为陕西省电力公司物资总公司。公司拥有固定资产6100万元。陕西省电力公司物资总公司有3个物资仓库，占地面积共计83250米$^2$。东库位于西安市电厂东路13号，占地面积36630米$^2$，设有铁路专用线；西库位于西安市大兴路2号，占地面积21312米$^2$；临潼库位于西安市临潼西关正街2号，占地面积25308米$^2$。3个仓库对内负责仓储物资的验收保管和发放工作，对外实行租赁和物资代保管业务。公司拥有各种大小机动运输车辆和40吨吊车，对外经营运送物资，对内负责运送生产、基建、事故抢修急用物资到施工现场。

1992年，物资总公司成立多种经营性质的陕西电力器材供销公司，负责市场资源开拓，弥补物资计划分配指标不足，对陕西省电力系统物资供应起到了拾遗补缺和创收作用。

1998年3月，国家电力公司批准西北电力集团公司物资总公司为电力基建设备成套供应和电力成套设备监造工作甲级资质单位，成为电力工程成套设备的招议标供应单位，具有独立进行30万、60万千瓦火电机组设备、大型水电机组设备和高等级输变电设备供应和监造资格。

1999年4月，陕西省电力公司物资管理体制进行改革，物资总公司成为陕西省电力公司的子公司，实行自主经营、自负盈亏、自我发展、自我约束，同时行使陕西省电力公司物资供应管理职能，每年上缴2000万元利润。2000年，公司实现经营收入11186.3万元，利润3195.3万元；2001年，公司实现经营收入15175万元，利润3296.15万元。至2002年末，公司共有员工187人。设经营、生产、发电、基建等管理部门和实业公司。公司除负责陕西电力系统生产维修、重点技措、备品配件、基建项目、城农网改造、电网建设、产品制造和教学科研所需物资的计划、供应和管理工作外，还曾负责陕西、甘肃、宁夏、青海四省区330千伏输变电工程项目和青海李家峡水电工程的物资计划供应和管理工作。随着电力基建体制改革，1996年以来，先后以物资总代理制承包了宝鸡第二发电厂等项目的物资供应和管理工作。

2001年3月，组建由陕西省电力公司物资总公司控股，陕西电力银河集团公司等企业参股的陕西电力银河营销公司，开始建立全系统营销网络。2002年，销售额达1281.9万元。

2002 年 12 月，经过中国质量认证中心评审，公司通过 ISO 9001：2000 质量体系认证，并颁发证书。

1991～2002 年，物资公司先后获得西北电业管理局、陕西省电力公司和地方政府各种先进集体奖 16 项，获得能源部、电力工业部、国家电力公司各种先进集体和双文明荣誉称号 13 项，8 人获得省部级和局（公司）级劳动模范或先进工作者光荣称号。

# 第十章　治　安　保　卫

1991～2002 年，陕西省电力公司各级公安保卫部门负责全系统治安综合治理和安全保卫工作，宣传、贯彻国家颁布的《中华人民共和国电力法》、《电力设施保护条例》和《电力设施保护条例实施细则》等政策法令，开展电力设施保护和反窃电工作，打击破坏盗窃电力设施和窃电犯罪活动，为陕西电力生产建设和职工生命财产安全提供保障。

## 第一节　机构设置与综合治理

陕西省电力公司设有公安处，所属基层单位均设有公安保卫机构或专职保卫人员。1991 年，陕西省电力公司系统设有公安机构 25 个，其中公安处 2 个、公安局 2 个、公安科 20 个、公安派出所 1 个，共有公安干警 286 人。未设立公安机构的单位设有保卫科或专职保卫人员。当年，陕西省电力公司系统共发生刑事案件 132 起，侦破 104 起，破案率 78.9%；发生一般案件 132 起，查破 121 起，破案率为 91.7%。

1992 年，陕西省电力公司系统各单位按照“谁主管，谁负责”的原则，实行防火安全责任制，层层签订责任书。全系统开展防火安全大检查，全面配置了消防器材。当年，全系统发生刑事案件 237 起，其中盗窃案件 179 起，破案 151 起，破案率 63.7%。

1993 年，陕西省电力公司系统发生刑事案件 199 起，其中盗窃案件 185 起，诈骗案 6 起，流氓抢劫伤害案 8 起，造成经济损失折合人民币 56.5 万元。全年侦破刑事案件 124 件，破案率 62.3%。查获各类犯罪嫌疑人 187 人，其中内部职工 42 人。破案追回经济损失 32.6 万元。

1994 年，陕西省电力公司系统以社会治安综合治理为龙头，全面推行各项综合治理措施和治安承包责任制，实行治安一票否决，将治安综合治理工作纳入企业双文明建设年度目标责任考核。年初，在全系统开展电气专项防火治理工作，各有关单位组织全面检查，完善防火设备，消除火灾隐患，提高电气防火工作水平。经过冬防检查，整改火灾隐患 260 多起。当年，全系统发生刑事案件 236 起，造成损失折合人民币 141.46 万元，侦破刑事案件 184 起，破案率 78%，追缴赃款赃物折合人民币 103 万元。发生一般治安案件 470 起，查处 406 起，查处率 86.3%。

1995 年 1 月，西北电业管理局成立社会治安综合治理领导小组，办公室设在公安处，负责日常工作。4 月，开始实施《陕西电力系统公安保卫工作考核暂行办法》，对考核的目的、内容、方法作了明确规定。9 月 6 日，西北电业管理局召开社会治安综合治理领导小组会议。当年，陕西省电力公司系统实行防火工作“谁管理谁负责”，“谁组织谁负责”，“谁批准谁负责”，推行消防安全承包责任制，对全系统 43 个单位消防安全工作进行大检查，发现火灾隐患 200 多起，当场发出限期整改重大隐患 10 多起。全年发生一般火灾事故 1 起，没有发生重大火灾事故。发生刑事案件 183 起，损失折合人民币 64.42 万元，侦破案件 116 起，破案率 64.3%，追缴赃款赃物折合人民币 22.58 万元。发生一般治安案件 381 起，查处 335 起，查处率 87.9%。年末，全系统共设有公安机构 24 个，其中公安处 2 个、公安局 2 个、公安科 18 个、公安派出所两个，共有公安干警 280 人。设有保卫科 14 个，设立专职保卫人员的单位 4 个，共有保卫干部 76 人。

1996 年 4～6 月，全国开展第二次"严打"斗争，陕西省电力公司系统共侦破案件 42 起。开展了"11·9"消防日宣传和示范活动，全系统组织 11 个检查组，赴各基层单位进行防火检查，查出火险隐患 780 多起，其中重大火患 23 起，整改率 72%。全系统有 39 个单位实现全年无火灾事故。当年，全系统发生刑事案件 145 起，其中特大案件 1 起、重大案件 117 起，经济损失折合人民币 45.61 万元；侦破刑事案件 135 起，破案率 93.1%。

1996 年，陕西省电力公司系统设有公安机构 28 个，其中公安处 2 个、公安局 2 个、公安科 22 个、派出所 2 个，共有公安干警 306 人；有保卫机构 14 个，其中保卫处 1 个、保卫科 13 个，共有保卫干部 96 人。

1997 年，陕西省电力公司系统发生刑事案件 146 起，侦破 89 起，破案率 61%。全年组织 6 个检查组对直属 42 个单位进行防火检查，发生一般火灾 5 次，直接经济损失 1000 元。

1998 年，陕西省电力公司系统全面推行综合治理三级（陕西省省电力公司、直属基层单位和单位各车间部门）承包责任制，全年组织 6 个检查组对基层 43 个单位进行冬季防火大检查。当年，全系统发生刑事案件 54 起，侦破 41 起，破案率 76%。刑事案件发案率是 1991 年以来最低的一年。

1999 年 3 月 22 日，陕西省电力公司成立防火安全委员会，明确了 5 条职责。7 月 30 日，陕西省电力公司下发陕电公字［1999］16 号文《社会治安综合治理工作考核细则》，重申"谁主管谁负责"和治安综合治理一票否决制。10 月 29 日，调整社会治安综合治理委员会。11 月 5 日，制定下发陕电公字［1999］21 号文《社会治安综合治理工作考核标准》。当年，全系统发生刑事案件 59 起，侦破 58 起，破案率 98.3%，是 1991 年以来破案率最高的一年。

2000 年，陕西省电力公司系统发生刑事案件 66 起，侦破 43 起，破案率 65.2%，发生一般案件 94 起，查处 83 起，查处率 91.4%。各单位进一步加强防火管理工作，开始实施四级［省电力公司、厂（局）、车间部门和班组］防火安全责任制。全年发生一般火灾 1 起。

2001 年，陕西省电力公司系统继续实行治安综合治理四级承包责任制。全年发生刑事案件 28 起，治安案件 72 起。组织季节性防火安全大检查，发现并整改 650 多起火灾隐患。

## 第二节　电力设施保护

1991～2002 年，陕西省电力公司系统治安保卫部门配合各地公安机关严厉打击破坏和盗窃电力设施案件，保障了陕西电网安全发供电。

## 一、贯彻《电力设施保护条例》

1991 年 11 月，陕西省人民政府根据国务院《电力设施保护条例》以陕政发［1991］172 号文件颁发《陕西省电力设施保护办法》。

1992 年 7 月，陕西省电力工业局在铜川供电局召开各发供电单位贯彻执行《电力设施保护条例》和《陕西省电力设施保护办法》工作会议，各单位主管厂长、局长、公安保卫科长，陕西省公安厅、陕西省财政厅、陕西省法制局和陕西省高级法院等单位领导出席会议。12 月，国家能源部、公安部签发第 10 号令发布《电力设施保护条例实施细则》。陕西省电力工业局印制《陕西省电力设施保护办法》3 万份，工作手册 1 万本，在全省各地张贴发放，开展宣传。

1993 年，陕西省电力工业局和陕西省公安厅发出西电公字［1993］2 号文《宣传贯彻〈电力设施保护条例〉实施细则的意见》。11 月，召开陕西电力系统“电力设施行政案件执法工作会议”，请法律专家讲授立案、查证、处理、复议和诉讼等法律有关程序。

1994 年，举办贯彻《电力设施保护条例》、《陕西省电力设施保护办法》和《电力设施保护条例实施细则》法制工作培训班 2 期，培训骨干 200 人次。3 月，西北电业管理局西电公字［1994］3 号文转发最高人民法院、最高人民检察院和公安部签发的公安［1993］10 号文件《关于转发严厉打击盗窃破坏铁路、油田、电力、通信等器材设备犯罪活动的通知》。

1996 年 4 月 1 日，国家颁布实施《中华人民共和国电力法》，陕西省电力公司系统开展《中华人民共和国电力法》宣传活动。同时对各供电局 109 名干警进行电力设施保护行政执法培训，全年共培训 353 人次。健全网省地县四级电力设施保护行政执法体系，对 74 个单位颁发罚没公务证和由陕西省财政厅印发的罚没票据。

1997 年 8 月是《电力设施保护条例》颁布 10 周年，陕西省电力公司系统开展大规模宣传活动，书写标语 2100 条、张贴布告 1500 份、悬挂保护标志牌 4000 块、发放手册 4600 本。在全系统总结推广安康公安机关分片包干电力设施保护责任制和铜川供电局实行村民承包杆塔责任制经验，促进群众护线和社会护电工作。9 月，陕西省电力工业局和陕西省公安厅联合召开全省第二次电力设施保护工作会议，安排部署新时期电力设施保护工作。联合下发《关于加强全省电力设施保护工作的决定》。

1998 年 1 月 7 日，国务院重新修订颁布《电力设施保护条例》，西北电业管理局印发西电政安［1998］07 号文《关于进一步开展学习贯彻〈电力设施保护条例〉的通知》，举办 2 期培训班，近百名人员参加培训。

1999 年 5 月 6 日，陕西省电力工业局以陕电公字［1999］10 号文转发国家经贸委、公安部修订颁发的《电力设施保护条例实施细则》。4 月 15 日～5 月 15 日，以新颁布的《电力设施保护条例实施细则》为内容，在全省组织开展电力法律法规宣传月活动，印制有关宣传材料发送到广大职工和沿输电线路群众手中，及时将新法律法规在《陕西日报》等新闻媒体全文刊登，并举办新闻发布会。

## 二、打击破坏盗窃电力设施犯罪活动

1991 年，咸阳供电局保卫科配合秦都区公安分局双照派出所，摧毁 4 名破坏盗窃农用变压器 27 台、裸铝线 17 千米，价值 17 万元的破坏盗窃电力设施团伙。

1992 年，陕西电网发生破坏、盗窃电力设施案件 137 起，其中特大案件 2 起，重大案件 47 起，一般案件 88 起。共计损失塔材 788 件，导线 540 米，通信线 600 米，变压器 29 台，损失电量 109.88 万千瓦·时，直接经济损失 126.11 万元。破案 84 起，破案率 62%，追回经济损失 16.9 万元。

1993 年，陕西电网发生破坏、盗窃电力设施案件 252 起。共计损失塔材 1345 件、变压器 98 台、输电线 7.44 千米，损失电量 83.8 万千瓦·时，造成直接经济损失 143.08 万元。破案 95 起，破案率 37.7%。

1994 年，陕西电网发生破坏、盗窃电力设施案件 304 起，其中特大案件 1 起，重大案件 63 起，一般案件 240 起。造成倒杆塔 3 基，共计损失塔材 4212 件、变压器 6 台、输电线 2.39 千米，通信线 0.827 千米，损失电量 34.584 万千瓦·时，造成直接经济损失 43.2 万元。侦破案件 49 起，破案率 16.1%，追回经济损失 2.5 万元。

1995 年，陕西电网发生破坏、盗窃电力设施案件 157 起，其中特重大案件 14 起，一般案件 143 起。共计损失塔材 1911 件，输电线 2.6 千米，变压器 3 台，直接经济损失 22.6 万元。破案 30 起，破案率 19.1%，追回经济损失 1.21 万元。

1996 年，陕西电网发生破坏、盗窃电力设施案件 207 起，其中特大案件 3 起，重大案件 26 起，一般案件 178 起。造成直接经济损失 275.9 万元。侦破案件 11 起，破案率 4.34%。

1997 年，陕西电网发生破坏、盗窃电力设施案件 113 起。造成塔材损失 436 件，损失变压器 5 台，损失电量 14 万千瓦·时。破获 12 起，破案率 7.69%。

1998 年，陕西电网发生破坏、盗窃电力设施案件 139 起。损失塔材 805 件，输电线 3.1 千米，变压器 3 台。破案 26 起，破案率 7.6%。

1999 年，陕西电网发生破坏、盗窃电力设施案件 103 起。损失塔材 831 件，输电线 6.2 千米，变压器 1 台，损失电量 206 万千瓦·时。

2000 年 6 月 13 日，根据国家电力公司发输电输［2000］40 号文件要求，陕西省电力公司以陕电公字［2000］06 号文《关于陕西省电力公司电力设施保护工作情况的报告》文件向国家电力公司上报电力设施保护的基本情况、开展电力设施保护的主要工作和当前破坏盗窃电力设施案件的特点等。报告指出，1995～2000 年 5 月末，陕西电网共发生破坏电力设施案件 764 起，损害电力设施案（事）件 204 起，被盗塔材 6499 件（包括被损坏塔材 940 件），导线 22.37 千米，变压器 16 台；造成倒杆断线挖断电缆 46 次，停电损失 1480.63 万千瓦·时（包括电力设施被损害造成停电损失 360 万千瓦·时）。陕西省电力公司及所属发供电单位公安保卫部门单独或配合当地公安部门查处破坏盗窃电力设施案件 79 起，查处电力行政违法行为 460 多次；查处窃电及暴力伤害电力职工案件 760 余起，以上共处理违法犯罪人员 1060 人，其中逮捕 34 人，拘留 52 人。破坏盗窃电力设施案件的特点是发案数维持稳定或略有下降，但危害性却越来越大。

2000 年，陕西电网发生破坏、盗窃电力设施案件 671 起，其中重大案件 142 起，一般案件 529 起。11 月，按照国家电力公司发输电部要求，陕西省电力公司上报了陕西电网电力设施被破坏、盗窃的10个典型案例。

2001年，陕西电网发生破坏盗窃电力设施案件350起，其中重大案件85起，一般案件265起。

## 第三节　反窃电工作

陕西各供电局认真贯彻执行公安部、能源部1990年联合发出的《关于严禁窃电的通知》，加强反窃电工作。

1991～1993年，查处窃电67次，追补电量61万千瓦·时，追回电费46.68万元。

1994年，查处窃电30余次，追回部分经济损失。

1996年，陕西电网发生窃电案件1900多起，损失电量8000万千瓦·时，造成经济损失780多万元。西安供电局公安科摧毁一个利用"倒表器"窃电的犯罪团伙。

1997年9月，陕西省电力工业局、陕西省高级人民法院、陕西省人民检察院、陕西省公安厅和陕西省农电管理局联合发出陕电政字［1998］13号文《关于办理窃电案件运用有关法律的意见》。把窃电案件从一般的违规违章行为上升到违法犯罪的高度来查处，使打击窃电工作有法可依。各供电局把打击窃电犯罪活动列为重点工作，加大了查处力度。

1998年11月20日～1999年4月30日，陕西省公安厅和陕西省电力工业局联合在全省范围内开展了一次长达5个月的打击窃电犯罪活动专项斗争，西安等9个地市公安部门出动警力和检查人员10639人次，突击检查453次，抽查用户46251户，查出窃电户884户，违章用电户291户，查处窃电案件620起，依法传唤滞留审查涉案人员415人，刑事拘留18人，依法逮捕5人，行政处罚822人。通过立案侦查行政处罚追补损失等方式，追补电量1172.71万千瓦·时，追补电费609.15万元，追缴违约金214.96万元，挽回部分经济损失。经过打击窃电犯罪活动专项斗争，1999年1～5月，陕西电网线损同比下降0.83个百分点，少损失电量7000万千瓦·时。12月，陕西省电力公司成立陕西省电力执法总队，下设3个分队，抽调警力16人与陕西省公安厅二处共同联合办案，在西安地区专门查处窃电案件。执法总队成立半年来，挽回直接经济损失185万元，改善了西安地区的用电营业环境。

2000年6月，陕西省成立反窃电斗争领导小组，下设办公室，办公室设在陕西省电力公司公安处。7月，召开陕西省电力公司系统反窃电工作电话会议，传达全省反窃电工作会议精神，安排部署反窃电工作，要求各单位在当地综合治理委员会领导下统一行动，动员各方力量参与，形成强有力的斗争领导核心；充分发挥宣传舆论作用，造成强大的反窃电社会舆论氛围；采取多种形式、多种手段、多层次处理和加大打击力度；有关部门各司其职、紧密配合，形成斗争合力。陕西省电力公司与陕西省公安厅联合开展严厉打击窃电违法犯罪活动专项斗争，全年共查处窃电案件824起，追补电量1731.3402万千瓦·时，追缴电费及违约金1530.9万元，刑拘10人、逮捕16人、劳教5人、拘留2人。窃电猖獗势头在一些地区得到遏制，供用电秩序明显好转。

2001年，陕西省电力公司把反窃电工作作为公安保卫部门为企业服务的突破口和重要任务，全年共查处窃电案件424起，依法传唤551人次，刑拘5人，劳教2人，追缴电费及违约金821万元。

2002年1月8日，陕西省社会治安综合治理委员会、陕西省高级人民法院、陕西省人民检察院、陕西省公安厅和陕西省经济贸易委员会以陕综治发［2002］3号文件下发《关于印发陕西省打击窃电违法行为若干规定的通知》。明确陕西省打击窃电工作由陕西省反窃电领导小组全面负责。陕西省电力执法总队是全省电力行政执法机构，受省经贸委电力行政管理部门领导和管理，负责组织领导基层电力执法队伍，办理和查处电力刑事案件。2月4日，陕西省电力公司以陕电公字［2002］1号文将该通知转发陕西各供电单位，要求认真贯彻执行，加大打击窃电违法犯罪活动的力度。

# 第十一章　生　活　服　务

1991～2002年，陕西省电力公司系统实施行政后勤管理体制改革，职工生活服务与主业逐步分离，实行物业化管理，使管理更精细，服务更优质。住房制度改革使职工住房状况得到改善，职工人均居住面积由6.9米$^2$增加到43.01米$^2$。相应的生活福利配套设施和医疗卫生设施不断完善，为陕西电力生产和建设快速发展创造了条件。

## 第一节　住房制度改革

### 一、机构设置和实施办法

1992年2月，按照陕西省房改办要求，西北电业管理局成立住房制度改革领导小组，领导小组下设办公室。经省政府协调、省房改办批准，陕西省电力公司系统住房制度改革按地（市）级单位独立运作，实行由电网统一核算的体制，并确定陕西电网的住房资金由西北电业管理局在直属陕西单位范围内统一调剂使用。

1993年1月，西北电业管理局制订下发西电房改字［1993］1号文《陕西电力系统住房制度改革实施方案》和西电房改字［1993］2号文《陕西电力系统调整公有住房租金和发放住房补贴实施办法（试行）》及《陕西电力系统实行住房租赁保证金实施办法（试行）》、《陕西电力系统公有住房向职工个人出售管理实施办法（试行）》、《陕西电力系统公有住房出售价格评估实施办法（试行）》、《陕西电力系统集资建设住房实施办法（试行）》、《陕西电力系统住房资金管理核算实施办法（试行）》及《陕西电力系统住房公积金缴交实施办法（试行）》、《陕西电力系统关于违犯房改政策处罚的暂行规定（试行）》。召开了由所属基层单位厂（局）长、党委书记和工会主席参加的陕西省电力公司系统房改工作会议，要求各单位领导对住房制度改革加强领导，认真贯彻执行各项政策，按照文件要求抓紧制定各单位实施意见，并按照规定上报西北电业管理局审批后执行。当年，编印了70万字的住房制度改革政策汇编3000册，举办3期陕西省电力公司系统房改管理干部学习培训班，600人次参加。审批48个基层单位住房制度改革实施办法。对公司系统27个单位349幢住宅楼进行房产评估。用3个月时间对全系统48个单位职工家属现有住房情况进行摸底调查。全系统共有职工和家属204451人，其中家属110350人。住房建筑面积217.89万米$^2$，使用面积154.23万米$^2$，发供电企业人均7.2米$^2$，电建修造企业人均8.09米$^2$。

1994年5月，西北电业管理局房改办进一步对陕西电力系统46个单位公有住房现状及职工情况进行摸底。住房建筑总面积194.1986万米$^2$；职工和家属总人数165651人、38530户，人均居住面积6.9米$^2$；无住房户数7691户；人均住房面积2～4米$^2$的困难户

3165户；需改造的危房5966户。5月，向陕西省房改办上报陕西省电力公司系统46个单位1994、1995年度和“九五”时期职工住房建设计划，申报建设规模、计划投资和投资来源等。

陕西省电力公司系统1994～1995年和“九五”时期职工住房建设计划见表11-11-1。

表11-11-1　陕西省电力公司系统1994～1995年和“九五”时期职工住房建设计划

| 年　份 | 建设规模 | | 计划投资（万元） | 投资来源（万元） | | |
|---|---|---|---|---|---|---|
| | 计划建筑面积（米²） | 计划完成套数（套） | | 财政拨款 | 单位自筹 | 个人集资 |
| 1994 | 342748 | 5061 | 17583.40 | 5439.0 | 7145.70 | 4998.70 |
| 1995 | 309992 | 4670 | 18749.87 | 4404.6 | 8902.60 | 5442.67 |
| “九五”时期 | 839179 | 13457 | 55036.00 | 15240.2 | 20628.67 | 19167.13 |

## 二、出售公有住房

1993年8月，陕西省房改办原则同意陕西省电力公司系统47个单位554幢公有住宅楼出售的请示。12月，陕西省房改办同意西北电业管理局下属西北电建四公司等36个直属单位，以1993年度标准价向职工出售自管公有住房共计433幢，建筑面积总计106.3万米²，明确了标准价的价格，并对有关问题提出具体要求。

至1994年3月末，陕西省电力公司系统已批准出售公有住房面积133.54万米²，其中新房2.67万米²，旧房130.87万米²，出售资金14181万元。已办理售出公有住房面积98.84万米² 2010套，收回资金3787万元。

1994年，按照国务院国发［1994］43号文《国务院关于深化城镇住房制度改革的决定》精神，陕西省电力公司系统对21个单位222幢住宅楼进行了房产评估。

1995年12月，西北电业管理局分两次申请出售陕西电力系统腾空房和旧公有住房1931套，共计建筑面积11.09万米²，申请出售西安供电局等22个直属单位58幢住宅楼建筑面积16.47万米²，其中有27幢楼属1993年集资建房。

1998年，西北电力集团公司以西电集团房改字［1998］54号文下发《陕西电力系统成本价出售公有住房实施办法》。

1999年1月13日，陕西省电力公司以陕电房改［1999］2号文下发《关于陕西电力系统成本价出售公有住房实施办法的补充规定》。当年，完成公司系统48个单位成本价出售住房建筑面积29.87万米²，并完成标准价过渡成本价售房文件的审核上报和批转工作，总计3927套（户）建筑面积达220.38万米²，并对73幢楼进行了评估。

至2001年末，陕西省电力公司系统39个直属单位成本价售房29590户，建筑面积总计达216.99万米²。

### 三、集资建房

从 1994 年开始，陕西省电力公司系统职工建设住房实行国家、单位和个人三者共同负担资金，彻底改变了以往单纯由上级拨款、企业自筹资金包揽建房的旧体制。

1994～2002 年，职工集资建房新增建筑面积 168.3854 万米$^2$，其中 1999 年新增建筑面积达 62.5042 万米$^2$。9 年间，职工集资资金达 9.39 亿元，仅 1999 年职工集资就达 3.9124 亿元。

1994～2002 年陕西省电力公司系统职工集资建房建设投资计划见表 11－11－2。

表 11－11－2　1994～2002 年陕西省电力公司系统职工集资建房建设投资计划

| 年份 | 在建规模 | | 当年投资（万元） | 其中 | | | | | | 新增面积（米$^2$） |
|---|---|---|---|---|---|---|---|---|---|---|
| | 建筑面积（米$^2$） | 总投资（万元） | | 局（公司）拨款（万元） | 企业自筹（万元） | 售旧房款（万元） | 房改资金（万元） | 职工集资（万元） | 其他（万元） | |
| 1994 | 142452 | 9995.7 | 2148 | | 80 | — | — | 2068 | — | 9833 |
| 1995 | 325861 | 22401.0 | 7825 | 1000 | 1430 | — | — | 5695 | — | 96517 |
| 1996 | 227641 | 21947.0 | 7778 | 390 | 144 | — | 3981 | 3263 | — | 76176 |
| 1997 | 405066 | 31197.0 | 12985 | 2235 | 1140 | — | 2743 | 6867 | — | 153936 |
| 1998 | 1432049 | 133303.0 | 16773 | 2769 | 2230 | 250 | — | 11184 | 340 | 164808 |
| 1999 | 1202524 | 114592.0 | 62315 | 6989 | 5143 | 11059 | — | 39124 | — | 625042 |
| 2000 | 575647 | 53904.0 | 30239 | 125 | 4748 | 4956 | — | 19520 | — | 393022 |
| 2001 | 187317 | 19842.0 | 6201 | 930 | 378 | 830 | — | 4063 | — | 92843 |
| 2002 | 142899 | 12934.0 | 2439 | 223 | 100 | — | — | 2116 | — | 71677 |
| 合计 | — | — | 148703 | — | — | — | — | 93900 | — | 1683854 |

陕西省房改办规定，自 1998 年 9 月起，停止审批成本价集资建房。省电力公司经过多方努力，为系统物资总公司等 7 个单位争取到 1514 户建筑面积达 22.28 万米$^2$ 成本价集资建房的政策性指标。

2000 年，陕西省电力公司系统开始执行经济适用房政策，有 5 个单位上报全额集资建房、成本价造价或经济适用房价格出售方案，待审批后实施。

经过住房制度改革，陕西省电力公司加快了职工住宅建设，改善了职工住房条件，全系统职工人均住房建筑面积由 1994 年 6.9 米$^2$、1998 年 24 米$^2$，增加到 2001 年的 43.01 米$^2$。

## 第二节　生活服务体制改革

1993 年，西北电业管理局在三项制度改革中，提出《集团公司机关后勤体制改革实施意见》，要求机关后勤服务逐步与行政管理职能分离，成为独立核算、自负盈亏、承包经营的经济实体，在坚持为主业服务这一宗旨前提下，鼓励其积极创收，向外发展，逐步建立起适应社会主义市场经济体制要求的后勤管理体制和服务机制。

按照后勤管理与服务职能分离，精简、统一、效能的原则，西北电业管理局组建了机关工作部和生活服务公司，分别按职能设立科室和服务机构，人员实行聘用上岗，制定科室部门职责，明确分工，建立起新的运行机制。

1998 年 5 月，西北电力集团公司决定成立西北电力集团公司机关物业管理服务公司，明确物业管理服务公司的主要职责是通过内部承包方式，对机关本部和二级机构办公用房、职工住宅管理维修、后勤服务、饮食、医疗、绿化、液化气和车辆运输等实行有偿服务，归口机关行政事务部管理。由于当年正在进行网省体制分离改革，物业管理服务公司尚未进行实质性运作。

1998 年 10 月，网省体制分离后，西北电力集团公司机关物业管理服务公司划归陕西省电力公司，更名为陕西省电力公司机关物业管理服务公司。

1999 年下半年，陕西省电力公司机关物业管理服务公司从省公司机关编制中划出，成为陕西省电力公司二级机构。

2000 年 4 月 15 日，陕西省电力公司发出陕电行字［2000］02 号文《关于印发陕西省电力公司后勤体制改革物业化管理的实施办法（暂行）的通知》，要求各单位后勤服务体系要彻底与主业分离，对主业实行有偿服务。明确改革的基本思路和原则，实施物业化管理的主要内容、步骤以及后勤体制改革需要支持和解决的几个问题。

至 2001 年末，陕西省电力公司直属单位中已有 31 个建立物业管理服务公司或成立物业管理服务部门。

## 第三节 生活服务设施

1991～2002 年，陕西省电力公司系统不断改善所属单位生活服务设施，为职工营造和谐舒适的工作、生活环境，提高职工生活质量，增强了企业凝聚力和向心力。

### 一、职工住宅

经过住房制度改革，陕西省电力公司系统通过向职工出售公有住房和集资建房，职工住房条件得到改善，人均住房面积增加。住房结构布局更加合理，设施进一步完善，普遍有了客厅、餐厅、卧室、卫生间、厨房和全封闭的阳台。厨房装置电炉、电磁灶或液化气灶，卫生间安装了淋浴器或浴盆，大部分住户通有暖气、户户配备了闭路电视、电脑网络和座机电话，房内大都安装了空调。1994 年，开始集资建造高层职工住宅。

### 二、职工餐厅

自 1999 年起，职工用餐开始实行计算机 IC 卡智能化管理系统。职工餐厅除了作为职工用餐外，有的还设有包间雅座，用以接待大型会议代表用餐及宴会用餐。有的单位将职工餐厅划归多种经营对外承包经营。

### 三、文体活动场所

系统内有的单位建起了俱乐部或文化宫，用于召开职工大会或文艺演出。大部分单位在职工住宅区建起了文化活动室（站），有的建起了乒乓球室、健身房、灯光球场和门球场等体育锻炼场所。

### 四、招待所、宾馆、饭店

各单位招待所设施进一步完善，档次不断提高，设有标准间、单人间，房内设置空调、彩电、卫生间，全部对社会开放。除原先建成的万年饭店外，汉中供电局和榆林供电公司还分别开办了星级宾馆、饭店，设餐饮、住宿以及会议、健身等服务，采取承包经营方式，面向社会接待。

## 第四节 医疗卫生

1991～2002年，陕西省电力公司系统基层单位的医疗卫生机构和西安电力中心医院医疗卫生设施不断改善，医疗卫生水平不断提高。

### 一、基层单位医疗卫生机构

1991～1993年，陕西省电力公司系统基层单位共有医疗卫生院所38个，其中医院6个，卫生所（院）29个，医务室3个。1994～2001年，又新增宝鸡供电局和陕西送变电工程公司2个职工医院，医疗卫生院所达到40个。2002年，陕西省电力公司老干所医务室撤销，陕西省电力公司系统共有医疗卫生院所39个，其中医院8个，卫生所（院）31个，均由各单位领导和管理，经营模式为非盈利性。

1991年，陕西省电力公司系统基层单位有医疗卫生人员471人，2002年，增加到655人。1991年，具有高级职称的19人，中级职称的108人，初级职称的243人。至2002年末，具有高级职称的27人，中级职称的127人，初级职称的309人。

1991年，全系统基层单位医疗卫生机构设有病床229张，2002年增加到446张。年门诊量1991年为376337人次，至2002年达649674人次，1997年最高时达810721人次。1991年基层单位各院所固定资产643.58万元，2002年增加到2645.02万元。

1991～2002年陕西省电力公司系统基层单位医疗卫生综合情况见表11-11-3。

1996年，陕西省电力公司对基层单位卫生院所医疗设备设施进行普查，咸阳、宝鸡、渭南及安康4个供电局，灞桥热电厂、秦岭发电厂、渭河发电厂、韩城发电厂、蒲城发电厂、户县热电厂、略阳发电厂、宝鸡发电厂，安康水力发电厂，陕西（西北）电建总公司，西北电建一公司，西北电建三公司和陕西送变电工程公司等18个单位购置了X光机、心电图机、B超机等医疗设备。陕西送变电工程公司、安康供电局和渭河发电厂等卫生院所购置了尿检自动分析仪、生化分析仪等医疗设备。秦岭发电厂、略阳发电厂、咸阳供电局、西北电建三公司和陕西送变电工程公司等单位还配备了救护车。

表 11-11-3　1991～2002 年陕西省电力公司系统基层单位医疗卫生综合情况

| 序号 | 年份 | 医疗卫生院所数（个） | | | | 病床数（张） | 医护人员总数（人） | 专业技术职称情况（人） | | | | 年门诊数（人次） | 固定资产（万元） |
|---|---|---|---|---|---|---|---|---|---|---|---|---|---|
| | | 合计 | 其中 | | | | | 合计 | 其中 | | | | |
| | | | 医院 | 所（院） | 室 | | | | 高级职称 | 中级职称 | 初级职称 | | |
| 1 | 1991 | 38 | 6 | 29 | 3 | 229 | 471 | 370 | 19 | 108 | 243 | 376337 | 643.58 |
| 2 | 1992 | 33 | 6 | 29 | 3 | 290 | 499 | 387 | 20 | 114 | 253 | 598856 | 2095.00 |
| 3 | 1993 | 38 | 6 | 29 | 3 | 290 | 499 | 387 | 20 | 114 | 253 | 599613 | 2095.00 |
| 4 | 1994 | 40 | 8 | 29 | 3 | 310 | 527 | 410 | 21 | 125 | 264 | 590604 | 2126.48 |
| 5 | 1995 | 40 | 8 | 29 | 3 | 405 | 637 | 496 | 28 | 158 | 310 | 782473 | 2499.85 |
| 6 | 1996 | 40 | 8 | 29 | 3 | 405 | 713 | 552 | 31 | 171 | 381 | 787272 | 2636.07 |
| 7 | 1997 | 40 | 8 | 29 | 3 | 446 | 700 | 532 | 30 | 148 | 354 | 810811 | 2636.07 |
| 8 | 1998 | 40 | 8 | 29 | 3 | 449 | 679 | 522 | 30 | 135 | 357 | 691263 | 2636.07 |
| 9 | 1999 | 40 | 8 | 29 | 3 | 413 | 674 | 505 | 29 | 135 | 341 | 795195 | 2636.07 |
| 10 | 2000 | 40 | 8 | 31 | 1 | 413 | 674 | 505 | 29 | 135 | 341 | 767525 | 2636.07 |
| 11 | 2001 | 40 | 8 | 31 | 1 | 424 | 674 | 513 | 29 | 135 | 349 | 786200 | 2636.07 |
| 12 | 2002 | 39 | 8 | 31 | | 446 | 655 | 463 | 27 | 127 | 309 | 649674 | 2645.02 |

陕西省电力公司系统各基层单位医疗卫生院所除开展日常医疗门诊外，还给职工家属举办卫生知识讲座，应对季节性、职业性和各类慢性疾病的发生，定期举办卫生宣传栏，宣传疾病发生原因、治疗办法和预防措施等。每年定期对职工家属和儿童接种卡介苗、注射疫苗，定期对职工和离退休人员免费体检。各医疗卫生院所还配合单位做好计划生育工作，开展对职工餐厅食品卫生监督检查工作。

**二、西安电力中心医院**

西安电力中心医院是一座综合性二级甲等医院，位于西安市东郊长缨东路 99 号，其前身为西北电业管理局西安电力职工医院，始建于 1983 年 1 月。1986 年 6 月 27 日更名为西安电力中心医院，隶属西北电业管理局。1998 年 10 月，网省体制分离后，隶属陕西省电力公司。

1988 年 7 月 1 日，西安电力中心医院开始试接诊，10 月正式对外门诊。全院占地面积 68960 米$^2$，门诊楼面积 6000 余米$^2$。1991 年，建筑面积 10635 米$^2$ 住院大楼正式投入使用，2002 年，又有 2500 余米$^2$ 新住院大楼投入使用。

1993 年 11 月，西安电力中心医院通过卫生部二级甲等医院评审。1994 年，被陕西省卫生厅、陕西省物价局确认为二级甲等医院。1998 年 7 月，成为第四军医大学教学医院。

1991～2002 年，西安电力中心医院始终坚持“质量第一、服务第一、患者第一”原则，加强医护人员医德医风教育，发扬救死扶伤人道主义精神，热情为广大电力职工和社会患者提供优质服务。12 年间，共收治住院患者 35000 人次，门诊急诊人数 48 万余人次，完成体检 20 万人次。1991 年业务收入 216 万元，2002 年增加到 2257.6 万元，病床利用率逐年提高。

至 2002 年末，医院固定资产总额 7505 万元，其中医疗设备 3500 万元。设有内科（呼吸内科、消化内科、神经内科、心血管内科、血液内科等）、外科（普通外科、神经外科、骨科、泌尿外科、胸外科等）、肿瘤科、妇产科、小儿科、口腔科、皮肤科、眼科、耳鼻喉科、检验科、麻醉科、放射功能科（CT、B 超）和中医科等 30 多个临床和医疗门诊科室，有病床 300 张。员工 426 人，其中具有高级职称 54 人，中级职称 104 人（技师 1 人），初级职称 171 人。卫生技术人员 275 人，其中主任医师 6 人，副主任医师 45 人，主治医师 82 人，医师护士 142 人。

1994、1996、1997 年，西安电力中心医院荣获陕西省卫生系统精神文明建设“创佳评差”竞赛最佳单位；1995 年获省卫生系统“卫生防病工作达标单位”和西安市新城区“双文明”单位；1996 年荣获西北电业管理局系统“双文明单位”和西安市卫生系统“护理工作先进集体”；1996 年和 1997 年连续获得陕西省卫生厅西安地区“行业作风建设先进单位”；1998 年获西安地区“行风建设先进单位”；1999 年获陕西省电力公司“双文明单位”和中电联全国电力行业护理竞赛第二名等荣誉称号。

1991～2002 年西安电力中心医院医疗卫生综合情况见表 11-11-4。

表 11-11-4 1991～2002 年西安电力中心医院医疗卫生综合情况

| 年份 | 病床数（张） | 医护人员总数（人） | 专业技术职称（人） |  |  |  | 卫生技术人员（人） |  |  |  |  | 年门诊数（次） | 固定资产（万元） |
|---|---|---|---|---|---|---|---|---|---|---|---|---|---|
|  |  |  | 合计 | 其中 |  |  | 合计 | 其中 |  |  |  |  |  |
|  |  |  |  | 高级职称 | 中级职称 | 初级职称 |  | 主任医师 | 副主任医师 | 主治医师 | 医师（护士） |  |  |
| 1991 | 151 | 431 | 318 | 23 | 69 | 226 | 278 | — | 20 | 60 | 198 | 53299 | 3199.1 |
| 1992 | 239 | 437 | 326 | 25 | 72 | 229 | 284 | — | 24 | 63 | 197 | 51341 | 3610.9 |
| 1993 | 300 | 421 | 327 | 26 | 76 | 225 | 283 | 1 | 23 | 70 | 189 | 39887 | 4441.2 |
| 1994 | 300 | 442 | 324 | 29 | 89 | 206 | 285 | 1 | 25 | 79 | 180 | 33674 | 4631.5 |
| 1995 | 300 | 488 | 325 | 30 | 96 | 199 | 302 | 1 | 28 | 83 | 173 | 34578 | 5250.5 |
| 1996 | 310 | 468 | 340 | 35 | 101 | 204 | 309 | 5 | 30 | 85 | 179 | 51053 | 5822.5 |
| 1997 | 308 | 466 | 354 | 39 | 103 | 212 | 308 | 6 | 28 | 84 | 186 | 43017 | 6526.2 |
| 1998 | 300 | 428 | 319 | 39 | 81 | 199 | 283 | 6 | 30 | 65 | 176 | 44358 | 6582.1 |
| 1999 | 300 | 429 | 314 | 36 | 82 | 196 | 283 | 6 | 27 | 66 | 174 | 42146 | 6692.7 |

续表

| 年份 | 病床数（张） | 医护人员总数（人） | 专业技术职称（人） | | | | 卫生技术人员（人） | | | | | 年门诊数（次） | 固定资产（万元） |
|---|---|---|---|---|---|---|---|---|---|---|---|---|---|
| | | | 合计 | 其中 | | | 合计 | 其中 | | | | | |
| | | | | 高级职称 | 中级职称 | 初级职称 | | 主任医师 | 副主任医师 | 主治医师 | 医师（护士） | | |
| 2000 | 300 | 430 | 311 | 44 | 88 | 179 | 289 | 9 | 46 | 65 | 165 | 32490 | 5582.5 |
| 2001 | 300 | 432 | 319 | 50 | 96 | 173 | 287 | 11 | 52 | 76 | 145 | 27079 | 7535.9 |
| 2002 | 300 | 426 | 329 | 54 | 104 | 171 | 275 | 6 | 45 | 82 | 142 | 24049 | 7505.8 |

**注** 1991～1999 年固定资产数据中包括职工住宅楼资产数，2000～2002 年已减除。

# 第十二篇　党　　　群

# 第十二篇　党　　群

1991～2002年，陕西省电力公司系统各级党组织认真贯彻执行党的路线、方针、政策，充分发挥政治核心作用，全心全意依靠工人阶级，紧密结合陕西省电力生产建设实际，一手抓物质文明建设，一手抓精神文明建设，带领广大职工推动陕西电力事业稳步发展，为全省经济社会发展和人民群众生产生活提供优质可靠的电力服务。同时，加强党的自身建设，基层党组织和党员队伍不断发展壮大，领导班子建设、职工队伍建设、党风廉政建设和行业作风建设得到加强，保证了企业的发展和队伍的稳定，树立了陕西电力的良好形象。加强对工会、共青团等群众组织的领导，支持其各自独立开展工作。

## 第一章　中共陕西省电力公司系统党组织

按照《中国共产党章程》和《中华人民共和国全民所有制工业企业法》的规定，陕西省电力公司和直属单位都设立有中国共产党的组织。陕西省电力公司设立党组，直属单位设立党委（党总支）。公司党组和直属单位党委（党总支）按照《中国共产党章程》赋予的职责，在上级党组织和当地党组织的领导下开展工作。

### 第一节　党　组　织

中共陕西省电力公司党组是陕西省电力公司系统的领导核心，负责在全系统贯彻执行党的路线、方针、政策；讨论和决定本系统的重大问题；做好干部管理工作；团结非党干部，带领广大职工，完成党和国家交给的任务；领导公司机关和直属单位党委（党总支）的工作。

**一、中共陕西省电力公司党组**

1991～2002年，陕西省电力管理体制变革比较频繁。由于实行网省体制分离、政企分开、厂网分开改革，中共陕西省电力公司党组组成也随之发生多次变化。

1991～2002年中共陕西省电力公司党组组成变化情况见表12-1-1。

**二、直属单位党组织**

陕西省电力公司机关和直属企事业单位均设有党组织，在企业中发挥政治核心作用，围绕企业生产经营开展工作。保证和监督党及国家的方针、政策在本企业的贯彻执行；支持股东会、董事会、监事会和局（厂）长、经理依法行使职权；全心全意依靠职工群众，支持职工代表大会的工作；参与企业重大问题决策；集中抓好党组织自身的思想、组织和作风建设，领导企业的思想政治工作、精神文明建设和工会及共青团等群众组织。

表 12-1-1　1991～2002 年中共陕西省电力公司党组组成变化情况

| 时　间 | 党组成员 | 党组书记 | 党组副书记 | 任命机关、文件 |
|---|---|---|---|---|
| 1990-06 | 刘　宏　郭九洲　浮宗治　万海根　陈彦钧　张自清　罗恢明 | 刘　宏 | 郭九洲 | 中共能源部党组<br>能党任［1990］26 号 |
| 1992-04 | 刘　宏　郭九洲　黄　莺　浮宗治　张自清　罗恢明　陈忠智 | 刘　宏 | 郭九洲<br>黄　莺 | 中共能源部党组<br>能党任［1992］16 号 |
| 1996-05 | 丁中智　郭九洲　黄　莺　张自清　罗恢明　陈忠智　薛　光　徐建国 | 丁中智 | 郭九洲<br>黄　莺 | 中共电力工业部党组<br>电党任［1996］12 号 |
| 1997-11 | 丁中智　郭九洲　黄　莺　罗恢明　陈忠智　谢振华　赵杰臣　薛　光　徐建国 | 丁中智 | 郭九洲<br>黄　莺 | 中共电力工业部党组<br>中共国家电力公司党组<br>国电党任［1997］27 号 |
| 1998-04 | 丁中智　郭九洲　黄　莺　谢振华　赵杰臣　罗恢明　陈忠智　薛　光　徐建国 | 丁中智 | 郭九洲<br>黄　莺 | 中共国家电力公司党组<br>国电党任［1998］9 号 |
| 1998-10 | 赵杰臣　陈忠智　万明善　吕云仑　刘肇绍　李顺典　李长安 | 赵杰臣 | — | 中共国家电力公司党组<br>国电党任［1998］34 号 |
| 2000-10 | 赵杰臣　万明善　吕云仑　吴　静　杨　毅　李顺典　李长安 | 赵杰臣 | — | 中共国家电力公司党组<br>国电党任［2000］41 号 |
| 2002-01 | 赵杰臣　万明善　吕云仑　吴　静　杨　毅　李顺典　李长安　王天才 | 赵杰臣 | — | 中共国家电力公司党组<br>国电党任［2002］26 号 |

陕西省电力公司各基层企业根据生产经营和管理工作需要，以及党员人数情况，按照《中国共产党章程》规定，建立有党委、党总支部、党支部和党小组。基层单位党委均设有纪律检查委员会和组织、宣传等职能部门，配有专职或兼职党委书记、党委副书记。1991年，陕西省电力公司系统有基层党委46个，党总支部23个，党支部689个，党小组1669个，党员13362人，占职工总人数的25.45%。其中，直属单位有党委43个，党总支部20个，党支部576个，党小组1443个，党员11179名，党员占职工总人数的22.3%。同时代管部属在陕西的西北电力设计院、西北水电勘测设计研究院和西安热工研究所党的工作。这3个单位有党委3个，党总支部3个，党支部113个，党小组226个，党员2183名，党员占职工总人数的28.8%。

1998年10月，网省体制分离。陕西省电力公司党组不再代管西北电力设计院、西北水电勘测设计研究院和西安热工研究所党的工作。

1991～2002年陕西省电力公司系统基层单位党组织情况见表12-1-2。

表12-1-2　　1991～2002年陕西省电力公司系统基层单位党组织情况　　单位：人

| 年　份 | 基层单位党委数 | 党总支部数 | 党支部数 | 党小组数 | 党员人数 | 发展新党员数 | 申请入党人数 |
|---|---|---|---|---|---|---|---|
| 1991 | 46 | 23 | 689 | 1669 | 13362 | 366 | 4298 |
| 1992 | 47 | 22 | 707 | 1708 | 14213 | 359 | 4119 |
| 1993 | 47 | 27 | 729 | 1802 | 14808 | 332 | 4492 |
| 1994 | 47 | 32 | 798 | 1760 | 15701 | 382 | 4963 |
| 1995 | 47 | 34 | 820 | 1867 | 16379 | 504 | 5062 |
| 1996 | 46 | 32 | 872 | 1793 | 17084 | 502 | 5783 |
| 1997 | 47 | 34 | 836 | 1868 | 17822 | 584 | 6070 |
| 1998 | 46 | 37 | 807 | 1672 | 17344 | 545 | 5026 |
| 1999 | 41 | 42 | 699 | 1484 | 15649 | 496 | 4609 |
| 2000 | 40 | 46 | 637 | 1333 | 15385 | 561 | 4389 |
| 2001 | 40 | 57 | 669 | 1332 | 15380 | 497 | 4283 |
| 2002 | 42 | 51 | 673 | 1327 | 15986 | 559 | 4422 |

至2002年末，陕西省电力公司系统有基层单位党委42个，党总支部51个，党支部673个，党小组1327个，党员15986名，党员占职工总人数的35.28%，其中，女党员2835名，占党员总人数的17.7%；少数民族党员148人，占党员总人数的0.98%；大中专以上文化程度的党员8234人，占党员总人数的51.5%；工人党员4575人，占党员总人数的28.6%。2002年共发展新党员559名。

2002年中共陕西省电力公司直属单位基层党组织情况见表12-1-3。

表 12-1-3 2002年中共陕西省电力公司直属单位基层党组织情况 单位：人

| 序号 | 单 位 | 党委数 | 党总支部数 | 党支部数 | 党小组数 | 党员人数 | 发展新党员数 | 申请入党人数 |
|---|---|---|---|---|---|---|---|---|
| 1 | 灞桥发电有限责任公司 | 1 | 1 | 19 | 69 | 585 | 9 | 120 |
| 2 | 户县热电厂 | 1 | 3 | 16 | 69 | 529 | 29 | 187 |
| 3 | 韩城发电厂 | 1 | 1 | 29 | 70 | 648 | 28 | 171 |
| 4 | 略阳发电厂 | 1 | 2 | 10 | — | 352 | 13 | 114 |
| 5 | 延安发电厂 | 1 | — | 6 | 8 | 155 | 5 | 42 |
| 6 | 蒲城发电有限责任公司 | 1 | — | 24 | 49 | 467 | 26 | 284 |
| 7 | 石泉水电厂 | 1 | — | 9 | 4 | 139 | 5 | 56 |
| 8 | 安康水电厂 | 1 | 1 | 15 | 23 | 248 | 10 | 131 |
| 9 | 韩城发电有限责任公司 | — | 1 | 2 | 4 | 25 | 1 | 9 |
| 10 | 石泉发电有限责任公司 | — | 1 | 2 | — | 10 | — | 1 |
| 11 | 陕西电力发电有限责任公司 | — | — | 1 | — | 21 | — | — |
| 12 | 西安供电局 | 1 | 2 | 29 | 100 | 842 | 13 | 195 |
| 13 | 西安高压供电局 | 1 | — | 16 | 54 | 415 | 15 | 159 |
| 14 | 渭南供电局 | 1 | 4 | 28 | 100 | 908 | 23 | 65 |
| 15 | 宝鸡供电局 | 1 | 2 | 27 | 89 | 827 | 43 | 244 |
| 16 | 咸阳供电局 | 1 | 3 | 21 | 74 | 654 | 19 | 81 |
| 17 | 汉中供电局 | 1 | 1 | 20 | 54 | 521 | 20 | 138 |
| 18 | 铜川供电局 | 1 | 1 | 18 | 45 | 427 | 8 | 143 |
| 19 | 安康供电局 | 1 | — | 13 | 14 | 338 | 15 | 85 |
| 20 | 延安供电局 | 1 | 1 | 14 | 41 | 409 | 5 | 58 |
| 21 | 商洛供电局 | 1 | — | 15 | 46 | 304 | 16 | 102 |
| 22 | 榆林供电公司 | 1 | — | 8 | 12 | 102 | 3 | 32 |
| 23 | 陕西（西北）电力建设总公司 | 1 | 2 | 19 | — | 381 | 12 | 70 |
| 24 | 西北电力建设一公司 | 1 | 1 | 28 | 41 | 677 | 38 | 101 |
| 25 | 西北电力建设三公司 | 1 | 4 | 23 | 24 | 494 | 17 | 56 |
| 26 | 西北电力建设四公司 | 1 | 8 | 47 | 92 | 992 | 45 | 190 |
| 27 | 陕西送变电工程公司 | 1 | 1 | 19 | 47 | 497 | 30 | 166 |
| 28 | 西安电力机械厂 | 1 | 2 | 28 |  | 656 | 11 | 56 |
| 29 | 西安电力树脂厂 | 1 | — | 6 | 15 | 163 | 4 | 54 |
| 30 | 西北电力建设器材总厂 | 1 | — | 8 | 19 | 229 | 3 | 56 |

续表

| 序号 | 单　　位 | 党委数 | 党总支部数 | 党支部数 | 党小组数 | 党员人数 | 发展新党员数 | 申请入党人数 |
|---|---|---|---|---|---|---|---|---|
| 31 | 陕西电力线路器材厂 | 1 | — | 5 | 15 | 130 | 1 | 25 |
| 32 | 秦川电站仪表厂 | 1 | — | 9 | 20 | 163 | 3 | 24 |
| 33 | 宝鸡电力设备厂 | 1 | — | 10 | 14 | 250 | 1 | 45 |
| 34 | 宝鸡铁塔厂 | 1 | — | 10 | 23 | 186 | 8 | 51 |
| 35 | 陕西电力物资总公司 | 1 | — | 5 | 16 | 92 | 4 | 33 |
| 36 | 西北电力试验研究院 | 1 | — | 9 | 16 | 240 | 8 | 30 |
| 37 | 陕西省电力设计院 | 1 | — | 8 | 16 | 109 | 5 | 33 |
| 38 | 西北电力职工培训中心 | 1 | 4 | 28 | — | 608 | 36 | 855 |
| 39 | 西安电力工业学校 | 1 | 2 | 9 | 12 | 265 | — | — |
| 40 | 西安电力中心医院 | 1 | — | 6 | 11 | 187 | 4 | 24 |
| 41 | 陕西电力信通公司 | 1 | — | 2 | — | 23 | 1 | 21 |
| 42 | 陕西银河物业公司 | — | 1 | 2 | — | 14 | 3 | 25 |
| 43 | 陕西电力银河集团公司 | 2 | — | 12 | 3 | 137 | 6 | 44 |
| 44 | 陕西电力旅游公司 | 1 | — | 2 | — | 13 | — | 10 |
| 45 | 陕西电力燃料公司 | — | 1 | — | — | 13 | 1 | 12 |
| 46 | 陕西省电力公司机关 | 1 | 1 | 36 | 18 | 541 | 12 | 24 |
| 合　　计 | | 42 | 51 | 673 | 1327 | 15986 | 559 | 4422 |

**注**　党员人数和党组织统计中包括离退休职工中的党员和党组织。

## 第二节　重大决策与举措

1991～2002年，中共陕西省电力公司党组按照党的路线、方针、政策，对陕西省电力工业在改革发展、生产建设及经营管理等方面遇到的重大问题，认真调研，充分论证，科学决策，合理实施，推动了陕西电力工业可持续发展。

### 一、开展劳动、人事、工资三项制度改革

1992年，能源部召开了推进劳动、人事、工资三项制度配套改革会议，要求在全系统开展劳动、人事、工资三项制度改革（简称“三改”），并在部分企业进行试点。12月，能源部召开了电力企业三项制度改革座谈会，交流了试点企业经验，修订了“三改”实施方案，明确要求1993年在全系统全面开展“三改”工作。

1992年9月，中共陕西省电力公司党组按照能源部的要求，在渭河发电厂召开“三

改”部署会。1993年，在陕西省电力工作会议上，省公司党组对“三改”工作提出了具体要求，并发出了《劳动、人事、工资三项制度配套改革实施意见》，成立了以总经理、党组书记为组长的“三改”领导小组，从机关10个有关部门抽调了60余名干部组成办公室，下设宣传教育综合、考试考核、“四定”（定编、定岗、定员、定责）、劳动测评4个专业组。

1993年5月，陕西省电力公司机关和基层单位的“三改”工作相继展开。

三项制度改革共经历了4个阶段。第一阶段是动员和学习文件，提高认识；第二阶段是“四定”；第三阶段是进行岗位测评和双向选择；第四阶段是建章立制和总结考评验收。在“三改”开展过程中，坚持四条原则：一是公平竞争原则，做到“四公开”[公开“四定”方案、公开双向选择办法、公开选择职（岗）位、公开选择结果]；二是德才兼备原则，严格按照岗位要求，选贤任能，实行择优竞争上岗；三是量才使用和因岗择人原则，实行双向选择聘任（用），合理劳动组合，做到人尽其才，才尽其用；四是动态组合原则，对组合上岗人员，一律实行聘任和任期制度，并形成动态机制。

陕西省电力公司党组制定了“三改”目标和指导思想：实行合理劳动组合，实现择优上岗的合同化管理，废除干部职务终身制，打破干部、工人的身份界限，做到干部能上能下，职工能进能出，形成双向选择、竞争上岗的用人新机制；破除分配中的平均主义，实行工资、奖金随工作责任、贡献、能力和业绩决定，以充分体现社会主义按劳分配的基本原则。通过三项制度改革，在全系统初步形成一个以竞争激励为主要标志的新机制。

通过改革劳动制度，按照“精干、效能、科学管理”的原则，调整了劳动组织设置，确定了合理的岗位和定员。根据完成任务的质量、数量要求，做到用人有定员，上岗有条件，在岗有责任，工作有考核，初步实现了劳动力的合理配置。上岗人员签订了劳动合同，制定了动态管理制度，建立了培训办法。精简了机构，减少了人员，公司机关职能部门由原来的32个精简为23个，其中剥离为多种经营和二级机构的4个，机关本部职能部门只有19个。机关本部人数为341人，比部颁标准人数389人少12.3%，比“三改”前的495人减少了31.1%。

对领导干部岗位的聘任（用），除按有关规定选举产生的职位、上级任命的职位外，其他所有职位一律实行聘任（用）制。严格按照党的干部政策，坚持“四化”（革命化、年轻化、知识化、专业化）要求，通过个人申请、考试考核、答辩，经干部、组织部门考察，集体讨论，实行双向选择，择优竞聘。聘任（用）实行“五公开”（公开职务职数、公开任职条件、公开职位职责、公开任期目标、公开职位待遇），以工作需要为前提，个人素质为条件，在“平等、公开、公正”原则下，对所有职位实行了择优聘任（用），并签订合同，实行动态考核管理制度。公司机关按双向选择原则聘任了55名处级干部，其中有12名副处级干部通过竞争走上正处级岗位，9名一般干部通过竞争走上副处级领导岗位。

在“三改”中，对管理岗位、专业技术岗位和工人岗位采取调查写实的方法，进行了科学、合理、可行的岗位劳动功能评价。综合平衡各岗位等级关系和岗位结构，在拉开合理分配差距的基础上，坚持向技术要求高、责任重、贡献大的主要岗位倾斜。制定了动态考核管理的岗位技能工资实施方案，并使之达到“五个实现”（实现新旧工资制度平稳过渡；实现新的分配机制能够按照工人的劳动成果与岗位责任制完成情况挂钩分配；实现新的分配机制能激励职工钻研技术、提高技术业务水平；实现新的分配机制能基本使职工的工资等级与技术等级对应一致；实现新的分配机制能够使职工的收入与企业的经济效益紧密联系）。

针对所有职（岗）位，实行一职一薪，一岗一薪、以职（岗）定薪，薪随职（岗）走。制定了动态的奖励考核办法，把省公司系统的各种奖金一律纳入了月度、季度、年终考核，确定了各职（岗）位的奖金分配系数，严格奖励考核制度。

1993 年 10 月，公司机关和直属基层单位的“三改”工作陆续完成阶段性任务。机关的“三改”工作通过了电力工业部的考评认定。同时，公司对直属单位的“三改”工作逐一考评认定。

至 1994 年末，陕西省电力公司系统“三改”取得了阶段性成果，各基层单位的“三改”工作全部通过了西北电业管理局的考评验收。“三改”工作告一段落后，各单位坚持引入竞争机制，对缺岗、空岗一律采用公开招聘、考聘，全面建立了劳动合同制度，对全体职工实行劳动合同化管理。到 1995 年末，全系统 42 个单位 54811 名职工完成了劳动合同的签订及鉴定工作，占到职工总数的 97%以上，“三改”使企业在减人增效方面取得显著成效。

**二、实施两个层面十三项改革**

1999 年 2 月 24 日，在陕西省电力公司首届一次职代会暨电力工作会议上，公司党组做出“要以改革为动力，统揽全局，促进发展，把改革作为全年工作的主旋律，按照国家电力公司第二步改革战略部署，积极推进两个层面十三项改革”的决策。第一个层面的 3 项改革是政企分开、厂网分开和农电体制改革；第二个层面的 10 项改革是第一个层面的配套改革，重点是企业内部的机制创新。并明确了各项改革的具体目标和任务。

第一个层面：

政企分开的改革。就是根据国务院办公厅相关文件精神和国家电力公司第二步改革总体部署，把陕西省电力公司（陕西省电力工业局）的行政管理职能移交陕西省政府经济综合管理部门，撤销陕西省电力工业局。

厂网分开的改革。就是把陕西省电力公司直接管理的发电厂除留少数调峰、调频电厂外，其余移交国家成立的全国性发电公司。

农电体制改革。按照国务院要求，全面推进农电两改一同价，完成直供直管县的乡镇电管站体制改革，使电管站成为县电力局的直属供电所，实行收支两条线，减少农村供用电环节。积极推进县电力局为实体的改革，直供直管县电力局改组为各供电局的子公司，实现城乡电网一体化管理。

第一个层面的 3 项改革按照国家电力公司、省委、省政府的统一部署进行。

第二个层面：燃料、物资、教育、修造、基建、多经、检修、运行、事业单位的体制改革和人事制度改革。这些改革紧紧围绕两个根本性转变，大力实施开放带动战略，重在体制改革、制度创新和机制创新。成熟一个启动一个，相互借鉴，相得益彰，用 1～2 年时间完成。

1999 年，两个层面 13 项改革取得显著成效：

政企分开改革制订了方案，理清了职能，提出具体实施意见。并筹划成立陕西省电力行业协会，履行行业管理职能。

厂网分开已将灞桥、韩城、渭河一期、户县、略阳、石泉等 6 个电厂资产重组，全部划转西北电力开发有限责任公司经营，形成陕西发电市场由渭河、秦岭、蒲城、宝鸡、电开发 5 大发电有限公司为市场主体的格局，为国家层面的“厂网分开”做好准备，创造条件。

农电体制改革完成直供直管县（市、区）乡镇电管站体制改革，农村电工比原来减少 58%。规范供电所管理，初步实现农村用电“三公开”、“四到户”、“五统一”。农网建设改造后农村电网低压线损率普遍降到 12%以下，农村电价普遍降低 0.03 元/（千瓦·时），减轻农民负担 4500 多万元，拓展了农村用电市场。

第二个层面 10 项改革全面推进。完成燃料和物资公司制改组和实体化运作。与国内外一流企业合资合作，对秦川电站仪表厂、宝鸡电力设备厂及西安电力机械厂 3 个修造企业和银河电气设备有限公司、银河电力电缆有限公司两个多经企业实行资产重组和资源优化配置。稳妥地向发电厂分流基建施工人员 1000 人。将西安电力高等专科学校和西北电业职工大学两校合并，成立西北电力职工培训中心。组建陕西电力信通有限责任公司，开展商业化运营。组建陕西银河旅游有限责任公司，发展旅游事业。对西北电力试验研究院等事业单位提出实行企业化运营的实施意见。调整西安供电局管理体制，组建西安高压供电局。

2000 年，各项改革继续深入。3 月，成立陕西省电力行业协会，界定了政府、企业和行业的管理职责。11 月，陕西电力银河集团公司暨银河集团挂牌成立。扩大职工“6.2.2”动态管理机制试点面，对管理干部实行公开招聘。在多经、修造企业开展经营者年薪制试点，加强对经营者业绩考核。通过主辅分开、体制外分流、职工动态管理、清理计划外用工等措施，全年实现减人 10239 人，其中成建制剥离 4115 人，解除劳动合同 511 人，内部退养 410 人，向多种产业分流 3978 人，清退临时用工 1225 人。

2001 年 6 月，国家经贸委同意撤销陕西省电力工业局。至此，完成了省级层面的政企分开。12 月，把西北电力发电有限责任公司改组为陕西电力发电有限责任公司。

2002 年末，按照国家厂网分开改革的总体要求，陕西省电力公司着手将蒲城发电有限责任公司、陕西发电有限公司等发电企业的资产、人事关系分别移交华电集团公司和大唐集团公司。

**三、加快陕西主电网向榆林送电**

随着西部大开发的步伐加快，陕西榆林地区经济特别是能源化工资源的开发和建设迈上新台阶，1997 年以后，该地区的用电量每年以 20%以上的幅度增长，2001 年用电高峰期电力缺口达 10 万千瓦左右。

1996 年 6 月 5 日，西北电业管理局以西电劳字［1996］14 号文件决定成立“西北电业管理局榆林地区电力工作委员会”和“西北电力集团公司榆林分公司”。1998 年底，更名为陕西省电力公司榆林分公司。2001 年 1 月 11 日，陕西省电力公司榆林分公司更名为榆林供电公司。

榆林 110 千伏地方电网一直未与陕西电网连接。为从根本上改变榆林地区供电结构，缓解该地区严重缺电局面，进而满足榆林地区不断增长的电力需求，陕西省电力公司党组决定 330 千伏榆林变电站与榆林电网并网运行。2001 年 12 月 31 日，陕西省电力公司、陕西省地方电力（集团）公司签订《榆林 110 千伏电网与陕西省 330 千伏电网并网及调度协议》、《榆林 110 千伏电网与陕西省 330 千伏电网并网购电合同》。该合同约定，陕西省地方电力（集团）公司所属 110 千伏电网每年应向陕西省电力公司 330 千伏电网购买不得少于 3 亿千瓦·时的电量，陕西省电力公司要尽全力满足该地区不断增长的电力需要，并对此给予保证。该合同同时明确了联网、调度管辖范围、调度权力及责任、联网设备技术要求、运行计划、考核、调度指令及事故处理等方面的内容和责任，同时就电能计量、电量与电费的结算、管理与调度、违约与赔偿等做出具有约束性的量化标准。

2002 年 1 月 1 日零时 30 分，陕西省电力公司管辖的榆林 330 千伏变电站与陕西省地方电力（集团）公司管辖的榆林西沙 110 千伏变电站成功并网，联网运行，陕西主电网开始向榆林送电。当日负荷就达到 1.8 万千瓦。当年，榆林供电公司售电量达 8.67 亿千瓦·时，同比增长 148.2%。

中共陕西省电力公司党组做出的重大决策还有“秦岭发电厂产权转让”，已在《管理体制》篇做了详细记载。

## 第三节　党组织建设

中共陕西省电力公司党组认真贯彻党的基本路线，围绕电力生产建设开展党建工作，把党建工作渗透并落实到改革、发展的各个环节，为企业发展提供组织保证和政治保证。

### 一、党建基础工作

1991 年，继续在全系统推行党支部目标管理和党员量化管理，开展党建调查工作。中共陕西省电力公司党组下发《关于认真搞好党建调查的通知》，在系统内推广省委组织部在秦岭发电厂开展党建调查工作的经验，组织 3 个调查组，分赴韩城发电厂、渭南供电局、宝鸡铁塔厂进行重点调查，形成 3 个综合调查报告、50 名个人谈话记录、4 份专题经验材料，用以指导各单位党建调查工作。1992 年二季度末，完成党建调查工作。对完成的 50 份专题调研成果进行交流与评比。

1992 年，党组制定《关于加强和改进党员教育工作的意见》，对在新形势下加强和改进党员教育抓 3 个重点：用邓小平建设有中国特色的社会主义理论武装党员；开展党性教育；进行社会主义市场经济知识教育。

1993 年，召开陕西省电力公司系统思想政治工作会议。1994 年，中共陕西省电力公司党组发出《关于加强党建工作的若干意见》。明确基层党组织的职责范围和党委参与重大问题决策的程序。各单位党委把党支部建设作为党建工作重点，继续推行党支部目标管理和创建规范化党支部活动，紧紧围绕安全生产、工程建设，不失时机地开展以党员责任区为主要形式的“争先创优”活动，增强基层党支部的战斗力、吸引力和凝聚力。

按照中共十四届三中全会提出的用 3 年时间在全体党员中开展一次学习建设有中国特色社会主义理论和学习党章的活动（简称“双学”活动）的要求，1995 年，陕西省电力公司党组作出学习活动的 3 年规划，成立党员“双学”活动指导办公室，确定 3 个试点单位，以点带面分步开展工作。各单位党委按省公司统一部署，以中共中央组织部编写的《建设有中国特色社会主义理论和党章学习读本》为基本教材，以举办党员培训班为主要形式，认真组织实施，积极落实学习任务。到 1996 年末，全系统举办党员“双学”脱产轮训班 326 期，轮训党员 14130 名，占党员总数的 86%。党员“双学”活动把学理论同学市场经济知识相结合；学理论与企业改革实践相结合；学理论与建设“四有”（有理想、有道德、有文化、有纪律）职工队伍实践相结合；学理论与服务大局指导实际工作相结合。党员思想素质和理论水平普遍提高，贯彻党的基本路线的自觉性普遍增强，面临社会主义市场经济条件下各种考验和挑战的心理承受能力普遍增强。

1997 年，中共陕西省电力公司党组制定了《关于加强和改进企业党建工作的实施细则》。各单位普遍开展了“创先争优”、“党员责任区”、“党员身边无事故”、“党员过政治生日”、“党员联系群众”、“党员先锋岗”、“党员挂牌上岗”、“塑造新时期党员形象”、“党员参加义务劳动”等活动。

1998 年，开展党建调研活动。组织 3 个调研小组到 18 个基层单位调研。了解基层党建工作情况，形成有一定分量的调研报告，用以指导基层单位的党建工作。

1999 年，中共陕西省电力公司党组认真贯彻《中共中央关于进一步加强和改进国有企业党的建设工作的通知》。对加强党的建设、坚持党管干部原则、党委参与重大决策、政工人员待遇等方面进行调研。制定《基层单位党委议事规则》、《党委民主生活会制度》、《党支部工作制度》等 8 个制度和《加强离退休党建工作的若干意见》。在公司机关开展为期 2 个月的党员民主评议活动，对党员进行正面教育、自我教育、群众评议和组织考核。在全系统开展党员教育“五个一”（办好一所基层业余党校或创建一个规范化党支部、总结一篇党建工作经验、编写一份有说服力的党课教材、宣传一个有影响力的优秀共产党员、抓好一个党员教育联系点）活动。

2000 年，印发《创建规范化党支部实施意见》，提出创建工作的 3 年目标，同时对全系统创建规范化党支部的条件和考核评比提出新要求。在 4 月省委宣传部召开的全省党员教育“五个一”活动座谈会上，陕西省电力公司共获 9 个奖项，省公司政治部获“活动组织一等奖”，并做了题为《加强党员教育，提高党员素质，为陕西电力工业发展多作贡献》的发言。7 月，政治部与西北电力职工培训中心联合开发并推广了“规范化党支部信息管理系统”应用程序。8 月，成立了陕西省电力公司党组党校。按照省委办公厅要求，利用 1 个月时间，采用点面结合方式，从思想、组织、干部队伍、党风廉政建设 4 个方面对全系统党的建设进行调查研究，于 9 月份形成《陕西电力系统党建工作调查报告》。

2001 年，继续在全系统开展创建规范化党支部活动。为庆祝建党 80 周年，开展以“共产党好，改革开放好”为主题的系列活动，进行首次“十佳共产党员”评比，表彰

“两先一优”和“十佳共产党员”，举办 25 场、34 个单位 4300 余名听众参加的“十佳共产党员”事迹巡回演讲。

2002 年，陕西省电力公司系统 673 个党支部全部建成规范化达标党支部。

自 1991 年以来，中共陕西省电力公司各级党组织始终坚持“三会一课”制度、开展一年一度的民主评议党员活动、领导干部半年一次的民主生活会制度和评选先进党支部、先进党务工作者、优秀共产党员活动。

**二、“三讲”教育**

1999 年 11 月 10 日至 12 月 24 日，中共陕西省电力公司党组在国家电力公司“三讲”巡视组指导下，在副处级及以上干部中开展“讲学习、讲政治、讲正气”（简称“三讲”）教育活动。活动以教育和日常工作两不误、两促进为原则，以“讲政治”为核心，将“讲学习”贯穿全过程，把学习理论、武装思想同整顿思想、改进作风结合起来。使“三讲”教育在增强领导干部理论修养、提高思想政治素质、改进工作作风等方面发挥重要作用。

“三讲”教育活动分 4 个阶段：

第一阶段为思想发动、学习提高阶段。党组成立“三讲”教育领导小组和办公室。为基层单位和机关副处级以上干部配发“三讲”教育学习材料。

学习内容分为“讲学习”、“讲政治”、“讲正气”三个专题。学习采用集中学和分散学、自学和专题研讨相结合形式，通读中共中央规定的必读篇目和有关文件、资料，精读重点篇目。要求联系工作和思想实际，查找自身存在的问题，撰写不少于 3 万字的学习心得体会，并在处级干部大会上进行交流。

同时，广泛发动群众，多方征求意见，开门搞“三讲”。通过走访离退休老领导；召开机关党员、处级干部、非党群众代表座谈会；召开基层单位党政工负责人座谈会；开设征求意见电话，设立征求意见箱等方式，在全系统和社会共征求意见 500 多人次，征得意见和建议 479 条，归纳汇总为 302 条。

第二阶段为自我剖析，听取意见阶段。在广泛发动群众、充分征求意见的基础上，陕西省电力公司党组和国电公司巡视组召开联席会，对征集到的意见进行梳理、研究和分析，查找在党性党风方面存在的突出问题。要求党组成员紧密联系思想和工作实际，通过采取“自己找、群众提、上级点、互相帮”的办法，找准本人在党性党风方面存在的突出问题，从世界观、人生观、价值观深处剖析根源和危害，撰写剖析材料，明确努力方向，制定整改措施，并上报西北电力集团公司初审和国家电力公司预审。

1999 年 12 月 10 日，召开测评大会，采用无记名投票方式对党组和党组成员的剖析材料进行测评，党组剖析材料测评满意率为 99.12%，党组成员剖析材料测评满意率平均为 97.75%。

第三阶段为交流思想，开展批评阶段。为保证“三讲”教育取得成效，公司党组召开专题民主生活会，领导班子内部认真开展批评与自我批评。

党组成员首先学习毛泽东、邓小平、江泽民同志关于开展批评与自我批评的重要论述，明确和掌握开展批评与自我批评的意义、原则和方法，提高认识，消除顾虑，增强自觉性，营造开展批评和自我批评的氛围。对照中共中央提出的“四个基本要求”和“五个方面问题”，对照江泽民提出的“讲政治”5 个方面要求，联系自我剖析中查找的突出问题和相互谈心中了解的意见，认真撰写民主生活会发言材料。

在专题民主生活会上，党组成员按照“团结－批评－团结”的公式，严于剖析自己，认真开展批评和自我批评，既摆问题，又查根源；在批评中，既讲原则，又与人为善；既达到解决问题，分清是非、团结同志的目的，又达到增强党性、提高改造主观世界自觉性的效果。

民主生活会后，对会议情况进行归纳整理，召开情况通报会，召开分组座谈会，听取与会人员的看法和意见。同时，派专人将通报材料送到离退休老领导家中，听取意见，确保“三讲”教育活动顺利有效开展。

第四阶段为认真整改，巩固成果阶段。针对群众反映意见比较集中的企业改革及机构设置、干部工作及班子建设及机关作风等方面的问题，立即进行整改。先后清理整顿 18 个多经公司，在封账清理、审计、评估、查清财产情况的基础上，分别对其予以撤销、注销或移交。拟定《2000 年公司机关会议计划》，修订机关会议管理办法，严格控制计划外会议，压缩规模，力争同比减少 20%。针对群众反映的公司党组工作中存在的“一手硬、一手软”问题，党组研究制订并印发《陕西省电力公司思想政治工作优秀企业管理办法》、《陕西省电力公司双文明单位管理办法》、《陕西省电力公司 1999～2001 年精神文明建设规划》、《陕西省电力公司 1999～2001 年企业文化建设规划》、《陕西省电力公司 1999～2001 年纠风和行风建设工作规划实施方案》，予以解决。

对一时解决不了的问题和难以解决的问题，向群众作出说明，并制定出进一步整改措施，使群众看到“三讲”教育的实际效果，让干部群众实实在在感受到领导干部思想和作风的变化。制订《陕西省电力公司“三讲”教育整改方案》，包括《陕西省电力公司党组关于理论学习方面的整改措施》、《陕西省电力公司党组关于加强调查研究科学论证和认真贯彻民主集中制的整改措施》、《陕西省电力公司党组关于精神文明建设和思想政治工作方面的整改措施》、《陕西省电力公司党组关于坚持群众路线转变工作作风的整改措施》、《陕西省电力公司党组关于加强干部管理的整改措施》。

2000 年，基层单位开展“三讲”教育。6 月 5～22 日，公司机关开展“三讲”教育“回头看”活动，进行“十看一思考”：一看共产主义信念和为人民服务的思想是否树立牢固；二看领导班子、领导干部政治意识、大局意识、责任意识是否明显增强；三看领导班子、领导干部精神状态和工作作风是否明显转变；四看执行党的路线、方针、政策的自觉性和纪律性是否加强；五看讲学习、讲政治、讲正气的自觉性是否得到提高；六看查摆出来的主要问题是否得到真正解决；七看“三讲”教育的成功经验是否运用到党的建设的经常性工作中；八看结合西部大开发对公司各项工作是否有新推动；九看党的三大优良作风是否得到保持和发扬；十看机关工作作风是否有了明显改进，根据中央和国电公司的要求，从战略高度深入思考还有哪些影响公司改革、发展、稳定的问题需要解决。进一步落实“三讲”教育整改措施。

陕西省电力公司“三讲”教育办公室在活动中共编发简报 27 期。

## 第四节 思想政治工作

陕西省电力公司系统思想政治工作部门在各级党组织领导下，坚持以邓小平理论、“三个代表”重要思想和党的基本路线为指导，紧紧围绕企业的中心任务，不断加强和改进新形势下的思想政治工作。为全系统的改革、发展、稳定服务，为确保电力生产建设任务的完成和各项改革目标的实现，提供强有力的思想政治保证和舆论支持。

### 一、理论学习与宣传教育

20世纪90年代初期，陕西省电力公司系统各单位思想政治工作主要针对国际形势以及中国社会经济基础发生变化而引起职工思想比较活跃的实际情况，解放思想，更新观念，不断探索，不断创新，以稳定为工作重点，组织广大职工学习邓小平建设有中国特色社会主义理论，开展形势教育和“双基”（基本路线和基本国情）教育。

1991年，陕西省电力公司完善了全系统的政治工作机构，充实政工干部队伍，使政工干部人数占职工总人数比例由1989年的1%增加到2.3%，基本保证了工作需要。

1992～1993年，陕西省电力公司系统各级党组织和思想政治工作部门组织广大干部职工学习中共十四大文件、十四届三中、四中全会《中共中央关于建立社会主义市场经济若干问题的决定》和邓小平视察南方讲话。

1993年，召开了陕西省电力公司系统思想政治工作会议，全系统各级党组织坚持党的基本路线，紧紧围绕电力生产和建设中心，党政工团齐抓共管，不断改进和加强思想政治工作，做好党组提出的“团结、改革、提高、发展、服务、效益”六篇文章。同年，组建新闻中心，创办《西北电力报》。各基层单位建立广播站、安装闭路电视，有23个单位组建厂内电视台。全系统形成以一报——《西北电力报》、一刊——《西北电业》杂志为主阵地，多层次、全方位的宣传报道网。

1994年12月～1995年，陕西省电力公司举办6期厂（局）处级干部和理论骨干学习《邓小平文选》第三卷轮训班，轮训600多人次。基层单位共举办轮训班400多期，轮训科级以上干部3500多人次，党员12000多人次。各单位还利用党校、政治学校，采取专题报告、知识竞赛、电化教育、巡回宣讲等形式组织干部、职工和党员学习，受教育面达到职工总数的96%以上。1995年，40多个基层单位党政主要领导撰写80多篇学习《邓小平文选》3卷的心得体会文章，陕西省电力公司政工处从中精选出20篇汇编成册印发各单位。

1991～1995年，分专业、分层次对政工干部进行了系统的岗位轮训。1994年，培训23名后备政工干部，充实了基层政工干部队伍。基本落实了政工干部在分配、职称、住房等方面的待遇。

户县热电厂厂长兼党委书记孟德权严于律己、克己奉公，同群众打成一片，赢得职工信任和拥戴。1996年，政工部门通过调研，树立了这一典型，大力宣传，在全系统掀起远学孔繁森，近学孟德权的活动。

1996年7月，中共陕西省电力公司党组作出《关于加强和改进思想政治工作的决定》，制定《关于进一步加强领导干部理论学习的若干意见》和《关于进一步加强党组中心组学习的若干规定》，明确规定基层单位党委和党组中心学习组的学习内容、时间、方式和考勤考核办法。秦岭发电厂党委中心学习组被中共陕西省委评选为学习理论先进集体，省公司机关一名处级干部被省委评为学习理论先进个人。

1997年，以学习贯彻“十五大”精神为主线，落实干部“三讲”（讲学习、讲政治、讲正气）教育材料和《邓小平论社会主义精神文明建设》等理论专著学习。十五大召开后，陕西省电力公司党组及时下发《十五大精神学习安排》，为机关和基层单位提供学习辅导材料8000余册、辅导录像30余套。10月，党组举办“学习十五大精神骨干学习班”。基层单位举办科级以上干部学习十五大精神培训班47期，集中培训1987人次，请有关专家作专题辅导报告8次，开展不同层次学习研讨活动128次、知识答题活动4次，职工受教育面达6万余人次。党组制定《思想政治工作优秀企业管理办法》，加强并规范对基层企业思想政治工作的指导和管理。在公司机构改革中，成立政治部，加强对思想政治工作的领导。基层单位通过找载体，想实招，办实事，解决实际问题，使思想政治工作紧贴生产、紧贴职工、紧贴改革与发展。1997年，全系统有56%以上的基层单位获得局级以上“思想政治工作优秀企业”称号。

1998年，继续组织干部职工学习邓小平理论和中共十五大精神，坚持用科学理论武装人。针对职工队伍中反映出的难点和热点问题，坚持主旋律教育和正确舆论导向。利用党校、学习班等形式分层次、有重点地开展学习教育活动。还在职工中开展爱国主义、集体主义、社会主义和艰苦奋斗等各种主题教育活动。

1999年，把学习邓小平理论和十五届四中全会精神作为主要内容开展思想政治教育。举办各类理论学习班130多期，参加人员7000多人次。举办各种竞赛、演讲120多场，全系统5万多名职工参加《思想政治工作与电力走向市场》大讨论。2月，创办《陕西电力报》。

2000年，制定印发了《关于进一步加强公司系统党委（党总支）理论学习中心组学习的规定（试行）》，对健全中心组学习组织、学习制度做出具体规定，进一步明确学习目的，对各级领导干部学习理论提出全面、系统的要求。组织广大党员和职工学习“三个代表”重要论述和关于加强思想政治工作的重要讲话，举办学习“三个代表”重要论述的有奖知识竞赛活动。贯彻落实江泽民总书记关于宣传思想工作的批示、《中共中央关于加强和改进思想政治工作的若干意见》以及中共中央和国家电力公司思想政治工作会议精神，先后下发《关于认真学习贯彻落实中央思想政治工作会议精神的通知》、《关于进一步加强和改进思想政治工作的实施意见》和《关于认真学习贯彻党的十五届五中全会精神的通知》，编发《陕西省电力公司改革发展形势宣传教育提纲》，宣传公司改革发展方针、重要决策和发展战略。2000年7月，开始制作并播出电视新闻《陕电动态》。

2001年，下发《关于做好企业安全生产中思想政治工作的通知》，要求加强职工安全思想动态调研分析。摄制安全教育专题片制成VCD光碟，下发班组，对职工进行安全教育。实施思想政治工作“三大工程”：以领导干部为对象的“重点工程”；以党员干部为对象的“骨干工程”和以广大职工为对象的“基础工程”。7月，组织学习江泽民总书记“七一”讲话和十五届六中全会精神，编印学习资料，举办学习班，请专家辅导宣讲。召开“陕西省电力公司学习三个代表重要思想，贯彻落实十五届六中全会精神”专题会议。党组制定《关于贯彻落实党的十五届六中全会精神的实施意见》。

2002年，中共陕西省电力公司党组把学习贯彻中共十六大精神作为首要任务，制定下发《关于学习贯彻十六大精神的通知》和学习安排，提出明确要求。同时把学习江泽民“5・31”讲话、省第十次党代会精神作为学习内容，下发《关于学习宣传“5・31”讲话精神的通知》和《关于学习贯彻省第十次党代会精神的通知》等文件。公司党组学习中心组每周集中学习一次，干部职工每周集中学习不少于3小时。利用各种宣传媒体开展多种形式的宣传教育活动，做到学习计划、时间、人员、考核“四落实”，参学率平均在90%以上。

**二、维护稳定工作**

1993～1995年，结合企业转换经营机制，面向市场和实行“劳动、人事、工资”三项制度改革给职工带来的思想问题，开展了有针对性的思想政治工作，保证了“三改”顺利进行。

1999年，针对“法轮功”问题先后下发7个文件，召开5场揭批会，深入揭批“法轮功”反动本质。在职工中开展崇尚科学、反对迷信、维护稳定的唯物论和无神论系列教育活动，增强职工辨别是非、反对封建迷信及各种伪科学的能力。公司系统有168名“法轮功”修炼者，其中有1名辅导站站长、1名副站长。对参与修炼“法轮功”人员的思想教育，立足于疏导、帮助、转化，做耐心细致的思想政治工作。对重点教育对象组成帮教小组，实行“一帮一”、“几帮一”，落实领导责任和工作责任。通过耐心细致的思想政治工作，达到使痴迷“法轮功”的人提高觉悟，转变态度，同“法轮功”在思想上划清界限，组织上脱离关系。“法轮功”练习者共交出资料1823件，其中书籍851本，录像(音)带591盒，练功服10套，宣传图片及李宏志相片110张，其他161件。

2000年，开展普及宪法和法律知识的宣传教育，引导职工增强法制观念。继续做“法轮功”痴迷者的教育和转化工作。

2001年，利用宣传手册、《陕西电力报》、《陕电动态》，开展形势教育，引导干部职工解放思想，认清形势，明确目标，正确对待改革中出现的问题，保持职工队伍稳定。同时，进一步加强同“法轮功”邪教组织的斗争，通过落实责任、落实帮教，在全系统开展反对“法轮功”邪教组织万人签名等教育活动，未出现“法轮功”反弹情况。

2002年3月，中共陕西省电力公司党组制定印发《加强思想政治工作和精神文明建设，维护企业稳定领导干部责任追究制》，从8个方面明确各单位党政主要负责人和领导班子在维护企业稳定中的责任和追究内容，把维护企业稳定作为各级领导干部的政治责任。

# 第二章 精神文明建设

1992年，中共十四大在提出20世纪90年代改革和发展的十大任务时，明确强调要坚持社会主义物质文明建设和精神文明建设两手抓，两手都要硬，把社会主义精神文明提高到新水平。中共陕西省电力公司党组和所属各单位党组织认真贯彻执行这一重大战略方针，在精神文明建设中坚持用邓小平理论和“三个代表”重要思想武装党员、干部和广大职工，把理论建设、思想建设、文化建设、道德建设作为一项系统工程来抓，为陕西省电力生产建设和改革发展提供了强有力的思想保证、精神动力和智力支持。

## 第一节 精神文明建设规划

1995年，中共陕西省电力公司党组作出《关于创建陕西电力系统文明单位活动的决定》，并制定了《陕西电力系统文明单位管理办法》和《陕西电力系统1995～1997年精神文明建设规划》。规划明确精神文明建设的指导思想和基本原则。提出经过3年努力，陕西电力系统精神文明建设要达到的目标是：全系统1996年30%的单位、1997年70%的单位建成地市级或公司级文明单位，1996年10%的单位、1997年20%的单位建成省部级“文明单位”，争取有一个单位获“全国文明单位”称号。规定精神文明建设要完成的6个方面25项基本任务；为保证任务完成和目标实现，制定了5条保证措施。

经过3年努力，实现了该规划所提出的目标。1999年，中共陕西省电力公司党组又编制《1999～2001年精神文明建设规划》，进一步明确公司系统精神文明建设的总体思路是：坚持“两手抓，两手都要硬”的方针，结合改革和发展的实际，把开拓电力市场、行业作风建设、树立企业良好形象作为精神文明建设的主要内容。明确创建文明单位的目标：至2001年，省公司在争创陕西省精神文明建设“创佳评差”竞赛活动最佳厅局或文明行业活动中，基层要有3个单位达到“创佳评差”最佳单位或文明行业，所有直管供电单位要在当地行业作风测评中进入先进行列。该规划提出了思想道德建设、教育科技建设、载体和环境建设3个方面18项基本任务，为保证任务完成和目标实现，制定了6条保证措施。

## 第二节 职业道德建设

20世纪90年代初期，陕西省电力公司开始在职工中开展职业道德教育。编印了《发供电职工职业道德行为规范》、《职业道德知识问答》和《文明服务行为语言规范60例》。

所属各单位以“人民电业为人民”为宗旨，以“爱岗敬业”为主要内容，对全体职工进行了职业道德教育。

1996 年，结合陕西省文明委在全省开展的公民道德教育活动，陕西省电力公司下发《公民道德教育知识问答》8000 余册，作为统一教材。基层单位通过召开主题演讲会、开展大讨论、评选服务明星和举办知识竞赛等形式，对职工进行职业道德教育。全系统共举办各种职业道德教育知识竞赛 50 余场次，职工受教育面达到 100%。公司选派队员参加省上公民道德知识竞赛获组织奖。

1997 年，在系统内开展“树立文明新风，塑造良好形象，全心全意为人民服务”教育演讲活动、“二次创业知识教育竞赛”和“电业职业道德优良传统教育”活动，参与职工达 8 万余人次，演讲 61 场，上台演讲队员 700 余人次。9 月，举办“陕西电力系统职业道德、爱岗敬业、行风建设演讲比赛”，有 57 名队员上台演讲。10 月，在全系统开展电力工业部举办的“全国电力系统精神文明建设暨职业道德知识竞赛”活动，5 万多名职工参加了答题竞赛，陕西省电力公司被电力工业部评为“优秀组织单位”。

1998 年，陕西省电力公司在全系统开展以世界观、人生观、价值观为主要内容的职业道德教育，着重培养职工的爱岗敬业精神和理想道德情操。系统各单位开展了“奉献者之歌”演讲比赛活动，以讲身边的先进人、先进事为主要内容，激发广大职工的爱岗敬业精神。在抗洪抢险斗争中，开展“奉献一片爱心、救援灾区人民”的募捐活动。

2001 年，配合开展“优质服务年”活动，开展“新世纪陕西电力新形象”活动，制定了《陕西省电力公司 2001～2003 年职业道德建设规划》。

2002 年，陕西省电力公司认真贯彻执行省文明委关于开展公民道德建设年活动的要求，对公司系统学习贯彻《公民道德建设实施纲要》工作做了安排，转发省文明委《关于开展公民道德建设年活动的通知》。制定了《陕西省电力公司职业道德规范建设三年规划》、《陕西省电力公司职工职业道德规范》。组织系统全体职工参加省文明委组织的“陕西省公民道德知识答题活动”，购买试卷 3000 份，复印试卷数万份，试卷回收率达到 95%以上。供电单位在职工中开展“假如我是客户”的换位思考大讨论，引导职工树立“人民电业为人民”、“服务第一，客户至上”的思想。

在贯彻落实《公民道德建设实施纲要》中，陕西省电力公司注重制度建设，修订完善《职业道德规范》、《职工行为规范》、《职工守则》。在职工中开展以职业理想、职业道德、职业技能、职业纪律为主要内容的“四职”教育和培训活动。教育职工转变观念，提高服务意识。各供电局贯彻《国电公司关于进一步加强服务作风建设的意见》和《陕西省电力公司 2002～2005 年纠风和行风建设规划》。有的单位举办“恪守职业道德、预防职务犯罪”专题讲座；有的举办农村电工岗位技能培训；有的在青工中开展“职业理想专题”演讲比赛。

针对农电体制改革实际，陕西省电力公司加强对农村供电营业所工作人员的职业道德、职业纪律教育，开展业务知识培训和岗位练兵活动，重点对技能、礼仪、素质等实行全员培训，共培训农电工 5178 人次。同时，对公司系统从事用电营业工作的职工有计划地进行优质服务和行业作风的教育培训，实行统一教材，集中授课，参加培训的人数达

5610 人次。通过职业道德教育，职工思想观念进一步转变，变“要我服务”为“我要服务”；工作上变“管理用户”为“服务用户”；行为上变“方便自己”为“方便客户”；作风上变“以我为中心”为“以客户为中心”，增强了工作的责任感、使命感，提高了履行承诺服务的自觉性和主动性。

## 第三节　“四有”职工队伍建设

陕西省电力公司坚持以科学的理论武装职工，以正确的舆论引导职工，以高尚的精神塑造职工，以优秀的作品鼓舞职工，着力培养有理想、有道德、有文化、有纪律的职工队伍。

陕西省电力公司所属各单位从思想教育入手，着眼岗位成才、岗位奉献，不断加强职业技能教育。全系统每年接受各类培训的职工近 2 万人次。到 1995 年，全公司上下已形成一个多工种、多专业、多层次的职工教育培训格局。

陕西省电力公司在全系统职工中普遍开展理想、信念和树立正确的世界观、人生观、价值观教育，对职工进行爱国主义、集体主义、社会主义思想教育。公司投资 30 万元在延安建立革命传统教育基地，制定严格的管理制度和教学计划，聘请老红军、老模范讲课。自 1995 到 1996 年，有 6700 余名青年职工和公司所属 4 所大、中专学校学生到延安革命传统教育基地参观学习，接受教育。

一些单位还实施“形象工程”、“人才工程”，在职工中开展“党在我心中”、“祖国在我心中”，“爱祖国、爱企业、爱岗位”等系列教育活动，以提高职工队伍的综合素质。

1999 年，陕西省电力公司制定并实施“116 人才工程”（从 1999 年起，争取用 3 年时间在全系统培养 100 名高层次复合型人才，100 名高级专业技术人才，600 名有专长的高级技师人才，以适应电力发展和国际竞争的需要），进一步加大职工培训力度。同年，培训高级技师 200 名。对 35 岁以下青工、复转军人和下岗职工进行岗位技能培训及高新技术培训，参加培训达 29234 人次。举办青年干部培训班 5 期，143 人次参加培训；交流轮岗干部 96 人，占公司管理干部的 23.22%。举办电力信息办公自动化培训班，对公司本部员工进行轮训，以提高掌握和应用现代化科技的能力。

## 第四节　企业文化建设

陕西省电力公司把企业文化建设作为企业发展战略的重要组成部分和精神文明建设的有效载体，以企业文化激励职工，建立社会主义核心价值体系，塑造企业形象。

### 一、建设规划

按照国家电力公司企业文化建设现场会精神，陕西省电力公司制订《1999～2001 年企业文化建设规划》，明确了公司文化建设的指导思想，从企业形象、企业道德、企业文化载体、企业民主、企业制度、企业精神和企业价值观等7个方面提出公司文化建设的规划目标。规划确定1999年为启动推进年，2000年为实践深化年，2001年为升华提高年。并明确每年要达到的目标及文化建设的七项原则，建立公司文化建设组织机构。所属单位也相应制定了规划和实施办法。在全系统开展企业文化建设专题研讨活动，对电力企业文化建设的方法和途径进行探索，使公司的企业文化建设在规模上由少数单位发展到多数单位，程度上由初步尝试到初步规范。

## 二、史志编纂

陕西电业修志工作始于1988年，同年7月成立史志编纂委员会和史志办公室。按照“先下后上”的指导思想，各基层单位先编志，同时开始全省电业志的收集资料工作。1992年7月，《陕西省电力工业志》领导小组成立。8月，召开陕西省电力工业志编纂工作会议，讨论修订《陕西省电力工业志》篇目设置，落实编写任务。经过3年努力，完成志书的初稿。1995年8月，完成评审稿。11月，经中国电业史志编委会、《西北电力工业志》编委会、《陕西省电力工业志》领导小组和陕西省地方志编委会共同评审，并认真修改后，报中国电业史志编委会通过终审，于1996年12月出版发行。

《陕西省电力工业志》以概述开局，设发电、供电、用电、调度、安全、修造与多种经营、科技、教育、管理、党群共10篇，另有人物、大事记、附录和后记。还收录了大量有史料价值的图片。志书上限1917年陕西有电起，下限至1990年末，全书100.08万字。

在编修《陕西省电力工业志》的同时，按照地方志的要求，经过调整编排和修改，1997年3月，编辑出版了《陕西省志·第十九卷·电力工业志》。

1997年，开始陕西省电力工业史编纂工作。2002年4月，完成讨论稿。12月，完成评审稿并经审查通过。将于2003年完成终审稿。

《中华人民共和国电力工业史·陕西卷》设总论6章，分论12章和8个专论，另有序篇、编后记和图片。史书上限1949年，下限2000年末。全书62.2万字。

2002年10月，陕西省地方志办公室、陕西省人事厅授予《陕西省志·第十九卷·电力工业志》编委会“陕西省地方志系统先进集体”。《陕西省志·第十九卷·电力工业志》获陕西省社会科学学会联合会、陕西省地方志办公室“陕西省地方志优秀成果二等奖”。

## 三、文化活动

1997年，陕西省电力公司抓住香港回归祖国这一重大历史事件，举办陕西省电力系统迎香港回归大型庆祝会和文艺演出活动。各基层单位也都普遍开展系列活动，共举办文艺演出32场。还举办图片展览28刊5000余幅。

1998年，公司各单位开展“奉献者之歌”演讲比赛，广大职工讲自己身边的先进人、先进事，激发爱岗敬业精神。

1999年，从5月21日～9月28日，举办历时4个多月的陕西电力职工首届文化节。以“团结、拼搏、奋进”为主题，开展两大类7大项文体活动，共计1100余场。在庆祝建国50周年和澳门回归时，公司系统开展形式多样、丰富多彩的祖国颂、社会主义颂、改革开放颂的“三颂”活动。组织150人的演出队伍参加国家电力公司组织的澳门回归庆典活动。公司本部参加了省直机关工委举办的庆祝建国 50 周年歌咏比赛，荣获优秀组织奖。参加省文明办举办的“三颂”演讲比赛，荣获优秀奖。还在公司本部举办庆祝澳门回归知识竞赛。

2000 年，组织创作陕西省电力公司司歌，以缔造企业形象，弘扬和传播企业文化。公司多种经营企业陕西电力银河集团公司组建文化传播（广告）有限公司，专门从事企业文化建设和传播交流。

2001 年，成功举办陕西电力“银河之夜”、“银河之春”歌舞晚会等银河系列大型文艺演出活动。推广实施陕西省电力公司和银河集团的 VI 视觉识别系统。

## 第五节 精神文明创建活动

1991 年，陕西省电力公司各级党组织贯彻中共十二大精神，坚持党的基本路线，紧紧围绕电力生产和建设，开展精神文明创建活动。

1993 年，陕西省电力公司召开政治工作会议，学习贯彻中共十四大精神，进一步安排部署精神文明创建工作。

1995 年，为使文明单位建设工作逐步走向制度化、规范化，制定《陕西电力系统文明单位管理办法》和《陕西电力系统 1995～1997 年精神文明建设规划》。

1996 年 1 月，陕西省电力公司党组作出《关于创建陕西电力系统文明单位活动的决定》，成立文明单位建设领导小组，下设办公室，制定管理办法和考核细则。7 月，在西安召开陕西省电力系统双文明建设工作会议，对文明单位创建活动进行部署，创建活动在全系统全面展开。

1997 年，为贯彻中共十四届六中全会精神，陕西省电力公司党组把精神文明建设摆到更加突出位置，制定了《“九五”精神文明建设实施纲要》，修订完善了《陕西电力系统“双文明”单位管理办法》。落实党政领导的“一岗两责”和奖惩制度。所属各单位把考核标准进行分解，制定出分场、车间、班组、科室的考核标准，形成比较完整的考核标准体系。省公司机关开展以改进作风、转变形象，提高工作效率为主要内容的创建双文明处室活动。制定实施办法，量化考核实施细则，落实部门责任。组织人员进行多种形式的检查督促和月小结、季汇报、年终总评，每季度奖罚兑现。基层单位开展了创建文明车间（分场）、文明班组、文明家庭、文明宿舍、文明大院、文明小区、文明职工活动，制定《职工文明守则》、《文明公约》和严格的考评奖罚制度。

1998 年，按照“抓机关，带基层”的指导思想，公司机关创建双文明处室活动进一步深入，完善机关创建活动的工作目标、实施办法和考核标准。各处室都制定了本处室及各个工作岗位的实施细则和考核标准，使责任落实到每一个处室，考核到每个职工，并组织职工代表不定期进行检查。基层单位普遍进一步健全完善创建工作的领导体制和工作机制，做到“四有”“四同”，即有统一的创建活动领导机构，有明确的创建目标和工作规划，有具体的工作内容和标准体系，有完善的管理和考核办法；精神文明建设和物质文明建设同规划、同部署、同检查、同考核。省公司在《西北电力报》举办“争创一流企业好新闻征文”活动，加强对创建活动的宣传报道。1998 年，陕西省电力公司系统 8 个基层单位荣获国家电力公司“双文明单位”称号。

1999 年 4 月，在宝鸡供电局召开精神文明建设现场会。7 月，在咸阳、渭南、汉中 3 个供电局召开精神文明建设分片汇报会。9 月，在延安供电局召开陕西省电力公司精神文明建设工作会议，对全系统精神文明建设进行安排部署，命名公司“双文明单位”，表彰精神文明建设先进单位和先进工作者。在精神文明建设中，陕西省电力公司党组坚持严格标准、动态考核原则，修订完善《“双文明”单位管理办法》，建立党委统一领导、党政共同负责、党政工团齐抓共管的精神文明建设领导体制。公司总经理、党组书记与基层单位党政一把手签订精神文明建设“创佳评差”责任书，把创建活动成效作为考核、评价各级领导干部的重要依据。坚持巩固、延伸、辐射、提高的工作思路，1999 年建成 72 个文明班组、评出 60 户文明家庭和优质服务“双十佳”职工。陕西送变电工程公司荣获全国“五一”劳动奖状。6 月，宝鸡供电局被国家电力公司授予“一流供电企业”，成为西北地区首家“部级一流供电企业”。9 月，宝鸡供电局被中央文明委命名为“全国创建文明行业先进单位”。秦岭发电厂职工蔡虹的家庭被评为陕西省“文明家庭”，西安供电局市区营业厅被中央文明委、国家电力公司授予“全国精神文明创建活动示范点”。1999 年，陕西省电力公司连续第 4 年被省委、省政府评为精神文明建设“创佳评差”竞赛活动最佳厅局，被西安市文明办命名为市级文明单位，被省直机关工委评为“文明机关大院”。

2000 年，陕西省电力公司把精神文明建设作为重要内容列入经营发展战略、公司“十五”规划和十年发展规划。再次修订完善《双文明单位管理办法》，建立政工例会制度，加强对所属单位落实精神文明建设三年规划的指导、督促、检查和考核。年末，对双文明单位同资产经营、安全生产先进单位一同进行表彰奖励。2000 年，陕西省电力公司系统 17 个单位荣获国家电力公司“双文明单位”，15 个单位被省委、省政府命名为“文明单位”。汉中供电局被国家电力公司命名为“一流供电企业”。

2001 年，陕西省电力公司把在全系统开展的优质服务年“德政工程”活动和“新世纪陕西电力新形象”活动作为精神文明建设的载体。当年，公司系统共有 21 个单位被省委、省政府命名为“社会主义精神文明建设先进集体”，17 个单位被省文明委授予“文明单位”称号，其中 10 个单位荣获省“文明单位标兵”称号。陕西省电力公司被省委、省政府授予“省级文明机关”称号。渭南供电局荣获国家电力公司“一流供电企业”称号，户县电力局、蒲城县电力局荣获国家电力公司首批“县级一流供电企业”称号。

2002 年，陕西省电力公司在精神文明建设中着重抓供电优质服务。供电企业以“始于客户要求，终于客户满意”作为服务准则。公司所属 10 个供电局（公司）全部建立起客户服务中心，实行客户代表和首席客户代表负责制。建立顺应市场和客户需求的电力服务流程，制定《客户代表制管理考核细则》，规范客户服务员工的言行举止。做到客户服务中心标识统一、称谓统一、业务流程统一、服务标准统一、服务内容统一，兑现了“一口对外”的电力客户服务承诺。创造主动服务、承诺服务、超前服务、跟踪服务和个性化服务等各具特色的服务方式。陕西省电力公司直供直管县电力局都建立了优质服务示范窗口。所有县级以上客户服务中心全部实行无周休日制度和24小时电力故障报修服务。

2002年，宝鸡供电局被中央文明委、国务院纠风办确定为“全国创建文明行业活动示范点”。公司系统2个单位被国家电力公司授予“双文明单位标兵企业”，14个单位建成国家电力公司“双文明单位”。西安供电局、延安供电局、商洛供电局被中央文明委授予“全国创建文明行业先进单位”。省调度中心被国家电力公司授予“一流电网调度机构”称号，成为西北地区首家“一流电网调度机构”。2000～2002年，陕西省电力公司连续3年被省委、省政府授予精神文明建设“创佳评差”竞赛活动最佳厅局。

至2002年末，陕西省电力公司直属11个供电企业全部建成省、部级“双文明单位”，8个供电企业成为“省级文明单位标兵”。11个供电企业除设立较晚的榆林供电公司外，按照分档管理规定，全部建成部级或网（省）局级“一流供电企业”。

## 第六节　双拥共建和定点扶贫

陕西省电力公司在社会主义精神文明建设中，坚持与中国人民解放军驻陕部队携手开展“拥军优属拥政爱民”军民共建活动。按照省政府的安排，投入人力、物力和资金对贫困地区进行“两联一包”定点扶贫。

### 一、双拥共建

陕西省电力公司机关和系统各单位每年春节和“八一”建军节，都要慰问中国人民解放军当地驻军，与部队召开座谈会，听取当地驻军意见，共商精神文明建设大计。同时慰问本单位军烈属，召开军烈属和职工中的复员转业退伍军人座谈会，听取他们对本单位工作的意见和建议。公司系统每年都要按国家计划接收一批复员转业退伍军人，上岗前有组织地对他们进行专业培训，培训后把他们安排到重要的生产和工作岗位发挥作用。在“八一”建军节期间，表彰在两个文明建设中作出突出贡献的先进复员转业退伍军人，鼓励复员转业退伍军人发扬光荣传统，在两个文明建设中发挥模范带头作用。

1997年6月，陕西省电力公司与中国人民解放军驻陕西47集团军签订军民共同建设社会主义精神文明协议，结成双拥（拥军优属、拥政爱民）共建对子。公司所属渭南供电局、西安供电局、秦岭发电厂、韩城发电厂等37个基层单位与47集团军所属部队及驻地部队建立双拥共建关系。陕西省电力公司投资10多万元为部队改造供电设施，帮助部队解决用电困难。为进一步搞好对部队的供电服务，陕西省电力公司对驻地部队团以上单位的训练、工作、生产和生活用电进行全面摸底，把完善部队用电设施纳入电网建设总体规划。从1998年起，用3年时间使所有驻地部队实现电力优先保障。1997年10月，应陕西省电力公司邀请，部队组织了14名优秀基层干部代表组成报告团，到渭南供电局、秦岭发电厂及宝鸡供电局等单位作英模事迹巡回报告，报告会场场爆满，听众达数万人次。1997～1998年，47集团军、西安陆军学院及武警三支队等驻地部队先后为西北电业职工大学等单位军训学生、青工、民兵8000多人次，举办国防知识讲座60多场次。

1998年，陕西省电力公司先后两次组织80多名领导干部和青年干部到47集团军某部过军事日。通过参观、座谈、参加军事训练、进行实弹射击等活动，体验军营生活，接受军事锻炼，提高综合素质。陕西省电力公司被中共陕西省委、省政府命名为“双拥共建先进单位”。

**二、“两联一包”定点扶贫**

1997年，中共陕西省委办公厅、陕西省人民政府办公厅陕办字［1997］24号文《关于省级机关和企业事业单位实行定点联乡包村扶贫的通知》明确陕西省电力公司“两联一包”定点扶贫单位是镇巴县陈家滩乡拉溪塘村。接到文件后，陕西省电力公司组织人员深入拉溪塘村调查了解，考察论证，在此基础上初步制订扶贫规划。之后，由省电力公司政治部副主任带队先后3次10人次到拉溪塘村走村串户，征求村民意见。与乡、村领导交换意见，在分析拉溪塘村发展优势和制约因素的基础上，对扶贫规划修改完善，提出“一明确（明确1998年底前解决村民温饱问题）、二落实（落实组织领导和具体措施）、三到户（帮助受益到户，包扶工作进家入户、钱物到户）、四工程（通电工程、产业工程、希望工程、温暖工程）、五扶贫（募捐扶贫、科技扶贫、文化扶贫、加工业扶贫、种植扶贫）、六重点（以脱贫为重点、以特困贫困户为重点、以急需解决的问题为重点、以通电工程为重点、以茶叶土豆加工为重点、以提高粮食产量为重点）”的工作思路。10月，陕西省电力公司政治部开展了为期一周的扶贫济困送温暖捐助宣传活动，得到广大职工和家属的理解和响应。

1997年10月21日，完成通电工程。投资47万元（陕西省电力公司投资31万元，当地政府投资16万元）架设一条长12.48千米的10千伏输电线路和4台变压器，结束了拉溪塘村无电历史。

实施希望工程，为16名失学儿童捐赠学杂费，使失学儿童重返校园。对38名贫困学生由陕西省电力公司职工结对帮扶，为村中心小学150名学生赠送了学习用品。在学校设立奖学金，为15名教师赠送办公用品。

实施温暖工程，为拉溪塘村建起一座电视卫星地面接收站及配套设施，购买了一台25寸彩色电视机和录像机，供村民集体观看电视节目。

组织职工开展募捐济困活动，陕西省电力公司机关586名在职职工和离退休职工捐赠衣物313件，图书310册，棉被15床，人民币3万元。

1998年7月，陕西省电力公司组织拉溪塘村小学20名优秀学生，与公司机关职工子女结成对子，在西安举办了夏令营活动，以激励山区少年儿童立志成才。同年，陕西省电力公司机关职工捐赠4万元，包扶失学和贫困学生56人。筹集资金近10万元帮助拉溪塘村办起粉丝加工厂。

1999年4月，陕西省扶贫办又将陕西省电力公司扶贫点调整到留坝县马道镇龚家院村。公司多次派员到龚家院村调研，确定扶贫项目，制订工作方案，为该村投资34万元，用以改善村庄道路、用电设施、教育条件以及建立农副产品加工点，建设10千伏输电线路5千米，为村小学修建校舍，购置教学设备。

1999年10月，在全国“扶贫周”送温暖活动中，陕西省电力公司机关600多名在职和离退休职工共捐赠棉衣163件、棉被14床、毛衣600件，外衣1380件，鞋帽30件，人民币 4463 元。1999 年，陕西省电力公司被省政府命名为"'两联一包'扶贫先进集体"。

2000 年 5 月 26 日，陕西省电力公司在留坝县马道镇龚家院村举行了电力希望小学揭牌仪式，并向学校赠送音响设备、彩电和电视接收设备，向小学生赠送校服、书包和学习用具。慰问特困户，为其赠送了粮油。还投资 2 万元为村民栽培黄姜提供种苗；投资 1 万元为镇政府推广养殖小尾寒羊购置所需设备。

2002 年 4 月，省政府又将陕西省电力公司"两联一包"扶贫点调整为延安市宝塔区梁村乡新民村，并确定延安市宝塔区为牵头扶贫单位。陕西省电力公司与宝塔区政府 3 次召开联席会议，确定帮扶对象和规划。陕西省电力公司机关投资 4 万元，建成梁村乡新民村人畜饮水工程。投资 7 万元，修建新民村小学校舍，改善教学设施。

2002 年，在陕南石泉县遭受特大洪水灾害之后，全公司系统向该县捐款 66 万余元，其中个人捐款 37.2 万元，衣物 30 余万件。

1999～2002 年，陕西省电力公司和直属基层单位共投入 300 多万元，为扶贫联络点兴修水利、架设电力线路、修筑道路、改善教育设施、建设农副产品加工点和救助失学儿童。

# 第三章　纪　检　监　察

20 世纪 90 年代，随着改革开放的深入和社会主义现代化建设的发展，反腐倡廉工作进入了一个新的历史时期。1992 年，中共中央纪律检查委员会第三次全体会议根据中共中央指示，确定了反腐败斗争的指导思想、基本原则、领导体制和工作格局。面对新形势下出现的新情况、新问题，中共陕西省电力公司各级党组织贯彻落实中共中央和中共陕西省委、中共能源部、电力工业部、国家电力公司党组关于党风廉政建设和反腐败工作的各项重大决策和部署，把反腐倡廉工作作为加强领导班子建设，提升企业管理水平，提高员工队伍素质的一项基础性工作。坚持党风廉政建设工作与生产经营工作同部署、同落实、同检查、同考核。紧紧围绕企业中心工作，服务企业改革、发展、稳定大局。纪检组织和监察机构坚持抓好领导干部廉洁自律、查办违法违纪案件和纠正行业不正之风三项工作。通过实行党风廉政建设责任制，建立健全监督体系和惩防制度，完善企业监督约束机制，强化权力监督，开展执法效能监察和廉政文化建设，以及强化党员干部廉洁自律意识等措施，使党风廉政建设和反腐败工作取得显著成效。

## 第一节　领导体制和队伍建设

1991 年前，陕西省电力公司系统所有单位均设有中共纪律检查组织和行政监察机构。陕西省电力公司设党组纪律检查组（简称纪检组）和监察室，后监察室改为监察专员办公室。各直属单位均设有中共纪律检查委员会和监察科（室、处），分别履行党的纪律检查和行政监察职能。1989 年 6 月，陕西省电力公司纪检组与监察专员办公室合署办公，直属单位纪检委与监察科（室、处）合署办公。

1993 年，中共陕西省电力公司党组进一步明确党组纪律检查组与公司监察专员办公室合署办公，实行一套工作机构，履行党的纪律检查和行政监察两种职能，对公司党组全面负责。随后，各基层单位也都实行纪检组织与监察机构合署办公。同年，中共陕西省电力公司党组作出《关于加强纪检监察工作的决定》，对纪检监察机构的设置、人员编制、工作职权及其待遇等作了明确规定。纪检组与监察专员办公室内设办公室、党风廉政室（行业作风办公室）、案件检查室（含执法效能监察）。

按照中共中央关于“反腐败是全党的大事，必须坚持全党抓”的指示精神，陕西省电力公司实行党委（党组）统一领导、党政齐抓共管、分管领导分头主抓、纪委组织协调、部门各负其责、依靠员工支持和参与的领导体制和工作机制。纪检组织和监察机构合署办公后，实行领导干部廉洁自律、查办违纪违法案件、纠正行业不正之风三项工作一起抓的反腐倡廉新的工作格局。

1993 年以来，陕西省电力公司和各基层单位充实了纪检监察干部队伍，省公司纪检组、监察专员办公室除组长、副组长、监察专员（副专员）外，3 个室配备专职干部 7 人。按照各室职能和岗位设置，制定各室和各个岗位的职责权限、业务范围、工作标准、办事程序、工作作风要求和考核办法。各基层单位纪委、监察室（科、处）都配备纪委书记、副书记和监察室主任（科、处长），并配备专兼职纪检监察干部。至 2002 年末，全系统共设立纪检监察机构 41 个，专职纪检监察干部 160 人，其中，具有大专以上文化程度的 126 人，占 78.75%；45 岁以下的 80 人，占 50%。

针对纪检监察干部身处反腐败斗争前沿，直接面对腐蚀与反腐蚀考验这一现实，省公司和基层单位加强了对纪检监察干部自身的教育培训，采取举办专业培训班，选送进修、在职自学、走出去请进来、书刊音像教学等形式，对纪检监察干部进行教育和培训。

## 第二节　党风廉政建设

1991 年以来，陕西省电力公司党风廉政建设重点抓领导干部廉洁自律，在全系统开展对各级领导干部和广大党员、干部、职工的党风党纪政纪法规教育，全面推行领导班子和领导干部个人党风廉政建设目标责任制。

### 一、领导干部廉洁自律

1991～2002 年，陕西省电力公司把领导干部廉洁自律作为党风廉政建设和反腐败工作的治本之策，加大工作力度。集中开展清理股票、清理公车、清理多占住房、清理通信工具、清理礼金、有价证券和支付凭证，以及制止奢侈浪费、公款旅游、公款娱乐、公款吃喝、公车私用等 10 余项领导干部廉洁自律专项治理工作，建立了几十项规章制度，把上级纪检监察组织下发的各项规定，党组、纪检组制定的与其配套的制度、规定汇编成《廉洁自律手册》，发给厂（局）、处级以上领导干部学习和贯彻执行。

从 1991 年起，陕西省电力公司各级领导班子坚持召开廉洁自律专题民主生活会。会前，采用召开各种类型座谈会、个别走访、问卷调查等方式，广泛征求党内外群众意见，归纳整理，原汁原味转达给领导班子和领导干部本人。领导班子成员对照检查，写好发言提纲，报上级党组（委）同意后召开廉洁自律专题民主生活会。会上，领导干部以“四自”（自重、自省、自警、自励）、“三严”（严格要求、严格管理、严格监督）的要求，对照廉洁自律规定，自查自纠，互帮互学，解决存在问题，制定纠正和防范措施。上级党组（委）不定期派员参会指导。会后，将会议情况通过各种渠道向职工进行通报，重点通报整改措施，请职工群众监督。同时向上级党组织做出书面报告。

1992～1996 年，重点以贯彻执行中共中央纪委对领导干部廉洁自律的 2 个《五条规定》，开展自查自纠。1992 年，制定并实施《陕西电力系统处级以上领导干部个人及家庭重大事项报告制度》；1993 年，制定了《领导干部保持廉洁的几项规定》；1995 年，开始实行提拔任用干部进行廉政鉴定，新任领导干部任前谈话制度，建立起领导干部廉政档案。同时，制定了《陕西电力系统领导干部廉政行为准则》，《关于认真做好局管领导干部个人收入申报的通知》和《关于实行企业业务招待费使用情况向职代会报告的通知》。1996 年，制定《工作人员在国内交往中接受礼品实行登记制度的实施办法》，建立起领导干部个人收入申报、业务招待费报告和上交礼品登记三项廉政制度，并贯彻执行。

1997～1999 年，贯彻落实中共中央、国务院《关于党政机关厉行节约、制止奢侈浪费行为的若干规定》（简称“八项规定”），制定下发了实施细则，对新建和装修办公楼、控制会议庆典活动、接待标准、通信工具和车辆使用、出国（境）管理及检查评比等方面做出了具体规定，各级领导班子对照规定在要求时限内进行检查和纠正。

1999 年，陕西省电力公司建立纪检监察部门负责人同下级党政主要负责人谈话、新任领导干部任前谈话、诫勉和提醒谈话“三项谈话”制度。对在内部审计中发现的问题严肃处理，促进领导干部依规、依纪、依法行使职权。要求各级领导班子成员自觉进行四查：一查有无游离组织之外，不按规定过组织生活，逃避组织监督的特殊党员干部，从而建立反腐倡廉预警体系；二查有无个人决定重大工程项目，不按规定由有关部门和人员参与，个人说了算，从而建立反腐倡廉公开体系；三查有无违背组织原则和干部人事工作程序，个人决定重要人事任免问题，从而建立反腐倡廉组织保障体系；四查有无监督不严，该管不管，该监督不监督，搞一团和气问题，从而建立反腐倡廉组织责任体系。党组成员带头，全系统各级领导干部普遍做到“五个一”，即每年对党风廉政建设和反腐败工作进行一次调查研究，听一次分管部门领导有关党风廉政建设工作的汇报，对新任职干部和群众有反映的干部进行一次廉政谈话，对分管工作范围内群众反映突出的一两个问题开展调查研究。纪检监察组织建立健全教育、制度、监督并重的惩治和预防腐败体系，构建警示训诫防线，预防职务犯罪。

2000～2001 年，开展“两清理一申报”工作。即清理领导干部接受现金、有价证券和支付凭证，清理领导干部及其配偶持有的因私护照、港澳通行证、外国居留证；申报执行“领导干部不准在其管辖的业务范围内个人从事可能与公共利益发生冲突的经商办企业活动，不准在其管辖的地区和业务范围内的外商独资企业或中外合资企业担任由外方委派、聘任的高级职务”的情况。申报执行中共国家电力公司党组“关于不准接受现金、有价证券和支付凭证，不准配偶、子女违规经商办企业，不准将国有资产转移到个人名下或其他企业”的三条规定的情况。2000 年，结合“三讲”教育活动，党组提出“三从严”（从严治党、从严治企、从严治领导班子）、“三不放过”（原因没有查清不放过、责任人没有受到教育不放过、没有整改措施不放过）原则。制定《关于领导干部廉洁自律的十条规定》、《重大决策失误追究制度》和《用人失察追究制度》。年末，评选出 10 名省公司系统勤廉兼优先进典型，并推荐两名领导干部为陕西省“勤廉兼优”先进典型。2001 年，又作出《关于进一步规范领导干部从政行为，加强廉洁自律工作的决定》。

2002 年，按照中央企业工委、中共中央组织部《关于中央企业领导人员廉洁自律若干规定的实施办法》，开展对领导干部配偶子女及其亲属从业行为 3 项清理工作。党组制定《关于进一步转变领导干部作风的决定》，就调研、公务接待、会议管理、车辆管理等做出了 8 项具体规定。各级领导干部结合自身实际，制定措施，贯彻执行，并带头承诺，做出表率。

**二、党风党纪政纪法规教育**

1991 年，开展中国共产党基本知识和党纪条规学习竞赛活动。

1992 年，组织各级领导干部学习《行政监察条例》，配合学习邓小平视察南方讲话，开展“学经济，知陕情，上台阶，保廉洁”的学习竞赛活动。

1993～1994 年，开展学习《中国共产党党员干部廉洁从政若干准则》和县、处级以上领导干部廉洁自律《五条规定》活动，结合人事、劳动、工资三项制度改革，在全体党员和干部中开展学习贯彻《在三项制度改革中遵守纪律的规定》活动。

1995 年，各单位开展反腐倡廉知识演讲竞赛活动，选拔优秀选手，参加省公司举办的竞赛活动。

1996 年，在全系统科级以上领导干部中开展学习中共中央纪委编印的《党纪政纪条规手册》和党纪政纪条规答题竞赛活动，还运用电力工业部编印的《警钟长鸣》、《闽江工程局受贿案始末》等典型案例，开展警示教育活动。

1997 年，在全系统开展学习《中国共产党纪律处分条例》等 5 个条规的学习辅导、宣传教育和答题竞赛活动。年末，陕西省电力公司被电力工业部评为学习竞赛最佳组织单位。

1998 年，举办 3 期有 86 名副处级以上领导干部参加的党风廉政教育学习班，学习《邓小平论党风廉政建设和反腐败》，并由省公司和各基层单位领导干部分别结合实际，宣讲《廉政准则》。

1999 年，结合“三讲”教育，举办副处级以上领导干部参加的学习班，系统学习省公司制定的《党风廉政建设责任制》、《招投标管理办法》等廉政制度。给新提任领导干部上党风廉政教育课。

2000 年，组织党员和干部学习《邓小平论党员干部廉洁自律》，组织全体职工观看电教片《胡长青案件警示录》，电影《生死抉择》和《反腐倡廉警示教育》展览。

2001 年，在全系统党员中开展党纪政纪条规知识学习竞赛活动和群众性的廉政警句格言创作征集活动。

2002 年，在全系统科级以上干部中开展以“树立正确权力观”为主题的党风廉政教育月活动。

**三、党风廉政建设责任制**

自 1991 年以来，陕西省电力公司开始推行“报告、公开、评议、责任”（领导干部报告个人及家庭重大事项、同群众利益相关的事项公开、群众对领导班子和领导干部实行民主评议和党风廉政建设责任制）四项廉政制度。从 1992 年起，全面推行领导班子、领导干部个人党风廉政建设目标责任制，明确各级领导班子及其成员在党风廉政建设中应负的责任和应当实现的目标。年中和年末，省公司纪检组、监察专员办公室组织人员分片对各单位党风廉政建设目标责任执行情况进行督促和检查。

1998 年 11 月，中共中央、国务院下发《关于实行党风廉政建设责任制的规定》。此后，陕西省电力公司的党风廉政建设责任制日趋完善。1999 年初，刚刚独立运作的陕西省电力公司就成立由公司党组书记、总经理任组长，党组成员、纪检组长任副组长的公司党风廉政建设领导小组。公司纪检组（监察专员办公室）、政治部、总经理工作部、人事部、工会、审计处、机关党委等部门负责人为领导小组成员，领导小组办公室设在纪检组（监察专员办公室）党风廉政室，具体负责日常工作。公司各直属单位都成立相应的组织和办事机构，为贯彻执行党风廉政建设责任制提供组织保证。每年年初，公司党组书记、总经理同基层单位党政“一把手”和公司本部各部门主要负责人签订党风廉政建设责任书，明确目标责任。各级领导小组及其办公室履行组织协调、督促检查和日常管理职能，把党风廉政建设和反腐败工作各项目标任务分解细化，并加以量化，明确牵头部门、协助部门、责任领导和工作责任人，落实到各部门及其领导，夯实领导责任，在全公司形成“横向到边、纵向到底、覆盖全局”的责任网络体系。公司党组明确要求各级领导班子都要把党风廉政建设责任制列入重要议事日程，与生产经营、精神文明建设和各项业务工作紧密结合，一起部署，一起落实，一起考核。特别强调党政“一把手”是党风廉政建设“第一责任人”，实行“一岗两责”，党政“一把手”既要对生产经营目标实现负全责，同时要对党风廉政建设和反腐败工作目标实现负全责。

1999 年，陕西省电力公司制定《关于党风廉政建设责任制实施办法》、《党风廉政建设责任制考核细则》、《年度党风廉政建设和反腐败工作目标管理责任书》及一览表，把各项目标加以分解细化，责任落实到部门和个人。同年，制定《关于党风廉政建设责任制执行情况考核办法和评分标准》及《责任追究办法》。2002 年，制定《关于实行党风廉政建设责任制考核常态运行机制的意见》和《党风廉政建设责任区制度》。一系列配套制度和措施，构建起全公司落实党风廉政建设责任制的保障体系，使落实党风廉政建设责任制工作逐步走向经常化、制度化、规范化管理轨道。

陕西省电力公司党组坚持每年年底向国家电力公司党组书面报告党风廉政建设责任制执行情况，并接受检查考核。各基层党委向省公司党组书面报告年度党风廉政建设责任制执行情况，并做出自查评分。省公司党风廉政建设责任制领导小组办公室抽调人员组成几个小组，由一名处级领导干部带队，分赴各单位检查考核。检查考核的办法是：召开会议，由领导干部个人述职述廉，中层干部和职工代表评议打分；查阅相关资料；个别谈话，最后给出考核评分。检查考核结果作为领导班子、领导干部个人奖惩、任用依据之一（另外两项考核是安全生产和资产经营目标），并实行一票否决。明确对不认真执行党风廉政建设责任制，达不到目标要求的领导班子和领导干部实行责任追究。1999～2002 年，陕西省电力公司执行党风廉政建设责任制的情况，经国家电力公司检查考核，每年都被评为优秀。各基层单位也年年完成责任目标。

**四、源头治理和机制创新**

陕西省电力公司系统在反腐倡廉工作中，坚持标本兼治，以治本为主，注重从源头上预防和解决腐败问题。在反腐败源头治理上进行大量探索和实践，在工作机制上进行了一些创新。

1993 年以前，陕西省电力公司纪检组、监察专员办公室坚持制度建设和监督制约机制并重，解决群众反映强烈的热点、难点和重点问题。从廉政制度必须具备的功能结构和运行程序入手，对已形成的制度、措施加以总结，形成“报告、公开、评议、责任”四项制度。

1993～1997年，“四项制度”已经开始在全系统普遍推行，在推行过程中，经过总结，又增加、补充了一些相关的可操作性的具体规定。对一些不适应的制度加以修改，丰富和发展源头治理工作的内容，形成较为完善的廉政制度体系，使反腐败源头治理工作逐步走上制度化轨道。

1998～2000年，反腐倡廉工作从侧重遏制转入标本兼治，逐步加大治本力度。在继续落实各项监督制度和规定的基础上，从解决体制、机制中存在的问题入手，进行重点治理：推行厂（局）务公开，对拟提拔任用干部进行廉政鉴定，对干部人事制度进行改革，逐步实行干部轮岗、任前公示、拟提任干部先到纪检监察部门任职，增加选人用人透明度，扩大群众的知情权和参与权；在财务上加大对资金运用的监管力度，省电力公司与有业务往来的银行签订了《廉政公约》；实行并规范工程和物资设备采购招投标工作；清理多占住房和通信工具；对领导干部进行任期经济责任审计。全面实施党风廉政建设责任制。

2001年，在多年工作实践的基础上，不断总结提高，归纳提炼，形成一套制约权、钱、人、事的源头治理腐败办法：强化对权力的制约，依法管好“权”；强化对资金运作的监管，认真管好“钱”；强化人事干部管理机制，严格管好“人”；实施严格管理，切实管好“事”。陕西省电力公司党组纪检组提出“四治”的权力监督思路：以资金管理为重点，建立防范机制，做到以权治权；以工作程序为依托，建立约束机制，做到以程序治权；以改革创新为动力，建立灵活有效的监督制约机制，做到以职责和舆论治权；以严肃执纪和适当奖励为手段，建立奖罚机制，做到以威慑和激励治权。这一思路和实践所形成的论文于2002年在中央企业纪委和《中国监察》杂志社联合举办的“加强国企党风廉政建设”有奖征文活动中，获得二等奖。之后，制定了《陕西省电力公司关于进一步加强“权力四治”机制建设的实施办法》，共7章26条，包括“权力四治”的运行规范、评价体系，以及违反了由谁来追究和如何追究的程序。这个实施办法涵盖了以前相关的制度和实际要管的内容、程序，形成实施监督制约制度体系。

## 第三节 查处违纪违法案件

陕西省电力公司系统纪检监察组织把查处违纪违法案件作为惩处腐败分子遏制腐败现象的重要手段，加大查办案件的力度。

1991～2002年，陕西省电力公司系统纪检监察组织共收到信访举报2043件，立案查处283件，51人受到党纪处分，70人受到政纪处分，受到刑事处分和被移送司法机关处理的31人。

1991～2002年陕西省电力公司系统查处违纪违法案件情况统计见表12-3-1。

表 12-3-1　1991～2002 年陕西省电力公司系统查处违纪违法案件情况统计

| 年份 | 受理信访举报（件、次） | 立案查处（件） | 党纪处分（人） | 政纪处分（人） | 移送司法处理（人） |
|---|---|---|---|---|---|
| 1991 | — | 25 | 13 | 10 | 5 |
| 1992 | 84 | 20 | 4 | 2 | 7 |
| 1993 | 99 | 32 | — | 5 | 5 |
| 1994 | 112 | 15 | 1 | 1 | 2 |
| 1995 | 208 | 35 | — | — | — |
| 1996 | 233 | 12 | 5 | 16 | 5 |
| 1997 | 604 | 25 | 11 | 22 | 4 |
| 1998 | 238 | 10 | 4 | 3 | 1 |
| 小计 | 1478 | 174 | 38 | 59 | 29 |
| 1999 | 190 | 2 | 2 | 1 | — |
| 2000 | 113 | 28 | 5 | 2 | 2 |
| 2001 | 92 | 45 | 3 | 1 | — |
| 2002 | 70 | 34 | 3 | 7 | — |
| 小计 | 465 | 109 | 13 | 11 | 2 |
| 合计 | 2043 | 283 | 51 | 70 | 31 |

**注**　1998 年 10 月 16 日网省体制分离，1999 年 1 月 1 日起，陕西省电力公司独立运作。

在查办案件中，各级纪检监察组织立足于早发现、早查核、早处理。办案坚持实事求是原则，以事实为依据，以党纪政纪为准绳，做到“事实清楚，证据确凿，定性准确，处理恰当，手续完备”。在办案程序上，建立信访举报、初步核查、立案处理、案件审理、跟踪督办、综合分析、领导挂案、协同办案、统计报表和工作报告等 10 种制度。建立纪检监察组织协调，审计、财务、人事等部门配合，同地方纪检监察机关和司法机关协同办案的工作机制。建立办案激励机制，制定《查办案件有功单位和个人奖励办法》。省电力公司纪检组、监察专员办公室协调和指导基层单位办好案，帮助基层单位按照“一快、二细、三准、四保密”的方法，及时掌握对违纪违法问题的反映，按程序依规依法核查，慎重处理。加强案件基础管理工作，对办案和案件管理人员进行培训，提高办案能力和办案管理水平。

## 第四节　行业作风整顿和建设

1990 年，中共中央决定大力整顿和坚决纠正部门和行业不正之风。1993 年，中共中央纪委把纠正行业不正之风列入反腐败三项工作之一。陕西省电力公司按照中共中央和中央纪委的要求和部署，把纠正陕西电力行业不正之风和行业作风建设作为一项全局性的工作。公司和所属各供电企业都成立纠风和行业作风建设领导小组，由供电、用电、市场营销、农电、纪检监察等部门组成。公司和各供电企业行政一把手任组长，纪检组长（纪委书记）和主管市场营销的行政领导任副组长。在纪检监察部门设立办公室。确定“谁主管，谁负责”，“管行业必须管行风”的工作原则和“标本兼治，纠建并举”的工作方针。在全公司系统形成“党委（组）统一领导，党政齐抓共管，部门各负其责，行风办组织协调，职工积极参与”的纠风和行风建设工作格局。

1991～2002 年，陕西省电力公司系统的纠风和行风建设经历 4 个阶段。

1991～1992 年，为刹风整纪阶段，主要是自查自纠，教育整顿，集中治理，以纠为主，侧重遏制。

1991 年，以整顿农村电价为重点，深入开展对农村用电的专项治理。以农村电管站为重点，整顿农村管电组织，推行农村分类综合电价，建立健全用电收费公开制度，开展“三为服务”（为农村经济服务，为农业生产服务、为农民生活服务）达标活动等项措施，解决“人情电”、“关系电”、“权力电”问题、窃电问题、乡（镇）村搭电费车乱收费把电费转嫁给农民的问题。同时，对供电营业人员加强教育、监督，解决以电谋私问题。

1992 年，在全省 58 个县推行农村分类综合电价。推行农村用电收费“三、二、一”廉政制度（“三公开”即电价、电量、电费公开；“二不准”即不准乱加价收费、不准搭车收费；“一禁止”即禁止送“人情电”）。对供电营业人员加强教育监督，订立制度 141 项。对 7840 名农村电工和供电职工进行职业道德培训，在 2180 名供电职工中开展换位思考活动。查处违纪违法案件 29 件，有 6 人受到党纪处分，14 人受到政纪处分，4 人移送司法机关处理。还在全系统各供电企业开展供电服务“创佳评差”竞赛活动。

1993～1995 年为专项治理阶段。

1993 年，深入治理农电乱收费问题，当年全省减轻农民负担 570 万元。继续解决以电谋私问题，开展电费稽查工作。省、市（地）、县三级供电企业领导班子召开行风专题民主生活会自查自纠，建立查办行风违纪问题的激励机制。同年，全系统共立案查办行风违纪案件 16 起，给予党纪政纪处分 15 人，移送司法机关 4 人。在集中专项治理的同时，开展“优质服务月”等各种形式的优质服务竞赛活动，提高服务水平。当年，陕西省电力公司被中共陕西省委、省人民政府评为“纠风工作先进单位”和“创佳评差”竞赛活动“最佳厅局”。

1994 年，继续以治理农村用电乱收费为重点，深入治理以电谋私，落实报装接电、停送电和紧急抢修 3 个廉政制度，开展“创佳评差”竞赛和供电优质服务活动。落实农村分类综合电价，全面推行农村生活照明最高限价，纠正 86 个村把电承包给个人的错误做法，查出不合理收费 340 起，撤销 8 名不执行农村照明用电最高限价政策、不交电费、顶着不办的农村电管员。全年减轻农民负担 2000 多万元。当年，陕西省电力公司再次被省委、省政府评为“纠风工作先进单位”和“创佳评差”竞赛活动“最佳厅局”。

1995 年，在全省范围内开展行风明察暗访，制定并实施《农村用电管理办法》。开展农村电工培训，加强对乡（镇）电管站财务收支两条线管理和对农村电工的考核、管理。继续贯彻电力工业部《关于严禁以电谋私的若干规定》，加强用电监察，有效保证农村生活照明用电最高限价政策的贯彻执行。使“人情电、关系电、权力电”问题得到遏制。供电优质服务活动着重为农业、农村、农民办实事，全年投资1380万元解决了52个无电乡、500个无电村通电问题。

1996～2000年，从抓专项治理上升到纠建并举阶段，实行标本兼治，逐步加大治本工作力度。

1996年，以供电优质服务和农电“三为”服务为龙头，继续治理以电谋私，巩固治理农村用电乱收费成果。在继续推行报装接电、停送电管理、紧急修理3项廉政制度的基础上，推行《用电营业收费廉政制度》。对电费抄、核、收、装表接电等提出6条工作标准和11项禁止行为，明确办事标准、办事程序、检查办法和处罚办法。会同地方物价等部门制定并出台有关政策文件，加强电价和电费的收缴检查监督和科学化管理。开始在西安供电局实行供电服务承诺制试点工作。结合对华山索道停电事故进行认真总结和反思，探索供电企业实行两个根本性转变（传统的计划经济体制向社会主义市场经济体制转变，经济增长方式由粗放型向集约型转变），加强行风建设的途径和方法。当年，陕西省电力公司直供直管县（市、区）电力局中有19个建成电力工业部“三为服务”达标单位。

1997年，开展“为人民服务，树行业新风”规范化服务示范窗口建设，西安供电局市区供电分局营业厅被电力工业部授予全国电力系统“为人民服务，树行业新风”规范化服务示范窗口，成为全国20个示范窗口之一。农电“三为”服务和电力扶贫共富工程进一步推进，全省建成8个农村电气化县。当年，陕西省电力公司再次被省委、省政府评为“纠风工作先进单位”和“创佳评差”竞赛活动“最佳厅局”。

1998年，陕西省电力公司制定《关于迎接社会民主评议电力行风的安排意见》，提出4项工作目标和12条保证措施，公司总经理同全省9个供电局局长签订行风建设目标责任书。行风建设由开展“三为”服务、承诺制服务、规范化服务，深化到建立客户服务中心，为用户提供信息，开展咨询及中介服务等方面。年末，陕西省电力公司所属9个市（地）供电局全部顺利通过当地社会民主评议，其中，延安、铜川及汉中3个供电局被评为“行风优秀单位”。

1999年，重点开展客户服务中心建设。全省用电营业全部实行规范化服务，建立客户代表制。在《陕西日报》向全省公布《城市供电营业规范化服务标准》和开展规范化服务活动窗口单位名单以及单位负责人姓名。全省聘请290名行风监督员。结合农电“两改一同价”（农村电网改造、农电管理体制改革，城乡电网实行同网同价），进一步规范电价电费管理，在农村严格实行“五统一”（统一电价、统一发票、统一抄表、统一核算、统一收费）、“四到户”（抄表到户、开票到户、收费到户、服务到户）、“三公开”（电价公开、电量公开、电费公开）、“一上墙”（农户每月电量电价电费上墙公布）。制定了规范窗口服务的3类制度、4项规程、9个应挂图表。农村用电秩序得到规范，农村分类综合电价全部执行到位，当年全省累计减轻农民用电负担1500万元。7月15日，国家电力公司在西安召开全国电力系统纠风和行风建设会议，公司党组成员、纪检组长作了题为《开展“创佳评差”活动，锲而不舍地把行风建设引向深入》的大会发言，介绍陕西省电力公司抓纠风和行风建设工作的经验。会议印发西安供电局的经验材料《主动接受舆论监督，塑造供电企业形象》，全体与会代表参观了西安供电局客户服务中心。

2000年，陕西省电力公司所属9个市（地）供电局全部建成客户服务中心。践行“只要客户一个电话或填一张表，剩下的事由我来办”，全系统实现了一口对外。同时，开展县及县以下供电营业窗口行风整顿和农村供电营业规范化服务活动。农村电价稳中有降，降低0.02～0.03元/（千瓦·时），全年全省减轻农民负担约4500万元。全省评选出供电行业优质服务“十佳明星”和“十佳明星集体”。为下气力解决深层次的“以电谋私”和客户工程中的“两指定”（指定施工队伍、指定施工物资设备）问题，出台了《客户服务工程预算定额及费用标准》，使客户感受到供电施工是个明白工程、放心工程。2000年，陕西省电力公司再次被中共陕西省委、陕西省人民政府授予“创佳评差”竞赛活动“最佳厅（局）”。

从2001年起，陕西省电力公司的行风建设进入了提升优质服务水平，打造优质服务品牌，为社会提供和谐服务的新阶段。在全系统开展以“让政府放心、社会赞誉、群众满意”为主题，为社会提供“优质、方便、规范、真诚”服务的“电力市场整顿和优质服务年”活动。向社会公布供电企业8项优质服务承诺和保证承诺履行的10条措施，公布省电力公司和各市（地）供电局（供电公司）的投诉举报电话，制定《投诉举报奖励办法》、《行风违纪处罚办法》。2月24日，陕西省电力公司在全省10个市（地）同时开展供电优质服务宣传活动，省内各大媒体大篇幅报道宣传盛况。2月26日，中共陕西省委书记李建国、陕西省人民政府省长程安东批示，赞扬陕西省电力公司开展的优质服务活动。10月31日～11月2日，陕西省人大常委会副主任唐绩初、政协副主席逄靠山应省电力公司邀请，带领人大代表、政协委员和电力行风监督员视察了西安、渭南、咸阳及宝鸡等地的农电“三为”服务工作，对陕西省电力公司开展的供电优质服务活动给予高度评价，称赞走在了全省各个行业的前列。

2002年，制定了《2002～2005年行风建设规划》和《2002～2005年行风工作要点》，各供电局依据该规划和要点制定具体的实施细则。以客户服务中心为重点，优化营业服务流程。全省各供电局全部开通95598电力客户特别服务电话。同时，加快建设客户服务支持系统，提升优质服务的科技含量和硬件设施水平。着力培育和打造优质服务品牌，逐步形成以全国劳动模范赵二宝为代表的宝鸡供电局市区分局“二保”（一保政府放心，二保群众满意）金牌文明供电紧急修理服务队、商洛供电局山阳县小河供电所“扎根山区、服务农村”的邓大文电力抢修队、延安供电局市区电力局“张思德”电力便民服务队、汉中供电局“全国用户满意服务明星”刘星电力服务队和“全国优质服务先进窗口”西安供电局客户服务中心等遍及全省的7大优质服务品牌。全省10个供电局（供电公司）实现“一局一品牌”的特色服务，树立起陕西省电力职工服务党和国家工作大局、服务经济社会发展和人民群众生活、服务“三农”、服务电力客户、服务发电企业的良好形象。

## 第五节　执法监察和效能监察

执法监察是行政监察机构依照《中华人民共和国行政监察法》对国家行政机关任命的人员遵守和执行国家法律、法规和决定、命令情况所开展的监督检查。效能监察是对监察对象在管理活动中的行为能力、运转状态及产生的作用、效果和经济效益、社会效益进行的监督检查。

陕西省电力公司系统执法监察和效能监察工作始于 1991 年。公司纪检组、监察专员办公室设置副处级执法监察和效能监察专责，各基层单位也将执法监察和效能监察列入纪委、监察科（处、室）的工作职责范围，设置专（兼）职工作人员。执法监察和效能监察紧紧围绕电力建设、生产、经营、管理中心，履行监察职能。

1992 年，开展清理公款外借的效能监察，共清理出各类外借公款 2244 万元，通过清理，收回一批外借款，发现和查处了一些经济违纪违法问题，促进了企业对资金的管理。

1993～1995 年，重点抓对经济交往中“回扣”的治理。1994 年 7 月在宝鸡发电厂召开现场会，推广该厂治理“回扣”经验，当年全系统收缴“回扣”款 295.37 万元，1995 年收缴“回扣”款 1010 万元。中共陕西省纪委和中共电力工业部纪检组《纪检监察简报》、《陕西日报》都作了介绍和报道，全国 30 多个省（网）电力局（公司）和基层单位派员前往宝鸡发电厂参观学习。

从 1995 年起，把执法监察和效能监察的范围拓展到发电厂燃煤管理、基建工程发承包、资金使用、合同管理、物资设备采购、设备外协加工、车辆使用和材料消耗等多个领域。

1996 年，纪检组、监察专员办公室制定下发了《关于纪检监察组织参与经济活动的几点意见》，明确执法监察、效能监察的工作范围和工作程序，对纪检监察组织参与经济活动加以规范。制订下发《开展建设工程项目执法监察实施方案》，省电力公司和各供电局都成立了建设工程项目执法监察领导小组和办公室。全年对概算总投资达 100.58 亿元的电力基建、生产设备更新改造、小型基建、多种经营工程、农电工程计 124 个竣工项目和 151 个在建项目进行执法监察。对机动车辆购买、使用和医疗费用报销支出情况进行专项检查。开展对电费抄、核、收情况的稽查工作。

1997 年，重点抓发电厂燃煤管理效能监察和用电营业收费执法监察。在各大火力发电厂采用电煤定矿定煤、定质定检、派员驻矿监察、请省煤检所驻场监督化验煤质，加强对入场煤检验、计量的监督。特别是对小窑煤在进场时划分责任区设专人把关等办法，对发电燃煤进行效能监察。通过对发电燃煤进行效能监察，陕西省电力公司所属各火力发电厂全年共节约电煤成本 1940 万元。各供电局重点抓用电营业收费执法监察，查处违章用电、窃电，追补电量，追缴陈欠电费，追缴增容费，收取违章用电罚款等，通过营业收费执法监察，全年共挽回损失 345 万元。

1999 年，全省城乡电网建设与改造工程全面展开，陕西省电力公司制定了《陕西省电力公司城农网建设改造工程管理办法》和《陕西省电力公司城农网建设改造项目廉政建设和执法监察实施办法》，以及项目管理、质量管理、资金管理、技术规范和审计细则等一系列配套规定。充实健全执法监察领导小组，设立举报电话。对城农网建设与改造工程中招投标加强管理。在招投标工作机制上实行发标、评标、定标三权分离，制定了招投标工作专家队伍选聘办法，建立了 8 类专家库。每个项目在招标前都成立专门的评审委员会，按规定办法和程序评标、定标。对全系统大宗物资、重要设备采购实行“六统一”（统一计划、统一订货、统一采购、统一储备、统一结算、统一配送）。开展用电营业普查，加大查处窃电工作力度，全年追补电量 6462.5 万千瓦·时，追补电费 900 多万元。建立资金结算中心、燃料结算中心和物资结算中心，基层单位和公司机关所有资金全部进入结算中心结算。通过领导任期审计、执行工程“五制”（项目法人负责制、招投标制、合同管理制、资本金制、工程监理制）、小火电专项审计等，重点查处乱投资、乱担保和多头账户问题。清理公司机关所办的 18 个各类多种经营实体。加强行政督办工作，省公司机关成立督办室，挂靠在监察专员办公室，制定《督办室工作职责和工作程序》，负责对机关各部门工作完成情况进行全过程的效能监察。

2000 年，陕西省电力公司执法监察和效能监察抓住“管好钱、管好权、管好事、管好人”4 个重点，着力解决“权力垄断、暗箱操作”问题。检查推行财务总监、联合审计、资金结算中心各项制度和规定的执行情况，检查清理“小金库”、清理债权债务和用电营业收费执法监察的进展情况。开展对城乡电网建设改造工程的检查，对招投标活动实施检查监督。全年监察立项 106 项，提出监察建议 85 条。全年工程建设招投标涉及资金 29.76 亿元，降低投资 5332.41 万元；清理“小金库”、清理债权债务和用电营业收费执法监察追缴资金 1837.96 万元；审查经济合同 866 份，查出并纠正违约资金 566.3 万元；收缴物资设备采购“回扣”现金 65.19 万元。

2001 年，执法监察和效能监察以强化管理、堵塞漏洞、节能降耗为重点开展工作。城乡电网建设与改造工程共招标 53 次，涉及金额 22.173 亿元，降低投资 3575.4 万元，顺利通过审计署审计。对发供电企业大修理、更新改造工程项目和资金使用情况进行效能监察。全年监察立项 146 项，提出监察建议 23 条，建立规章制度 11 个，参与招投标活动 237 次，降低工程造价、减少开支 5817.95 万元。清理“小金库”资金 92.88 万元。清理债权债务，避免经济损失 1345.12 万元。

2002 年，陕西省电力公司抽调监察、农电、财务、审计等部门人员组成联合检查组，对所属 10 个供电局（供电公司）城乡电网建设改造工程中的物资管理进行专项执法监察，对西安、渭南、宝鸡、铜川 4 个供电局及其 8 个县（区）电力局的农村电网改造工程进行检查。全年监察立项 151 项，提出监察建议 118 条。在国家电力公司效能监察优秀项目评比中，宝鸡供电局高新技术产业开发区电网改造项目效能监察获得“十佳项目”，蒲城发电厂 2 号机组大修和户县热电厂燃煤管理效能监察获优秀项目奖。

陕西省电力公司总结多年来的实践和经验，制定了《效能监察暂行办法》和《关于制止奢侈浪费行为的通知》，全系统各单位结合各自实际，共制定小型工程和物资设备采购管理等工作流程图 109 个。

# 第四章　陕 西 电 业 工 会

1991～2002 年，陕西电业工会在陕西省总工会、中国水利电力工会和中共陕西省电力公司党组领导下，贯彻《中华人民共和国企业法》、《中华人民共和国工会法》和《国有工业企业职工代表大会条例》，组织领导陕西省电力公司系统各级工会组织，推行党委领导下的职工代表大会制，围绕企业生产经营中心，对职工进行宣传教育，不断提高广大职工的社会主义觉悟和生产劳动、工作积极性。开展民主管理和民主监督，开展了一系列社会主义劳动竞赛、技术比武和评比表彰活动。发挥女职工"半边天"作用，维护女职工合法权益。组织广大职工开展丰富多彩的文艺体育活动，送温暖和扶贫帮困活动。并且在工作实践中，不断加强工会组织建设，各项工作开创出新局面。

## 第一节　组 织 建 设

1991 年，陕西电业工会按照中共中央要求，进一步加强工会组织建设。组织检查各单位贯彻落实中央要求的情况，协助直属单位党组织解决一些工会干部长期以来未解决的职级待遇问题。修订下发《先进职工之家条件和考核标准》，把工会的 4 项社会职能和自身建设作为"建家"的基本内容，把工会领导班子建设和车间班组"建家"作为重点。全系统建成 26 个合格职工之家，17 个先进职工之家。开展了各基层单位工会考核评比活动，表彰 8 个先进基层工会，41 名优秀工会工作者，52 名优秀工会积极分子和 13 名优秀职工代表。加强工会信息、政策、理论研究和统计工作，改进和提高《工会信息》的编辑工作。加强各级工会财务管理，组织开展各基层工会财务工作竞赛。配合陕西省总工会财务部对 6 个单位的行政计拨工会经费进行了审计。

1992 年，配合有关部门加强对基层单位工会主席的考察和配备，协助基层单位党委抓工会主席后备干部的选拔和培养，指导 5 个基层单位工会进行换届选举。建成 2 个先进"职工之家"，渭南供电局工会被陕西省总工会授予全省"模范职工之家"称号。表彰奖励 8 个先进基层工会、38 名优秀工会工作者，53 名优秀工会积极分子和 17 名优秀职工代表。组织编写的《陕西电力工人运动大事记》和《陕西电业职工英模谱》正式出书。

1993 年，西北电建四公司被陕西省总工会授予"模范职工之家"，渭南供电局被中华全国总工会授予"全国模范职工之家"，3 个集体被省总工会授予"模范职工小家"，4 名同志荣获陕西省优秀工会工作者称号，8 名同志荣获陕西省工会积极分子称号，10 个先进基层工会、37 名优秀工会工作者、54 名优秀工会积极分子受到表彰奖励。在"三改"中，陕西电业工会三部一室配备了正、副部长（主任），调整充实了工会干部。指导 7 个基层工会顺利进行换届选举。陕西电业工会连续 3 年在省总工会组织的财务竞赛中获得一等奖。

1994 年，在基层单位班组开展“建小家”活动，7 月，在延安发电厂召开发电企业“建小家”经验交流会。完成 10 个基层工会换届选举工作。在机关“三改”完成后，重新修订完善各项规章制度。兴办和发展职工技协和工会企事业，至 1994 年末，陕西电力单位有职工技协组织 40 个，工会经济实体 37 个。举办工会干部岗位培训班，26 名工会主席和工会干部经培训考试合格，领取岗位资格证书。开展了基层工会社会团体法人资格确认和核准登记工作，并为基层工会办理了《社会团体法人资格证书》。

1995 年，贯彻中共十四届四中全会精神，落实《关于工会协助党委（党组）管理干部的意见》和《基层工会民主选举暂行办法》。调整西北电业职工大学等单位工会委员会，指导十几个单位召开职代会和工会换届选举。配合有关部门培养选拔了一批素质好、经过实践锻炼和考验、得到职工信赖的干部到工会领导岗位。“建小家”活动由发电单位发展到全系统。7 月，召开供电单位“建小家”经验交流会。韩城发电厂被省总工会授予“模范职工之家”，西北电建四公司被中华全国总工会授予“全国模范职工之家”。

1996 年，开展新一轮工会干部上岗资格培训，分别举办宣传报道、劳动保护、民主管理、女职工工作、计算机基础知识等专业培训。完善工会工作考核标准和建设职工之家标准。对基层女职工委员会主任的职级待遇作进一步明确。

1997 年，重新拟定新的《陕西电力系统基层工会年度目标考核办法》，更加注重工作质量考核，注重职工群众和党政方面的反映。在全系统开展创一流工会活动，拟定实施意见和评比办法，将工会工作与企业“双达标”、创一流、建设无泄漏电厂、创建“文明单位”结合起来。制定《陕西电业工会加强工会干部工作作风和勤政廉政建设的规定（试行）》。

1998 年，组织基层工会主席和电业工会机关副处级干部参加为期 3 个月的省电力公司党组党校理论学习班和工商学习班，并举办为期 1 个月的工会干部岗位培训班。延安发电厂被全国总工会授予“全国模范职工之家”，铜川供电局被省总工会授予“模范职工之家”。在系统各单位开展“工会财务基础工作达标活动”和工会办公自动化工作。

1999 年，召开陕西省电力公司首届一次职工代表大会。在蒲城、灞桥、石泉 3 个发电有限责任公司中组建工会组织。建立工会信息网络，编辑出版《工会信息》。在《陕西电力报》开辟“工会主席谈改革”栏目。开展工运理论研究活动，评选出 20 篇优秀论文。

2000 年是陕西电业工会组织建设年，对全系统工会组织进行普查。基层各单位全部建立职工代表大会制度，每年召开 1～2 次职代会，由行政领导向职工代表报告工作。韩城发电厂建成“全国模范职工之家”，兴平电力局建成“全国模范职工小家”。陕西电业工会再次获得省总工会财务竞赛特等奖。

2001 年，制定《陕西电力系统工会委员会换届暂行规定》，规范基层工会组织换届程序。在陕西电力银河集团公司和陕西电力燃料有限公司组建工会组织。对银河集团公司控股和参股的企业工会组织建设进行调研，形成初步方案。对咸阳、安康、汉中及宝鸡 4 个供电局在农电工中组建工会工作进行调研，在兴平电力局开展农电工建立工会组织试点工作。举办职工董事监事知识讲座。开展工运理论研究和论文交流活动，获得中国水电工会优秀论文评比一、二、三等奖各一篇，获得省总工会优秀论文评比二、三等奖和优秀论文各一篇。陕西省电业工运理论研究会获陕西省工运理论研究会“先进团体会员”称号。

2002年，电业工会分别召开基建、修造及多种经营企业有关人员座谈会，形成调研报告，为国家电力公司实行体制改革反映基层企业的意见和愿望。培训专职工会干部165人次，培训兼职工会干部、职工代表、劳动保护监督员等3856人次。陕西电业工运理论研究会又一次被评为陕西省工运理论研究会先进团体会员单位。电业工会被省总工会评为全省工会财务工作先进集体。

2002年末，陕西省电力公司系统共有基层工会40个，分工会542个，工会小组3361个，会员44212人，会员占全部职工人数的99.67%，实行厂务公开单位39个，建立平等协商制度单位38个，单独签订集体合同企业39个。

## 第二节 民主管理与民主监督

1991年，把基层单位的民主管理达标列为建设“职工之家”的主要内容，把分场（工区、车间）和班组的民主管理列为班组建设和“建小家”的主要内容。对29个单位的30名职工代表进行培训，获得省总工会颁发的职工代表聘书。安康供电局、咸阳供电局和西北电建四公司被评为“陕西省民主管理先进单位”。

1992年，在全系统38个单位开展企业民主管理知识答卷活动，2840名职工代表参加，占到职工代表总数的80%。与有关部门组成调查组，对4个不同类型企业开展“全心全意依靠工人阶级状况”的调查；与省总工会、宝鸡发电厂工会组成调查组对宝鸡发电厂职工队伍状况进行调查，均形成调查报告。灞桥热电厂被评为“陕西省民主管理先进单位”。

1993年，各级职代会和工会组织密切配合行政，积极参与“三改”。参加“三改”方案制定、实施、检查和验收各个环节。工会负责人担任本单位“三改”领导小组成员，职代会广泛听取职工群众意见，把好“三改”方案审议关。至1993年末，共培训职工代表3605人，占职工代表总数的99%。

1994年1月16～19日，召开陕西电业第一届职工代表大会。在陕西省电力公司的支持下，建立职工养老保险互助金、职工工伤人身保险互助金、离退休人员生活补助基金等。236件职工代表提案和意见经审查、整理、分类和登记，转送有关部门处理。制定《干部评议专门委员会工作条例》、《职代会联席会议制度》、《民主评议局机关工作方案》及《民主评议局机关正处级以上干部实施方案》。各级工会组织积极参与和推进企业内部养老、工伤死亡、医疗保险和住房制度改革。年末，陕西省电力公司系统应建立职代会的单位已全部建立，大部分车间（分场、工区）建立职代会代表团（组），班组建立民主管理制度。各单位普遍建立职工代表巡视制度和干部联系班组制度。

1995年，学习、宣传和贯彻《中华人民共和国劳动法》，先后开展《中华人民共和国劳动法》宣传月、宣传周、咨询日等活动。通过各种宣传工具和宣传形式向职工宣传《中华人民共和国劳动法》，组织5万名职工参加知识竞赛，电业工会和各基层工会参与制定劳动合同制实施方案，参与劳动合同签订实施的全过程。

1996年，依据《中华人民共和国劳动法》有关规定，陕西省电力公司系统11个单位签订集体劳动合同，建立集体协商制度。贯彻落实江泽民总书记提出的全心全意依靠工人阶级的四项要求，加强“依靠党，依靠群众”方针的宣传，在全系统各级领导干部中开展向“全心全意依靠职工办企业的优秀厂长”——户县热电厂厂长孟德权学习的活动。进一步完善职代会制度，拓展职代会工作范围，把企业业务招待费使用情况报告、签订集体合同及企业审计工作报告列为职代会审议内容；组织职工代表进行专项工作巡视检查，保证职代会决议落实；建立工会与行政联席会议制度，加大民主参与和协商力度。

1997年，各直属单位开展职代会民主评议企业领导干部工作。陕西省电力公司党组决定把基层工会主席列为局考察干部范围之内，电业工会参加对基层单位领导班子考察考核工作。同年，召开全系统先进生产（工作）者、先进集体表彰大会，撰写和整理了典型事迹材料在全系统广为宣传。年末，全系统有38个单位签订集体劳动合同，占应签单位数的95％。

1998年，西北电力集团公司二届职代会后，按照中共陕西省电力公司党组《关于全心全意依靠职工办企业的若干意见》，电业工会分别召开职工代表团长和专门委员会主任会议，讨论通过公司成本价售房办法、离退休职工随企业效益浮动生活补助办法和在职职工工龄补贴办法。成立公司职工持股会，制定章程，组建领导机构和办事机构。年底，陕西省电力公司系统直属单位全部签订集体劳动合同，首批签订到期的办理了续签，并对集体劳动合同进行监督检查。

1999年，召开网省体制分离后陕西省电力公司首届一次职代会。会后对94条代表提案进行分析、研究、落实。生产经营委员会对修造企业经营状况进行调查并将调查报告报省公司党组。生活福利委员会对电力中心医院情况进行调查并将调查报告报公司主管领导。制定并印发《关于全心全意依靠职工办企业和进一步加强工会工作的实施意见》，成立集体劳动合同监督检查领导小组，组织职工代表对集体劳动合同执行情况进行检查。

2000年，开展厂（局）务公开工作，下发《陕西省电力公司关于深化厂务公开工作实施意见》，明确厂（局）务公开的总体目标，总体要求。细化车间（分场、工区）、班组、多种经营公司应公开的内容。年末，全系统所有基层单位全部实行厂（局）务公开制度，全年实行厂（局）务公开905项，内容涉及重大决策、企业财务、职工切身利益、党风廉政建设等。陕西省电力公司和陕西送变电公司分别被评为陕西省厂务公开工作“先进系统”和“先进单位”。

2001年，各单位完善和深化厂（局）务公开工作，规范运作程序，拓展公开内容，提高公开质量，加强内部监督。当年，全系统公开项目1388项。大多数企业厂（局）务公开向车间、班组和多种经营企业拓展，全系统车间推行率达97％，班组推行率达95％，多经企业推行率达91％。

2002年，扩大厂（局）务公开工作范围。企业重大决策、经营管理、安全生产、发展规划及职工福利等事项向职代会报告。厂（局）务公开内容向企业经营管理领域延伸，渗透到企业生产经营管理的全过程，内容涵盖企业投资决策、财务管理、物资采购及人事管理等方面。直属企业全年在职代会公开内容 1944 项，其中重大决策 198 项，改制方案 56 项，投资决策方案 76 项，财务管理 135 项，职称评定 169 项，工程、物资采购招投标 28 项，廉政建设 114 项，业务招待费开支 54 项，购买通信工具开支 97 项，提拔任用领导干部任前公示 149 项，其他项目 476 项。在公开中实行双向沟通的占到公开项目的 15.7%。全系统监督检查小组组织职工代表评议厂（局）务公开 96 次，巡回检查 75 次。年末，全系统厂（局）务公开车间推行率达 99%，班组推行率达 96%，多经企业推行率达 91%。陕西省电力公司被评为“全国厂（局）务公开工作先进单位”。

## 第三节　劳动保护与劳动竞赛

1991～2002 年，陕西电业工会围绕企业生产经营中心，会同有关部门，发动广大职工有针对性地开展多项劳动竞赛活动，有效地促进了生产力的发展。

1991 年，陕西电业工会会同有关处室开展劳动竞赛和技术比武活动。各基层工会开展安全文明生产创水平达标、千次操作无差错、百日工作无事故竞赛活动。基建施工单位开展“保安全、创优质、降造价、缩工期”立功竞赛活动。财务部门在全系统开展“增产节约、增收节支”活动。

1992 年，针对全省各地持续干旱，严重缺电情况，陕西电业工会在发电企业开展“百日安全满发”立功竞赛，在供电企业开展“百日安全计划用电”竞赛，在基建施工企业开展确保陕西投产 100 万千瓦装机立功竞赛。铜川供电局职工张世成被中华全国总工会授予全国“五一”劳动奖章。秦岭发电厂党委书记毛银法等 9 人荣获“陕西省劳动模范”，安康供电局和陕西送变电公司变电工区荣获“省级先进集体”。

1993 年，组织开展安全生产、基建投产、计划用电等多种劳动竞赛，以及通信、继电保护、物资保障等专业技术比武，表彰奖励“投产功臣集体”和“投产功臣”。渭南供电局、铜川供电局、渭河发电厂、秦岭发电厂、灞桥热电厂分别获得省劳动竞赛委员会颁发的“安全杯”、“降损杯”、“投产杯”、“发电杯”和“双增双节杯”。开展“无人身事故年”竞赛活动，总结推广了咸阳供电局的经验和做法。

1994 年，开展焊工、钳工、电缆工和打字员岗位练兵和技术比武活动。西安供电局职工朱林波荣获全国“五一”劳动奖章，西安电力中心医院外一科主任张永勇等 10 人和 3 个集体分别荣获“全国电力工业劳动模范”和“全国电力工业先进集体”。

1995 年，在生产、基建单位开展“安全生产无人身死亡、重伤事故年”竞赛。3 月初，组织陕西省发电企业开展“稳发、稳供、安全、增效”百日竞赛活动。为提高大容量机组安全经济运行水平，加快在建机组速度，缓解严重缺电局面，组织大型电厂同类型机组间的对口赛、新机组投产对口赛和群众性“双增双节”活动。西北电研院总工程师毛凤麟荣获“全国劳动模范”称号，陕西送变电公司送电工孙东州获全国“五一”劳动奖章。

1997 年，开展以“跨世纪立功竞赛”为主要形式的劳动竞赛。秦岭发电厂和渭河发电有限公司参加了西北 20 万、22 万、30 万千瓦机组安全经济运行“对口赛”；组织宝鸡第二发电厂工程、蒲城发电厂 2 号机组投产、330 千伏榆林变电站、西康铁路输变电等国家重点电力建设项目的施工单位开展“保安全、保质量、保工期、降消耗”立功竞赛。工会技协组织中级以下技术工人开展职工技能大比赛活动，108 个车间（分场、工区）、768 个班组，36 个工种的 15000 多名工人参加。在技能比赛活动中，提出合理化建议 2862 条，技术攻关 61 项，取得经济效益 1517.3 万元。秦岭发电厂被省政府授予“陕西省先进集体”，陕西送变电工程公司经理刘勇等 7 人荣获“陕西省劳动模范”，户县热电厂厂长孟德权被中华全国总工会授予“五一”劳动奖章。6 月，组织基层工会劳动保护干部分组对各单位劳动保护工作进行互查，健全工会安全生产监督检查网络。陕西电力系统有两人被中国水电工会聘任为“全国劳动保护监督检查员”。

1998 年，重点组织开展“宝鸡第二发电厂 1 号机组达标投产”立功竞赛活动。开展陕西电力系统“班组安全建设年”、“330 千伏变电站创一流”、“双增双节”竞赛活动。针对集团公司三年减人 1.9 万的计划，开展“职工转岗分流、待岗下岗情况”调查，成立下岗再就业生活保障中心，开展职工业余学习和多技能培训。

1999 年，制订《陕西省电力职工技术比武三年规划》，开展马（营）汉（中）输电线路重点工程劳动竞赛、双增双节竞赛和继电保护、自动化、通信、财务管理、油化验等多种竞赛。开展汽车驾驶员、变电运行、热工监督、青工安全生产知识 4 项比武活动。陕西送变电工程公司荣获全国“五一”劳动奖状；西北电建三公司汽机专业公司职工张付成等 7 人荣获国家电力公司“劳动模范”。

2000 年，组织开展“安康杯”、330 千伏神（木）—榆（林）线重点工程、330 千伏神木、罗敷变电站安全文明施工、双增双节、用电抄核收、百日安全行驶、发电机组大修等涉及发电、供电、基建、修造 30 多个企业、有 3 万多名职工参加的 28 项劳动竞赛。举办有 400 多名职工参加的发电厂主值班员和锅炉汽轮机检修钳工、焊工、用电仪表测量及继电保护 5 个专业的技术比武，涌现出 40 名技术尖子。商洛供电局 330 千伏保线站站长王继凯荣获“全国劳动模范”称号，并代表陕西省电力系统光荣出席全国劳动模范表彰大会，受到江泽民主席等国家领导人接见。

2001 年，围绕省公司开展的“电力市场整顿和优质服务年”活动，开展客户服务中心规范化服务和运营竞赛。与有关部门配合开展护士、通信、热工仪表、起重架子工 4 个专业的技术比武。7 月，组织专家和职工代表开展安全生产巡视检查。10 月，召开公司系统安全生产经验交流会。完善了职工持股会会员管理数据库，召开持股会第二届理事会。汉中供电局荣获全国“五一”劳动奖状，陕西省电力公司总经理、党组书记赵杰臣荣获全国“五一”劳动奖章。

2002 年，陕西电业工会与陕西省电力公司联合下发《开展企业安全文化建设的实施意见》，把安全与文化结合，作为工会组织参与安全生产和开展职工劳动保护的抓手，举办省电力公司安全生产知识竞赛和“安全月”活动。组织有 330 多名职工参加的农电、继电保护、用电计量、用电抄核收、330 千伏变电站运行 5 个工种技术比武。330 千伏汉中、西安东郊、沣河变电站和 3 个 330 千伏保线站参与西北电网 330 千伏变电站和保线站“创一流”竞赛。开展了“330千伏变电站安全运行”、“档案创一流”、“合同管理”、“安全长周期”等竞赛。评比表彰“客户服务中心规范化运营和规范化服务竞赛”和“330千伏神木、罗敷变电站文明施工对口赛”先进集体和个人。组织各生产单位参加全省“职工经济技术创新活动”和“安康杯”竞赛活动，获优秀组织奖。宝鸡供电局获“全国安康杯”竞赛先进单位和“陕西省职工经济技术创新”先进单位。在全国农村电工技术比武中，陕西省电力公司获团体二等奖，个人全能第一名。西安供电局副总工程师李贤等8人荣获“陕西省劳动模范”，宝鸡供电局获全国“五一”劳动奖状。

1991～2002年陕西电业职工荣获劳动模范、先进生产（工作）者、“五一”劳动奖章情况见表12-4-1。

表12-4-1 1991～2002年陕西电业职工荣获劳动模范、先进生产（工作）者、“五一”劳动奖章情况

| 年　份 | 全国劳模全国先进<br>“五一”奖章 | 部级劳模部级先进 | 陕西省劳模<br>陕西省先进 |
|---|---|---|---|
| 1991 | — | — | — |
| 1992 | 1 | — | 9 |
| 1993 | — | — | — |
| 1994 | 1 | 10 | — |
| 1995 | 2 | — | — |
| 1996 | — | — | — |
| 1997 | 1 | — | 7 |
| 1998 | — | — | — |
| 1999 | — | 7 | — |
| 2000 | 1 | — | — |
| 2001 | 1 | — | — |
| 2002 | — | — | 8 |
| 合计 | 7 | 17 | 24 |

## 第四节 女职工工作及其权益保护

1991年，成立陕西电业工会女职工委员会，配备同级副职的女职工委员会主任（兼职）。陕西省各电力企业全部建立女职工委员会，分工会建立女职工组织的达到98.4%。各级女职工组织层层建立“一表三册”（女职工组织状况一览表；女职工工作成果册，先进女职工、优秀女人才实绩记录册，女职工工作专兼职干部、积极分子登记册）。把女职

工组织建设和女职工工作列为建设职工之家的重要内容和评选验收的条件之一。组织开展以“五能手”（双增双节能手、安全生产能手、业务技术能手、质量攻关能手、优质服务能手）活动为重点的“八五”巾帼立功竞赛活动，动员女职工投身省公司开展的“质量、品种、效益年”活动。召开女职工工作研讨会，开展女职工工作理论与实践研讨征文活动和“文明家庭”评选活动。

1992 年，在全系统开展“争当先进女职工、先进女职工工作者、先进女职工委员会”活动。召开“八五”巾帼立功竞赛活动表彰大会，系统 6 名女职工被省总工会授予“能手标兵”，两名受到全国总工会表彰。陕西电业工会女职工委员会夺得全省巾帼立功竞赛银杯和成果展评二等奖。组织开展“八五”巾帼立功竞赛演讲比赛，对女职工队伍、女职工干部状况和改革中的女职工工作进行调查研究。

1993 年，对基层单位贯彻国务院《女职工劳动保护规定》情况进行检查，针对存在问题，提出改进意见。举办“陕西电力系统女职工作品成果展”，展出“八五”巾帼立功竞赛成果和“手工作品”。

1994 年，组织全系统 17924 名女职工参加“迪康杯”全国女职工迎世界妇女大会知识大奖赛。开展“伸出一双手，奉献一颗爱心”向贫困儿童捐献玩具和图书活动，共捐款 3848 元，衣物 2000 多件，图书 5374 册。举办陕西省电业女职工首次服装表演赛，16 个单位近 200 名女职工参赛，展现改革开放时代陕西电业女职工风采。陕西电业工会女职工委员会夺得陕西省“八五”巾帼立功竞赛银杯。

1995 年年初，召开陕西省电力公司系统女职工工作会议，表彰在两个文明建设中作出突出贡献的“五能手”和先进女职工、先进女职工工作者、先进女职工委员会。“三八”国际劳动妇女节前后，开展形式多样的“电业女职工为您服务”活动。从 3 月开始，全系统女职工开展“迎四大，作贡献，树形象”百日活动，“百日活动”成果获省总工会成果展览优秀组织奖。8 月，举办“安全生产家庭防线知识竞赛”。对劳动合同签订过程中女职工情况进行调查，要求各级工会在个人劳动合同和集体劳动合同签订过程中，帮助和指导女职工签好合同，注意从源头维护好女职工合法权益。陕西省电业女职工委员会荣获省劳动竞赛委员会颁发的“八五巾帼立功竞赛金杯”。

1996 年，宣传贯彻《中华人民共和国劳动法》和《妇女权益保障法》。组织动员女职工继续开展“巾帼立功竞赛”活动，开展“家庭文化建设”活动。

1997 年，在职工家庭中开展“创建文明新家风竞赛”活动，评选出“文明新风标兵户”43 户，10～11 月，在宝鸡、户县、韩城等电力单位进行了巡回演讲。组织参加省总工会组织的“创业新星风采展”，获优秀组织奖。

1998 年，对全系统巾帼跨世纪立功竞赛活动进行检查、总结和表彰，15 个女职工委员会、76 名女职工被评为标兵集体和标兵个人。“三八”妇女节期间，召开先进女职工座谈会。举办陕西省电力系统女职工“美在家中”摄影、书画、工艺美术展。

1999 年，召开陕西省电力公司系统女职工工作会议，制定下发《女职工委员会工作制度》，《女职工工作考核标准》。开展“九五跨世纪巾帼立功竞赛”、纪念“三八”技术比武和岗位竞赛等活动。

2000年，邀请专家在户县、宝鸡及渭南等地电力单位举办法律讲座，2000余名女职工参加。在基层各单位全部组建起女职工法律顾问小组，全年为女职工解决法律事务15起，调解纠纷56起，5000余名女职工进行法律咨询，其中30%是待岗女职工。结合女职工特点，开展以“三个一”（为企业提一条合理化建议、为困难职工做一件好事、为企业节约1000元）为主要内容的巾帼立功竞赛活动，全系统共提合理化建议647条，为困难职工做好事979件，双增双节84.2万元。

2001年“三八”妇女节期间，表彰10个“九五”巾帼立功竞赛先进集体、87个先进标兵，编辑出版《巾帼风采》一书，录入先进个人事迹53篇、先进集体事迹14篇、文明家庭事迹22篇。培训女职工小律师队伍，举办“新时期婚姻家庭法律顾问咨询会”，请法律专家和女职工小律师现场解答女职工提出的有关婚姻、家庭方面的问题，为女职工提供法律援助。承办省总工会女职工委员会维权网络建设工作现场会，陕西电业工会女职工委员会介绍开展女职工维权工作经验。各供电局客户服务中心和全系统服务岗位女职工积极参加省电力公司“优质服务年”活动，在女职工人数占70%的班组开展岗位创新活动，选拔出10个“巾帼创新示范岗”。在女职工中开展“三个一”（提一条创新建议、学一项新技术、读一本好书）活动。组织“争当21世纪新女性”演讲比赛，36个单位参加，展示平凡岗位上的电力女职工忘我工作，无私奉献、自尊、自信、自立、自强的精神风貌。组织女职工参加特殊病种互助保险，女职工多了一层健康保障。

2002年，全系统参加各类在岗培训的女职工6000多人，3381人取得岗位证书，600人取得大专以上文凭。在女职工中开展“给家人写一封信”、“赠一言、保安全、构筑家庭防线”和争当“好职工、好妈妈、好妻子”的家庭文化建设活动，组成“三好”报告团巡回演讲。召开争当“创新能手”、“巾帼立功活动示范岗”经验交流会。全系统1.2万名女职工参加“十五”立功竞赛活动，共提合理化建议312条，被采纳24条。树立创新能手527名，创新示范岗62个，文明新风户2125个。宝鸡供电局女职工委员会被全国总工会评为“先进女职工委员会”，宝鸡供电局市区分局客户服务中心被全国总工会授予“创新示范岗”称号，户县热电厂女职工艾和平被省总工会授予“创新能手”，西安供电局大用户所电费组被省劳动竞赛委员会授予“经济技术创新示范岗”，西北电建四公司职工刘君被省劳动竞赛委员会授予“创新示范标兵”称号。2002年，建立特困女职工档案，针对特困女职工子女升学困难问题，开展了姐妹爱心助学活动，各单位女职工共捐款68151元。

## 第五节　宣传教育和文化体育活动

1991～2002年，陕西电业工会组织职工开展了形式各异、丰富多彩的宣传教育和文化体育活动。

### 一、宣传教育

1991年，制定了《“四有”职工条件和评比办法》，开展了以“双基”教育为基本内容，以“爱党、爱国、爱社会主义、爱企业、爱岗位”为主题的系列教育活动和争当“四有”职工活动。制定了《陕西电业职工自学成才奖励条例》，鼓励广大职工立足本职，岗位成才。年内表彰奖励4名自学成才者。

1992年初，召开基层工会宣传教育工作座谈会，明确工会宣教工作重点和任务。各级工会组织运用报刊、广播、闭路电视、黑板报等宣传途径，采用多种形式组织工会干部和广大职工学习宣传中共十四大精神和邓小平视察南方讲话。组织职工学习宣传贯彻《中华人民共和国工会法》，对各单位工会领导进行试卷问答考核，全系统3万多名职工参加陕西省职工学习《中华人民共和国工会法》知识竞赛，5名职工荣获全省职工学习《中华人民共和国工会法》知识竞赛奖。对职工进行改革承受能力教育。将原《工会信息》改为《西北电业职工》，按正式出版刊物编辑发行。完成《陕西电力工人运动大事记》修订工作和《陕西电业职工英模谱》征求意见稿。

1993年，学习贯彻中国工会十二大精神，开展向李双良和张本坤学习活动。为纪念职工读书活动开展10周年，表彰奖励了一批职工读书积极分子和职工读书活动先进集体。陕西电业工会副主席出席中国工会第十二次代表大会。

1994年，组织工会干部和职工群众学习《邓小平文选》第三卷、《中共中央关于加强党的建设几个重大问题的决定》、《中共中央关于建立社会主义市场经济体制若干问题的决定》以及社会主义市场经济理论。全系统职工参加“全国班组社会主义市场经济知识竞赛”。

1995年5月，召开工会宣传思想工作座谈会，提出《关于进一步加强和改进工会宣传思想工作的意见》。组织万名职工参加陕西省职工“爱我中华爱我陕西知识大奖赛”，陕西电业工会获全省优秀奖，1人获全省一等奖。

1996年，加强对党的全心全意依靠工人阶级方针的宣传，宣传“全心全意依靠职工办企业的优秀厂长”——户县热电厂厂长孟德权的先进事迹。组队参加陕西省“贯彻《中华人民共和国劳动法》加强职业道德建设知识竞赛”。

1997年，陕西省电力公司系统先进生产（工作）者、先进集体表彰大会和陕西省劳动模范表彰大会相继召开之后，电业工会撰写和整理劳模典型事迹，在各类报刊编发，编导摄制两部电视专题片在陕西电视台和中央电视台播放。组织广大职工和工会干部学习中共十五大精神，在《西北电业职工》杂志开办“学习十五大精神辅导”专栏。组织职工参加省总工会开展的“百万职工迎香港回归知识竞赛”，并荣获优秀组织奖。9月，举办全系统“职业道德、行风建设、爱岗敬业演讲比赛”。

1998年，在《西北电业职工》杂志设立专栏，开展“我与国有企业”征文活动。

1999年，开展“三庆”（庆祝新中国成立50周年、庆祝改革开放20周年、庆祝澳门回归祖国）、“三颂”（歌颂中国共产党、歌颂社会主义祖国、歌颂改革开放）活动，举办邓小平理论和党的十五届四中全会精神学习答卷活动，参加省总工会《我看改革开放二十年》征文活动。承办西北西南十省（区）工运理论研讨会，开展厂务公开工作研讨。

2000年，组织全系统职工和工会干部参加学习“三个代表”重要思想有奖知识竞赛，开展“陕西电力职工迎接西部大开发，促进思想大解放，实现素质大提高，立足本职多贡献”主题教育活动。

2001年，围绕建党80周年，举办以“共产党好、社会主义好、改革开放好”为主旋律的庆祝活动，基层工会开展以“立足岗位、爱岗敬业、锐意创新、乐于奉献”为主题的知识竞赛和“我身边的共产党员”演讲比赛、“千人登台唱颂歌，团结一心跟党走”的大型演出活动。

2002年，组织工会干部和职工学习《中华人民共和国工会法》，举办知识讲座，组织职工参加《工人日报》、《陕西日报》举办的《中华人民共和国工会法》知识答卷活动。全系统分3个赛区开展《中华人民共和国工会法》和《陕西省集体合同条例》知识学习竞赛。在有20多个地市和产业参加的全省职工《中华人民共和国工会法》和《陕西省集体合同条例》知识电视总决赛中，陕西电业工会获二等奖和优秀组织奖。

**二、职工文化活动**

1991年“五一”期间，举办以“五热爱”为主题的职工文艺联欢会，陕西电视台将陕西送变电公司创作并演出的歌舞节目《送电工的号子》向全省现场直播。“七一”前夕，举办“庆祝建党70周年文艺晚会”。陕西电业文化协会与电业报刊举办“太阳神”文学作品征文比赛和电业职工书、画、摄影作品展览。9月，举办“陕西电力系统第三届职工文艺会演”，1300多名职工演出了97个节目。

1992年，组织参加陕西省职工文艺调演和陕西省职工庆祝“五一”国际劳动节电视文艺晚会。在陕西省卡拉OK歌曲比赛中获优秀组织奖，参赛3名歌手一名获一等奖，两名获三等奖，一等奖获得者参加全国比赛获优秀奖。纪念毛主席《在延安文艺座谈会上的讲话》发表50周年，举办电业职工文学艺术作品征集活动，部分作品分别获国际、国家、省市级奖。纪念中日邦交正常化20周年，与日本国书镜院、西安书学院联合举办“中日友好书法展”，展出中日双方书法作品112件。

1993年，组团参加西北电力系统第二届职工文艺会演，并组织参加“全国电力教育系统文艺会演”。参加西北电力系统文艺演出团在全国电力工作会议上赴京汇报演出，获二等奖。职工书法、绘画、篆刻作品参加“陕西省职工书画大赛”获组织奖，4幅作品获二等奖、6幅作品获三等奖、19幅作品获优秀奖。

1994年，承办全国电力职工文学作品大奖赛组委会和评委会会议。举办职工书、画、影展，推荐优秀作品参加西北和全国电力职工书、画、影展。

1995年，组队参加西北电业职工戏剧小品赛、陕西省第二届群众秦腔演唱大赛和陕西省职工文艺调演，共获得8个奖项。推荐书法、美术、摄影作品参加全国电业职工书画影展，3幅作品获奖。

1996年，各基层工会因地制宜开展形式多样的业余文化活动，对做出优异成绩的基层单位文化宫、俱乐部进行表彰。组织参加西北电业职工书画影展。

1997年，制订《陕西电力系统职工文化宫、俱乐部发展规划》和5年工作目标。

1998年，邀请一批作家、艺术家、新闻记者赴韩城发电厂和宝鸡第二发电厂采风。10月，为纪念改革开放20周年，举办公司职工文艺会演。

1999年，举办首届陕西电力职工文化节，5月20日～9月28日，历时4个多月。创作陕西省电力公司司歌，推出文艺演出光盘《光之诗》、文学作品集《托起太阳》和《书法美术摄影画册》。组织电业职工业余演出团深入生产一线巡回慰问演出 10 场。

2000 年，举办陕西电力职工第一届声乐培训班和“秦之声”大赛，组织参加全国电力系统地方戏曲比赛。承办全国电力系统诗词研讨会。

2001 年，建党 80 周年前夕，组织开展系列文化活动，300 多名电业职工同台演出，高唱“共产党好，社会主义好，改革开放好”。举办陕西电力职工歌手赛，选出 11 位优胜者参加西北电力职工歌手比赛，3 人获一等奖、7 人获二等奖、1 人获三等奖。全系统 43 个单位一万多名职工参加系列文化活动。

2002 年，组建陕西电力文艺队参加陕西省职工文艺会演，获声乐舞蹈一等奖 1 名，二等奖 1 名、三等奖两名。参加全国电力系统“电力人唱电力歌”大赛，获银奖 1 名、优秀奖两名。征集职工书、画、影视作品参加全国电力职工书、画、影展览并参加西北电业职工书、画、影视作品大赛，书法作品获一等奖 3 人，二等奖 5 人，三等奖 6 人；美术作品获一等奖 3 人，二等奖两人，三等奖 7 人；摄影作品获一等奖 3 人、二等奖 3 人、三等奖 4 人。

**三、职工体育活动**

1991 年，为迎接陕西省第九届运动会，举办羽毛球、围棋、游泳等项目的选拔赛和男、女排球热身赛，组建由 110 名运动员、13 名教练员和工作人员共 140 人的陕西电力代表团，参加 13 个比赛项目中的 7 项，获得金牌 5 枚，银牌 4 枚，铜牌 4 枚，荣获行业组第四名。组队参加全国企业桥牌赛，荣获冠军。

1992 年，为纪念毛主席“发展体育运动，增强人民体质”题词发表 40 周年，开展纪念活动周，举办陕西电力职工篮球赛和第七套广播体操、气功、地掷球等项目学习班。

1993 年 10 月，组织陕西电力职工羽毛球代表队参加西北电业职工第二届羽毛球赛，获女子团体冠军。组队参加陕西“三秦杯”围棋赛，获团体第三名。

1994 年，组建陕西电力乒乓球队参加全国电力系统第四届乒乓球赛，获女子双打和混合双打第三名。

1995 年，贯彻《全民健身计划纲要》，实施“全民健身工程”。

1996 年，组队代表全国电力系统参加全国工会桥牌赛，获产业组第五名和道德风尚奖。

1997 年，举办陕西电业职工第四届桥牌赛。延安发电厂和略阳发电厂被国家体委授予“群众体育活动先进单位”。

1998 年，组队参加全国电力系统甲级队桥牌赛，获第一名。组团参加陕西省第十届运动会，获 17 枚金牌。举办陕西电力系统职工广播体操邀请赛，14 个代表队 600 多名职工参加比赛。

1999 年，举办 2 大类 7 大项文体活动 1100 余场，一万多名职工参加比赛，职工观众达 30 万人次。

2000 年，举办 9 个队 50 余人参加的桥牌大赛、30 个代表队 300 余名运动员参加的第七届电力职工羽毛球比赛。组队参加全国电力系统第四届甲级桥牌赛和全国发电系统“安全杯”长跑比赛。成立“陕西电力系统桥牌协会”。

2001年，举办“电力杯”职工桥牌赛，14个代表队230名运动员参加；举办陕西电力职工乒乓球赛，30个代表队400多名运动员参加。组队参加西北电业职工乒乓球赛，获得男、女团体冠军，男子单打第一、二、五名，女子单打第一、四、五名，老年女子单打第二、三名。

2002年，组团参加陕西省第12届运动会，获7枚金牌，5枚银牌，9枚铜牌，奖牌总数和积分排行业组第三名。省电力公司获优秀组织奖和体育道德风尚奖。

## 第六节　送温暖活动和扶贫帮困工作

1991年元旦和春节期间，陕西电业工会对9个单位30名特困职工给予补助，协助停产、半停产和长期亏损企业开展职工互助互济、扶贫帮困活动。

1992年春节期间，组织基层工会开展“进万家门，知万家情，解万家难，暖万家心”活动，拨专款2.7万元对47个单位的特困职工给予生活补助。电业工会领导到秦岭发电厂等单位慰问特困职工，将补助金送到特困职工手中。

1993年，召开职工疗养工作会议，加强职工疗（休）养工作管理。全系统各级工会共筹集资金10万元，对565名特困职工进行救济。

1994年春节前后，对336户特困职工发放补助款13.7万元。年中，传达贯彻全国总工会“送温暖工程”会议精神，各单位对扶贫基金使用和扶贫工作开展情况进行了回顾总结。

1995年春节前夕，向特困职工发放救济款13万元，电业工会领导慰问部分困难职工。对系统离退休职工生活状况进行调查，为省电力公司制定有关政策提供依据。

1996年5月，成立“陕西电力企业职工送温暖（保险）互助会”，制定管理办法，建立特困职工档案。全系统开展“献爱心”捐助活动。

1997年，慰问劳动模范、离退休职工和特困职工。女职工向蓝田县山区贫困儿童捐款2万元。9月，召开互助会管理委员会会议，研究扩大送温暖互助范围问题。年底，有862人享受互助金共74.65万元。陕西电业工会被全国总工会授予“保障工作先进单位”。

1998年，面对长江、嫩江、松花江流域发生严重洪涝灾害，全系统职工心系灾区人民，共捐款260万元。电业工会筹资15万元，由公司领导和电业工会领导带队，分赴29个单位，看望和慰问一线职工、离退休职工、生活困难职工和劳动模范。

1999年，召开陕西电力职工送温暖互助会工作会议，完善管理办法，互助会工作走向规范化、程序化。互助会共救助540人，支付救助款49万元。

2000年，做好减人增效下岗职工基本生活保障和再就业工作，落实工会主席是困难职工“第一知情人”、“第一报告人”、“第一责任人”制度。建立下岗、待岗、歇工职工档案和情况月报制度，开展工会干部与困难职工交朋友活动。修改完善互助办法，全年互助职工341人次，支付互助金25.47万元。同年，召开首届职工持股会会员代表大会，通过持股会章程，选举持股会理事会。12 月，为每个职工（含离退休职工）量化了股份。

2001 年，召开职工持股会第二届理事会，完善会员管理数据库。开展副处级以上干部与困难职工交朋友活动，各单位普遍组成“交友帮扶”领导小组，并把此项工作列入党政一体化月度任务中考核。全系统 420 名副处级以上干部与困难职工结成“一帮一”帮扶对子。省公司机关副处级以上干部与 10 个困难企业的 54 名特困职工结成帮扶对子，帮扶干部每年上门看望帮扶对象。全年互助职工 188 人次，发放互助金 21.94 万元。

2002 年，组织基层单位参加省总工会职工互助合作保险。对全系统在职、下岗、离退休职工中的困难职工进行调查摸底，将调研情况上报省总工会，并帮助符合低保条件的 73 人进入社会保障系统。省电力公司党组拿出 105 万元解决困难职工生活困难、子女上学困难和困难企业职工冬季取暖问题。

# 第五章 陕 西 电 业 团 委

陕西电业团委及其基层单位共青团组织负责陕西省电力公司系统共青团和青年工作，是陕西省电力公司党组和基层单位党组织的助手，是企业管理青年事务的主渠道，是企业党政联系青年职工的桥梁和纽带。1991～2002年，在中共陕西省电力公司党组和共青团陕西省委领导下，陕西省电力公司系统团组织结合青年特点，坚持用邓小平理论和党的基本路线武装青年职工，用建设中国特色社会主义的共同理想和正确的世界观、人生观、价值观凝聚青年职工，引导青年职工自觉维护改革发展稳定大局；围绕企业生产经营，组织青年职工开展生产突击、劳动竞赛、技术比武，开展安全、质量监督和以技术创新、管理创新、营销创新和服务创新为主要内容的创新创效活动；以青年文明号、青年志愿者、青年岗位能手活动为载体，动员和组织青年职工投身群众性精神文明创建活动；引导青年职工参与企业民主管理，代表和维护青年职工的切身利益。

## 第一节 组 织 建 设

1993年，制定《陕西电业团委各岗位职责规范》，实施团的工作21条考评办法，使团的工作规范化、制度化。基层团组织在青工中开展以岗位成才、岗位立功、岗位奉献为内容的立足岗位学雷锋和青年突击队活动，建立青年文明生产岗，推荐优秀青年入党。

1994年，陕西电业团委增补12名委员，设立工作部门。经过三项制度改革，交流充实电业团委和基层团干部。“五四”青年节期间，韩城发电厂副厂长吴静被团省委命名为“陕西省青年十杰”。

1995年，开展全系统共青团工作大检查，重点抓“双推”（推荐优秀共青团员入党、推荐优秀青年进入重要生产和工作岗位）工作，全年共有50多名优秀共青团员经团组织推荐加入中国共产党。全年先后4次派出20多名团干部参加学习培训。制定并推行《陕西电力系统共青团代表大会工作程序》、《陕西电力系统共青团工作考核办法》。

1996年，“双推”工作步入规范化、制度化轨道，全年有186名优秀共青团员经团组织推荐加入中国共产党，越来越多的优秀青年进入重要生产和工作岗位。举办团委书记培训班，78名团委书记参加学习培训，取得结业证书和计算机上岗资格证书。制定并实行《陕西电力系统基层团委工作标准》、《团支部六项工作制度》，编印下发《共青团支部工作记录本》。各单位团委相继制定团委工作例会制度、团支部目标管理考核制度等9项制度。

1997年10月，组织基层团委书记参加陕西省电力公司系统学习十五大精神骨干培训班。团干部开展调研活动，并撰写调研报告或工作论文。

1998年，组织调研小组对18个基层单位共青团工作进行调查研究。

1999 年，制定并实行《陕西省电力公司青年工作条例（试行）》、《陕西省电力公司推荐优秀团员青年作党的发展对象和企业后备人才工作细则》。举办团委书记培训班，学习政治理论、市场经济理论和计算机应用知识。

2000 年，印发《共青团工作政策法规文件制度选编》。

2001 年，全系统开展建设规范化团支部活动，制定标准，提出了目标和要求。

2002 年，全系统规范化团支部达到 80%。各单位严格按照团支部组织机构设置、团员教育管理、制度建设、接收团员程序、团支部基础建设规范化的标准开展工作。共青团陕西电业团委总结的《加强团的组织建设，开展创建规范化团支部活动》经验，在陕西省企业工委共青团工作会议上做了交流发言。制定下发《陕西电力系统创建“五四红旗团委”活动管理办法》。

2002 年末，陕西省电力公司系统共有基层团委 35 个，团支部 295 个，直属团总支一个，专职团干部 38 人，团员 18800 人。

## 第二节　共 青 团 工 作

1991～2002 年，共青团陕西电业团委在广大团员青年中开展思想教育和适合青年职工特点的劳动竞赛、“号、手”创建等多项活动。

### 一、思想教育

1993 年，在团员青年中开展学习中共十四大文件、学习党章活动，引导广大青年立足岗位学雷锋。配合三项制度改革，开展青工思想教育。陕西省电力公司系统青年学雷锋标兵、灞桥热电厂热工自动班技术员张本坤被中共中央宣传部、国务院办公厅、解放军总政治部、共青团中央联合命名为“全国学雷锋先进个人”，受到中共中央总书记江泽民接见。电力工业部部长史大桢题词：“向张本坤同志学习，希望带动更多的人学习雷锋精神”。8 月，开展“三改”中青年思想状况问卷调查。陕西电业团委的《“三改”中青工思想情况调查报告》获“全国电力青年工作论文（调查报告）”三等奖。

1994 年，开展学习《邓小平文选》第三卷和社会主义市场经济知识竞赛。组织西安地区 14 个电力单位 1250 名青年参加在西安火车站举办的“三·六”全国青年志愿者行动日活动，拉开陕西省电力公司系统实施“跨世纪青年文明工程”的序幕。为培养复合型跨世纪青年人才，8 月举办团干部现代企业制度学习班。组织十余批团干部到革命圣地延安接受革命传统教育。在团员青年中开展“求知·成才·贡献”主题读书活动，在中国电力报社举办的读书有奖知识竞赛中有 3 个集体和 3 名个人受到表彰奖励。

1995 年，组织团员青年学习邓小平建设有中国特色社会主义理论，开展青年志愿者行动和学习雷锋活动，陕西省电力公司青年志愿者服务总队被团省委评为 1995 年度青年志愿者行动先进单位。举办以引导团员青年热爱电业、立足岗位、建功奉献为主题的“爱国·敬业·奉献”演讲比赛活动。宝鸡电力设备厂厂长李志强荣获“陕西省十大杰出青年企业家”荣誉称号；西安电力学校职工贾曙光、秦海峰荣获“陕西省第二届优秀青年”称号。

1996 年初，在团员青年中开展《中华人民共和国电力法》、“九五”计划和 2010 年远景目标知识竞赛。7 月，商洛供电局调度所团支部宣传委员、助理工程师李军龙为抢救落水村民英勇献身，中共西北电业管理局党组授予李军龙“舍己救人优秀青年”，团省委授予“陕西省模范共青团员”光荣称号，共青团陕西电业团委在团员青年中开展向李军龙学习活动。在电业团委成立陕西省电力公司青年志愿者服务总队之后，各单位也纷纷成立志愿者服务大队。西北电建四公司被列为陕西省首批青年志愿者服务站并由团省委授牌。该公司职工王维芳和灞桥热电厂技术员张本坤被授予“陕西省杰出青年志愿者”，王维芳同时被授予“新长征突击手”，并代表陕西省电力公司参加团省委青年志愿者报告团，向全省团员青年介绍电力系统开展青年志愿者活动的情况。8 月，组织参加全省青年港澳知识竞赛，获优秀组织奖。12 月，承办团省委青少年思想道德建设演讲比赛，组队参赛获优秀组织奖。

1997 年，组织团员青年学习邓小平理论和十五大精神，围绕香港回归开展图片展览、知识竞赛、演讲比赛、征文比赛、书画摄影比赛、报告会、文艺演出等丰富多彩的爱国主义教育活动。

1998 年，在团员青年中开展“党在我心中”、“祖国在我心中”、“爱祖国、爱企业、爱岗位”系列教育活动。

1999 年，组织“电力青工安全生产知识竞赛”。纪念“五四”运动 80 周年，举办“面对 21 世纪，你想说什么”座谈会和党史、团史、改革开放 20 年大型知识竞赛。

2000 年，举办“西部大开发，电力要先行”陕西电力青年演讲竞赛活动。3 月 5 日，陕西电业团委组织西安地区 12 家电力单位百余名团员青年在西安新城广场开展志愿者服务活动。

2001 年 4 月，配合“优质服务年”活动，陕西省电力公司 11 家供电企业千余名青年开展声势浩大的“青春光明行”优质服务宣传活动。

2002 年，组织团员青年认真学习“江泽民总书记在团中央庆祝建团 80 周年大会上的重要讲话”，在《陕西电力报》举办“学习讲话精神，共话团青发展”心语表白专栏。围绕活动主题，各单位团委开展诸如“学雷锋，促文明、我文明、我道德”、“到最需要的地方去”、“认清邪教本质，珍惜美好生活”等宣传教育活动。开展“青年思想状况问卷调查”。举办“电力走向市场，塑造陕电形象”青年主题辩论会。中共十六大召开后，组织团员青年学习“十六大”精神，开展邓小平理论、“三个代表”重要思想学习教育活动。

**二、劳动竞赛**

1993 年初，陕西电业团委制定了《青年安全文明生产监督岗工作条例》，组织青年监督岗检查纠正不文明不安全行为。3～6 月，陕西各发电厂、供电局 35 岁以下青工开展“第九届百日安全生产竞赛”，共青团组织在竞赛中开展青年突击队活动，在生产的急、难、险、重时刻发挥青年生力军作用。在青工中开展“智慧杯劳动技能竞赛”活动，各基层单位结合本单位特点，开展诸如“拜师学艺”、“争当优秀值班员”、“团员身边无事故、无障碍、无异常、无差错”等多种形式的竞赛活动。西北电力设计院青工“五小”科技成果被共青团中央评为“第四届全国青工五小竞赛”二等奖。

1994 年初，举办陕西发供电青工第十届百日安全生产竞赛，提出“安全在我脑中”、“质量在我手中”、“团员身边无事故”、“应修必修，修必修好”等活动目标，开展非标准项目检修竞赛、优质服务竞赛、安全知识抢答竞赛等活动和青年突击队活动。涌现出万次操作无差错青工 87 人，千次操作无差错青工 888 人。5 月，召开“陕西电力青年安全生产竞赛经验交流会”；12 月，举办“班组长讲安全”演讲比赛。

1995 年 4 月 1 日～9 月 30 日，开展第十一届百日安全生产竞赛活动，增加电建和修造单位。各基层团委分别开展焊工技术比武、反事故演习、技术练兵、安全生产知识竞赛等活动。涌现出 27 支优秀青年突击队和 67 名安全生产先进个人。4 季度，在渭河发电厂建设工地和蒲城发电厂建设工地，组织施工单位 1500 余名团员青年，组成 20 多支青年突击队，以保工期、保安全、保质量为宗旨，开展陕西电力青年“12.31”联合行动，确保 12 月 31 日完成渭河发电厂 6 号机、蒲城发电厂 1 号机投产试运目标实现。西北电建三公司锅炉本体和汽轮机本体两个青年突击队被共青团中央、电力工业部命名为“创建青年文明号先进集体”。

1996 年 2 月，开展第十二届“百日安全生产竞赛”活动。竞赛中涌现出 19 支优秀青年突击队和 61 名安全生产先进个人。

1997 年，开展第十三届百日安全生产竞赛活动。活动紧密结合“三青”（青年岗位能手、青年文明号、青年突击队）工程开展，并加强单位之间互访、互查、互学、互比。还开展多工种、多层次、多形式的技术比武活动，有电费抄核收比武、钳工比武、焊工比武、计算机竞赛、驾驶员技术比武等。电建三公司青工张付成、户县热电厂青工李胜利参加全国青年岗位能手技能运动会，分获第九、十名好成绩，并被授予“全国电力系统青年岗位能手”称号。

1999 年，举办“电力青工安全生产知识竞赛”，评出青年岗位能手 25 名。

2001 年和 2002 年是陕西省电力公司“优质服务年”和“求真务实作风建设年”。陕西电业团委组织团员青年积极投身活动之中，发挥团员青年的生力军作用。开展青年安全生产示范岗活动，运行值班、工作票规范化书写一月一评活动。

**三、“号、手”创建和创新创效活动**

1993 年 2 月，陕西电业团委在各供电局开展创建“共青团号变电站”活动。

1994 年，在团员和青年中开展争创“青年文明号”和争当“青年岗位能手”活动（简称“号、手”活动）。

1995 年，汉中供电局勉县 220 千伏变电站、延安发电厂电缆防水涂料粉刷工程施工集体、延安供电局“共青团号”变电站、榆林供电局 110 千伏沙河岔变电站等 4 个集体被团省委命名为陕西省“青年文明号”集体。秦岭发电厂侯永红、西安供电局谷敬贤被团省委命名为陕西省“青年岗位能手”。

1996 年 2 月初，陕西电业团委在汉中供电局勉县 220 千伏变电站全面启动全系统“号、手”活动。制定《“青年文明号”管理办法》、《“青年岗位能手”规范》、《“青年岗位能手”奖励办法》。同年，陕西电力系统涌现出省级“青年岗位能手”5 人，省级“青年文明号”6 个。11 月底，在全国电力青年工作学组年会上，陕西省电力公司青工处做了

“号、手”活动经验介绍。

1997年，陕西省电力公司党组要求各级领导加强对“号、手”活动的指导，把活动纳入企业发展和管理工作的议事日程，成为培养青年职工成才的企业行为。制定下发《发电企业创建“青年文明号”标准》、《供电企业创建“青年文明号”标准》、《“青年文明号”检查考核办法》、《“青年岗位能手”检查考核办法》等制度。11月，在宝鸡第二发电厂建设工地召开“青字号”工程誓师大会，以争创“青年文明号”、“青年岗位能手”、“青年突击队”活动为载体，掀起以保工期、保质量、保安全为中心的工地竞赛热潮。

1998年，召开“青年文明号”和“青年岗位能手”表彰大会，表彰10个“青年文明号”和25名“青年岗位能手”。在咸阳供电局和蒲城发电厂分别召开供电和发电企业“号、手”活动经验交流会。

1999年，全系统涌现出“青年文明号”22个，“青年岗位能手”25名，向国家电力公司推荐国家级“青年文明号”1个，向团省委推荐省级“青年文明号”两个，“青年岗位能手”5名。

2000年，对创建“号、手”活动进行检查，评选出系统“青年文明号”20个，“青年岗位能手”22名。向国家电力公司推荐国家级“青年文明号”1个，向团省委推荐省级“青年文明号”5个。

2001年，全面启动以管理创新、科技创新、服务创新、营销创新为主要内容的青年创新创效活动。基层各级团组织立足服务大局、服务青年、服务社会，紧紧围绕改革与发展中心工作，开展“优质服务年”活动。供电服务窗口团员青年开展“青年文明号”建设示范行动，制定信用建设公约，明确示范行动要求。

2002年，铜川供电局客户服务中心营业大厅、汉中供电局勉县电力局被团中央、国家电力公司命名为国家级“青年文明号”；渭南供电局计量所用户组等6个集体被陕西省电力公司、共青团陕西省委命名为省级“青年文明号”。10月，12家供电企业青工参加全国青年电工创新创效网上模拟大赛，5名选手进入复赛。11月，组队参加全国电力系统配电线路带电工作青年创新创效大赛，取得个人第11名。15个单位的19项工作被陕西电业团委评定为2002年度创新工作。开通《陕西电力青年网站》，加强了系统团青工作信息资源的开发和利用。

**四、文化体育活动**

1993年1月，举办“陕西电力职工首届围棋邀请赛”。4月，举办“首届交谊舞邀请赛”。

1994年，举办“西安电力青年羽毛球对抗赛”和“西安电力青年男女混合冬泳接力赛”。与省围棋协会联合举办“陕西电力职工第二届围棋邀请赛”。举办3期国际标准舞辅导员学习班。举办“陕西电力青年首届英语知识大赛”。

1995年，举办“陕西电力未婚青年联谊会”。

1996年5月，举办“陕西电力职工第六届羽毛球大赛”。

1997年11月，举办“陕西电力职工第二届足球赛”。

# 第六章　学会协会研究会

陕西电力行业建立最早的学术团体是电机工程学会，20 世纪 80 年代后，随着改革开放的深入和陕西电力事业的发展，相继组建了陕西电力企业管理协会、陕西电力行业协会、陕西省电力公司科学技术协会和陕西电力诗词学会、陕西电力职工思想政治工作研究会。这些社团组织围绕电力企业中心工作，在各级党组织的领导下，依据章程以“研究、交流、服务、提高”为宗旨，为陕西电力企业服务。

## 第一节　陕西省电机工程学会

陕西省电机工程学会（简称学会）成立于 1963 年 7 月 23 日，是陕西省电机工程科学技术工作者自愿组成并依法登记成立的非营利性学术性社会法人团体，是电机工程科技事业的重要社会力量。

陕西省电机工程学会受陕西省科学技术协会领导，挂靠在陕西省电力公司，接受中国电机工程学会和陕西省电力公司业务指导。

2002 年末，学会有普通会员 3000 人，高级会员 36 人，团体会员 43 个。

1994 年 7 月 5～11 日，学会发电专委会在户县热电厂和宝鸡电力设备厂召开《火电厂热管式空气预热器技术讨论会》，介绍国内热管技术的发展和略阳、宝鸡、户县电厂热管使用情况，参观宝鸡电力设备厂热管生产线。9 月底，高压专委会参加在日本召开的中日韩三国绝缘诊断技术会，提交 9 篇论文。10 月，与西北电业管理局联合举办第七届亚洲放电会议。10 月 30 日，参加西北五省(区)水电学会第九次联系网会议，学会 5 篇论文被收入论文集，这些论文从西北电网现状和发展角度宏观研究电网调峰问题。11 月 17～19 日，由学会主持在西安召开西北五省(区)电机工程学会联系网第二次会议，开展“火力发电厂安全生产技术”学术讨论，涉及锅炉承压部件泄漏，灭火打炮，电气设备绝缘，发电机转子故障监测、检修技术和汽轮机故障检修技术等。同年，学会完成咨询任务 8 项。供电专委会组织西安供电局、西安电器厂试制配网用低压无功补偿器，推广使用新型开关柜，还进行了多功能电能表的调试技术研究。安全专委会开展安全工器具推广应用，研制出移动式电源盘及线型夹头等安全器具。开展防火、防误闭锁、红外测温工作技术咨询。在庆祝中国电机工程学会成立 60 周年时，学会组织学术报告会。安全专委会协助西北电业管理局举办首次陕西电力系统“班组长讲安全生产”演讲会，配合行政出版《电业安全管理规程制度汇编》和《设备事故汇编》。发电专委会与中国电机工程学会继电保护专委会联合举办大型发电机—变压器组继电保护研讨班。供用电专委会组织了无功补偿技术讲座。学会与水电学会、电工技术学会联办刊物《电科普》，全年共发行 12 期。

1995年5月，学会与甘、青、宁、新四省（区）电机工程学会在兰州联合召开第三次联系网会议，进行电力系统自动化、计算机应用方面论文交流和研讨。

1996年3月29日，陕西省电机工程学会召开第五次会员代表大会，到会代表95人，选出第五届理事会。6月，学会会同青海电机工程学会召开西北五省（区）联系网第四次会议，讨论节能节电技术。8月，发电专委会与西北电业管理局联合召开“西北电网电厂化学学术研讨会”，交流西北电力系统电厂化学的新技术开发成果应用和运行实践经验。11月，理论电工专委会与陕西省电子学会等4个学会联合召开1996年学术年会，介绍国家教委电路信号与系统及电磁场课程指导小组1996年会议内容，就新华码汉字输入系统、数字电路教学软件等进行学术交流。同年，学会完成“陕西电力系统安全分析”、“西北电力系统火电厂环保状况与分析”、“宝鸡发电厂热力系统经济评估”等咨询项目，为苏州阿尔斯通开关有限公司电器新产品组织了技术座谈会。供用电专委会编写并印发《带电作业记事》技术资料，推广带电作业新技术。

1997年，组织并完成“陕西省第五届自然科学优秀论文评选”的征集、初评和申报，学会19篇论文获奖，其中一等奖1篇，三、四等奖9篇。组织有关专委会、分会参加中国电机工程学会“电力系统国际学术会议（IEEE）”、“97电力系统学术年会”、“可靠性学术会议”、“高压电器设备标准专题学术会议”等征文活动。学会与ABB公司在西安联合举办“发电机出口开关及设备专题报告会”。受西北电业管理局委托，组织开展了“黄河水量调度研究”等3个咨询服务项目。供用电专委会编印《330千伏线路运行专辑》，总结330千伏线路运行经验和带电作业新技术。同年，经学会推荐申报，中国电机工程学会审查批准了32名高级会员。

1998年，完成学会清理整顿工作，并将省科协初审通过的《社团清理整顿报告书》上报省民政厅。学会经过评选，推荐5篇优秀论文参加中国电机工程学会“第二届优秀论文评选”，组织有关专委会、分会参加“中国西部能源研讨会”、“电力系统规划学术年会”、“电力系统稳定控制与分析技术研讨会”、“输变电第三届学术年会”、“输变电引进技术学术研讨会”和“面向21世纪电机工程科技发展战略研讨会”等会议的征文活动。完成行政部门委托的“电力工业环境保护政策法规研究”、“黄河水量调度研究”等科技项目。安全专委会通过对韩城发电厂、铜川供电局、宝鸡供电局进行“安全性评价”，撰写《安全性评价报告》，编写和出版《330千伏变压器反措》，研制成功“高压声光接触式验电器”系列产品，“330千伏高压声光接触式验电器”填补了国内一项空白。农电专委会举办“陕西省农电管理系统及配网自动化研讨会”。高电压技术专委会邀请奥地利Graz技术大学高压系主任、1995年国际高压会议主席M·MUHR教授作学术报告。同年，经学会推荐申报，中国电机工程学会审查批准11名高级会员。

1999年，召开五届八次常务理事会，推选出席中国电机工程学会第七次会员代表大会代表和理事候选人。经过征集、评选，推荐优秀论文参加陕西省科协举办的“陕西省第六届自然科学优秀学术论文评选”活动。组织会员参加“第五届全国计算机应用联合学术会议”、“中国电机工程学会第六届青年学术会议”、“ICEE 99电气工程国际研讨会”、“高电压专委会1999年学术年会”等会议的征文活动。5月，电力电子专委会在西安理工大学举办“电力电子技术跨世纪发展战略”学术报告会。高电压专委会4篇论文被在英国举行的国际高电压研讨会接受，1位作者参加会议；11篇论文被在韩国举办的亚洲绝缘诊断会议接受并收入论文集，4人参加会议。9月，输变电专委会举办“西电公司产品一体化发展研讨会”。学会与陕西省农电管理局共同编印《农村安全用电知识图册》。同年，陕西省电机工程学会被省科协评为三星级先进学会。

2000年，组织专家撰写并推荐4篇论文分别参加“中国科协第二届学术年会”、中国电机工程学会“西部电力工业发展战略学术研讨会”和陕西省科协“西部大开发中陕西科技经济发展系列论坛”。安全专委会受陕西省电力公司委托，完成8个供电局的安全性评价，动能经济专委会举办“电力市场学术研讨会”。学会与省电力公司农电局合作，编绘《农村安全用电图册》，作为农村安全用电知识普及宣传材料，一年多时间，向120万农村用电户宣讲，举办较大规模用电宣传和发放图册160多场次。该活动入选陕西省科协开展的“学会跨世纪科普百项创优活动”。5月，与陕西振威展览贸易有限公司联合举办“第二届西安国际电力电工装备及仪器仪表展览会”和“2000年首届西安国际电线电缆光纤光缆产品及设备、机电产品展览会”。学会受省电力公司委托，完成《陕西省电力公司科技成果汇编》。同年，陕西省电机工程学会再次被省科协评为年度三星级学会。

2001年，推荐8篇学术论文参加陕西省第七届自然科学优秀论文评选。协助省科协举办陕西国际电力、电工设备与安全生产器材展览会。向省科协推荐的《330千伏变压器事故分析及预防措施》被评为“第三届陕西省科学技术协会优秀建议奖”。动力经济专委会参与国电西北公司“750”办公室组织的西北地区高一级电压（750千伏）输变电工程项目可研立项、技术论证、关键技术探讨、设计标准确定等课题专项研讨活动。电力电子专委会在西安举办“中日电气工程学术研讨会”，学会会员发表论文20余篇，10名会员在会上作专题学术报告。安全专委会面向生产单位举办8期安全培训班。同年，学会被陕西省科协评为二星级学会。

2002年，完成专委会清理整顿工作。协助省科协筹备“2003年西安电力电子与运动控制学术会议”。

## 第二节 陕西电力企业管理协会

1983年9月，陕西电力企业管理协会（简称企协）成立，与西北电力企业管理协会是一套机构，两块牌子。1995年10月，第三届企协章程明确西北电力企协兼陕西电力企协职能，陕西电力企协理事会由西北电力企协理事会中陕西地区的理事组成。

陕西电力企业管理协会的宗旨是“面向企业，服务企业”，工作方针是“服务、研究、交流、提高”。

陕西电力企业管理协会的管理职能为：开展调查研究，对电力行业共性的问题，向省政府提出有关经济政策和立法方面的意见和建议；进行电力行业统计，收集分析、发布行业信息，开展咨询服务；开展电力行业行检行评，宣传、促进行业安全、质量、优质服务和可靠性监督工作；组织电力行业有关问题的研究与交流；制定电力行业标准、规范，组织贯彻实施并进行监督；组织编撰电力史志、年鉴；积极发挥行业协会的中介及服务作用，认真听取和反映电力企业的意见，维护电力行业合法权益。

1992年，开展群众性QC活动，召开陕西电力系统QC成果发布会，评选出9个省级优秀QC小组，12个省级最佳效益质量攻关小组，1名省级质量管理先进工作者，4个QC小组和2名优秀QC推进者获能源部质协表彰奖励。组织评选“五项优秀”（企业管理优秀单位、优秀企业管理协会、优秀企协工作者、企协工作积极分子、优秀论文作者）。举办计算机网络、地方小火电经营管理、基层单位企协秘书长学习班等10个培训班，500余人·次参加培训。与中国水电企协联合在延安举办全国水电企协咨询顾问研讨班，承办中国水电企协二届二次理事扩大会议。完成“陕西火电检修体制改革建议”等5个调研专题。成立火电专业委员会。

1993年，召开QC成果发布会，评选出省级先进QC小组12个，部级5个，省级最佳攻关小组14个。西安电力树脂厂聚合QC小组被授予省级三连冠优秀QC小组，组长刘玫珍获“铜星组组长”称号。完成《蒲城电厂投产前生产准备工作》、《电力企业转换经营机制刍议》及《电力企业实行股份制浅议》等3个调研报告。组织人员参加中国水利电力企协、中国企业管理协会（简称中企协）举办的学习班。成立水电专业委员会，召开火电、供电两个专委会年会。

1995年，召开企协第三次会员代表大会，选举产生新一届理事会。协助行政向中国电力企业联合会（简称中电联）推荐“优秀企业”和“优秀企业家”。派出20多人次到延安热电厂、华能神木发电厂及韩城发电厂等12个单位调研咨询，被中国电力企协评为“优秀咨询单位”。

1996年，完成《西北电力集团公司内部联系纽带研究》、《省级电力行业管理模式研究》及《陕西火力发电厂集中检修》等课题调研咨询，参加西安电力机械厂制造的汽轮机末机叶片质量论证。举办《中华人民共和国电力法》学习班，修造、多经企业研讨班，发供电企业建立现代企业制度加强内部经营管理研讨班。

1998年，承办召开以“适应客户需求，开拓电力市场，寻求新的经济增长点”为议题的“98中国电力企业厂长、经理座谈会”。完成《陕西火电检修体制改革》、《陕西城市电网改造》两个调研咨询课题和《锅炉检修导则》修改稿。

1999年，承办“北方电力企协工作交流会”。召开供电专委会会议。拍摄《西北电力工业五十年》、《西北电网跨越2000年》、《陕西省电力公司简介》、《黄河上游滚动开发》、《延安城农网改造》等专题片。通过会计师事务所对企协财务的审计。

## 第三节　陕西省电力行业协会

陕西省电力行业协会是经陕西省经贸委批复，由原陕西电力企业管理协会更名组建。

1999年11月13日，陕西省电力工业局报陕西省经济贸易委员会，申请将陕西电力企业管理协会更名为陕西省电力行业协会。陕西省经贸委 1999 年 11 月 25 日陕经贸能[1999] 714 号文件批复：原陕西电力企业管理协会更名组建为陕西省电力行业协会。随后，陕西省电力行业协会筹建工作全面展开。

2000 年 3 月 28 日，陕西省电力行业协会（简称行协）召开成立大会，国家电力公司副总经理周大兵、陕西省副省长巩德顺为行协成立揭牌并作重要讲话。同日，召开一届一次会议，通过《陕西省电力行业协会章程》、《陕西省电力行业协会会费收取办法》；通过第一届理事会理事和常务理事人选；一致同意聘请陕西省副省长巩德顺、陕西省原副省长刘春茂、陕西省经贸委主任张海南、西北电力集团公司总经理谢振华、西北电力企业管理协会会长浮宗治为第一届名誉会长；表决通过陕西省电力公司总经理赵臣杰为第一届会长，陕西省电力公司副总经理万明善、陕西省农电管理局局长王文学、陕西省电力建设投资开发公司总经理助理袁知中、陕西省水利厅副厅长王保安、原陕西电力企协常务副会长兼秘书长王学礼、副会长丰晋源等 6 人为副会长。

陕西省电力行业协会是陕西省电力企事业单位和电力有关社团组织自愿参加的、自律性的省级行业组织，是社会团体法人。协会接受省政府委托，为政府和社会服务；根据行业约规，实行行业管理，为行业服务；按照会员要求，为企业服务；维护企业合法权益，实行行业自律；沟通本行业与政府机关、立法机关的联系，维护公平竞争，协调本行业内部企业间、本行业与社会的关系，促进电力工业发展。协会接受中国电力企业联合会的工作指导，接受陕西省经贸委、省民政厅、省电力公司的业务指导和监督管理，并依法独立开展活动，履行对陕西电力工业的行业管理与服务职能。

2001 年，召开陕西电力行业现代化管理成果发布会，评选出省级管理创新成果一等奖 1 项，二等奖 8 项，其中 1 项获国家创新成果三等奖。组织全省电力行业进行新一轮“全面质量管理”知识考试。编写《陕西省供电企业运营管理规程》，制定《学会协会管理暂行办法》，评审《关于小水电有关问题》的调研报告。创办《陕西电力行业信息》，开通网站，开展行协工作研究交流，为全行业服务。成立关中和陕南 7 个市级电力行协。

2002 年，评审出现代化管理创新成果一等奖 7 项，二等奖 11 项，三等奖 9 项。举办全行业 QC 成果发布会，对全省电力行业全面质量管理工作进行考核。开展全行业“产品质量信得过”和“四满意企业”评审推荐上报工作。经过评审，陕西电力银河远东电缆公司的电线电缆获“全国电力行业用户满意产品”；西北电力建设第四工程公司获“全国电力行业质量效益先进单位”、“全国电力行业优秀质量管理单位”、“全国电力行业实施用户满意工程单位”；西安银河电力输配电设备公司获“全国电力行业质量效益先进单位”；西安供电局获“全国电力行业优秀质量管理单位”。

## 第四节　陕西电力职工思想政治工作研究会

1986 年 12 月，经中共西北电业管理局党组批准，西北电力职工思想政治工作研究会（简称西北电力政研会）在西安成立，兼有陕西电力政研会的职能。

1995年9月，经中共陕西省电力公司党组批准，召开陕西电力职工思想政治工作研究会首次会员代表大会，选举产生理事会，万海根任会长。团体会员单位40个。大会通过了政研会章程。政研会办事机构设在省电力公司政工处（后设在政治部宣传处）。陕西电力政研会是在中共陕西省电力公司党组领导下、陕西省职工政研会和中国电力职工政研会指导下，推动系统开展思想政治工作研究的群众性社会团体。

1997年，陕西电力政研会组织各会员单位结合本单位实际，就思想政治工作如何适应“两个根本性转变”，在保证安全生产中发挥作用进行调研和探讨。11月，在秦岭发电厂召开交流会，收到论文179篇。

1999年，在电力走向市场的新形势下，围绕陕西省电力公司开展的两个层面十三项改革，组织开展“思想政治工作与电力走向市场”专题研讨活动，各基层单位政研会围绕双文明单位创建活动和达标创一流工作中的重点、难点、薄弱环节开展调查研究，共收到各基层单位政研会论文和调研报告108篇。8月，陕西电力政研会在商洛供电局召开专题研讨会，有30多篇优秀论文在会上进行交流。

2000年，召开“西部大开发与加强和改进思想政治工作”专题研讨会。

2001年，根据系统单位性质，把政研会划分成发电、供电、电建和修造、综合5个专业学组，对每一个专业学组，有针对性地确定重点研究课题。发电、供电学组下达“思想政治工作在安全生产中的保障体系”的研究课题。

2002年，开展调查研究，组织研讨活动。重点研究探索电力改革、发展、稳定中的思想政治工作及企业文化建设。供电、发电学组研讨的课题是《精神文明建设量化考核体系》；基建、修造学组研讨的课题是《职工思想动态分析模式》；综合学组研讨的课题是《陕西电力职工在社会主义市场经济体制发展中转变观念的内容、途径和方法》。编辑出版《陕西电力思想政治工作优秀论文集》，推广陕西电力改革、发展中的典型经验。

## 第五节　陕西省电力公司科学技术协会

陕西省电力公司科学技术协会的前身是西北电业管理局科学技术协会（简称西北电管局科协）。西北电管局科协成立于1987年，是中共西北电业管理局党组领导下的科技工作者的群众性组织。西北电力集团公司成立后，于1998年4月举行西北电力集团公司科学技术协会挂牌仪式。1998年10月网省公司体制分离后，西北电管局科协受中共陕西省电力公司党组领导。之后，又经陕西省科学技术协会同意，更名为陕西省电力公司科学技术协会。

陕西省电力公司科协在业务上受陕西省科协领导，是陕西省科协的组成部分，对公司系统基层各单位科协工作进行协调指导。其宗旨是坚持以马克思列宁主义、毛泽东思想、邓小平理论为指导，团结和组织广大科技工作者以经济建设为中心，实施科教兴国，人才强企战略和可持续发展战略，促进科学技术的繁荣和发展，促进科学技术的普及和推广，促进科学技术和经济效益相结合；反映科学技术工作者的意见，维护科学技术工作者的合法权益；为经济建设服务，为提高全民族科学素质服务，为科学技术工作者服务，为振兴中华、发展电力科技事业而努力奋斗。

1994 年 3 月，调整后的第三届西北电管局科协，由西北电业管理局副局长罗恢明任主席。1997 年 12 月，省科协［1997］函字第 020 号文批复同意第三届西北电业管理局科学技术协会由罗恢明任名誉主席，西北电业管理局农电局局长吴崇石任主席，科协下设办公室和西安电力技术开发中心、西北电力技术服务部两个实体，实行独立经营，自负盈亏，并为科协提供活动经费。

1998 年，西北电业管理局科协对陕西电力系统基层单位的科协组织机构及工作情况进行调查登记，并批准成立陕西（西北）电建总公司科学技术协会。

陕西省电力公司科协成立后，按照陕西省科协的安排，多次组织公司系统基层单位参加科普展览、科技之春、科技扶贫等活动。西安电力技术开发中心和西北电力技术服务部完成《宝鸡市城网建设改造评估》，编写《计算机技术在农电系统中应用》培训教材，编制《陕西省电力公司直管县（市、区）1999～2005 年农村电网建设改造规划》，编写《330 千伏线路光缆技术改造研究》和《商洛地区电网中期运行方式研究》，调研编写《市场环境条件下，电网可中断负荷研究》和《西北 30 万千瓦机组运行时对西北电网运行稳定性研究》。完成陕西 16 台 5 万千瓦以下机组锅炉除尘器改造任务，使除尘器效率提高到 92％以上，达到国家规定的排放指标。完成《陕西天然气——蒸汽联合循环发电前期工作研究报告》、《陕西大型火电站锅炉用煤状况及经济性调查分析报告》、《宝鸡二电厂 3 号、4 号机组基建达标创部优质工程分析报告》、《降低火电成本动态管理可行性方案研究》、《陕西省电力工业可持续发展战略研究》。

# 专　　记

# 专　　记

## 一、韩城发电厂滑坡第二次应急治理纪实

韩城发电厂始建于1970年，为贯彻中央"三线建设"的总方针，按照"靠山、分散、隐蔽"的原则，厂址选在韩城市西北横山西麓，紧靠象山煤矿切山角建厂。一期工程2×6.5万千瓦机组分别于1977年6月和1978年2月建成移交生产；二期工程2×12.5万千瓦机组分别于1979年1月和11月建成投产，总装机容量38万千瓦。

由于象山煤矿大面积采空区岩层塌陷，引起山体位移，导致韩城发电厂厂区地基处于不稳定状态。1982年8月，发现几处地坪下陷，烟囱以及桥抓柱子倾斜。1984年以后，不均匀沉降日趋严重，一些建筑物出现裂纹、断裂。1985年5月，象山发生大滑坡，滑坡体达300多万米$^3$，致使厂区地面多处隆起，生产建筑物多处变形。7月18日起，电厂被迫停运37天，开始滑坡治理工程。采取的治理措施是：对滑坡体开挖卸荷、沿坡脚修筑抗滑应急桩和根治桩、在山坡上修筑截水沟、对山体卸荷后的平台进行碾压防渗处理、修筑挡土墙等。至1989年底，抗滑抢险任务基本完成，耗资4500余万元。1990年6月，召开"滑坡治理工程总结会"，会议认为，经过5年的抢险治理，滑坡得到抑制，尽管还有局部微动，但变化速率成倍减弱，治理已初见成效。会后，韩城发电厂继续对破坏严重的建（构）筑物进行治理。

1990年，加固6号输煤隧道。1990年6月～1991年底，对北坡开挖卸荷，削减土石方9万米$^3$。

1992年10月～1993年1月，加固二期主厂房东电缆隧道。

1993年上半年，进行F9断层和煤层断层组织对应位置的核实和北大沟泥石流灾害调查、勘测、评价等补充地质勘测工作。10月，完成二期主厂房B排柱、6千伏配电室地板、电缆隧道壁和地板等多处裂纹的化学灌浆及配电室梁板支座湿包钢加固的化学灌浆。年底完成二期主厂房B18柱突然开裂的包钢加固化学灌浆。

1994年一季度，完成二期主厂房9米悬挑梁板应急加固化学灌浆和保护。

1990～1994年，治理滑坡耗资400余万元。尽管治理未停，应急加固措施不断，但局部微动未止，滑坡仍在继续。1994年11月，滑坡再度加速，监测数据表明，滑移速率明显加快，又达到1985年治理前的水平。二期主厂房框架的梁柱连续发生裂缝，仅B排12根柱就发生裂缝353条，长达173.17米。6月12日B12柱24小时产生裂缝7条；6月19日发现B11柱24小时裂缝长度增加1.77米。层间变位增大，多数已达到严重破坏程度，生产设备又不断出现异常，已经严重威胁到人身和设备安全。

1995年1月，西北电业管理局向国家经贸委、陕西省人民政府、电力工业部上报《韩城发电厂滑坡加剧》专题报告。3月6～9日，在韩城发电厂召开"韩城发电厂滑坡应急对策研讨会"，电力工业部总工程师周小谦等领导和来自21个单位的28位专家参加会

议。会议回顾了10年治理滑坡取得的成绩和积累的经验，分析1994年11月以来滑移速度急增的直接原因是1994年下半年山体内红旗渠输水涵洞损坏漏水和象山煤矿地下煤层采掘所致。象山煤矿3号煤层采空区西沿距电厂主厂房最短距离只有180米，距浓缩池仅50米；5号煤层采空区西沿距电厂主厂房最短距离440米，距浓缩池300米，导致滑坡向多层面、多点位深层发展，滑面超过抗滑桩埋深，部分抗滑桩已随山体移动。会议认为，必须根据新的情况，制订新的应急治理方案。首先，严格按1985年陕西省政府的决定，立即停止象山矿510作业面采煤；第二，采取措施确保红旗渠不漏水；第三，进一步研究确定建筑物和生产设备设施的各种临危警戒值，以便电厂据此迅速制定确保人身、设备安全的防范和撤离措施。周小谦总工程师传达了史大桢部长和陆延昌副部长的重要指示，要求西北电业管理局立即成立滑坡应急防治领导小组，迅速制订电网在失去韩城发电厂电源点后的应急供电方案。西北水电勘测设计研究院承担滑坡治理设计，西北电力设计院承担厂房、生产设备设施的安全评价和加固设计。3月10日，周小谦率西北电业管理局领导向陕西省副省长巩德顺作了专题汇报，巩德顺副省长同意西北电业管理局的应急安排，并立即指示省政府有关部门协调配合。

1995年3月13日，韩城矿务局按照省政府决定，通知象山煤矿立即停止510采煤工作面作业。当月，韩城发电厂主厂房A、B、C排柱及柱基，电缆沟，汽轮机房屋盖，3、4号锅炉炉架，4号水塔、玛尔斯泵房等建构筑物加固工程开工。3月27～29日，韩城市政府按照省政府决定，测量红旗渠输水涵洞漏水量。测量结果：在进口量1.6米$^3$/秒，日漏水7200米$^3$。4月7日，副省长巩德顺召集省政府有关部门在韩城发电厂现场办公，要求“从陕西经济大局出发，业不分电力、煤炭，人不分中央、地方，团结一致，共同治理，为防止再次可能发生的严重自然灾害，积极、自觉、主动做努力。治理资金各自解决”。4月17日，陕西省经贸委代表省政府委托省测绘局对象山煤矿地下煤层采集线进行监测。监测表明，510工作面采掘已经停止，该采煤工作面的巷口已经封堵。

现场会后，韩城发电厂立即制定人员应急撤离方案，在厂房内做好撤离的标志、路线、信号，并对人员进行应急撤离演习。

1995年4月23日，西北电业管理局向陕西省人民政府、电力工业部上报《关于韩城发电厂发生滑坡灾害时陕西北部电网应急供电方案》。5月31日，审查并原则通过西北水电勘测设计研究院和西北电力设计院提出的应急治理工作大纲和韩城发电厂提出的应急撤离方案。同意西北水电勘测设计研究院提出的“先排除山体蠕滑变形的扰动源，再采取以排水为先导的综合治理”应急治理方案。

1995年6月9日，韩城发电厂告急，主厂房B排11、13、14柱连续出现裂缝，且有迅速发展趋势。西北电业管理局立即提出3条紧急措施，并报省人民政府。副省长巩德顺立即批示韩城市“采取措施，坚决断水”。6月17日，红旗渠断水，进行大修。

1995年6月19日，韩城发电厂再次告急，主厂房B排柱裂缝快速发展。6月22日，陕西省人民政府省长程安东、副省长巩德顺召集省政府有关部门在韩城发电厂现场办公，再次强调控制采煤范围，不乱开小窑煤；红旗渠做好防渗；治滑要标本兼治，首要的是加强监测，加固厂房，保住电厂。6月25日～7月5日，3号机停机，对二期厂房危险梁柱进行应急加固。7月15日，4号机停机，结合小修继续对二期厂房危险梁柱进行应急加固。7月，山体地表裂缝堵漏结束。8月，排水洞开工建设。10月，监测显示，坡体滑移速率开始减缓。11月，排水洞内辐射和垂直排水孔形成的重力排水幕初步显示排水效果。11月18日，电力工业部副部长陆延昌视察韩城发电厂，商谈滑坡治理资金问题。

1996年2月，排水洞贯通。上半年，坡体及厂区滑移速度接近历史最低水平。

为查清滑坡机理，西北电业管理局委托西北水电勘测设计研究院、清华大学、成都理工大学国家实验室进行了典型断面的数值分析和物理模型试验，包括有限元分析（SEDNA）、非连续大变形分析（DDA）、离散元分析（DEM）和1∶300的地质力学模型试验。

1997年11月，电厂建（构）筑物加固工程完成。为评价加固效果和主厂房安全度，考虑到蠕滑位移的累积作用，制定《韩城发电厂坡体蠕滑变形建（构）筑物临危状态预报和破坏等级标准》，并委托西安理工大学、武汉水利电力大学进行主厂房结构加固后安全度评价的分析研究。

1996～2002年，山体和矿区的滑移速率基本稳定下来，但未停止，位移蓄积的能量仍在增加，局部破坏也末终止。所以，各项监测和加固与生产设备设施的完善也从未停止过。先后对主厂房局部破坏和烟囱、碎煤机房、2号输煤栈桥等进行了加固。对3、4号机的主蒸汽、再热蒸汽冷、热段三大管系的损坏进行了检测评估和治理。2001年，各项监测表明，坡体、厂区（房）地坪、建（构）筑物位移和变形继续，蓄积的破坏能量有局部超限和局部变形规律异常的情况。当年，又投入资金799.6万元用于治滑工程，治理工程和维修项目包括主厂房屋面更换，主厂房C排柱纵向支撑加固和严重变形部位加固、0号卸煤沟梁加固，1、2号浓缩池裂缝处理，山体排水设施大修等。

1985～2002年，韩城发电厂滑坡应急治理共投入资金1.22亿元，其中1995年以后投入资金7100余万元，保持了安全运行。1985～1994年，累计发电264亿千瓦·时，年平均设备利用小时近7000小时。1993年，实现“安全文明生产双达标”，1994年创造1084天安全生产纪录，设备利用小时达7443小时。1995年5月31日，韩城发电厂在滑坡威胁中实现安全生产200天。1995～2002年，累计发电187.7亿千瓦·时，年平均设备利用小时6200小时。

**二、陕北煤电基地开发与建设方案形成**

陕北煤电基地开发与建设项目是利用陕西省榆林地区丰富、优质的煤矿资源，计划用10年左右时间，建设装机千万千瓦的煤电基地。由此推动“西电东送”步伐，加快革命老区建设，促进陕西经济社会发展。

陕西省北部的榆林地区开发建设煤电基地的有利条件和优势是：

（一）煤炭资源储量丰富，煤炭开采已形成规模

陕北榆林地区煤炭资源丰富，储量列全国第三位。199年已形成生产能力3245万吨/年，预计2005年生产能力将达到6000万吨/年。

（二）煤质优良

陕北侏罗纪煤田煤质优良，原煤灰分为10%左右，硫份为0.6%左右，磷份小于

0.035%，挥发份为35%左右，低位发热量为18～27兆焦/千克。属特低灰到低灰，特低硫到低硫，特低磷到低磷，中、高挥发份，中高发热量的优质动力煤。

（三）矿区开采条件好

陕北煤田地质构造简单，煤层埋藏浅，可露天开采或平峒、斜井方式开采。且具有煤层稳定、煤系地层含水微弱、瓦斯含量低、建井及维护工作量小等特点，矿区开采条件优越。

（四）煤价低

在榆林市人民政府榆政函［2001］14号文《榆林市人民政府关于建设榆林大型火电基地有关问题的承诺》中，燃煤供给标煤价为60元/吨。

（五）交通条件好

陕北煤炭的开发促使榆林地区配套交通设施相继建成。神木—包头、神木—朔州—黄骅港铁路已投运，南北通道的最后一段神木—延安铁路2001年建成。神（木）朔（州）铁路复线工程于2002年初开工建设，预计2003年10月开通，年设计运量初期为6000万吨，远期达到1亿吨。陕北火电基地规划的各火电厂厂址均靠近矿区，铁路接轨及运输、公路运输等条件均较好，可大大降低燃料运输成本。

（六）水资源相对较好

经专家论证和地方政府水利部门平衡，陕北煤电基地建设1000万千瓦规模电厂全部采用岩溶裂隙水、河漫滩地下水或内陆河地表水，能够满足常规湿冷机组的需要。

（七）环保容量大

陕北地区地广人稀，扩散条件好。陕北煤电基地建成后大部分粉煤灰可以综合开发利用，用做建材、水泥原料、回填煤矿，二氧化硫排放浓度仅为国家规定标准的55%，排放总量低于国家规定控制容量。

（八）投资环境良好

国务院制定了实施西部大开发的若干政策措施，陕西省属于西部开发政策适用范围的重点区域，能享受以下优惠政策：加大金融信贷支持——对投资大、建设周期长的基础设施项目，根据项目建设周期和还贷能力，适当延长贷款期限；加大财政转移支付力度；优先安排建设项目；实行税收优惠政策——企业所得税按“免二、三减半”征收；实行土地和矿产资源优惠政策。建设陕北煤电基地，实施“西电东送”得到了陕西省各级政府的高度重视和大力支持，榆林市政府为陕北煤电基地建设提供了非常宽松的外部环境，给予陕北煤电基地享受西部大开发的一切优惠政策，同意陕北煤电基地实施煤电化一体化，并给予了土地优惠、税收优惠、拆迁补偿优惠等多种优惠待遇。

（九）竞争优势明显

陕北煤电基地电源点采用空冷机组，电厂不脱硫静态投资单位造价在3500元/千瓦左右，标煤价按60～100元/吨计算，含税上网电价为0.19～0.21元/（千瓦·时）；电厂脱硫静态投资单位造价在3800元/千瓦左右，标煤价按60～100元/吨计算，含税上网电价约0.21～0.23元/（千瓦·时）。

经初步估算，向华北电网送电的附加电价为0.05元/（千瓦·时）（含税电价），向山东电网送电的附加电价为0.08元/（千瓦·时）（含税电价）。这样，陕北煤电基地向华北电网京津唐和河北南网送电的到网电价为：不脱硫0.24～0.26元/（千瓦·时）（含税电价），脱硫0.26～0.28元/（千瓦·时）（含税电价）；向山东电网送电的到网电价为：不脱硫0.27～0.29元/（千瓦·时）（含税电价），脱硫0.29～0.31元/（千瓦·时）（含税电价）左右。京津唐和山东地区平均上网电价（含税）分别为0.303元/（千瓦·时）和0.35元/（千瓦·时），显然，与在当地建厂相比具有一定的竞争力。

（十）投资多元化

投资方资本金已基本落实。投资方主要由山东鲁能集团公司、陕西电力银河集团公司，还有其他公司组成，各方已签订投资开发框架协议。筹建处于2001年上半年成立，各投资方已落实了资本金，且投资结构合理，符合中共“十五”大提出的“四跨”原则，符合“厂网分开”的电力体制改革取向。

全国几十位专家经过多次实地考察、论证后认为：陕北煤电基地的比较优势非常明显，陕北榆林地区适合建设全国特大型坑口电站群，是“西电东送”北部通道主要送出点。

开发建设陕北煤电基地，实现“西电东送”，历经20年漫长而艰难的历程，陕西省电力系统为之作出了不懈努力。

1983年，西北电业管理局提出“加速开发西北能源，把大西北建成电源基地”的报告，报告中提出2000年以前在陕西北部建设火电基地的建议和向京津唐送电方案，向党中央、国务院领导作了汇报并得到支持。北京、天津两市领导也曾亲临榆林考察。从20世纪90年代初开始，西北电业管理局就开始了陕北煤电基地勘查选厂工作，电力系统专家已提出陕电外送的发展思路。能源部黄毅诚部长倡议：在陕北煤炭基地建设400万千瓦火电厂，通过600千伏直流输电线路向上海送电。倡议得到上海市和陕西省领导的支持，西北电业管理局委托西北电力设计院编制了方案论证报告。1991年7月18～19日，黄毅诚部长在陕西省副省长刘春茂、西北电业管理局局长刘宏陪同下，视察了规划中的神木发电厂，肯定了神木县硬地场作为电厂选址的推荐方案。1998年12月1日，陕西省省长程安东在陕西省电力公司总经理赵杰臣陪同下，在北京与国家电力公司副总经理赵希正就加快陕北煤电基地建设进行了交谈。1998和1999年，能源部部长黄毅诚分别给上海市委书记黄菊和陕西省委书记李建国、陕西省省长程安东写信，再一次提出“在陕北产煤区建设大型电站群，远距离向上海送电”的建议。陕西省对黄毅诚部长的建议十分重视，由省计划委员会和陕西省电力公司共同编制《陕北能源基地向上海输电工程初步设想》，提出初期在“十一五”前后向上海送电400万千瓦。按照国家电力公司总体部署，1999年，陕西省电力公司委托电力规划总院和西北电力设计院进行研究论证，提出2000～2015年陕西电力发展构想，并据此编制陕西电力“十五”发展规划和陕北煤电基地建设以及向华北送电规划。2000年，全国九届人大四次会议通过“十五”计划纲要，确定“十五”时期在陕北建设大型坑口电站和西电东送北、中、南三条大通道，推进全国电力联网。向华北和山东送电的北线方案进入全面论证和实地考察阶段。2000年7月18日，中共陕西省委书记李建国，省委副书记、常务副省长贾治邦在北京与国家电力公司总经理高严、副总经理赵希正、陆延昌、周大兵、谢松林共商陕西电力发展大计，就建设陕北能源基地，实施西电东送达成共识。12 月 28 日，榆（林）—神（木）送变电工程建成投运，贯通陕西全省南北的超高压电网 330 千伏输变电工程全线建成。经过十几年的努力，为在陕北建设大型煤电基地提供了有利条件。但由于国家政策、经济发展条件和人们思想认识等因素，陕北煤电基地开发与建设一直未付诸实施。

2000 年末，在中共中央“西部大开发”战略和“西电东送”重大决策推动下，陕北煤电基地开发与建设再度提上日程，并开始迈出实质性步伐。

2001 年 1 月 11 日，榆林供电公司成立，这是陕西省电力公司积极参与西部大开发，加快陕北煤电基地建设，开拓榆林电力市场做出的超前决策。3 月 9 日，国家电力公司组织 20 多位专家在陕调研，到陕北实地考察和论证，与陕西省电力公司领导共商“西电东送”北部通道建设方案。4 月 26 日，陕西省电力公司与山东电力集团公司共同投资建设经营陕北煤电基地框架协议书和合资建设神木电厂、府谷电厂意向书签字仪式在西安举行。陕西电力银河集团公司与山东鲁能集团公司联合开发陕北煤电基地工作进入实质性阶段。当日，中共陕西省委书记李建国、省长程安东向国家计委主任曾培炎专题汇报陕北煤电基地建设项目。国家计委充分认可陕北煤电基地建设项目在“西电东送”北部通道中具有的关键地位和作用，要求加快推动。5 月 12～18 日，国家电力公司“西电东送”专家课题组在榆林市神木县和府谷县进行考察，专家们认为在陕北地区建设 1000 万千瓦火电基地已具备条件，应抓紧工作，争取“十五”末向华北或山东送电。5 月 19 日，省委书记李建国在西安接见国家电力公司“西电东送”专家组成员，表示中共陕西省委、省政府坚决支持建设陕北煤电基地，通过榆林能源化工基地建设，带动革命老区经济社会全面发展。5 月 25 日，国家计委基础产业司司长李彦梦听取了陕西省电力公司总经理赵杰臣关于陕北煤电基地建设的专题汇报，对陕北煤电基地建设项目给予充分肯定，表示大力支持。10 月 19 日，正在陕西视察工作的全国人大常委会副委员长邹家华在陕西宾馆接见陕西省电力公司总经理赵杰臣，听取关于建设陕北煤电基地的工作汇报，并指示：“这个项目很好。坑口电站投资少，一定要做好防沙、治沙工作，搞好绿化，在环境保护方面多做些工作。”12 月，陕西省电力公司制定《陕北煤电基地总体规划要点》，规划要点包括：陕北榆林能源重化工基地规划要点，陕北能源资源分析，陕北水资源分析、陕北能源重化工基地环境影响区域评价，陕北煤电基地电源建设规划方案和电力送出规划方案。

陕北煤电基地总体规划装机容量 2280 万千瓦和配套年产 6500 万～10000 万吨煤矿。电源主要分布点有榆林的牛家梁、金鸡滩厂址，神木的锦界、硬地场厂址，府谷的庙沟门、阴塔、段寨厂址。煤矿分布点是榆林的金牛煤田，神木的黄土庙煤田，府谷的三道沟煤田。水源主要是地表、地下水和部分黄河水。

一期工程计划建设 1080 万千瓦发电机组及年产 3000 万吨煤矿。主要分布在：

（一）神木锦界电厂

规划容量 360 万千瓦（6×60 万千瓦）国产亚临界机组，厂址位于神木县西南 35 千米，地处荒漠丘陵地带，地形较平坦，不压煤，地下无文物。

配套煤田是黄土庙井田，距电厂 1.5 千米，探明储量 18.97 亿吨，年设计生产规模

1000 万吨，采用带式输送机直接运到电厂。

电厂水源地为瑶镇水库和采兔沟水库。瑶镇水库年供水量 6039 万米$^3$，现已开工建设。采兔沟水库年供水量 4509 万米$^3$，两水库完全满足电厂年补给水量 6000 万米$^3$ 的需要。

（二）府谷庙沟门电厂

规划容量 360 万千瓦（6×60 万千瓦）国产亚临界机组，厂址位于府谷县西北约 45 千米沙梁川河道内，地处丘陵河滩，不压煤，地下无文物。

配套煤田是三道沟煤田，距电厂约 1.5 千米，探明储量 24.84 亿吨，年设计生产规模 1000 万吨，采用带式输送机直接运到电厂。

电厂水源地为黄河孤山川地下水和天桥黑龙沟岩溶水，年供水量可达 1 亿米$^3$，满足电厂年补给水量 6000 万米$^3$ 的需要。

（三）榆林牛家梁电厂

规划容量 360 万千瓦（6×60 万千瓦）国产亚临界机组，厂址位于榆林市西北约 16 千米，地处沙丘洼地，不压煤，地下无文物。

配套煤田是金牛煤田，距电厂约 1.5 千米，探明储量 25.14 亿吨，年设计生产规模 1000 万吨，采用带式输送机直接运到电厂。

电厂水源地为李家梁水库与红石峡、河口、中营等水库联合供水，满足电厂年补水量 6000 万米$^3$ 的需要。

陕北煤电基地一期工程投资估算按 2000 年价格水平，静态投资 337.4 亿元，单位投资 3124 元/千瓦，含税上网电价 0.21 元/(千瓦·时)，全部投资的财务内部收益率为 9.23%，经济效益良好。

关于“西电东送”，国家电力公司、华北电力集团公司、山东电力集团公司、电力规划总院等对华北、山东等地电力市场分析平衡后，得出的结论意见是：除了本地在建电源项目投产和其他外送电力之外，京、津、唐电网“十五”电力缺额 70 万千瓦左右，“十一五”电力缺额 400 万千瓦左右；河北南电网“十五”末电力缺额 185 万千瓦，“十一五”电力缺额 460 万～500 万千瓦；山东电网“十一五”电力缺额 300 万～500 万千瓦。由此，提出陕北煤电基地具体送电方案为：“十五”末，神木锦界电厂投产 2×60 万千瓦机组，以同塔两回交流 500 千伏输电线路送河北南网保南（定州）500 千伏变电站约 510 千米；府谷庙沟门电厂 2×60 万千瓦机组，以同塔两回交流 500 千伏输电线路送保北（徐水）500 千伏变电站约 510 千米。“十一五”时期，一期工程 1080 万千瓦机组全部建成投产，由神木锦界电厂、府谷庙沟门电厂各出三回交流 500 千伏输电线路，分别送保北（徐水）、保南（定州）各两回，霸州、石北各一回；由榆林牛家梁电厂以直流±500 千伏输电线路送山东电网负荷中心淄博换流站（约 900 千米），并留有与西北主网联络的接口。可实现向华北送电 600 万千瓦，向山东送电 300 万千瓦。

陕北煤电基地一期工程送出项目按 2000 年价格水平测算，静态投资 124.9 亿元，单位投资 1156 元/千瓦，向华北电网附加电价 0.05 元/(千瓦·时)，向山东电网附加电价 0.08 元/(千瓦·时)。

2001 年 12 月 31 日，国家电力公司组织专家对陕北神木电厂向华北电网送电方案进行评审，基本确定送电方向、送电落点和输送容量。是年，完成陕北煤电基地建设项目的神木、府谷、榆林3个电厂选址和960万千瓦（16×60万千瓦）机组的初步可行性研究报告，提出陕西向华东送电的规划方案。向国家电力公司上报了神木、府谷电厂项目建议书，并上报国家计委。神木锦界电厂、府谷庙沟门电厂、清水川电厂配套煤矿冯家塔、三道沟煤矿的地质勘探工作已全部结束。

2002年3月27日，中共中央总书记、国家主席、中央军委主席江泽民在中共中央政治局候补委员、中央书记处书记曾庆红，中央军委委员、总政治部主任于永波，中央办公厅主任王刚，中央政策研究室主任滕文生，国家计委主任曾培炎，国家有关部委主要领导华建敏、胡富国、由喜贵、王沪宁、李子彬、楼继伟、周生贤和中共陕西省委书记李建国、省长程安东陪同下，亲临陕北煤电基地锦界电厂厂址，视察了陕北煤电一体化项目前期准备工作，听取了陕西省电力公司总经理赵杰臣关于陕北煤电基地建设总体规划、建设条件和区位优势、电力外送的市场分析、送电方案、前期工作情况，以及陕北煤电基地建设对促进陕西经济社会发展作用的汇报。江泽民总书记对建设陕北煤电基地一体化项目给予充分肯定，称赞“这是一个好项目”。在陕视察期间，江总书记进一步强调指出：“榆林、延安地区的煤炭、石油、天然气资源确实丰富，把陕北建设成为能源重化工基地，作为我国现代化建设的一个重要能源接续地，是有战略意义的，也是完全有条件的。加快陕北能源重化工基地建设，从西气东输、西电东送和煤制油等几个大项目起步，不仅对支持东部建设有重大意义，而且对改善革命老区人民的生活，加快这些地区的发展，也是十分必要的”。27日晚，国家计委主任曾培炎在榆林神木县召集有陕西省委、省政府，陕西、山东电力公司，榆林市主要领导参加的座谈会，对陕北煤电基地建设项目关键的水源问题、环保问题、市场问题进行了座谈研究。

至2002年一季度末，已完成陕北煤电基地电源、水源、煤矿、电力送出等建设规划方案，向国家计委上报了神木锦界、府谷庙沟门电厂及相应配套煤矿建设的项目建议书。向华北、山东送电方案已获国家电力公司审查通过，并上报国家计委。

2002年5月31日，陕北煤电基地启动项目——神木锦界电厂一期4×60万千瓦工程可行性研究报告通过国家电力公司预审。9月23～26日，国家计委基础产业司副司长王骏率国家计委、国家电力公司、中国国际工程咨询总公司及华北电力集团公司等单位的专家11人到府谷电厂庙沟门厂址及配套的三道沟矿井，府谷天桥水源地，府谷电厂阴塔厂址，神木锦界电厂及配套的锦界矿井和瑶镇水库考察，并在锦界电厂展示室听取了电厂、矿井建设条件的详细汇报。26日，考察组在榆林市召开陕北煤电基地建设工作座谈会。会议指出，陕北煤电基地煤炭资源丰富、水资源充足、环保空间较大、送出市场落实、建设资金到位，对于整个基地总体规划的轮廓予以认可，并要求于“十五”期间尽快开工建设神木锦界电厂，争取“十五”末或“十一五”初期投产发电，并于“十一五”时期形成规模。

至2002年末，国家计委已把陕北煤电基地建设列入国家“十五”计划和“西电东送”北部通道主要电源之一，并计划于2003年开工建设；已取得具有近50亿吨储量的锦界和三道沟煤矿探矿权；基本明确陕北煤电基地的送电方向；榆神矿区二期规划区和神府矿区新民开采区的总体规划已经得到国家计委批准。

# 人　　物

# 人　物

## 一、省局（公司）级领导干部

**刘　宏**　男，汉族。1942年12月生，四川省金堂县人。教授级高级工程师。1966年2月加入中国共产党，同年7月西安交通大学电机工程系高电压技术专业毕业，9月参加工作。1967年起历任兰州电业局工程处、变电工区技术员。1969年起历任兰州供电局生技科负责人、兰州供电局修试所副主任、主任。1983年4月任兰州供电局副局长。1984年8月任兰州供电局局长。1985年10月任甘肃省电力工业局副局长、党组成员。1987年6月任西北电业管理局副局长、党组成员。1989年3月任西北电业管理局局长、党组书记。1989年12月任中国西北电力联合公司（西北电业管理局）、陕西省电力公司（陕西省电力工业局）总经理（局长）。1990年6月任中共西北电力联合公司（西北电业管理局）、陕西省电力公司（陕西省电力工业局）党组书记。1992年12月任西北电业管理局（陕西省电力工业局）局长、党组书记、西北电力集团公司（陕西省电力公司）总经理。1996年6月调中国电力企业联合会工作。

**丁中智**　男，汉族。1950年2月生，北京市人。高级经济师。1968年6月参加工作，任湖南省湘中供电局技术员。1976年7月湖南大学电力系统自动化专业毕业。1978年4月任长沙电业局生技科助理工程师。1983年6月任长沙电业局计划基建科副科长，同年11月加入中国共产党。1984年1月起历任长沙电业局副局长、局长。1990年3月任湖南省电力工业局副局长、党组成员。1992年10月任华中电力集团公司（华中电管局）副总经理、（副局长）、党组成员。1996年5月任西北电业管理局（陕西省电力工业局）局长、党组书记、西北电力集团公司（陕西省电力公司）总经理。1998年4月，兼任西北电力集团公司（陕西省电力公司）党组书记。1998年10月调中国电力国际有限公司工作。

**赵杰臣**　男，汉族。1944年9月生，山东省莱芜市人。教授级高级工程师。1969年8月山东工业大学电机工程系毕业，同年参加工作。1970年8月起任山东省莱芜供电局、泰莱供电局技术员。1971年4月加入中国共产党。1975年5月任泰莱供电局修验场副主任。1977年2月起任泰莱供电局、泰安电业局副局长。1983年4月任莱芜发电厂副厂级干部。1986年4月起任莱芜发电厂副厂长、厂长。1989年11月任山东黄岛发电厂厂长。1992年11月任山东电力工业局发电处处长。1993年2月任山东电力工业局生技部主任。1994年10月任山东电力工业局副局长、党组成员。1997年11月任西北电业管理局（陕西省电力工业局）副局长、党组成员，西北电力集团公司（陕西省电力公司）副总经理。1998年4月，兼任西北电力集团公司（陕西省电力公司）党组成员。1998年10月任陕西省电力公司（陕西省电力工业局）总经理（局长）、党组书记。2001年获中华全国总工会“五一”劳动奖章。

**郭九洲** 男，汉族。1939 年 4 月生，河北省任丘县人。教授级高级工程师。1964 年加入中国共产党，同年清华大学动力系毕业，留校任动力系助教、武装部助理员。1969 年起历任兰州电力修造厂技术员、调度员。1975 年任甘肃省电力局组织处干部。1978 年起历任甘肃省电力试验研究所热工室副主任、工程师。1983 年 3 月任甘肃省电力设计院党委书记、院长，同年 11 月任西北电业管理局副局长、党组成员。1989 年 12 月任西北电力联合公司（陕西省电力公司）副总经理。1990 年 6 月任中共西北电力联合公司（西北电业管理局）、陕西省电力公司（陕西省电力工业局）党组副书记。1993 年 3 月任西北电业管理局（陕西省电力工业局）副局长、党组副书记，西北电力集团公司（陕西省电力公司）副总经理。1998 年 4 月，兼任中共西北电力集团公司（陕西省电力公司）党组副书记。1998 年 10 月网省体制分离后在西北电力集团公司工作。

**陈彦钧** 男，汉族。1931 年 8 月生，陕西省西安市人。教授级高级工程师。1955 年西北工学院电机系毕业，同年参加工作。1956 年加入中国共产党。1957 年起历任西安供电局生产股副股长、修试所电器制造车间主任。1963 年任咸阳供电局修试所主任。1965 年任关中供电局修试所副主任、主任。1974 年任中共西安供电局党委副书记。1979 年任西北电业管理局供用电处副处长。1983 年起历任西北电业管理局副总工程师、总工程师。1989 年 3 月任西北电业管理局副局长。1989 年 12 月任西北电力联合公司（陕西省电力公司）副总经理。同年兼任黄河上中游水调委员会副主任，水调办公室主任。1990 年 6 月任中共西北电力联合公司（西北电业管理局）、陕西省电力公司（陕西省电力工业局）党组成员。1992 年 5 月退居二线。1995 年 12 月退休。

**万海根** 男，汉族。1931 年 9 月生于上海，湖北武汉人。高级政工师。西安冶金建筑学院毕业。1949 年 5 月在上海参加工作，1950 年任共青团上海国棉五厂织布车间团总支书记。1951 年 6 月加入中国共产党。1952 年任上海华东纺织建筑公司九队指导员。1958 年任西北纺织建设公司生产工区党总支副书记。1959 年起历任中共陕西电力纺织建设公司第三工程处党委副书记、西北电力建设局办公室副主任。1965 年任中共西北电力建设局第二工程公司党委副书记兼政治处主任。1970 年任中共陕西省第二火电工程公司党委副书记兼韩城发电厂建设指挥部常务副指挥。1979 年任西安电力学校校长、党委书记。1983 年任中共宁夏回族自治区电力工业局党委书记兼大武口发电厂建设指挥部指挥。1985 年获“全国致力改革者”称号和“五一”劳动奖章。1987 年 10 月当选中国共产党第十三次全国代表大会代表。1988 年任西北电业管理局副局长（正局级）。1989 年 12 月任西北电力联合公司（陕西省电力公司）副总经理。1990 年 6 月任中共西北电力联合公司（西北电业管局）、陕西省电力公司（陕西省电力工业局）党组成员。1992 年 5 月退居二线。1995 年 5 月退休。

**张自清** 男，汉族。1938 年 6 月生，陕西省宝鸡县人。高级经济师。1956 年 6 月加入中国共产党。1957 年西安电力学校毕业，同年参加工作，历任辽宁省抚顺发电厂值班员、班长。1963 年起历任宝鸡发电厂技术员、值长、生产第一线指挥部成员、生产组副组长、生技科科长。1977年起历任宝鸡发电厂革命委员会副主任、副厂长、总工程师、厂长。1984年任韩城发电厂厂长。1988年10月任西北电业管理局副总经济师。1989年3月任西北电业管理局副局长、党组成员。12月任中国西北电力联合公司（陕西省电力公司）副总经理。1990年6月任中共西北电力联合公司（西北电业管理局）、陕西省电力公司（陕西省电力工业局）党组成员。1993年3月任西北电业管理局（陕西省电力工业局）副局长、党组成员，西北电力集团公司（陕西省电力公司）副总经理。1997年6月任渭河发电有限公司总经理。2000年6月退休。

**罗恢明** 男，汉族。1938年3月生，江西省余干县人。教授级高级工程师。1964年华中工学院（华中科技大学）热能动力装置专业毕业，同年参加工作。1964年任西北电业管理局中心试验所技术员，户县热电厂学习值长。1966年任甘肃803发电厂值长。1970年起历任秦岭发电厂值长、值长组组长。1979年起历任秦岭发电厂副总工程师、总工程师、副厂长。1981年4月加入中国共产党。1984年起历任西北电业管理局生产处副处长、副总工程师。1989年3月任西北电业管理局副局长、总工程师、党组成员，同年12月任西北电力联合公司（陕西省电力公司）副总经理、总工程师。1990年6月任中共西北电力联合公司（西北电业管理局）、陕西省电力公司（陕西省电力工业局）党组成员。1993年3月任西北电业管理局（陕西省电力工业局）副局长兼总工程师、党组成员，西北电力集团公司（陕西省电力公司）副总经理兼总工程师。1998年4月，兼任西北电力集团公司（陕西省电力公司）党组成员。1998年10月网省体制分离后在西北电力集团公司工作。

**黄　莺** 女，汉族。1939年4月生，江苏省江阴市人。高级政工师。1956年3月参加工作。1959年3月加入中国共产党，同年6月起历任户县热电厂锅炉分场党支部干事、团支部书记。1960年6月起历任户县热电厂团委干事、副书记、厂子校校长。1973年9月起历任共青团略阳发电厂团委书记、革委会副主任、党委副书记、书记。1980年9月任秦岭发电厂党委书记。1981年12月起历任共青团陕西省委副书记、书记、党组书记（期间在中共陕西省委党校学习两年）。1985年6月任陕西省轻工业厅厅长、党组书记。1992年4月任西北电力联合公司（西北电业管理局）、陕西省电力公司（陕西省电力工业局）副总经理、（副局长）、党组副书记。1993年3月任西北电业管理局（陕西省电力工业局）副局长、党组副书记，西北电力集团公司（陕西省电力公司）副总经理。1998年4月，兼任中共西北电力集团公司（陕西省电力公司）党组副书记。1998年10月网省体制分离后在西北电力集团公司工作。

**陈忠智** 男，汉族。1940年9月生，陕西省高陵县人。教授级高级工程师。1960年9月西安交通大学电机系发电专业毕业，同年参加工作。1961年4月任户县热电厂技术员。1967年2月任渭河发电厂筹建处技术员。1970年4月起历任渭河发电厂值长、总值长。1978年11月任渭河发电厂副总工程师。1981年9月加入中国共产党。1983年5月任渭河发电厂副厂长兼总工程师。1983年10月任西北电业管理局生产处副处长。1984年9月任西北电业管理局安监处处长。1987年2月任西北电业管理局生产处处长。1990

年 7 月任西北电业管理局副总工程师。1992 年 4 月任西北电力联合公司（西北电业管理局）、陕西省电力公司（陕西省电力工业局）副总经理（副局长）、党组成员。1993 年 3 月任西北电业管理局（陕西省电力工业局）副局长、党组成员，西北电力集团公司（陕西省电力公司）副总经理。1998 年 4 月，兼任中共西北电力集团公司（陕西省电力公司）党组成员。1998 年 10 月任陕西省电力公司（陕西省电力工业局）副总经理（副局长）、党组成员。2000 年 11 月退休。

**薛　光**　男，汉族。1941 年 1 月生，陕西省兴平市人。高级政工师。1961 年 9 月在陕西省水利水电学校学习，1963 年 9 月参加工作。1965 年 12 月任共青团陕西省农电局团委副书记。1970 年加入中国共产党。1970 年 6 月任陕西省电业管理局政治处宣传干事。1974 年 5 月清华大学工程物理系反应堆专业毕业。1976 年任陕西省电业管理局政治处技术干部管理干事。1980 年 3 月起历任西北电业管理局干部处技术干部组副组长、组长。1983 年 10 月任西北电业管理局组织干部处处长。1992 年 4 月任中共西北电力联合公司（西北电业管理局）、中共陕西省电力公司（陕西省电力工业局）党组纪检组组长。1996 年 5 月任中共西北电业管理局（陕西省电力工业局）党组成员、纪检组组长。1998 年 4 月，兼任中共西北电力集团公司（陕西省电力公司）党组成员。1998 年 10 月网省体制分离后在西北电力集团公司工作。

**魏玺志**　男，汉族。1934 年 1 月生，陕西省长安县人。1953 年 7 月加入中国共产党。1954 年 8 月西北高级工业学校（西安电力学校）毕业，同年参加工作。1956 年起历任灞桥热电厂生产教育科教员、西安电力技工学校教员、校办秘书。1962 年 8 月起在灞桥热电厂电气试验室工作。1963 年任西安电力技工学校校办副主任。1970 年任西安水轮机厂、西安电力技工学校落实政策小组组长。1981 年任西北电业管理局燃料科科长。1982 年任西北电业管理局电力中心医院筹备处负责人。1983 年 10 月任中共西北电业管理局党组纪律检查组副组长。1992 年 4 月任西北电力联合公司（西北电业管理局）、陕西省电力公司（陕西省电力工业局）监察专员（副局级）。1994 年退居二线。1995 年 11 月退休。

**徐建国**　男，汉族。1939 年 11 月生，浙江省余姚市人。高级政工师。1964 年 9 月山西大学政治系毕业，同年在西安电力学校参加工作，历任教师、干事、党支部书记、政治处主任。1965 年 9 月加入中国共产党。1979 年 11 月任中共西安电力学校党委副书记。1981 年 2 月任西北电业管理局、陕西电业管理局宣传处副处长；1983 年 10 月任西北电业管理局政治部副主任；1984 年 10 月任西北电业管理局政治部副主任兼宣传处处长。1992 年 4 月任西北电力联合公司（西北电业管理局）、陕西省电力公司（陕西省电力工业局）工委主任、工会主席。1996 年 5 月任中共西北电业管理局（陕西省电力工业局）党组成员、陕西电业工会主席、西北电力工委主任。1998 年 4 月，兼任中共西北电力集团公司（陕西省电力公司）党组成员。1998 年 10 月网省体制分离后在西北电力集团公司工作。

**祁书堂**　男，汉族。1941 年 9 月生，甘肃省泾川县人。高级会计师。1958 年 10 月在甘肃电建一处参加工作。1961 年 6 月任西北电建二公司财务科会计。1970 年 1 月起历任西北电建局生产组、陕西省电力工业管理局财务处会计。1976 年 7 月入党。1976 年 10 月任陕西省电业管理局、西北电业管理局财务处副处长。1988 年 10 月任西北电业管理局财务处处长。1990 年 8 月任西北电业管理局副总会计师。1994 年 8 月任西北电力集团公司（西北电业管理局）、陕西省电力公司（陕西省电力工业局）总会计师。1994 年被评为全国电力系统劳动模范。1998 年 10 月网省体制分离后在西北电力集团公司工作。

**万明善**　男，汉族。1944 年 12 月生，四川省叙永县人。高级经济师。1967 年 7 月武汉水利电力学院发配电专业毕业，同年在甘肃送变电工程公司参加工作任技术员。1981 年武汉水利电力学院研究生毕业并获工学硕士学位。1985 年 1 月任西北电业管理局总调度所副总工程师。1985 年 9 月任西北电业管理局经济政策研究室副主任。1986 年 8 月加入中国共产党。1989 年 4 月起历任西北电业管理局企业管理处副处长、处长。1993 年 9 月起历任西北电业管理局政策法规体改处处长、局长助理。1997 年 5 月任西北电业管理局（西北电力集团公司）总经济师。1998 年 10 月任陕西省电力公司（陕西省电力工业局）副总经理（副局长）兼总经济师、党组成员。

**邵仲仁**　男，汉族。1945 年 1 月生，河北省固安县人。教授级高级工程师。1965 年 11 月加入中国共产党。1969 年 9 月武汉水利电力学院水动装置专业毕业，同年参加工作。1970 年 7 月起历任略阳发电厂班长、主任、科长。1983 年 4 月任略阳发电厂厂长。1987 年 4 月起历任秦岭发电厂副厂长、厂长。1994 年 7 月任秦岭发电厂厂长兼党委书记。1996 年 4 月任西北电业管理局局长助理。1997 年 6 月任西北电力集团公司（西北电业管理局）、陕西省电力公司（陕西省电力工业局）总工程师。1998 年 10 月网省体制分离后在西北电力集团公司工作。

**谢振华**　男，汉族。1946 年 3 月生，辽宁省朝阳市人。教授级高级工程师。1970 年 8 月吉林大学物理学专业毕业，同年在内蒙古敖汉旗水电局参加工作任技术员。1973 年 9 月加入中国共产党。1974 年 8 月起历任内蒙古敖汉旗水电局副局长、局长。1981 年 10 月起历任赤峰电业局农电办副主任、副处长。1983 年 6 月任赤峰电业局副局长。1987 年 7 月任铁岭电业局局长、党委书记兼铁岭市农电局局长。1991 年任东北电业管理局营业管理处处长。1992 年 9 月任辽宁省电力开发公司副总经理。1993 年 4 月任东北电业管理局副总经济师。1993 年 10 月任东北电业管理局营业部主任。1994 年 1 月任东北电力试验研究院院长。1995 年 9 月任东北电力集团公司（东北电业管理局）副总经理（副局长）。1997 年 11 月任西北电业管理局（陕西省电力工业局）副局长、党组成员，西北电力集团公司（陕西省电力公司）副总经理。1998 年 4 月，兼任中共西北电力集团公司（陕西省电力公司）党组成员。1998 年 10 月网省体制分离后在西北电力集团公司工作。

**吕云仓**　男，汉族。1946 年 2 月生，山东龙口人。教授级高级工程师。1969 年 9 月毕业于西安交通大学发电专业，同年在秦岭发电厂电气分场参加工作。1974 年 8 月任秦岭发电厂值长。1979 年 4 月任秦岭发电厂企业管理组组长。1981 年 4 月加入中国共产党。1981 年起历任秦岭发电厂总值长、运行科长。1983 年 12 月起历任秦岭发电厂副总工程师、总工程师。1991 年 6 月任秦岭发电厂副厂长兼总工程师。1994 年 7 月任渭河发电厂厂长。1996 年 4 月任西北电业管理局副总工程师。1998 年 10 月任陕西省电力公司（陕西省电力工业局）副总经理（副局长）兼总工程师、党组成员。

**刘肇绍** 男，汉族。1949 年 7 月生，福建省福州市人。高级经济师。研究生班毕业、经济学硕士。1971 年 9 月在宝鸡供电局参加工作。1971 年 10 月任宝鸡供电局变电处班长。1982 年 4 月任宝鸡供电局修试所技术员、生产管理专责。1983 年 7 月加入中国共产党。1985 年 9 月在陕西省工业管理干部学院学习。1989 年 6 月任宝鸡供电局经营计划科副科长。1993 年 11 月起历任宝鸡供电局副局长、局长。1998 年 6 月任西安供电局局长。1998 年 10 月任陕西省电力公司（陕西省电力工业局）副总经理（副局长）、党组成员兼西安供电局局长。1999 年 4 月不再兼任西安供电局局长。2000 年 10 月调甘肃省电力公司工作。

**李长安** 男，汉族。1948 年 9 月生，山西省万荣县人。高级政工师。1969 年 9 月西安电力学校热能动力专业毕业，同年参加工作。1982 年 5 月加入中国共产党。1984 年 8 月任韩城发电厂修建科科长。1984 年 11 月任韩城发电厂副厂长。1991 年 4 月任中共韩城发电厂党委副书记兼纪委书记。1992 年 10 月任韩城发电厂党委书记。1994 年 9 月兼任韩城发电厂厂长、韩城第二发电厂筹建处主任。1997 年 5 月任西北电业管理局政治部主任。1998 年 10 月任陕西省电力公司（陕西省电力工业局）工会主席、陕西电业工委主任、党组成员。2002 年任陕西省电力公司副总经理、党组成员。

**李顺典** 男，汉族。1946 年 4 月生，陕西省西安市人。高级政工师。1969 年 8 月毕业于陕西师范大学物理系，同年参加工作。1971 年 7 月任共青团陕西省柞水县石砰乡团委书记。1973 年 11 月加入中国共产党。1974 年 6 月任柞水县委宣传部主办干事、县委秘书。1978 年 11 月任商洛供电局党委秘书。1980 年 6 月在西北电业管理局干部处工作。1984 年 9 月任中共西北电业管理局党组纪检组副组长。1998 年 4 月任西北电业管理局总经理工作部主任。1998 年 10 月任中共陕西省电力公司（陕西省电力工业局）党组纪检组组长、党组成员。2002 年任陕西省电力公司副总经理、纪检组组长、党组成员。

**杨　毅** 男，汉族。1952 年 10 月生，辽宁省营口市人。高级工程师。1968 年中央电大党政干部管理专业毕业，10 月参加工作。1971 年 9 月任辽宁清河发电厂锅炉分厂班长。1975 年 8 月加入中国共产党。1977 年 2 月起历任共青团清河发电厂团委书记、中共燃运分厂党支部副书记。1979 年 10 月起历任清河发电厂办公室副主任、党委办公室副主任。1987 年 3 月任清河发电厂党委办公室主任。1987 年 6 月起历任东北电业管理局干部处党政干部科科员、副科长、科长。1992 年 2 月起历任东北电业管理局政治部干部管理处、党政干部处副处长。1994 年 8 月任中共东北电业管理局第三工程公司党委书记。1996 年 2 月任中共东北电业管理局机关党委副书记。1997 年 2 月起历任东北电业管理局政治部主任兼政治部党政干部处处长、党校副校长。1999 年 5 月任东北电业管理局人力资源部主任。2000 年 10 月任陕西省电力公司（陕西省电力工业局）副总经理（副局长）、党组成员兼机关党委书记。2002 年 12 月调中国电力投资集团公司工作。

**吴　静** 男，汉族。1957 年 3 月生，西安市人。教授级高级工程师、硕士研究生。

1973年3月参加工作。1978年9月毕业于西安交通大学热能动力装置专业。1984年1月加入中国共产党。1985年2月任韩城发电厂检修科、生技科副科长。1988年5月任韩城发电厂总工程师助理。1989年2月任韩城发电厂副总工程师。1991年4月任韩城发电厂副厂长。1994年9月任渭河发电厂副厂长。1996年4月任渭河发电厂厂长。1998年6月任新疆电力公司（新疆电力工业局）副总经理（副局长）、党组成员。2000年10月任陕西省电力公司（陕西省电力工业局）副总经理（副局长）、党组成员。2003年1月调中国大唐集团公司工作。

**王天才**　男，汉族。1954年9月生，陕西省澄城县人。高级工程师。1982年2月西安交通大学电气工程系自动化专业毕业，同年参加工作。1982年2月任西南电业管理局总调度所调度员。1985年2月起历任西北电业管理局总调度所调度科调度员、副科长、科长。1988年9月加入中国共产党。1990年8月，任西北电业管理局总调度所副总工程师兼调度科科长。1992年2月任西北电业管理局调度通信局副总工程师兼企业管理处处长。1995年6月任西北电业管理局调度通信局副局长。1997年9月任西北电业管理局生技部主任。1999年1月任陕西电力调度中心主任。2000年4月任陕西省电力公司副总工程师兼调度中心主任。2000年10月任陕西省电力公司（陕西省电力工业局）总工程师。2002年1月任陕西省电力公司副总经理兼总工程师、党组成员。

## 二、全国劳动模范（先进生产者、先进工作者）、“五一”劳动奖章获得者

**张世成**　男，汉族。1949年8月生，北京市人。大专文化。1969年1月由北京来陕西插队。1970年8月招工至宜君铁厂，1974年6月调宜君电力局工作。1984年6月加入中国共产党。历任线路班班长、变电站站长、供电站站长、农电总站站长、电力局党支部书记、副局长、工会主席。1986～1991年连续多年被铜川供电局、宜君县评为先进工作者、优秀共产党员。1988～1991年连续三年被西北电业管理局评为优秀共产党员。1989年被西北电业管理局评为陕西供电系统“优质服务”先进个人。同年被能源部授予“全国能源工业劳动模范”称号。1990年被评为铜川市“学雷锋”先进个人。1992年被中华全国总工会授予“全国优秀政治工作者”称号和全国“五一”劳动奖章。

在20多年的工作中，他热爱山区，扎根山区，热心为用户排忧解难，为宜君县经济发展和山区群众生活条件改善默默奉献，被当地群众誉为“光明的使者”。1990年1月，铜川供电局开展向张世成同志学习活动。他的先进事迹曾先后被《铜川日报》、《陕西日报》、《陕西电力报》、《中国电力报》等媒体专题报道。

**朱林波**　女，汉族。1963年10月生，山西省永济县人。1982年参加工作。西安供电局电能表修校高级技师。

她在历年省、市举办的技术比武中多次夺冠。1992年11月，在全国电能计量技术比赛室内校验项目中独占鳌头，被能源部授予“电能计量技术能手”称号，颁发高级工证书，聘为工人技师。为解决三相电能表电磁干扰难题，她查阅大量资料，反复试验，攻克技术难关，大幅度提高了校表速度和质量。1992年被中华全国总工会授予“全国先进女职工”称号，被陕西省总工会评为“技术业务能手标兵”。1993年被中华全国总工会授予

“全国优秀业务能手”称号。1994 年被评为全国“电力工业劳动模范”并获全国“五一”劳动奖章。

**孙东洲**　男，汉族。1952 年 10 月生，西安市人，中学文化，1969 年 8 月在陕西送变电工程公司参加工作。先后任送电工、班长、工区副主任、主任等职务。1983 年 10 月加入中国共产党。

他的足迹遍及省内外 40 多条输电线路建设工地。1989 年，他带领 40 多名职工南下温州 220 千伏线路施工，战线长 30 多千米，60 多基铁塔，70%在水田里施工，20%线路要在山岭上穿行，气候多变、环境复杂。他与大伙一起跋山涉水，风餐露宿，提前 40 多天安全优质完成任务。1995 年，在 330 千伏延榆线北段施工中，他带队第一批到达施工现场。白天跑现场，晚上做方案，每天只休息四五个小时。经过苦战，线路提前架通，被指挥部评为劳动竞赛优胜工程处。他曾 15 次荣获网省电力公司“优秀党员”称号，1995 年荣获全国“五一劳动奖章”。

**毛凤麟**　男，汉族。1941 年 11 月生，陕西省宁强县人，1960 年参加工作，1986 年 11 月加入中国共产党，大专文化，西北电力试验研究院教授级高级工程师。

他在电力科研工作岗位上曾获六项科研成果奖和专利。他研制的“HCW 型红外测温仪”获陕西省科技进步一等奖，批量生产出厂 1000 多台，累计产值 2000 多万元；“RXQ 型消谐器”获国家专利，生产 3000 多台，累计产值 200 万元；“GCD－100 光纤场强电压表”获西北电业管理局 1991 年度科技进步一等奖、1992 年第四届国际能源（电力）及供应设备展览会银奖和电力工业部 1993 年度科技进步三等奖，填补了国内空白，达到国际先进水平，可产生直接和间接经济效益近亿元。该产品被西北电研院投入生产后，一年产值就达 20 多万元，取得明显的经济效益。1994 年他研制成功 GYF 系列光纤语言报数式分布电压测试器，通过西北电业管理局组织的鉴定。该产品为世界首创，达到国际先进水平，并获国家专利。他先后在国内外学术刊物和学术会议上发表、交流论文 25 篇，具有较高的学术水平和造诣，受到同行和学者关注。

1984～1986 年在日本深造期间，他刻苦钻研、勤奋学习，深得日本有关专家称赞，日本东芝公司重电工厂、藤仓电线公司等企业均以高薪聘用，他都婉言谢绝毅然回到西北电研院。1994 年被评为全国“电力工业劳动模范”。1995 年荣获“全国劳动模范”。

**孟德权**　男，汉族。1939 年 9 月生，陕西省泾阳县人，大专文化，1960 年 8 月参加工作，1974 年 6 月参加中国共产党，高级经济师。1993 年任中共户县热电厂厂长兼党委书记。任职期间，他带领该厂职工克难攻坚，使运行了近 40 年的老厂保持在满发稳发状态。1994 年，户县热电厂实现全年安全生产无事故。1995 年，荣获西安市安全生产先进个人。1996 年被陕西省委宣传部、省经贸委、省总工会授予“全心全意依靠职工办企业的好厂长、好书记”光荣称号。1997 年荣获中华全国总工会“五一”劳动奖章。

**王纪凯**　男，汉族。1950 年生，陕西省丹凤县人，中共党员，1970 年 7 月在商洛电厂参加工作。商洛供电局 330 千伏保线站站长。

他所在的保线站担负辖区 12 条 312 千米高压输电线路的巡视、排障和检修任务。他带领全站职工长年累月奔波在大山深处，其中330千伏45千米的144座铁塔全部耸立在秦岭主脉的山顶上，山大沟深，环境险恶。他曾多次排除了当地农民为捕猎安放的土雷，保护了群众和同事的生命安全。1995年11月，330千伏安—南线279号铁塔倾斜，他连续20次沿着陡峭的山路登上山顶，及时消除了事故隐患。1999年6月，由于连降大雨，导致连接安康电网和商洛电网的一条线路铁塔基础滑坡，在塔身倾斜可能倒塌的紧要关头，他冒着生命危险带头登上塔顶进行检修，保障了当地群众的生命安全和用电安全。

1994年被评为"陕西电力工业劳动模范"。1998年被评为"西北电力系统劳动模范"。1999年被评为"国家电力公司劳动模范"。2000年荣获"全国劳动模范"。

**赵杰臣**　男，汉族。1944年9月生，山东莱芜市人。教授级高级工程师。1969年8月山东工业大学电机工程系毕业，同年参加工作，1971年4月加入中国共产党。1997年从山东调至陕西工作。1998年10月任陕西省电力公司（陕西省电力工业局）总经理（局长）、党组书记。

在任期间，他提出陕西电力2000～2015年发展构想和创建一流省电力公司的目标。把1999年作为"改革年"，2000年作为"管理年"，2001年作为"服务年"，使年度工作有重点、有针对性，成效显著。1999年公司实现总收入107亿元，创造利润2100万元，受到省委省政府嘉奖表彰。2000年实现总收入135亿元，创造利润3069万元。他把城农网建设与改造当作"德政工程"来抓。1999年9月底，延安一区两县农网建设改造工程率先全面完工。朱镕基总理视察延安时说："全国的农网改造工程要都能像延安这样我就放心了"。在公司内部他全面推行模拟市场，实行成本否决，开展双增双节。1999年售电量比上年增长6.8%，2000年增长7.3%，经过努力，陕西省电力公司两年迈出两大步。2001年，被中华全国总工会授予全国"五一劳动奖章"。

### 三、省部级劳动模范（先进生产者、先进工作者）

1991～2002年，陕西省电力公司系统获得省、部级劳动模范称号的共41人。其中，陕西省人民政府授予24人；电力工业部（国家电力公司）授予17人，名单如下：

1991～2002年陕西省电力公司系统省部级劳动模范
（先进生产者、先进工作者）一览表

| 序号 | 姓名 | 性别 | 工作单位 | 授奖时间 | 授予单位 |
|---|---|---|---|---|---|
| 1 | 林复德 | 男 | 西北电力建设总公司 | 1992 | 陕西省人民政府 |
| 2 | 王武才 | 男 | 延安供电局 | 1992 | 陕西省人民政府 |
| 3 | 张宪民 | 男 | 渭南供电局 | 1992 | 陕西省人民政府 |
| 4 | 毛银法 | 男 | 秦岭发电厂 | 1992 | 陕西省人民政府 |
| 5 | 贾达明 | 男 | 西安供电局 | 1992 | 陕西省人民政府 |
| 6 | 张文彦 | 男 | 西安电力机械厂 | 1992 | 陕西省人民政府 |
| 7 | 陈正岳 | 男 | 西安电力学校 | 1992 | 陕西省人民政府 |
| 8 | 许献琪 | 男 | 西北点建三公司 | 1992 | 陕西省人民政府 |

续表

| 序号 | 姓名 | 性别 | 工作单位 | 授奖时间 | 授予单位 |
|---|---|---|---|---|---|
| 9 | 付茂宪 | 男 | 渭河发电厂 | 1992 | 陕西省人民政府 |
| 10 | 张　纯 | 男 | 铜川供电局 | 1994 | 电力工业部 |
| 11 | 张永勇 | 男 | 西安电力中心医院 | 1994 | 电力工业部 |
| 12 | 张静安 | 男 | 陕西送变电工程公司 | 1994 | 电力工业部 |
| 13 | 刘秀群 | 男 | 西北电建四公司 | 1994 | 电力工业部 |
| 14 | 雷洛阳 | 男 | 渭南供电局 | 1994 | 电力工业部 |
| 15 | 王　平 | 男 | 宝鸡发电厂 | 1994 | 电力工业部 |
| 16 | 祈书堂 | 男 | 西北电业管理局 | 1994 | 电力工业部 |
| 17 | 朱林波 | 女 | 西安供电局 | 1994 | 电力工业部 |
| 18 | 毛凤麟 | 男 | 西北电力试验研究院 | 1994 | 电力工业部 |
| 19 | 毛　健 | 女 | 西北电力调度通信中心 | 1994 | 电力工业部 |
| 20 | 张　碌 | 男 | 咸阳供电局 | 1997 | 陕西省人民政府 |
| 21 | 陆明怡 | 女 | 陕西省电力公司 | 1997 | 陕西省人民政府 |
| 22 | 李国钧 | 男 | 铜川供电局 | 1997 | 陕西省人民政府 |
| 23 | 刘　勇 | 男 | 陕西送变电工程公司 | 1997 | 陕西省人民政府 |
| 24 | 韩述义 | 男 | 潼关电力局 | 1997 | 陕西省人民政府 |
| 25 | 杜玉海 | 男 | 宝鸡铁塔厂 | 1997 | 陕西省人民政府 |
| 26 | 薛　麟 | 男 | 渭河发电厂 | 1997 | 陕西省人民政府 |
| 27 | 唐见成 | 男 | 宝鸡铁塔厂 | 1999 | 国家电力公司 |
| 28 | 吴凤鸣 | 男 | 铜川供电局 | 1999 | 国家电力公司 |
| 29 | 韩忠喜 | 男 | 西北电建器材总厂 | 1999 | 国家电力公司 |
| 30 | 蔡家明 | 男 | 西北电力联合开发公司 | 1999 | 国家电力公司 |
| 31 | 张付成 | 男 | 西北电建三公司 | 1999 | 国家电力公司 |
| 32 | 李　荣 | 女 | 西安电力中心医院 | 1999 | 国家电力公司 |
| 33 | 王纪凯 | 男 | 商洛供电局 | 1999 | 国家电力公司 |
| 34 | 李　贤 | 男 | 西安供电局 | 2002 | 陕西省人民政府 |
| 35 | 任贵州 | 男 | 商洛供电局 | 2002 | 陕西省人民政府 |
| 36 | 王秀娥 | 女 | 宝鸡铁塔厂 | 2002 | 陕西省人民政府 |
| 37 | 胡均衍 | 男 | 渭南供电局 | 2002 | 陕西省人民政府 |
| 38 | 黄宏显 | 男 | 铜川供电局 | 2002 | 陕西省人民政府 |
| 39 | 薛文明 | 男 | 陕西送变电工程公司 | 2002 | 陕西省人民政府 |
| 40 | 刘　健 | 男 | 陕西电力银河集团公司 | 2002 | 陕西省人民政府 |
| 41 | 王永庆 | 男 | 西北电力试验研究院 | 2002 | 陕西省人民政府 |

# 大　事　记

# 大 事 记

## 1991年

**2月7日** 陕西省副省长刘春茂参加陕西电力工作会议，对陕西省电力公司为陕西经济社会发展和人民生活用电作出的重要贡献给予高度评价。

**3月23～28日** 中共陕西省委书记张勃兴赴渭南地区视察秦岭发电厂、韩城发电厂和蒲城发电厂。

**7月18～19日** 能源部部长黄毅诚视察规划中的陕北神木发电厂，肯定了神木县硬地场作为电厂选址的推荐方案。

**11月13日** 陕西省政府颁布《陕西省电力设施保护办法》。

**11月19日** 渭河发电厂二期工程首台30万千瓦机组（3号机组）投产发电。翌年12月22日，第二台机组（4号机组）投产发电。

**12月3日** 西安电力树脂厂001×7强酸性苯乙烯系阳离子交换树脂获国家“优质产品”银奖。

**12月23日** 安康火石岩5.25万千瓦联营水电站并网发电。

## 1992年

**1月25日** 陕西省首家由农民出资建设的110千伏安康蜀河变电站投运。

**3月6日** 西安供电局实现建局34年来第一个安全生产150天纪录，受到西北电业管理局通令嘉奖。

**5月10～15日** 能源部部长黄毅诚来陕视察渭河发电厂、宝鸡发电厂、秦岭发电厂。

**8月18日** 西安供电局和西北电业职工大学研制的国内首创变电运行微机仿真系统通过技术鉴定。

**11月24日** 国家计委批复宝鸡第二发电厂立项，建设规模180万千瓦。

**12月22日** 安康水电厂最后一台机组并网发电，至此4×20万千瓦机组全部建成投产。

**12月30日** 国家计委、国家体改委、国务院经贸办复函，同意成立中国西北电力集团公司，同意以中国西北电力集团公司为核心组建中国西北电力集团。同日，能源部决定刘宏同志任西北电力集团公司总经理。

## 1993 年

**7 月 29 日** 西北电业管理局向安康行署行文申述，不能向安康水电厂征收水资源费，并向省人大和电力工业部报告。之后，国务院发文确认全国水电厂均不征收水资源费。

**11 月 4 日** 国家计委计能源［1993］2076 号文件批复建设韩城第二发电厂立项，总装机容量 240 万千瓦，一期建设规模 120 万千瓦。

是年，陕西省电力公司开展劳动、人事、工资三项制度改革。

## 1994 年

**11 月** 韩城发电厂滑坡再度加速，监测数据表明，滑移速率又达到 1985 年治理前的水平。

**11 月 22 日** 西安电力中心医院被卫生部批准为二级甲等医院。

**12 月 22 日** 330 千伏安（康）—西安南（郊）双回线路工程荣获电力工业部“优秀工程设计奖”。

## 1995 年

**5 月 31 日** 韩城发电厂在滑坡威胁中实现安全生产 200 天。

**6 月 7 日** 渭河发电厂三期工程首台 30 万千瓦机组（5 号机组）投产发电。翌年 3 月 15 日，第二台机组（6 号机组）投产。至此，二、三期 4×30 万千瓦机组全部建成。

**6 月 16 日** 陕西省省长程安东、副省长巩德顺亲临韩城发电厂现场办公，研究该厂滑坡应急治理问题。

**11 月 18 日** 电力工业部副部长陆延昌与陕西省政府有关领导赴韩城发电厂商谈该厂滑坡治理资金问题。

**12 月 9 日** 延安发电厂实现安全生产 1000 天，创建厂 41 年来最高纪录。

## 1996 年

**1 月 20 日** 国务院副总理邹家华视察渭河发电厂并作重要指示，强调要重视发电设备的制造质量，确保设备安全稳发。同时强调加强新建电厂的管理工作。

**5 月 28 日** 中共电力工业部党组决定，丁中智任西北电业管理局（西北电力集团公司）、陕西省电力工业局（陕西省电力公司）局长（总经理）、党组书记。刘宏调任中电联任常务副理事长。

**6 月 5 日** 西北电业管理局发出西电劳字［1996］14 号文，成立西北电业管理局榆林地区电力工作委员会（简称榆林电力工委）和西北电力集团公司榆林分公司。

**6 月 14 日** 电力工业部部长史大桢在陕西省副省长潘连生等陪同下视察渭河发电厂。

**9 月 3 日** 蒲城发电厂 1 号机组建成投产。1998 年 4 月 27 日，2 号机组建成投产，至此一期工程全部建成投产。

是年，针对 7 月 8 日华山缆车索道停电事故，陕西省电力公司在全系统开展了以围绕“两个根本转变”，提高服务质量为内容的大讨论。

## 1997 年

**2 月 26～27 日** 因陕西关中地区天气恶劣，造成多条线路绝缘子和变电站支柱瓷套管污闪，27 条送电线路跳闸停电，32 座变电站失压，沣河变电站 2 台 330 千伏变压器损坏。

**5 月 10 日** 陕西渭河发电有限责任公司挂牌。这是陕西第一个特大型发电企业运用 TOT（移交—经营—移交）融资方式引进外资的项目。

## 1998 年

**8 月 18 日** 陕西省副省长潘连生出席宝鸡第二发电厂 1 号机组点火仪式并考察工程建设情况。10 月 1 日，1 号机组一次并网发电成功。翌年 9 月 29 日，2 号机组并网发电。

**10 月 13 日** 国家电力公司决定西北电力集团公司与陕西省电力公司体制分离。决定赵杰臣任陕西省电力公司（陕西省电力工业局）党组书记、总经理（局长）。同日，国家电力公司党组决定陈忠智、万明善、吕云仑、刘肇绍任中共陕西省电力公司党组成员，李顺典任党组成员、纪检组长，李长安任党组成员、工委主任。国家电力公司决定，陈忠智、万明善、吕云仑、刘肇绍任陕西省电力公司（陕西省电力工业局）副总经理（副局长），吕云仑兼任总工程师。

**10 月 16 日** 西北电力集团公司与陕西省电力公司体制分离揭牌仪式在西安举行。国家电力公司党组书记、总经理高严与中共陕西省委书记李建国共同揭牌。陕西省省长程安东、高严总经理在揭牌仪式上讲话。

**11 月 4 日** 陕西省电力公司与中国农业银行陕西省分行签署农村电网建设与改造项目贷款协议。

**11 月 20 日** 西安供电局户县供电分局建成陕西省首家“节电示范县”。

**11 月 23 日** 陕西省电力公司直供直管县（市、区）全部实现村村通电，提前两年完成电力扶贫共富工程。

**12 月 1 日** 陕西省省长程安东在陕西省电力公司总经理赵杰臣陪同下，与国家电力公司副总经理赵希正在北京就加快陕西电力发展，加快城乡电网建设与改造，加快陕北煤电基地建设和加快汉江水电滚动开发等事宜进行商谈。

**12 月 3 日** 陕西省电力公司在西安召开第一次农网改造材料招标会，标志陕西省农网建设与改造工程正式启动。

**12 月 28 日** 由秦川电站仪表厂、新加坡颖高国际公司、青岛益和电气公司和陕西省电力投资开发公司共同投资组建的陕西银河电气设备有限公司成立。

## 1999 年

**1 月 1 日**　陕西省电力公司开始独立运作。

**2 月 3 日**　陕西省电力公司与神华伊士奇发电有限公司《营运购电合同》签字仪式在西安举行，公司总经理赵杰臣与神华董事长石鑫在合同文本及备忘录上签字。

**2 月 10 日**　《陕西电力报》创刊，省长程安东为《陕西电力报》题写报名。

**2 月 24～26 日**　召开陕西省电力公司首届一次职代会暨 1999 年电力工作会议。

**3 月 7 日**　陕西省电力公司与香港恒生贸易进出口公司合资组建陕西银河电缆公司签字仪式在西安举行。公司总经理赵杰臣、香港中国能源投资（集团）公司总裁苏斌、香港恒生贸易进出口公司董事长孙福林出席。

**4 月 5 日**　西北电业管理局榆林地区电力工作委员会更名为陕西省电力工业局榆林地区电力工作委员会，西北电力集团公司榆林分公司更名为陕西省电力公司榆林分公司。

**4 月 20 日**　西安供电公司（局）、西安高压供电公司（局）成立挂牌。

**4 月 21 日**　国家电力公司副总经理赵希正来陕西省电力公司调研。

**5 月 9 日**　全国人大常委会副委员长邹家华视察灞桥热电厂，欣然题词“发挥集中供热，老厂焕发青春”。

**5 月 20 日**　以“团结、拼搏、奋进”为主题的陕西省电力公司首届“文化节”正式启动，该活动从 5 月 20 日开始至 9 月 30 日结束。

**5 月 30 日**　宝鸡供电局通过国家电力公司“一流供电企业”验收，成为西北电力系统第一家国家电力公司一流供电企业。

**7 月 31 日**　神华集团神东电力公司神东矿区电网及相应设施移交陕西省电力公司签字仪式在西安举行。

**8 月 6 日**　国务院总理朱镕基视察延安时，看到农村电网建设改造工程搞得很好，高兴地说：“全国的农村电网建设改造工程要都能像延安这样，我就放心了。”

**8 月 16 日**　连接秦岭南北的 330 千伏马（营）—汉（中）输变电工程建成投运。至此，陕西 330 千伏骨干网架贯通陕南安康、商洛、汉中三地市。

**9 月 20 日**　延安“一区两县”农网建设改造工程全面竣工。28 日，举行延安市“一区两县”农网建设改造工程竣工新闻发布会，国家电力公司副总经理陆延昌，省委常委栗战书，副省长王寿森出席。

**10 月 26 日**　西北电力职工培训中心成立揭牌。西北电业职工大学与西安电力高等专科学校合并，保留西北电业职工大学、西安电力高等专科学校、中共西北电业管理局党组党校牌子，实行一套班子，多种功能办学体制。

**11 月 10 日**　陕西省电力公司举行“三讲”（讲学习、讲政治、讲正气）教育动员大会，国家电力公司“三讲”巡视组组长何九钧到会并讲话。

**12 月 12 日**　秦岭发电厂一、二期资产转让合同签字仪式在西安举行，省委副书记、常务副省长贾治邦、省电力建设投资开发公司董事长刘春茂出席。

**12月16日** 陕西省电力公司召开关停小火电机组新闻发布会，宣布至12月15日24时已关停灞桥热电厂1、2、6号机；延安发电厂1、2号机，共计6.1万千瓦。

## 2000年

**1月26日** 陕西省人民政府举行庆功大会，表彰陕西省销售收入超百亿元企业。陕西省电力公司1999年销售收入达107亿元，受到表彰。

**2月1日** 陕西省重点工程灞桥热电厂改扩建工程主机商务合同在西安签订。6月28日，正式开工。2002年12月10日，第一台机组投入运行。

**3月28日** 陕西省电力行业协会成立。陕西省电力公司总经理、党组书记赵杰臣当选为首届会长。

**3月31日** 陕西秦岭（秦华）发电公司召开第一次股东会、董事会、监事会，决定公司于2000年4月1日零时起正式在新机制下运行。

**4月20日** 国务院副总理温家宝在陕西省副省长贾治邦陪同下，视察330千伏神（木）—榆（林）输电线路施工工地，对陕西省电力系统野外施工管理工作给予高度赞扬。

**同日** 国务院副总理温家宝在陕西省常务副省长贾治邦陪同下视察330千伏神—榆线工地，对陕西电力系统野外管理工作水平给予充分肯定。

**7月18日** 陕西省委书记李建国、常务副省长贾治邦在陕西省电力公司总经理赵杰臣陪同下，在北京与国家电力公司总经理高严、副总经理赵希正、陆延昌、周大兵、谢松林共商陕西电力发展大计，就建设陕北能源基地、实施西电东送、开发陕南水电等项目达成共识。

**8月8日** 中共陕西省电力公司党组党校正式挂牌，公司党组书记赵杰臣任名誉校长。

**9月22日** 汉中供电局被国家电力公司命名为“一流供电企业”。

**10月30日** 总投资25.68亿元的蒲城发电厂二期（2×33万千瓦）工程正式开工。2002年12月28日，二期首台机组（3号机组）建成投产。

**11月8日** 陕西电力银河集团公司暨银河集团成立。

**11月30日** 商洛供电局客户服务中心挂牌运营。至此，陕西省电力公司所属9个地市供电局全部成立客户服务中心。

**12月28日** 神（木）—榆（林）330千伏输变电工程投运。至此，全省境内东到渭南，西至宝鸡，南联安康、商洛、汉中，北贯榆林的330千伏骨干网架全面建成。

## 2001年

**1月2日** 陕西省“九五”重点建设项目石泉水电站扩机工程举行投产仪式。

**1月11日** 榆林供电公司成立。

**2月13日** 陕西省电力公司与加拿大加能国际有限公司在北京签署共同投资建设户县热电厂两台30万千瓦机组框架协议。加拿大总理克雷蒂安、国家发展计划委员会主任曾培炎、陕西省电力公司总经理赵杰臣、加拿大加能国际有限公司副总裁叶承苇出席。

**2月20日** 陕西省电力公司召开电力市场整顿和优质服务年活动电视电话动员会，向社会公布供电服务八项承诺，副省长巩德顺出席会议并讲话。

**2月28日** 宝鸡第二发电厂4号机顺利通过168小时试运。至此，4×30万千瓦机组全部建成。6月6日，举行建成发电庆功典礼。

**3月9日** 国家电力公司组织20多名专家来陕西调研，与陕西省电力公司领导共商“西电东送”北部通道建设方案。

**4月26日** 陕西省电力公司与山东电力集团公司共同投资建设经营陕北煤电基地框架协议书签字仪式在西安举行。

**5月12～18日** 国家电力公司“西电东送”课题专家组在榆林市神木县和府谷县考察，认为在陕北榆林地区建设1000万千瓦火电基地已具备条件，应尽快实施，争取“十五”末向华北或山东送电。

**5月19日** 省委书记李建国接见“西电东送”专家组成员时表示：省委、省政府坚决支持建设陕北煤电基地，通过榆林能源重化工基地建设，带动革命老区经济全面发展。

**6月29日** 国家经贸委批复同意撤销陕西省电力工业局，行政管理职能移交省经贸委，实现政企分开。

**10月19日** 全国人大常委会副委员长邹家华在西安会见陕西省电力公司总经理赵杰臣，听取关于建设陕北煤电基地工作汇报。

**12月25日** 户县供电分局、蒲城县电力局荣获国家电力公司首批“一流县级供电企业”称号。

## 2002年

**2月5日** 陕西省电力公司调度中心通过国家电力公司一流电网调度机构考核，成为西北地区首家一流电网调度机构。

**3月27日** 中共中央总书记、国家主席、中央军委主席江泽民视察陕北煤电基地，充分肯定陕北煤电基地前期工作。

**6月8～9日** 陕南发生特大洪涝灾害，陕西省电力公司采取有力措施，确保了石泉水电厂和安康水电厂大坝安全。

**7月13日** 陕西电网日用电量首次突破1亿千瓦·时，达10546万千瓦·时，最大负荷524万千瓦，创历史新高。

**8月28日** 韩城第二发电厂一期工程2×60万千瓦火电机组开工建设。该项目引进日本协力基金（OECF），是西北地区首台单机容量60万千瓦的火电机组。

**9月1日** 陕西电网城乡居民生活用电实行同网同价，同价水平为0.49元/(千瓦·时)。

**9月3日** 陕西银河榆林发电厂2×14万千瓦机组工程总承包合同（EPC）签字仪式在西安举行。该项目在国内同类型机组中首家采用EPC模式。

**10月21日** 喜河水电站工程总承包（EPC）合同签字仪式在安康举行。

# 附　　录

# 附　　录

## 一、陕西省电力工业局（公司）体制沿革文件

### （一）能源部关于《西北电力工业管理体制改革方案》和《中国西北电力联合公司章程》的批复

［急件］能源电［1989］1148号

西北电业管理局：

你局提出的《西北电力工业管理体制改革方案》和《中国西北电力联合公司章程》，现正式批准，请认真执行。

1. 电力工业管理体制改革要切实贯彻“政企分开，省为实体，联合电网，统一调度，集资办电”的方针和“因地、因网制宜”的原则，既有利于发挥西北电网的优越性，又有利于充分发挥各方面办电的积极性，促进西北地区国民经济和电力事业的健康发展。

2. 西北电网是一个联系紧密的电网，具有优越的自然条件，改革应有利于发挥团结治网，同舟共济的传统，加强电网的安全、稳定，使西北电网的经济效益获得最充分的体现。

3. 在西北电网内，中国西北电力联合公司、陕西省电力公司及西北电管局和陕西省电力局实行四块牌子，一套班子，在加强对全网管理的同时，加强陕西的工作。

附件：《西北电力工业管理体制改革方案》
　　　《中国西北电力联合公司章程》（略）

中华人民共和国能源部（章）
1989年11月25日

### 西北电力工业管理体制改革方案

一、西北电管局的基本情况和主要问题

西北电网（即西北主网，指陕甘青宁电网，下同）是在兰州、西宁、关中和石银青电网的基础上，随着黄河上中游水力资源的开发而逐步形成和发展起来的。截止1989年8月底，全网装机容量720万千瓦，其中火电354万千瓦，水电366万千瓦，年发电量约

345 亿千瓦·时。西起青海龙羊峡，东至陕西秦岭电厂，全长 1200 公里的双回 330 千伏网架已经建成，宁夏与甘肃间已有一条 330 千伏联络线（目前按 220 千伏运行）。新疆维吾尔自治区电力工业局管辖的乌鲁木齐电网现有装机 47 万千瓦，年发电量约 28 亿千瓦·时，乌鲁木齐电网与西北主网不联。和西北主网不联的、局属的孤立网还有酒玉电网，装机 9 万千瓦。在经营管理方面，由网局统一核算，向能源部总承包，然后由网局向各省（区）局分包，省（区）局是内部独立核算。在基建管理方面已将施工队伍交回各省（区）局直接领导。

电网当前的主要问题是电力供需矛盾很大，从 1986 年起开始缺电，西北主网日最大缺电量达 2000 万千瓦·时，对国民经济和人民生活造成很大影响。由于西北当前经济基础差，地方和企业财政单薄，电力建设资金筹措十分困难，电力建设规模小，进度慢，缺电局面短期内还不易解决。电网调度不时出现一些问题，系统频率有时偏差较大，发供电设备和水工建筑物还存在一些重大缺陷，技术改革任务很重，生产资金严重不足，发电用煤供应紧张，价格上涨幅度太大，企业利润急剧下降，留利逐年减少。西北是老少边穷地区，生产和生活条件都比其他地区差得多，因此职工队伍的稳定也有许多困难。

二、西北电网的特点

1. 区内动力资源分布有明显特征：青、甘两省水利资源丰富，而煤炭储量不多；陕、宁两省（区）煤炭储量很大，但水力资源较少。因此青、甘两省水电较多（目前占全网水电装机的 89%），而陕、宁两省（区）则火电较多（目前占全网火电装机容量的 77%），这种水西火东的格局将要长期存在下去。要合理开发、充分利用这些资源，必须把这些电源点联系在一起，统一运用。

2. 由于水电厂集中在西，火电厂集中在东，因此省（区）间联络线的潮流变化很大且十分频繁。丰水季节水电大发，潮流向东；枯水期，火电大发，潮流向西；每日而言，高峰时刻，西电东送，低谷时刻，东电朝西。因此省间联络线上的潮流（大小与方向）年年、月月、日日、时时在变，而且变化很大。近几年来，陕、甘两省的联络线上曾出现过东送 60 万千瓦、日电量 820 万千瓦·时，西送 50 万千瓦，日电量 720 万千瓦·时。这不仅说明西北电网的优越性，更重要的是说明了西北电网的紧密程度和不可分割性。

3. 黄河上中游水力资源十分丰富，龙（羊峡）青（铜峡）段可建十五个梯级，装机 1300 万千瓦，年发电量 500 亿千瓦·时，这是全国少有的水电“富矿”，也是近期内全国最大的一个梯级群。但是，它分布在 3 个省（区）（甘、青、宁），有的坝址还在省界附近，这些枢纽的任务不仅是发电，它们对本省、本区甚至下游广大地区负有重大的综合任务，要使这样一个梯级群发挥最大效益，必须统一开发，统一调度。

4. 网内除了黄河外，还有汉江、白龙江等河流，它们也具有可观的水力资源。目前已建成的有碧口、石泉电站，安康电站明年可望发电。这些河流属于长江水系。其水文特性与黄河有较大差异，实行统一调度，跨流域调节，才能获得较大的经济效益。

5. 西北电网横跨四省（区），东西跨度长达 1200 公里，时差约 40 分钟。网内各省区的负荷构成、特性也有较大差别，所以无论是年负荷或日负荷，联网后都有较大的错峰效益。

6. 电网联系比较紧密，主网架为双回超高压线路，在各种运行方式下，均能保证电网的安全稳定运行，也为全网统一调度提供了必要的技术条件。

7. 西北电网水电比重大，水火电互相调剂，可以获得很大的经济效益，但是水电厂的出力、电量、运行方式在很大程度上受来水和有关方面对放水要求的影响，从而也影响火电厂和全网的运行方式。水电变化，火电和电网必须作相应的变化．因此全网必须统一管理统一安排。

三、对西北电力工业管理体制改革的一些考虑

根据上述特征，西北电网是一个联系紧密的、典型的统一电网。为了合理开发利用网内的动力资源，充分发挥水利枢纽的综合效益，发挥梯级水电站的群体效益，发挥跨流域水电站的补偿效益，发挥水、火电站互相调剂的效益和大电网的联网效益，西北电网应该实行集中统一管理；但是考虑到我国经济体制改革的大局，考虑到当前严重缺电情况下，中央关于调动地方办电积极性的方针，同时也考虑到西北电网管理体制的历史沿革和现状，根据国务院国发［1998］72 号文的精神，对西北电力工业管理体制提出如下方案。我们制订这个方案的出发点是“两个有利”，即有利于充分发挥西北电网的优越性，也有利于充分发挥各方办电的积极性；“两个加强”，即加强对全网的管理，也加强对陕西的工作。

四、具体方案

1. 由西北电业管理局组建中国西北电力联合公司（简称联合公司），同时挂陕西省电力公司的牌子；由甘肃省电力工业局、青海省电力工业局、宁夏回族自治区电力工业局、新疆维吾尔自治区电力工业局分别组建甘肃省电力公司、青海省电力公司、宁夏回族自治区电力公司、新疆维吾尔自治区电力公司。

2. 联合公司的成员单位有：陕西省电力公司、甘肃省电力公司、青海省电力公司、宁夏回族自治区电力公司和新疆维吾尔自治区电力公司。联合各方的资产归属不变。

3. 联合公司的主管部门是能源部，并接受西北电网领导小组的协调和监督。各省（区）公司受能源部（及其委托的西北电力联合公司）和所在省（区）政府的双重领导，以能源部领导为主。

4. 考虑到当前的具体情况，联合公司和各省（区）公司成立后，仍保留西北电管局和各省（区）电力局的名称，实行一套班子，两种职能，两块牌子，作为能源部和所在省（区）政府管电的职能部门，对所在省（区）电力企业实行行业管理，负责全省（区）的建电、管电、用电等工作。

5. 西北电业管理局和陕西省电力工业局，联合公司和陕西省电力公司是四块牌子，一套班子。西北电业管理局和联合公司的领导也是陕西省电力工业局和陕西省电力公司的领导，领导成员只作适当分工，办事机构作适当调整设置，以利于加强对全网的管理，也利于加强陕西的工作。

6. 联合公司和各省（区）电力公司都实行独立核算、自负盈亏，都具有法人地位。

7. 联合公司集中各省（区）电力公司（不含新疆）5%的折旧基金用于全网性的技术

改造。联合公司用于全网性的行政开支费用由全网承担。

8. 联合公司的主要职责是：

（1）通过各省（区）电力公司管理各省（区）的电力工业，联合公司与各省（区）公司的关系是：在电网调度方面是领导关系（新疆除外），在经济方面是平等互利关系，在专业管理方面是归口关系，在电网发展规划方面是牵头关系。

（2）受能源部委托会同有关省（区）政府和电力公司负责开发建设黄河龙青段水力资源。

（3）直接调度具有季调节及以上调节性能水库的水电厂、装机容量50万千瓦和单机容量20万千瓦及以上的水火电厂、陕西网内的电厂以及这些电厂向外送电的送变电设备、主网网架和省（区）间骨干联络线、有关枢纽变高压母线、补偿、自动、远动、通信等设施。直调电厂、线路和其他设备的名称在电网调度规程中予以明确。

负责主网的安全经济运行，指挥主网的正常和事故情况下的操作。

（4）统一管理直调设备和单机容量在10万千瓦及以上机组及其向外送电的设备检修停电计划。

（5）参与黄河上中游水量调度委员会工作，并负责水调办公室的日常工作。

（6）制订全网电力、电量分配办法，经电网领导小组讨论，能源部批准后组织实施，并对执行情况进行监督检查。

（7）制订与主网安全经济运行有关的技措方案，并组织有关省（区）电力公司实施。

（8）牵头制订全网电力发展规划，审查各省（区）电力发展规划。

（9）编报全网大中型建设项目建议书和设计任务书。组织审查大中型建设项目的初设。

（10）编制全网的生产、建设、经济年度计划，归口上报下达。

（11）按照能源部规定的办法，由联合公司对部进行经营承包，然后对各省（区）公司实行分包。

（12）制订跨省互供电价方案，经公司总经理工作会议审定后实施。

（13）协助能源部管理各省（区）电力公司领导干部，按照上级有关规定管理各省（区）公司的干部、财务、安监、监察、审计和省调等部门的领导，有权撤换拒不执行调度纪律、危及电网安全运行的省调领导。

（14）召集总经理工作会议，讨论有关全网的重大问题。

（15）检查监督各成员单位贯彻执行国家有关方针、政策、法令的情况。

（16）组织、协调、归口、综合各成员单位间有关事宜。

（17）承办能源部和地方政府交办的工作。

（18）制订全网性的生产调度管理、经营管理、基建管理、人事管理等方面的规程制度并贯彻实施。

9. 省（区）公司的主要职责是：

（1）管理本省（区）的发电、供电、基建、教育、科研、设计、修造、物资等企事业单位，负责本省（区）电力工业的生产、建设、经营工作。

(2) 遵守有关电网管理方面的规程制度，服从调度命令，团结治网，保证电网安全，经济运行，保证供电质量。

(3) 制定本省（区）生产调度管理、经营管理、基建管理、人事管理等方面的规程制度，并组织贯彻实施，但不得与联合公司制定的规程制度相抵触。

(4) 编制本省（区）电力发展规划，配合联合公司编制全网电力发展规划。

(5) 编制生产、建设、经营等方面年度计划和各种报表。

(6) 承办能源部、所在省（区）政府和联合公司交办的事宜。

五、实施步骤

1. 网局于9月上旬提出《西北电力工业管理体制改革方案》和《中国西北电力联合公司章程》讨论稿，向能源部汇报。

2. 9月下旬网局召开西北电力工业管理体制改革讨论会，讨论《西北电力工业管理体制改革方案》和《中国西北电力联合公司章程》并向有关省（区）政府征求意见。

3. 10月上旬，网局将《西北电力工业管理体制改革方案》和《中国西北电力联合公司章程》讨论稿提请西北电网领导小组讨论。

4. 11月上旬网局将《西北电力工业管理体制改革方案》和《中国西北电力联合公司章程》报能源部审批。

5. 待部批准后，网局召开省（区）电力局局长会议研究联合公司和各省（区）公司具体组建事宜。

6. 联合公司办理工商登记后正式挂牌工作，各省（区）公司待部批准后也相继成立。

## （二）国家计划委员会　国家经济体制改革委员会<br>国务院经济贸易办公室

计规划［1992］2630号

### 关于同意成立中国西北电力集团公司和中国西北电力集团的复函

国务院有关部门，西北电业管理局：

西北电业管理局《关于申请组建中国西北电力集团的请示》收悉。经研究并商能源部，现函复如下：

一、同意成立中国西北电力集团公司。该集团公司隶属能源部，是自主经营、独立核算、自负盈亏、具有法人地位的全民所有制企业。

二、同意以中国西北电力集团公司为核心企业组建中国西北电力集团。请中国西北电力集团按照国务院国发［1991］71号文件的要求和有关部门实施办法的具体规定，办理其他专项审批手续。关于核心企业对紧密层企业的管理办法，请能源部商有关方面研究提出具体的实施意见。

希望中国西北电力集团认真贯彻执行国务院《全民所有制工业企业转换经营机制条

例》，进一步完善组织结构和功能结构，认真做好试点工作，注意发挥各方面特别是地方办电的积极性，保障投资者的合法权益，为加快发展我国电力工业，促进国民经济发展，做出积极贡献。

中华人民共和国国家计划委员会（章）
中华人民共和国国家经济体制改革委员会（章）
国务院经济贸易办公室（章）
1992 年 12 月 30 日

## （三）陕西省人民政府

陕政函［1998］130 号

### 关于深化电力体制改革请示的批复

西北电业管理局：

你局《关于深化电力体制改革的请示》（西电办字［1998］39 号）收悉。经 1998 年 7 月 20 日省长会议研究，现批复如下：

一、你局关于深化电力体制改革的方向和原则是正确的，符合陕西的实际，省政府同意你们按三步走的方案实施。

二、在今年年底前，实施西北电业管理局、西北电力集团公司与陕西省电力工业局、陕西省电力公司体制上的整体分离，各自独自运作，并同时设立陕西省级电网调度。

三、关于改革第二步实行政企职能分开，纳入陕西省政府机构改革方案中统一考虑，管电职能的移交，由省政府另行研究决定。

四、关于改革第三步在中央、地方以及其他投资方之间建立资本纽带，成立陕西电力有限责任公司的问题，可先进行调查研究，广泛听取各方面的意见，保护各方的权益和既得利益，具体方案在改革后期再进行研究。

五、陕西省电力公司独立运作后，省公司与西安市供电局的职能划分、省调与市调的设置与配合问题，请你们在改革中认真加以研究，予以妥善处理。原则上应将省调与市调合并运用。

此复。

陕西省人民政府办公厅（章）
1998 年 7 月 20 日

# （四）国家电力公司

国电政法［1998］414号

## 关于《西北电力集团公司与陕西省电力公司体制分离总体方案》的批复

西北电力集团公司：

你公司报来的《西北电力集团公司与陕西省电力公司体制分离总体方案》（以下简称“总体方案”）收悉，经8月26日国家电力公司党组会议研究，认为“总体方案”方向明确，部署得当，实施步骤稳妥，符合国家电力公司党组提出的改革要求，公司原则同意“总体方案”的意见，现就有关具体问题批复如下：

一、关于资产划分问题

“总体方案”中对西北电力集团公司与陕西省电力公司之间的资产划分是合理的，将桃曲——西峰等10条跨省联络线和与其相关的陇西等12座变电站界定为西北电力集团公司直接经营的资产是必要的。国家电力公司同意并提出如下要求：

1. 考虑到宝鸡二电厂（4×300兆瓦）在西北电网中的重要作用，西北电力集团公司除拥有渭河发电有限责任公司30%的股权和秦岭电厂二期全部资产外，应继续保持其在宝鸡二电厂中的控股地位。

2. 今后西北地区新建的省间联络线及相应变电站，由集团公司组织有关省电力公司集中资金建设，其产权全部归属西北电力集团公司。

3. 现由西北电力集团公司代表的在甘、青、宁、新各省的独立发电公司中的股权，仍由集团公司代表。今后股权变更，将根据集团发展和资产经营的需要，通过集团内部调整确定。

4. 要把资产划分工作和建立资本纽带工作结合起来。通过建立出资人制度和企业法人财产制度，确立国家电力公司、电力集团公司和省电力公司间不同层次的母子公司关系。

二、关于调度问题

1. 西北电力集团公司要直接调度西北电网330千伏骨干网架、跨省联络线和龙羊峡、李家峡、刘家峡、安康等4个水电厂以及渭河、靖远、大坝等3个火电厂。

2. 考虑到各省直调电厂的均衡，确定秦岭电厂由陕西省省调调度。

3. 明确西北电力集团公司承担对全西北电网依法实行调度管理的职责。

三、关于法人治理结构

原则同意“总体方案”提出的西北电力集团公司和陕西省电力公司的法人治理结构方案，在具体操作中要注意与现行的人事管理制度相衔接，随着改革的不断深化，逐步进行规范。

四、关于内设机构

内设机构属于企业经营自主权范围，根据中央有关精神和工作需要，建议：

1. 企业内部的思想政治工作部门不采用政治部的名称。

2. 要考虑董事会应有相应的办事机构。

3. 为了有利于科学民主决策，董事会下可设立若干非常设专业委员会。

五、关于经营范围的划分

国家电力公司同意“总体方案”对西北电力集团公司与陕西省电力公司间的经营范围划分意见，同意西北电力集团公司经营跨省送电和西北五省区之间的互供电力、电量以及收取过往费的方式和过往费计算公式。公式中的管理费应改为输电环节利润，将来随电价改革的逐步深化，从微利逐渐调整到合理利润。

六、同意西北电力集团公司新建西北地区的电网调度通信楼

七、关于将西北电网中包括跨省联络线在内的330千伏骨干网架界定为西北电力集团公司直接经营的资产问题，应根据电网的所有权、经营权、调度权可以分离的原则，按照已批复的方案，在实践中积极探索电网调度和商业化运营的新模式，保证电网的安全、稳定、经济运行。将来根据电网发展如需调整，由国家电力公司决定。

在实施“总体方案”过程中，西北电力集团公司及其子公司要统一思想、统一步调、维护大局、服从大局，要坚持“稳中求快、好中求快”的原则。同时要加强企业管理，保证安全生产和今年生产、建设、经营任务的完成。西北电力集团公司要切实负起领导责任，尽快制订实施细则和工作时间表，精心组织方案实施，争取在10月份完成西北电力集团公司和陕西省电力公司的体制分离和新公司的挂牌工作。

国家电力公司（章）
1998年8月28日

## （五）国家电力公司文件

国电政法［1998］539号

### 关于西北电力集团公司与陕西省电力公司体制分离的决定

西北电力集团公司：

根据国务院确定的“政企分开、省为实体、联合电网、统一调度、集资办电”的电力工业管理体制改革二十字方针和因网因地制宜的原则，按照国家电力公司国电政法［1998］414号文件(《〈西北电力集团公司与陕西省电力公司体制分离总体方案〉的批复》)的精神，国家电力公司决定：西北电力集团公司与陕西省电力公司从即日起在体制上分离，成为两个独立的法人实体。

国家电力公司（章）
1998年10月13日

## （六）陕西省人民政府

陕政函［2001］132号

### 陕西省人民政府关于调整电力行政管理职能的批复

省经贸委、电力工业局、农电局、水利厅：

省经贸委《关于做好电力管理行政职能移交实行政企分开工作意见的请示》（陕经贸电［2000］866号）收悉。经研究，现批复如下：

一、根据《国务院办公厅关于电力工业体制改革有关问题的通知》（国办发［2000］69号）要求，在省政府机构改革中已明确将省电力工业局、省农电局承担的电力工业行政管理职能、行业管理职能和省水利厅承担的水电建设行政管理职能划入省经贸委。

二、根据国家经贸委《关于印发〈关于做好电力工业政企分开改革工作的意见〉的通知》（国经贸电力［1999］445号）及国家经贸委办公厅《关于做好电力行政管理职能调整有关工作的通知》（国经贸厅电力［2000］386号）的要求，同意撤销省电力工业局，请省经贸委、省电力工业局据此联合报请国家经贸委批复。

三、撤销省农电局，组建陕西省地方电力（集团）公司。

请你们在电力行政管理职能移交工作中坚持讲政治、顾大局，积极配合，有序衔接，确保全省电力生产和电网正常、安全、稳定运行，促进陕西经济持续、快速、健康发展。

陕西省人民政府（章）
2001年5月17日

## （七）中华人民共和国国家经济贸易委员会

国经贸电力［2001］647号

### 关于撤销陕西省电力工业局的批复

陕西省经济贸易委员会：

你委《关于报送陕西省电力管理行政职能移交实行政企分开工作意见的报告》（陕经贸字［2001］88号）收悉。经研究，批复如下：

一、自发文之日起撤销陕西省电力工业局。

二、请严格按照中编办、国家经贸委关于调整电力行政管理职能有关文件精神，实行政企分开，做好职能交接工作，确保衔接有序、平稳过渡，切实履行好电力行政管理职能。

三、政企分开后，你委和省电力公司要相互支持、相互配合，结合本省实际，不断深化电力工业改革，促进全省电力工业的持续、稳定、健康发展。

中华人民共和国国家经济贸易委员会（章）
2001 年 6 月 29 日

## 国电西北公司经营资产委托运行管理协议

资产运行委托方　　资产运行受托方
单位名称：（甲方）　　单位名称：（乙方）
国家电力公司西北公司（章）　　陕西省电力公司（章）

签约日期：2002 年 2 月 7 日

为了贯彻国家电力公司国电总［2000］273 号文《关于印发中国西北电力集团公司改革方案的通知》的精神，按照国家电力公司发输电输［2001］3 号文《关于对国电西北公司经营输变电资产生产运行管理有关事项的批复》要求，国电西北公司（简称甲方）与陕西省电力公司（简称乙方）于 2001 年 2 月 27 日签订了国电西北公司经营输变电资产委托运行协议，明确了资产运行委托方（甲方）和资产运行受托方（乙方）在安全管理、生产运行维护和资产经营管理中的权益、责任和义务，协议执行一年来，取得了一定成效，按照国家电力公司发输电输（2002）20 号文《关于对国电西北公司经营输变电资产委托运行管理有关事项的批复》的意见，经甲、乙双方协商一致，继续签订本协议。

一、委托运行管理协议制订的原则和依据

**1.1** 依法办事的原则　依照国家及国电公司有关法律、法规，为保证西北电网安全稳定经济运行，本着公正、公平、合理，责、权、利统一与分级管理的思路，制订《国电西北公司经营资产委托运行管理协议》（以下简称协议）和《国电西北公司经营资产委托运行管理考核办法》（以下简称办法）。

**1.2** 按照国电公司体制改革有关文件办事的原则　按照国家电力公司国电总［2000］273 号文《关于印发中国西北电力集团公司改革方案的通知》精神、国电法［2000］717 号文《关于印发国家电力公司西北公司法人授权委托书的通知》和国家电力公司发输电输［2002］20 号文《关于对国电西北公司经营输变电资产委托运行管理有关事项的批复》的具体条款要求制订。

**1.3** 遵照团结治网、统一管网的原则　甲方作为国家电力公司的分公司，按照国家电力公司授权经营国电公司在西北地区的法人财产，通过《委托运行管理协议》方式管理是西北电网团结治网、统一管网的原则体现，有助于西北电力的发展，建立一个稳妥的过渡管理模式。

二、委托运行资产简况

按照国电公司授权国电西北公司在西北地区经营资产现状，结合资产划转前运行管理的现状，委托所在省（区）电力公司运行管理的具体情况见下表：

| 省（区）电力公司 | 委托运行变电站 | 委托运行输电线路 | 委托运行通信资产 |
|---|---|---|---|
| 陕西省电力公司 | 庄头变电站、马营变电站、雍城变电站、汤峪变电站、桃曲变电站 | 庄—汤、马—汤、马—庄、马—雍、雍—陇、雍—秦、渭—桃、桃—西 | 西安—三门峡微波；西安北郊、阎良、渭南、杜峪、高桥、大禹渡站设备；西安—龙羊峡微波；庄头、汤峪、蔡家波、马营、固川、拓石站设备；西安—银川微波；沣河、咸阳、礼泉、槐山、长武站设备 |

输电线路以变电站出线门型架耐张线夹向线路侧1米算起；微波通信设备包括全站设备，五条一、二级主微波通道的其余设备由西北电力调度中心运行维护管理或委托渭河发电公司、秦岭发电公司或黄河水电公司运行维护管理。

三、资产委托运行管理权益、责任和义务

**3.1**　安全管理与事故界定：

**3.1.1**　乙方及其基层运行单位必须认真执行国家、国家电力公司及国电西北公司有关安全生产法规、规程、规定和管理办法，认真落实安全生产责任制，积极参加甲方组织的有关安全生产活动，开展季节性安全大检查和安全性评价工作。

**3.1.2**　各委托运行的变电站、保线站、通信站必须配备足够、合格的安全工器具，按规定做好安全工器具的使用、保管及定期校验工作，逐步实现安全设施标准化。

**3.1.3**　按照国家有关法律法规、国家电力公司《安全生产工作规定》和《电业生产事故调查规程》等有关规定，乙方对委托运行资产范围内的人身事故、人为责任和运行单位管理责任事故负责。

**3.1.4**　人身伤亡事故由乙方按照《电业生产事故调查规程》程序组织调查、归口统计和上报；电网事故和设备事故按照《电业生产事故调查规程》由甲方或授权乙方进行调查分析、处理和考核，并根据责任分析情况分别由甲方或乙方归口统计上报；事故报告由生产运行基层单位根据事故调查结果填写，并按事故归属分别报甲方和乙方。

**3.1.5**　乙方对受托运行的输变电设备、通信自动化设备、电能计量设备及其他相关设备进行维护、修理、技术改造及事故抢修等工作时，应对其工作人员进行安全教育，并采取必要的劳动保护及安全防范措施。

**3.1.6**　甲方应加强委托运行设备的安全生产监督工作，在乙方现有管理制度基础上完善有关管理制度和措施，努力提高西北电网安全稳定运行水平。

**3.1.7**　委托运行资产的安全技术劳动保护措施计划和反事故措施计划应按照国电公司有关规定及发输电输［2002］20号文《关于对国电西北公司经营输变电资产委托运行管理有关事项的批复》要求制定，结合生产运行实际纳入乙方“两措”计划中实施，并报国电西北公司备案，“两措”工程应验收严格。

**3.2**　生产管理与运行维护：

**3.2.1** 乙方负责受托运行资产的运行管理维护、大修、技术改造和事故抢修。应根据有关规程、规定和标准做好上述工作，确保受托运行设备的完好、安全可靠运行。

**3.2.2** 国电西北公司委托运行资产大修、技改、“两措”资金由乙方按国电公司有关规定及发输电输［2002］20号文《关于对国电西北公司经营输变电资产委托运行管理有关事项的批复》提取，并纳入乙方年度财务预算，乙方要确保国电西北公司委托运行资产各项生产费用的投入和使用，本着应修必修、修必修好的原则，确保资产保值增值和安全运行。乙方要充分考虑设备实际运行情况，制订主设备大修计划和技术改造计划，报甲方审定后执行，甲方对其执行情况进行监督检查。

**3.2.3** 设备大修理、技术改造工程管理应严格按照国家、国家电力公司有关规定进行，乙方对受托运行资产的大修理、技术改造计划应单独安排，按年向甲方报送大修理工程、技术改造工程竣工决算及生产技术、计划完成情况。

**3.2.4** 乙方及基层运行单位应对从事主网架输变电设备运行检修的职工定期进行岗位技能培训，确保从事主网架输变电设备运行的职工能胜任其本职工作。

**3.2.5** 乙方或其基层运行单位应按季向国电西北公司报送运行分析、技术监督报表，按年向国电西北公司报送运行分析、技术监督总结，对于运行中发生的事故等，应及时（24小时内）向甲方报送有关信息。

**3.2.6** 甲方对委托运行资产进行监督检查，定期召开运行分析会，并积极组织有效的专业技术交流和劳动竞赛活动。

**3.3** 防汛管理

**3.3.1** 甲方对委托运行的资产的防汛工作进行检查、监督、考核。

**3.3.2** 乙方应按照国家、国电公司有关要求切实做好受委托资产防汛工作。

**3.4** 资产管理与财务结算：

**3.4.1** 乙方对委托运行期间受托资产的价值管理与风险管理负全部责任。

**3.4.2** 乙方对委托运行期间受托资产的还本付息和保值增值承担全部责任。

**3.4.3** 按照国家电力公司财价［2001］5号文精神，甲方继续按西北电力集团公司西电集团董字［1999］1号文和西电集团董字［1999］2号文向乙方收取过往费、调度费、管理费和集中部分折旧资金四项费用；上述四项费用的财务结算和会计处理仍按原西北电力集团公司的有关规定办理。

**3.4.4** 乙方应严格执行受托资产的财务管理与考核办法（另行制定），甲方对财务管理与考核办法的执行情况进行检查和监督。

**3.5** 其他约定事项：

**3.5.1** 乙方应按照《中华人民共和国电力法》和《电力设施保护条例》等法律法规做好有关工作，处理受托运行资产范围内的法律事务，甲方对其执行情况进行监督检查。

**3.5.2** 输变电、通信计量设备等运行维护管理工作，乙方及其基层单位应按照国家、国电公司及国电西北公司有关规定，明确工作标准、管理标准和考核标准，确保设备健康状况良好。

**3.5.3** 乙方及其基层单位应积极推广新技术、新设备、新工艺和新的管理方法，提高委托运行资产的科技含量和管理水平，甲方应根据实际情况安排适当科技开发补助费用，以促进直接运营资产科技水平的提高。

**3.5.4**　甲方管理的“在建工程”管理办法另行规定。

**3.5.5**　甲方根据国家有关法规、国家电力公司有关规定和《协议》制定相应的安全管理、生产运行维护和资产财务管理考核办法。

**3.5.6**　甲方根据委托运行资产健康状况、安全生产目标完成情况每年检查评比一次，并将情况予以通报。乙方根据综合评价情况，用委托运行资产经营效益对应提取的奖励基金，对运行维护责任落实，措施得力，安全状况良好，资产保值增值指标完成好的基层运行单位进行适当奖励。

四、争议的解决方式

双方因履行本协议发生争议时，应以本协议之原则，本着相互理解、信任、友好协商解决。协商不成时，双方共同请上级管理部门（国家电力公司有关部门）裁定。

五、协议生效

本协议在双方责任、权益、义务明确后，经双方法定代表人或授权代理人签字后，本协议生效。协议生效后，双方应共同遵守，以协议约束。

六、本协议效力及未尽事宜

**6.1**　本协议未尽事宜，按国家和国家电力公司有关法规，规定友好协商办理。如遇国家法律、政策调整修改时，则按规定修订、补充本协议有关条款。

**6.2**　本协议中附件《国电西北公司经营输变电资产委托运行管理与考核办法》未做变化，结合国电发输电输［2002］20号文原办法继续执行。

**6.3**　本协议自2002年1月1日起执行，若有变化，经双方协商后另行签订。

**6.4**　在修改、变更、解除本协议的书面协议签订前，本协议继续生效。

**6.5**　本协议正本1式6份。资产运行委托方、资产运行受托方各执3份，效力均等。

**6.6**　本协议附件包括：

A. 国家电力公司发输电输［2002］20号文《关于对国电西北公司经营输变电资产委托运行管理有关事项的批复》。

B. 国家电力公司财价［2001］5号文《关于国电西北公司继续收取过往费等项收费的复函》。

C. 国电西北公司经营资产委托运行管理考核办法。

上述附件为本协议不可分割的组成部分。

## 二、陕西省电力工业局（公司）领导任职文件

# （一）能 源 部 文 件

能源人［1989］1244 号

### 关于中国西北电力联合公司和陕西省电力公司领导班子成员任职的通知

中国西北电力联合公司、陕西省电力公司：

根据电力体制改革的需要，决定成立中国西北电力联合公司和陕西省电力公司。经研究，并征得陕西省委同意，决定：

刘宏同志任中国西北电力联合公司总经理兼陕西省电力公司总经理；

郭九洲、浮宗治、万海根、陈彦钧、张自清同志任中国西北电力联合公司副总经理兼陕西省电力公司副总经理；

罗恢明同志任中国西北电力联合公司副总经理、总工程师兼陕西省电力公司副总经理、总工程师。

中华人民共和国能源部（章）
1989 年 12 月 27 日

# （二）中共能源部党组文件

能源党［1990］26 号

### 中共能源部党组关于刘宏等七同志任职的通知

中共西北电力联合公司（电管局）、陕西省电力公司（电力局）党组：

根据工作需要，经研究并征得中共陕西省委同意，决定：

刘宏、郭九洲、浮宗治、万海根、陈彦钧、张自清、罗恢明七同志任中共西北电力联合公司（电管局）、陕西省电力公司（电力局）党组成员。

刘宏同志任党组书记，郭九洲同志任党组副书记。

中国共产党能源部党组（章）
1990 年 6 月 28 日

## 中国共产党能源部党组任免通知

能党任［1992］16号

### 万海根等六同志职务任免

中共西北电业管理局（电力联合公司）党组：

根据工作需要，经研究，并征得中共陕西省委同意，决定：

黄莺同志任中共西北电业管理局（电力联合公司）、陕西省电力工业局（电力公司）党组副书记；

陈忠智同志任中共西北电业管理局（电力联合公司）、陕西省电力工业局（电力公司）党组成员；

薛光同志任中共西北电业管理局（电力联合公司）、陕西省电力工业局（电力公司）党组纪检组组长；

徐建国同志任中共西北电业管理局（电力联合公司）、陕西省电力工业局（电力公司）工委主任；

免去万海根、陈彦均同志的中共西北电业管理局（电力联合公司）、陕西省电力工业局（电力公司）党组成员职务。

中国共产党能源部党组（章）
1992年4月29日

## （三）中华人民共和国能源部任免通知

能源任［1992］73号

### 张绍贤等五同志任职

华北、东北、华东、华中、西北电力集团公司：

根据国务院国发［1991］71号文件的有关规定和国家计委、国家体改委、国务院经贸办的计规划［1992］2597号、2596号、2598号、2599号和2630号复函，经部党组研究，决定：

张绍贤同志任华北电力集团公司总经理；

赵希正同志任东北电力集团公司总经理；

周祥根同志任华东电力集团公司总经理；

苏志学同志任华中电力集团公司总经理；

刘宏同志任西北电力集团公司总经理。

中华人民共和国能源部（章）
1992 年 12 月 30 日

## （四）中华人民共和国国务院

国人字［1993］1 号

### 关于张绍贤等六人享有副部级政治待遇的通知

能源部：

国务院一九九三年二月十三日决定：中国华北电力集团公司总经理张绍贤、中国东北电力集团公司总经理赵希正、中国华东电力集团公司总经理周祥根、中国华中电力集团公司总经理苏志学、中国西北电力集团公司总经理刘宏、东北内蒙古煤炭工业联合公司总经理李云峰任现职期间，在看文件、听报告、参加会议及学习培训方面享有副部级政治待遇。

中华人民共和国国务院（章）
1993 年 2 月 15 日

## （五）中华人民共和国能源部任免通知

能源任［1993］16 号

### 郭九洲等六同志任职

中国西北电力集团公司：

根据电力体制改革的需要，经研究，决定：

郭九洲、黄莺、浮宗治、张自清、罗恢明、陈忠智等六同志任中国西北电力集团公司副总经理；

罗恢明同志兼任中国西北电力集团公司总工程师。

中华人民共和国能源部（章）
1993 年 3 月 27 日

## （六）中国共产党电力工业部党组任免通知

电党任［1996］12号

### 丁中智、刘宏等同志职务任免

中共电力工业部西北电业管理局党组：

根据工作需要和干部交流任职的有关规定，经部党组研究并征得中共陕西省委同意，决定：

丁中智同志任电力工业部西北电业管理局局长、中国西北电力集团公司总经理、中共电力工业部西北电业管理局党组成员、书记；

薛光、徐建国二同志任中共电力工业部西北电业管理局党组成员；

免去刘宏同志的电力工业部西北电业管理局局长、中国西北电力集团公司总经理、中共电力工业部西北电业管理局党组书记、成员职务，由我部另行安排工作。

中国共产党电力工业部党组（章）
1996年5月28日

## （七）中国共产党电力工业部党组任免通知

电党任［1997］15号

### 邵仲仁等同志职务任免

中共电力工业部西北电业管理局党组：

根据工作需要，经研究并征得中共陕西省委同意，决定：

邵仲仁同志任电力工业部西北电业管理局（集团公司）总工程师；

万明善同志任电力工业部西北电业管理局（集团公司）总经济师；

免去张自清同志的电力工业部西北电业管理局（集团公司）副局长（副总经理）、中共电力工业部西北电业管理局党组成员职务；

免去罗恢明同志兼任的电力工业部西北电业管理局（集团公司）总工程师职务。

中国共产党电力工业部党组（章）
1997年5月7日

## （八）中共电力工业部党组　中共国家电力公司党组<br>任　免　通　知

电党任［1997］27 号

### 谢振华、赵杰臣二同志任职

中共西北电业管理局（电力集团公司）党组：

根据工作维需要和干部交流任职的有关规定，经研究并征得中共陕西省委同意，决定：

谢振华同志任电力工业部西北电业管理局副局长、中国西北电力集团公司副总经理、中共电力工业部西北电业管理局党组成员。

赵杰臣同志任电力工业部西北电业管理局副局长、中国西北电力集团公司副总经理、中共电力工业部西北电业管理局党组成员。

中国共产党电力工业部党组（章）
中国共产党国家电力公司党组（章）
1997 年 11 月 5 日

## （九）中共国家电力公司党组文件

国电党［1998］9 号

### 关于成立中共西北电力集团公司党组和丁中智等同志兼职的通知

中共西北电业管理局党组：

为适应电力工业体制改革的需要，经国家电力公司党组研究决定：

一、成立中共西北电力集团公司党组；

二、丁中智、郭九洲、黄莺、谢振华、赵杰臣、罗恢明、陈忠智、薛光、徐建国同志兼任中共西北电力集团公司党组成员，丁中智同志兼任党组书记，郭九洲、黄莺同志兼任党组副书记。

中国共产党国家电力公司党组（章）
1998 年 4 月 22 日

## （十）国家电力公司任免通知

国电任［1998］38号

### 赵杰臣任职

陕西省电力公司（电力工业局）：

根据工作需要，经研究并征得中共陕西省委同意，决定：

赵杰臣任陕西省电力公司（电力工业局）总经理（局长）。

国家电力公司（章）
1998年10月13日

## （十一）国家电力公司文件

国电任［1998］37号

### 关于同意陈忠智等任职的批复

中国西北电力集团公司：

经研究，同意：

陈忠智任陕西省电力公司（电力工业局）副总经理（副局长）；万明善任副总经理（副局长）兼总经济师；吕云仑任副总经理（副局长）兼总工程师；刘肇绍任副总经理（副局长）；李长安为工会主席。

请根据干部管理权限办理任职手续。

国家电力公司（章）
1998年10月13日

## （十二）中共国家电力公司党组任免通知

国电党任［1998］34号

### 关于成立中共陕西省电力公司（电力工业局）党组及党组纪检组的通知

中共中国西北电力集团公司党组：

根据工作需要，经研究并征得中共陕西省委同意，决定：

一、成立中共陕西省电力公司（电力工业局）党组，赵杰臣、陈忠智、万明善、吕云仑、刘肇绍、李顺典、李长安同志任党组成员，赵杰臣同志任党组书记。

二、成立中共陕西省电力公司（电力工业局）党组纪律检查组，李顺典同志任组长。

中国共产党国家电力公司党组（章）
1998年10月13日

## （十三）中共中国西北电力集团公司党组文件

西电集团党字［1998］1号

### 关于李长安同志的任职通知

中共陕西省电力公司（陕西省电力工业局）党组：

经西北电力集团公司党组研究，并征得国家电力公司、陕西省委组织部同意，决定：

李长安同志任陕西省电业工会工作委员会主任。

中国共产党中国西北电力集团公司党组（章）
1998年10月15日

## （十四）中共国家电力公司党组任免通知

国电党任［2000］41号

### 吴静等同志职务任免

中共陕西省电力公司（电力局）党组：

根据工作需要和干部任职年龄的有关规定，经研究并征得中共陕西省委同意，决定：

吴静、杨毅二同志任中共陕西省电力公司（电力局）党组成员；

免去刘肇绍、陈忠智二同志的中共陕西省电力公司（电力局）党组成员职务。

中国共产党国家电力公司党组（章）
2000年10月14日

## （十五）国家电力公司任免通知

国电任［2000］99号

### 吴静等职务任免

陕西省电力公司（电力局）：

根据工作需要和干部任职年龄的有关规定，经研究并征得中共陕西省委同意，决定：

吴静、杨毅任陕西省电力公司（电力局）副总经理（副局长）；

王天才任陕西省电力公司（电力局）总工程师；

免去刘肇绍的陕西省电力公司（电力局）副总经理（副局长）职务，由国家电力公司党组另行安排工作；

免去陈忠智的陕西省电力公司（电力局）副总经理（副局长）职务，并退休；

免去吕云仑的陕西省电力公司（电力局）总工程师职务。

国家电力公司（章）
2000年10月15日

## （十六）中共国家电力公司党组任免通知

国电党任［2002］26号

### 王天才同志任职

中共陕西省电力公司党组：

根据工作需要，经研究并征得中共陕西省委同意，决定：

王天才同志任中共陕西省电力公司党组成员。

中国共产党国家电力公司党组（章）
2002年1月31日

## （十七）国家电力公司任免通知

国电任［2002］37号

### 王天才任职

陕西省电力公司：

根据工作需要，经研究并征得中共陕西省委同意，决定：

王天才任陕西省电力公司副总经理。

国家电力公司（章）
2002年1月31日

### 三、陕北煤电基地开发与建设有关文件

## （一）陕西省电力公司

陕电发字［2001］67号　签发：赵杰臣

### 关于建设陕北煤电基地推进“西电东送”有关事宜的请示

陕西省人民政府：

依据国务院《关于国民经济和社会发展第十个五年计划纲要》提出的电力工业改革发展的总体要求，以及国家电力公司和陕西省委、省政府关于建设陕北大型煤电基地，实施“西电东送”的战略部署，陕西省电力公司在充分调查研究的基础上，确定了“十五”期间陕西省电力发展的总体思路，即抢抓西部大开发、“西电东送”两个机遇；开拓省内、省外两个市场；调整产业结构、产权结构、所有制结构三个结构；控制好工程造价、设计优化、施工优化、上网电价、投融资形式多样化五个关键；实现五个突破：“十五”期间陕西外送电力100万千瓦，外送电量每年50亿千瓦·时；全网装机突破1000万千瓦；技术装备水平和经济实力上升，经济效益大幅度提高；实现“网厂分开”，形成竞价上网新机制；实现国内一流省电力公司目标。围绕这个总体工作思路，陕西省电力公司积极组织开展了陕北火电基地及送电方案的前期工作。

在陕西省委、省政府和国家电力公司的领导、关怀、支持下，“西电东送”北部通道建设方案的前期工作进展顺利，推进力度逐步加快。

今年3月6～9日、5月12～20日，国电公司西电东送课题组专家，分别调研和实地考察了陕北煤电基地，认为陕北基本具备建设1000万千瓦装机规模的条件。在国家电力

公司“西电东送”课题组专家考察期间，省委书记李建国、省长程安东看望并接见了国家电力公司“西电东送”课题组专家，并明确表示：陕西省委、省政府全力支持“西电东送”和陕北煤电基地建设工作，省电力公司应尽快将需要省政府协调解决的事项整理上报，以便省委、省政府尽快决策，快速推进整个前期工作。

5月22日，国家电力公司组织的西北四省（区）“十五”电力发展规划座谈会认为，陕西省电力公司提出的陕北煤电基地建设和“西电东送”方案比较成熟，应加快推进前期工作，“十五”期间启动实施并实现向河北南网送电。

遵照省委、省政府和国家电力公司领导的指示和要求，现就建设陕北煤电基地、推进“西电东送”有关事宜请示汇报如下：

一、基本情况汇报

1. 陕北煤电基地规划总容量2160万千瓦发电机组和配套年产6500万～10000万吨煤矿。

计划初期建设发电容量840万千瓦发电机组和配套年产2600万～3900万吨煤矿。包括榆林牛家梁电厂装机240万千瓦发电机组和配套年产800万～1200万吨的金牛煤矿；神木锦界电厂装机240万千瓦发电机组和配套年产800万～1200万吨的黄土庙煤矿；府谷庙沟门电厂装机360万千瓦的发电机组和配套年产1000万～1500万吨的三道沟煤矿。3个发电厂每年燃煤总量约2080万吨。总用水量约1.5亿$米^3$，用水水源分别由瑶镇水库、天桥及孤山川地下水、李家梁及红石峡等四水库联合调度。

中期建设720万千瓦及相应煤矿。包括榆林牛家梁电厂扩建装机120万千瓦，榆林金鸡滩电厂120万千瓦，神木硬地场电厂装机240万千瓦，榆林南沙电厂装机240万千瓦。

远期建设600万千瓦及相应煤矿。包括榆林牛家梁电厂扩建装机120万千瓦，榆林金鸡滩电厂扩建装机120万千瓦，府谷段寨电厂装机360万千瓦。

与此同时，还计划综合开发电解铝等高耗能项目和甲醇等煤化工项目，开拓新的经济增长点，以带动地方经济的发展繁荣。

2. 近期工作进展情况

（1）2001年3月27日～4月1日，由国家电力公司西北公司组织审查3个电厂共计840万千瓦的初步可行性研究报告。

（2）2001年4月26日，陕西电力银河集团公司与山东鲁能控股集团公司签订了共同建设陕北火电基地的框架协议，拟于2005年以前向华北地区送电100万千瓦，实现西电东送北线项目的起步。

（3）2001年4月，陕西省电力公司为了大力推进陕北火电基地西电东送进程，专门成立了以赵杰臣总经理为组长并邀请西北院参加的西电东送领导小组，下设办公室，负责西电东送的前期工作。

（4）编制了向华北地区送电的方案，并对“网对网”和“点对网”送电方案进行了研究及稳定性计算。

（5）山东电力集团公司和陕西电力公司联合向国电公司呈报了关于尽快启动陕北火电基地向河北南网送电方案研究工作的请示。

（6）完成了《西电东送陕西电力发展研究报告》。对陕北火电基地各厂址的燃煤供应、水资源、环保、交通等建厂条件进行了详细的分析、论证，并得出了较科学、合理的结论。提出了向华北地区送电的15个方案，并对这些方案进行了较全面、详细的论证及分析比较，并进行了相应联网方案的电气计算。

二、请示批准的事宜

1. 请求省政府批准陕西省电力公司编制的陕北煤电基地规划。

2. 请求省政府批准陕西电力银河公司与山东鲁能控股集团公司联合开发、建设、经营陕北煤电基地。

3. 请求省政府批准并明确有关部门协助办理建设电厂配套的煤矿井田开采方面的相关文件。

（1）建设电厂配套煤矿所需的煤矿探矿权和勘察许可证、采矿权和生产许可证。

（2）批准相关的煤炭井田规划及储量。榆林电厂配套的金牛和金鸡滩井田；神木电厂配套的黄土庙井田；府谷电厂配套的三道沟井田。

4. 请求省政府批准建设电厂、煤矿配套的水源方面的相关文件。请陕西省水利厅尽快做出陕北能源重化工基地水资源规划及水量分配方案，承诺并批准优惠的用水价格，为陕北煤电基地建设提供充分的用水保障。

5. 请求省政府批准并明确有关部门协助办理建设电厂、煤矿的环境保护方面的文件。按照国家对陕西省二氧化硫排放总量控制的要求，由有关部门对陕北榆林市建设1000万千瓦装机煤电基地的二氧化硫排放总量做出平衡报告，确定陕北煤电基地足够的环保容量，并积极争取环保局对项目的支持。

6. 请求省政府尽快呈报国务院及有关部委，将陕北煤电基地项目列入国家“十五”计划，并帮助做好煤电联营项目建议书和可行性研究报告的报批工作。

7. 请求省政府制定落实国务院国发［2000］33号文《关于实施西部大开发若干政策措施的通知》中若干优惠政策适用于陕北煤电基地开发建设的有关具体规定。

三、请求省政府成立陕北煤电基地开发建设领导小组，并下设办公室，负责组织协调陕北煤电基地建设中各级政府主管部门之间的配合工作。建议办公室由省计委牵头组织省经贸委、国土资源局、环保局、水利厅、煤炭局、电力局等部门，抽调专门人员集中办公，制订详细的工作计划和进度安排。

妥否，请批示。

陕西省电力公司（章）
2001年5月30日

# （二）陕西省发展计划委员会文件

陕计基础［2001］526号　签发人：高仰秀

## 关于请求将陕北火电建设纳入国家“西电东送”和“十五”能源发展规划的报告

国家计委：

我省榆林市能源资源丰富，品种齐全，品质优良，是全国少有的多种能源资源富集区，是国家确定的能源重化工基地。该市还有相对丰富的水资源，较大的环境容量空间，具有建设大型火电基地的优越条件。早在20世纪80年代初期，我省就开始了建设陕北大型电厂的前期工作，提出了向京津唐送电方案，北京、天津两市的领导也曾亲临榆林考察，通过十几年的工作，已为在陕北建设大型火电基地奠定了坚实的基础。今年5月国电公司“西电东送”课题组的14位专家到榆林市，对建设大型电厂，实施“西电东送”的条件进行了考察。考察后，专家们十分兴奋，有些专家说：“真没想到，地处毛乌素沙漠边远的榆林市，能有这样好的建厂条件。”专家们认为建设陕北火电基地，实施“西电东送”有条件、有必要，也是切实可行的，应积极推进。现将有关情况汇报如下：

一、建设陕北火电基地，实施“西电东送”的有利条件

1. 建厂条件优越。榆林市煤炭资源丰富，探明储量1460亿吨，占全省探明储量的87%；煤质优良，为特低硫、特低磷、特低灰、中高发热量的优质动力煤；煤田地质构造简单，煤层稳定、埋藏浅，开采条件好；煤炭价格低廉，目前吨煤成本30元左右，预计“十五”期间电煤价格可稳定在吨煤60元左右；电厂厂址紧靠煤矿，多数可用带式输送机输煤。榆林市虽地处毛乌素沙漠和黄土高原过渡地带，但水资源相对丰富，水量也很稳定，其分布基本与煤矿、电厂厂址相一致，全市可利用水资源量为34.8亿米$^3$，现状供水量为5.69亿米$^3$，地表水、地下水开发利用程度仅16%，尚有很大的潜力，目前，分配给我省的黄河用水指标，还有18亿米$^3$没有利用，可作为远期工农业用水，按省水利部门用水规划，目前仅天桥岩溶地下水、孤山川口地下潜水、沟岔水源地经储委审查的可开采量及榆溪河支流就完全可以满足1000万千瓦装机的用水要求。火电基地建设区域地域开阔，人烟稀少，扩散条件好，基本上没有工业项目，环境容量大。

2. 陕北火电基地位于西北电网最东部，具有“西电东送”的地理优势，距华北、山东电网负荷中心分别为450～700千米和900千米。

3. 火电基地各厂单位投资可控制在3200元/千瓦左右，上网电价200元/(兆瓦·时)左右，具有较强的市场竞争力。

4. 山东省已有合作意向，今年4月陕西省电力公司和山东电力集团公司签订了《共同投资建设、经营陕北煤电基地框架协议书》，双方拟在榆林地区开发建设(6～10)×60万千瓦装机容量的煤电基地，向华北、山东电网送电。

5. 陕北是革命老区，曾为建立新中国作出过巨大的贡献。建设陕北火电基地，实施西电东送，将丰富的能源资源优势转化为经济优势，有助于加快陕北的经济发展，帮助老区人民脱贫致富。我省已将建设陕北火电基地，实施“西电东送”列入“十五”规划，全省上下已形成加快建设陕北火电基地的强大合力，陕北人民更是众志成城，翘首以盼，我省将为建设陕北火电基地提供各项优惠政策，创造一流的投资环境。

二、规划方案和目前前期工作进展情况

陕北火电基地初步建设总规模为 2160 万千瓦，其中，初期建设规模为 840 万千瓦，分别是神木锦界电厂 240 万千瓦，府谷庙沟门电厂 360 万千瓦，榆林牛家梁电厂 240 万千瓦，榆林金鸡滩电厂 120 万千瓦，神木硬地场电厂 240 万千瓦，榆林南沙电厂 240 万千瓦。远期为 600 万千瓦，分别是牛家梁电厂扩建 120 万千瓦，金鸡滩电厂扩建 120 万千瓦，段寨电厂 360 万千瓦。送电目标是，“十五”期间向华北及山东电网送电 100 万千瓦，成为“西电东送”北线方案的先行者。“十一五”期间向华北及山东电网分别送电 360 万千瓦。为了实现 2005 年开始向外送电的目标，我们选择建设条件最好的神木锦界电厂（4×60 万千瓦）和府谷庙沟门电厂（6×60 万千瓦）作为启动项目，2003 年开工建设。

在前期工作方面，已完成了陕北火电基地 1560 万千瓦（26×60 万千瓦）的规划选厂工作，完成了其中 3 个电厂 9 个厂址共计 840 万千瓦装机的初步可行性研究报告并已通过审查。编制了向华北、山东送电的方案，并对“网对网”和“点对网”送电方案进行了研究和稳定性计算。目前，正在编制府谷庙沟门电厂、神木锦界电厂项目建议书，近日可上报国家计委。

充分发挥榆林市能源资源优势，建设大型火电基地，实施“西电东送”，对使陕西成为西部经济强省有重要意义，同时也有利于推进全国联网和全国范围内的资源优化配置，有利于减轻京津唐地区和山东省的环保压力，满足这些地方经济快速增长的用电需求。恳请国家计委将建设陕北火电基地，向华北、山东送电列入国家“西电东送”规划和“十五”规划。

专此报告。

陕西省发展计划委员会（章）
2001 年 5 月 30 日

# 编 后 记

《陕西省电力工业志（1991～2002）》（以下称该志书）编纂工作是根据国家第二轮修志工作统一部署，在中国电业史志编辑委员会领导下进行的。由陕西省电力公司史志编辑室编纂，陕西省电力工业志编纂委员会内审，西北电力工业志协作组评审，中国电业史志编辑委员会终审。

2008年6月13日，该志书编纂工作启动。历经1年零3个月完成近90万字的初稿。2009年9月23日，将初稿汇编成册呈送陕西省电力公司领导及各部门内审。2009年11月底～2010年1月，结合内审和专家的意见，编辑室对初稿资料进一步核实，对文字进行校勘和修改，形成“征求意见稿”，送相关领导和资深专家征求意见。2010年5月27日，该志书经西北电力工业志协作组评审通过。评审会后，编辑室对协作组提出的意见建议梳理、归纳、整合，进行有针对性地修改补充。主编李长安多次召集编辑室工作人员讨论研究志书修改补充工作，对各篇块逐一审查，完善篇章结构，规范书写体例，统一全志文风。经过精审细校，数易其稿，于2010年10月20日，形成送审稿。2010年12月21日，中共陕西省电力公司党组上报中国电力工业史志编辑委员会，提请终审。2011年4月20日，中国电力工业史志编辑委员会在陕西汉中召开会议，对《陕西省电力工业志（1991～2002）》（稿）进行终审。会议认为：该志稿观点正确，行文规范，资料丰富，尊重事实，文字流畅，语言朴实，篇章节目布局合理，一致通过终审。

该志书自2008年6月启动至2012年6月送中国电力出版社，时4年。在整个编纂过程中得到陕西省电力公司领导的高度重视，得到《陕西省电力工业志（1991～2002）》编委会成员的大力支持。尤其是撰稿、编纂人员勤耕不辍，倾尽心血，众手成志。在审查和搜集资料的过程中，得到参与审核的老领导和老专家的关心和帮助，得到陕西省电力公司档案室的热情服务及相关部门的积极协助，公司原总会计师祈书堂对财务管理部分的编写给予了具体指导和帮助，在此一并表示衷心感谢。

参与该志书撰稿和编纂的人员有：李长安（总纂，概述），原增光（凡例、概述、发电资源节、大事记、编后记），王华煜（管理体制篇、计划管理章），王宗禄、张孟春、黄惠芳、刘立德（电力建设篇），刘佩芬（发电篇），任贵洲（供电篇、用电篇），董占中（电力调度篇），王定国（农电篇），乔惠希（修造与多种经营篇、党群篇、干部管理章、专记），冯涛（科技篇），周炳申（教育培训篇），成巧、董鸿强、张昕、梁岳、贺彦武、蒋殿华（管理篇），李文章（人物），张卓（附录，编目、校勘）。

我们希望《陕西省电力工业志（1991～2002）》能够给关心支持和从事陕西电力事业的广大读者提供借鉴和启迪，发挥其存史立言的作用，为陕西电力事业发展服好务。

该志书虽经撰稿人和编辑人员不懈努力，但因时间紧、资料搜集难度大，编纂水平有限，不足之处在所难免，望读者不吝批评赐教。

陕西省电力工业志编纂委员会
2012 年 5 月

**图书在版编目（CIP）数据**

陕西省电力工业志：1991～2002/陕西省电力公司编. —北京：中国电力出版社，2012.11

（中国电力工业志丛书）

ISBN 978-7-5123-3684-1

Ⅰ.①陕… Ⅱ.①陕… Ⅲ.①电力工业-工业史-陕西省-1991～2002 Ⅳ.①F426.61

中国版本图书馆 CIP 数据核字（2012）第 259621 号

中国电力出版社出版、发行

（北京市东城区北京站西街 19 号 100005 http://www.cepp.sgcc.com.cn）

北京盛通印刷股份有限公司印刷

各地新华书店经售

*

2013 年 5 月第一版 2013 年 5 月北京第一次印刷

787 毫米×1092 毫米 16 开本 41.125 印张 922 千字 20 插页

定价 **320.00** 元